CW01654466

Sommaire

Avant-propos à l'édition de 1970

La présente anthologie avait, à l'origine, été entreprise avec mon concours, à l'initiative des frères Nataf, André et Georges, qui dirigeaient alors les Éditions de Delphes, disparues depuis. Le texte refondu, abrégé mais également augmenté, qui est présenté aujourd'hui dans la « Petite Collection Maspero », est sensiblement différent de la première édition : plus idéologique qu'historique et anecdotique, davantage assorti de présentations, commentaires et notes, en un mot : plus didactique. J'en assume seul, cette fois, la responsabilité.

Au seuil de ce livre, une mise au point s'impose : pourquoi son titre : *Ni Dieu ni Maître* ?

Dans son ouvrage paru en 1957, *Les Idées politiques et sociales d'Auguste Blanqui,* Maurice Dommanget, dont on sait l'infatigable érudition, affirme, d'après l'*Histoire mondiale de l'anarchisme* de Louis Louvet, que la formule serait l'adaptation d'un proverbe allemand du XVe siècle, repris, à l'acte I, scène II d'une tragi-comédie de 1659 : *Le Festin de Pierre ou L'Athée foudroyé,* de Devilliers, une sorte d'avant *Don Juan* de Molière.

En 1870, au moment du plébiscite impérial, un des plus jeunes disciples d'Auguste Blanqui, le Dr Susini, avait fait paraître une brochure intitulée : *Plus de Dieu, plus de Maître.*

Blanqui à son tour, au soir de sa vie (1805-1881), fonda, en novembre 1880, un journal auquel il donna pour titre : *Ni Dieu ni maître.*

Après la mort du grand révolutionnaire, ajoute Dommanget, divers groupements et journaux s'emparèrent de la formule. Elle figura sur les murs de la Maison du Peuple, rue Ramey, à Paris. Elle devint alors la devise du mouvement anarchiste dont, pourtant, l'inspiration était si différente, sinon antinomique, de celle du blanquisme.

Comme on le verra p. 382 de la présente anthologie, Pierre Kropotkine, dans ses *Paroles d'un révolté* (1885) fit sienne la devise, en ces termes : « L'homme qui plus que tout autre fut l'incarnation de ce système de conspiration, l'homme qui paya par une vie en prison son dévouement à ce système, lança à la veille de sa mort ces mots qui sont tout un programme : *Ni Dieu ni Maître !* »

Après l'attentat à la bombe de l'anarchiste Auguste Vaillant contre la Chambre des députés, le 9 décembre 1893, le pouvoir bourgeois riposta en promulguant des lois dites « scélérates » réprimant l'anarchisme et le rapporteur Alexandre Flandin, lors de la discussion de ces textes législatifs, s'écria du haut de la tribune du Palais-Bourbon : « Les anarchistes s'efforcent de réaliser la devise : *Ni Dieu ni Maître.* »

En juillet 1896, les libertaires bordelais lancèrent un appel, dans lequel ils exaltaient « la beauté de l'idée libertaire : *Ni Dieu ni Maître !* ». Et Sébastien Faure, peu après, de commenter dans *Le Libertaire* du 8-14 août de la même année : « La devise de Blanqui : *Ni Dieu ni Maître* ne peut être scindée, elle est à accepter, tout entière... »

Pendant la guerre de 1914-1918, nous dit encore Dommanget, Sébastien Faure ressuscita la formule et, la paix revenue, la Jeunesse anarchiste qui se créa à Paris prit, comme le fit connaître *Le Libertaire* du 25 juin 1919, le nom de *Ni Dieu ni Maître*.

Si la formule, à l'origine, comme on le voit, n'appartenait pas aux seuls anarchistes, elle est devenue leur. D'où le titre de cette anthologie.

L'ouvrage que l'on présente ici est, en quelque sorte, le dossier, volumineux, d'un procès en réhabilitation. L'anarchisme, en effet, est victime d'un discrédit qu'il ne mérite pas.

D'une injustice qui se manifeste sous trois formes :

Tout d'abord, ses diffamateurs soutiennent que l'anarchisme serait mort. Il n'aurait pas résisté aux grands tests révolutionnaires de notre temps : la révolution russe, la révolution espagnole. Il n'aurait plus sa place dans le monde moderne, caractérisé par la centralisation, les grandes unités politiques et économiques, le concept totalitaire. Il ne resterait aux anarchistes, selon l'expression de Victor Serge, qu'à « rejoindre par la force des choses le marxisme révolutionnaire [1] ».

---

1. Note dans Joaquim MAURIS, *Révolution et contre-révolution en Espagne*, 1933.

Ensuite, ses détracteurs, pour le mieux discréditer, proposent une vision tendancieuse de sa doctrine. L'anarchisme serait essentiellement individualiste, particulariste, réfractaire à toute forme d'organisation. Il viserait au fractionnement, à l'émiettement, au repli sur soi-même de petites unités locales d'administration et de production. Il serait inapte à l'unité, à la centralisation, à la planification. Il aurait la nostalgie de l'« âge d'or ». Il tendrait à ressusciter des formes périmées de société. Il pécherait par un optimisme infantile ; son « idéalisme » ne tiendrait pas compte des solides réalités de l'infrastructure matérielle. Il serait incurablement petit-bourgeois ; il se situerait en dehors du mouvement de classe du prolétariat moderne. En un mot, il serait « réactionnaire ».

Enfin, certains de ses commentateurs prennent soin de ne tirer de l'oubli, de ne livrer à une tapageuse publicité que ses déviations, telles que le terrorisme, l'attentat individuel, la propagande par les explosifs. Un film récent consacré à « La Bande à Bonnot », sous couleur de le faire revivre et de le remettre à la mode, visait, en réalité, à le discréditer.

Au fur et à mesure que l'anarchisme, malgré une conspiration multiforme de la calomnie, de la falsification et du silence, émerge aujourd'hui de l'ombre et que l'on découvre l'audace, la clairvoyance, la validité de ses anticipations, un redoublement de haine et de mauvaise foi tente de s'acharner sur lui. On n'en veut donner pour exemple que le livre consacré par Jacques Duclos à *La Première Internationale*.

À en croire l'auteur, l'Internationale aurait été, dès le début, la chasse gardée de Marx, et ses opposants n'auraient été que des intrus. À longueur de pages, et sans jamais expliquer clairement l'enjeu de la lutte qui s'y est déroulée entre « autoritaires » et « libertaires » (le problème de l'État), ni révéler les procédés déloyaux mis en œuvre par Marx conte ses adversaires de tendance. Duclos a multiplié les injures contre les bakouniniens, traités d'aventuriers, de provocateurs, d'éléments de sac et de corde. Il a été jusqu'à leur prêter des comportements réactionnaires, au service des capitalistes.

Il a rejeté, contre toute vérité, sur les seuls exclus bakouniniens la responsabilité de la scission perpétrée par Marx et consorts, en 1872, au congrès de La Haye, et il a dissimulé au lecteur la dynamique survie de l'Internationale « antiautoritaire », sous l'impulsion des bakouniniens, alors qu'après le transfert du Conseil général à New York Marx avait perdu presque toutes ses troupes.

Mais les dernières pages du livre ont trahi les raisons de cette partialité : lorsque Duclos écrit bakouninien, il pense, en réalité : trotskyste. De même, nous explique-t-il, dans une comparaison plutôt forcée, que Marx avait eu à défendre l'unité de l'Internationale contre les « désagrégateurs » et « aventuristes » bakouniniens, Lénine et les partis communistes eurent à combattre l'« aventurisme » des trotskystes.

Au moment même où Duclos commettait cette mauvaise action, c'est-à-dire à l'occasion du centenaire de la fondation de l'Internationale, mais sur un plan moins grossier et d'apparence plus « scientifique », la meute des érudits marxistes — ou prétendus tels — de tout acabit se coalisait dans le séminaire de 1964 du Centre national de la recherche scientifique pour tomber à bras raccourcis sur Bakounine et sur son spécialiste d'aujourd'hui, Arthur Lehning.

Dans le dossier que l'on présente, les documents parlent d'eux-mêmes. En rouvrant le procès, on n'essaie pas seulement de réparer rétrospectivement une injustice, ni de faire œuvre de simple érudition. Il paraît, en effet, que les idées constructives de l'anarchie sont toujours vivantes, qu'elles peuvent, à condition d'être réexaminées et passées au crible, aider la pensée socialiste contemporaine à prendre un nouveau départ. Le présent ouvrage ressortit donc tout autant au domaine de la connaissance qu'à celui de l'action.

Les textes que l'on a rassemblés étaient ou inédits ou introuvables, ou maintenus dans l'ombre par une conspiration du silence. On les a choisis, soit en raison de leur rareté, soit en raison de leur intérêt : intérêt double, provenant de la richesse de leur contenu ou de l'éclat exceptionnel de leur forme. Contrairement à des travaux similaires, on n'a pas voulu se livrer à un inventaire exhaustif de tous les écrivains se réclamant de l'idée libertaire ; on n'a pas cru devoir distribuer des palmes à chacun, sans exception ni omission. On a concentré l'attention sur les grands maîtres et négligé les épigones regardés comme secondaires.

Un précurseur : Max Stirner (1806-1856)

On croit devoir commencer par Max Stirner cette anthologie. Pour deux raisons. La première d'ordre chronologique. En effet, les principaux écrits libertaires de Stirner datent de 1842-1844, c'est-à-dire de l'époque où Proudhon publiait ses premiers écrits anarchistes. Du point de vue chronologique, il était donc indifférent de commencer par l'un ou par l'autre. Si l'on a préféré débuter par Stirner, c'est qu'il a cessé d'écrire bien avant Proudhon et c'est encore parce qu'il eût été difficile de lui trouver une autre place dans notre anthologie : Stirner est, en effet, un révolté solitaire, un sans-famille.

Dans le milieu où il a vécu, il faisait déjà bande à part. Il a réhabilité l'individu à une époque où, sur le plan philosophique, dominait l'anti-individualisme hégélien et où, sur le plan de la critique sociale, les méfaits de l'égoïsme bourgeois avaient conduit la plupart des réformateurs à mettre l'accent sur son contraire : le mot socialisme n'est-il pas né comme antonyme d'individualisme ? D'où la volée de bois vert que lui administrèrent, un peu trop sévèrement, Marx et Engels.

Stirner, prenant le contrepied de cette attitude sociétaire, exalte la valeur intrinsèque de l'individu « unique », c'est-à-dire à nul autre pareil, tiré par la nature à un seul exemplaire : cette notion, observons-le en passant, est confirmée par les plus récentes acquisitions de la biologie et elle correspond aussi à la préoccupation du monde contemporain, soucieux de sauver l'individu de toutes les aliénations qui l'écrasent, celles de l'esclavage industriel comme celles du conformisme totalitaire.

Pour s'affranchir, l'individu, selon Stirner, doit commencer par passer au crible le bagage dont l'ont obéré ses géniteurs et ses éducateurs. Il doit se livrer à un vaste travail de « désacralisation ». À commencer par la morale dite bourgeoise. Stirner s'en prend tout particulièrement au puritanisme. Ce que le christianisme « a machiné contre la passion », les apôtres du laïcisme le reprennent purement et simplement à leur compte. Ils se refusent à entendre les appels de la chair. Ils déploient leur zèle contre elle. Ils frappent l'« immoralité en pleine gueule ». On sait combien la morale laïque de la IIIe République en France devait mériter le sévère jugement de Stirner.

Notre philosophe, devançant la psychanalyse contemporaine, observe et dénonce l'intériorisation. Dès l'enfance, des préjugés moraux nous ont été ingurgités. La morale est devenue « une puissance intérieure à laquelle je ne puis me soustraire ». « Son despotisme est dix fois pire qu'antérieurement, puisqu'il gronde dans ma conscience. » « On pousse les jeunes en troupeau à l'école afin qu'ils apprennent les vieilles ritournelles et quand ils savent par cœur le verbiage des vieux, on les déclare majeurs. » Et Stirner se fait iconoclaste : « Dieu, la conscience, les devoirs, les lois sont des bêtises dont on nous a bourré la cervelle et le cœur. » Les vrais séducteurs et corrupteurs de la jeunesse, ce sont les prêtres, les maîtres, les parents qui « embourbent les jeunes cœurs et abêtissent les jeunes têtes ». Stirner devance Mai 68.

Bien entendu, la verve qui emporte sa plume le fourvoie de temps à autre dans des paradoxes. Il lui échappe des aphorismes asociaux. Il lui arrive de conclure à l'impossibilité de la vie en société. mais ces boutades occasionnelles ne traduisent pas le fond de sa pensée. Stirner, en dépit de ses attitudes d'ermite, aspire à la vie communautaire. Comme la plupart des isolés, des emmurés, des introvertis, il en a la nostalgie. À qui lui demande comment son exclusivisme pourrait lui permettre de vivre en société, il répond que seul l'homme qui a compris son « unicité » peut avoir des rapports avec ses semblables. L'individu a besoin d'amis, d'assistance ; si, par exemple, il écrit des livres, il a besoin d'oreilles. Il s'unit avec son prochain pour renforcer sa puissance et accomplir davantage par la force commune que ne le pourrait chacun isolément. « S'il y a derrière toi quelques mil-

lions d'autres pour te protéger, vous formez ensemble une puissance importante et vous aurez facilement la victoire.»

Mais à une condition : ces rapports avec autrui doivent être volontaires et libres, constamment résiliables. Stirner distingue la société préétablie, qui est contrainte, de l'association, qui est un acte libre. Il anticipe ainsi le fédéralisme de Proudhon, de Bakounine et de Kropotkine, tout comme le droit à la sécession de Lénine.

L'auteur de L'Unique et sa propriété *rencontre, tout particulièrement, les préoccupations contemporaines lorsqu'il aborde le problème du Parti en se référant expressément à celui des communistes d'alors. Il se livre, on va le voir, à une critique sévère du conformisme de parti. Un parti monolithique cesse, à ses yeux, d'être une association ; il n'est plus qu'un cadavre. Aussi rejette-t-il un tel parti, mais non certes le goût d'entrer dans une association politique : « Je trouverai toujours assez de gens qui s'associeront avec moi sans avoir à prêter serment à mon drapeau.» Il ne pourrait rejoindre le Parti que s'il n'avait « rien d'obligatoire ». La seule condition de son éventuelle adhésion serait qu'il ne puisse « se laisser prendre par le Parti ». « Le Parti n'est toujours pour lui rien d'autre qu'une partie, il est de la partie, il prend part.» « Il s'associe librement et reprend de même sa liberté.»*

Il ne manque qu'une composante dans le raisonnement de Stirner, bien qu'elle soit plus ou moins sous-jacente à travers ses écrits : il ne va guère jusqu'à admettre que son « égoïsme » est également rentable pour la collectivité. Ce n'est que par « égoïsme » qu'il consent à s'associer avec autrui. La synthèse stirnérienne de l'individu et de la société demeure boiteuse. L'asocial et le social s'affrontent dans la pensée de ce révolté sans toujours se fondre. Les anarchistes sociétaires lui en feront grief. Et avec d'autant plus de raison que Stirner, mal informé, avait commis l'erreur de ranger Proudhon parmi les communistes « autoritaires » qui, au nom du « devoir social », condamneraient l'aspiration individualiste. Or s'il est vrai que Proudhon a critiqué l'« adoration » stirnérienne de l'individu [1]*, son œuvre entière*

1. Sans nommer Stirner, donc il n'est pas certain que Proudhon l'ait lu.

est à la recherche d'une synthèse ou, plutôt, d'une « équilibration » entre la défense de l'individu et l'intérêt de la société entre la force individuelle et la force collective. « L'individualisme est le fait primordial de l'humanité », « son principe vital », mais « l'association en est le terme complémentaire ».

Les pages consacrées ici à Stirner s'ouvrent par un abrégé de sa vie, dû à la plume de son disciple français, E. Armand (1872-1962).

Max Stirner, par E. Armand

Qui donc était ce Max Stirner dont l'ouvrage capital, *L'Unique et sa propriété*, a connu une fortune inespérée, a été édité, réédité, traduit, retraduit, répandu, a fait l'objet de thèses de philosophie, de brochures et de volumes d'interprétation, d'innombrables articles de journaux et de revues dans toutes les langues parlées par les peuples civilisés du monde ?

L'Unique et sa propriété, Der Einzige und Eigentum, vit le jour en 1843 et, après avoir suscité quelques articles critiques, était tombé dans l'oubli lorsqu'un Allemand du nom de John-Henry Mackay, Écossais par son père, qui mourut lorsqu'il avait deux ans, mais élevé par sa mère et un père nourricier de langue et de culture germaniques l'un et l'autre, lorsque John-Henry Mackay, disons-nous, qui devait devenir célèbre par la suite [2] se trouvant à Londres durant l'été de 1887, son attention fut attirée au British Museum sur quelques lignes consacrées par Lange, dans son *Histoire du matérialisme*, à Stirner et à son livre. Il parvint à se procurer l'ouvrage et le lut. Son contenu le frappa à un tel point qu'il se demanda quel était l'homme qui avait écrit *L'Unique*, d'où il venait, quelle avait été sa vie, quelles avaient été les conditions de son existence, comment il était mort. Il n'épargna aucune recherche pour se renseigner, fouilla les bibliothèques publiques pour recueillir toutes les informations possibles

---

2. Non seulement par ses poèmes, dont plusieurs sont devenus classiques, par ses romans, parmi lesquels il convient de citer *Die Anarchisten (Les Anarchistes*, traduit en français) et *Der Freiheitsucher* (non encore traduit), mais encore par la part qu'il prit au mouvement individualiste anarchiste allemand.

sur l'homme auquel il s'intéressait, retrouva les enfants de ceux qu'avait fréquentés Stirner un demi-siècle ou quarante ans auparavant, les fit parler, rassembler leurs souvenirs, entra même en relation avec la seconde femme de Stirner, Maria Dänhardt. Ce fut un travail de Romain, on peut le croire. C'est le résultat de cet effort continu et prolongé que je vais essayer de décrire ici.

De ces recherches est sortie une copieuse biographie : *Max Stirner, sein Leben und sein Werk (Max Stirner, sa vie et son œuvre)* dont la première édition date de 1897. Je crois que cet ouvrage, qui n'a malheureusement pas encore été traduit en français, aida singulièrement à faire comprendre *L'Unique*.

Personne ne s'étonnera, malgré son impartialité, que Mackay ait fait jouer à son héros le beau rôle. Ce n'est pas impunément qu'il a considéré Stirner comme le plus audacieux et le plus important des penseurs d'outre-Rhin, qu'il l'a placé à la suite d'un Newton ou d'un Darwin, non pas d'un Bismarck, qu'il l'a fait éclipser Nietzsche, lequel d'ailleurs n'ignorait pas Stirner [3].

(...) Mackay nous apprend que Max Stirner n'était qu'un nom de plume, un nom de combat, que son héros s'appelait réellement Johann Kaspar Schmidt et qu'il était né le 25 octobre 1806 à Bayreuth. Son surnom de Stirner est un sobriquet dû à son front développé (*Stirn* en allemand). Il l'a conservé pour *L'Unique* et ses autres productions. Passons rapidement sur tout ce que Mackay a recueilli concernant ses études, sa carrière de professeur libre, son premier mariage incolore, brisé prématurément par la mort de sa compagne, et arrivons à ses relations avec le fameux groupe du cercle berlinois des « Affranchis », à ce que Mackay nous en laisse entrevoir.

Un singulier groupement que ce club ou réunion qui tenait ses assises chez un certain Hippel, cabaretier renommé pour la bonne qualité des breuvages qu'il débitait et dont la maison était située sur une des voies les plus passantes du Berlin d'alors. Sans règlement, sans président, on y faisait fi de toutes les critiques et on y ricanait de toutes les censures. Des discussions les plus passion-

---

3. À ce point que le front du chantre de Zarathustra s'illuminait quand on prononçait devant lui le titre de *L'Unique*, qu'il jugeait être ce qui avait paru de plus audacieux depuis Hobbes. « Il a si bien senti son affinité avec Stirner qu'il eut peur un jour de passer pour plagiaire. » (CH. ANDLER : *Nietzsche, sa vie et sa pensée*, t. IV, 1928).

nées s'y poursuivaient au milieu de la fumée que dégageaient les longues pipes de faïence bien connues de ceux qui ont fréquenté les brasseries d'outre-Rhin ; on discutait en vidant force chopes. Toutes sortes de personnages s'y rencontraient et s'y coudoyaient, les permanents, le cercle intime, fixes à leur poste des années durant, puis les passagers, qui venaient, s'en allaient, revenaient, disparaissaient.

Pour bien comprendre l'histoire de ce groupe — et il est jusqu'à un certain point le berceau de *L'Unique* —, il faudrait se mettre dans la peau du monde intellectuel allemand de 1850. L'Allemagne était alors bouleversée de fond en comble et par la critique en matière religieuse — *la Vie de Jésus* de Strauss date de cette époque — et par les aspirations vers la liberté politique qui devaient aboutir à la Révolution allemande de 1848.

Chez les « Affranchis », on discutait de tout et sur tout : sur la politique, sur le socialisme (sous sa forme communiste), sur l'antisémitisme (qui commençait à s'affirmer), sur la théologie, sur la notion d'autorité. Des théologiens comme Bruno Bauer voisinaient avec des journalistes libéraux, des poètes, des écrivains, des étudiants heureux d'échapper à l'enseignement *ex cathedra* et même quelques officiers capables de parler d'autre chose que de chevaux et de femmes et possédant assez de tact pour laisser morgue et cravache à la porte. On y voyait aussi quelques « dames » ; Marx et Engels y fréquentèrent, mais ne s'y attardèrent pas.

Bohèmes et iconoclastes qu'ils étaient, les « Affranchis » n'eurent pas toujours bonne presse ni bonne renommée. On a prétendu que chez Hippel se perpétuaient de véritables orgies, à l'allemande. Un de leurs visiteurs d'occasion, Arnold Ruge, leur cria un jour : « Vous voulez être des affranchis et vous ne remarquez même pas la boue puante où vous êtes plongés. Ce n'est pas avec des saletés (*Schweinereien*) qu'on affranchit les hommes et les peuples. Nettoyez-vous vous-mêmes avant que de vous atteler à une telle besogne. » L'abondance ne régnait pas toujours parmi les membres de la « bande de chez Hippel ». Certain soir où le brasseur refusa de pomper, nécessité fut d'aller tendre le chapeau dans l'avenue « sous les tilleuls », *Unter den Linden*, Bruno Bauer comme les autres. Un généreux étranger se trouva parfois qui comprit la situation et, amusé autant qu'intéressé, fournit le subside nécessaire pour rendre l'ardoise chez Hippel à sa virginité première. Mackay nous raconte que Max Stirner fréquenta dix ans chez les « Affranchis ». Il y portait son sourire ironique, le regard rêveur et pénétrant que, derrière ses lunettes d'acier, émettaient ses yeux bleus. Mackay nous le dépeint froid, impassible, impénétrable, n'éprouvant le besoin de se livrer à personne, ne laissant rien connaître de lui ; même à ceux avec lesquels il était à tu et à toi, rien de ses joies, rien de ses douleurs, rien des détails de sa vie quotidienne. À vrai dire, on n'a connu à Stirner, dans son entourage, ni amis intimes, ni ennemis acharnés. Son caractère ne semble pas l'avoir porté ni à aimer ni à haïr passionnément. Simple, correct, sobre, presque sans besoins, sans goûts particuliers, sauf une prédilection pour le cigare, tel Mackay nous le fait apparaître à ceux qui pouvaient l'approcher de près. Fort et concentré en soi.

Au moment où, en 1843, il se remaria avec Maria Dänhardt, une Mecklembourgeoise avenante, blonde, rêveuse, sentimentale, possédant quelque aisance, Max Stirner atteignait son apogée. Dans quelques mois, en effet, *L'Unique et sa Propriété* allait paraître.

D'une éducation distinguée, libre d'allures, la jeune femme fréquentait également chez les « Affranchis ». Elle aussi, elle appréciait les cigares, fumait la longue pipe chère aux étudiants et vidait volontiers les chopes du père Hippel. Le mariage ne fut pas heureux. Aux oreilles de Mackay a retenti l'écho des calomnies dont il fut la source et dont Stirner fut l'objet. On l'a accusé d'avoir vécu aux crochets de sa femme. Mackay a voulu se rendre compte de ce qu'il en était. Il a retrouvé Maria Dänhardt à Londres, dévote, vieillie, aigrie, mais possédant encore assez de mémoire pour lui dire « que son sang bouillait à la pensée qu'un homme possédant semblable culture et pareille éducation ait pu tirer profit de la situation d'une pauvre femme comme elle, et tromper sa confiance jusqu'à disposer de ses biens à sa guise ». On a été plus loin : jusqu'à insinuer que cet égoïste parmi les égoïstes avait éprouvé on ne sait quelle joie sadique à conduire sa femme aux « Affranchis » pour l'y voir s'y infecter et s'y corrompre matériellement et moralement.

Qu'y a-t-il de vrai dans tout cela ?

Je suis la thèse de Mackay *grosso modo*. Inexpérimentés tous deux en matière financière, surtout Stirner, qui vécut toujours pauvre, la vérité probable c'est que l'argent leur glissa entre les doigts à tous deux. Sans doute, la sensible Maria Dänhardt ne sut pas comprendre le penseur profond qui lui avait demandé de devenir sa compagne de route. Sans doute aussi, elle ne rencontra pas en lui l'ami qu'elle avait espéré et pourtant Stirner n'était pas un insensible, mais plutôt un romantique. Peu de temps après leur mariage, ils vivaient bien plus « en commun » qu'en époux. Vint une heure où la séparation s'imposa. Elle eut lieu en 1845.

(...) Max Stirner, bien loin d'être un paresseux, avait continué à produire. Ni ses déboires conjugaux, ni ceux qu'il avait éprouvés du fait de la publication de *L'Unique* n'avaient diminué sa fertilité intellectuelle. Il s'était attelé à une traduction des maîtres ouvrages de J.-B. Say et d'Adam Smith qui parut, à Leipzig, en 1845-1847 et comprenait huit volumes avec des remarques et observations insérées sous son nom. En 1852, paraissait, à Berlin, toute de sa plume, une *Histoire de la Réaction*, en deux volumes. En 1852 encore, nous trouvons une traduction, faite par lui, avec remarques, d'une brochure de J.-B. Say : *Capital et Intérêt*, imprimée à Hambourg.

Puis on n'entend plus parler de lui. Mackay nous le montre talonné par la misère, errant de logis en logis ; tous retrouvés par l'infatigable biographe de Stirner. On ne le voyait plus, il ne fréquentait personne, il fuyait ses anciens amis. Il vivait au jour le jour comme il pouvait. Il s'intitulait bien encore publiciste, professeur, docteur en philosophie, voire rentier, il était en réalité commissionnaire, porteur de messages. Il fut, en 1853, jeté deux fois en prison pour dettes. Il trouva un peu de repos dans son dernier garni, par une logeuse, une certaine Mme Weiss, qui se montra compatissante pour son locataire. Le 25 juin 1856, il succombait à la suite d'une infection dont l'origine fut la piqûre d'une mouche charbonneuse. Son calvaire était achevé. Il avait près de cinquante ans. Peu de personnes suivirent sa dernière pérégrination ; pourtant, deux anciens des « Affranchis » se trouvaient parmi elles : Bruno Bauer et Ludwig Buhl.

Les faux principes de notre éducation [4]

Le lecteur trouvera ici un texte inédit en français, qui anticipe, n'est-il pas vrai, les révolutions contemporaines dans l'enseignement.

(…) La liberté de pensée une fois acquise, c'est l'impulsion de notre temps de la parfaire pour muer en liberté de volonté, principe d'une nouvelle époque. De telle sorte que l'objectif ultime de l'éducation ne peut plus être le savoir, mais le vouloir né de ce savoir. En un mot, elle tendra à créer un homme personnel ou libre. La vérité, qu'est-ce sinon la révélation de ce que nous sommes ? Il s'agit de nous découvrir nous-mêmes, de nous libérer de tout ce qui nous est étranger, de nous abstraire ou de nous débarrasser radicalement de toute autorité, de reconquérir la naïveté. L'École ne produit pas d'hommes aussi absolument vrais. S'il en existe quand même, c'est bien malgré l'École. Celle-ci, sans doute, nous rend maîtres des choses, à la rigueur aussi, maîtres de notre propre nature. Mais elle ne fait pas de nous des natures libres. En effet aucun savoir, fût-il approfondi et étendu, aucun esprit aiguisé ou sagace, aucune finesse dialectique ne peuvent nous prémunir contre la bassesse du penser et du vouloir.

(…) Toutes les sortes de vanité et d'appétit de gain, d'arrivisme, de zèle servile et de duplicité, etc. se marient fort bien avec un savoir étendu, tout comme avec une élégante formation

---

4. Extraits de Max Stirner, *Écrits mineurs* (en allemand), 1842. Les textes de Stirner qui suivent ont été traduits de l'allemand par Marie Guérin.

classique. Et tout ce fatras scolaire, qui n'exerce aucune influence sur notre comportement moral, nous l'oublions souvent, d'autant plus aisément qu'il ne nous sert de rien : on secoue la poussière de l'école lorsqu'on la quitte. Pourquoi ? Parce que l'éducation consiste uniquement dans le formel ou le matériel, tout au plus dans une mixture des deux, mais non point dans la vérité, dans la formation de l'homme vrai.

(...) Comme certains autres domaines, le domaine pédagogique est aussi de ceux où l'on s'applique à ne pas laisser pénétrer la liberté, à ne pas tolérer d'opposition : ce qu'on veut, c'est de la soumission. On n'a en vue qu'un dressage purement formel et matériel. Des ménageries de l'humanisme ne sortent que des savants, de celles des réalistes que des « citoyens utiles », dans les deux cas rien que des créatures soumises. Notre bon vieux fond de « méchanceté » est étouffé de vive force et, partant, l'aboutissement du savoir en volonté libre. Aussi la vie scolaire produit-elle des philistins. De même qu'enfants on nous apprenait à accepter tout ce qui nous était imposé, nous nous accommodons plus tard d'une vie positive, nous nous plions à notre temps, nous en devenons les valets et les prétendus « bons citoyens ».

Où donc, à la place de la soumission entretenue jusqu'ici, voit-on se renforcer un esprit d'opposition ? Où forme-t-on à la place de l'homme instruit un homme créateur ? Où donc le professeur se transforme-t-il en collaborateur, où opère-t-on la transmutation du savoir en vouloir, où donc l'objectif est-il l'homme libre plutôt que l'homme cultivé ? On le recherche en vain, tant la chose est rare.

Il faudrait pourtant que l'on se mette davantage dans la tête que la tâche suprême de l'homme n'est ni l'instruction, la civilisation, mais l'autoactivité. La culture en sera-t-elle négligée pour autant ? Pas plus que nous ne méditons de sacrifier la liberté de pensée, mais bien plutôt de la transfigurer en liberté de volonté. Le jour où l'homme se fera un point d'honneur de se sentir et de se connaître lui-même, d'agir par lui-même, en toute autonomie, en pleine conscience de lui-même, en pleine liberté, il cessera d'être pour lui-même un objet étranger et impénétrable, il tendra à dissiper l'ignorance qui limite et empêche sa pleine connaissance de lui-même.

Éveille-t-on chez l'homme l'idée de la liberté, les hommes

libres ne songent qu'à se libérer eux-mêmes encore et toujours ; n'en fait-on, au contraire, que des hommes instruits, ils s'adaptent à toutes les circonstances de la manière la plus cultivée et la plus raffinée, ils tombent au niveau d'âmes soumises et serviles. Que sont, pour la plupart, nos beaux messieurs pleins d'esprit et de culture ? Des esclavagistes ricaneurs, eux-mêmes esclaves.

(...) La misère de notre éducation actuelle vient, pour une large part, de ce que le savoir ne s'est pas affiné en volonté, en autoactivité, en pratique pure. Les réalistes se sont bien aperçus de la lacune, mais ils n'y ont remédié que de façon pitoyable en formant des gens « pratiques » dénués autant d'idée que de liberté. L'esprit qui anime la plupart des enseignants en est une preuve tristement vivante. Façonnés, au mieux il façonnent à leur tour ; dressés, ils dressent. Mais toute éducation doit devenir personnelle. (...) En d'autre termes, ce n'est pas le savoir qui doit être inculqué, c'est la personnalité qui doit parvenir à son propre épanouissement. Le point de départ de la pédagogie ne doit pas être de civiliser, mais de former des personnalités libres, des caractères souverains ; aussi la volonté jusqu'ici brutalement opprimée doit-elle cesser d'être affaiblie. Du moment qu'on n'affaiblit pas l'impulsion vers le savoir, pourquoi affaiblirait-on l'impulsion vers le vouloir ? Si on cultive celui-là, qu'on cultive également celui-ci.

L'opiniâtreté et la « méchanceté » des enfants ont autant leur raison d'être que leur soif de connaître. On stimule cette dernière avec zèle ; qu'on excite aussi la force naturelle de la volonté : l'opposition. Si l'enfant n'apprend pas à se sentir lui-même, c'est justement la chose principale qu'il n'apprend pas. Qu'on ne réprime ni sa fierté, ni sa franchise. Contre sa pétulance, il me restera toujours ma propre liberté. Si sa fierté se transforme en obstination, l'enfant me fera violence, ce contre quoi je réagirai, car je suis un être aussi libre que l'enfant. Mais devrai-je me défendre en m'abritant derrière le rempart commode de l'autorité ? Non pas. Je lui opposerai la rigidité de ma propre liberté, de sorte que d'elle-même l'obstination de l'enfant tombera. Qui est un homme complet n'a pas besoin d'être une autorité. Et, si la franchise devient de l'effronterie, elle perdra sa force devant la douce résistance d'une femme attentionnée, devant son tempérament maternel ou devant la fermeté d'un père ; il faut être bien faible pour appeler l'autorité à l'aide et l'on se trompe si l'on croit guérir l'enfant impertinent en faisant de lui un timoré.

Exiger la crainte et le respect sont choses qui appartiennent au style rococo d'une épouse révolue.

De quoi donc nous plaignons-nous quand nous regardons en face les lacunes de notre éducation actuelle ? De ce que nos écoles en sont encore au principe ancien, au principe du savoir sans volonté. Le nouveau principe est celui de la volonté, de la transfiguration du savoir. Partant de là, plus de « concordat entre l'école et la vie », mais que l'école soit vie et que, dans son sein, comme au-dehors, on se fixe comme devoir l'autodécouverte de la personnalité. Que la culture universelle de l'école vise à l'apprentissage de la liberté, non de la soumission : être libres, voilà la vraie vie.

L'éducation pratique reste bien en arrière de l'éducation personnelle et libre ; si celle-là donne le moyen de faire son chemin dans la vie, celle-ci procure la force de faire jaillir l'étincelle de la vie ; si celle-là prépare l'écolier à se trouver chez lui dans un monde donné, celle-ci lui apprend à être chez lui en son for intérieur. Tout n'est pas encore accompli quand nous nous comportons comme des membres utiles de la société. Nous ne pouvons y parvenir pleinement qu'à condition d'être des hommes libres, des individus qui créent et agissent par eux-mêmes.

L'idée, l'impulsion des temps nouveaux, c'est la liberté de la volonté. La pédagogie doit donc se proposer comme point de départ et comme fin de la formation de la libre personnalité. (...) Cette culture qui est vraiment universelle, parce que le plus humble s'y rencontre avec le plus élevé, représente la véritable égalité de tous : l'égalité des personnalités libres : car la liberté seule est égalité. (...) Nous avons besoin désormais d'une éducation personnelle. (...) Si l'on veut donner un nom en « iste » à ceux qui suivent ces principes, je choisirais, pour ma part, celui de personnalistes.

(...) Pour conclure et exprimer en peu de mots le but vers lequel notre temps doit mettre le cap, la disparition nécessaire du savoir sans volonté et le lever du savoir conscient de soi, qui s'accomplit dans l'éclat du soleil de la personnalité libre, pourraient se concevoir ainsi : savoir doit mourir pour ressusciter comme volonté et se recréer quotidiennement comme personnalité libre.

L'Unique et sa propriété (1843)

Ce que l'on nomme État [5]

Ce que l'on nomme État est comme un tissage et un tressage fait de dépendances et d'adhésion, une appartenance commune, où tous ceux qui font cause commune s'accommodent les uns des autres, dépendent les uns des autres. Il est l'ordonnancement de cette dépendance mutuelle. Vienne à disparaître le roi, qui confère l'autorité à tous, de haut en bas, jusqu'au valet du bourreau, l'ordre n'en serait pas moins maintenu, contre le désordre des instincts bestiaux, par tous ceux qui ont le sens de l'ordre bien ancré dans leur conscience. Que l'emporte le désordre, ce serait la fin de l'État.

Mais cette idée sentimentale de s'accommoder les uns des autres, de faire cause commune et de dépendre les uns des autres, peut-elle vraiment nous convaincre ? À ce compte, l'État serait la réalisation même de l'amour, où chacun serait pour autrui et vivrait pour autrui. Mais le sens de l'ordre ne va-t-il pas mettre en péril l'individualité ? Ne va-t-on pas se contenter d'assurer l'ordre par la force, de telle sorte que nul « ne marche sur les pieds du voisin », que le troupeau soit judicieusement parqué ou ordonné ? Tout est alors pour le mieux dans le meilleur des ordres, et cet ordre idéal, mais c'est l'État.

Nos sociétés et nos États existent, sans que nous les fassions,

---

5. Extraits de Max Stirner, *L'Unique et sa propriété*, 1843. Tous les titres sont de nous.

ils sont réunis sans notre assentiment, ils sont prédestinés, ils ont une existence propre, indépendante, ils sont contre nous, les individualistes, ce qui existe de façon indissoluble. Le monde d'aujourd'hui est, comme on dit, en lutte contre l'« état des choses existant ». Cependant, on se méprend, en général, sur le sens de cette lutte, comme s'il ne s'agissait que de troquer ce qui existe actuellement contre un nouvel ordre qui serait meilleur. C'est bien plutôt à tout ordre existant, c'est-à-dire à l'État, que la guerre devrait être déclarée, non pas à un État en particulier, encore moins à la forme actuelle de l'État. L'objectif à atteindre n'est pas un autre État (« l'État populaire [6] » par exemple), mais l'association, association toujours changeante et renouvelée, de tout ce qui existe.

L'État est présent même sans mon entremise. J'y nais, j'y suis élevé, j'ai envers lui mes devoirs, je lui dois « foi et hommage ». Il me prend sous son aile tutélaire et je vis de sa grâce. L'existence indépendante de l'État est le fondement de mon manque d'indépendance. Sa croissance naturelle, sa vie comme organisme exigent que ma nature à moi ne croisse pas librement, mais soit découpée à sa taille. Pour qu'il puisse s'épanouir naturellement, il me passe aux ciseaux de la « culture ». L'éducation, l'instruction qu'il me donne sont à sa mesure, non à la mienne. Il m'apprend, par exemple, à respecter les lois, à m'abstenir de porter atteinte à la propriété de l'État (c'est-à-dire à la propriété privée), à vénérer une majesté divine et terrestre, etc. En un mot, il m'apprend à être irréprochable, en sacrifiant mon individualité sur l'autel de la « sainteté » (est saint n'importe quoi, par exemple, la propriété, la vie d'autrui, etc.). Telle est la sorte de culture et d'instruction que l'État est apte à me donner. Il me dresse à devenir un « instrument utile », un « membre utile de la société ».

C'est ce que doit faire tout État, qu'il soit « État populaire », absolu ou constitutionnel. Il le sera tant que nous serons plongés dans l'erreur de croire qu'il est « moi », et, comme tel, une « personne » morale, mystique ou publique.

---

6. En allemand *Volksstaat*. Cette expression déjà couramment employée en Allemagne du temps de Stirner, devait devenir, un quart de siècle plus tard, un des mots d'ordre de la social-démocratie allemande et le titre de son journal. Marx et Engels, après avoir d'abord toléré l'expression, la condamneront, après avoir été, sur ce point, harcelés par la critique de Bakounine.

Liberté individuelle et société

La condition primitive de l'homme n'est pas l'isolement ou la solitude, mais la vie en société. Notre existence commence par l'union la plus intime, puisque, avant même de respirer, nous vivons ensemble avec notre mère : lorsque ensuite nous ouvrons les yeux à la lumière, c'est pour nous retrouver sur la poitrine d'un être humain ; son amour nous berce, nous tient en laisse et nous enchaîne à sa personne par mille liens. La société est notre état naturel. C'est pourquoi, à mesure que nous apprenons à nous sentir nous-mêmes, l'union qui a d'abord été si intime se relâche toujours davantage et la dissolution de la société primitive devient de plus en plus manifeste. Si la mère veut, une fois encore, avoir pour elle seule l'enfant, qui naguère reposait sous son cœur, il faut qu'elle aille le chercher dans la rue et qu'elle l'enlève à la compagnie de ses camarades de jeu. Car l'enfant préfère la fréquentation de ses pareils à la société dans laquelle il n'est pas entré de lui-même, mais où il n'a fait que naître.

(...) Lorsqu'une association s'est cristallisée en société, elle a cessé d'être une association, vu que l'association est un acte continuel de réassociation. Elle est devenue une association à l'état d'arrêt, elle s'est figée. Elle est morte en tant qu'association, elle n'est plus que le cadavre de l'association, en un mot elle est devenue société, communauté. le parti (politique) nous offre un exemple éloquent de ce processus.

Qu'une société, par exemple celle de l'État, rogne ma liberté, peu me chaut. Il me faut bien me résigner à laisser réduire ma liberté par toutes sortes de puissances, par tout être plus fort que moi, voire par chacun de mes semblables. Quand bien même je serais l'autocrate de toutes les Russies, je ne pourrais pas jouir d'une liberté absolue. Mais quant à mon individualité, je ne veux pas qu'on y touche. Or c'est précisément l'individualité que la société prend pour cible et qu'elle entend assujettir à son pouvoir.

Une société à laquelle j'adhère m'enlève, certes, quelques libertés, mais, en contrepartie, elle m'accorde d'autres libertés. Peu importe aussi que je me prive moi-même de telle ou telle liberté (par exemple par contrat). En revanche je veillerai jalousement sur mon individualité. Toute communauté tend, plus ou moins, selon l'étendue de son pouvoir, à s'ériger en autorité au-dessus de ses membres et à restreindre leur liberté de mouvements. Elle leur demande, et elle est obligée d'exiger d'eux, l'intelligence bornée propre aux sujets, elle les veut assujettis, elle n'existe que par leur sujétion. Ce qui n'exclut nullement une certaine tolérance ; au contraire, la société accueillera favorablement des projets d'amélioration, des réprimandes, des blâmes, pour autant qu'ils lui soient profitables : mais le blâme qu'elle accepte doit être « bienveillant ». Il ne doit pas être « insolent et irrévérencieux ». En un mot, on ne doit pas porter atteinte à la substance de la société, on doit la considérer comme sacrée. La société exige que l'on ne s'élève point au-dessus d'elle, que l'on demeure dans les « bornes de la légalité », c'est-à-dire que l'on ne se permette que ce qui est permis par la société et ses lois.

Il y a une différence entre une société qui restreint ma liberté et une société qui restreint mon individualité. Dans le premier cas, il y a union, entente, association. Mais si mon individualité est menacée, alors c'est qu'elle a affaire à une société qui est une puissance en soi, une puissance au-dessus de Moi, qui m'est inaccessible, que je peux, certes, admirer, adorer, vénérer, respecter, mais que je ne puis ni dompter ni utiliser, pour la bonne raison que devant elle je renonce et j'abdique. La société repose sur mon renoncement, mon abnégation, ma lâcheté, sur ce qu'on appelle humilité. Mon humilité lui donne du courage, ma soumission fait sa domination.

Cependant en ce qui concerne la liberté, il n'y a pas de différence essentielle entre État et association. Aucune association ne pourrait être fondée ni exister sans certaines limitations de la liberté, tout comme un État n'est pas compatible avec une liberté illimitée. Une limitation de la liberté est partout inévitable. Car on ne saurait s'affranchir de tout. Nous ne pouvons pas, simplement parce que nous aimerions le faire, voler comme des oiseaux, car nous ne pouvons pas nous défaire de notre propre pesanteur. Nous ne pouvons pas non plus vivre à volonté sous l'eau, comme un poisson, car nous ne saurions nous passer d'air, c'est là un besoin dont nous ne pouvons nous affranchir et ainsi de suite.

(…) Il est vrai que l'association procure une plus grande mesure de liberté et qu'elle peut être regardée comme une « nouvelle liberté ». On y échappe, en effet, à toutes les contraintes inhérentes à la vie dans l'État et dans la société. Cependant, en dépit de ces avantages, l'association n'en comporte pas moins pour nous un certain nombre d'entraves.

Relativement à l'individualité, la différence entre État et association est considérable : celui-là en est l'ennemi, le meurtrier, celle-ci en est la fille et l'auxiliaire. L'un est un esprit qui exige notre adoration en esprit et en vérité ; l'autre est mon œuvre, ma création. L'État est le maître de mon esprit, il requiert ma foi et m'impose un article de foi, le credo de la légalité. Il exerce sur moi une influence morale, domine mon esprit, me dépossède de mon Moi pour se substituer à lui en tant que mon véritable moi. Bref l'État est sacré et, par rapport à moi, l'individu, il est l'homme véritable, l'esprit, le fantôme.

L'association, au contraire, est ma création propre, ma créature. Elle n'est pas sacrée. Elle ne s'impose pas comme une puissance spirituelle supérieure à mon esprit. Je ne veux pas être l'esclave de mes maximes, mais bien plutôt les soumettre à ma critique constante. Je ne leur accorde aucun droit de cité chez moi. Je veux encore moins m'engager pour tout mon avenir dans l'association, lui « vendre mon âme », comme dirait le diable, et comme c'est réellement le cas quand il s'agit de l'État ou de toute autre autorité spirituelle. Je suis et resterai toujours vis-à-vis de moi-même plus que l'État, que l'Église, que Dieu, etc. et donc, infiniment plus, aussi, que l'association.

On me dit que je dois être un homme parmi mes semblables (Marx, *La Question juive,* page 60). Je dois respecter en eux mes semblables. Personne n'est pour moi respectable, pas même mon semblable. Il est uniquement, comme d'autres êtres, un objet auquel je m'intéresse ou ne m'intéresse pas, un sujet utilisable ou inutilisable.

S'il peut m'être utile, je vais, bien sûr, m'entendre et m'associer avec lui, afin de renforcer mon pouvoir et, à l'aide de notre force commune, accomplir davantage que ne le pourrait chacun de nous isolément. Je ne vois rien d'autre dans cette communauté qu'une multiplication de ma force et je n'y consens qu'aussi longtemps que cette multiplication produira ses effets. C'est alors qu'il y a association.

L'association n'est maintenue par aucun lien naturel ou spirituel, et elle n'est pas une alliance naturelle, une alliance spirituelle. Elle n'a son origine ni dans une consanguinité, ni dans une foi commune. Dans une alliance naturelle, telle que la famille, la tribu, la nation, voire l'humanité, les individus n'ont de valeur que comme spécimens d'un même genre ou d'une même espèce. Dans une alliance spirituelle, communauté religieuse ou Église, l'individu n'est qu'un membre régi par l'esprit commun. Dans les deux cas, ce que tu représentes comme Unique doit être étouffé. Comme individu unique, tu peux t'affirmer seulement dans l'association parce que l'association ne te possède pas, parce que c'est toi qui la possèdes ou qui l'utilises à ton profit.

(...) L'État s'efforce de maîtriser les convoitises ; en d'autres termes, il cherche à les tourner vers lui seul et à les satisfaire avec ce qu'il a à leur offrir. Il ne lui vient pas à l'idée de les assouvir pour l'amour des convoiteux. Au contraire, il traite d'« égoïste » l'homme aux appétits effrénés, et l'homme « égoïste » est son ennemi. Il le considère comme tel parce que la capacité de s'accorder avec l'« égoïste » et de le comprendre fait défaut à l'État, il ne saurait en être autrement, ne s'occupe que de lui-même, il n'a cure de mes besoins et ne se soucie de moi que pour m'occire, c'est-à-dire faire de moi un autre Moi, un bon citoyen. Il prend ses dispositions pour « améliorer les mœurs ». Et que fait-il pour se gagner les individus ? Il met en œuvre les moyens spécifiques de l'État. Il ne se lasse pas de faire participer tout le monde à ses « biens », aux bienfaits de l'instruction et de la culture. Il vous fait le cadeau de son éducation. Il vous ouvre les portes de ses établissements d'enseignement, il vous donne le moyen d'accéder par les voies de l'industrie à la propriété, c'est-à-dire à l'inféodation. En contrepartie de l'octroi de ce fief, il n'exige de vous que le juste intérêt d'une constante reconnaissance. Mais il est des « ingrats » qui oublient de payer leur redevance. (...)

Dans l'association, tu apportes toute ta puissance, tout ce que tu possèdes, et tu te fais valoir. La société, elle, t'exploite, toi et ta force de travail. Dans la première, tu vis en individualiste, dans la seconde, tu dois travailler à la vigne du seigneur. À la société, tu dois tout ce que tu as et tu es engagé vis-à-vis d'elle, accablé de « devoirs sociaux ». L'association, c'est toi qui t'en sers et, dès que tu ne vois plus rien à en tirer, tu la quittes, tu ne lui dois plus rien, tu n'as pas à lui être fidèle.

La société est, elle, plus que toi, elle t'en impose. L'association n'est rien d'autre que ton outil, que l'épée qui confère à tes forces naturelles plus de tranchant. La société, au contraire, te revendique pour elle. Elle peut exister tout aussi bien sans toi. En bref, la société est sacrée, l'association t'appartient. La société se sert de toi, et c'est toi qui te sers de l'association.

Du Parti

Le Parti dont on a, depuis peu, chanté les louanges appartient aussi au chapitre de la société.

Dans l'État, le Parti a sa place. « Parti, Parti, qui n'en serait pas ! » Mais l'individu est unique, donc point membre du Parti. Il s'associe librement et reprend de même sa liberté. Le Parti n'est qu'un État dans l'État et, dans cette plus petite société d'abeilles, la paix doit tout aussi bien régner que dans la plus grande. Ceux-là mêmes qui crient le plus fort que dans l'État il doit y avoir une opposition tonnent contre la moindre bisbille au sein du Parti. Ce qui prouve qu'ils ne veulent, eux aussi, qu'un État qui soit un. Ce n'est pas avec l'État, mais avec l'Individu unique que tous les partis sont incompatibles.

Rien n'est plus commun, de nos jours, que de s'entendre exhorter à rester fidèle à son Parti, rien n'est plus méprisable aux yeux des hommes de Parti qu'un individu qui déserte son Parti. Il faut suivre son Parti toujours et partout : ses principes essentiels, il faut absolument les approuver et les soutenir. Certes, les choses ne vont pas aussi loin que dans certaines sociétés fermées qui enchaînent leurs membres à leurs fois ou à leurs statuts (telles que les ordres religieux, les jésuites, etc.). Mais le Parti cesse d'être une association dès lors qu'il veut imposer par la contrainte certains principes et les défendre contre toute attaque. Cet instant est précisément le jour de naissance du Parti. En tant que Parti, il fait figure de société constituée, d'association morte ; il est devenu comme une idée fixe. Parti absolutiste, il ne veut pas accepter que l'infaillibilité de ses principes soit mise en doute par ses membres. Ceux-ci ne pourraient se laisser gagner par le doute que s'ils étaient assez individualistes pour vouloir être encore quelque chose en dehors de leur Parti, c'est-à-dire

« impartiaux ». Ils ne peuvent être impartiaux en tant qu'hommes du Parti, mais seulement en tant qu'individualistes.

Es-tu protestant, et appartiens-tu à ce Parti, tu ne peux que justifier le protestantisme, à la rigueur le « purifier », mais non le récuser. Es-tu chrétien, fais-tu partie des adeptes du Parti chrétien, tu ne peux t'en retirer en tant que membre de ce Parti, mais seulement si ton individualisme, c'est-à-dire ton « impartialité », t'y pousse. Quels qu'aient été les efforts des chrétiens jusqu'à Hegel et aux communistes, pour rendre fort leur Parti, ils n'ont rien trouvé de mieux que ceci : le christianisme renferme la vérité éternelle et l'ont doit se borner à la démontrer et à la justifier.

En bref, le Parti ne supporte pas l'« impartialité », et c'est justement dans celle-ci qu'apparaît l'individualisme. Que m'importe le Parti ? Je trouverai toujours assez de gens qui s'associeront avec moi sans avoir à prêter serment à mon drapeau.

Qui passe d'un Parti à un autre se fait traiter aussitôt de « transfuge ». C'est que la Morale exige que l'on reste fidèle à son Parti, et le renier c'est se tacher de la souillure de l'« infidélité ». Seule l'individualité ne connaît aucun commandement de la « fidélité » et de l'« attachement» ; elle permet tout, y compris l'apostasie, la désertion. Inconsciemment les gens à Morale se laissent eux aussi conduire par ce principe, lorsqu'ils ont à juger un déserteur qui rejoint leur propre Parti ; ils ne se gênent certes pas pour faire du prosélytisme. Ils devraient seulement prendre conscience du fait que l'on doit se comporter de façon immorale si l'on veut se comporter en individu, en d'autres termes, que l'on doit abjurer sa foi, et rompre jusqu'à son serment, pour se déterminer soi-même, au lieu d'être déterminé par des considérations d'ordre moral.

Aux yeux des gens à morale rigide, un apostat chatoie toujours de couleurs équivoques et ne gagne pas aisément leur confiance : il porte sur lui la tache de l'« infidélité », ce qui revient à dire : d'une immoralité. Cette façon de voir est presque générale chez les gens du commun. Quant aux gens éclairés, ils sont, à ce propos comme à tout propos, plongés dans l'incertitude et le trouble. La contradiction qu'engendre nécessairement le principe de la moralité, ils ne la perçoivent pas consciemment, du fait de la confusion de leurs idées. Ils ne se risquent pas à traiter d'immoraux les apostats, parce qu'ils poussent eux-mêmes à l'apostasie, à la désertion d'une religion pour une autre, et qu'ils ne veulent pas non plus renoncer au point de vue de la moralité. Une occasion de s'en débarrasser qu'ils pourraient vraiment saisir !

Les individus, les Uniques forment-ils un Parti ? Comment pourraient-ils être des Uniques, s'ils étaient membres d'un Parti ?

Serait-ce qu'il ne faut adhérer à aucun Parti ? En rejoignant un Parti, en entrant dans son cercle, je noue une association avec lui, qui dure aussi longtemps que le Parti et moi avons en commun le même objectif. Mais, si aujourd'hui je partage encore la tendance du Parti, demain déjà je ne le puis plus et je lui deviens « infidèle ». Le Parti n'a pour moi rien d'obligatoire, rien qui m'engage, et je ne le respecte point. S'il ne me plaît plus, je lui deviens hostile.

Dans chaque Parti, qui défend son existence, les membres sont d'autant moins libres ou d'autant moins « uniques », ils sont d'autant plus privés d'individualité qu'ils se plient aux moindres désirs du Parti. L'indépendance du Parti entraîne la dépendance des membres du Parti.

Un Parti, quelle qu'en soit la nature, ne peut jamais se passer d'une profession de foi. C'est que ses membres doivent croire à ses principes et ne les point mettre en doute ou en question. Ils doivent être pour eux, ces principes, le certain, l'indubitable. En un mot, l'on doit appartenir corps et âme au Parti, sans quoi l'on n'est pas un véritable homme de Parti, mais plus ou moins, un individualiste. Mets en doute le christianisme, tu n'es déjà plus un vrai chrétien, tu commets l'insolence de remettre en cause le christianisme et de le traduire devant ton tribunal individuel. Tu as péché contre le christianisme, contre la cause d'un Parti. (...) Mais tant mieux pour toi, si tu ne te laisses pas effrayer : ton insolence t'aide à conquérir ton individualité.

Alors, demandera-t-on, un individualiste ne pourra jamais prendre parti ? Mais si. À condition de ne pas se laisser prendre par le Parti. Le Parti n'est toujours pour lui rien d'autre qu'une partie. Il est de la partie, il prend part.

Révolte et Révolution

Révolution et révolte, ces mots ne doivent pas être pris pour des synonymes. La première consiste en un bouleversement de l'état de choses existant, du statut de l'État ou de la société, elle est donc un acte politique ou social. La seconde, tout en entraînant inévitablement une transformation de l'ordre établi, ne prend pas son point de départ dans cette transformation. Elle part du fait que les hommes sont mécontents d'eux-mêmes. Elle n'est pas une levée de boucliers, mais un soulèvement des individus, une rébellion qui ne se soucie point des institutions qu'elle est susceptible de produire. La Révolution, elle, a comme objectif de nouvelles institutions. La Révolte nous conduit à ne plus nous laisser gérer, mais à nous gérer nous-mêmes. La Révolte n'attend pas des merveilles des « institutions » à venir. Elle est un combat contre ce qui existe. Réussit-elle, ce qui existe s'écroule de soi-même. Elle ne fait que libérer mon Moi de l'état de choses existant. Lequel, dès l'instant où j'en ai pris congé, se meurt et tombe en putréfaction.

Or, puisque mon objectif n'est pas de renverser ce qui existe, mais de m'élever au-dessus de ce qui existe, mes actes n'ont rien de politique ou de social, ils n'ont d'autre objet que moi-même et mon individualité, ils sont « égoïstes ». Les institutions sont une exigence de la Révolution. La Révolte veut qu'on se soulève ou qu'on s'élève. Le choix d'une constitution, telle était la préoccupation des chefs révolutionnaires ; toute l'histoire politique de la Révolution bouillonnait de luttes et de questions constitutionnelles, de même que le talent des réformateurs sociaux s'est montré extrêmement fertile en institutions sociales (phalanstères et autres). Le révolté, lui, s'efforce de s'affranchir de toute constitution.

Anticritique [7]

Le texte qui suit est inédit en français. Stirner y répond, à la troisième personne, à plusieurs de ceux qui le critiquèrent. La première partie en parut dans la troisième livraison de 1845 de la revue Wigand's Vierteljahrschrift *sous le titre : « Auteurs de comptes rendus sur Stirner. » Stirner y répondait tout d'abord à Ludwig Feuerbach. L'auteur de l'*Essence du Christianisme, *que Stirner avait pris à partie, dans son livre, de façon virulente, avait publié anonymement, dans le deuxième volume de 1845 de la même revue, un texte :* De « L'Essence du Christianisme » en rapport avec l'Unique et sa Propriété. *Stirner répondait ensuite à Moïse Hess, qui l'avait attaqué dans une petite brochure de vingt-huit pages, parue, en 1845, à Darmstadt, sous le titre :* Les Derniers Philosophes. *La seconde partie de cette « anticritique » parut, sous le pseudonyme de G. Edward, dans la quatrième livraison de 1847 de la revue* Les Épigones *d'Otto Wigand, sous le titre : « Les réactionnaires philosophes, réponse à " Les sophistes modernes " de Kuno Fischer. » Stirner y répondait, toujours à la troisième personne, à une critique de Kuno Fischer, qui avait paru en 1847, sous le titre « Les sophistes modernes », dans la* Leipziger Revue, *et qui était principalement dirigée contre lui.*

Ce qui intéresse le lecteur d'aujourd'hui, c'est sans doute moins les arguties et les ergotages de Stirner aux prises avec ses adversaires que la façon dont il différencie l'« égoïsme » indivi-

7. *In Écrits mineurs. op. cit.*

dualiste qui est le sein de l'égoïsme vulgaire et dont il concilie son individualisme avec l'esprit d'association.

QU'EST-CE QUE L'ÉGOÏSME STIRNÉRIEN ?

On s'est fait une certaine idée de l'égoïsme, par quoi l'on entend tout simplement l'« isolement ». Mais qu'est-ce que l'égoïsme peut avoir à faire avec l'isolement ? Est-ce que Je (Ego) deviens un égoïste si, par exemple, je fuis les hommes ? Je m'isole ou m'esseule sans doute, mais je n'en suis pas, pour autant, plus égoïste que d'autres, qui continuent à fréquenter les hommes et s'en réjouissent. Si je m'isole, c'est que je ne trouve plus d'agrément à la société ; si j'y demeure, c'est que les hommes ont encore beaucoup à m'offrir. Demeurer parmi eux n'est pas moins égoïste que de s'en isoler.

Dans la concurrence, certes, chacun est isolé. Mais quand un jour, peut-être, la concurrence disparaîtra, parce qu'on reconnaîtra l'action commune comme plus profitable que l'isolement, est-ce qu'alors, dans les associations, tout un chacun ne sera pas pareillement égoïste et à la recherche de son intérêt propre ? On réplique que, toutefois, ce ne sera pas aux dépens d'autrui, mais pour la bonne raison qu'autrui ne voudra plus être assez fou pour laisser tout un chacun vivre à ses dépens.

Et pourtant l'on dit : « Est égoïste celui qui ne pense qu'à soi. » Mais ce serait là un homme qui ne connaît et ne sait apprécier aucune des joies résultant de l'intérêt que l'on prend à autrui, de la considération que l'on a pour autrui. Ce serait là un homme privé d'innombrables plaisirs, une pauvre nature. Pourquoi donc ce relégué et cet isolé seraient-ils déclarés plus égoïstes que de plus riches natures ? Est-ce que l'huître est plus égoïste que le chien, le Noir plus égoïste que l'Allemand, est-ce que le pauvre fripier juif méprisé est plus égoïste que le socialiste enthousiaste et le vandale, détruisant des œuvres d'art qui le laissent insensible, est-il plus égoïste que le connaisseur attentionné, qui en prend le plus grand soin, parce qu'il a de l'intérêt et du goût pour elles ? Et s'il existait quelqu'un — nous laissons ouverte la question de savoir si l'existence d'un tel cas peut être prouvée —, qui ne trouve aucun intérêt « humain » aux hommes, qui ne sache les apprécier en tant qu'hommes, ne serait-il pas un pauvre égoïste, et non point un Égoïste authentique ? (...) Celui qui aime un être humain est, du fait de cet amour, plus riche qu'un autre qui n'aime personne ; mais l'on n'a pas affaire ici à une opposition entre égoïsme et non-égoïsme, ces deux types humains ne faisant que suivre, chacun à sa façon, leur intérêt respectif.

« Néanmoins chacun doit s'intéresser aux hommes, doit aimer les hommes ! » Eh bien ! voyez où vous en arrivez avec ce devoir, avec ce commandement d'amour. Depuis deux mille ans on en remplit le cœur des hommes, et pourtant les socialistes se plaignent aujourd'hui de ce que nos prolétaires soient traités avec moins d'égards que les esclaves des Anciens, et pourtant ces mêmes socialistes prônent une fois de plus, et à grand renfort de voix, ce commandement d'amour.

Vous voulez que les hommes vous témoignent de l'intérêt ? Eh bien ! obligez-les à en éprouver pour vous, et cessez d'être des saints inintéressants, qui présentent leur sainte humanité comme un habit sacré, et clament comme des mendiants : « Respect pour notre nature humaine, qui est sacrée ! »

L'Égoïsme, dont Stirner se fait le protagoniste, n'est pas le contraire de l'amour, ni de la pensée, il n'est pas ennemi d'une douce vie amoureuse, ni du dévouement et du sacrifice, il n'est pas hostile à la cordialité la plus tendre, il n'est pas non plus ennemi de la critique, ni du socialisme, en un mot, il n'est l'ennemi d'aucun intérêt : il n'exclut aucun intérêt. Il va à l'encontre seulement de l'inintérêt et de l'inintéressant : il ne s'occupe pas à l'amour, mais à l'amour saint, pas à la pensée, mais à la pensée sainte, il n'est pas contre les socialistes, mais contre les socialistes saints, etc.

L'« exclusivisme » du véritable Égoïste, que l'on voudrait faire passer pour de l'« isolement », du « détachement », est au contraire une pleine participation à ce qui suscite de l'intérêt, à l'exclusion de ce qui n'en suscite pas.

Le plus important chapitre du livre de Stirner[8], le chapitre « Mes relations », les relations avec le monde et l'association d'Égoïstes, on n'a pas voulu l'inscrire au crédit de Stirner.

8. *L'Unique et sa propriété.*

Moïse Hess et les deux sortes d'associations d'Égoïstes

(...) Hess soutient que « toute notre histoire n'a été rien d'autre jusqu'à présent que l'histoire d'associations égoïstes, dont les fruits, l'esclavage de l'Antiquité, le servage romain, et la servitude moderne, principielle et universelle, sont bien connus de nous tous ». Tout d'abord, Hess emploie ici (...) l'expression « association égoïste » au lieu de celle de Stirner « association d'Égoïstes ».

Ses lecteurs (...) ne tarderont pas, pour sûr, à trouver exact et indubitable que les associations dont il parle étaient bien des « associations égoïstes ». Mais une association, où la plupart se laissent berner quant à leurs intérêts les plus naturels et les plus évidents, est-elle une association d'Égoïstes ? Sont-ce réellement des « Égoïstes » qui sont associés là où l'un est l'esclave ou le serf de l'autre ? Il existe sans doute des égoïstes dans une telle société, et pour autant elle pourrait avec quelque semblant être qualifiée d'« association égoïste » ; mais, ma foi ! les esclaves n'ont pas recherché cette société par égoïsme, ils sont, dans leur cœur égoïste, plutôt contre ces belles « associations », comme les appelle Hess.

Des sociétés, où les besoins des uns sont satisfaits aux dépens des autres, où par exemple, les uns peuvent satisfaire leur besoin de repos grâce au fait que les autres doivent travailler jusqu'à épuisement, peuvent mener une vie aisée parce que d'autres vivent dans la misère et meurent de faim, ou encore peuvent vivre dans la dissipation, parce que d'autres sont assez sots pour vivre dans l'indigence, etc., de telles sociétés, Hess les appelle des « associations égoïstes », et va jusqu'à identifier, en toute candeur et de façon intolérable, ces « associations égoïstes » à lui avec l'« association d'Égoïstes » de Stirner. Il arrive à Stirner d'employer aussi, il est vrai, l'expression « association égoïste » ; mais cette expression est, premièrement, explicitée comme « association d'Égoïstes », et deuxièmement, elle est adéquate, tandis que ce que Hess baptise de ce nom constitue plutôt une société religieuse, une communauté tenue en un saint respect par le droit, la loi et par toutes les formalités ou cérémonies de la justice.

Il en serait autrement si Hess consentait à voir des associations égoïstes non pas sur le papier, mais dans la vie même. Faust se trouve placé au cœur de telles associations quand il s'exclame : *Ici je suis homme, ici je peux l'être.* (...) Goethe nous le dit noir sur blanc. Si Hess observait attentivement la vie réelle, à laquelle on dirait qu'il tient tant, il aurait devant les yeux des centaines d'associations égoïstes de ce genre, tantôt éphémères, tantôt durables. Peut-être qu'en ce moment même des enfants s'assemblent devant sa fenêtre et deviennent camarades de jeu : qu'il les observe donc, et il apercevra de joyeuses associations égoïstes. Peut-être que Hess a un ami, une bien-aimée ; dans ce cas il peut savoir comment le cœur trouve le chemin du cœur, comment deux êtres s'unissent égoïstement pour jouir l'un de l'autre, aucun des deux n'y « étant perdant ». Il se peut qu'il rencontre de bons copains dans la rue qui l'invitent à les accompagner dans un café ; accepte-t-il cette invitation pour leur rendre aimablement service, ou bien se joint-il à eux parce qu'il s'en promet du plaisir ? Ont-ils à le remercier chaleureusement pour son « sacrifice », ou bien, savent-ils qu'ensemble ils forment tous, pour une petite heure, une « association égoïste » ?

L'« HOMME » ABSTRAIT DE FEUERBACH

(...) Feuerbach oublie que « l'homme » n'existe pas, qu'il est une abstraction arbitraire, et il l'érige en idéal. Comment s'étonner qu'il en fasse en fin de compte un être générique, mystérieux et impersonnel, doté de « pouvoirs » secrets, qui, à l'instar des dieux grecs par rapport à Zeus, lui confèrent une fonction polythéiste ? (...) À ce mot d'ordre, à cette phraséologie de l'« humaniste », Stirner oppose celle de l'« Égoïsme ». Comment ? Tu exiges de moi que je sois « homme », tu exiges de moi que je sois « mâle» ? Mais quoi ! « homme », « petit être nu », et « mâle », je l'étais déjà au berceau. Voilà donc ce que je suis, sans conteste, mais je suis plus que cela : je suis ce que je suis devenu par moi-même, par mon développement, par mon appropriation du monde extérieur, de l'histoire, etc. ; je suis un « Unique ». Mais cela, au fond, tu ne le veux pas. Tu ne veux pas que je sois un homme réel. Tu ne donnerais pas un sou de mon unicité. Tu veux que je sois l'« Homme », tel que tu l'as construit, type idéal, exemplaire. Tu veux faire du « principe égalitaire plébéien » la norme de ma vie.

Principe pour principe, exigence pour exigence, je t'oppose le principe de l'Égoïsme. Je veux être seulement Moi. J'abhorre la nature, je méprise les hommes et leurs lois, ainsi que la société humaine et son amour, avec laquelle je romps toute relation en général, même celle du langage. Aux prétentions de votre devoir, de votre « tu dois », aux sentences de votre jugement catégorique, j'oppose en bloc l'« ataraxie », la sérénité de mon Moi. Et c'est par simple condescendance que je me sers du langage. Je suis l'« Indicible », c'est tout juste si je me montre, si j'apparais. N'ai-je pas, je vous le demande, tout autant raison avec le terrorisme de mon Moi, écartant tout ce qu'il y a d'humain que vous, avec votre terrorisme de l'humanité qui, sans ambages, me stigmatise comme « mon humain » quand je pèche contre votre catéchisme, quand je refuse de me laisser troubler dans mon autojouissance ?

Est-ce à dire que Stirner veuille nier avec son « Égoïsme » tout ce qui appartient à nous tous, le déclarer inexistant, qu'il veuille, par pure et simple négation, faire table rase de toutes les propriétés spécifiques de notre organisation sociale, à laquelle nul ne peut se soustraire ? Est-ce à dire qu'il veuille renoncer à toute communauté humaine, se changer en chrysalide, ce qui reviendrait, pour ainsi dire, à se suicider ? Ce malentendu est, ma foi, passablement grossier. (…) Mais il y a dans le livre de Stirner une « déduction » de poids, une très importante et forte conclusion, qui, sans doute, ne peut, le plus souvent, être lue qu'entre les lignes, mais qui a complètement échappé aux philosophes. La raison en est qu'ils ne connaissent pas l'homme réel, ni euxmêmes en tant qu'hommes réels, qu'ils n'ont toujours affaire qu'à l'« Homme », à l'« Esprit » en soi, *a priori*, au seul nom, et jamais à la chose, à la personne mêmes. C'est ce que Stirner exprime, de façon négative, par la critique incisive et irrésistible avec laquelle il analyse toutes les illusions de l'idéalisme, dévoile tous les mensonges du dévouement et du sacrifice désintéressés ; ce que, bien sûr, ses glorieux critiques ont, une fois de plus, voulu comprendre comme une apothéose de l'intérêt personnel aveugle, de l'égoïsme le plus étroit.

(…) Stirner a lui-même défini son livre comme l'expression en partie « maladroite » de ce qu'il voulait dire. C'est l'œuvre laborieuse des meilleures années de sa vie ; et pourtant il convient qu'elle est en partie « maladroite », tant il a été aux prises avec un langage corrompu par les philosophes, galvaudé par les fidèles de l'État, de la religion et autres croyances, un langage qu'on a rendu générateur d'une confusion d'idées illimitée.

Pierre-Joseph Proudhon (1809-1865)

Le 16 janvier 1865, Pierre-Joseph Proudhon mourait à Paris, âgé seulement de cinquante-six ans, usé prématurément par un énorme labeur cérébral. Comment évoquer en quelques mots la personnalité de cet ancien ouvrier, fils de paysans, enfant de ses œuvres, autodidacte ?

Mis à part tous ses autres mérites, il a été l'un des plus grands écrivains de notre langue, auquel le critique littéraire Sainte-Beuve a consacré un livre entier.

Le génie de Proudhon était multiforme, ses œuvres complètes (auxquelles s'ajoutent les quatorze volumes de la Correspondance, *les cinq volumes de* Carnets *en cours de publication et de manuscrits inédits que nous révèle la thèse de doctorat de Pierre Haubtman) surabondantes. Il a été, tout à la fois, le père du « socialisme scientifique », de l'économie politique socialiste et de la sociologie moderne, le père de l'anarchisme, du mutuellisme, du syndicalisme révolutionnaire, du fédéralisme et de cette forme particulière du collectivisme qu'actualise aujourd'hui l'« autogestion ». Ses vues sur l'histoire et, notamment, sur la Révolution française, sur Napoléon, sont d'une intuitive perspicacité, qui l'apparentent à Michelet. Enfin et surtout, il a été le premier à entrevoir, et à dénoncer prophétiquement, les dangers d'un socialisme autoritaire, étatique et dogmatique.*

La Révolution de 1848 lui fournit l'occasion de descendre, non sans courage, dans l'arène révolutionnaire et, sous le second Bonaparte, l'audace subversive de ses écrits lui valut des poursuites, la prison, l'exil.

Sa tournure d'esprit originale et paradoxale, exagérée par une puissante verve plébéienne, l'amena trop souvent à laisser fuser de son cerveau en ébullition des idées outrancières : sur la guerre, sur le progrès, sur le féminisme, sur le racisme, sur l'art, sur la sexualité, etc. Il prêcha une morale fanatiquement puritaine. Il ne s'affranchit jamais entièrement de la formation chrétienne de ses premières années et, dans son ouvrage le plus monumental [1]*, un des réquisitoires les plus virulents et les plus écrasants qu'ait jamais prononcés l'anticléricalisme, la Justice apparaît, en fin de compte, comme un synonyme, à peine différencié, de Dieu. Il ne réussit pas davantage à rejeter la forte empreinte idéaliste qu'il devait à la lecture, par personnes interposées, de Hegel et son esprit foncièrement juridique demeura fermé à la conception matérialiste de l'histoire.*

À la fois révolutionnaire et conservateur, épris de liberté et d'ordre, Proudhon a été revendiqué par les idéologies les plus opposées. De son vivant, bien que fort lu et l'objet d'une publicité tapageuse, il a été singulièrement seul.

Le marxisme, qui lui doit beaucoup et ne l'attaqua pas toujours de bonne foi, l'a pendant longtemps, éclipsé. Bien qu'écartelé sur le plan de l'action entre le blanquisme, le réformisme parlementaire, l'anarchisme et l'étatisme et, sur le plan théorique, entre la philosophie hégélienne et l'économie politique anglaise, il est, au moins en apparence, plus cohérent que ne le furent les visions parfois chaotiques de Proudhon. Le formidable pouvoir temporel, la dictature intellectuelle exercée, aujourd'hui, au nom, usurpé, de Marx, à la faveur, tout à la fois, de la Révolution d'octobre et de sa trahison par les épigones rouges, ont fait du tort à la mémoire de Proudhon. Il était jusqu'à hier quelque peu méconnu, calomnié, oublié. On croyait avoir tout dit en lui décochant l'épithète insultante de « petit-bourgeois ». Mais jusque dans le camp « marxiste », on commence à le relire et l'injure à baisser de ton.

---

1. *De la Justice dans la Révolution et dans l'Église*, 1858.

PROUDHON JEUNE : AUTOPORTRAIT [2]

Je n'ai rien à dire de ma vie privée : elle ne regarde pas les autres. J'ai toujours eu peu de goût pour les autobiographies, et ne m'intéresse aux affaires de qui que ce soit. L'histoire même et le roman n'ont d'attrait pour moi qu'autant que j'y retrouve, comme dans notre immortelle Révolution, les aventures de l'idée.

(...) Je suis né à Besançon, le 15 janvier 1809, de Claude-François Proudhon, tonnelier, brasseur, natif de Chasnans, près de Pontarlier, département du Doubs ; et de Catherine Simonin, de Cordiron, paroisse de Burgille-les-Marnay, même département.

Mes ancêtres de père et de mère furent tous laboureurs francs, exempts de corvées et de mainmortes, depuis un temps immémorial.

(...) Jusqu'à douze ans, ma vie s'est passée presque toute aux champs, occupée tantôt de petits travaux rustiques, tantôt à garder les vaches. J'ai été cinq ans bouvier. Je ne connais pas d'existence à la fois plus contemplative et plus réaliste, plus opposée à cet absurde spiritualisme qui fait le fond de l'éducation et de la vie chrétienne, celle de l'homme des champs.

(...) Quel plaisir autrefois de me rouler dans les hautes herbes, que j'aurais voulu brouter, comme mes vaches ; de courir pieds nus sur les sentiers unis, le long des haies ; enfoncer mes jambes (...) en rechaussant (rebinant) les verts *turquies* [3] dans la terre profonde et fraîche ! Plus d'une fois par les chaudes matinées de juin, il m'est arrivé de quitter mes habits et de prendre sur la pelouse un bain de rosée.

(...) À peine si je distinguais alors moi du non-moi. Moi, c'était tout ce que je pouvais toucher de la main, atteindre du regard, et qui m'était bon à quelque chose ; non-moi était tout ce qui pouvait nuire ou résister à moi. Tout le jour je me remplissais de mûres, de raiponces, de salsifis des prés, de pois verts, de graines de pavots, d'épis de maïs grillés, de baies de toutes sortes, prunelles, blessons, alises, merises, églantines, lam-

---

2. Extraits de *De la Justice...* II ; *Lettres à l'Académie de Besançon*, 1837 ; *Confession d'un révolutionnaire pour servir à l'histoire de la révolution de Février* (1819).

3. Turquies : nom donné par les paysans au maïs confondu avec le blé dit de Turquie, mais en fait originaire du Nouveau Monde.

brusques, fruits sauvages : je me gorgeais d'une masse de crudités à faire crever un petit bourgeois élevé gentiment, et qui ne produisaient d'autre effet sur mon estomac que de me donner le soir un formidable appétit. L'alme nature ne fait mal à ceux qui lui appartiennent.

(...) Que d'ondées j'ai essuyées ! que de fois, trempé jusqu'aux os, j'ai séché mes habits sur mon corps, à la bise ou au soleil ! Que de bains pris à toute heure, l'été dans la rivière, l'hiver dans les sources ! Je grimpais sur les arbres : je me fourrais dans les cavernes : j'attrapais les grenouilles à la course, les écrevisses dans leurs trous, au risque de rencontrer une affreuse salamandre ; puis je faisais sans désemparer griller ma chasse sur les charbons. Il y a, de l'homme à la bête, à tout ce qui existe, des sympathies et des haines secrètes dont la civilisation ôte le sentiment. J'aimais mes vaches, mais d'une affection inégale ; j'avais des préférences pour une poule, pour un arbre, pour un rocher. On m'avait dit que le lézard est un ami de l'homme, et je le croyais sincèrement. Mais j'ai toujours fait rude guerre aux serpents, aux crapauds et aux chenilles. *Que m'avaient-ils fait ? Nulle offense*. Je ne sais ; mais l'expérience des humains me les a fait détester toujours davantage.

Proudhon typographe

(...) Sorti du collège, l'atelier me reçut. J'avais dix-neuf ans. Devenu producteur pour mon compte et échangiste, mon labeur quotidien, mon instruction acquise, ma raison plus forte me permettaient de creuser le problème plus avant que je n'avais su faire autrefois. Efforts inutiles : les ténèbres s'épaissirent de plus en plus.

Mais quoi ! me disais-je tous les jours en « poussant » mes lignes, si par quelque moyen les producteurs pouvaient s'accorder à vendre leurs produits et services à peu près ce qu'ils coûtent, et par conséquent ce qu'ils valent, il y aurait moins d'enrichis sans aucun doute, mais il y aurait aussi moins de faillis ; et, tout étant bon marché, on verrait beaucoup moins d'indigence. (...) Aucune expérience positive ne démontre que les volontés et les intérêts ne puissent être balancés de telle sorte que la paix, une paix imperturbable, en soit le fruit, et que la richesse devienne la condition générale. (...) Toute la question est de trouver un principe d'harmonie, de pondération, d'équilibre.

Après quelques semaines de travail à Lyon, puis à Marseille, le labeur [4] manquant toujours, je me dirigeai sur Toulon, où j'arrivai avec 3 fr 50 c, ma dernière ressource. Je n'ai jamais été plus gai, plus confiant, qu'à cet instant critique. Je n'avais pas encore appris à calculer le doit et l'avoir de la vie ; j'étais jeune. À Toulon, point de travail : j'arrivais trop tard, j'avais manqué la « mèche » de vingt-quatre heures. Une idée me vint, véritable inspiration de l'époque : tandis qu'à Paris les ouvriers sans travail attaquaient le gouvernement, je résolus pour ma part d'adresser une sommation à l'autorité.

Je fus à l'hôtel de ville, et demandai à parler à M. le Maire. Introduit dans le cabinet du magistrat, je tirai devant lui mon passeport :

— Voici, monsieur, lui dis-je, un papier qui m'a coûté 2 francs, et qui, après renseignements fournis sur ma personne par le commissaire de police de mon quartier, assisté de deux témoins connus, me promet, enjoint aux autorités civiles et militaires, de m'accorder assistance et protection en cas de besoin. Or, vous saurez, monsieur le maire, que je suis compositeur d'imprimerie, que depuis Paris je cherche du travail sans en trouver, et que je suis au bout de mes épargnes. Le vol est puni, la mendicité interdite ; la rente n'est pas pour tout le monde. Reste le travail, dont la garantie me paraît seule pouvoir remplir l'objet de mon passeport. En conséquence, monsieur le maire, je viens me mettre à votre disposition.

J'étais de la race de ceux qui, un peu plus tard, prenaient pour devise : *Vivre en travaillant, ou mourir en combattant !* ; qui, en 1848, accordaient *trois mois de misère* à la République ; qui, en juin, écrivaient sur leur drapeau : *Du pain ou du plomb !* J'avais tort, je l'avoue aujourd'hui : que mon exemple instruise mes pareils.

Celui à qui je m'adressais était un petit homme rondelet, grassouillet, satisfait, portant des lunettes à branches d'or, et qui,

---

4. Travail typographique de longue haleine ; de nos jours encore on distingue les imprimeries de « labeur » des imprimeries de « presse ».

certes, n'était pas préparé à cette mise en demeure. J'ai pris note de son nom, j'aime à connaître ceux que j'aime. C'était un M. Guieu, dit Tripette ou Tripatte, ancien avoué, homme nouveau, découvert par la dynastie de Juillet, et qui, quoique riche, ne dédaignait pas une bourse de collège pour ses enfants. Il dut me prendre pour un échappé de l'insurrection qui venait d'agiter Paris à l'enterrement du général [5] :

— Monsieur, me dit-il en sautillant dans son fauteuil, votre réclamation est insolite, et vous interprétez mal votre passeport. Il veut dire que, si l'on vous attaque, si l'on vous vole, l'autorité prendra votre défense : voilà tout.

— Pardon, monsieur le maire, la loi, en France, protège tout le monde, même les coupables qu'elle réprime. Le gendarme n'a pas le droit de frapper l'assassin qu'il empoigne, hors le cas de légitime défense. Si un homme est mis en prison, le directeur ne peut s'approprier ses effets. Le passeport, ainsi que le livret, car je suis muni de l'un et de l'autre, impliquent pour l'ouvrier quelque chose de plus, ou ils ne signifient rien.

— Monsieur, je vais vous faire délivrer 15 centimes par lieue pour retourner dans votre pays. C'est tout ce que je puis faire pour vous. Mes attributions ne s'étendent pas plus loin.

— Ceci, monsieur le maire est de l'aumône, et je n'en veux pas. Puis, quand je serai au pays, où je viens d'apprendre qu'il n'y a rien à faire, j'irai trouver le maire de ma commune comme je viens aujourd'hui vous trouver : en sorte que mon retour aura coûté 18 francs à l'État, sans utilité pour personne.

— Monsieur, cela ne rentre pas dans mes attributions...

Il ne sortait pas de là. Repoussé avec perte sur le terrain de la légalité, je voulus essayer d'une autre corde. Peut-être, me dis-je, l'homme vaut-il mieux que le fonctionnaire : air placide, figure chrétienne, moins la mortification ; mais les mieux nourris sont encore les meilleurs :

— Monsieur, repris-je, puisque vos attributions ne vous permettent pas de faire droit à ma requête, donnez-moi un conseil. Je puis au besoin me rendre utile ailleurs que dans une imprimerie,

5. Les obsèques du général Maximilien Lamarque (1770-1832) venaient d'être l'occasion d'une imposante manifestation populaire qui dégénéra en émeute.

et je ne répugne à rien. Vous connaissez la localité : qu'y a-t-il à faire ? que me conseillez-vous ?

— Monsieur, de vous retirer.

Je toisai le personnage. (...)

— C'est bien, monsieur le maire, lui dis-je les dents serrées : je vous promets de me souvenir de cette audience.

Et quittant l'hôtel de ville, je sortis de Toulon par la porte d'Italie. (...) Depuis deux ans je cours le monde, étudiant, interrogeant le petit peuple dont je me trouve plus rapproché par ma condition sociale ; n'ayant guère le temps de lire, écrivant encore moins.

(...) Telle a été jusqu'à ce jour, telle est encore ma vie : habitant les ateliers, témoin des vices et des vertus populaires, mangeant mon pain gagné chaque jour à la sueur de mon front, obligé, avec mes modiques appointements, d'aider ma famille et de contribuer à l'éducation de mes frères ; au milieu de tout cela, méditant, philosophant, recueillant des moindres choses des observations imprévues.

Fatigué de la condition précaire et misérable d'ouvrier, je voulus à la fin essayer, conjointement avec un de mes confrères, d'organiser un petit établissement d'imprimerie. Les minces économies des deux amis furent mises en commun, et toutes les ressources de leurs familles jetées à cette loterie. Le jeu perfide des affaires a trompé notre espoir : ordre, travail, économie, rien n'a servi : des deux associés, l'un est allé au coin d'un bois mourir d'épuisement et de désespoir, l'autre n'a plus qu'à se repentir d'avoir entamé le dernier morceau de pain de son pair.

Débuts publics

(...) Ma vie publique commence, en 1837, en pleine corruption philippiste [6]. L'Académie de Besançon avait à décerner la pension triennale, léguée par M. Suard, secrétaire de l'Académie française, aux jeunes Francs-Comtois sans fortune qui se destinent à la carrière des lettres ou des sciences. Je me mis sur les rangs

6. C'est-à-dire sous le règne du roi Louis-Philippe (1830-1848).

Dans le mémoire que j'adressai à l'Académie, et qui existe dans ses archives, je lui dis :

« *Né et élevé au sein de la classe ouvrière, lui appartenant encore par le cœur et les affections, surtout par la communauté des souffrances et des vœux, ma plus grande joie, si j'obtenais les suffrages de l'Académie, serait de travailler sans relâche, par la philosophie et la science, avec toute l'énergie de ma volonté et de toutes les puissances de mon esprit à l'amélioration physique, morale et intellectuelle de ceux que je me plais à nommer mes frères et mes compagnons ; de pouvoir répandre parmi eux les semences d'une doctrine que je regarde comme la loi du monde moral, et, en attendant le succès de mes efforts, de me trouver déjà, messieurs, comme leur représentant vis-à-vis de vous.* »

Ma protestation, comme on voit, date de loin. J'étais jeune encore, et plein de foi, quand je prononçai mes vœux. Mes concitoyens diront si j'y ai été fidèle. Mon socialisme a reçu le baptême d'une compagnie savante ; j'ai eu pour marraine une académie ; et si ma vocation, dès longtemps décidée, avait pu fléchir, l'encouragement que je reçus alors de mes honorables compatriotes l'aurait confirmée sans retour.

Je me mis aussitôt à l'œuvre. Je ne fus point demander la lumière aux écoles socialistes qui subsistaient à cette époque, et qui déjà commençaient à passer de mode. Je laissai pareillement les hommes de parti et de journalisme, trop occupés de leurs luttes quotidiennes pour songer aux conséquences de leurs propres idées. Je n'ai pas connu davantage, ni recherché les sociétés secrètes : tout ce monde me semblait s'éloigner autant du but que je poursuivais que les éclectiques et les jésuites.

Je commençai mon travail de conspiration solitaire par l'étude des antiquités socialistes, nécessaire, à mon avis, pour déterminer la loi théorique et pratique du mouvement. Ces antiquités, je les trouvai d'abord dans la Bible. Parlant à des chrétiens, la Bible devait être pour moi la première des autorités. Un mémoire, sur l'institution sabbatique, considérée au point de vue de la morale, de l'hygiène, des relations de famille et de cité, me valut une médaille de bronze de mon académie. De la foi où l'on m'avait élevé, je me précipitais donc, tête baissée, dans la raison pure, et déjà, chose singulière, et pour moi de bon augure, pour avoir fait Moïse philosophe et socialiste, je recevais des applaudissements.

Si je suis maintenant dans l'erreur, la faute n'en est pas à moi seul : fut-il jamais séduction pareille ?

Mais j'étudiais surtout pour réaliser. Je me souciais peu des palmes académiques ; je n'avais pas le loisir de devenir savant, encore moins littérateur ou archéologue. J'abordai de suite l'économie politique.

J'avais pris pour règle de mes jugements que tout principe qui, poussé à ses dernières conséquences, aboutirait à une contradiction, devait être tenu pour faux et nié ; et que, si ce principe avait donné lieu à une institution, l'institution elle-même devait être considérée comme factice, comme une utopie.

Muni de ce critérium, je choisis pour sujet d'expérience ce que j'avais trouvé dans la société de plus ancien, de plus respectable, de plus universel, de moins controversé, la propriété. On sait ce qui m'arriva. Après une longue, minutieuse, et surtout impartiale analyse, j'arrivai, comme un algébriste conduit par ses équations, à cette conclusion surprenante : la propriété, de quelque côté qu'on la tourne, à quelque principe qu'on la rapporte, est une idée contradictoire. Et la négation de la propriété emportant celle de l'autorité, je déduisais immédiatement de ma définition ce corollaire non moins paradoxal : la véritable forme du gouvernement, c'est l'*anarchie*.

(...) Je crus mon travail assez inquiétant par lui-même pour mériter l'attention du public, et éveiller la sollicitude des savants. J'adressai mon mémoire à l'Académie des sciences morales et politiques : l'accueil bienveillant qu'il reçut, les éloges que le rapporteur, M. Blanqui [7], crut devoir donner à l'écrivain, me donnèrent lieu de penser que l'Académie, sans prendre la responsabilité de ma théorie, était satisfaite de mon travail, et je continuai mes recherches.

La dialectique m'enivrait : un certain fanatisme, particulier aux logiciens, m'était monté au cerveau, et avait fait de mon mémoire un pamphlet. Le parquet de Besançon ayant cru devoir sévir contre cette brochure, je fus traduit devant la cour d'assises du département du Doubs, sous la quadruple inculpation d'attaque à la propriété, d'excitation au mépris du gouvernement, d'outrage à

7. Adolphe Blanqui (1798-1851), économiste bourgeois, frère du grand révolutionnaire Auguste Blanqui.

la religion et aux mœurs. Je fis ce que je pus pour expliquer au jury comment, dans l'état actuel de la circulation mercantile, la valeur utile et la valeur d'échange étant deux quantités incommensurables et en perpétuelle opposition, la propriété est tout à fait illogique et instable, et que telle est la raison pour laquelle les travailleurs sont de plus en plus pauvres, et les propriétaires de moins en moins riches. Le jury parut ne pas comprendre grand-chose à ma démonstration : il dit que c'était matière scientifique, par conséquent hors de sa compétence, et rendit en ma faveur un verdict d'acquittement.

La propriété, c'est le vol [8]

Si j'avais à répondre à la question suivante : qu'est-ce que l'esclavage ? et que d'un seul mot je répondisse : c'est l'assassinat, ma pensée serait d'abord comprise. Je n'aurais pas besoin d'un long discours pour montrer que le pouvoir d'ôter à l'homme la pensée, la volonté, la personnalité, est un pouvoir de vie et de mort, et que faire un homme esclave, c'est l'assassiner. Pourquoi donc à cette autre demande : qu'est-ce que la propriété ? ne puis-je répondre de même : c'est le vol, sans voir la certitude de n'être pas entendu, bien que cette seconde proposition ne soit que la première transformée ?

J'entreprends de discuter le principe même de notre gouvernement et de nos institutions, la propriété : je suis dans mon droit : je puis me tromper dans la conclusion qui ressortira de mes recherches ; il me plaît de mettre la dernière pensée de mon livre au commencement ; je suis toujours dans mon droit.

Tel auteur enseigne que la propriété est un droit civil, né de l'occupation et sanctionné par la loi ; tel autre soutient qu'elle est un droit naturel, ayant sa source dans le travail : et ces doctrines, tout opposées qu'elles semblent, sont encouragées, applaudies. Je prétends que ni le travail, ni l'occupation, ni la loi ne peuvent créer la propriété ; qu'elle est un effet sans cause : suis-je répréhensible ?

Que de murmures s'élèvent !

---

8. Extrait de *Qu'est-ce que la propriété ?*, 1810.

— La propriété, c'est le vol ! Voici le tocsin de 93 ! voici le branle-bas des révolutions !

— Lecteur, rassurez-vous : je ne suis point un agent de discorde, un boutefeu de sédition. J'anticipe de quelques jours sur l'histoire ; j'expose une vérité dont nous tâchons en vain d'arrêter le dégagement ; j'écris le préambule de notre future constitution. Ce serait le fer conjurateur de la foudre que cette définition qui vous paraît blasphématoire, la propriété c'est le vol, si nos préoccupations nous permettaient de l'entendre ; mais que d'intérêts, que de préjugés s'y opposent ! La philosophie ne changera point, hélas ! le cours des événements : les destinées s'accompliront indépendamment de la prophétie : d'ailleurs, ne faut-il pas que justice se fasse, et que notre éducation s'achève ?

— La propriété c'est le vol ! Quel renversement des idées humaines ! Propriétaire et voleur furent de tout temps expressions contradictoires autant que les êtres qu'elles désignent sont antipathiques ; toutes les langues ont consacré cette antilogie. Sur quelle autorité pourriez-vous donc attaquer le consentement universel et donner le démenti au genre humain ? qui êtes-vous, pour nier la raison des peuples et des âges ?

— Que vous importe, lecteur, ma chétive individualité ? Je suis, comme vous, d'un siècle où la raison ne se soumet qu'au fait et à la preuve ; mon nom, aussi bien que le vôtre, est chercheur de vérité [9] ; ma mission est écrite dans ces paroles de la loi : Parle sans haine et sans crainte ; dis ce que tu sais. L'œuvre de notre espèce est de bâtir le temple de la science, et cette science embrasse l'homme et la nature. Or la vérité se révèle à tous, aujourd'hui à Newton et à Pascal, demain au pâtre dans la vallée, au compagnon dans l'atelier. Chacun apporte sa pierre à l'édifice, et, sa tâche faite, il disparaît. L'éternité nous précède, l'éternité nous suit : entre deux infinis, qu'est-ce que la place d'un mortel, pour que le siècle s'en informe ?

Laissez donc, lecteur, mon titre et mon caractère, et ne vous occupez que de mes raisons. C'est d'après le consentement universel que je prétends redresser l'erreur universelle ; c'est à la foi du genre humain que j'appelle de l'opinion du genre humain.

9. En grec *skeptikos*, examinateur, philosophe qui fait profession de chercher le vrai (note de Proudhon).

Ayez le courage de me suivre, et, si votre volonté est franche, si votre conscience est libre, si votre esprit sait unir deux propositions pour en extraire une troisième, mes idées deviendront infailliblement les vôtres. En débutant par vous jeter mon dernier mot, j'ai voulu vous avertir, non vous braver : car, j'en ai la certitude, si vous me lisez, je forcerai votre assentiment. Les choses dont j'ai à vous parler sont si simples, si palpables, que vous serez étonné de ne les avoir aperçues, et que vous vous direz : « Je n'y avais point réfléchi. » D'autres vous offriront le spectacle du génie forçant les secrets de la nature, et répandant de sublimes oracles ; vous ne trouverez ici qu'une série d'expériences sur le juste et sur le droit, une sorte de vérification des poids et des mesures de votre conscience. Les opérations se feront sous vos yeux ; et c'est vous-même qui apprécierez le résultat.

Du reste, je ne fais pas de système : je demande la fin du privilège, l'abolition de l'esclavage, l'égalité des droits, le règne de la loi. Justice, rien que justice ; tel est le résumé de mon discours ; je laisse à d'autres le soin de discipliner le monde.

Je me suis dit un jour : Pourquoi, dans la société, tant de douleur et de misère ? L'homme doit-il être éternellement malheureux ? Et, sans m'arrêter aux explications à toute fin des entrepreneurs de réformes, accusant de la détresse générale, ceux-ci la lâcheté et l'impéritie du pouvoir, ceux-là les conspirateurs et les émeutes, d'autres l'ignorance et la corruption générale ; fatigué des interminables combats de la tribune et de la presse, j'ai voulu moi-même approfondir la chose. J'ai consulté les maîtres de la science, j'ai lu cent volumes de philosophie, de droit, d'économie politique et d'histoire : et plût à Dieu que j'eusse vécu dans un siècle où tant de lecture m'eût été inutile ! J'ai fait tous mes efforts pour obtenir des informations exactes, comparant les doctrines, opposant aux objections les réponses, faisant sans cesse des équations et des réductions d'arguments, pesant des milliers de syllogismes au trébuchet de la logique la plus scrupuleuse. Dans cette pénible route, j'ai recueilli plusieurs faits intéressants, dont je ferai part à mes amis et au public aussitôt que je serai de loisir. Mais, il faut que je le dise, je crus d'abord reconnaître que nous n'avions jamais compris le sens de ces mots si vulgaires et si sacrés : justice, équité, liberté ; que sur chacune de ces choses nos idées étaient profondément obscures ; et qu'enfin cette ignorance était la cause unique et du paupérisme qui nous dévore, et de toutes les calamités qui ont affligé l'espèce humaine.

À cet étrange résultat mon esprit fut épouvanté : je doutai de ma raison. Quoi ! disais-je, ce que l'œil n'a point vu, ni l'oreille entendu, ni l'intelligence pénétré, tu l'aurais découvert ! Tremble, malheureux, de prendre les visions de ton cerveau malade pour les clartés de la science ! (...)

Je résolus donc de faire une contre-épreuve de mes jugements, et voici quelles furent les conditions que je posai moi-même à ce nouveau travail : est-il possible que sur l'application des principes de la morale, l'humanité se soit si longtemps et si universellement trompée ?

Comment et pourquoi se serait-elle trompée ? Comment son erreur, étant universelle, ne serait-elle pas invincible ?

Ces questions, de la solution desquelles je faisais dépendre la certitude de mes observations, ne résistèrent pas longtemps à l'analyse.

(...) Oui, tous les hommes croient et répètent que l'égalité des conditions est identique à l'égalité des droits ; que propriété et vol sont termes synonymes ; que toute prééminence sociale, accordée ou pour mieux dire usurpée sous prétexte de supériorité de talent et de service, est iniquité et brigandage : tous les hommes, dis-je, attestent ces vérités sur leur âme ; il ne s'agit que de le leur faire apercevoir.

Avènement de la liberté [10]

La communauté [11] est oppression et servitude. L'homme veut bien se soumettre à la loi du devoir, servir sa patrie, obliger ses amis, mais il veut travailler à ce qui lui plaît, quand il lui plaît ; il veut disposer de ses heures, n'obéir qu'à la nécessité, choisir ses amitiés, ses récréations, sa discipline ; rendre service par raison, non par ordre : se sacrifier par égoïsme, non par une obligation

10. Le titre est de nous.
11. Par « communauté » Proudhon entend, comme il le dit lui-même ailleurs le « système communiste », une « tyrannie mystique et anonyme », « la personne humaine destituée de ses prérogatives » (v. plus loin p. 138 sq).

servile. La communauté est essentiellement contraire au libre exercice de nos facultés, à nos penchants les plus nobles, à nos sentiments les plus intimes : tout ce qu'on imaginerait pour la concilier avec les exigences de la raison individuelle et de la volonté n'aboutirait qu'à changer la chose en conservant le nom : or, si nous cherchons la vérité de bonne foi, nous devons éviter les disputes de mots.

Ainsi, la communauté viole l'autonomie de la conscience et l'égalité : la première, en comprimant la spontanéité de l'esprit et du cœur, le libre arbitre dans l'action et dans la pensée ; la seconde, en récompensant par une égalité de bien-être le travail et la paresse, le talent et la bêtise, le vice même et la vertu.

(...) Quelle forme de gouvernement allons-nous préférer ?

— Eh ! pouvez-vous le demander, répond sans doute quelqu'un de mes plus jeunes lecteurs ; vous êtes républicain.

— Républicain, oui ; mais ce mot ne précise rien. *Respublica*, c'est la chose publique. Or, quiconque veut la chose publique, sous quelque forme de gouvernement que ce soit, peut se dire républicain. Les rois aussi sont républicains.

— Eh bien ; vous êtes démocrate ?

— Non.

— Quoi ! vous seriez monarchique ?

— Non.

— Constitutionnel ?

— Dieu m'en garde.

— Vous êtes donc aristocrate ?

— Point du tout.

— Vous voulez un gouvernement mixte ?

— Encore moins.

— Qu'êtes-vous donc ?

— Je suis anarchiste.

— Je vous entends : vous faites de la satire ; ceci est à l'adresse du gouvernement.

— En aucune façon : vous venez d'entendre ma profession de foi sérieuse et mûrement réfléchie ; quoique très ami de l'ordre, je suis, dans toute la force du terme, anarchiste. Écoutez-moi.

L'homme pour arriver à la plus prompte et à la plus parfaite satisfaction de ses besoins cherche la règle : dans les commencements, cette règle est pour lui vivante, visible et tangible ; c'est son père, son maître, son roi. Plus l'homme est ignorant, plus son obéissance, plus sa confiance dans son guide sont absolues. Mais l'homme, dont la loi est de se conformer à la règle, c'est-à-dire de la découvrir par la réflexion et le raisonnement, l'homme raisonne sur les ordres de ses chefs : or, un pareil raisonnement est une protection contre l'autorité, un commencement de désobéissance. Du moment que l'homme cherche les motifs de la volonté souveraine, de ce moment-là, l'homme est révolté. S'il n'obéit plus parce que le roi commande, mais parce que le roi prouve, on peut affirmer que désormais il ne reconnaît plus aucune autorité, et qu'il s'est fait lui-même son propre roi. Malheur à qui osera le conduire, et ne lui offrira, pour sanction de ses lois, que le respect d'une majorité : car, tôt ou tard, la minorité se fera majorité, et ce despote imprudent sera renversé et toutes ses lois anéanties.

À mesure que la société s'éclaire, l'autorité royale diminue : c'est un fait dont toute l'histoire rend témoignage. À la naissance des nations, les hommes ont beau réfléchir et raisonner : sans méthodes, sans principes, ne sachant pas même faire usage de leur raison, ils ne savent s'ils voient juste ou s'ils se trompent ; alors l'autorité des rois est immense, aucune connaissance acquise ne venant la contredire. Mais peu à peu l'expérience donne des habitudes, et celles-ci des coutumes ; puis les coutumes se formulent en maximes, se posent en principes, en un mot, se traduisent en lois, auxquelles le roi, la loi vivante, est forcé de rendre hommage. Vient un temps où les coutumes et les lois sont si multipliées que la volonté du prince est pour ainsi dire enlacée par la volonté générale ; qu'en prenant la couronne il est obligé de jurer qu'il gouvernera conformément aux coutumes et aux usages, et qu'il n'est lui-même que la puissance exécutive d'une société dont les lois se sont faites sans lui.

Jusque-là, tout se passe d'une manière instinctive, et pour ainsi dire à l'insu des parties : mais voyons le terme fatal de ce mouvement.

À force de s'instruire et d'acquérir des idées, l'homme finit par acquérir l'idée de science c'est-à-dire l'idée d'un système de connaissance conforme à la réalité des choses et déduit de l'observation. Il cherche donc la science ou le système des corps bruts, le système des corps organisés, le système de l'esprit humain, le système du monde : comment ne chercherait-il pas aussi le système de la société ? Mais, arrivé à ce sommet, il comprend que la vérité ou la science politique est chose tout à fait indépendante de la volonté souveraine, de l'opinion des majorités et des croyances populaires ; que rois, ministres, magistrats et peuples, en tant que volontés, ne sont rien pour la science et ne méritent aucune considération. Il comprend du même coup que, si l'homme est né sociable, l'autorité de son père sur lui cesse du jour où, sa raison étant formée et son éducation faite, il devient l'associé de son père ; que son véritable chef et son roi est la vérité démontrée ; que la politique est une science, non une finasserie : et que la fonction de législateur se réduit, en dernière analyse, à la recherche méthodique de la vérité.

Ainsi, dans une société donnée, l'autorité de l'homme sur l'homme est en raison inverse du développement intellectuel auquel cette société est parvenue, et la durée probable de cette autorité peut être calculée sur le désir plus ou moins général d'un gouvernement vrai, c'est-à-dire d'un gouvernement selon la science. Et de même que le droit de la force et le droit de la ruse se restreignent devant la détermination de plus en plus large de la justice, et doivent finir par s'éteindre dans l'égalité : de même le souvenir de la volonté cède devant la souveraineté de la raison, et finira par s'anéantir dans un socialisme scientifique. La propriété et la royauté sont en démolition dès le commencement du monde ; comme l'homme cherche la justice dans l'égalité, la société cherche l'ordre dans l'anarchie.

Anarchie, absence de maître, de souverain [12], telle est la forme de gouvernement dont nous approchons tous les jours, et que l'habitude invétérée de prendre l'homme pour règle et sa volonté pour loi nous fait regarder comme le comble du désordre et l'expression du chaos. On raconte qu'un bourgeois de Paris du dix-septième siècle ayant entendu dire qu'à Venise il n'y avait point de roi, ce bonhomme ne pouvait revenir de son étonnement, et pensa mourir de rire à la première nouvelle d'une chose si ridicule. Tel est notre préjugé : tous tant que nous sommes nous voulons un chef ou des chefs ; et je tiens en ce moment une brochure

12. Le sens ordinairement attribué au mot anarchie est absence de principe, absence de règle : d'où vient qu'on l'a fait synonyme de désordre (note de Proudhon).

dont l'auteur, zélé communiste, rêve, comme un autre Marat, de la dictature.

(...) Cette synthèse de la communauté et de la propriété, nous la nommerons liberté.

Pour déterminer la liberté, nous ne réunissons donc pas sans discernement la communauté et la propriété, ce qui serait un éclectisme absurde. Nous recherchons par une méthode analytique ce que chacune d'elles contient de vrai, de conforme au vœu de la nature et aux lois de la sociabilité, nous éliminons ce qu'elles renferment d'éléments étrangers ; et le résultat donne une expression adéquate à la forme naturelle de la société humaine, en un mot la liberté.

La liberté est égalité, parce que la liberté n'existe que dans l'état social, et que hors de l'égalité il n'y a pas de société.

La liberté est anarchie, parce qu'elle n'admet pas le gouvernement de la volonté, mais seulement l'autorité de la loi, c'est-à-dire de la nécessité.

La liberté est variété infinie, parce qu'elle respecte toutes les volontés, dans les limites de la loi.

La liberté est proportionnalité parce qu'elle laisse toute latitude à l'ambition du mérite et à l'émulation de la gloire.

La liberté est essentiellement organisatrice : pour assurer l'égalité entre les hommes, l'équilibre entre les nations, il faut que l'agriculture et l'industrie, les centres d'instruction, de commerce et d'entrepôt, soient distribués selon les conditions géographiques et climatériques de chaque pays, l'espèce des produits, le caractère et les talents naturels des habitants, etc., dans des proportions si justes, si savantes, si bien combinées, qu'aucun lieu ne présente ni excès ni défaut de population, de consommation et de produit. Là commence la science du droit public et du droit privé, la véritable économie politique.

(...) La politique est la science de liberté : le gouvernement de l'homme par l'homme, sous quelque nom qu'il se déguise, est oppression ; la plus haute perfection de la société se trouve dans l'union de l'ordre et de l'anarchie.

La fin de l'antique civilisation est venue ; sous un nouveau soleil, la face de la terre va se renouveler. Laissons une génération s'éteindre, laissons mourir au désert les vieux prévaricateurs : la terre sainte ne couvrira pas leurs os. Jeune homme, que la corruption du siècle indigne et que le zèle de la justice dévore, si la patrie vous est chère, et si l'intérêt de l'humanité vous touche, osez embrasser la cause de la liberté. Dépouillez votre vieil égoïsme, plongez-vous dans le flot populaire de l'égalité naissante : là, votre âme retrempée puisera une sève et une vigueur inconnues ; votre amolli retrouvera une indomptable énergie ; votre cœur, déjà flétri peut-être, rajeunira. Tout changera d'aspect à vos yeux épurés : des sentiments nouveaux feront naître en vous de nouvelles idées ; religion, morale, poésie, art, langage, vous apparaîtront sous une forme plus grande et plus belle ; et, certain désormais de votre foi, enthousiaste avec réflexion, vous saluerez l'aurore de la régénération universelle.

Le système des contradictions économiques [13]

(...) Je compris que, pour acquérir l'intelligence des révolutions de la société, la première chose à faire était de construire la série entière de ses antinomies, le système de ses contradictions.

Il me serait difficile de donner à ceux qui ne l'ont pas lu une idée de cet ouvrage [14]. J'essayerai toutefois, en me servant du langage, aujourd'hui compris de tout le monde, du teneur de livres ; car si je parvenais, en quelques lignes, à donner une idée nette de ce que je considère comme la véritable méthode économique, il est difficile qu'elle ne forçât pas bientôt toutes les convictions.

Dans mes premiers mémoires, attaquant de front l'ordre établi, je disais, par exemple : la propriété, c'est le vol ! Il s'agissait de protester, de mettre pour ainsi dire en relief le néant de nos institutions. Je n'avais point alors à m'occuper d'autre chose. Aussi, dans le mémoire où je démontrais, par a + b, cette étourdissante proposition, avais-je soin de protester contre toute conclusion communiste.

Dans le *Système des contradictions économiques,* après avoir rappelé et confirmé ma première définition, j'en ajoute une toute contraire, mais fondée sur des considérations d'un autre ordre, qui ne pouvaient ni détruire la première argumentation ni être détruite par elle : la propriété, c'est la liberté. La propriété, c'est le vol ; la propriété, c'est la liberté : ces deux propositions sont

13. Extrait de *Confessions d'un révolutionnaire, op. cit.*

14. Il s'agit du livre *Système des contradictions économiques* ou *Philosophie de la misère*, 2 vol., 1846, auquel Marx répondra l'année suivante par sa *Misère de la philosophie*.

également démontrées et subsistent l'une à côté de l'autre dans le *Système des contradictions*.

J'opère de même, sur chacune des catégories économiques, la division du travail, la concurrence, l'État, le crédit, la communauté, etc. ; montrant tour à tour comment chacune de ces idées, et par conséquent comment les institutions qu'elles engendrent ont un côté positif et un côté négatif ; comment elles donnent lieu à une double série de résultats diamétralement opposés : et toujours je conclus à la nécessité d'un accord, conciliation ou synthèse. La propriété paraissait donc ici, avec les autres catégories économiques, avec sa raison d'être et sa raison de non-être c'est-à-dire comme élément à double face du système économique et social.

Ainsi exposé, cela a paru sophistique, contradictoire, entaché d'équivoque et de mauvaise foi. Je vais tâcher de le rendre plus intelligible, en reprenant pour exemple la propriété.

La propriété, considérée dans l'ensemble des institutions sociales, a pour ainsi dire deux comptes ouverts : l'un est celui des biens qu'elle procure, et qui découlent directement de son essence ; l'autre est celui des inconvénients qu'elle produit, des frais qu'elle coûte, et qui résultent comme les biens, directement aussi de sa nature. Il en est de même pour la concurrence, le monopole, l'État, etc.

Dans la propriété, comme dans tous les éléments économiques, le mal ou l'abus est inséparable du bien, exactement comme, dans la comptabilité en partie double, le doit est inséparable de l'avoir. L'un engendre nécessairement l'autre. Vouloir supprimer les abus de la propriété, c'est la détruire elle-même ; de même que supprimer un article au débit d'un compte, c'est le détruire au crédit. Tout ce qu'il est possible de faire contre les abus ou inconvénients de la propriété, c'est de la fusionner, synthétiser, organiser ou équilibrer avec un élément contraire qui soit vis-à-vis d'elle ce que le créancier est vis-à-vis du débiteur, l'actionnaire vis-à-vis du commandité, etc. (telle sera, par exemple, la communauté) ; de telle sorte que, sans que les deux principes s'altèrent ou se détruisent mutuellement, le bien de l'un vienne couvrir le mal de l'autre, comme dans un bilan les parties, après s'être réciproquement soldées, conduisent à un résultat final, qui est ou tout perte ou tout bénéfice.

La solution du problème de la misère consiste donc à élever à une plus haute expression la science du comptable, à monter les écritures de la société, à établir l'actif et le passif de chaque institution en prenant pour comptes généraux ou divisions du grand livre social, non plus les termes de la comptabilité ordinaire, capital, caisse, marchandises générales, traites et remises, etc. ; mais ceux de la philosophie de la législation et de la politique : concurrence et monopole, propriété et communauté, citoyen et État, homme et Dieu, etc. Enfin, et pour achever ma comparaison, il faut tenir les écritures à jour, c'est-à-dire déterminer avec exactitude les droits et les devoirs, de manière à pouvoir, à chaque moment, constater l'ordre ou le désordre, et présenter la balance.

J'ai consacré deux volumes à expliquer les principes de cette comptabilité que j'appellerai, si l'on veut, transcendante ; j'ai rappelé cent fois, depuis Février [15], ces idées élémentaires, communes à la tenue des livres et à la métaphysique. Les économistes routiniers m'ont ri au nez ; les idéologues politiques m'ont invité poliment à écrire pour le peuple. Quant à ceux dont j'avais pris si fort à cœur les intérêts, ils m'ont traité encore plus mal.

Les communistes ne me pardonnent pas d'avoir fait la critique de la communauté, comme si une nation était un grand polypier, et qu'à côté du droit social il n'y eût pas le droit individuel.

Les propriétaires me veulent mal de mort pour avoir dit que la propriété, seule et par elle-même, est vol ; comme si la propriété ne tirait pas toute sa valeur (la rente) de la circulation des produits, et par conséquent ne relevait pas d'un fait supérieur à elle, la force collective, la solidarité du travail.

Les politiques enfin, quelle que soit leur bannière, répugnent invinciblement à l'anarchie, qu'ils prennent pour le désordre ; comme si la démocratie pouvait se réaliser autrement que par la distribution de l'autorité, et que le véritable sens du mot démocratie ne fût pas destitution du gouvernement.

(...) Dans la société, la théorie des antinomies est à la fois la représentation et la base de tout mouvement. Les mœurs et les institutions peuvent varier de peuple à peuple, comme le métier et les mécaniques varient de siècle à siècle, de ville à ville : les lois

15. La révolution parisienne de février 1848.

qui régissent leurs évolutions sont inflexibles comme l'algèbre. Partout où il existe des hommes groupés par le travail ; partout où l'idée de valeur marchande à pris racine, où par la séparation des industries, il se fait une circulation de valeurs et de produits : là, à peine de perturbation, de déficit, de banqueroute de la société envers elle-même, à peine de misère et de prolétariat, les forces antinomiques de la société, inhérentes à tout déploiement de l'activité collective, comme à toute raison individuelle, doivent être tenues dans un constant équilibre : et l'antagonisme, perpétuellement reproduit par l'opposition fondamentale de la société et de l'individualité, être perpétuellement ramené à la synthèse.

Proudhon dans la Révolution de 1848

La Révolution de 1848 fut une Révolution politique, au contenu social encore hésitant et confus. Proudhon s'y trouva déchiré. Anarchiste, apolitique, il courait le risque d'y être comme un corps étranger. Mais la force des choses fit de lui un journaliste doublé d'un parlementaire : il dut bon gré mal gré s'y insérer.

Avant l'explosion populaire de Février, il avait été rien moins que réticent. Il pressentait que la monarchie était près de finir, mais il ne poussait point à cette chute. Pour les adversaires de Louis-Philippe, pour les « pauvres démocrates », il n'avait que sarcasmes : « Le plus grand bonheur qui pourrait arriver au peuple français, ce serait que cent députés de l'Opposition fussent jetés à la Seine avec une meule au cou. Ils valent cent fois moins que les conservateurs, car ils ont de plus que ceux-ci l'hypocrisie. » Il alla jusqu'à trouver naturel que le gouvernement de Guizet interdît les réunions publiques. Comme il l'avouera plus tard, l'approche de la république le terrifiait.

Son avènement, tout d'abord, l'« abasourdit » et, à l'avance, il porte « le deuil de la République et le fardeau des calomnies qui allaient frapper le socialisme ». Pourtant, très vite, il se ressaisit, il accepte la Révolution. Il note, dans ses Carnets *: « La victoire d'aujourd'hui est la victoire de l'Anarchie contre l'Autorité » pour aussitôt, d'ailleurs, laisser reparaître son inquiétude : « … ou bien c'est une mystification ». « L'événement accompli est désormais irrévocable, c'est sottise de regarder en arrière. Je n'eusse pas fait la Révolution du 24 février : l'instinct populaire en a décidé autrement. (…) Je suis avec tout le monde. » « Quoi* *qu'il arrive le peuple sera justifié par moi. » « Vous avez voulu la Révolution, vous aurez la révolution. »*

L'inquiétude de Proudhon, que la suite des événements devait largement justifier, provenait de sa conception libertaire de la Révolution sociale. « La Révolution sociale est sérieusement compromise si elle arrive par la Révolution politique », notait-il dès 1845. Et, plus tard : « Le pouvoir dans les mains du prolétariat (...), ce sera un embarras aussi longtemps que la Révolution sociale ne sera pas faite. » Rétrospectivement, il conviendra : « Je suis le seul révolutionnaire qui n'ait pas poussé au coup de main de Février, parce que je voulais une Révolution sociale. » Entre les démocrates et lui, le désaccord était total. Ils étaient avant tout des hommes politiques. Ils prétendaient continuer la tradition de la Révolution de 1793, « fonder le vrai socialisme par l'initiative du gouvernement ». Ils proclamaient « la nécessité d'imposer par en haut la Révolution, au lieu de la proposer par en bas » comme le voulait Proudhon. Et le fondateur de l'anarchisme d'affirmer avec force : « Le socialisme, par cela même qu'il en est une protestation contre le capital, est une protestation contre le pouvoir. Or la Montagne entendait réaliser le socialisme par le pouvoir et, qui pis est, se servir du socialisme pour arriver au pouvoir. »

La Révolution politique allait, inévitablement, sous la pression ouvrière, poser la question sociale, que les démocrates n'étaient en rien préparés à résoudre. « La Révolution sociale surgissait sans que nul ni en haut ni en bas parût en avoir l'intelligence. (...) La Révolution, la République, le socialisme, appuyés l'un sur l'autre, arrivaient à grands pas. (...) Cette Révolution, qui allait éclater dans l'ordre politique, était la date de départ d'une Révolution sociale dont personne n'avait le mot. »

Personne, sauf Proudhon. Depuis 1846, il a une idée bien arrêtée. C'est à lui qu'il appartient de lancer une « Révolution décisive », une « Révolution économique ». Il a sa « solution du problème social ». C'est l'association mutuelle, ce qu'on appelle aujourd'hui autogestion. « La Révolution, c'est moi », note-t-il orgueilleusement dans ses Carnets. *La panacée qu'il propose est un singulier mélange de réalisme et d'utopie. Réalisme, lorsqu'il prône la multiplication des associations ouvrières de production, seul moyen d'éclater, à la fois, le capitalisme privé et la nationa-*

lisation étatique. Utopie, lorsqu'il s'imagine que son système fera tache d'huile, qu'il finira par absorber progressivement, sans expropriation violente, toute l'industrie, grâce à un crédit gratuit qui serait consenti aux associations ouvrières par une « Banque du Peuple », sorte de caisse mutuelle fonctionnant en dehors de toute commandite d'État.

Mais la politique arrache Proudhon à ses panacées. D'abord battu aux élections d'avril, il est élu député aux élections complémentaires des 4-5 juin 1848, par 77 000 voix. Quelques semaines plus tôt il avait tonné : « Le suffrage universel est la contre-révolution. » On verra plus loin (page 75) qu'il conviendra : « Quand je songe à tout ce que j'ai écrit, publié depuis dix ans sur le rôle de l'État dans la société, sur la subordination du pouvoir et l'incapacité révolutionnaire du gouvernement, je suis tenté de croire que mon élection, en juin 1848, a été l'effet d'une méprise de la part du peuple. »

Quinze jours plus tard, les ouvriers des faubourgs se soulèvent pour protester contre la dissolution des « ateliers nationaux », sorte de service de travail qui avait été improvisé aux fins de résorber le chômage. Mais Proudhon a pris son rôle de parlementaire trop au sérieux : « Pour moi, le souvenir des journées de Juin pèsera éternellement comme un remords sur mon cœur... J'ai manqué, par hébétude parlementaire, à mon devoir de représentant. J'étais là pour voir, et je n'ai pas vu ; pour jeter l'alarme, et je n'ai pas crié ! »

Mais, quand l'émeute du faubourg Saint-Antoine est sauvagement réprimée par les forces du général Cavaignac[16]*, Proudhon descend dans la rue. Il se rend place de la Bastille. À quelqu'un qui l'interroge, il répond : « J'écoute la sublime horreur de la canonnade. » Tandis qu'une bourgeoise apeurée pousse des cris hystériques, il demande qu'on ne diffame pas les insurgés. Il exalte la générosité, la haute moralité des classes laborieuses « Combattants de Juin (...), ceux-là vous ont abusés qui vous ont fait, au nom du pouvoir, une promesse que le pouvoir était incapable de tenir. »*

Après les journées de Juin, Proudhon n'est plus tout à fait le

16. Général Louis-Eugène Cavaignac (1802-1857), bourreau de l'Algérie conquise, puis du prolétariat parisien en juin 1848.

même homme. Il parle un langage de classe. Il proclame agressivement son socialisme. Dès la mi-juillet, il entre dans la mêlée. Il s'empare de la tribune parlementaire pour en faire un instrument de lutte sociale. « Orgueil ou vertige, s'écria-t-il, je crus que mon tour était venu. C'est à moi, me dis-je, de me jeter dans le tourbillon. De ma banquette de spectateur, je me précipitai, nouvel acteur, sur le théâtre. » Il dépose un projet de loi qui, tout à la fois, tend à frapper les riches et à exonérer les pauvres : impôt du tiers sur tout revenu, moratoire d'un tiers pour tout loyer ou fermage. Cette proposition suscite un tollé général. À la commission des finances, « Monsieur » Thiers, porte-parole de la bourgeoisie, tire à boulets rouges sur Proudhon. Le 31 juillet, ce dernier s'explique devant l'assemblée en un grand discours. Exaspéré par les interruptions et les injures, il se fait provocant. Il « met en demeure » « la propriété de procéder à la liquidation sociale », pour ajouter : « En cas de refus, nous procéderions nous-mêmes à la liquidation sans vous. » (Violents murmures). *Et il enchaîne, ripostant aux interrupteurs : « Quand je dis nous, je m'identifie au prolétariat, et quand je dis vous, je vous identifie avec la classe bourgeoise. »*

Un député. — *« C'est la guerre sociale ! »*

Le discours se termine par ces paroles jugées incendiaires : « Le capital ne reviendra pas, la société a les yeux sur lui. » Proudhon commentera : « Ce qui voulait dire : la question sociale est posée, et vous la résoudrez, ou vous n'en finirez pas. » « Ce n'était plus moi qui parlais à la tribune, c'étaient tous les travailleurs. »

Le scandale provoqué par cette algarade parlementaire fut grand, le projet de Proudhon rejeté à la quasi-unanimité : 691 voix contre 2, la sienne et celle d'un certain Greppo, Proudhon commentera encore avec verve : « À dater du 31 juillet, je devins, suivant l'expression d'un journaliste, l'homme-terreur. (…) J'ai été prêché, joué, chansonné, placardé, biographé, caricaturé, blâmé, outragé, maudit. (…) Les dévots m'ont menacé, dans des lettres anonymes, de la colère de Dieu ; les femmes pieuses m'ont envoyé des médailles bénites. (…) Des pétitions sont parvenues à l'Assemblée nationale pour demander mon expulsion comme indigne. »

Les élections partielles du 17 septembre 1848 fournirent à

Proudhon une nouvelle occasion de prendre une position révolutionnaire tranchée. Surmontant, une fois de plus, son horreur du suffrage universel, il soutient, avec son journal, la candidature de François-Vincent Raspail. Savant réputé pour ses travaux de botanique, de chimie organique, spécialiste de la médication par le camphre, Raspail (1794-1878) s'était fait le « médecin des pauvres » et il avait été poursuivi en 1846, pour exercice illégal de la médecine, le 24 février 1848, il avait été l'un des premiers à marcher sur l'hôtel de ville et à y proclamer la République. Ensuite, il avait refusé toute fonction publique, pour fonder un journal où il critiquait vivement le gouvernement provisoire. Il avait été, aux côtés d'Auguste Blanqui, un des animateurs de la puissante manifestation des clubs populaires qui, le 15 mai, avait envahi le Palais-Bourbon, déclaré l'Assemblée dissoute et constitué, à l'hôtel de ville, un éphémère gouvernement insurrectionnel. Le soir même, avec Barbès et quelques autres, Raspail était arrêté et enfermé au fort de Vincennes.

C'était donc un prisonnier qui, à l'occasion des élections partielles, était présenté au suffrage des électeurs de la Seine. Raspail fut triomphalement élu. « Le socialisme, racontera Proudhon, fit les élections du 17 septembre. Quand tout se réunissait pour l'écraser, 70 000 hommes se levaient à son appel pour protester contre la victoire de Juin, et nommaient Raspail représentant. C'est dans les bureaux du Peuple *que le comité électoral démocratique tint ses séances. Contre une réaction immodérée, la démocratie prenait pour drapeau son organe le plus énergique. (...) La question n'était plus entre la monarchie et la démocratie, mais bien entre le travail et le capital. »*

Quelques semaines plus tard, au cours d'un banquet, Proudhon porta un retentissant « toast à la Révolution ». Il y ajoutait résolument la qualification de « socialiste » à celle de « démocrate » affirmant qu'il était désormais impossible de « séparer la République du socialisme ». « Le peuple seul, opérant sur lui-même, sans intermédiaire, peut achever la Révolution économique fondée en février. »

Mais l'insurrection de Juin et sa terrible répression n'avaient pas seulement radicalisé l'avant-garde, elles avaient aussi, et bien plus encore, stimulé la contre-révolution. Sauf dans la Seine, les élections partielles avaient été favorables aux conservateurs et un nouveau venu, le prince Louis Bonaparte, neveu de Napoléon, avait réussi à se faire élire par 300 000 suffrages dans cinq départements. Dès lors se trouvait posée sa candidature à l'élection présidentielle du 10 décembre.

Pour cette élection, Proudhon — encore une fois — suscita la candidature de Raspail [17]*. Son journal avait d'abord recommandé l'abstention, puis le vote de protestation par bulletin blanc. Étaient déjà en lice Louis Bonaparte, le général Cavaignac, bourreau de Juin, le démocrate bourgeois Ledru-Rollin. À quoi bon cette candidature ? Proudhon l'expliquera : « La candidature de Raspail était motivée précisément par celle de Ledru-Rollin. » En votant pour Ledru-Rollin, la démocratie « se prononçait pour la théorie gouvernementale, elle n'était plus socialiste. (...) Il fallait, pour l'honneur de son opposition à venir, qu'une protestation surgît de son sein. »*

Dans la vague de réaction qui balayait la province française, et notamment les campagnes, la candidature de Ledru-Rollin n'avait aucune chance. Mais, explique Proudhon, même si elle « avait eu la moindre chance de succès et qu'il eût dépendu de nous de la faire avorter, nous l'eussions fait ». La candidature de Raspail était une manifestation de défiance à l'égard des démocrates bourgeois qui avaient fait banqueroute au cours de leur exercice du pouvoir depuis la Révolution de Février.

Ce fut finalement le prince qui remporta l'élection, à une énorme majorité. Proudhon commentera en ces termes le consternant résultat : « La France a nommé Louis Bonaparte président de la République, parce qu'elle est fatiguée des partis, parce que tous les partis sont morts. » Et il expliquera que l'horreur légitime qu'inspirait le général Cavaignac avait, par ailleurs, « précipité vers Napoléon la plupart des démocrates ». La Révolution avait rendu le dernier soupir.

Le nouveau régime s'empressa d'emprisonner Proudhon. Il eut ainsi tout le loisir de tirer, plus à fond, la leçon de l'échec révolutionnaire. C'était le cas, en 1848, d'aller sinon jusqu'à l'anarchie « qui, comme tout principe, indique plutôt un idéal qu'une réalité », mais, du moins, de s'attaquer à la centralisation

---

17. Sur la candidature de Raspail, voir plus loin p. 78-88.

étatique. Les citoyens devaient être « envoyés en possession d'eux-mêmes ». On devait restituer « aux départements et aux communes la gestion de leurs affaires, le soin de leur police, la disposition de leurs fonds et de leurs troupes ».

Si on ne réalisait pas ce minimum, « c'était une hypocrisie de parler révolution ». Mais les hommes de 1848 « n'osèrent pas, retenus qu'ils étaient par le préjugé général et par cette crainte de l'inconnu qui trouble les plus grands génies ». « La question politique fut dévolue (...) à l'assemblée nationale : on put dès lors prévoir qu'elle y serait enterrée. Là, il fut sous-entendu que le peuple étant mineur, on ne pouvait l'abandonner à ses propres conseils ; le gouvernementalisme fut maintenu avec un surcroît d'énergie. » « La faute, très grande faute du gouvernement (...), c'est de n'avoir pas su démolir, il fallait désarmer le pouvoir », lui « arracher les ongles et les dents », « licencier la moitié de l'armée, éloigner les troupes de la capitale ». Au lieu de cela, le gouvernement leva vingt-quatre bataillons de garde nationale mobile, formés de volontaires. « Que voulait-il donc faire de tous ces soldats ? Juin nous l'apprendra. »

Proudhon avait déduit, lui, du précédent de 1793, des conclusions libertaires : « Il fallait organiser les clubs. L'organisation des sociétés populaires était le pivot de la démocratie, la pierre angulaire de l'ordre républicain. » « S'il était une institution qu'un pouvoir démocratique dût respecter et non seulement respecter, mais développer, organiser, c'étaient les clubs. » « Tout a été pris à contresens le lendemain de Février. (...) Au lieu de rendre au peuple sa fécondité initiatrice par la subordination du pouvoir à ses volontés, on cherchait à résoudre, par le pouvoir, des problèmes sur lesquels le temps n'avait pas [encore] éclairé les masses. » « Le gouvernement provisoire, dépourvu du génie des révolutions (...), perdait les jours et les semaines en tâtonnements stériles, agitations et circulaires. » « Le souffle de l'opinion le poussant, il s'efforçait de saisir une initiative quelconque. Triste initiative ! » À part quelques rares mesures positives « tout le reste ne fut que farce, parade, contresens et contre bon sens. On dirait que le pouvoir rend stupides les gens d'esprit ».

Et Proudhon d'administrer une volée de bois vert à ces hommes qui, tels ceux du gouvernement de Front populaire de 1936, n'eurent qu'une pensée : rester dans la légalité. « Toute leur ambition (...) a été de rendre, fidèles commis, des comptes justes. Poursuivis par les souvenirs de 93, (...) ne voulant ni passer pour démolisseurs, ni usurper la souveraineté nationale, ils se sont bornés à maintenir l'ordre. (...) Ils auraient cru forfaire à leur mandat en sortant des voies légales et jetant (...) le peuple dans la Révolution. On répandait que la Révolution allait désorganiser l'État, que la démocratie c'était l'anarchie. (...) Plutôt que de recourir à des moyens sommaires, extra-légaux, contre les riches (...), ils ont mis l'honnêteté à la place de la politique (...), ils furent pleins d'honneur et de scrupule, (...) esclaves de la légalité, gardiens incorruptibles de la pudeur démocratique.» Ils voulurent, comme Colette Audry l'a écrit à propos de Léon Blum, être des «justes» [18]. *Ils poussèrent «la délicatesse jusqu'à la minutie, le respect des personnes, des opinions et des intérêts jusqu'au sacrifice» d'eux-mêmes.*

Parmi les banqueroutiers de 1848, celui à qui Proudhon en voulait le plus, c'était Louis Blanc. Il était à ses yeux le plus responsable de tous, car il se piquait de «socialisme». Le 17 mars 1848, Louis Blanc avait été l'un des organisateurs d'une première grande manifestation populaire qui avait groupé plus de 100 000 ouvriers. Mais il l'avait empêchée de tourner en une mise en demeure lancée au gouvernement, pour l'obliger à se montrer plus énergique contre les saboteurs de la République. Proudhon ne pouvait pardonner à Louis Blanc cette défection : «Quoi ! voici un homme convaincu que les hommes du pouvoir, ses collègues, sont hostiles au progrès ; que la Révolution est en péril si l'on ne réussit à les remplacer ; il sait que l'occasion est rare, qu'une fois échappée elle ne revient plus ; qu'un seul instant lui est donné pour frapper un coup décisif ; et quand arrive ce moment, il en profite juste pour refouler ceux qui lui apportent leurs dévouements et leurs bras !» Et, pour conclure son amère évocation, le prisonnier laisse échapper cette boutade écœurée : «La Révolution s'évaporait comme un alcool en vidange.» Mais de la Révolution de 1848 Proudhon ne tira pas seulement cette sévère critique de ses naufrageurs ; elle devait lui inspirer, on va

18. Colette Audry, *Léon Blum ou la politique du juste*, 1955.

le voir plus loin (page 89 et suivantes), une vigoureuse et originale condamnation de l'État et du pouvoir en général.

Proudhon se jette dans la mêlée [19]

La Révolution de Février éclata. Je n'eus garde, on l'imagine du reste, de me jeter dans ce gâchis politico-socialiste ou M. de Lamartine [20] traduisait en prose poétique les lieux communs de la diplomatie ; où l'on parlait de mettre en associations et en régies successivement tout le commerce, toute l'industrie, et bientôt toute l'agriculture ; de racheter toutes les propriétés, et de les exploiter administrativement ; de centraliser capitaux et capacités entre les mains de l'État ; puis de porter aux peuples de l'Europe, à la tête de nos triomphantes armées, ce régime gouvernemental. Je crus plus utile de poursuivre dans la retraite mes laborieuses études, convaincu que c'était le seul moyen que j'eusse de servir la Révolution, et bien sûr que ni le gouvernement provisoire, ni les néo-jacobins ne me devanceraient.

(...) Tandis que, seul de mon école, je creusais la tranchée dans le glacis de la vieille économie politique ; tandis que P. Leroux, Villegardelle, Vidal [21], et quelques autres suivaient, dans des directions peu différentes, cette marche savante de démolition, que faisaient les organes de la démocratie ! Hélas ! qu'ils me permettent de le leur rappeler, afin que les socialistes ne portent pas seuls la responsabilité des malheurs de la République : ils se livraient à leurs préoccupations parlementaires ; écartant avec obstination, de peur d'effrayer leurs abonnés, les questions sociales, ils préparaient la mystification de Février ; ils organisaient par cette négligence volontaire les ateliers nationaux ; ils minutaient les décrets du gouvernement provisoire, et jetaient,

19. *Confessions d'un révolutionnaire… op.cit.*

20. Alphonse de Lamartine (1790-1809), plus connu comme poète, mais ancien légitimiste devenu républicain modéré ; joua un rôle politique important dans le gouvernement provisoire de la Révolution de Février 1848.

21. Pierre Leroux (1797-1871), socialiste de formation saint-simonienne, empreint de religiosité ; François Villegardelle (1810-1856), d'abord fouriériste puis communiste ; François Vidal (1814-1872), proche en même temps des saint-simoniens et des fouriéristes, joua un rôle important à la Commission du Luxembourg pendant la Révolution de 1848.

sans le savoir, les fondements de la république honnête et modérée. Le *National*, je ne lui en veux plus, maudissant le socialisme, faisant voter les fortifications de Paris ; *La Réforme* forte de ses bonnes intentions, s'en tenait au suffrage universel et au gouvernementalisme de Louis Blanc. On laissait croître l'utopie quand il eût fallu l'arracher en herbe :

(...) Il n'a pas moins fallu que l'expérience de Février pour convaincre nos hommes d'État qu'une Révolution ne s'arrête ni ne s'improvise.

(...) Ainsi la démocratie se consumait elle-même, à la poursuite de ce pouvoir que son but est précisément d'annihiler en le distribuant. Toutes les fractions du parti étaient tombées l'une après l'autre : la Commission exécutive destinée, nous en étions aux républicains du lendemain, nous touchions aux doctrinaires. Si l'on ne parvenait à conjurer ce recul, ou du moins à le renfermer dans le cercle constitutionnel, la République était en péril : mais il fallait pour cela changer de manœuvre. Il fallait s'établir dans l'opposition, rejeter le pouvoir sur la défensive, agrandir le champ de bataille, simplifier, en la généralisant, la question sociale ; étonner l'ennemi par l'audace des propositions, agir désormais sur le peuple plutôt que sur ses représentants, opposer sans ménagement aux passions aveugles de la réaction l'idée philosophique et révolutionnaire de Février.

Un parti ne se fût point prêté à cette tactique ; elle exigeait une individualité résolue, excentrique même, une âme trempée pour la protestation et la négation. Orgueil ou vertige, je crus que mon tour était venu. C'est à moi, me dis-je, de me jeter dans le tourbillon. Les démocrates, séduits par les souvenirs de notre glorieuse Révolution, ont voulu recommencer en 1848 le drame de 1789 : pendant qu'ils jouent la comédie, tâchons de faire l'histoire. La République ne va plus qu'à la garde de Dieu. Tandis qu'une force aveugle entraîne le pouvoir dans un sens, ne saurions-nous faire avancer la société dans un autre ? La direction des esprits étant changée, il en résulterait que le gouvernement, continuant à faire de la réaction, ferait alors, sans s'en douter, de la révolution. Et, de ma banquette de spectateur, je me précipitai, nouvel acteur, sur le théâtre.

Mon nom depuis dix-huit mois a fait assez de bruit pour que l'on me pardonne d'apporter quelques explications, quelques excuses à ma triste célébrité. Bonne ou mauvaise, j'ai eu ma part d'influence sur les destinées de mon pays : qui sait ce que cette influence, plus puissante aujourd'hui par la compression même, peut encore produire ? Il importe donc que mes contemporains sachent ce que j'ai voulu, ce que j'ai fait, ce que je suis. Je ne me vante point : je serais seulement flatté que mes lecteurs restassent convaincus, après lecture, qu'il n'y a dans mon fait ni folie ni fureur. La seule vanité qui m'ait jamais tenu au cœur était de croire qu'aucun homme n'avait agi dans toute sa vie avec plus de préméditation, plus de réflexion, plus de discernement que je l'ai fait.

Mais j'ai appris à mes dépens qu'aux instants mêmes où je me croyais le plus libre, je n'étais encore, dans le torrent des passions politiques auquel je prétendais donner une direction, qu'un instrument de cette immorale providence que je nie, que je récuse. Peut-être l'histoire de mes médiations, inséparable de celle de mes actes, ne sera-t-elle pas sans profit pour ceux qui, quelles que soient leurs opinions, aiment à chercher dans l'expérience la justification de leurs idées.

(…) La Révolution du mépris a renversé le gouvernement qu'avait établi le principe matérialiste des intérêts. Cette Révolution, qui condamne le capital, inaugure par cela même et porte au gouvernement le travail. Or, d'après le préjugé généralement répandu, le travail, devenu gouvernement, doit procéder par les voies gouvernementales ; en d'autres termes, c'est au gouvernement de faire désormais ce qui s'était fait sans lui et contre lui, de prendre l'initiative et de développer la révolution. Car, dit le préjugé, la Révolution doit venir d'en haut, puisque c'est en haut que se trouvent l'intelligence et la force.

Mais l'expérience atteste, et la philosophie démontre, contrairement au préjugé, que toute Révolution, pour être efficace, doit être spontanée, sortir, non de la tête du pouvoir, mais des entrailles du peuple ; que le gouvernement est plutôt réactionnaire que progressif ; qu'il ne saurait avoir l'intelligence des révolutions, attendu que la société, à qui seule appartient ce secret, ne se révèle point par des décrets de législature, mais par la spontanéité de ses manifestations ; qu'enfin, le seul rapport qui existe entre le gouvernement et le travail, c'est que le travail, en s'organisant, a pour mission d'abroger le gouvernement.

(…) Pour moi, je ne m'en cache pas, j'ai poussé de toutes mes forces à la désorganisation politique, non par impatience révolutionnaire, non par amour d'une vaine célébrité, non par ambition, envie ou haine, mais par la prévoyance d'une réaction inévitable, et, en tout cas, par la certitude où j'étais que, dans l'hypothèse gouvernementale où elle persistait à se tenir, la démocratie ne pouvait opérer rien de bon. Quant aux masses, si pauvre que fût leur intelligence, si faible que je connusse leur vertu, je les craignais moins en pleine anarchie qu'au scrutin. Chez le peuple, comme chez les enfants, les crimes et délits tiennent plus à la mobilité des impressions qu'à la perversité de l'âme ; et je trouvais plus aisé, à une élite républicaine, d'achever l'éducation du peuple dans un chaos politique, que de lui faire exercer sa souveraineté, avec quelque chance de succès, par voie électorale [22].

PROUDHON CANDIDAT ÉVINCÉ (avril 1848) [23]

(…) Vinrent les élections d'avril. J'eus la fantaisie de me porter candidat. Dans la circulaire que j'adressai aux électeurs du Doubs, sous la date du 3 avril 1848, je disais :

« La question sociale est posée : vous n'y échapperez pas. Pour la résoudre, il faut des hommes qui unissent à l'extrême de l'esprit radical l'extrême de l'esprit conservateur. Travailleurs, tendez la main à vos patrons ; et vous, patrons, ne repoussez pas l'avance de ceux qui furent vos salariés.

« Que vous importe, après tout, que j'aie été plus ou moins secoué par la fortune ? Il ne suffit pas, pour mériter votre choix, de n'avoir que de la misère à offrir, et vos suffrages ne cherchent pas un aventurier. Cependant, si je ne découvre pas ma calamiteuse existence, qui me recommandera à votre attention ? qui parlera pour moi ? »

Lorsque je m'exprimais ainsi, l'influence de la démocratie était

---

22. Extrait de : *La Révolution sociale démontrée par le coup d'État du 2 décembre (1852).*
23. *Confessions d'un révolutionnaire… op. cit.*

encore dans toute sa force. Je n'ai pas attendu un revirement de fortune pour prêcher, comme but et signification du socialisme, la réconciliation universelle.

Le 16 avril vint mettre à néant ma candidature. Après cette déplorable journée, on ne voulut plus entendre parler de radicalisme extrême : on préféra tout compromettre en se jetant dans l'extrême conservatisme.

Candidat évincé, publiciste sans lecteurs, je dus me rabattre sur la presse. On me dit tous les jours : faites des livres, cela vaut mieux que les journaux. J'en conviens : mais les livres, on ne les lit pas ; et tandis que l'auteur de la *Philosophie positive,* M. Auguste Comte, réunit à peine à ses cours deux cents fidèles, *Le Faubourien, Le Père Duchêne et La Vraie République* mènent le pays. Vous consumez dix ans de votre vie à faire votre in-octavo ; cinquante amateurs l'achètent, puis vient le journaliste qui vous jette dans son tombereau, et tout est dit. Les livres ne servent plus qu'à l'apprentissage du journaliste : le plus haut genre en littérature, dans notre siècle, c'est le premier-Paris, c'est le feuilleton.

PROUDHON CANDIDAT ÉLU (4 juin 1848) [24]

Quand je songe à tout ce que j'ai dit, écrit, publié depuis dix ans sur le rôle de l'État dans la société, sur la subordination du pouvoir et l'incapacité révolutionnaire du gouvernement, je suis tenté de croire que mon élection, en juin 1848, a été l'effet d'une méprise de la part du peuple. Ces idées datent en moi de l'époque de mes premières méditations ; elles sont contemporaines de ma vocation au socialisme. L'étude et l'expérience les ont développées ; elles m'ont constamment dirigé dans mes écrits et ma conduite ; elles ont inspiré tous les actes dont je vais rendre compte : il est étrange qu'après la garantie qu'elles présentent, et qui est la plus haute qu'un novateur puisse offrir, j'aie pu paraître un seul moment, à la société que je prends pour juge et au pouvoir dont je ne veux pas, un agitateur redoutable.

---

24. *Confessions d'un révolutionnaire… op. cit.*

Après l'insurrection ouvrière de juin 1848

Le mea culpa de Proudhon [25]

(…) Cette insurrection est plus terrible à elle seule que toutes celles qui ont eu lieu depuis soixante ans. (…) Thiers [26] a été vu conseillant l'emploi du canon pour en finir. Des massacres atroces de la part de la garde mobile, de l'armée, de la garde nationale ont eu lieu. (…) Les insurgés ont montré un courage indomptable. (…) La terreur règne dans la capitale. (…) On fusille à la Conciergerie, à l'Hôtel de ville, quarante-huit heures après la victoire [27] ; on fusille les prisonniers, blessés, désarmés. (…) On répand les calomnies les plus atroces sur les insurgés afin d'exciter contre eux la vengeance.

(…) Je n'ai point, après les journées de Juin, protesté contre l'abus que des ignorants auraient pu faire de quelques-uns de mes aphorismes, et renié mes inclinations populaires ; je n'ai pas insulté le lion expirant. Mais je n'ai pas non plus attendu aux journées de Juin pour attaquer les tendances gouvernementales, et manifester mes sentiments d'intelligente conservation. J'ai toujours eu, j'aurai éternellement le pouvoir contre moi : est-ce là la tactique d'un ambitieux et d'un lâche ? Ailleurs, faisant le bilan du pouvoir, je prouvais qu'une démocratie gouvernementale n'est qu'une monarchie retournée.

(…) Pour moi, le souvenir des journées de Juin pèsera éternellement comme un remords sur mon cœur. Je l'avoue avec douleur : jusqu'au 25 je n'ai rien prévu, rien connu, rien deviné. Élu depuis quinze jours représentant du peuple, j'étais entré à l'Assemblée nationale avec la timidité d'un enfant, avec l'ardeur d'un néophyte. Assidu, dès neuf heures, aux réunions des bureaux et des comités, je ne quittais l'Assemblée que le soir, épuisé de fatigue et de dégoût. Depuis que j'avais mis le pied sur le Sinaï parlementaire, j'avais cessé d'être en rapport avec les masses : à force de m'absorber dans mes travaux législatifs, j'avais entièrement

---

25. *Carnets de Proudhon*, vol. III, 1968, p. 68 ; *Confessions d'un révolutionnaire… op. cit.*

26. Adolphe Thiers (1797-1877), homme d'État réactionnaire, le futur bourreau de la Commune de 1871.

27. Proudhon veut dire, bien entendu, la victoire des forces gouvernementales.

perdu de vue les choses courantes. Je ne savais rien, ni de la situation des ateliers nationaux, ni de la politique du gouvernement, ni des intrigues qui se croisaient au sein de l'Assemblée. Il faut avoir vécu dans cet isoloir qu'on appelle une Assemblée nationale, pour concevoir comment les hommes qui ignorent le plus complètement l'état d'un pays sont presque toujours ceux qui le représentent.

Je m'étais mis à lire tout ce que le bureau de distribution remet aux représentants : propositions, rapports, brochures, jusqu'au *Moniteur* et au *Bulletin des Lois*. La plupart de mes collègues de la gauche et de l'extrême gauche étaient dans la même perplexité d'esprit, dans la même ignorance des faits quotidiens. On ne parlait des ateliers nationaux qu'avec une sorte d'effroi ; car la peur du peuple est le mal de tous ceux qui appartiennent à l'autorité : le peuple, pour le pouvoir, c'est l'ennemi. Chaque jour, nous votions aux ateliers nationaux de nouveaux subsides, en frémissant de l'incapacité du pouvoir et de notre impuissance.

Désastreux apprentissage ! L'effet de ce gâchis représentatif où il me fallait vivre fut que je n'eus d'intelligence pour rien ; que le 23, quand Flocon déclara en pleine tribune que le mouvement était dirigé par des factions politiques et soudoyé par l'étranger, je me laissai prendre à ce canard ministériel ; et que le 24 je me demandais encore si l'insurrection avait bien réellement pour motif la dissolution des ateliers nationaux ! Non, monsieur Sénard, je n'ai pas été un lâche en Juin, comme vous m'en avez jetez l'insulte à la face de l'Assemblée ; j'ai été, comme vous et comme tant d'autres, un imbécile. J'ai manqué, par hébétude parlementaire, à mon devoir de représentant. J'étais là pour voir, et je n'ai pas vu ; pour jeter l'alarme, et je n'ai pas crié. J'ai fait comme le chien qui n'aboie pas à la présence de l'ennemi. Je devais, moi élu de la plèbe, journaliste du prolétariat, ne pas laisser cette masse sans direction et sans conseil : 100 000 hommes enrégimentés méritaient que je m'occupasse d'eux. Cela eût mieux valu que de me morfondre dans vos bureaux. J'ai fait depuis ce que j'ai pu pour réparer mon irréparable faute.

Manifeste électoral du Peuple [28]

Le Manifeste ci-dessous est l'une des œuvres les plus caractéristiques de Proudhon. On y trouve à la fois une prescience géniale de l'autogestion contemporaine, une conception « mutuelliste », quelque peu utopique et petite-bourgeoise, certes, de la réorganisation sociale, le souci quelque peu aberrant de préserver la petite propriété et, en répugnant à la taxer, de ne pas non plus taxer la grande, enfin une attitude socialiste révolutionnaire sur la participation à un scrutin présidentiel qui, pour Proudhon, n'est qu'une « misérable question », et une occasion pure et simple d'exposer son programme.

Le comité électoral central, composé des délégués des quatorze arrondissements de la Seine, à l'effet de préparer l'élection du président de la République, vient de terminer ses opérations.

Le citoyen Raspail, représentant du peuple, a été désigné à l'unanimité pour le candidat du parti républicain démocratique social.

Le comité central publiera incessamment sa circulaire aux électeurs.

Pour nous, qui avons adhéré d'esprit et de cœur à cette candidature ; qui, dans cette circonstance, avons jugé nécessaire, pour la dignité de nos opinions, de nous séparer des autres fractions moins avancées de la démocratie, nous croyons devoir rappeler ici quels sont nos principes : ce sera la meilleure manière de justifier notre conduite.

---

28. *Journal du peuple*, 8-15 novembre 1848.

Nos principes !

De tout temps les hommes qui, pour arriver au pouvoir, ont recherché le suffrage populaire, ont abusé les masses par de prétendues déclarations de principes qui, dans le fond, n'ont jamais été que des déclarations de promesses !

De tout temps, les ambitieux et les intrigants ont promis au peuple, en phrases plus ou moins sonores :

La liberté, l'égalité, la fraternité ;

Le travail, la famille, la propriété, le progrès ;

Le crédit, l'instruction, l'association, l'ordre et la paix ;

La participation au gouvernement, l'équitable répartition de l'impôt, l'administration honnête et à bon marché, la justice juste, l'égalité progressive des fortunes, l'affranchissement du prolétariat, l'extinction de la misère !

Ils ont tant promis qu'après eux, il faut l'avouer, il ne reste rien à promettre.

Mais aussi qu'ont-ils tenu ? C'est au peuple de répondre : rien !

Les vrais amis du peuple doivent changer d'allure désormais. Ce que le peuple attend de ses candidats, ce qu'il leur demande, ce ne sont plus des promesses, ce sont des moyens.

C'est sur les moyens qu'ils proposent qu'il faut juger les hommes : c'est ainsi que nous demandons qu'on nous juge.

Démocrates-socialistes, nous ne sommes, à vrai dire, d'aucune secte, d'aucune école. Ou plutôt, s'il fallait à toute force nous classer nous-mêmes, nous dirions que nous sommes de l'école critique. Le socialisme n'est point pour nous un système ; c'est tout simplement une protestation. Toutefois, nous croyons que des travaux socialistes il s'est dégagé un ensemble de principes et d'idées en opposition avec la routine économique, et qui ont passé dans la foi populaire ; et c'est pour cela que nous nous disons socialistes. Faire profession de socialisme, et ne rien accepter du socialisme, comme le font de plus habiles, ce serait nous moquer du peuple et abuser de sa crédulité.

Ce n'est pas tout d'être républicain : ce n'est pas tout de reconnaître que la République doit s'entourer d'institutions sociales ; ce n'est pas tout d'écrire sur son drapeau : *République démocratique et sociale*, il faut marquer nettement la différence de l'ancienne société d'avec la nouvelle ; il faut dire ce qu'a produit de positif le socialisme ; en quoi et pourquoi la Révolution de Février, qui en est l'expression, est une Révolution sociale.

Rappelons d'abord le dogme fondamental, le dogme pur du socialisme.

Le socialisme a pour but l'affranchissement du prolétariat et l'extinction de la misère, c'est-à-dire l'égalité effective des conditions parmi les hommes. Sans égalité, il y aura toujours misère, toujours prolétariat.

Le socialisme, égalitaire avant tout, est donc la formule démocratique par excellence. Si des politiques moins sincères éprouvent quelque répugnance à l'avouer, nous respectons leur réserve ; mais, il faut qu'ils le sachent, à nos yeux ils ne sont point démocrates.

Or, quelle est la cause de l'inégalité ?

Cette cause, selon nous, a été mise en lumière par toutes les critiques socialistes qui se sont succédé, notamment depuis Jean-Jacques [Rousseau] : cette cause est la réalisation dans la société de cette triple abstraction : capital, travail, talent.

C'est parce que la société s'est divisée en trois catégories de citoyens correspondantes aux trois termes de cette formule ; c'est-à-dire, parce que l'on a fait une classe des capitalistes ou propriétaires, une autre classe des travailleurs, et une troisième classe des capacités, que l'on est arrivé constamment à la distinction des castes et que la moitié du genre humain a été l'esclave de l'autre.

Partout où l'on a prétendu séparer de fait, organiquement, ces trois choses, le capital, le travail et le talent, le travailleur a été asservi : il est appelé tour à tour esclave, serf, paria, plébéien, prolétaire : le capitaliste a été exploiteur : il se nomme tantôt patricien ou noble, tantôt propriétaire ou bourgeois ; l'homme de talent a été un parasite, un agent de corruption et de servitude : ç'a été d'abord le prêtre, plus tard le clerc, aujourd'hui le fonctionnaire public, toute espèce de capacité et de monopole.

Le dogme fondamental du socialisme consiste donc à résoudre la formule aristocratique : capital-travail-talent, en celle-ci plus simple : travail ! — à faire, par conséquent, que tout citoyen soit en même temps, au même titre et dans un même degré, capitaliste, travailleur, et savant ou artiste.

Le producteur et le consommateur, dans la réalité des choses, comme dans la science économique, c'est toujours le même personnage, considéré seulement de deux points de vue différents. Pourquoi n'en serait-il pas de même du capitaliste et du travailleur ? du travailleur et de l'artiste ? Séparez ces qualités dans l'organisation sociale, vous créez fatalement les castes, l'inégalité, la misère ; unissez-les, au contraire, dans chaque individu, vous avez l'égalité, vous avez la République. C'est encore ainsi que dans l'ordre politique doivent s'effacer un jour toutes ces distinctions de gouvernants et gouvernés, administrateurs et administrés, fonctionnaires publics et contribuables, etc. Il faut, par le développement de l'idée sociale, que chaque citoyen soit tout ; car, s'il n'est pas tout, il n'est pas libre ; il souffre oppression et exploitation en quelque endroit.

Quel est donc le moyen d'opérer cette grande fusion ?

Le moyen, il est indiqué par le mal même. Et d'abord, tâchons de mieux définir encore, s'il est possible, le mal.

Puisque le prolétariat et la misère ont pour cause organique la division de la société en deux classes : l'une qui travaille et ne possède pas ; l'autre qui possède et ne travaille pas, qui, par conséquent, consomme sans produire ; il s'ensuit que le mal dont souffre la société consiste dans cette fiction singulière que le capital est, par lui-même, productif ; tandis que le travail, par lui-même, ne l'est pas. En effet, pour que les conditions fussent égales, dans cette hypothèse de la séparation du travail et du capital, il faudrait que, comme le capitaliste recueille par son capital, sans travailler, de même le travailleur pût recueillir par son travail, sans capital. Or, c'est ce qui n'arrive pas. Donc l'égalité, la liberté, la fraternité sont impossibles dans le régime actuel ; donc la misère et le prolétariat sont la conséquence fatale de la constitution présente de la propriété.

Quiconque le sait et ne l'avoue pas ment également à la bourgeoisie et au prolétariat.

Quiconque sollicite les suffrages du peuple et dissimule avec lui n'est ni socialiste ni démocrate.

Nous le répétons :

La productivité du capital, ce que le christianisme a condamné sous le nom d'usure, telle est la vraie cause de la misère, le vrai principe du prolétariat, l'éternel obstacle à l'établissement de la République. Point d'équivoque, point d'imbroglio, point d'escobarderie ! Que ceux qui se disent démocrates-socialistes signent avec nous cette profession de foi ; qu'ils adhèrent à notre communion : à ce signe, mais à ce signe seulement, nous reconnaîtrons en eux des frères, de véritables amis du peuple, nous souscrirons à tous leurs actes.

Et maintenant, le moyen d'extirper le mal, de faire cesser l'usure, quel est-il ? Sera-ce d'attaquer le produit net, de nous emparer du revenu ? sera-ce, en professant le plus grand respect pour la propriété, de ravir par l'impôt, à mesure qu'elle s'acquiert par le travail et se consacre par la loi, la propriété ?

C'est ici surtout que les vrais amis du peuple se distinguent de ceux qui ne veulent que commander au peuple ; c'est ici que les vrais socialistes se séparent de leurs perfides imitateurs.

Le moyen de détruire l'usure, ce n'est pas, encore une fois, de confisquer l'autre ; c'est d'opposer principe à principe, c'est, en un mot, d'organiser le crédit.

Organiser le crédit, pour le socialisme ce n'est point emprunter à intérêt, puisque ce serait toujours reconnaître la suzeraineté du capital ; c'est organiser la solidarité des travailleurs entre eux, c'est créer leur garantie mutuelle, d'après ce principe d'économie vulgaire, que tout ce qui a une valeur d'échange peut être un objet d'échange, peut, par conséquent, donner matière à crédit.

De même que le banquier fait crédit de ses écus au négociant qui lui paye un fermage ;

Le propriétaire de maison fait crédit d'un logement au paysan qui lui en paye loyer ;

Le marchand fait crédit de sa marchandise à la pratique qui achète à terme ;

De même le travailleur fait crédit de son travail au patron qui le paye à la fin du mois ou à la fin de la semaine. Tous tant que nous sommes, nous nous faisons réciproquement crédit de quelque chose : ne dit-on pas, vendre à crédit, travailler à crédit, boire à crédit ?

Donc, le travail peut donner crédit de lui-même, il peut être créancier comme le capital.

Donc encore deux ou plusieurs travailleurs peuvent se faire crédit de leurs produits respectifs et, s'ils s'entendaient pour des opérations suivies de ce genre, ils auraient organisé entre eux le crédit.

C'est ce qu'ont admirablement compris les associations ouvrières qui, spontanément, sans commandite, sans capitaux, se forment à Paris et à Lyon, et par cela seul qu'elles se mettent en rapport les unes avec les autres, qu'elles se font crédit, organisent, comme l'on dit, le travail. En sorte que, organisation du crédit, organisation du travail, association, c'est une seule et même chose. Ce n'est pas une école, ce n'est pas un théoricien qui dit cela : c'est le fait actuel, le fait révolutionnaire qui le prouve.

Ainsi l'application d'un principe conduit le peuple à la découverte d'un autre, une solution obtenue amène toujours une autre solution. Si donc il arrivait que les travailleurs s'entendissent sur tous les points de la République et s'organisassent de la même manière, il est évident que, maîtres du travail et produisant incessamment, par le travail, de nouveaux capitaux, ils auraient bientôt reconquis, par leur organisation et leur concurrence, le capital aliéné ; ils attireraient à eux, d'abord la petite propriété, le petit commerce et la petite industrie ; puis la grande propriété et les grandes entreprises ; puis les exploitations les plus vastes, les mines, les canaux, les chemins de fer ; ils deviendraient les maîtres de tout par l'adhésion successive des producteurs et la liquidation des propriétés, sans spoliation ni rançonnement des propriétaires.

(...) Telle est l'œuvre commencée, spontanément sous nos yeux par le peuple, œuvre qu'il poursuit avec une admirable énergie, à travers toutes les difficultés de la chicane et les plus affreuses privations. Et il ne faut pas se lasser de le dire, ce ne sont pas les chefs d'école qui ont commencé ce mouvement, ce n'est pas l'État qui a donné la première impulsion, c'est le peuple. Nous ne sommes ici que ses interprètes. Notre foi, la foi démocratique et sociale, n'est déjà plus une utopie, c'est une réalité. Ce n'est point notre doctrine que nous prêchons ; ce sont les idées populaires que nous prenons pour thèmes de nos développements. Ceux-là ne sont pas des nôtres qui le méconnaissent, qui nous parlent d'association et de République, et qui n'osent avouer pour leurs frères les vrais socialistes, les vrais républicains.

Dévoués depuis dix ans à cette idée, nous n'avons pas attendu le triomphe du peuple pour nous ranger avec lui.

(...) Que le gouvernement, que l'Assemblée nationale, que la bourgeoisie elle-même nous protègent et nous assistent dans l'accomplissement de notre œuvre, nous en serons reconnaissants. Mais qu'on ne cherche plus à nous distraire de ce que nous regardons comme les vrais intérêts du peuple ; qu'on n'essaie pas de nous leurrer par de vains semblants de réforme. Nous sommes trop éclairés pour être encore dupes, nous savons mieux comment va le monde que les hommes politiques qui nous honorent de leurs remontrances.

Nous serions heureux que l'État, par des allocations prises sur le budget, contribuât à l'émancipation des travailleurs ; nous ne verrions qu'avec méfiance ce que l'on appelle organisation du crédit par l'État, et qui n'est, selon nous, que la dernière forme de l'exploitation de l'homme par l'homme. Nous repoussons le crédit de l'État, parce que l'État, endetté de huit milliards, ne possède pas sa commandite ne repose que sur un papier à cours forcé ; parce que le cours forcé entraîne fatalement la dépréciation, et que la dépréciation atteint toujours le travailleur de préférence au propriétaire ; parce que nous, producteurs associés ou en voie d'association, nous n'avons besoin ni de l'État, ni de cours forcé pour organiser nos échanges ; parce qu'enfin le crédit par l'État est toujours le crédit par le capital, non le crédit par le travail, toujours la monarchie, non la démocratie.

Dans le système qu'on nous propose [29] et que nous repoussons de toute l'énergie de nos convictions, l'État, pour donner crédit, doit au préalable se procurer des capitaux. Ces capitaux, il faut qu'il les demande à la propriété, par la voie de l'impôt. C'est donc toujours revenir au principe, alors qu'il s'agit de le détruire ; c'est déplacer la richesse, tandis qu'il faudrait la créer ; c'est retirer la propriété, après l'avoir déclarée, par la constitution, inviolable.

Que d'autres, aux idées moins avancées et moins suspectes, à la morale méticuleuse, appuient de telles idées, nous n'accuserons point leur tactique. Quant à nous, qui ne faisons point la guerre aux riches, mais aux principes ; nous, que la contre-Révolution ne cesse de calomnier, nous devons être plus rigoristes. Nous sommes des socialistes, nous ne sommes pas des spoliateurs.

Nous ne voulons pas de l'impôt progressif, parce que l'impôt progressif est la consécration du produit net et que nous voulons abolir, par l'association, le produit net ; parce que, si l'impôt progressif n'enlève pas au riche la totalité de son revenu, il n'est qu'une concession faite au prolétariat, une sorte de rachat du droit d'usure, en un mot une déception, et que, s'il prend tout le

---

29. Celui de Louis Blanc.

revenu, il est la confiscation de la propriété, l'expropriation sans indemnité préalable, et sans utilité publique.

Que ceux-là donc qui se disent avant tout hommes politiques invoquent l'impôt progressif comme une représentation vis-à-vis de la propriété, comme un châtiment à l'égoïsme bourgeois ; nous respectons leurs intentions et, si jamais il leur est donné d'appliquer leurs principes, nous laisserons passer la justice de Dieu. Pour nous, représentants de ceux qui ont tout perdu au régime du capital, l'impôt progressif, précisément parce qu'il est une restitution forcée, nous est interdit ; nous n'en ferons jamais la proposition au peuple. Nous sommes des socialistes, des hommes de réconciliation et de progrès ; nous ne demandons ni réaction, ni loi agraire.

Nous ne voulons pas de l'impôt sur les rentes de l'État, parce que cet impôt n'est, comme l'impôt progressif, vis-à-vis des rentiers, qu'une confiscation, et, vis-à-vis du peuple, qu'une transaction, une duperie. Nous croyons que l'État a le droit de rembourser ses dettes, par conséquent d'emprunter à plus faible intérêt : nous ne pensons pas qu'il lui soit permis, sous prétexte d'impôt, de manquer à ses engagements. Nous sommes des socialistes, nous ne sommes pas des banqueroutiers.

Nous ne voulons pas de l'impôt sur les successions, parce que cet impôt n'est aussi qu'un retrait de la propriété, et que, la propriété étant un droit constitutionnel reconnu de tout le monde, il faut respecter en elle le vœu de la majorité ; parce que ce serait une atteinte à la famille ; parce que nous n'avons que faire, pour émanciper le prolétariat, de cette nouvelle hypocrisie. La transmission des biens, sous la loi de l'association, ne s'appliquant point aux instruments du travail, ne peut devenir une cause d'inégalité. Laissez donc aller la fortune du propriétaire défunt à sa parenté la plus éloignée, souvent la plus pauvre. Nous sommes des socialistes, nous ne sommes pas des capteurs de successions.

Nous ne voulons pas de l'impôt sur les objets de luxe, parce que ce serait frapper les industries de luxe ; parce que les produits de luxe sont l'expression même du progrès ; parce que, sous l'empire du travail et avec la subordination du capital, le luxe doit descendre à tous les citoyens sans exception. Pourquoi, après avoir encouragé la propriété, punirions-nous de leur jouissance les propriétaires ? Nous sommes des socialistes, nous ne sommes pas des envieux.

(...) Nous ne voulons pas de l'expropriation par l'État des

mines, des canaux et des chemins de fer : c'est toujours de la monarchie, toujours du salariat. Nous voulons que les mines, les canaux, les chemins de fer soient remis à des associations ouvrières, organisées démocratiquement, travaillant sous la surveillance de l'État, aux conditions établies par l'État, et sous leur propre responsabilité. Nous voulons que ces associations soient des modèles proposés à l'agriculture, à l'industrie et au commerce, le premier noyau de cette vaste fédération de compagnies et de sociétés, réunies dans le commun lieu de la République démocratique et sociale.

Nous ne voulons pas plus du gouvernement de l'homme par l'homme que de l'exploitation de l'homme par l'homme : ceux qui prennent si vite la formule socialiste y ont-ils réfléchi ?

Nous voulons l'économie dans les dépenses de l'État, de même que nous voulons la fusion complète, dans le travailleur, des droits de l'homme et du citoyen, des attributs du capital et du talent. C'est pour cela que nous demandons certaines choses que le socialisme indique, et que les hommes qui se prétendent plus spécialement politiques ne comprennent pas.

La politique tend à spécialiser et multiplier indéfiniment les emplois ; le socialisme tend à les fondre les uns dans les autres.

Ainsi, nous croyons que la presque totalité des travaux publics peut et doit être exécutée par l'armée ; que cette participation aux travaux publics est le premier tribut que doit payer à la patrie la jeunesse républicaine ; qu'en conséquence le budget de la guerre et celui des travaux publics font double emploi. C'est une économie de plus de 100 millions ; la politique ne s'en soucie pas.

On parle d'enseignement professionnel. Nous croyons que l'école d'agriculture, c'est l'agriculture ; l'école des arts, métiers et manufactures, c'est l'atelier ; l'école du commerce, c'est le comptoir ; l'école des mines, c'est la mine ; l'école de navigation, c'est le navire ; l'école d'administration, c'est l'administration, etc.

L'apprenti est aussi nécessaire au travail que le compagnon : pourquoi le mettre à part dans une école ? Nous voulons la même éducation pour tous : à quoi bon ces écoles, qui, pour le peuple, ne sont que des écoles d'aristocrates, et pour nos finances un double emploi ? Organisez l'association, et, du même coup, tout atelier devenant école, tout travailleur est maître, tout étudiant apprenti. Les hommes d'élite se produisent aussi bien et mieux au chantier qu'à la salle d'étude.

Même chose dans le gouvernement.

Il ne suffit pas de dire que l'on est opposé à la présidence, si l'on n'abolit les ministères, éternel objet de l'ambition politique. C'est à l'Assemblée nationale d'exercer, par l'organisation de ses comités, le pouvoir exécutif, comme elle exerce par ses délibérations en commun et ses votes le pouvoir législatif. Les ministres, sous-secrétaires d'État, chefs de division, etc. font double emploi avec les représentants, dont la vie désœuvrée, dissipée, livrée à l'intrigue et à l'ambition, est une cause incessante d'embarras pour l'administration, de mauvaises lois pour la société, de stériles dépenses pour l'État.

Que nos jeunes recrues se le mettent dans l'esprit : le socialisme est le contraire du gouvernementalisme. Cela est aussi vieux pour nous que le précepte : *Entre maître et serviteur point de société*.

Nous voulons, à côté du suffrage universel, et comme conséquence de ce suffrage, l'application du mandat impératif. Les hommes politiques y répugnent ! Ce qui veut dire qu'à leurs yeux le peuple, en élisant des représentants, ne se donne point des mandataires, il aliène sa souveraineté ! À coup sûr, ce n'est pas là du socialisme, ce n'est pas même de la démocratie.

Nous voulons la liberté illimitée de l'homme et du citoyen, sauf le respect de la liberté d'autrui :

Liberté d'association,
Liberté de réunion,
Liberté des cultes,
Liberté de la presse,
Liberté de la pensée et de la parole,
Liberté du travail, du commerce et de l'industrie,
Liberté de l'enseignement,
En un mot, liberté absolue.

Or, parmi ces libertés, il en est toujours quelqu'une que la vieille politique n'admet pas, ce qui entraîne la ruine de toutes ! Nous dira-t-on, une fois, si l'on veut la liberté avec exception ou sans exception ?

Nous voulons la famille : où sont ceux qui la respectent plus que nous ? Mais nous ne prenons pas la famille pour type de la société. Les défenseurs de la monarchie nous ont appris que c'était à l'image de la famille que les monarchies s'étaient constituées. La famille est l'élément patriarcal ou dynastique, le rudiment de la royauté : le type de la société civile est la société fraternelle.

Nous voulons la propriété, mais ramenée à ses justes bornes, c'est-à-dire à la libre disposition des fruits du travail, la propriété moins l'usure ! Ceux qui nous connaissent nous entendent.

Telle est, en substance, notre profession de foi.

(...) Et maintenant venons à cette misérable question de la Présidence.

C'était grave assurément, que de savoir, d'une part, si le peuple devait s'abstenir ou voter ; en second lieu, sous quel drapeau se ferait l'élection, sous quelle profession de foi.

(...) Le comité électoral central a décidé, à l'unanimité, de porter candidat à la présidence le citoyen Raspail.

Raspail, l'élu de 66 000 suffrages parisiens et de 35 000 lyonnais ;

Raspail, le démocrate-socialiste ;

Raspail, l'implacable dénonciateur des mystifications politiques ;

Raspail, que ses travaux dans l'art de guérir ont placé au rang des bienfaiteurs de l'humanité [30].

En adhérant à cette candidature, nous n'entendons point, comme on l'a écrit quelque part de l'honorable M. Ledru-Rollin, donner éventuellement à la République un chef : loin de là, nous acceptons Raspail comme protestation vivante contre le principe de la Présidence ! nous le présentons au suffrage du peuple, non parce qu'il est ou se croit possible, mais parce qu'il est impossible ; parce qu'avec lui la présidence, image de la royauté, serait impossible.

Nous n'entendons pas davantage, en appelant les voix sur Raspail, jeter à la bourgeoisie, qui redoute ce grand citoyen, un défi. Ce que nous cherchons avant tout, c'est la réconciliation, la paix. Nous sommes des socialistes, nous ne sommes pas des brouillons.

Nous appuyons la candidature de Raspail, afin d'exprimer plus fortement aux yeux du pays cette idée, que, désormais, sous le drapeau de la République, il n'y a plus que deux partis en France, le parti du travail et le parti du capital.

---

30. Cf. *François-Vincent Raspail*, Jérôme Martineau, Paris, 1968.

Du principe d'autorité [31]

Voici comment, passé la tempête révolutionnaire de 1848, Proudhon en tire les leçons : une condamnation sans appel de l'État et du pouvoir.

LE PRÉJUGÉ GOUVERNEMENTAL [32]

La forme sous laquelle les premiers hommes ont conçu l'ordre dans la société est la forme patriarcale ou hiérarchique, c'est-à-dire, en principe, l'autorité, en action, le gouvernement. La justice, qui plus tard a été distinguée en distributive et commutative, ne leur est apparue d'abord que sous la première face : un supérieur rendant à des inférieurs ce qui leur revient à chacun.

L'idée gouvernementale naquit donc des mœurs de famille et de l'expérience domestique : aucune protestation ne se produisit alors, le gouvernement paraissant aussi naturel à la société que la subordination entre le père et ses enfants. C'est pourquoi M. de Bonald [33] a pu dire, avec raison, que la famille est l'embryon de l'État, dont elle reproduit les catégories essentielles : le roi dans le père, le ministre dans la mère, le sujet dans l'enfant. C'est pour cela aussi que les socialistes fraternitaires, qui prennent la famille

31. Extraits de *Idée générale de la révolution au XIXe siècle,* 1851.
32. Les sous-titres sont de nous.
33. Louis de Bonald (1754-1840), philosophe réactionnaire, chien de garde de la monarchie et de la religion.

pour élément de la société, arrivent tous à la dictature, forme la plus exagérée du gouvernement. L'administration de M. Cabet, dans ses États de Nauvoo [34], en est un bel exemple. Combien de temps encore nous faudra-t-il pour comprendre cette filiation d'idées ? La conception primitive de l'ordre par le gouvernement appartient à tous les peuples : et si, dès l'origine, les efforts qui ont été faits pour organiser, limiter, modifier l'action du pouvoir, l'approprier aux besoins généraux et aux circonstances, démontrent que la négociation était impliquée dans l'affirmation, il est certain qu'aucune hypothèse rivale n'a été émise ; l'esprit est partout resté le même. À mesure que les nations sont sorties de l'état sauvage et barbare, on les a vues immédiatement s'engager dans la voie gouvernementale, parcourir un cercle d'institutions toujours les mêmes, et que tous les historiens et publicistes rangent sous ces catégories, succédanées l'une à l'autre, monarchie, aristocratie, démocratie.

Mais voici qui est plus grave.

Le préjugé gouvernemental pénétrant au plus profond des consciences, frappant la raison de son moule, toute conception autre a été pendant longtemps rendue impossible, et les plus hardis parmi les penseurs en sont venus à dire que le gouvernement était un fléau sans doute, un châtiment pour l'humanité, mais que c'était un mal nécessaire.

Voilà pourquoi, jusqu'à nos jours, les révolutions les plus émancipatrices, et toutes les effervescences de la liberté, ont abouti constamment à un acte de foi et de soumission au pouvoir ; pourquoi toutes les révolutions n'ont servi qu'à reconstituer la tyrannie : je n'en excepte pas plus la Constitution de 93 que celle de 1848, les deux expressions les plus avancées, cependant, de la démocratie française.

Ce qui a entretenu cette prédisposition mentale et rendu la fascination pendant si longtemps invincible, c'est que, par suite de l'analogie supposée entre la société et la famille, le gouvernement s'est toujours présenté aux esprits comme l'organe naturel de la justice, le protecteur du faible, le conservateur de la paix. Par cette attribution de providence et de haute garantie, le gouverne-

34. Communautés que le communiste français Étienne Cabet (1788-1856), auteur du *Voyage en Icarie*, tenta de fonder aux États-Unis.

ment s'enracinait dans les cœurs autant que dans les intelligences. Il faisait partie de l'âme universelle ; il était la foi, la superstition intime, invincible des citoyens. Qu'il lui arrivât de faiblir, on disait de lui, comme de la religion et de la propriété : ce n'est pas l'institution qui est mauvaise, c'est l'abus. Ce n'est pas le roi qui est méchant, ce sont ses ministres. « *Ah ! si le roi savait !* »

Ainsi, à la donnée hiérarchique et absolutiste d'une autorité gouvernante, s'ajoutait un idéal parlant à l'âme et conspirant incessamment contre l'instinct d'égalité et d'indépendance : tandis que le peuple, à chaque Révolution, croyait réformer, suivant les inspirations de son cœur, les vices de son gouvernement, il était trahi par ses idées mêmes ; en croyant mettre le pouvoir dans ses intérêts, il l'avait toujours, en réalité, contre soi ; au lieu d'un protecteur, il se donnait un tyran.

L'expérience montre, en effet, que partout et toujours le gouvernement, quelque populaire qu'il ait été à son origine, s'est rangé du côté de la classe la plus éclairée et la plus riche contre la plus pauvre et la plus nombreuse ; qu'après s'être montré quelque temps libéral, il est devenu peu à peu exceptionnel, exclusif ; enfin, qu'au lieu de soutenir la liberté et l'égalité entre tous, il a travaillé obstinément à les détruire, en vertu de son inclination naturelle au privilège.

(...) La négation gouvernementale, qui est au fond de l'utopie de Morelly [35] ; qui jeta une lueur, aussitôt étouffée, à travers les manifestations sinistres des enragés et des hébertistes ; qui serait sortie des doctrines de Babeuf, si Babeuf avait su raisonner et détruire son propre principe : cette grande et décisive négation traversa, incomprise, tout le XVIIIe siècle.

Mais une idée ne peut périr : elle renaît toujours de sa contradictoire. (...) De cette plénitude de l'évolution politique surgira, à la fin, l'hypothèse opposée ; le gouvernement, s'usant tout seul, enfantera, comme son postulé historique, le Socialisme.

Ce fut Saint-Simon [36] qui, le premier, dans un langage timide, et avec une conscience obscure encore, ressaisit la filière :

---

35. Auteur du *Code de la nature*, 1755.
36. Henri de Saint-Simon (1760-1825), fondateur du socialisme « utopique », dit saint-simonisme.

« L'espèce humaine, écrivait-il dès l'année 1818, a été appelée à vivre d'abord sous le régime gouvernemental et féodal ;

« Elle a été destinée à passer du régime gouvernemental ou militaire sous le régime administratif ou industriel, après avoir fait suffisamment de progrès dans les sciences positives et dans l'industrie ;

« Enfin, elle a été soumise par son organisation à essuyer une crise longue et violente, lors de son passage du système militaire au système pacifique.

« L'époque actuelle est une époque de transition :

« La crise de transition a été commencée par la prédication de Luther : depuis cette époque, la direction des esprits a été essentiellement critique et révolutionnaire. »

(...) Tout Saint-Simon est dans ces quelques lignes, écrites du style des prophètes, mais d'une digestion trop rude pour l'époque où elles furent écrites, d'un sens trop condensé pour les jeunes esprits qui s'attachèrent les premiers au noble novateur.

(...) Qu'a voulu dire Saint-Simon ?

Du moment où, d'une part, la philosophie succède à la foi et remplace l'ancienne notion du gouvernement par celle de contrat ; où, d'un autre côté, à la suite d'une Révolution qui abolit le régime féodal, la société demande à développer, harmoniser ses puissances économiques : de ce moment-là il devient inévitable que le gouvernement, nié en théorie, se détruise progressivement dans l'application. Et quand Saint-Simon, pour désigner ce nouvel ordre de choses, se conformant au vieux style, emploie le mot de gouvernement accolé à l'épithète d'aministratif ou industriel, il est évident que ce mot acquiert sous sa plume une signification métaphorique ou plutôt analogique, qui ne pouvait faire illusion qu'aux profanes. Comment se tromper sur la pensée de Saint-Simon en lisant le passage, plus explicite encore, que je vais citer :

« Si l'on observe la marche que suit l'éducation des individus, on remarque, dans les écoles primaires, l'action de gouverner comme étant la plus forte ; et dans les écoles d'un rang plus élevé, on voit l'action de gouverner les enfants diminuer toujours d'intensité, tandis que l'enseignement joue un rôle de plus en plus important. Il en a été de même pour l'éducation de la société. L'action militaire, c'est-à-dire féodale (gouvernementale), a dû être la plus forte à son origine ; elle a toujours dû acquérir de l'importance ; et le pouvoir administratif doit nécessairement finir par dominer le pouvoir militaire. »

À ces extraits de Saint-Simon il faudrait joindre sa fameuse *Parabole*, qui tomba, en 1819, comme une hache sur le monde officiel, et pour laquelle l'auteur fut traduit en cour d'assises le 20 février 1820 et acquitté. L'étendue de ce morceau, d'ailleurs trop connu, ne nous permet pas de le rapporter.

La négation de Saint-Simon, comme l'on voit, n'est pas déduite de l'idée de contrat, que Rousseau et ses sectateurs avaient depuis quatre-vingts ans corrompue et déshonorée ; elle découle d'une autre intuition, tout expérimentale et, *a posteriori*, telle qu'elle pouvait convenir à un observateur des faits. Ce que la théorie du contrat, inspiration de la logique providentielle, aurait dès le temps de Jurieu [37] fait entrevoir dans l'avenir de la société, à savoir la fin des gouvernements, Saint-Simon, paraissant au plus fort de la mêlée parlementaire, le constate, lui, d'après la loi des évolutions de l'humanité. Ainsi, la théorie du droit et la philosophie de l'histoire, comme deux jalons plantés l'un au-devant de l'autre, conduisaient l'esprit vers une Révolution inconnue : un pas de plus, nous touchons à l'événement.

(...) Le XVIIIe siècle, je crois l'avoir surabondamment établi, s'il n'avait été dérouté par le républicanisme classique, rétrospectif et déclamatoire de Rousseau, serait arrivé, par le développement de l'idée de contrat, c'est-à-dire par la voie juridique, à la négation du gouvernement.

Cette négation, Saint-Simon l'a déduite de l'observation historique et de l'éducation de l'humanité.

Je l'ai conclue à mon tour, s'il m'est permis de me citer en ce moment où je représente seul la donnée révolutionnaire, de l'analyse des fonctions économiques et de la théorie du crédit et de l'échange. Je n'ai pas besoin, je le pense, pour établir cette tierce aperception, de rappeler les divers ouvrages et articles où elle se trouve consignée : ils ont, depuis trois ans, obtenu assez d'éclat.

Ainsi l'Idée, semence incorruptible, passe à travers les âges, illuminant de temps à autre l'homme dont la volonté est bonne, jusqu'au jour où une intelligence que rien n'intimide, la

37. Pierre Jurieu (1637-1713), théologien protestant français, adversaire de l'absolutisme en général et de Louis XIV en particulier.

recueille, la couve, puis la lance comme un météore sur les masses électrisées.

L'idée de contrat, sortie de la Réforme en opposition à celle de gouvernement, a traversé le XVIIe et le XVIIIe siècle, sans qu'aucun publiciste la relevât, sans qu'un seul révolutionnaire l'aperçût. Tout ce qu'il y eut de plus illustre dans l'Église, la philosophie, la politique, s'entendit au contraire pour la combattre. Rousseau, Sieyès, Robespierre, Guizot toute cette école de parlementaires, ont été les porte-drapeau de la réaction [38]. Un homme, bien tard averti par la dégradation du principe directeur, remet en lumière l'idée jeune et féconde : malheureusement le côté réaliste de sa doctrine trompe ses propres disciples ; ils ne voient pas que le producteur est la négation du gouvernant, que l'organisation est incompatible avec l'autorité ; et pendant trente ans encore on perd de vue la formule.

(...) L'idée anarchique est à peine implantée dans le sol populaire, qu'il se trouve aussitôt de soi-disant conservateurs pour l'arroser de leurs calomnies, l'engraisser de leurs violences, la chauffer sous les vitraux de leur haine, lui prêter l'appui de leurs stupides réactions. Elle a levé aujourd'hui, grâce à eux, l'idée antigouvernementale, l'idée du travail, l'idée du contrat ; elle croît, elle monte, elle saisit de ses vrilles les sociétés ouvrières ; et bientôt, comme la petite graine de l'Évangile, elle formera un arbre immense, qui de ses rameaux couvrira toute la terre.

La souveraineté de la raison ayant été substituée à celle de la révélation ;

La notion de contrat succédant à celle de gouvernement ;

L'évolution historique conduisant fatalement l'humanité à une pratique nouvelle ;

La critique économique constatant déjà que sous ce nouveau régime l'institution politique doit se perdre dans l'organisme industriel :

Concluons sans crainte que la formule révolutionnaire ne peut

---

38. Jean-Jacques Rousseau (1712-1778), l'auteur du *Contrat social* ; Joseph Sieyès (1718-1836), théoricien du Tiers-État ; Maximilien Robespierre (1758-1794), leader révolutionnaire parlementaire ; François Guizot (1787-1871), historien et politicien conservateur, chef de gouvernement durant les dernières années du règne de Louis-Philippe.

plus être ni législation directe, ni gouvernement direct, ni gouvernement simplifié ; elle est : plus de gouvernement.

Ni monarchie, ni aristocratie, ni même démocratie, en tant que ce troisième terme impliquerait un gouvernement quelconque, agissant au nom du peuple, et se disant peuple. Point d'autorité, point de gouvernement, même populaire : la Révolution est là.

Du pouvoir absolu à l'anarchie

(...) Toute l'idée s'établit ou se réfute en une suite de termes qui en sont comme l'organisme, et dont le dernier démontre irrévocablement sa vérité ou son erreur. Si l'évolution, au lieu de se faire simplement dans l'esprit, par les théories, s'effectue en même temps dans les institutions et les actes, elle constitue l'histoire. C'est le cas qui se présente pour le principe d'autorité ou de gouvernement.

Le premier terme sous lequel se manifeste ce principe est le pouvoir absolu. C'est la formule la plus pure, la plus rationnelle, la plus énergique, la plus franche et, à tout prendre, la moins immorale et la moins pénible, de gouvernement.

Mais l'absolutisme, dans son expression naïve, est odieux à la raison et à la liberté ; la conscience des peuples s'est de tout temps soulevée contre lui ; à la suite de la conscience, la révolte a fait entendre sa protestation. Le principe a donc été forcé de reculer : il a reculé pas à pas, par une suite de concessions, toutes plus insuffisantes les unes que les autres, et dont la dernière, la démocratie pure ou le gouvernement direct, aboutit à l'impossible et à l'absurde. Le premier terme de la série étant donc l'absolutisme, le terme final, fatidique, est l'anarchie, entendue dans tous les sens.

Nous allons passer en revue, les uns après les autres, les principaux termes de cette grande évolution.

L'humanité demande à ses maîtres : « Pourquoi prétendez-vous régner sur moi et me gouverner ? » Ils répondent : « Parce que la société ne peut se passer d'ordre ; parce qu'il faut dans une société des hommes qui obéissent et qui travaillent, pendant que les autres commandent et dirigent ; parce que les facultés individuelles étant inégales, les intérêts opposés, les passions antagonistes, le bien particulier de chacun opposé au bien de tous, il faut une autorité qui assigne la limite des droits et des devoirs, un arbitre qui tranche les conflits, une force publique qui fasse exécuter les jugements du souverain. Or, le pouvoir, l'État, est précisément cette autorité discrétionnaire, cet arbitre qui rend à chacun ce qui lui appartient, cette force qui assure et fait respecter la paix. Le gouvernement, en deux mots, est le principe et la garantie de l'ordre social : c'est ce que déclarent à la fois le sens commun et la nature. »

À toutes les époques, dans la bouche de tous les pouvoirs : vous la retrouvez identique, invariable, dans les livres des économistes malthusiens, dans les journaux de la réaction et dans les professions de foi des républicains. Il n'y a de différence, entre eux tous, que par la mesure des concessions qu'ils prétendent faire à la liberté sur le principe : concessions illusoires, qui ajoutent aux formes de gouvernement dites tempérées, constitutionnelles, démocratiques, etc., un assaisonnement d'hypocrisie dont la saveur ne les rend que plus méprisables.

Ainsi le gouvernement, dans la simplicité de sa nature, se présente comme la condition absolue, nécessaire, *sine qua non*, de l'ordre. C'est pour cela qu'il aspire toujours, et sous tous les masques, à l'absolutisme : en effet, d'après le principe, plus le gouvernement est fort, plus l'ordre approche de la perfection. Ces deux notions, le gouvernement et l'ordre, seraient donc l'une à l'autre dans le rapport de la cause à l'effet : la cause serait le gouvernement, l'effet serait l'ordre. C'est bien aussi comme cela que les sociétés primitives ont raisonné.

(...) Mais ce raisonnement n'en est pas moins faux, et la conclusion de plein droit inadmissible, attendu que, d'après la classification logique des idées, le rapport de gouvernement à ordre n'est point du tout, comme le prétendent les chefs d'État, celui de cause à effet, c'est celui du particulier au général. L'ordre, voilà le genre ; le gouvernement, voilà l'espèce. En d'autres termes, il y a plusieurs manières de concevoir l'ordre : qui nous prouve que l'ordre dans la société soit celui qu'il plaît à ses maîtres de lui assigner ?

On allègue, d'un côté, l'inégalité naturelle des facultés, d'où l'on induit celle des conditions ; de l'autre, l'impossibilité de ramener à l'unité la divergence des intérêts et d'accorder les sentiments.

Mais, dans cet antagonisme, on ne saurait voir tout au plus qu'une question à résoudre, non un prétexte à la tyrannie. L'inégalité des facultés ? la divergence des intérêts ? Eh ! souverains à couronne, à faisceaux et à écharpes. Voilà précisément ce que nous appelons le problème social : et vous croyez en venir à bout par le bâton et la baïonnette ? Saint-Simon avait bien raison de faire synonymes ces deux mots, gouvernemental et militaire. Le gouvernement faisant l'ordre dans la société, c'est Alexandre coupant avec son sabre le nœud gordien.

Qui donc, pasteurs des peuples, vous autorise à penser que le problème de la contradiction des intérêts et de l'inégalité des facultés ne peut être résolu ? que la distinction des classes en découle nécessairement ? et que, pour maintenir cette distinction, naturelle et providentielle, la force est nécessaire, légitime ? J'affirme, au contraire, et tous ceux que le monde appelle utopistes, parce qu'ils repoussent votre tyrannie, affirment avec moi que cette solution peut être trouvée. Quelques-uns ont cru la découvrir dans la communauté, d'autres dans l'association, d'autres encore dans la série industrielle. Je dis pour ma part qu'elle est dans l'organisation des forces économiques, sous la loi suprême du contrat. Qui vous dit qu'aucune de ces hypothèses n'est vraie ?

À votre théorie gouvernementale, qui n'a pour cause que votre ignorance, pour principe qu'un sophisme, pour moyen que la force, pour but que l'exploitation de l'humanité, le progrès du travail, des idées, vous oppose par ma bouche cette théorie libérale : trouver une forme de transaction qui, ramenant à l'unité la divergence des intérêts, identifiant le bien particulier et le bien général, effaçant l'inégalité de nature par celle de l'éducation, résolve toutes les contradictions politiques et économiques : où chaque individu soit également et synonymiquement producteur et consommateur, citoyen et prince, administrateur et administré ; où sa liberté augmente toujours, sans qu'il ait besoin d'en aliéner jamais rien ; où son bien-être s'accroisse indéfiniment, sans qu'il puisse éprouver, du fait de la société ou de ses concitoyens, aucun préjudice, ni dans sa propriété, ni dans son travail, ni dans son revenu, ni dans ses rapports d'intérêts, d'opinion ou d'affection avec ses semblables.

Quoi ! ces conditions vous semblent impossibles à réaliser ? Le contrat social, quand vous considérez l'effrayante multitude des rapports qu'il doit régler, vous paraît ce que l'on peut imaginer de plus inextricable, quelque chose comme la quadrature du cercle et le mouvement perpétuel. C'est pour cela que, de guerre lasse, vous vous rejetez dans l'absolutisme, dans la force.

Considérez cependant que si le contrat social peut être résolu entre deux producteurs — et qui doute que, réduit à ces termes simples, il ne puisse recevoir de solution ? —, il peut être résolu également entre des millions, puisqu'il s'agit toujours du même engagement, et que le nombre des signatures, en le rendant de plus en plus efficace, n'y ajoute pas un article. Votre raison d'impuissance ne subsiste donc pas : elle est ridicule et vous rend inexcusables.

En tout cas, hommes de pouvoir, voici ce que vous dit le producteur, le prolétaire, l'esclave, celui que vous aspirez à faire travailler pour vous : Je ne demande le bien ni la brasse [39] de personne, et ne suis pas disposé à souffrir que le fruit de mon labeur devienne la proie d'un autre. Je veux aussi l'ordre, autant et plus que ceux qui le troublent par leur prétendu gouvernement ; mais je le veux comme un effet de ma volonté, une condition de mon travail et une foi de ma raison. Je ne le subirai jamais venant d'une volonté étrangère et m'imposant pour conditions préalables la servitude et le sacrifice.

Des lois

Sous l'impatience des peuples et l'imminence de la révolte, le gouvernement a dû céder ; il a promis des institutions et des lois ; il a déclaré que son plus fervent désir était que chacun pût jouir du fruit de son travail à l'ombre de sa vigne et de son figuier. C'était une nécessité de sa position. Dès lors, en effet, qu'il se présentait comme juge du droit, arbitre souverain des destinées, il ne pouvait prétendre mener les hommes suivant son bon plaisir. Roi, président, directoire, comité, assemblée populaire, n'importe,

39. Brasse, dans le vieux français, signifiait la longueur des deux bras.

il faut au pouvoir des règles de conduite : sans cela, comment parviendra-t-il à établir parmi ses sujets une discipline ? Comment les citoyens se conformeront-ils à l'ordre, si l'ordre ne leur est pas notifié ; si, à peine notifié, il est révoqué ; s'il change d'un jour à l'autre, et d'heure à heure ?

Donc le gouvernement devra faire des lois, c'est-à-dire s'imposer à lui-même des limites : car tout ce qui est règle pour le citoyen devient limite pour le prince. Il fera autant de lois qu'il rencontrera d'intérêts : et puisque les intérêts sont innombrables, que les rapports naissant les uns des autres se multiplient à l'infini, que l'antagonisme est sans fin, la législation devra fonctionner sans relâche. Les lois, les décrets, les édits, les ordonnances, les arrêtés tomberont comme grêle sur le pauvre peuple. Au bout de quelque temps, le sol politique sera couvert d'une couche de papier, que les géologues n'auront plus qu'à enregistrer, sous le nom de formation « papysacée », dans les révolutions du globe. La Convention, en trois ans, un mois et quatre jours, rendit onze mille six cents lois et décrets ; la Constituante et la Législative n'avaient guère moins produit ; l'Empire et les gouvernements postérieurs ont travaillé de même. Actuellement, le *Bulletin des Lois* en contient, dit-on, plus de cinquante mille ; si nos représentants faisaient leur devoir, ce chiffre énorme serait bientôt doublé. Croyez-vous que le peuple, et le Gouvernement lui-même, conserve sa raison dans ce dédale ?

Certes, nous voici loin déjà de l'institution primitive. Le gouvernement remplit, dit-on, dans la société, le rôle de père : or, quel père s'avisa jamais de faire un pacte avec sa famille ? d'octroyer une charte à ses enfants ? de faire une balance des pouvoirs entre lui et leur mère ? Le chef de famille est inspiré, dans son gouvernement, par son cœur ; il ne prend pas le bien de ses enfants, il les nourrit de son propre travail : guidé par son amour, il ne prend conseil que de l'intérêt des siens et des circonstances ; sa loi, c'est sa volonté, et tous, la mère et les enfants, y ont confiance. Le petit État serait perdu, si l'action paternelle rencontrait la moindre opposition, si elle était limitée dans ses prérogatives et déterminée à l'avance dans ses effets. Eh quoi ! serait-il vrai que le gouvernement n'est pas un père pour le peuple, puisqu'il se soumet à des règlements, qu'il transige avec ses sujets et se fait le premier esclave d'une raison qui, divine ou populaire, n'est pas la sienne ?

S'il en était ainsi, je ne vois pas pourquoi je me soumettrais moi-même à la loi. Qui est-ce qui m'en garantit la justice, la sincérité ? D'où me vient-elle ? Qui l'a faite ? Rousseau enseigne en propres termes que, dans un gouvernement véritablement démocratique et libre, le citoyen, en obéissant à la loi, n'obéit qu'à sa propre volonté. Or, la loi a été faite sans ma participation, malgré mon dissentiment absolu, malgré le préjudice qu'elle me fait souffrir. L'État ne traite point avec moi ; il n'échange rien, il me rançonne. Où donc est le lien, lien de conscience, lien de raison, lien de passion ou d'intérêt, qui m'oblige ?

Mais que dis-je ? des lois à qui pense par soi-même et ne doit répondre que de ses propres actes, des lois à qui veut être libre et se sent fait pour le devenir ? Je suis prêt à traiter, mais je ne veux pas de lois ; je n'en reconnais aucune ; je proteste contre tout ordre qu'il plaira à un pouvoir de prétendue nécessité d'imposer à mon libre arbitre. Des lois ! On sait ce qu'elles sont et ce qu'elles valent. Toiles d'araignée pour les puissants et les riches, chaînes qu'aucun acier ne saurait rompre pour les petits et les pauvres, filets de pêche entre les mains du gouvernement.

Vous dites qu'on fera peu de lois, qu'on les fera simples, qu'on les fera bonnes. C'est encore une concession. Le gouvernement est bien coupable, s'il avoue ainsi ses torts !

Des lois en petit nombre, des lois excellentes ? Mais c'est impossible. Le gouvernement ne doit-il pas régler tous les intérêts, juger toutes les contestations ? Or, les intérêts sont, par la nature de la société, innombrables, les rapports variables et mobiles à l'infini : comment est-il possible qu'il ne se fasse que peu de lois ? Comment seraient-elles simples ? Comment la meilleure loi ne serait-elle pas bientôt détestable ?

On parle de simplification. Mais si l'on peut simplifier en un point, on peut simplifier en tous ; au lieu d'un million de lois, une seule suffit. Quelle sera cette loi ? Ne faites pas à autrui ce que vous ne voulez pas qu'on vous fasse ; faites à autrui comme vous désirez qu'il vous soit fait. Voilà la loi et les prophètes. Mais il est évident que ce n'est plus une loi ; c'est la formule élémentaire de la justice, la règle de toutes les transactions. La simplification législative nous ramène donc à l'idée de contrat, conséquemment à la négation de l'autorité. En effet, si la loi est unique, si elle résout toutes les antinomies de la société, si elle est consentie et votée par tout le monde, elle est adéquate au contrat social. En la promulguant, vous proclamez la fin du gouvernement. Qui vous empêche de la donner tout de suite, cette simplification ?

Le système représentatif

(...) Il n'y a pas deux espèces de gouvernement, comme il n'y a pas deux espèces de religion. Le gouvernement est de droit divin ou il n'est pas ; de même que la religion est du ciel ou n'est rien. Gouvernement démocratique et religion naturelle sont deux contradictions, à moins qu'on ne préfère y voir deux mystifications. Le peuple n'a pas plus de voix consultative dans l'État que dans l'Église : son rôle est d'obéir et de croire.

Aussi, comme les principes ne peuvent faillir, que les hommes seuls ont le privilège de l'inconséquence, le gouvernement, dans Rousseau, ainsi que dans la Constitution de 91 et toutes celles qui ont suivi, n'est-il toujours, en dépit du procédé électoral, qu'un gouvernement de droit divin, une autorité mystique et surnaturelle qui s'impose à la liberté et à la conscience, tout en ayant l'air de réclamer leur adhésion.

Suivez cette série :

Dans la famille, où l'autorité est intime au cœur de l'homme, le gouvernement se pose par la génération ;

Dans les mœurs sauvages et barbares, il se pose par le patriarcat, ce qui rentre dans la catégorie précédente, ou par la force ;

Dans les mœurs sacerdotales, il se pose par la foi ;

Dans les mœurs aristocratiques, il se pose par la primogéniture, ou la caste ;

Dans le système de Rousseau, devenu le nôtre, il se pose soit par le sort, soit par le nombre.

La génération, la force, la loi, la primogéniture, le sort, le nombre, toutes choses également inintelligibles et impénétrables, sur lesquelles il n'y a point à raisonner, mais à se soumettre : tels sont, je ne dirai pas les principes — l'autorité comme la liberté ne reconnaît qu'elle-même pour principe —, mais les modes différents par lesquels s'effectue, dans les sociétés humaines, l'investiture du pouvoir. À un principe primitif, supérieur, antérieur, indiscutable, l'instinct populaire a cherché de tout temps une expression qui fût également primitive, supérieure, antérieure et indiscutable. En ce qui concerne la production du pouvoir, la force, la loi, l'hérédité ou le nombre sont la forme variable que revêt cette ordalie ; ce sont des jugements de Dieu.

Est-ce donc que le nombre offre à votre esprit quelque chose de plus rationnel, de plus authentique, de plus moral, que la foi ou la force ? Est-ce que le scrutin vous paraît plus sûr que la tradition ou l'hérédité ? Rousseau déclame contre le droit du plus fort, comme si la force, plutôt que le nombre, constituait l'usurpation. Mais qu'est-ce donc que le nombre ? que prouve-t-il ? que vaut-il ? quel rapport entre l'opinion plus ou moins unanime et sincère des votants, et cette chose qui domine toute opinion, tout vote, la vérité, le droit ?

Quoi ! il s'agit de tout ce qui m'est le plus cher, de ma liberté, de mon travail, de la subsistance de ma femme et de mes enfants : et lorsque je compte poser avec vous des articles, vous renvoyez tout à un congrès formé selon le caprice du sort ? Quand je me présente pour contracter, vous me dites qu'il faut élire des arbitres, lesquels, sans me connaître, sans m'entendre, prononceront mon absolution ou ma condamnation ? Quel rapport, je vous prie, entre ce congrès et moi ? Quelle garantie peut-il m'offrir ? pourquoi ferais-je à son autorité ce sacrifice énorme, irréparable, d'accepter ce qu'il lui aura plu de résoudre comme étant l'expression de ma volonté, la juste mesure de mes droits ? Et quand ce congrès, après les débats auxquels je n'entends rien, s'en vient m'imposer sa décision comme loi, me tendre cette loi à la pointe d'une baïonnette, je demande, s'il est vrai que je fasse partie du souverain, ce que devient ma dignité, si je dois me considérer comme stipulant, où est le contrat ?

Les députés, prétend-on, seront les hommes les plus capables, les plus probes, les plus indépendants du pays ; choisis comme tels par une élite de citoyens les plus intéressés à l'ordre, à la liberté, au bien-être des travailleurs et au progrès. Initiative sagement conçue, qui répond de la bonté des candidats !

Mais pourquoi donc les honorables bourgeois composant la classe moyenne s'entendraient-ils mieux que moi-même sur mes vrais intérêts ? Il s'agit de mon travail, observez donc, de l'échange de mon travail, la chose qui, après l'amour, souffre le moins d'autorité. (...)

(...) Et vous allez livrer mon travail, mon amour, par procuration, sans mon consentement ! Qui me dit que vos procureurs n'useront pas de leur privilège pour se faire du pouvoir un instrument d'exploitation ? Qui me garantit que leur petit nombre ne les livrera pas, pieds, mains et conscience liés, à la corruption ! Et s'ils ne veulent se laisser corrompre, s'ils ne parviennent à faire entendre raison à l'autorité, qui m'assure que l'autorité voudra se soumettre ?

Du suffrage universel

(...) La solution est trouvée, s'écrient les intrépides. Que tous les citoyens prennent part au vote : il n'y aura puissance qui leur résiste, ni séduction qui les corrompe. C'est ce que pensèrent, le lendemain de Février, les fondateurs de la République.

Quelques-uns ajoutent : que le mandat soit impératif, le représentant perpétuellement révocable ; et l'intégrité de la loi sera garantie, la fidélité du législateur assurée.

Nous entrons dans le gâchis.

Je ne crois nullement, et pour cause, à cette intuition divinatoire de la multitude, qui lui ferait discerner, du premier coup, le mérite et l'honorabilité des candidats. Les exemples abondent de personnages élus par acclamation, et qui, sur le pavois où ils s'offraient aux regards du peuple enivré, préparaient déjà la trame de leurs trahisons. À peine si, sur dix coquins, le peuple, dans ses comices, rencontre un honnête homme...

Mais que me font, encore une fois, toutes ces élections ? Qu'ai-je besoin de mandataires, pas plus que de représentants ? Et puisqu'il faut que je précise ma volonté, ne puis-je l'exprimer sans le secours de personne ? M'en coûtera-t-il davantage, et ne suis-je pas encore plus sûr de moi que de mon avocat ?

On me dit qu'il faut en finir ; qu'il est impossible que je m'occupe de tant d'intérêts divers ; qu'après tout un conseil d'arbitres, dont les membres auront été nommés par toutes les voix du peuple, promet une approximation de la vérité et du droit, bien supérieure à la justice d'un monarque irresponsable, représenté par des ministres insolents et des magistrats que leur inamovibilité tient, comme le prince, hors de ma sphère.

D'abord, je ne vois point la nécessité d'en finir à ce prix : je ne vois pas surtout que l'on en finisse. L'élection ni le vote, même unanimes, ne résolvent rien. Depuis soixante ans que nous les pratiquons à tous les degrés l'un et l'autre, qu'avons-nous fini ? Qu'avons-nous seulement défini ? Quelle lumière le peuple a-t-il obtenue de ses assemblées ? Quelles garanties a-t-il conquises ? Quand on lui ferait réitérer, dix fois l'an, son mandat, renouveler tous les mois ses officiers municipaux et ses juges, cela ajouterait-il un centime à son revenu ? En serait-il plus sûr, chaque soir en se couchant, d'avoir le lendemain de quoi manger, de quoi nourrir ses enfants ? Pourrait-il seulement répondre qu'on ne viendra pas l'arrêter, le traîner en prison ?

Je comprends que sur des questions qui ne sont pas susceptibles d'une solution régulière, pour des intérêts médiocres, des incidents sans importance, on se soumette à une décision arbitrale. De semblables transactions ont cela de moral, de consolant, qu'elles attestent dans les âmes quelque chose de supérieur même à la justice, le sentiment fraternel. Mais sur des principes, sur l'essence même des droits, sur la direction à imprimer à la société ; mais sur l'organisation des forces industrielles ; mais sur mon travail, ma subsistance, ma vie ; mais sur cette hypothèse même du gouvernement que nous agitons, je repousse toute autorité présomptive, toute solution indirecte ; je ne reconnais point de conclave : je veux traiter directement, individuellement, pour moi-même ; le suffrage universel est à mes yeux une vraie loterie.

Gouvernement et Peuple

(...) Je passe tout de suite à l'hypothèse finale. C'est celle où le peuple, revenant au pouvoir absolu, et se prenant lui-même, dans son intégralité, pour despote, se traiterait en conséquence : où par conséquent il cumulerait, comme cela est juste, toutes les attributions, réunirait en sa personne tous les pouvoirs : législatif, exécutif, judiciaire et autres, s'il en existe ; où il ferait toutes les lois, rendrait tous les décrets, ordonnances, arrêtés, arrêts, jugements ;

expédierait tous les ordres ; prendrait en lui-même tous ses agents et fonctionnaires, du haut de la hiérarchie jusqu'en bas ; leur transmettrait directement et sans intermédiaire ses volontés ; en surveillerait et en assurerait l'exécution, imposant à tous une responsabilité proportionnelle ; s'adjugerait toutes les dotations, listes civiles, pensions, encouragements ; jouirait enfin, roi de fait et de droit, de tous les honneurs et bénéfices de la souveraineté, pouvoir, argent, plaisir, repos, etc.

(...) Malheureusement ce système, irréprochable, j'ose le dire, dans son ensemble et ses détails, rencontre dans la pratique une difficulté insurmontable.

C'est que le gouvernement suppose un corrélatif, et que si le peuple tout entier, à titre de souverain, passe gouvernement, on cherche en vain où seront les gouvernés. Le but du gouvernement est, on se le rappelle, non pas de ramener à l'unité la divergence des intérêts — à cet égard il se reconnaît d'une parfaite incompétence —, mais de maintenir l'ordre dans la société malgré le conflit des intérêts. En d'autres termes, le but du gouvernement est de suppléer au défaut de l'ordre économique et de l'harmonie industrielle. Si donc le peuple, dans l'intérêt de sa liberté et de sa souveraineté, se charge du gouvernement, il ne peut plus s'occuper de la production, puisque, par la nature des choses, production et gouvernement sont deux fonctions incompatibles, et que vouloir les cumuler, ce serait introduire la division partout. Donc, encore une fois, où seront les producteurs ? où les gouvernés ? où les administrés ? où les jugés ? où les exécutifs ?

(...) Il faut arriver à l'hypothèse extrême, celle où le peuple entre en masse dans le gouvernement, remplit tout les pouvoirs, et toujours délibérant, votant, exécutant, comme dans une insurrection, toujours unanime, n'a plus au-dessus de lui ni président, ni représentants, ni commissaires, ni pays légal, ni majorité, en un mot, est seul législateur dans sa collectivité et seul fonctionnaire.

Mais si le peuple, ainsi organisé dans le pouvoir, n'a effectivement plus rien au-dessus de lui, je demande ce qu'il a au-dessous ? en d'autres termes, où est le corrélatif du gouvernement ? où sont les laboureurs, les industriels, les commerçants, les soldats ? où sont les travailleurs et les citoyens ?

Dira-t-on que le peuple est toutes ces choses à la fois, qu'il produit et légifère en même temps, que travail et gouvernement sont en lui indivis ? C'est impossible, puisque d'un côté le gouvernement ayant pour raison d'être la divergence des intérêts, d'autre part aucune solution d'autorité ou de majorité ne pouvant être admise, le peuple seul dans son unanimité ayant qualité pour faire passer les lois, conséquemment le débat législatif s'allongeant avec le nombre des législateurs, les affaires d'État croissant en raison directe de la multitude des hommes d'État, il n'y a plus lieu ni loisir aux citoyens de vaquer à leurs occupations industrielles ; ce n'est pas trop de toutes leurs journées pour expédier la besogne du gouvernement. Pas de milieu : ou travailler ou régner.

(...) C'est ainsi, du reste, que les choses se passaient à Athènes, où pendant plusieurs siècles, à l'exception de quelques intervalles de tyrannie, le peuple tout entier fut sur la place publique, discutant du matin au soir. Mais les vingt mille citoyens d'Athènes qui constituaient le souverain avaient quatre cent mille esclaves travaillant pour eux, tandis que le peuple français n'a personne pour le servir et mille fois plus d'affaires à expédier que les Athéniens. Je répète ma question : sur quoi le peuple, devenu législateur et prince, légiférera-t-il ? pour quels intérêts ? dans quel but ? Et pendant qu'il gouvernera, qui le nourrira ? (...) Le peuple en masse passant à l'État, l'État n'a plus la moindre raison d'être, puisqu'il ne reste plus de peuple : l'équation du gouvernement donne pour résultat zéro.

Plus d'autorité

L'idée capitale, décisive, de cette Révolution, n'est-elle pas, en effet : plus d'autorité, ni dans l'Église, ni dans l'État, ni dans la terre, ni dans l'argent ?

Or, plus d'autorité, cela veut dire ce qu'on n'a jamais vu, ce qu'on n'a jamais compris, accord de l'intérêt de chacun avec l'intérêt de tous, identité de la souveraineté collective et de la souveraineté individuelle.

Plus d'autorité ! c'est-à-dire dettes payées, servitudes abolies, hypothèques levées, fermages remboursés, dépenses du culte, de la Justice et de l'État supprimées ; crédit gratuit, échange égal, association libre, valeur réglée ; éducation, travail, propriété, domicile, bon marché, garantis ; plus d'antagonisme, plus de guerre, plus de centralisation, plus de gouvernements, plus de sacerdoces. N'est-ce pas la société sortie de sa sphère, marchant dans une position renversée, sens dessus dessous ?

Plus d'autorité ! c'est-à-dire encore le contrat libre à la place de la loi absolutiste ; la transaction volontaire au lieu de l'arbitrage de l'État ; la justice équitable et réciproque, au lieu de la justice souveraine et distributive ; la morale rationnelle, au lieu de la morale révélée ; l'équilibre des forces substitué à l'équilibre des pouvoirs : l'unité économique à la place de la centralisation politique. Encore une fois, n'est-ce point là ce que j'oserai appeler une conversion complète, un tour sur soi-même, une révolution ?

Quelle distance sépare ces deux régimes, on peut en juger par la différence de leurs styles.

L'un des moments les plus solennels, dans l'évolution du principe d'autorité, est celui de la promulgation du Décalogue. La voix de l'ange commande au peuple, prosterné au pied du Sinaï :

Tu adoreras l'Éternel, lui dit-il, et rien que l'Éternel ;

Tu ne jugeras que par lui ;

Tu chômeras ses fêtes, et tu lui paieras la dîme ;

Tu honoreras ton père et ta mère ;

Tu ne tueras pas ;

Tu ne voleras point ;

Tu ne forniqueras pas ;

Tu ne commettras point de faux ;

Tu ne seras point envieux et calomniateur ;

Car l'Éternel l'ordonne, et c'est l'Éternel qui t'a fait ce que tu es. L'Éternel seul est souverain, seul sage, seul digne ; l'Éternel punit et récompense, l'Éternel peut te rendre heureux et malheureux.

Toutes les législations ont adopté ce style, toutes, parlant à l'homme, emploient la formule souveraine. L'hébreu commande au futur, le latin à l'impératif, le grec à l'infinitif. Les modernes ne font pas autrement : (...) quelle que soit la loi, de quelque bouche qu'elle parte, elle est sacrée, dès lors qu'elle a été prononcée par cette trompette fatidique, qui chez nous est la majorité.

« Tu ne te rassembleras pas ;

« Tu n'imprimeras pas ;

« Tu ne liras pas ;

« Tu respecteras tes représentants et tes fonctionnaires, que le sort du scrutin ou le bon plaisir de l'État t'aura donnés ;

« Tu obéiras aux lois que leur sagesse t'aura faites ;

« Tu payeras fidèlement le budget ;

« Et tu aimeras le gouvernement, ton seigneur et ton dieu, de tout ton cœur, de toute ton âme et de toute ton intelligence : parce que le gouvernement sait mieux que toi ce que tu es, ce que tu vaux, ce qui te convient, et qu'il a le pouvoir de châtier ceux qui désobéissent à ses commandements, comme de récompenser jusqu'à la quatrième génération ceux qui lui sont agréables. »

Ô personnalité humaine ! se peut-il que pendant soixante siècles tu aies croupi dans cette abjection ! Tu te dis sainte et sacrée, et tu n'es que la prostituée, infatigable, gratuite, de tes valets, de tes moines et de tes soudards. Tu le sais, et tu le souffres ! Être gouverné, c'est être gardé à vue, inspecté, espionné, dirigé, légiféré, réglementé, parqué, endoctriné, prêché, contrôlé, estimé, apprécié, censuré, commandé, par des êtres qui n'ont ni le titre, ni la science, ni la vertu.

Être gouverné, c'est être, à chaque opération, à chaque transaction, à chaque mouvement, noté, enregistré, recensé, tarifé, timbré, toisé, cotisé, patenté, licencié, autorisé, apostillé, admonesté, empêché, réformé, redressé, corrigé. C'est, sous prétexte d'utilité publique, et au nom de l'intérêt général, être mis à contribution, exercé, rançonné, exploité, monopolisé, concussionné, pressuré, mystifié, volé ; puis, à la moindre résistance, au premier mot de plainte, réprimé, amendé, vilipendé, vexé, traqué, houspillé, assommé, désarmé, garrotté, emprisonné, fusillé, mitraillé, jugé, condamné, déporté, sacrifié, vendu, trahi, et pour comble, joué, berné, outragé, déshonoré. Voilà le gouvernement, voilà sa justice, voilà sa morale ! Et dire qu'il y a parmi nous des démocrates qui prétendent que le gouvernement a du bon ; des socialistes qui soutiennent, au nom de la liberté, de l'égalité et de la fraternité, cette ignominie ; des prolétaires qui posent leur candidature à la présidence de la République ! Hypocrisie !... Avec la Révolution, c'est autre chose. La recherche des causes premières et des causes finales est éliminée de la science économique comme des sciences naturelles.

L'idée du progrès remplace, dans la philosophie, celle de l'absolu.

La Révolution succède à la révélation.

La raison, assistée de l'expérience, expose à l'homme les lois de la nature et de la société ; puis elle dit :

Ces lois sont celles de la nécessité même. Nul homme ne les a faites ; nul ne te les impose. Elles ont été peu à peu découvertes, et je n'existe que pour en rendre témoignage.

Si tu les observes, tu seras juste et bon, si tu les violes, tu seras injuste et méchant. Je ne te propose pas d'autre motif (...), tu es libre d'accepter ou de refuser.

Si tu refuses, tu fais partie de la société des sauvages. Sorti de la communion du genre humain, tu deviens suspect. Rien ne te protège. À la moindre insulte, le premier venu peut te frapper, sans encourir d'autre accusation que celle de sévices inutilement exercés contre une brute.

Si tu jures le pacte, au contraire, tu fais partie de la société des hommes libres. Tous les frères s'engagent avec toi, te promettent fidélité, amitié, secours, service, échange (...).

Voilà tout le contrat social.

Proudhon et les candidatures ouvrières (1863-1864)

Les textes qui vont maintenant être présentés (le Manifeste des Soixante, *les deux* Lettres *de Proudhon aux ouvriers) tournent autour d'une question de tactique électorale : devait-on ou non se servir du bulletin de vote comme moyen de lutte contre la dictature de Napoléon III ? Mais le débat va plus loin, et il est lourd d'implications futures. D'une part, il marque un début de rupture de la classe ouvrière avec les tenants de la démocratie bourgeoise, sa volonté, plus ou moins vacillante encore, de s'affirmer désormais, politiquement, comme une classe « séparée » ; d'autre part, il met aux prises deux conceptions opposées de l'action politique ouvrière : l'abstentionnisme anarchiste, l'émancipation socialiste par le bulletin de vote.*

Lorsque le régime impérial procéda à des élections générales, les 31 mai et 1er juin 1863, il n'avait pas consulté le corps électoral depuis 1857. À cette date, s'il avait obtenu le soutien de l'écrasante majorité des provinces, de la paysannerie, il ne l'avait emporté, à Paris, que de justesse : par 110 526 voix contre 96 299 à l'opposition démocratique. Cinq députés libéraux avaient ainsi été élus, parmi lesquels Alfred Darimon[40]*, ami de Proudhon. Mais ce dernier était demeuré sur la réserve et, si le candidat « démocrate-socialiste » avait dû son élection au prestige du maître, il n'avait guère bénéficié de son soutien.*

Napoléon III s'était décidé, en 1863, à consulter de nouveau le

40. Alfred Darimon (1819-1902), un des chefs du parti libéral sous le second Empire.

pays, car ce qu'on a appelé l'« Empire autoritaire » souffrait de vieillissement et d'usure. Aussi le despote éprouva-t-il le besoin de ressusciter dans le pays un semblant de vie parlementaire, d'étoffer une trop frêle opposition de Sa Majesté. À Paris, les résultats du scrutin furent fêtés par les démocrates : ils avaient obtenu une assez large majorité : 153 000 suffrages contre 82 000 en faveur du pouvoir impérial. Pour l'ensemble de la France, 35 députés oppositionnels entraient au Corps législatif.

D'après l'estimation de Proudhon, la moitié au moins de ces 153 000 suffrages provenait des rangs de la classe ouvrière. Pourtant aucun ouvrier ne fut élu. Sur les 9 candidats de la liste démocratique vainqueurs à Paris, il y avait 6 journalistes ou hommes de lettres et 3 avocats. Un comité ouvrier avait, néanmoins, désigné des candidats ouvriers, parmi lesquels Henri Tolain, ciseleur, qui, bientôt, allait figurer parmi les fondateurs de la Première Internationale. Tolain s'expliqua dans une remarquable brochure : Quelques vérités sur les élections de Paris : *« Nous n'avons pour nous faire entendre que la grande voix du suffrage universel. (...) Le peuple peut se gouverner lui-même. (...) Que peut espérer le peuple (...) s'il ne prend en main ses propres affaires ? » Mais les candidatures ouvrières n'obtinrent qu'un nombre de voix dérisoire (332 voix l'une, 11 voix l'autre ; Tolain avait retiré sa candidature bien avant le scrutin). La démocratie bourgeoise considérait ces candidatures avec un tel mépris que son porte-parole, Jules Ferry*[41]*, dans une brochure,* La Lutte électorale *de 1863, les passa purement et simplement sous silence.*

Proudhon adopta une tactique bien à lui, celle de l'abstention active. Il se fit l'animateur d'un comité abstentionniste dont l'activité fut intense : conciliabules, pamphlets, affiches, le tout couronné par un claironnant manifeste et par la publication, à la veille du scrutin, d'une brochure signée de lui : Les Démocrates assermentés et les réfractaires. *Il avait l'habileté de mettre une sourdine à ses conceptions anarchistes en la matière et il prenait garde de ne pas s'attaquer au principe même du suffrage universel, « principe démocratique par excellence ». Mais, arguait-il, le suffrage universel, sous l'Empire, ne pouvait pas fonctionner en*

41. Jules Ferry (1832-1893), un des leaders de l'opposition libérale au second Empire, futur homme d'État de la IIIe République.

toute indépendance, pour un certain nombre de raisons, qu'il énumérait : point de liberté de réunion, ni de liberté de la presse, ni de liberté municipale. Une loi électorale coupée sur mesure par le pouvoir dénaturait le vote. Enfin et surtout, les candidats étaient astreints de prêter serment de fidélité à l'Empereur.

Dans ces conditions, l'abstention n'était pas, de la part de l'électeur, « un acte d'indifférence coupable ou de dignité stérile », mais « un acte de conservation, un rappel à la loi et au droit ». Elle était « simplement une déclaration du pays au gouvernement que, dans l'état des choses, (...) le vœu des électeurs est que le chef de l'Empire renonce à cette dictature et mette les citoyens à même de remplir leurs devoirs électoraux et de faire acte véritable de souveraineté ».

Au passage, Proudhon criblait, implicitement, de ses flèches le recours au plébiscite sur la base de questions tendancieuses ou, à dessein, mal posées, et ses critiques seront encore d'actualité sous le régime gaulliste : « L'abstention, ou le vote silencieux, (...) devient obligatoire, est le premier et le plus saint des devoirs, lorsque la question soumise au vote est équivoque, insidieuse, inopportune, illégale. » Et Proudhon de conclure : « On saura par le présent écrit et par les comités d'abstention (...) qu'il existe une élite qui (...) se refuse à voter, et qui motive son refus sur ce que le suffrage universel, instrument et gage de la liberté, se retournerait contre elle s'il ne recouvrait la plénitude de ses garanties et la sincérité de ses formes. »

Mais ce langage, qui avait le tort de s'avouer quelque peu aristocratique, ne fut pas entendu par l'électorat populaire. On ne dénombra dans la Seine que 4 556 bulletins blancs et, dans l'ensemble du pays, les abstentions « passives », qui avaient été de 143 000 en 1857, tombèrent à 86 000. Cependant les 4 556 bulletins blancs étaient tout de même beaucoup plus nombreux que les quelques centaines de voix recueillies par les candidatures ouvrières.

Les 20 et 21 mars 1864, il fut procédé à des élections complémentaires. De nouveau Tolain affronta le corps électoral parisien avec une candidature ouvrière : la sienne, et il la maintint, cette fois. Il ne recueillit que 424 voix. Comme l'année précédente, les candidatures ouvrières avaient été sacrifiées à celles de la démocratie bourgeoise qui compta, elle, 2 élus. Pour le soutien de la candidature de Tolain, un comité ouvrier de soixante membres avait élaboré un Manifeste. *C'est le texte que l'on donne ci-après et qui est passé à la postérité, en tant que première expression publique de la conscience de classe ouvrière.*

Proudhon marqua tout d'abord un vif enthousiasme à la lecture de ce document. À la seconde réflexion, il mitigea la louange de désaveu. Cette entrée en scène de la « plèbe ouvrière » était, à ses yeux, « tout à la fois une grande victoire et une grande faute ». Il explicita sa pensée dans un livre écrit tout exprès à cette occasion et qui, publié, inachevé, peu après sa mort, fut son testament politique : De la capacité politique des classes ouvrières.

Les auteurs du Manifeste, *y exposait-il, n'avaient « posé et proposé la candidature de l'un d'entre eux qu'en raison de son caractère d'ouvrier ». Parce qu'il était ouvrier, ils le jugeaient « représenter mieux que personne la classe ouvrière ». L'importance de cet acte n'échappait pas à l'extra-lucide Proudhon : « Je dis que ce fait (...) atteste chez les classes ouvrières une révélation jusque-là sans exemple de leur conscience corporative ; il prouve qu'une moitié et plus de la nation française est entrée sur la scène politique, portant avec elle une idée qui, tôt ou tard, doit transformer de fond en comble la société et le gouvernement (...) Un fait social d'une portée incalculable se produit au sein de la société : c'est l'avènement à la vie politique de la classe la plus nombreuse et la plus pauvre, jusqu'à ce jour dédaignée parce qu'elle n'avait pas conscience. »*

Mais Proudhon, une fois cet hommage rendu, se séparait, à regret, des « Soixante ». Il voyait, non sans raison, dans les élections de 1863-1864, « un vrai coup fourré », « une sorte de comédie organisée pour gagner du temps et user la Révolution », « l'instrument d'un replâtrage politique ». Entrer dans le système impérial était un contresens. Il fallait, au contraire, rompre radicalement avec le pouvoir. Pour l'opposition démocratique, il se montrait impitoyable : ses candidats s'étaient placés « sur le terrain de la légalité impériale ». « Ils ne représentent rien, ne signifient rien, ne savent rien. » La politique de l'opposition, c'était « d'abord son antisocialisme déclaré ». Les candidats ouvriers avaient fait erreur en tendant la perche à cette opposition, en lui offrant leur soutien.

PARIS UN SOIR D'ÉLECTIONS (1er juin 1863) [42]

Le lundi 1er juin 1863, vers dix heures du soir, Paris était dans une agitation sourde, qui rappelait celle des 26 juillet 1830 et 22 février 1848. Pour peu qu'on se fût laissé aller aux impressions de la rue, on se serait cru à la veille d'une bataille. Paris, entendiez-vous dire de tous côtés, revenu depuis vingt jours à la vie politique, se réveillait de sa torpeur, il se sentait vivre, les souffles révolutionnaires l'animaient.

— Ah ! s'écriaient ceux qui s'étaient posés en chefs du mouvement, ce n'était plus à cette heure la ville neuve, monotone et fatigante de M. Haussmann [43] avec ses boulevards rectilignes, avec ses hôtels gigantesques, avec ses quais magnifiques, mais déserts ; avec son fleuve attristé, qui ne porte plus que des pierres et du sable ; avec ses gares de chemins de fer qui, remplaçant les ports de l'antique cité, ont détruit sa raison d'être ; avec ses squares, ses théâtres neufs, ses casernes neuves, son macadam, ses légions de balayeurs et son affreuse poussière. C'était le Paris des anciens jours, dont le fantôme apparaissait à la clarté des étoiles, aux cris poussés tout bas de « Vive la liberté ! »

Paris donc, gardien vigilant des libertés de la nation, s'était levé à l'appel de ses orateurs et avait répondu par un non des plus secs aux sollicitations du gouvernement. Les candidats indépendants avaient obtenu une majorité formidable. La liste démocratique avait passé tout entière ; on connaissait le résultat du scrutin. L'administration était vaincue : ses hommes étaient repoussés par 153 000 suffrages contre 82 000. Le peuple, qui avait fait le coup, ruminait son succès ; la bourgeoisie était partagée : une partie se montrait inquiète l'autre laissait éclater sa joie.

— Quel coup ! disait l'un ; quel soufflet !

— C'est grave, ajoutait un autre, très grave. Paris dans l'opposition, l'Empire est sans capitale...

(...) Or, le 1er juin 1863, il y avait éclipse de lune. Le ciel était splendide, la soirée magnifique. La brise, amoureuse et légère, semblait prendre part aux émotions réparatrices, d'ailleurs inof-

---

42. Extrait de *De la Capacité politique des classes ouvrières*, 1865 (posthume).
43. Eugène-Georges Haussmann (1809-1891), préfet de la Seine sous le second Empire, initiateur de nombreux travaux de voirie dans la capitale.

fensives de la terre. Tout Paris put suivre les phases du phénomène, qui, commencé à neuf heures cinquante-six minutes, juste au moment où les bureaux d'élection venaient d'achever leur recensement, finit à une heure seize minutes du matin.

— Ainsi, disaient les loustics, le despotisme s'éclipse devant la liberté. La démocratie a étendu sa large main, et l'ombre s'est faite sur l'astre du 2 décembre ; M. Pelletan [44] au style d'hiérophante, l'un des élus, aujourd'hui l'orateur le plus agaçant du parlement aussi bien pour ceux qui le lisent que pour ceux qui l'écoutent, n'a pas manqué de tirer, dans une de ses brochures, cet augure menaçant.

— Dites plutôt, répliquaient les déconfits, que c'est la raison parisienne qui s'est éclipsée. Ah ! vous recommencez vos farces de 1830 et 1848, eh bien ! il vous arrivera pis qu'en 1830 et 1848 !

Manifeste des soixante ouvriers de la Seine (17 février 1864)

Au 31 mai 1863, les travailleurs de Paris, plus préoccupés du triomphe de l'opposition que de leur intérêt particulier, votèrent la liste publiée par les journaux. Sans hésiter, sans marchander leur concours, inspirés par leur dévouement à la liberté, ils en donnèrent une preuve nouvelle éclatante, irréfutable. Aussi la victoire de l'opposition fut-elle complète, telle qu'on la désirait ardemment, mais certes plus imposante que beaucoup n'osaient l'espérer.

Une candidature ouvrière fut posée, il est vrai, mais défendue avec une modération que tout le monde fut forcé de reconnaître. On ne mit en avant pour la soutenir que des considérations secondaires et de parti pris, en face d'une situation exceptionnelle qui donnait aux élections générales un caractère particulier ; ses défenseurs s'abstinrent de poser le vaste problème du paupérisme. Ce fut avec une grande réserve de propagande et d'arguments que le prolétariat tenta de se manifester : le prolétariat, cette plaie de la société moderne, comme l'esclavage et le servage furent celles

44. Eugène Pelletan (1813-1884), un des leaders de l'opposition libérale sous le second Empire.

de l'Antiquité et du Moyen Âge. Ceux qui agirent ainsi avaient prévu leur défaite, mais ils crurent bon de poser un premier jalon. Une pareille candidature leur semblait nécessaire pour affirmer l'esprit profondément démocratique de la grande cité.

Aux prochaines élections la situation ne sera plus la même. Par l'élection de neuf députés, l'opposition libérale a obtenu à Paris une large satisfaction. Quels qu'ils fussent, choisis dans les mêmes conditions, les nouveaux élus n'ajouteraient rien à la signification du vote du 31 mai : quelle que soit leur éloquence, elle n'ajouterait guère à l'éclat que jette aujourd'hui la parole habile et brillante des orateurs de l'opposition. Il n'est pas un point du programme démocratique dont nous ne désirions comme elle la réalisation. Et, disons-le une fois pour toutes, nous employons ce mot : démocratie dans son sens le plus radical et le plus net.

Mais, si nous sommes d'accord en politique, le sommes-nous en économie sociale ? Les réformes que nous désirons, les institutions que nous demandons ; la liberté de fonder sont-elles acceptées par tous ceux qui représentent au Corps législatif le parti libéral ? Là est la question, le nœud gordien de la situation.

Un fait démontre, d'une façon péremptoire et douloureuse, les difficultés de la position des ouvriers.

Dans un pays dont la Constitution repose sur le suffrage universel, dans un pays où chacun invoque et prône les principes de 89, nous sommes obligés de justifier des candidatures ouvrières, de dire minutieusement, longuement, les comment, les pourquoi, et cela pour éviter, non seulement les accusations injustes des timides et des conservateurs à outrance, mais encore les craintes et les répugnances de nos amis.

Le suffrage universel nous a rendus majeurs politiquement, mais il nous reste encore à nous émanciper socialement. La liberté que le Tiers État sut conquérir avec tant de vigueur et de persévérance doit s'étendre en France, pays démocratique, à tous les citoyens. Droit politique égal implique nécessairement un égal droit social. On a répété à satiété : il n'y a plus de classes ; depuis 1789, tous les Français sont égaux devant la loi.

Mais nous qui n'avons d'autre propriété que nos bras, nous qui subissons tous les jours les conditions légitimes ou arbitraires du capital ; nous qui vivons sous des lois exceptionnelles, telles que la loi sur les coalitions et l'article 1781, qui portent atteinte à nos intérêts en même temps qu'à notre dignité, il nous est bien difficile de croire à cette affirmation.

Nous qui, dans un pays où nous avons le droit de nommer les députés, n'avons pas toujours le moyen d'apprendre à lire ; nous qui, faute de pouvoir nous réunir, nous associer librement, sommes impuissants pour organiser l'instruction professionnelle, et qui voyons ce précieux instrument du progrès industriel devenir le privilège du capital, nous ne pouvons nous faire cette illusion.

Nous dont les enfants passent souvent leurs plus jeunes ans dans le milieu démoralisant et malsain des fabriques, ou dans l'apprentissage, qui n'est guère encore aujourd'hui qu'un état voisin de la domesticité ; nous dont les femmes désertent forcément le foyer pour un travail excessif, contraire à leur nature, et détruisant la famille ; nous qui n'avons pas le droit de nous entendre pour défendre pacifiquement notre salaire, pour nous assurer contre le chômage, nous affirmons que l'égalité écrite dans la loi n'est pas dans les mœurs, et qu'elle est encore à réaliser dans les faits. Ceux qui, dépourvus d'instruction et de capital, ne peuvent résister par la liberté et la solidarité à des exigences égoïstes et oppressives, ceux-là subissent fatalement la domination du capital ; leurs intérêts restent subordonnés à d'autres intérêts.

Nous le savons, les intérêts ne se réglementent point ; ils échappent à la loi ; ils ne peuvent se concilier que par des conventions particulières, mobiles et changeantes comme ces intérêts eux-mêmes. Sans la liberté donnée à tous cette conciliation est impossible. Nous marcherons à la conquête de nos droits, pacifiquement, légalement, mais avec énergie et persistance. Notre affranchissement montrerait bientôt les progrès réalisés dans l'esprit des classes laborieuses, de l'immense multitude qui végète dans ce qu'on appelle le prolétariat, et que, pour nous servir d'une expression plus juste, nous appellerons le salariat.

À ceux qui croient voir s'organiser la résistance, la grève, aussitôt que nous revendiquons la liberté, nous disons : vous ne connaissez pas les ouvriers ; ils poursuivent un but bien autrement grand, bien autrement fécond que celui d'épuiser leurs forces dans des luttes journalières où, des deux côtés, les adversaires ne trouveraient en définitive que la ruine pour les uns et la misère pour les autres.

Le Tiers État disait : qu'est-ce que le Tiers État ? rien ! Que doit-il être ? tout ! Nous ne dirons pas : qu'est-ce que l'ouvrier ? rien ! Que doit-il être ? tout ! Mais nous dirons : la bourgeoisie, notre aînée en émancipation, sut, en 89, absorber la noblesse et détruire d'injustes privilèges ; il s'agit pour nous, non de détruire les droits dont jouissent justement les classes moyennes, mais de conquérir la même liberté d'action. En France, pays démocratique par excellence, tout droit politique, toute réforme sociale, tout instrument de progrès ne peuvent rester le privilège de quelques-uns. Par la force des choses, la nation qui possède inné l'esprit d'égalité tend irrésistiblement à en faire le patrimoine de tous. Tout moyen de progrès qui ne peut s'étendre, se vulgariser, de manière à concourir au bien-être général, en descendant jusqu'aux dernières couches de la société, n'est point complètement démocratique, car il constitue un privilège. La loi doit être assez large pour permettre à chacun, isolément ou collectivement, le développement de ses facultés, l'emploi de ses forces, de son épargne et de son intelligence, sans qu'on puisse y apporter d'autre limite que la liberté d'autrui, et non sans intérêt.

Qu'on ne nous accuse point de rêver lois agraires, égalité chimérique, qui mettrait chacun sur un lit de Procuste, partage, maximum, impôt forcé, etc. Non ! il est grand temps d'en finir avec ces calomnies propagées par nos ennemis et adoptées par les ignorants. La liberté du travail, le crédit, la solidarité, voilà nos rêves. Le jour où ils se réaliseront, pour la gloire et la prospérité d'un pays qui nous est cher, il n'y aura plus ni bourgeois ni prolétaires, ni patrons ni ouvriers. Tous les citoyens seront égaux en droits.

Mais, nous dit-on, toutes ces réformes dont vous avez besoin, les députés élus peuvent les demander comme vous, mieux que vous ; ils sont les représentants de tous et par tous nommés.

Eh bien ! nous répondrons : non ! Nous ne sommes pas représentés, et voilà pourquoi nous posons cette question des candidatures ouvrières. Nous savons qu'on ne dit pas candidatures industrielles, commerciales, militaires, journalistes, etc. ; mais la chose y est si le mot n'y est pas. Est-ce que la très grande majorité du Corps législatif n'est pas composée de grands propriétaires, industriels, commerçants, de généraux, de journalistes, etc., qui votent silencieusement ou qui ne parlent que dans les bureaux, et seulement sur les questions dont ils ont la spécialité ?

Un très petit nombre prend la parole sur les questions générales. Certes nous pensons que les ouvriers élus, devraient et pourraient défendre les intérêts généraux de la démocratie, mais lors même qu'ils se borneraient à défendre les intérêts particuliers de la classe la plus nombreuse, quelle spécialité ! Ils combleraient une lacune au Corps législatif où le travail manuel n'est pas représenté. Nous qui n'avons à notre service aucun de ces moyens, la fortune, les relations, les fonctions publiques, nous sommes bien forcés de donner à nos candidatures une dénomination claire et significative et d'appeler autant que nous le pouvons les choses par leur nom.

Nous ne sommes point représentés car, dans une séance récente du Corps législatif, il y eut une manifestation unanime de sympathie en faveur de la classe ouvrière, mais aucune voix ne s'éleva pour formuler comme nous les entendons, avec modération mais avec fermeté, nos aspirations, nos désirs et nos droits.

Nous ne sommes pas représentés, nous qui refusons de croire que la misère soit d'institution divine. La charité, institution chrétienne, a radicalement prouvé et reconnu elle-même son impuissance en tant qu'institution sociale.

Sans doute, au bon vieux temps, au temps du droit divin, quand, imposés par Dieu, les rois et les nobles se croyaient les pères et les aînés du peuple, quand le bonheur et l'égalité étaient relégués dans le ciel, la charité devait être une institution sociale.

Au temps de la souveraineté du peuple, du suffrage universel, elle n'est plus, ne peut plus être qu'une vertu privée. Hélas ! les vices et les infirmités de la nature humaine laisseront toujours à la fraternité un vaste champ pour s'exercer ; mais la misère imméritée, celle qui, sous forme de maladie, de salaire insuffisant, de chômage, enferme l'immense majorité des hommes laborieux, de bonne volonté, dans un cercle fatal où ils se débattent en vain : cette misère-là, nous l'attestons énergiquement, peut disparaître et elle disparaîtra. Pourquoi cette distinction n'a-t-elle été faite par personne ? Nous ne voulons pas être des clients ou des assistés ; nous voulons devenir des égaux ; nous repoussons l'aumône ; nous voulons la justice.

Non, nous ne sommes pas représentés, car personne n'a dit que l'esprit d'antagonisme s'affaiblissait tous les jours dans les classes populaires. Éclairés par l'expérience, nous ne haïssons pas les hommes, mais nous voulons changer les choses. Personne n'a dit que la loi sur les coalitions n'était plus qu'un épouvantail et qu'au lieu de faire cesser le mal, elle le perpétuait en fermant toute issue à celui qui se croit opprimé.

Non, nous ne sommes pas représentés, car dans la question des chambres syndicales, une étrange confusion s'est établie dans l'esprit de ceux qui les recommandaient : suivant eux, la chambre syndicale serait composée de patrons et d'ouvriers, sorte de prud'hommes professionnels, arbitres chargés de décider, au jour le jour, sur les questions qui surgissent. Or ce que nous demandons c'est le suffrage universel, une Chambre du Travail, pourrions-nous dire par analogie avec la Chambre de Commerce, et on nous répond par un tribunal.

Non, nous ne sommes pas représentés car personne n'a dit le mouvement considérable qui se manifeste dans les classes ouvrières pour organiser le crédit. Qui sait aujourd'hui que trente-cinq sociétés de crédit mutuel fonctionnent obscurément dans Paris ? Elles contiennent des germes féconds ; mais ils auraient besoin, pour leur éclosion complète, du soleil de la liberté.

En principe, peu de démocrates intelligents contestent la légitimité de nos réclamations, et aucun ne nous dénie le droit de les faire valoir nous-mêmes.

L'opportunité, la capacité des candidats, l'obscurité probable de leurs noms, puisqu'ils seraient choisis parmi les travailleurs exerçant leur métier au moment du choix (et cela pour bien préciser le sens de leur candidature), voilà les questions qu'on soulève pour conclure que notre projet est irréalisable, et que du reste la publicité nous ferait défaut. D'abord nous maintenons que, après douze ans de patience, le moment opportun est venu ; nous ne saurions admettre qu'il faille attendre les prochaines élections générales, c'est-à-dire six ans encore. Il faudrait à ce compte dix-huit ans pour que l'élection d'ouvriers fût opportune, vingt et un ans depuis 1848 ! Quelles meilleures circonscriptions pourrait-on choisir que la 1re et la 5e ? Là, plus que partout ailleurs, doivent se trouver des éléments de succès.

Le vote du 31 mai a tranché d'une manière incontestable à

Paris la grande question de la liberté. Le pays est calme : n'est-il point sage, politique, d'essayer aujourd'hui la puissance des institutions libres qui doivent faciliter la transition entre la vieille société, fondée sur le salariat et la société future qui sera fondée sur le droit commun ? N'y a-t-il pas danger à attendre les moments de crise, où les passions sont surexcitées par la détresse générale ?

La réussite des candidatures ouvrières ne serait-elle pas d'un effet moral immense ? Elle prouverait que nos idées sont comprises, que nos sentiments de conciliation sont appréciés ; et qu'enfin on ne refuse plus de faire passer dans la pratique ce qu'on reconnaît juste en théorie.

Serait-il vrai que les ouvriers candidats dussent nécessairement posséder ces qualités éminentes d'orateur et de publiciste, qui signalent un homme à l'admiration de ses concitoyens ? Nous ne le pensons pas. Il suffirait qu'ils sussent faire appel à la justice en exposant avec droiture et clarté les réformes que nous demandons. Le vote de leurs électeurs ne donnerait-il pas, d'ailleurs, à leur parole une autorité plus grande que n'en possède le plus illustre orateur ? Sortie du sein des masses populaires, la signification de ces élections serait d'autant plus éclatante que les élus auraient été la veille plus obscurs et plus ignorés. Enfin le don de l'éloquence, le savoir universel ont-ils donc été exigés comme conditions nécessaires des députés nommés jusqu'à ce jour ?

En 1848, l'élection d'ouvriers consacra par un fait l'égalité politique ; en 1864 cette élection consacrerait l'égalité sociale.

À moins de nier l'évidence, on doit reconnaître qu'il existe une classe spéciale de citoyens ayant besoin d'une représentation directe, puisque l'enceinte du Corps législatif est le seul endroit où les ouvriers pourraient dignement et librement exprimer leurs vœux et réclamer pour eux la part de droits dont jouissent les autres citoyens.

Examinons la situation actuelle sans amertume et sans prévention. Que veut la bourgeoisie démocratique que nous ne voulions comme elle avec la même ardeur ? Le suffrage universel dégagé de toute entrave ? Nous le voulons. La liberté de presse, de réunion régies par le droit commun ? Nous les voulons. La séparation complète de l'Église et de l'État, l'équilibre du budget, les franchises municipales ? Nous voulons tout cela.

Eh bien ! sans notre concours, la bourgeoisie obtiendra ou conservera, difficilement, ces droits, ces libertés, qui sont l'essence d'une société démocratique.

Que voulons-nous plus spécialement qu'elle, ou du moins plus énergiquement, parce que nous y sommes plus intéressés ? L'instruction primaire, gratuite et obligatoire, et la liberté du travail.

L'instruction développe et fortifie le sentiment de la dignité de l'homme, c'est-à-dire la conscience de ses droits et de ses devoirs. Celui qui est éclairé fait appel à la raison et non à la force pour réaliser ses désirs.

Si la liberté du travail ne vient servir de contrepoids à la liberté commerciale, nous allons voir se constituer une autocratie financière. Les petits bourgeois, comme les ouvriers ne seront bientôt que ses serviteurs. Aujourd'hui n'est-il pas évident que le crédit, loin de se généraliser, tend au contraire à se concentrer dans quelques mains ? Et la Banque de France ne donne-t-elle pas un exemple de contradiction flagrante de tout principe économique ? Elle jouit tout à la fois du monopole d'émettre du papier-monnaie et de la liberté d'élever sans limites le taux de l'intérêt.

Sans nous, nous le répétons, la bourgeoisie ne peut rien asseoir de solide ; sans son concours notre émancipation peut être retardée longtemps encore.

Unissons-nous donc dans un but commun : le triomphe de la vraie démocratie.

Propagées par nous, appuyées par elle, les candidatures ouvrières seraient la preuve vivante de l'union sérieuse, durable des démocrates sans distinction de classe ni de position. Serons-nous abandonnés ? Serons-nous forcés de poursuivre isolément le triomphe de nos idées ? Espérons que non dans l'intérêt de tous.

Résumons-nous pour éviter tout malentendu : la signification essentiellement politique des candidatures ouvrières serait celle-ci :

Fortifier, en la complétant, l'action de l'opposition libérale. Elle a demandé dans les termes les plus modestes le nécessaire des libertés. Les ouvriers députés demanderaient le nécessaire des réformes économiques.

Tel est le résumé sincère des idées générales émises par les ouvriers dans la période électorale qui précéda le 31 mai. Alors la candidature ouvrière eut de nombreuses difficultés à vaincre pour se produire. Aussi put-on l'accuser non sans quelque raison d'être tardive. Aujourd'hui le terrain est libre et comme à notre avis la nécessité des candidatures ouvrières est encore plus démontrée par ce qui s'est passé depuis cette époque, nous n'hésitons pas à prendre l'avance pour éviter le reproche qui nous avait été fait aux dernières élections.

Nous posons publiquement la question afin qu'au premier jour de la période électorale, l'accord soit plus facile et plus prompt entre ceux qui partagent notre opinion. Nous disons franchement ce que nous sommes et ce que nous voulons.

Nous désirons le grand jour de la publicité, et nous faisons appel aux journaux qui subissent le monopole créé par le fait de l'autorisation préalable ; mais nous sommes convaincus qu'ils tiendront à honneur de nous donner l'hospitalité, de témoigner ainsi en faveur de la véritable liberté ; en nous facilitant les moyens de manifester notre pensée, lors même qu'ils ne la partageraient pas.

Nous appelons de tous nos vœux le moment de la discussion, la période électorale, le jour où les professions de foi des candidats ouvriers seront dans toutes les mains, où ils seront prêts à répondre à toutes les questions. Nous comptons sur le concours de ceux qui seront convaincus alors que notre cause est celle de l'égalité, indissolublement liée à la liberté, en un mot la cause de la justice.

(suivent les 60 signatures)

POINT DE CANDIDATS [45] !

Lettre de Proudhon aux ouvriers.

Passy, 8 mars 1864

Aux ouvriers,

Citoyens, vous me demandez ce que je pense du Manifeste des Soixante ouvriers qui a paru dans les journaux ? Vous désirez surtout savoir si, après vous être prononcés en mai dernier contre

45. Le titre est de nous. Le texte est extrait de la *Correspondance*, XIII, p. 247-266.

toute espèce de candidature, vous devez persévérer dans cette ligne, ou appuyer, en raison de la circonstance, l'élection d'un camarade digne de vos sympathies. Je ne m'attendais pas, je vous l'avoue, à être consulté par qui ce fût dans une pareille affaire. Je croyais le mouvement électoral épuisé, et ne songeais, dans ma retraite, qu'à en amortir autant qu'il pouvait dépendre de moi les effets déplorables. Mais puisque, par des considérations qui me semblent toutes personnelles, votre confiance en demeure, je n'hésite point à répondre à votre question, d'autant moins que ma pensée ne saurait guère être autre chose que l'interprétation de la vôtre.

Assurément, je me suis réjoui du réveil de l'idée socialiste ; qui donc en ce moment, dans toute la France, aurait le droit de s'en réjouir plus que moi ? Assurément, je suis d'avis, avec vous et avec les Soixante, que la classe ouvrière n'est pas représentée et qu'elle a le droit de l'être : comment pourrais-je professer une autre opinion ? La représentation ouvrière, n'est-ce pas, aujourd'hui comme en 1848, au point de vue législatif, politique et gouvernemental, l'affirmation du socialisme ?

On vous dit que depuis 89 il n'y a plus de classes ; que l'idée des candidatures ouvrières tend à les rétablir ; que, si l'on peut admettre à titre de candidat un ouvrier, comme on admet un marin, un ingénieur, un savant, un journaliste, un avocat, c'est autant que ledit ouvrier sera, comme ses collègues, l'expression de la société, non d'une classe à part ; qu'autrement la candidature de cet ouvrier aurait un caractère rétrograde, illibéral, dangereux même, par les méfiances, les alarmes, l'hostilité qu'elle ferait naître dans la classe bourgeoise.

C'est ainsi que raisonnent, sans même s'apercevoir qu'ils se contredisent, les adversaires du Manifeste. Mais c'est justement, selon moi, par son caractère de spécialité, et comme manifestation d'une classe ou caste, je ne recule pas devant le mot, que la candidature ouvrière a de la valeur : hors de là elle perdrait toute signification.

Quoi ! il n'est pas vrai, en dépit de la Révolution, que la société française se divise foncièrement en deux classes : l'une, qui vit exclusivement de son travail, et dont le salaire est généralement au-dessous de 1 250 francs par an et par famille de quatre personnes, somme que je suppose être la moyenne approximative du produit de la nation ; l'autre, qui vit d'autre chose encore que son travail, quand elle travaille, qui vit du revenu de ses propriétés, de ses capitaux, de ses dotations, pensions, subventions, actions, traitements, honneurs et bénéfices ? Il n'est pas vrai, à ce point de vue de la répartition des fortunes et des produits, qu'il existe parmi nous, comme autrefois, deux catégories de citoyens, vulgairement nommées bourgeoise et plèbe, capitalisme et salariat ? Mais toute notre politique, notre économie politique, notre organisation industrielle, notre histoire, notre littérature, notre société reposent sur cette distinction que la mauvaise foi et une sotte hypocrisie paraissent seules nier.

La division de la société en deux classes, l'une de travailleurs salariés, l'autre de propriétaires-capitalistes-entrepreneurs, étant donc indubitable en fait, la conséquence ne doit surprendre personne ; c'est que l'on a dû de tout temps se demander si cette distinction existait aussi de droit ; si elle était dans les données de la nature, conforme à la justice ; s'il ne serait pas possible de la faire cesser, ce qui veut dire d'opérer la fusion des classes : en deux mots, si par une meilleure application des lois de la justice et de l'économie, on ne parviendrait pas à abolir une distinction funeste que tout homme de cœur voudrait voir effacée ?

Cette question, qui n'est pas nouvelle, est ce que l'on a appelé de nos jours question sociale ; le socialisme ne contient rien de plus.

Eh bien ! que disent les Soixante ? Ils sont convaincus, pour leur part, que la question sociale peut être résolue dans le sens de l'affirmative ; ils observent, avec modération et avec fermeté, que depuis assez longtemps elle a été écartée de l'ordre du jour, que le moment est venu de la reprendre ; à cet effet, ils posent, comme signe ou gage de cette reprise, la candidature de l'un d'entre eux ; qu'en raison de sa qualité d'ouvrier, et précisément parce qu'il est ouvrier, ils jugent pouvoir représenter mieux que personne la classe ouvrière.

Et l'on accuse ces hommes de viser au rétablissement des castes ? On voudrait les éliminer de la représentation nationale comme rétrogrades et professant des opinions dangereuses, on va jusqu'à dénoncer leur Manifeste comme une excitation à la haine des citoyens les uns contre les autres ! La presse fulmine, l'opposition prétendue démocratique fait éclater son mécontentement, on crie à l'importunité, à l'imprudence, que sais-je ? On signale à la police ! On demande, avec une affectation de suprême dédain, si les Soixante ont la prétention de connaître mieux leurs intérêts et leurs droits, de les mieux défendre que MM. J. Favre, E. Ollivier, Marie, Pelletan, J. Simon, etc. [46] ?

Dérision.

Je suis donc, jusqu'ici du moins, tout à fait d'accord avec vous, citoyens, et avec les Soixante, et je vous sais gré de n'avoir pas supposé un seul instant que je pusse être d'un autre sentiment que le vôtre. Oui, la distinction des classes de notre France démocratique existe de fait, et il n'est pas du tout prouvé que ce fait soit fondé en droit, bien qu'il n'y ait aucunement lieu de l'imputer à personne. Oui, la représentation nationale a été jusqu'à présent, excepté en 1848, le privilège de l'une de ces classes ; et, à moins que les représentants émanés de la susdite classe ne s'engagent à bref délai à opérer la fusion demandée, la justice, le sens commun, le suffrage universel exigent que la seconde de ces classes soit représentée comme l'autre, proportionnellement au chiffre de sa population. En élevant une telle prétention, les Soixante ne font point injure à la bourgeoisie, ils ne la menacent pas, ils se posent vis-à-vis d'elle comme des cadets en face de leurs aînés.

(...) Un tel langage, aussi franc que modeste, a de quoi rassurer les plus timides ; et la bourgeoisie, la classe moyenne surtout, serait mal conseillée si elle s'en alarmait. Qu'elle le sache ou l'ignore, son véritable allié, son sauveur, c'est le peuple. Qu'elle reconnaisse donc de bonne grâce le droit des ouvriers à la représentation nationale, et cela, je le répète, non pas simplement comme citoyens et quoique ouvriers, mais bien parce que ouvriers et membres du prolétariat.

Cela posé, je passe à la seconde question. Il s'agit de savoir si, dans les circonstances actuelles, l'exercice du droit à l'éligibilité est bien pour la classe ouvrière le meilleur moyen d'arriver aux réformes qu'elle sollicite, si une semblable conclusion du Mani-

---

46. Jules Favre (1809-1880), un des leaders de l'opposition libérale sous le second Empire. Émile Ollivier (1823-1913), *idem.*, puis chef du gouvernement de l'Empire dit libéral entre 1867 et 1870. Pierre Marie (1795-1870), ancien membre du gouvernement provisoire en 1818 et organisateur des Ateliers nationaux. Jules Simon, (1811-1896), philosophe et politicien libéral.

feste ne va pas contre le but que se proposent ses auteurs, si elle n'est pas en contradiction avec leurs principes ; en un mot, ce que le socialisme a pu faire en 1848 sans manquer à sa dignité et à sa foi, le peut-il sous le régime actuel ? Des hommes considérables dans la démocratie, que personne ne soupçonna jamais de pactiser avec l'ennemi, qui de leurs personnes s'abstiennent de voter, ont cru devoir néanmoins, par sympathie pour la classe ouvrière et pour témoigner de leur éloignement d'une opposition qui se méconnaît, ne pas combattre la résolution des ouvriers et souhaiter bonne chance à leur candidature. J'ai le regret, tout en rendant justice à des sentiments que je partage, de ne pouvoir faire une telle concession, et de me séparer sur ce point des Soixante.

Considérons que le gouvernement impérial, introduit par un coup d'État, a trouvé la principale cause de son succès dans la défaite de la démocratie rouge et socialiste, que telle est encore aujourd'hui sa raison d'être, qu'il ne l'a jamais perdue de vue dans sa politique, et que rien n'indique à l'heure présente qu'il ait la volonté ni même le pouvoir de changer. Sous ce gouvernement, la féodalité financière et industrielle, préparée de longue main pendant les trente-trois années de la Restauration et de la monarchie de Juillet, a complété son organisation et pris son assiette. Elle a soutenu l'Empire, qui l'a payée de sa protection. Les grandes compagnies ont formé leur coalition : la classe moyenne, véritable expression du génie français, s'est vue progressivement refoulée vers le prolétariat.

La République, en établissant le suffrage universel, donna à la Démocratie un moment d'effervescence ; mais bientôt l'aristocratie conservatrice reprit la haute main, et, quand arriva le coup d'État, on peut dire que le pouvoir appartenait d'avance à celui qui aurait le mieux servi la réaction contre les tendances socialistes. Nous pouvons dire, d'après cela, que sous le régime qui nous a été fait depuis 1852, nos idées, si ce n'est nos personnes, ont été mises, pour ainsi dire, hors la politique, hors le gouvernement, hors la loi. L'usage de la presse périodique, conservé aux vieux partis, n'a été refusé qu'à nous seuls. Si parfois une proposition inspirée de nos principes s'est offerte au pouvoir, elle a bientôt succombé, j'en sais quelque chose, sous la répulsion des intérêts contraires.

En présence d'un état de choses où nous détruire est sauver la société et la propriété, que pouvons-nous faire si ce n'est d'accepter silencieusement notre réprobation et, puisque le gouvernement s'est laissé imposer cette condition draconienne, de nous séparer radicalement de lui ? Entrer dans son système, où nous sommes sûrs de rencontrer tous nos ennemis, anciens et nouveaux, ralliés à l'Empire et non ralliés, gens du ministère et gens d'opposition, accueillir des conditions assermentées, nous faire représenter au Corps législatif, ce serait un contresens, un acte de lâcheté ! Tout ce que, d'après la loi existante, il nous est permis de faire, c'est de protester aux grandes journées électorales, par le contenu négatif de nos bulletins. Ne perdez pas ceci de vue que, dans le système de compression qui pèse sur la démocratie, ce n'est pas telle mesure financière, telle entreprise, telle dépense, telle alliance, tel traité, telle politique, telle loi que nous avons à discuter : on n'a que faire de nous pour cela ; notre opinion est d'avance réputée non avenue. Pareils débats sont le propre de l'opposition constitutionnelle, amie ou ennemie. Car toutes les opinions, excepté les nôtres, peuvent trouver place dans la Constitution ; en douteriez-vous, après cette clameur qui s'est élevée de toute part à la publication du Manifeste ? Or, pour nous affirmer dans notre séparatisme, nous n'avons besoin ni de représentants, ni de candidats, il ne nous faut, aux termes de la loi, que ce seul mot, *veto*, formule la plus énergique qui puisse révéler le suffrage universel.

Précisons notre pensée par quelques exemples :

Pouvons-nous, par la bouche, par la plume, par la main d'hommes véritablement à nous, prêter serment à la Constitution de 1852, à laquelle nous voyons tous nos ennemis, légitimistes, orléanistes, ex-républicains, cléricaux, à l'envi, prêter serment ? Non, nous ne le pouvons pas, puisque ce serment, blessant pour notre dignité, incompatible avec nos principes, impliquerait de notre part, alors même que nous resterions, comme tant d'autres, après l'avoir prêté, ennemis personnels de l'empereur, une apostasie. La Constitution de 93, en fondant la souveraineté du peuple, abolit le serment civique exigé par la Constitution de 91, et qui se réunit en ces trois termes : la Nation, la Loi, le Roi. Que Napoléon suive cet exemple, nous verrons après. En attendant, point de représentants, point de candidats !

Il en est qui disent que le serment imposé aux députés est sans valeur ; qu'il n'oblige pas celui qui le jure, du moment qu'en jurant, il entend prêter serment, sous le nom de l'empereur, à la nation ; qu'au surplus le serment n'implique point adhésion à la politique impériale. Enfin que ce n'est pas aux électeurs à s'embarrasser de ce scrupule, qui ne regarde que les candidats. Autrefois les jésuites possédaient seuls le secret d'alléger les consciences ; ce secret aurait-il passé à l'École normale ? Pareils moralistes, quelque réputation de vertu que leur fasse la réclame, doivent être réputés par la démocratie socialiste les plus infâmes des humains. Donc point de représentants, point de candidats !

J'ai parlé tout à l'heure du monopole de la presse périodique instituée et dirigée spécialement contre nous. Nous savons, par le résultat des élections de mai, ce qu'il nous en a coûté pour avoir, pendant une semaine, frayé avec lui. Croyez-vous qu'il suffirait de supprimer l'autorisation ministérielle pour que ce monopole fût aboli ? Que vous seriez loin de compte. Nous ne voulons ni peu ni prou d'un régime qui depuis douze ans déprave nos mœurs politiques, fausse les idées et égare l'opinion. Autoriser pour six mois, pour un jour, par l'élection d'un député socialiste, une telle corruption de l'esprit public, serait nous déclarer complices de cette corruption, indignes de prendre jamais la parole. Donc, point de représentants, point de candidats !

Nous ne voulons pas des conditions dans lesquelles s'exerce le suffrage universel, et pourquoi ? Ce n'est pas seulement parce que les groupes naturels de population ont été subvertis par des circonscriptions arbitraires ; laissons aux compétiteurs du gouvernement impérial le soin de s'en plaindre en attendant qu'ils l'imitent. Ce n'est pas non plus pour l'intervention administrative. Dans des comices appelés à décider du sort du gouvernement, ceux qui crient le plus haut contre cette intervention ont soin de dire qu'à la place des ministres ils n'y renonceraient pas. C'est surtout parce que, avec le monopole d'une presse inféodée, avec les préjugés de centralisation régnant, avec la rareté et l'insuffisance des convocations, avec les doubles, les triples, les quintuples et les décuples candidatures ; avec cet absurde principe si cher aux coureurs d'élections, un vrai représentant de la France doit être étranger à ses électeurs ; avec le pêle-mêle des catégories, des opinions et des intérêts, les choses se trouvent combinées de manière à étouffer l'esprit démocratique dans ses manifestations corporatives et locales, aussi bien que ses manifestations nationales, à couper la parole aux multitudes, réduites aux bêlements des troupeaux, faute d'avoir appris à s'attester et à produire leur verbe.

Réclamer l'émancipation de la plèbe, et accepter au nom de la plèbe un mode d'élection qui aboutit tout juste à la rendre factieuse ou muette. Quelle contradiction ! Donc, point de représentants, point de candidats !

Remarquez, citoyens, qu'en tout ceci je ne fais que de la politique, j'évite à dessein les considérations économiques et sociales. Que de raisons nouvelles j'en ferais sortir contre cette fantaisie de candidatures, qui ne se fût pas emparée, à coup sûr, du peuple, si nous avions pu lui expliquer à temps cette proposition dont vous commencez sans doute à entrevoir la vérité : qu'autre chose est un vote d'opposition, et autre chose est un vote de protestation, autre un vote constitutionnel, assermenté, marqué du timbre du parquet, et autre un vote démocratique et social. En mai 1863, le peuple a cru voter pour lui-même et comme souverain ; il n'a voté que pour ses patrons et comme client. Au reste, je sais qu'à cette heure vous ne vous faites plus illusion ; les candidats ouvriers, si je suis bien informé, le déclarent eux-mêmes. À quoi bon, alors, des représentants ? à quoi bon des candidats ?

Tout ce qui s'est fait depuis le 24 novembre 1860, dans le gouvernement et dans l'opposition, indique un retour au régime de 1830, modifié seulement par la substitution du titre d'empereur à celui du roi, et de la dynastie des Bonaparte à celle des Orléans. Écartant la question dynastique, dont nous n'avons pas à nous occuper, pouvons-nous, démocrates, donner les mains à ce revirement ? Ce serait mentir à notre passé, adorer ce que nous avons brûlé, brûler ce que nous avons adoré. Or, c'est ce qui ne peut manquer d'arriver si nous nous faisons représenter dans un Corps législatif, dans une opposition aux trois quarts ralliée à l'idée de la monarchie constitutionnelle et bourgeoise. Donc, point de représentants, point de candidats !

Beaucoup, parmi les ouvriers, n'aperçoivent pas nettement ces incompatibilités profondes entre le régime politique, présent ou prochain, dans lequel on leur propose d'entrer, et leurs aspirations démocratiques et sociales. Voici qui leur fera toucher du doigt la chose :

Il est de principe, dans un pays bouleversé comme le nôtre par les révolutions, que les gouvernements qui se succèdent, tout en changeant de maximes, restent, vis-à-vis des tiers, solidaires les uns des autres, et acceptent à tour de rôle les charges que leur impose ce redoutable héritage. Or, c'est une condition que, le cas échéant, il nous est défendu de subir. Nous ne pouvons pas, nous les proscrits de 1848, 1849 et 1852, accepter les engagements, les transactions et tous les actes de pouvoir créés en vue de notre extermination. Ce serait nous trahir nous-mêmes, et il importe que le monde le sache. La dette publique, consolidée et flottante, capitalisée à 3 %, s'élève à cette heure à 14 milliards 600 millions.

Telle est l'expression financière des charges accumulées depuis 1789, et que se sont léguées tour à tour nos divers gouvernements. C'est le résultat le plus clair et le plus net de nos systèmes politiques, le plus beau titre à l'admiration de la postérité de soixante-quinze ans de régime conservateur et bourgeois. Nous accepterions, le cas échéant, la responsabilité de cette dette jusqu'au 24 juin 1848 ; mais nous sommes en droit de la rejeter depuis cette époque. Et comme on ne saurait admettre que la nation fasse banqueroute, ce serait à la bourgeoisie d'acquitter le surplus. À elle d'aviser. Donc, citoyens, point de représentants, point de candidats !

Il y a dans le manifeste des Soixante un mot malheureux. En politique, ils se déclarent d'abord avec l'opposition ; concession exorbitante, inspirée par la pensée généreuse de combler, au moins en partie, l'abîme qui sépare la démocratie de ses représentants, et qu'il faut mettre sur le compte des entraînements de la plume. Nous ne pouvons sincèrement pas être plus satisfaits de la politique de l'opposition que de ses idées économiques et sociales ; comment, si celles-ci sont fausses, celle-là serait-elle sans reproche ? La politique de l'opposition, ce ne sont pas les censures obligées que les partis s'adressent mutuellement sur leurs actes tels que l'expédition du Mexique, l'état de l'Algérie, l'accroissement du budget, etc. ; ce ne sont pas des démonstrations banales en faveur de la liberté, des jérémiades philanthropiques, des soupirs à propos de la Pologne, une adhésion plus ou moins explicite au traité de commerce. Sur tous ces points de pur détail nous aurions à faire, contre les critiques de l'opposition, d'importantes réserves, non seulement comme socialistes et communistes, mais comme politiques et démocrates.

La politique de l'opposition, c'est d'abord son antisocialisme déclaré, qui fatalement la rallie contre nous à la pensée réactionnaire. MM. Marie et Jules Favre nous l'ont dit, lors de la discussion de l'adresse, d'un ton à ne s'oublier jamais : « Nous ne sommes pas socialistes ! » À ces mots, l'Assemblée tout entière a éclaté en applaudissements ; pas une voix de protestation ne s'est fait entendre. Nous sommes donc autorisés à dire que, sur le principe même de leur politique, les membres de l'opposition prétendue démocratique sont d'accord avec le gouvernement ; ils sont plus antisocialistes que le gouvernement lui-même ; comment n'en seraient-ils pas un jour les ministres ?

La politique de l'opposition, c'est son amour du parlementarisme, qui la ramènera, bon gré, mal gré, de concert avec la majorité impérialiste, au système de 1830 ; c'est sa passion centralisatrice et unitaire qui, en dépit de ses déclamations sur les libertés municipales, flagornerie à l'adresse des Parisiens, se trahit dans tous ses discours. Une haute centralisation peut seule, souvenez-vous en, satisfaire de hautes ambitions, et vous vous en apercevrez si jamais, pour le malheur de la France, les hommes de l'opposition sont appelés à régenter à leur tour cette centralisation si chère.

La politique de l'opposition, c'est son serment constitutionnel dynastique : c'est la solidarité acceptée par elle, ne fût-ce que par l'émargement de l'indemnité de député, dans les actes du gouvernement ; ce sont les compliments, les éloges, les remerciements qu'elle mêle à ses critiques, la part qu'elle prend à ses succès et à ses gloires.

La politique de l'opposition, c'est sa conduite aux élections de mai 1863. Alors nous l'avons vue, après avoir usurpé la dictature du scrutin, faire violence aux suffrages, recommander partout les candidatures les plus inconciliables avec l'esprit de la Révolution, se montrer plus intrigante, plus tyrannique, plus corruptrice que l'administration, sur laquelle, pour se blanchir, elle s'est efforcée ensuite de détourner l'animadversion publique. Ah ! les élections de mai et juin 1863, faites par une opposition qui se posait en puritaine, ces élections ont absous le vote de décembre 1851 : y avez-vous réfléchi, citoyens ?

Voilà ce que c'est que la politique de l'opposition. Et vous lui enverriez des collègues ? Non, non ! point de représentants, point de candidats !

À ceux qui maintenant nous reprocheraient d'arrêter l'élan populaire, et qui auraient encore le courage de faire sonner le titre qu'ils se sont décerné, il y a neuf mois, d'hommes d'action, je répliquerai que les inactifs, les inertes, les endormeurs, ce sont eux-mêmes, eux, dont la belle discipline a si bien servi les vues de la réaction, et fait perdre d'un seul coup à la démocratie trente années de vertu civique, de sacrifices et de propagande. Qu'a-t-elle donc produit, cette action rigoureuse ?

1. Déclaration tonnante de MM. Marie et Jules Favre : « Nous ne sommes pas des socialistes ! » Oui ! vos représentants vous ont désavoués, reniés, comme en 1848 ; ils vous déclarent la guerre, et vous vous félicitez de votre action ! Attendez-vous qu'ils vous crachent au visage ?

2. Résultat déplorable du serment. La démocratie, conduite par ses nouveaux tribuns, s'est imaginée follement que le serment d'obéissance à Napoléon III, et de fidélité à la Constitution de 1852, ne pouvait être dans la bouche de ses représentants qu'un sublime parjure. Elle s'est grisée de cette idée, et elle s'est misérablement trompée. Nos députés assermentés n'auront pas plus le courage de violer leur serment que de le tenir. Les voyez-vous louvoyer, faire le plongeon, nager entre les eaux de la trahison et de la fidélité ? Traîtres à la démocratie quand ils s'approchent de l'Empire, traîtres à l'Empire quand ils s'approchent de la démocratie. Conseillers privés et commensaux de Sa Majesté, ce sont encore les plus honnêtes, les moins tartufes. Grâce cependant à cette politique, la Restauration du système orléaniste, sous le pilotage de M. Thiers, marche à vue d'œil. M. Thiers et ses amis, posant en principe la monarchie comme essentielle à l'organisation du pouvoir, et se déclarant, en vertu du même principe, indifférents au choix de la dynastie, simple question de personnes, selon eux, sont ici parfaitement à l'aise. Rien ne les empêche de prêter serment, et plus Napoléon III leur fournira l'occasion de le tenir, plus ils seront satisfaits.

Aussi, depuis la prestation de tous ces serments, d'une signification si haute, si positive chez les orléanistes, mais que le pays ne voit qu'avec dégoût chez les démocrates, le parti de la monarchie constitutionnelle et parlementaire s'est complètement relevé ; appuyé de la fraction la plus considérable et la plus éclairée du bonapartisme, il se croit assuré de la victoire ; il a conquis sur le parti républicain le seul avantage qui lui fût resté depuis 1852, avantage de la logique et de l'honnêteté politique.

3. Conclusion de cette lamentable intrigue : la démocratie, dont la prépondérance devait être définitivement établie par le scrutin de 1864, un instant saluée après l'élection des neuf, comme souveraine, ne compte plus maintenant, et jusqu'à nouvel ordre, que comme l'instrument d'un replâtrage politique, contre lequel tout notre effort doit être désormais de nous défendre.

Pour nous, que l'on a osé qualifier d'inertes, de puritains, de pointus, d'eunuques parce que l'on savait que nous ne pouvions répondre, voici ce que nous avons fait et ce que nous avons obtenu. Notre succès a été assez beau pour que nous ne nous découragions pas :

Nous nous sommes dit d'abord :

« Nous possédons de notre chef, antérieurement à la constitution de 1852, la faculté électorale.

« Nous avons le droit de voter ou de ne pas voter.

« Si nous votons, il nous est loisible d'opter entre le candidat de l'administration et celui de l'opposition, comme aussi de protester contre l'un et l'autre, en choisissant un candidat d'une couleur opposée à tous deux (c'est ce que proposent les auteurs du Manifeste).

« Nous avons le droit, enfin, de protester contre toute espèce d'élection, soit par le dépôt de bulletins blancs, soit en votant pour un citoyen qui ne réunirait pas toutes les conditions d'éligibilité, qui, par exemple, n'aurait pas prêté serment, si nous jugeons que la loi électorale, telle qu'elle se pratique, n'offre pas de garanties suffisantes au suffrage universel, ou pour toute autre cause. »

La question était donc de savoir quelle serait pour nous la manière de voter la plus utile. Ceux qui ont prétendu que le vote devait être nécessairement désignatif d'un candidat, que le suffrage universel était par lui-même dépourvu de signification, et qu'il tirait toute sa valeur du choix d'un homme, ceux-là ont imposé au public, ils ont menti.

Nous nous sommes donc décidés pour le vote de protestation,

par bulletin blanc ou équivalent, et tel est le résultat que nous avons obtenu :

Sur 64 départements dont nous avons pu faire le relevé, il y a eu 63 000 protestations, dont 4 556 pour Paris, soit, en faisant la proportion, environ 90 000 pour la France.

Nous nous fussions comptés 100 000 à Paris, et un million dans les 89 départements, s'il nous avait été permis de faire entendre notre voix et d'expliquer notre pensée.

Ces votes disséminés ont eu la puissance de faire échouer plusieurs candidatures de soi-disant opposition démocratique. Ils les eussent fait échouer toutes, et le gouvernement serait resté seul, avec ses élus, en face de la démocratie protestante, si la presse du monopole n'avait étouffé notre voix.

Croyez-vous que ces 90 000 votants, qui, malgré leur silence forcé, malgré la calomnie, malgré l'entraînement populaire, sans avoir pu communiquer ou s'entendre, ont su se tenir, et, par leur protestation, conserver l'inviolabilité de la démocratie, soient une minorité sans vertu ? Croyez-vous que ce parti, faible en apparence par le nombre, manque d'énergie ? Nous étions vingt, et notre cri a été entendu à travers le vacarme de l'opposition par 90 000 hommes. Supposez que les 153 000 de la capitale, qui ont voté pour les neuf, eussent protesté à notre exemple, croyez-vous que cette protestation eût été de moindre effet que les harangues dont nous a régalés l'opposition ? Qu'en dites-vous, à présent, citoyens ?

Est-ce que devant le veto de 160 000 électeurs, augmentés d'une partie des 86 000 qui se sont purement et simplement abstenus, les candidats de l'administration, avec leur total de 82 000 voix, se seraient vantés de représenter la capitale ? Serions-nous moins instruits, et sur l'état de nos finances, et sur la situation européenne, et sur les influences électorales, et sur tant d'autres choses dont le gouvernement et ses amis nous parlent si volontiers, parce que nous n'aurions pas entendu les plaidoyers d'une demi-douzaine d'avocats ? Ne vaudrait-il pas mille fois mieux, pour l'honneur de la démocratie et pour son avenir, avoir laissé le gouvernement se débattre avec ses propres représentants, laver son linge sale en famille, comme disait Napoléon Ier, que d'avoir pollué notre conscience, jusque-là pure de serment ?

Démocrates, votre conduite est tracée. Une réaction aveugle a entrepris, depuis quinze ans, de vous jeter hors le droit, hors le gouvernement, hors la politique. La situation qui vous est faite, ce n'est pas vous qui l'avez créée ; elle est le fait de la conjuration des vieux partis. Une même pensée les gouverne et cette pensée est incompatible avec la réalisation de cette justice, politique, économique et sociale, que vous appelez de vos vœux. Un même serment les unit, symbole de leur alliance, piège tendu à la vanité et au zélotisme des démocrates. Ce n'est pas votre faute si, retranchés de leur communion, vous êtes condamnés à user envers eux de représailles. C'est pourquoi je vous le dis de toute l'énergie et de toute la tristesse de mon âme : séparez-vous de qui s'est le premier séparé, séparez-vous, comme autrefois le peuple romain se séparait de ses aristocrates. C'est par la séparation que vous vaincrez ; point de représentants, point de candidats !

Eh quoi ! après vous être déclarés les égaux de la bourgeoisie, les dépositaires de l'idée nouvelle, l'espoir des générations futures ; après avoir révélé au monde l'immensité de vos destinées, vous n'imagineriez rien de mieux que de reprendre en sous-œuvre ces vieilles institutions bourgeoises dont le gouvernement lui-même vous a dénoncé cent fois l'inanité, et les corruptions ! Vous rêveriez doctrine, bascule représentative et parlementage ! Quand vous pouvez être originaux, vous vous feriez platement copistes. Il n'est, croyez-moi, qu'une conclusion logique au manifeste des Soixante ; c'est que la démocratie ouvrière déclare, par son vote, qu'elle désavoue l'opposition et qu'elle renonce, jusqu'à des temps meilleurs, non à voter, mais à se faire représenter. Par le manifeste, la démocratie ouvrière s'est posée en patricienne ; par l'élection d'un représentant vous retomberiez au rang d'affranchis. Existe-t-il parmi vous un homme hors ligne ? Votez-lui une couronne civique, n'en faites pas un prostitué, n'en faites pas un candidat.

Pour moi, je ne crois pas avoir besoin de vous le dire, je persiste dans mes résolutions.

N'eussé-je d'autre motif de persévérance que le souvenir des événements auxquels j'ai été mêlé, des choses auxquelles j'ai pris part, des espérances que j'ai contribué à exciter, par respect et pour la mémoire de tant de citoyens qui ont souffert et qui sont morts, depuis 1848, pour le triomphe des libertés populaires, que j'ai connus dans les prisons et dans l'exil, je me refuserais à toute transaction et je dirais : point de représentants, point de candidats !

Je vous salue, citoyens, fraternellement.

P.-J. Proudhon

Contre le « communisme »[47]

Proudhon s'attaque ici, rétrospectivement, à l'espèce de socialisme étatiste et « communiste » que Louis Blanc prôna pendant la Révolution de 1848, à la commission dite du Luxembourg[48].

La souveraineté collective

Le système du Luxembourg, le même au fond que ceux de Cabet, de R. Owen, des Moraves, de Campanella, de Morus, de Platon[49], des premiers chrétiens, etc., système communiste, gouvernemental, dictatorial, autoritaire, doctrinaire, part du principe que l'individu est essentiellement subordonné à la collectivité ; que d'elle seule il tient son droit et sa vie ; que le citoyen

47. Extraits de *De la capacité politique des classes ouvrières,* 1861.
48. Après une manifestation des corps de métier place de l'Hôtel-de-Ville, le 28 février 1848, le gouvernement provisoire avait institué une « Commission de gouvernement pour les travailleurs » siégeant au Palais du Luxembourg et présidée par Louis Blanc qui y réunit les représentants des patrons et des ouvriers. Il fit également appel à des spécialistes des questions sociales. La Commission siégea du 1er mars au 16 mai. Elle aboutit à la rédaction d'un plan d'organisation du travail et elle prépara des décrets sociaux qui furent ensuite promulgués par le gouvernement provisoire.
49. Robert Owen (1771-1858), socialiste « utopique » anglais, promoteur des premières coopératives de production et de consommation. Les Moraves, secte religieuse qui se forma au milieu du XVe siècle en Bohême, se caractérisait par un ascétisme très rigoureux, se proposait de vivre dans la charité et la sainteté en se séparant du monde. Campanella (1568-1639), philosophe italien, auteur de *La Cité du Soleil.* Thomas Morus (1478-1535), grand chancelier d'Angleterre, auteur de *L'Utopie*, roman politique et social. Platon (429-347 av. J.-C.), auteur, entre autres, des dialogues : *La République* et *Les Lois*.

appartient à l'État comme l'enfant à la famille ; qu'il est en sa puissance et possession, *in manu*, et qu'il lui doit soumission et obéissance en toute chose.

En vertu de ce principe fondamental de la souveraineté collective et de la subalternisation individuelle, l'école du Luxembourg tend, en théorie et en pratique, à ramener tout à l'État, ou, ce qui revient au même, à la communauté : travail, industrie, propriété, commerce, instruction publique, richesse, de même que la législation, la justice, la police, les travaux publics, la diplomatie et la guerre, pour ensuite le tout être distribué et réparti, au nom de la communauté ou de l'État, à chaque citoyen, membre de la grande famille, selon ses aptitudes et ses besoins.

Le premier mouvement, la première pensée de la démocratie travailleuse, cherchant sa loi et se posant comme antithèse à la bourgeoisie, avait dû être de retourner contre celle-ci ses propres maximes : c'est ce qui ressort au premier coup d'œil de l'examen du système communiste.

Quel est le principe fondamental de l'ancienne société, bourgeoise ou féodale, révolutionnée ou de droit divin ? C'est l'autorité, soit qu'on la fasse venir du ciel ou qu'on la déduise avec Rousseau de la collectivité nationale. Ainsi ont dit à leur tour, ainsi ont fait les communistes. Ils ramènent tout à la souveraineté du peuple, au droit de la collectivité ; leur notion du pouvoir ou de l'État est absolument la même que celle de leurs anciens maîtres. Que l'État soit titré d'empire, de monarchie, de république, de démocratie ou de communauté, c'est évidemment toujours la même chose. Pour les hommes de cette école, le droit de l'homme et du citoyen relève tout entier de la souveraineté du peuple ; sa liberté même en est une émanation. Les communistes du Luxembourg, ceux d'Icarie, etc. peuvent en sûreté de conscience prêter serment à Napoléon III : leur profession de foi est d'accord, sur le principe, avec la Constitution de 1852 ; elle est même beaucoup moins libérale.

Le « communisme » : un étatisme aggravé

(...) La propriété restait toujours une concession de l'État, seul propriétaire naturel du sol, comme représentant de la communauté nationale. Ainsi firent encore les communistes : pour eux l'individu fut sensé, en principe, tenir de l'État tous ses biens, facultés, fonctions, honneurs, talents même, etc. Il n'y eut de différence que dans l'application. Par raison ou par nécessité, l'ancien État s'était plus ou moins dessaisi ; une multitude de familles, nobles et bourgeoises, étaient plus ou moins sorties de l'indivision primitive et avaient formé, pour ainsi dire, de petites souverainetés au sein de la grande.

Le but du communisme fut de faire rentrer dans l'État tous ces fragments de son domaine ; en sorte que la Révolution démocratique et sociale, dans le système du Luxembourg, ne serait, au point de vue du principe, qu'une restauration, ce qui veut dire une rétrogradation.

Ainsi, comme une armée qui a enlevé les canons de l'ennemi, le communisme n'a fait autre chose que retourner contre l'armée des propriétaires sa propre artillerie. Toujours l'esclave a singé le maître (...).

De l'association

Comme moyen de réalisation, indépendamment de la force publique dont il ne pouvait encore disposer, le parti du Luxembourg affirmait et préconisait l'association. L'idée d'association n'est pas nouvelle dans le monde économique ; bien plus, ce sont les États de droit divin, anciens et modernes, qui ont fondé les plus puissantes associations et en ont donné les théories. Notre législation bourgeoise (codes civil et de commerce) en reconnaît plusieurs genres et espèces. Qu'y ont ajouté les théoriciens du Luxembourg ? Absolument rien. Tantôt l'association a été pour eux une simple communauté de biens et de gains (art. 1836 et suiv.) ; quelquefois on en a fait une simple participation ou coopération, ou bien une société en nom collectif et commandite.

Plus souvent on a entendu, par associations ouvrières, de puissantes et nombreuses compagnies de travailleurs, subventionnées, commanditées et dirigées par l'État, attirant à elles la multitude ouvrière, accaparant les travaux et les entreprises, envahissant toute industrie, toute culture, tout commerce, toute fonction, toute propriété, faisant le vide dans les établissements et exploitations privés ; écrasant, broyant autour d'elle toute action individuelle, toute possession séparée, toute vie, toute liberté, toute fortune, absolument comme font de nos jours les grandes compagnies anonymes.

La prétendue dictature des masses

C'est ainsi que, dans les conceptions du Luxembourg, le domaine public devait amener la fin de toute propriété ; l'association entraîner la fin de toutes les associations séparées ou leur résorption en une seule ; la concurrence tournée contre elle-même aboutir à la suppression de la concurrence ; la liberté collective, enfin, englober toutes les libertés corporatives, locales et particulières.

Quant au gouvernement, à ses garanties et à ses formes, la question était traitée en conséquence : pas plus que l'association et le droit de l'homme, elle ne se distinguait par rien de nouveau ; c'était toujours l'ancienne formule, sauf l'exagération communiste. Le système politique, d'après la théorie du Luxembourg, peut se définir : une démocratie compacte, fondée en apparence sur la dictature des masses, mais où les masses n'ont de pouvoir que ce qu'il en faut pour assurer la servitude universelle, d'après les formules et maximes suivantes, empruntées à l'ancien absolutisme :

Indivision du pouvoir ;

Centralisation absorbante ;

Destruction systématique de toute pensée individuelle, corporative et locale, réputée scissionnaire ;

Police inquisitoriale ;

Abolition ou du moins restriction de la famille, à plus forte raison de l'hérédité.

Le suffrage universel organisé de manière à servir de sanction perpétuelle à cette tyrannie anonyme, par la prépondérance des sujets médiocres ou même nuls, toujours en majorité, sur les citoyens capables et les caractères indépendants, déclarés suspects et naturellement en petit nombre. L'école du Luxembourg l'a déclaré hautement : elle est contre l'aristocratie des capacités.

De la spontanéité

Ce qu'il importe de relever dans les mouvements populaires, c'est leur parfaite spontanéité. Le peuple obéit-il à une excitation ou suggestion du dehors, ou bien à une inspiration, intuition ou conception naturelle ? Voilà, dans l'étude des révolutions, ce que l'on ne saurait déterminer avec trop de soin. Sans doute les idées qui à toutes les époques ont agité les masses étaient écloses antérieurement dans le cerveau de quelque penseur ; en fait d'idées, d'opinions, de croyances, d'erreurs, la priorité ne fut jamais aux multitudes, et il ne saurait en être autrement aujourd'hui. La priorité, en tout acte de l'esprit, est à l'individualité ; le rapport des termes l'indique.

Mais il s'en faut de beaucoup que toute pensée qui saisit l'individu s'empare plus tard des populations ; parmi les idées qui entraînent celles-ci, il s'en faut même beaucoup qu'il n'y en ait que de justes et d'utiles ; et nous disons précisément que ce qui importe surtout à l'historien philosophe, c'est d'observer comment le peuple s'attache à certaines idées plutôt qu'à d'autres, les généralise, les développe à sa manière, en fait des institutions et des coutumes qu'il suit traditionnellement, jusqu'à ce qu'elles tombent ès main des législateurs et justiciers, qui en font à leur tour des articles de loi et des règles pour les tribunaux.

La Révolution n'est l'œuvre de personne

Une Révolution sociale comme celle de 89, que continue, sous nos yeux, la démocratie ouvrière, est une transformation qui s'accomplit spontanément dans l'ensemble et dans toutes les parties du corps politique. C'est un système qui se substitue à un autre, un organisme nouveau qui remplace une organisation décrépite.

Mais cette substitution ne se fait pas en un instant, comme un homme qui change de costume ou de cocarde ; elle n'arrive pas au commandement d'un maître ayant sa théorie toute faite, ou sous la dictée d'un révélateur.

Une Révolution vraiment organique, produit de la vie universelle, bien qu'elle ait ses messagers et ses exécuteurs, n'est vraiment l'œuvre de personne.

Michel Bakounine (1814-1876)

La Révolution de février 1848, vue par Bakounine [1]

Michel Bakounine, émigré russe, s'empressa de gagner Paris lors de la Révolution de Février.

La Révolution de Février éclata. Dès que j'appris qu'on se battait à Paris, j'empruntai, pour parer à toute éventualité, un passeport à une personne de mes connaissances et je me mis en route pour Paris. Mais le passeport était sans utilité : « La République est proclamée à Paris », telles furent les premières paroles que nous avons entendues à la frontière. À cette nouvelle, je ressentis comme un frisson ; j'arrivai à pied à Valenciennes, le chemin de fer ayant été détruit ; partout la foule, des cris enthousiastes, des drapeaux rouges dans toutes les rues, sur toutes les places et sur tous les édifices publics. Je fus obligé de faire un détour, la voie ferrée étant impraticable sur beaucoup de points, et j'arrivai à Paris le 26 février, trois jours après la proclamation de la République. Déjà sur mon chemin, tout m'amusait.

Cette ville énorme, le centre de la culture européenne, était soudain devenue un Caucase sauvage : dans chaque rue, presque partout, des barricades dressées comme des montagnes et s'élevant jusqu'aux toits ; sur ces barricades, entre les pierres et les meubles endommagés, tels des Géorgiens dans leurs gorges, des

1. Extrait de *Confession* (lettre au tsar), 1857 ; Paris, 1932.

ouvriers en blouses pittoresques, noirs de poudre et armés jusqu'aux dents ; de gros épiciers au visage abêti par l'épouvante, regardaient peureusement par les fenêtres ; dans les rues, sur les boulevards, pas une seule voiture ; disparus, tous les vieux fats, tous les odieux dandys à lorgnon et à badine et, à leur place, mes nobles ouvriers, masses enthousiastes et triomphantes brandissant des drapeaux rouges, chantant des chansons patriotiques et grisés par leur victoire !

Et au milieu de cette joie sans bornes, de cette ivresse, tous étaient à tel point doux, humains, compatissants, honnêtes, modestes, polis, aimables et spirituels, que chose pareille peut seulement se voir en France, et là encore seulement à Paris. Ensuite, pendant plus d'une semaine, j'habitai avec des ouvriers la caserne de la rue de Tournon, à deux pas du palais du Luxembourg ; cette caserne, auparavant réservée à la garde municipale, était devenue alors, comme beaucoup d'autres, une forteresse républicaine servant de cantonnement à l'armée de Caussidière. J'avais été invité à y demeurer par un démocrate de mes amis qui commandait un détachement de cinq cents ouvriers.

J'eus donc ainsi l'occasion de voir les ouvriers et de les étudier du matin au soir. Jamais et nulle part, dans aucune autre classe sociale, je n'ai trouvé autant de noble abnégation, ni tant d'intégrité vraiment touchante, de délicatesse dans les manières et d'aimable gaieté unie à pareil héroïsme que chez ces simples gens sans culture, qui ont toujours valu et qui vaudront toujours mille fois mieux que leurs chefs !

Ce qui frappe surtout en eux, c'est leur profond instinct de la discipline ; dans leurs casernes, il ne pouvait y avoir ni ordre établi, ni lois, ni contrainte ; mais plût à Dieu que n'importe quel soldat régulier sût obéir avec autant d'exactitude, deviner aussi bien les désirs de ses chefs et maintenir l'ordre aussi strictement que ces hommes libres ; ils demandaient des ordres, ils demandaient des chefs, obéissaient avec minutie, avec passion ; dans leur pénible service, pendant des journées entières, ils enduraient la faim et ils n'en étaient pas moins aimables et toujours gais. Si ces gens, si ces ouvriers français avaient trouvé un chef digne d'eux, capable de les comprendre et de les aimer, ce chef aurait pu accomplir, avec eux, des miracles.

(...) Ce mois passé à Paris (...) fut un mois de griserie pour l'âme. Non seulement j'étais grisé, mais tous l'étaient : les uns de peur folle, les autres de folle extase, d'espoirs insensés. Je me levais à cinq ou quatre heures du matin, je me couchais à deux heures, restant sur pied toute la journée, allant à toutes les assemblées, réunions, clubs, cortèges, promenades ou démonstrations ; en un mot, j'aspirais par tous mes sens et par tous mes pores l'ivresse de l'atmosphère révolutionnaire.

C'était une fête sans commencement et sans fin ; je voyais tout le monde et je ne voyais personne, car chaque individu se perdait dans la même foule innombrable et errante ; je parlais à tout le monde sans me rappeler ni mes paroles ni celles des autres, car l'attention était absorbée à chaque pas par des événements et des objets nouveaux, par des nouvelles inattendues.

Cette fièvre générale ne se trouvait pas médiocrement entretenue et renforcée par les nouvelles arrivant des autres parties de l'Europe ; on n'entendait que des paroles comme celles-ci : « On se bat à Berlin ; le roi a pris la fuite après avoir prononcé un discours ! On s'est battu à Vienne, Metternich s'est enfui, la république y est proclamée ! Toute l'Allemagne se soulève ! Les Italiens ont triomphé à Milan, à Venise ; les Autrichiens ont subi une honteuse défaite ! La république y est proclamée ; toute l'Europe devient République. Vive la République ! »

Il semblait que l'univers entier fût renversé : l'incroyable était devenu habituel, l'impossible possible, et le possible et l'habituel insensés. En un mot, l'état des esprits était tel alors que si quelqu'un était venu dire : « Le Bon Dieu vient d'être chassé du ciel, la République y est proclamée ! », tout le monde l'aurait cru et personne n'en aurait été surpris. Et les démocrates n'étaient pas les seuls à ressentir cet enivrement, bien au contraire : ils furent les premiers à se dégriser, forcés qu'ils étaient de se mettre au travail et de consolider un pouvoir qui leur était échu contre toute attente et comme par miracle.

Le parti conservateur et l'opposition dynastique, devenue en un jour plus conservatrice que les conservateurs eux-mêmes, en un mot tous les hommes de l'ancien régime, croyaient plus que les démocrates à tous les miracles et à toutes les invraisemblances ; ils avaient même cessé de croire que deux et deux font quatre et Thiers lui-même avait déclaré : « Il ne nous reste plus qu'une chose, c'est de nous faire oublier. » Ce seul fait explique la promptitude et l'unanimité avec lesquelles toutes les villes de province et toutes les classes, en France, ont reconnu la République.

Bakounine, par James Guillaume

Après son court passage à Paris pendant la Révolution de 1848, Bakounine, électrisé par l'exemple qu'il avait eu devant les yeux, alla participer au soulèvement populaire de Dresde (3 mai 1849). Pour ce fait, il fut condamné à mort en Saxe, puis en Autriche, en 1850, enfin livré par l'Autriche au gouvernement russe. Il subit dans son pays d'origine une très longue et dure captivité. Puis il réussit à s'évader de Sibérie en 1861 et gagna Londres. C'est après la révolte de la Pologne contre l'empire tsariste (1863-1864) et, plus encore sans doute, à la suite de ses entretiens à Paris avec Proudhon à la fin de 1864 — un Proudhon très près de sa fin — que Bakounine devint anarchiste. On ne donne donc ici la biographie de Bakounine par James Guillaume qu'à partir de ce tournant de sa vie.

(...) Quand éclata, en 1863, l'insurrection polonaise, il [Bakounine] essaya de se joindre aux hommes d'action qui la dirigeaient ; mais l'organisation d'une légion russe échoua, l'expédition de Lapinski ne put aboutir à un résultat ; et Bakounine, qui était allé à Stockholm (où sa femme le rejoignit) avec l'espoir d'obtenir une intervention suédoise, dut revenir à Londres (octobre) sans avoir réussi dans aucune de ses démarches. Il se rendit alors en Italie, d'où il fit, au milieu de 1864, un second voyage en Suède, il en revint par Londres, où il revit Marx, et Paris, où il revit Proudhon.

À la suite de la guerre de 1859 et de l'héroïque expédition de Garibaldi, en 1860, l'Italie venait de naître à une vie nouvelle :

Bakounine resta dans ce pays jusqu'à l'automne de 1867, séjournant d'abord à Florence, ensuite à Naples et dans les environs. Il avait conçu le plan d'une organisation internationale secrète des révolutionnaires, en vue de la propagande, et, quand le moment serait venu, de l'action, et dès 1864, il réussit à grouper un certain nombre d'Italiens, de Français, de Scandinaves et de Slaves dans cette société secrète, qui s'appela la « Fraternité internationale », ou l'« Alliance des révolutionnaires socialistes ».

En Italie, Bakounine et ses amis s'appliquèrent surtout à lutter contre les mazziniens [2], qui étaient des républicains autoritaires et religieux ayant pour devise *Dio e popolo* ; un journal, *Libertà e Giustizia*, fut fondé à Naples, dans lequel Bakounine développa son programme. En juillet 1886, il faisait part à Herzen et à Ogareff [3] de l'existence de la société secrète à laquelle il consacrait depuis deux ans toute son activité, et leur en communiquait le programme, dont ses deux anciens amis furent, dit-il lui-même, « très scandalisés ». À ce moment, l'organisation, au témoignage de Bakounine, avait des adhérents en Suède, en Norvège, au Danemark, en Angleterre, en Belgique, en France, en Espagne et en Italie, et comptait aussi des Polonais et des Russes parmi ses membres.

En 1867, des démocrates bourgeois de diverses nations, prnicipalement des Français et des Allemands, fondèrent la Ligue de la paix et de la liberté, et convoquèrent à Genève un congrès qui eut beaucoup de retentissement. Bakounine nourrissait encore quelques illusions à l'égard des démocrates : il se rendit à ce congrès, où il prononça un discours, devint membre du comité central de la Ligue, établit sa résidence en Suisse (près de Vevey), et, pendant l'année qui suivit, s'efforça d'amener ses collègues du comité au socialisme révolutionnaire. Au deuxième congrès de la Ligue, à Berne (septembre 1868), il fit, avec quelques-uns de ses amis, membres de l'organisation secrète fondée en 1864, (...) une tentative pour faire voter à la Ligue des résolutions franchement socialistes ; mais, après plusieurs jours de débats, les socialistes

---

2. Mazziniens, disciples de Giuseppe Mazzini (1805-1872), conspirateur républicain italien, un des artisans de l'unification de l'Italie.
3. Nicolas Ogareff (1813-1877), poète russe, coéditeur avec Alexandre Herzen du journal *Kolokol* (« La Cloche »), à Londres, correspondant de Bakounine

révolutionnaires, s'étant trouvés en minorité, déclarèrent qu'ils se séparaient de la Ligue (25 septembre 1868), et fondèrent le même jour, sous le nom d'Alliance internationale de la démocratie socialiste une association nouvelle, dont Bakounine rédigea le programme.

Ce programme, qui résumait les conceptions auxquelles son auteur était arrivé, au terme d'une longue évolution commencée en Allemagne en 1842, disait entre autres :

« L'Alliance se déclare athée ; elle veut l'abolition définitive et entière des classes, et l'égalisation politique, économique, et sociale des individus des deux sexes ; elle veut que la terre, les instruments de travail, comme tout autre capital, devenant la propriété collective de la société tout entière, ne puissent être utilisés que par les travailleurs, c'est-à-dire par les associations agricoles et industrielles. Elle reconnaît que tous les États politiques et autoritaires actuellement existants, se réduisant de plus en plus aux simples fonctions administratives des services publics dans leurs pays réciproques, devront disparaître dans l'union universelle des libres associations, tant agricoles qu'industrielles. »

En se constituant, l'Alliance internationale de la démocratie socialiste avait déclaré vouloir former une branche de l'Association internationale des travailleurs, dont elle acceptait les statuts généraux.

À la date du 1er septembre 1868 avait paru à Genève le premier numéro d'un journal russe, *Narodnoé Diélo*, rédigé par Michel Bakounine et Nicolas Joukovsky ; il contenait un programme intitulé « Programme de la démocratie socialiste russe », identique pour le fond au programme qu'adopta quelques jours plus tard l'Alliance internationale de la démocratie socialiste. Mais, dès son second numéro, le journal changea de rédaction, et passa entre les mains de Nicolas Outine [4], qui lui imprima une direction toute différente.

À son passage à Londres en octobre 1864, Bakounine, qui n'avait pas revu Karl Marx depuis 1848, avait reçu la visite de

4. Nicolas Outine (1815-1883), émigré russe vivant en Suisse, marxiste, participa au congrès de la Ligue de la paix et de la liberté, à Berne, en 1868 et à la conférence de Londres de l'Internationale, en 1871 ; rédacteur du journal *L'Égalité* à Genève, en 1870-1871.

celui-ci : Marx venait s'expliquer avec lui, au sujet de la calomnie [5], jadis accueillie par la *Neue Rheinische Zeitung*, que des journalistes allemands avaient remise en circulation en 1853. Mazzini et Herzen avaient pris, alors, la défense du calomnié enfermé dans une forteresse russe ; Marx avait, à cette occasion, dans le journal anglais le *Morning Advertiser*, déclaré une fois de plus qu'il n'était pour rien dans cette calomnie, en ajoutant que Bakounine était son ami ; et il le lui répéta.

À la suite de cette conversation, Marx avait engagé Bakounine à se joindre à l'Internationale : mais celui-ci, une fois de retour en Italie, avait préféré se consacrer à l'organisation secrète dont il a été parlé ; l'Internationale, à ses débuts, n'était guère représentée, en dehors du Conseil général de Londres, que par un groupe d'ouvriers mutuellistes de Paris, et rien ne faisait prévoir l'importance qu'elle allait prendre. Ce fut seulement après son second congrès à Lausanne (septembre 1867), après les deux procès de Paris et la grande grève de Genève (1868), que l'attention fut sérieusement appelée sur cette association, devenue une puissance dont on ne pouvait plus méconnaître le rôle comme levier d'action révolutionnaire. Dans son troisième congrès, à Bruxelles (septembre 1868), les idées collectivistes s'étaient fait jour, en opposition au coopérativisme. Dès juillet 1868, Bakounine se fit admettre comme membre dans la section de Genève, et, après sa sortie de la Ligue de la paix au Congrès de Berne, il se fixa à Genève pour pouvoir se mêler activement au mouvement ouvrier de cette ville.

Une vive impulsion fut aussitôt donnée à la propagande et à l'organisation. Un voyage du socialiste italien Fanelli [6] en Espagne eut pour résultat la fondation des sections internationales de Madrid et de Barcelone. Les sections de la Suisse française s'unirent en une fédération qui prit le nom de Fédération romande, et eut pour organe le journal *L'Égalité*, créé en janvier

---

5. Calomnie selon laquelle le révolutionnaire Bakounine aurait été un agent secret du gouvernement russe, comme il est dit plus loin, p. 152.

6. Giuseppe Fanelli (1827-1877), d'abord républicain italien avec Mazzini et Garibaldi ; rompit avec le premier dont il ne partageait pas le centralisme étatiste ; devint le collaborateur et l'ami de Bakounine à partir de 1864, qui l'envoya, en octobre 1868, en Espagne pour y créer une section à la fois de l'Internationale et de son Alliance internationale de la démocratie socialiste (v. plus loin p. 158, bien que Fanelli ne parlât pas l'espagnol.

1869. Une lutte fut entreprise contre de faux socialistes qui, dans le Jura suisse, enrayaient le mouvement, et se termina par l'adhésion de la majorité des ouvriers jurassiens au socialisme révolutionnaire. À plusieurs reprises, Bakounine alla dans le Jura aider de sa parole ceux qui luttaient contre ce qu'il appelait « la réaction masquée en coopération » ; ce fut l'origine de l'amitié qu'il contracta avec les militants de cette région. À Genève même, un conflit entre les ouvriers du bâtiment, socialistes révolutionnaires d'instinct, et les ouvriers horlogers et bijoutiers, dits de la « fabrique », qui voulaient participer aux luttes électorales, et s'allier aux politiciens radicaux, se termina, grâce à Bakounine, qui fit dans *L'Égalité* une énergique campagne, et y exposa, en une série de remarquables articles, le programme de la « politique de l'Internationale », par la victoire, malheureusement momentanée, de l'élément révolutionnaire. Les sections de l'Internationale, en France, en Belgique et en Espagne, marchaient d'accord avec celles de la Suisse française, et on pouvait prévoir qu'au prochain congrès général de l'Association le collectivisme réunirait la grande majorité des suffrages.

Le Conseil général de Londres n'avait pas voulu admettre l'Alliance internationale de la démocratie socialiste comme branche de l'Internationale, par le motif que la nouvelle société constituait un deuxième corps international, et que sa présence dans l'Internationale serait une cause de désorganisation. Un des motifs qui avaient dicté cette décision était la malveillance de Marx à l'égard de Bakounine, dans lequel l'illutre communiste allemand croyait voir un « intrigant » qui voulait « bouleverser l'Internationale et la transformer en son instrument » ; mais, indépendamment des sentiments personnels de Marx, il est certain que l'idée de créer, à côté de l'Internationale, une seconde organisation, était une idée malheureuse : c'est ce que des amis belges et jurassiens de Bakounine lui représentèrent ; il se rendit à leurs raisons, et reconnut la justesse de la décision du Conseil général. En conséquence, le Bureau central de l'Alliance, après avoir consulté les adhérents de cette organisation, en prononça, d'accord avec eux, la dissolution ; le groupe local qui s'était constitué à Genève se transforma en une simple section de l'Internationale, et fut alors admis comme telle par le Conseil général (juillet 1869).

Au quatrième congrès général, à Bâle (6-12 septembre 1869),

la presque unanimité des délégués de l'Internationale se prononça pour la propriété collective ; mais on put constater, alors, qu'il y avait parmi eux deux courants distincts : les uns, Allemands, Suisses allemands, Anglais, étaient des communistes d'État ; les autres, Belges, Suisses français, Espagnols et presque tous les Français, étaient des communistes anti-autoritaires, ou fédéralistes, ou anarchistes, qui prirent le nom de collectivistes. Bakounine appartenait naturellement à cette deuxième fraction, où l'on comptait entre autres, avec lui, le Belge de Paepe et le Parisien Varlin [7].

(...) L'organisation secrète fondée en 1864 s'était dissoute en janvier 1869 à la suite d'une crise intérieure ; mais plusieurs de ses membres avaient continué entre eux leurs relations, et à leur groupe intime s'étaient jointes quelques recrues nouvelles, Suisses, Espagnols, Français, entre autres Varlin : ce libre rapprochement d'hommes qui s'unissaient pour l'action collective en une fraternité révolutionnaire devait, pensait-on, donner plus de force et de cohésion au grand mouvement dont l'Internationale était l'expression.

Dans l'été de 1869, un ami de Marx avait reproduit dans la *Zukunft* de Berlin la vieille calomnie que « Bakounine était un agent du gouvernement russe », et Liebknecht [8] avait répété cette assertion en plusieurs circonstances. Ce dernier étant venu à Bâle à l'occasion du Congrès, Bakounine l'invita à s'expliquer devant un jury d'honneur. Là, le socialiste saxon affirma qu'il n'avait jamais accusé Bakounine, qu'il s'était borné à répéter des choses lues dans un journal. À l'unanimité, le jury déclara que Liebknecht avait agi avec une légèreté coupable, et remit à Bakounine une déclaration écrite et signée de ses membres : Liebknecht, reconnaissant qu'il avait été induit en erreur, tendit la main à Bakounine, et celui-ci, devant tous, brûla la déclaration du jury, dont il alluma sa cigarette.

Après le Congrès de Bâle, Bakounine quitta Genève et se retira à Locarno (Tessin) : cette résolution lui avait été dictée par des

---

7. Sur César de Paepe, on verra plus loin, pp. 268-281 ; Eugène Varlin (1839-1871), internationaliste et communard français, fusillé rue des Rosiers le 28 mai 1871 par la contre-révolution versaillaise.

8. Wilhelm Liebknecht (1826-1900), introducteur du marxisme en Allemagne, fondateur de la social-démocratie au congrès d'Eisenach (1869).

motifs d'ordre strictement privé, dont l'un était la nécessité de se fixer dans un endroit où la vie fût à bon marché, et où il pût se livrer en toute tranquillité aux travaux de traduction qu'il comptait faire pour un éditeur de Pétersbourg (il s'agissait, en premier lieu, d'une traduction du premier volume du *Capital* de Marx, paru en 1867). Mais le départ de Bakounine de Genève laissa malheureusement le champ libre aux intrigants politiques qui, s'associant aux manœuvres d'un émigré russe, Nicolas Outine, trop connu par le triste rôle qu'il a joué dans l'Internationale, pour que nous ayons à le caractériser ici, réussirent en quelques mois à désorganiser l'Internationale genevoise, à y prendre la haute main et à s'emparer de la rédaction de *L'Égalité*.

Marx, que ses rancunes et ses mesquines jalousies contre Bakounine aveuglaient complètement, ne rougit pas de s'abaisser à contracter alliance avec Outine et la clique des politiciens pseudo-socialistes de Genève, les hommes du « Temple-Unique [9] », en même temps que, par une *Communication confidentielle* (28 mars 1870) envoyée à ses amis d'Allemagne, il cherchait à perdre Bakounine dans l'opinion des démocrates socialistes allemands, en le représentant comme l'agent du parti panslaviste, duquel il recevait, affirmait Marx, ving-cinq mille francs par an.

Les intrigues d'Outine et de ses affidés genevois réussirent à provoquer une scission dans la Fédération romande : celle-ci se sépara (avril 1870) en deux fractions, dont l'une, d'accord avec les internationaux de France, de Belgique et d'Espagne, s'était prononcée pour la politique révolutionnaire, déclarant que « toute participation de la classe ouvrière à la politique bourgeoise gouvernementale ne peut avoir d'autres résultats que la consolidation de l'ordre de choses existant » ; tandis que l'autre fraction « professait l'intervention politique et les candidatures ouvrières ». Le Conseil général de Londres, ainsi que les Allemands et les Suisses allemands prirent parti pour la seconde de ces fractions (fraction d'Outine et du Temple-Unique), pendant que les Français, les Belges et les Espagnols prenaient parti pour l'autre (fraction du Jura).

Bakounine était en ce moment tout absorbé par les affaires

9. C'était le nom du local où se réunissait alors l'Internationale genevoise, ancien temple maçonnique (note de James Guillaume).

russes. Au printemps de 1869 déjà, il était entré en relations avec Netchaïeff [10] ; il croyait alors à la possibilité d'organiser en Russie un vaste soulèvement de paysans. (...) C'est alors qu'il écrivit en russe l'appel intitulé *Quelques mots aux jeunes frères en Russie*, et la brochure *La Science et la cause révolutionnaire actuelle*. Netchaïeff était retourné en Russie, mais il avait dû s'enfuir de nouveau, après l'arrestation de presque tous ses amis et la destruction de son organisation, et il était revenu en Suisse en janvier 1870. Il exigea de Bakounine que celui-ci abandonnât la traduction commencée du *Capital* pour se consacrer entièrement à la propagande révolutionnaire russe. (...) Bakounine écrivit, en russe, la brochure *Aux officiers de l'armée russe*, et en français, la brochure *Les Ours de Berne et l'Ours de Saint-Pétersbourg* ; il fit paraître aussi quelques numéros d'une nouvelle série du *Kolokol* [11], et déploya pendant quelques mois une grande activité ; mais il finit par s'apercevoir que Netchaïeff entendait se servir de lui comme d'un simple instrument, et avait recours, pour s'assurer une dictature personnelle, à des procédés jésuitiques ; après une explication décisive, qui eut lieu à Genève en juillet 1870, il rompit complètement avec le jeune révolutionnaire. Il avait été victime de sa trop grande confiance, et de l'admiration que lui avait d'abord inspirée l'énergie sauvage de Netchaïeff. « Il n'y a pas à dire, écrit Bakounine à Ogareff après cette rupture, nous avons eu un beau rôle d'idiots. Comme Herzen se moquerait de nous deux, s'il était là, et combien il aurait raison ! Eh bien ! il n'y a plus qu'à avaler cette amère pilule, qui nous rendra plus avisés dorénavant. » (2 août 1870.)

Cependant la guerre entre l'Allemagne et la France venait d'éclater, et Bakounine en suivait les péripéties avec un intérêt passionné, une fièvre intense. « Tu n'es rien que Russe, écrivait-il le 11 août à Ogareff, tandis que moi je suis international. » À ses yeux, l'écrasement de la France par l'Allemagne féodale et militaire, c'était le triomphe de la contre-révolution ; et cet écrase-

---

10. Serge Netchaïeff (1817-1882) : jeune révolutionnaire russe, il rencontra, séduisit et influença Bakounine en Suisse, lui faisant partager, pour un temps, ses idées terroristes et nihilistes ; extradé, il mourut en prison en Russie après un long calvaire.

11. Le journal *Kolokol* (« La Cloche ») était publié en Occident par le révolutionnaire russe Alexandre Herzen (1812-1870).

ment ne pouvait être évité qu'en appelant le peuple français à se lever en masse, à la fois pour repousser l'envahisseur étranger et pour se débarrasser des tyrans intérieurs qui le tenaient dans la servitude économique et politique. Il écrit à ses amis socialistes de Lyon :

« Le mouvement patriotique de 1792 n'est rien en comparaison de celui que vous devez faire maintenant, si vous voulez sauver la France. Donc, levez-vous, amis, au chant de la *Marseillaise*, qui redevient aujourd'hui le chant légitime de la France, tout palpitant d'actualité, le chant de la liberté, le chant du peuple, le chant de l'humanité, car la cause de la France est redevenue enfin celle de l'humanité. En faisant du patriotisme, nous sauverons la liberté universelle. Ah ! si j'étais jeune, je n'écrirais pas de lettres, je serais parmi vous ! »

Un correspondant du *Volksstaat* (le journal de Liebknecht) avait écrit que les ouvriers parisiens étaient « indifférents à la guerre actuelle ». Bakounine s'indigne qu'on puisse leur prêter une apathie qui serait criminelle ; il écrit pour leur démontrer qu'ils ne peuvent se désintéresser de l'invasion allemande, qu'ils doivent absolument défendre leur liberté contre les bandes armées du despotisme prussien :

« Ah ! si la France était envahie par une armée de prolétaires, Allemands, Anglais, Belges, Espagnols, Italiens, portant haut le drapeau du socialisme révolutionnaire et annonçant au monde l'émancipation finale du travail, j'aurais été le premier à crier aux ouvriers de France : “ Ouvrez-leur vos bras, ce sont vos frères, et unissez-vous à eux pour balayer les restes pourrissants du monde bourgeois ! ” Mais l'invasion qui déshonore la France aujourd'hui, c'est une invasion aristocratique, monarchique et militaire. En restant passifs devant cette invasion les ouvriers français ne trahiraient pas seulement leur propre liberté, ils trahiraient encore la cause du prolétariat du monde entier, la cause sacrée du socialisme révolutionnaire. » Les idées de Bakounine sur la situation et sur les moyens à employer pour sauver la France et la cause de la liberté furent exposées par lui dans une courte brochure qui parut, sans nom d'auteur, en septembre, sous le titre de *Lettres à un Français sur la crise actuelle*.

Le 9 septembre 1870, il quittait Locarno pour se rendre à Lyon, où il arriva le 15. Un « Comité du salut de la France », dont il fut le membre le plus actif et le plus hardi, s'organisa aussitôt pour tenter un soulèvement révolutionnaire ; le programme de ce mouvement fut publié, le 26 septembre, en une affiche rouge qui portait les signatures de délégués de Lyon, de Saint-Étienne, de Tarare, de Marseille ; Bakounine, quoique étranger, n'hésita pas à joindre sa signature à celles de ses amis, afin de partager leurs périls et leur responsabilité. L'affiche, après avoir déclaré que « la machine administrative et gouvernementale de l'État, devenue impuissante, était abolie », et que « le peuple de France rentrait en pleine possession de lui-même », proposait la formation, dans toutes les communes fédérées, de comités du salut de la France, et l'envoi immédiat à Lyon de deux délégués de chaque comité de chef-lieu de département « pour former la Convention révolutionnaire du salut de la France ». Un mouvement populaire, le 28 septembre, mit les révolutionnaires en possession de l'hôtel de ville de Lyon : mais la trahison du général Cluseret, la couardise de quelques-uns de ceux en qui le peuple avait placé sa confiance firent échouer cette tentative ; Bakounine, contre lequel le procureur de la République, Andrieux, avait lancé un mandat d'arrestation, réussit à gagner Marseille, où il se tint quelque temps caché, essayant de préparer une nouveau mouvement ; pendant ce temps les autorités françaises faisaient courir le bruit qu'il était un agent payé de la Prusse, et que le gouvernement de la Défense nationale en avait la preuve ; et de son côté le *Volksstaat*, de Libeknecht, imprimait ces lignes à propos du mouvement du 28 septembre et du programme de l'affiche rouge : « On n'aurait pas pu mieux faire au bureau de la presse, à Berlin, pour servir les desseins de Bismarck. »

Le 24 octobre, désespérant de la France, Bakounine quittait Marseille, à bord d'un navire dont le capitaine était l'ami de ses amis, pour retourner à Locarno par Gênes et Milan. La veille, il écrivait à un socialiste espagnol, Sentinon, qui était venu en France, avec l'espoir de se mêler au mouvement révolutionnaire :

« Le peuple de France n'est plus révolutionnaire du tout. Le militarisme et le bureaucratisme, l'arrogance nobiliaire et le jésuitisme protestant des Prussiens, alliés tendrement au knout de mon cher souverain et maître l'empereur de toutes les Russies, vont triompher sur le continent de l'Europe, Dieu sait pendant combien de dizaines d'années. Adieu tous nos rêves d'émancipation prochaine ! »

Le mouvement qui éclata à Marseille le 31 octobre, sept jours après le départ de Bakounine, ne fit que le confirmer dans son jugement pessimiste : la Commune révolutionnaire, qui s'était installée à l'hôtel de ville à la nouvelle de la capitulation de Bazaine, ne put se maintenir que cinq jours, et abdiqua dès le 14 novembre entre les mains du commissaire Alphonse Gent, envoyé par Gambetta.

Rentré à Locarno, où il passa tout l'hiver dans la solitude, aux prises avec la détresse matérielle et la misère noire, Bakounine écrivit, comme suite aux *Lettres à un Français*, un exposé de la nouvelle situation de l'Europe, qui parut au printemps de 1871 sous ce titre caractéristique : *L'Empire knouto-germanique et la Révolution sociale*. La nouvelle de l'insurrection parisienne du 18 mars vint démentir en partie ses sombres pronostics, en montrant que le prolétariat parisien, du moins, avait conservé son énergie et son esprit de révolte. Mais l'héroïsme du peuple de Paris devait être impuissant à galvaniser la France épuisée et vaincue ; les tentatives faites sur plusieurs points de la province pour généraliser le mouvement communaliste échouèrent, les courageux insurgés parisiens furent enfin écrasés sous le nombre ; et Bakounine, qui était venu (27 avril) au milieu de ses amis du Jura pour se trouver plus rapproché de la frontière française, dut retourner à Locarno sans avoir pu agir (1er juin).

Mais, cette fois, il ne se laissait plus aller au découragement. La Commune de Paris, objet des haines furieuses de toutes les réactions coalisées, avait allumé dans les cœurs de tous les exploités une étincelle d'espérance [12] ; le prolétariat universel saluait, dans le peuple héroïque dont le sang venait de couler à flots pour l'émancipation humaine, « le Satan moderne, le grand révolté vaincu mais non pacifié », selon l'expression de Bakounine. Le patriote italien Mazzini avait joint sa voix à celles qui maudissaient Paris et l'Internationale ; Bakounine écrivit la *Réponse d'un international à Mazzini*, qui parut à la fois en italien et en français (août 1871) ; cet écrit eut un immense retentis-

12. V. plus loin, p. 249, l'écrit de Bakounine sur la Commune de Paris.

sement en Italie, et produisit dans la jeunesse et parmi les ouvriers de ce pays un mouvement d'opinion qui donna naissance, avant la fin de 1871, à de nombreuses sections de l'Internationale. Une seconde brochure : *La Théologie politique de Mazzini et l'Internationale*, acheva l'œuvre commencée ; et Bakounine, qui, par l'envoi de Fanelli en Espagne en 1868, avait été le créateur de l'Internationale espagnole, se trouva, par sa polémique contre Mazzini en 1871, le créateur de cette Internationale italienne qui allait s'élancer avec tant d'ardeur dans la lutte, non seulement contre la domination de la bourgeoisie sur le prolétariat, mais contre la tentative des hommes qui voulurent, à ce moment, instaurer le principe d'autorité dans l'Association internationale des travailleurs.

La scission dans la Fédération romande, qui aurait pu se terminer par une réconciliation si le Conseil général de Londres l'eût voulu, et si son agent Outine eût été moins perfide, s'était aggravée et était devenue irrémédiable. En août 1870, Bakounine et trois de ses amis avaient été expulsés de la section de Genève parce qu'ils avaient manifesté leur sympathie pour les Jurassiens. Aussitôt après la fin de la guerre de 1870-1871, des agents de Marx vinrent à Genève pour y raviver les discordes ; les membres de la section de l'Alliance crurent donner une preuve de leurs intentions pacifiques en prononçant la dissolution de leur section ; mais le parti de Marx et d'Outine ne désarma pas : une nouvelle section, dite de propagande et d'action révolutionnaire socialiste, constituée à Genève par les réfugiés de la Commune, et dans laquelle étaient entrés les anciens membres de la section de l'Alliance, se vit refuser l'admission par le Conseil général. Au lieu d'un congrès général de l'Internationale, le Conseil général, mené par Marx et son ami Engels, convoqua à Londres, en septembre 1871, une conférence secrète, composée presque exclusivement d'affidés de Marx, et à laquelle celui-ci fit prendre des décisions qui détruisaient l'autonomie des sections et fédérations de l'Internationale, en accordant au Conseil général une autorité contraire aux statuts fondamentaux de l'Association ; la Conférence prétendit en même temps organiser, sous la direction de ce Conseil, ce qu'elle appelait « l'action politique de la classe ouvrière ».

Il y avait urgence à ne pas laisser absorber l'Internationale, vaste fédération de groupements organisés pour lutter sur le terrain économique contre l'exploitation capitaliste, par une petite coterie de sectaires marxistes et blanquistes. Les sections du Jura, unies à la section de propagande de Genève, se constituèrent le 12 novembre 1871, à Sonvilier, en une Fédération jurassienne, et adressèrent à toutes les fédérations de l'Internationale une circulaire pour les inviter à se joindre à elle afin de résister aux empiètements du Conseil général, et à revendiquer énergiquement leur autonomie.

« La société future, disait la circulaire, ne doit être rien autre chose que l'universalisation de l'organisation que l'Internationale se sera donnée. Nous devons donc avoir soin de rapprocher le plus possible cette organisation de notre idéal. Comment voudrait-on qu'une société égalitaire et libre sortît d'une organisation autoritaire ? C'est impossible. L'Internationale, embryon de la future société humaine, est tenue d'être, dès maintenant, l'image fidèle de nos principes de liberté et de fédération, et de rejeter de son sein tout principe tendant à l'autorité et à la dictature. »

Bakounine accueillit avec enthousiasme la circulaire de Sonvilier, et s'employa avec la plus grande activité à en propager les principes dans les sections italiennes. L'Espagne, la Belgique, la plupart des sections réorganisées en France, malgré la réaction versaillaise, sous la forme de groupes secrets, la majorité des sections des États-Unis, se prononcèrent dans le même sens que la Fédération jurassienne ; et on put bientôt être assuré que la tentative de Marx et de ses alliés pour établir leur domination dans l'Internationale serait déjouée. La première moitié de 1872 fut marquée par une « Circulaire confidentielle » du Conseil général, œuvre de Marx, imprimée en une brochure intitulée *Les Prétendues Scissions dans l'Internationale* ; les principaux militants du parti autonomiste ou fédéraliste y étaient attaqués personnellement et diffamés, et les protestations qui s'étaient élevées de toutes parts contre certains actes du Conseil général étaient représentées comme le résultat d'une intrigue ourdie par les membres de l'ancienne Alliance internationale de la démocratie socialiste, qui, sous la direction du « pape mystérieux de Locarno », travaillaient à la destruction de l'Internationale. Bakounine qualifia cette circulaire comme elle le méritait, en écrivant à ses amis : « L'épée de Damoclès dont on nous a menacés si longtemps vient enfin de tomber sur nos têtes. Ce n'est proprement pas une épée, mais l'arme habituelle de M. Marx, un tas d'ordures. »

Bakounine passa l'été et l'automne de 1872 à Zurich, où se fonda (août), sur son initiative, une section slave formée presque entièrement d'étudiants et d'étudiantes russes et serbes, qui adhéra à la Fédération jurassienne de l'Internationale. Dès le mois d'avril, il s'était mis en relation, de Locarno, avec quelques jeunes Russes habitant la Suisse, et les avait organisés en un groupe secret d'action et de propagande. (...) Un conflit avec Pierre Lavroff [13] et des dissensions personnelles entre quelques membres devaient amener la dissolution de la section slave de Zurich en 1873.

Cependant le Conseil général s'était décidé à convoquer un congrès général pour le 2 septembre 1872 ; mais comme siège de ce congrès, il choisit La Haye, afin de pouvoir plus facilement y amener de Londres, en grand nombre, des délégués dépourvus de mandats de complaisance ou fictifs, tout dévoués à sa politique, et de rendre l'accès du congrès plus difficile aux délégués des fédérations éloignées, et impossible à Bakounine. La Fédération italienne, nouvellement constituée, s'abstint d'envoyer des délégués ; la Fédération espagnole en envoya quatre, la Fédération hollandaise quatre, la Fédération anglaise cinq : ces vingt et un délégués, seuls véritables représentants de l'Internationale, formèrent le noyau de la minorité. La majorité, au nombre de quarante hommes, ne représentant en réalité que leur propre personne, était décidée d'avance à exécuter tout ce que lui dicterait la coterie dont Marx et Engels étaient les chefs. Le seul acte du congrès de La Haye dont nous ayons à parler ici fut l'expulsion de Bakounine, qui fut prononcée le dernier jour (7 septembre), lorsque déjà un tiers des délégués étaient partis, par vingt-sept oui contre sept non et huit abstentions. Les motifs mis en avant par Marx et ses partisans pour demander, après un dérisoire semblant d'enquête fait à huis clos, par une commission de cinq membres, l'expulsion de Bakounine, étaient les deux suivants :

---

13. Pierre Lavroff (1823-1900), professeur de mathématiques devenu révolutionnaire antiétatique ; évadé de Sibérie, vint à Paris, sympathisa avec la Commune ; séjourna ensuite en Suisse, puis à Londres, et retourna finalement à Paris pour y mourir.

« Qu'il est prouvé, par un projet de statuts et des lettres signés Bakounine, que ce citoyen a tenté et peut-être réussi de fonder, en Europe, une société appelée l'Alliance, ayant des statuts complètement différents au point de vue social et au point de vue politique de ceux de l'Association internationale des travailleurs ; que le citoyen Bakounine s'est servi de manœuvres frauduleuses tendant à s'approprier tout ou partie de la fortune d'autrui, ce qui constitue le fait d'escroquerie ; qu'en outre, pour ne pas devoir remplir ses engagements, lui ou ses agents ont eu recours à l'intimidation. » C'est cette seconde partie de l'acte d'accusation marxiste, faisant allusion aux trois cents roubles reçus d'avance par Bakounine pour la traduction du *Capital*, et à la lettre écrite par Netchaïeff à l'éditeur Poliakof, que j'ai, plus haut, qualifiée de tentative d'assassinat moral.

Une protestation fut aussitôt publiée contre cette infamie, par un groupe d'émigrés russes ; en voici les principaux passages :

« Genève à Zurich, 4 octobre 1872. — On a osé lancer contre notre ami Michel Bakounine l'accusation d'escroquerie et de chantage. Nous ne croyons ni nécessaire ni opportun de discuter ici les prétendus faits sur lesquels on a cru pouvoir appuyer l'étrange accusation portée contre notre compatriote et ami. Ces faits nous sont bien connus, dans leurs moindres détails, et nous nous ferons un devoir de les rétablir dans leur vérité aussitôt qu'il nous sera permis de le faire. Maintenant nous en sommes empêchés par la situation malheureuse d'un autre compatriote qui n'est point notre ami, mais que les poursuites dont il est à cette heure même la victime de la part du gouvernement russe nous rendent sacré [14]. M. Marx, dont nous ne voulons d'ailleurs pas contester l'habileté, dans cette occasion au moins a très mal calculé. Les cœurs honnêtes, dans tous les pays, n'éprouveront sans doute qu'indignation et dégoût en présence d'une intrigue si grossière et d'une violation si flagrante des principes les plus simples de la justice. Quant à la Russie, nous pouvons assurer à M. Marx que toutes ses manœuvres seront toujours en pure perte : Bakounine y est trop estimé et connu pour que la calomnie puisse l'atteindre... » (Suivaient huit signatures).

14. Netchaïeff venait d'être arrêté à Zurich le 14 août 1872 ; il fut livré par la Suisse à la Russie le 27 octobre 1872 (note de James Guillaume).

Au lendemain du congrès de La Haye, un autre congrès international se réunit à Saint-Imier (Jura suisse), le 15 septembre : il comprenait les délégués des Fédérations italienne, espagnole et jurassienne, et des représentants de sections françaises et américaines. Ce congrès déclara, à l'unanimité « repousser absolument toutes les résolutions du congrès de La Haye, et ne reconnaître en aucune façon les pouvoirs du nouveau Conseil général nommé par lui », Conseil qui avait été placé à New York. La Fédération italienne avait confirmé d'avance les résolutions de Saint-Imier, par ses votes émis à la conférence de Rimini le 4 août ; la Fédération jurassienne les confirma dans un congrès spécial, tenu le même jour, 15 septembre ; la plupart des sections françaises se hâtèrent d'envoyer leur entière approbation ; la Fédération espagnole et la Fédération belge confirmèrent à leur tour ces résolutions dans leurs congrès tenus à Cordoue et à Bruxelles pendant la semaine de Noël 1872 ; la Fédération américaine fit de même dans la séance de son Conseil fédéral (New York, Spring Street) du 19 janvier 1873, et la Fédération anglaise, où se trouvaient deux des anciens amis de Marx, Eccarius et Jung [15], que ses procédés avaient amenés à se séparer de lui [16] dans son congrès du 26 janvier 1873. Le Conseil général de New York, voulant faire usage des pouvoirs que lui avait décernés le congrès de La Haye, prononça le 5 janvier 1873 la « suspension » de la Fédération jurassienne, déclarée rebelle ; et cet acte eut seulement pour résultat que la Fédération hollandaise, qui, au début, avait voulu garder la neutralité, sortit de sa réserve et se joignit aux sept autres fédérations de l'Internationale, en déclarant, le 14 février 1873, qu'elle ne reconnaissait pas la suspension de la Fédération jurassienne.

La publication, par Marx et le petit groupe qui lui était resté fidèle, dans la seconde moitié de 1873, d'un pamphlet rempli des plus grossières altérations de la vérité, sous le titre de *L'Alliance de la démocratie socialiste et l'Association internationale des*

---

15. Jean-Georges Eccarius (1818-1889), ouvrier tailleur allemand, membre de la Ligue des communistes, puis, à partir de 1864, à Londres, de l'Internationale, secrétaire du Conseil général de 1867 à 1871 ; rompit avec Marx au moment de la scission de La Haye, en 1872, et, bien que non anarchiste, rejoignit l'Internationale « anti-autoritaire » — Hermann Jung (1805-1870), horloger suisse établi à Londres, ami de Marx, trésorier du Conseil général de l'Internationale.

16. Les blanquistes, eux, s'étaient séparés de Marx dès le 6 septembre, au Congrès de La Haye, en l'accusant de les avoir trahis (note de James Guillaume).

travailleurs n'eut d'autre résultat que de provoquer le dégoût de ceux qui lurent cette triste production d'une haine aveugle.

Le 1er septembre 1873 s'ouvrait à Genève le sixième congrès général de l'Internationale : les Fédérations de Belgique, de Hollande, d'Italie, d'Espagne, de France, d'Angleterre, et du Jura suisse y étaient représentées ; les socialistes lassalliens de Berlin avaient envoyé une dépêche de sympathie signée de Hasenclever et Hasselmann. Le congrès s'occupa de la révision des statuts de l'Internationale ; il prononça la suppression du Conseil général, et fit de l'Internationale une libre fédération n'ayant plus à sa tête aucune autorité dirigeante :

« Les Fédérations et Sections composant l'Association, disent les nouveaux statuts (article 3), conservent leur complète autonomie, c'est-à-dire le droit de s'organiser selon leur volonté, d'administrer leurs propres affaires sans aucune ingérence extérieure, et de déterminer elles-mêmes la marche qu'elles entendent suivre pour arriver à l'émancipation du travail. »

Bakounine était fatigué d'une longue vie de luttes ; la prison l'avait vieilli avant l'âge, sa santé était sérieusement ébranlée, et il aspirait maintenant au repos et à la retraite. Quand il vit l'Internationale réorganisée par le triomphe du principe de libre fédération, il pensa que le moment était venu où il pouvait prendre congé de ses compagnons, et il adressa aux membres de la Fédération jurassienne une lettre (publiée le 12 octobre 1873) pour les prier de vouloir bien accepter sa démission de membre de la Fédération jurassienne et de membre de l'Internationale, en ajoutant :

« Je ne me sens plus les forces nécessaires pour la lutte : je ne saurais donc être dans le camp du prolétariat qu'un embarras, non un aide. Je me retire donc, chers compagnons, plein de reconnaissance pour vous et de sympathie pour votre grande et sainte cause, la cause de l'humanité. Je continuerai de suivre avec une anxiété fraternelle tous vos pas, et je saluerai avec bonheur chacun de vos triomphes nouveaux. Jusqu'à la mort, je serai vôtre. »

Il n'avait plus même trois années à vivre.

Son ami, le révolutionnaire italien Carlo Cafiero [17], lui donna

17. Cf. plus loin, p. 352 ; Carlo Cafiero (1816-1892), anarchiste italien d'abord ami de Marx, puis disciple de Bakounine, enfin communiste libertaire avec Kropotkine, Elisée, Beelus, etc.

l'hospitalité dans une villa qu'il venait d'acheter près de Locarno. Là, Bakounine vécut jusqu'au milieu de 1874, exclusivement absorbé, semblait-il, par ce nouveau genre de vie, dans lequel il trouvait enfin la tranquillité, la sécurité et un bien-être relatif. Toutefois, il n'avait pas cessé de se considérer comme un soldat de la Révolution ; ses amis italiens ayant préparé un mouvement insurrectionnel, il se rendit à Bologne (juillet 1874) pour y prendre part : mais le mouvement, mal combiné, avorta, et Bakounine dut revenir en Suisse sous un déguisement.

(...) Bakounine n'était plus, en 1875, que l'ombre de lui-même. En juin 1876, dans l'espoir de trouver quelque soulagement à ses maux, il quitta Lugano pour se rendre à Berne ; en y arrivant, le 14 juin, il dit à son ami le docteur Adolf Vogt : « Je viens ici pour que tu m'y remettes sur mes pieds, ou pour y mourir. » (...) Il expira le 1er juillet, à midi.

Qui suis-je ? [18]

Je ne suis ni un savant, ni un philosophe, ni même un écrivain de métier. J'ai écrit très peu dans ma vie et je ne l'ai jamais fait, pour ainsi dire, qu'à mon corps défendant, et seulement lorsqu'une conviction passionnée me forçait à vaincre ma répugnance instinctive contre toute exhibition de mon propre moi en public.

Qui suis-je donc, et qu'est-ce qui me pousse maintenant à publier ce travail ? Je suis un chercheur passionné de la vérité et un ennemi non moins acharné des fictions malfaisantes dont le parti de l'ordre, ce représentant officiel, privilégié et intéressé à toutes les turpitudes religieuses, métaphysiques, politiques, juridiques, économiques et sociales, présentes et passées, prétend se servir encore aujourd'hui pour abêtir et asservir le monde.

Je suis un amant fanatique de la liberté, la considérant comme l'unique milieu au sein duquel puissent se développer et grandir l'intelligence, la dignité et le bonheur des hommes ; non de cette liberté toute formelle, octroyée, mesurée et réglementée par l'État, mensonge éternel et qui en réalité ne représente jamais rien que le privilège de quelques-uns fondé sur l'esclavage de tout le monde ; non de cette liberté individualiste, égoïste, mesquine et fictive, prônée par l'École de J.-J. Rousseau, ainsi que par toutes les autres écoles du libéralisme bourgeois, et qui considère le soi-disant droit de tout le monde, représenté par l'État,

18. Le titre est de nous. Extrait de *La Commune de Paris et la notion de l'État*. 1870, *in Œuvres*, IV, p. 219 sq.

comme la limite du droit de chacun, ce qui aboutit nécessairement et toujours à la réduction du droit de chacun à zéro.

Non, j'entends la seule liberté qui soit vraiment digne de ce nom, la liberté qui consiste dans le plein développement de toutes les puissances matérielles, intellectuelles et morales qui se trouvent à l'état de facultés latentes en chacun ; la liberté qui ne reconnaît d'autres restrictions que celles qui nous sont tracées par les lois de notre propre nature ; de sorte qu'à proprement parler il n'y a pas de restrictions, puisque ces lois ne nous sont pas imposées par quelque législateur du dehors, résidant soit à côté, soit au-dessus de nous ; elles nous sont immanentes, inhérentes, constituent la base même de tout notre être, tant matériel qu'intellectuel et moral ; au lieu donc de trouver en elles une limite, nous devons les considérer comme les conditions réelles et comme la raison effective de notre liberté.

J'entends cette liberté de chacun qui, loin de s'arrêter comme devant une borne devant la liberté d'autrui, y trouve au contraire sa confirmation et son extension à l'infini ; la liberté illimitée de chacun par la liberté de tous, la liberté par la solidarité, la liberté dans l'égalité ; la liberté triomphante de la force brutale et du principe d'autorité qui ne fut jamais que l'expression idéale de cette force ; la liberté, qui après avoir renversé toutes les idoles célestes et terrestres, fondera et organisera un monde nouveau, celui de l'humanité solidaire, sur les ruines de toutes les Églises et de tous les États.

Je suis un partisan convaincu de l'égalité économique et sociale, parce que je sais qu'en dehors de cette égalité, la liberté, la justice, la dignité humaine, la moralité et le bien-être des individus aussi bien que la prospérité des nations ne seront jamais rien qu'autant de mensonges. Mais, partisan quand même de la liberté, cette condition première de l'humanité, je pense que l'égalité doit s'établir dans le monde par l'organisation spontanée du travail et de la propriété collective des associations productrices librement organisées et fédéralisées dans les communes, et par la fédération tout aussi spontanée des communes, mais non par l'action suprême et tutélaire de l'État.

C'est là le point qui divise principalement les socialistes ou collectivistes révolutionnaires des communistes autoritaires partisans de l'initiative absolue de l'État. Leur but est le même ; l'un et l'autre partis veulent également la création d'un ordre social nouveau fondé uniquement sur l'organisation du travail collectif, inévitablement imposé à chacun et à tous par la force même des choses, à des conditions économiques égales pour tous, et sur l'appropriation collective des instruments de travail.

Seulement les communistes s'imaginent qu'ils pourront y arriver par le développement et par l'organisation de la puissance politique des classes ouvrières et principalement du prolétariat des villes, à l'aide du radicalisme bourgeois, tandis que les socialistes révolutionnaires, ennemis de tout alliage et de toute alliance équivoques, pensent, au contraire, qu'ils ne peuvent atteindre ce but que par le développement et par l'organisation de la puissance non politique mais sociale et, par conséquent, antipolitique des masses ouvrières tant des villes que des campagnes, y compris tous les hommes de bonne volonté des classes supérieures qui, rompant avec tout leur passé, voudraient franchement s'adjoindre à eux et accepter intégralement leur programme.

De là, deux méthodes différentes. Les communistes croient devoir organiser les forces ouvrières pour s'emparer de la puissance politique des États. Les socialistes révolutionnaires s'organisent en vue de la destruction, ou si l'on veut un mot plus poli, en vue de la liquidation des États. Les communistes sont les partisans du principe et de la pratique de l'autorité, les socialistes révolutionnaires n'ont de confiance que dans la liberté. Les uns et les autres également partisans de la science qui doit tuer la superstition et remplacer la foi, les premiers voudraient l'imposer ; les autres s'efforceront de la propager, afin que les groupes humains, convaincus, s'organisent et se fédèrent spontanément, librement, de bas en haut, par leur mouvement propre et conformément à leurs réels intérêts mais jamais d'après un plan tracé d'avance et imposé aux masses ignorantes par quelques intelligences supérieures.

Les socialistes révolutionnaires pensent qu'il y a beaucoup plus de raison pratique et d'esprit dans les aspirations instinctives et dans les besoins réels des masses populaires que dans l'intelligence profonde de tous ces docteurs et tuteurs de l'humanité qui, à tant de tentatives manquées pour la rendre heureuse, prétendent encore ajouter leurs efforts. Les socialistes révolutionnaires pensent, au contraire, que l'humanité s'est laissée assez longtemps, trop longtemps, gouverner, et que la source de ses malheurs ne réside pas dans telle ou telle autre forme de gouvernement, mais dans le principe et dans le fait même du gouvernement quel qu'il soit.

C'est enfin la contradiction, devenue déjà historique, qui existe entre le communisme scientifiquement développé par l'école allemande et accepté en partie par les socialistes américains et anglais, d'un côté, et le proudhonisme largement développé et poussé jusqu'à ses dernières conséquences, de l'autre, accepté par le prolétariat des pays latins [19].

---

19. Il est également accepté et il le sera toujours davantage par l'instinct essentiellement antipolitique des peuples slaves (note de Bakounine).

Dieu et l'État (1871) [20]

INDIVIDU, SOCIÉTÉ, LIBERTÉ [21]

(...) Parti de l'état de gorille, l'homme n'arrive que très difficilement à la conscience de son humanité et à la réalisation de sa liberté. D'abord il ne peut avoir ni cette conscience, ni cette liberté ; il naît bête féroce et esclave, et il ne s'humanise et ne s'émancipe progressivement qu'au sein de la société qui est nécessairement antérieure à la naissance de sa pensée, de sa parole et de sa volonté ; et il ne peut le faire que par les efforts collectifs de tous les membres passés et présents de cette société qui est par conséquent la base et le point de départ naturel de son humaine existence. Il en résulte que l'homme ne réalise sa liberté individuelle ou bien sa personnalité qu'en se complétant de tous les individus qui l'entourent, et seulement grâce au travail et à la puissance collective de la société, en dehors de laquelle, de toutes les bêtes féroces qui existent sur la terre, il resterait, sans doute toujours, la plus stupide et la plus misérable. Dans le système des matérialistes qui est le seul naturel et logique, la société, loin d'amoindrir et de limiter, crée au contraire la liberté des individus humains. Elle est la racine, l'arbre et la liberté est son fruit. Par conséquent, à chaque époque, l'homme doit chercher sa liberté non au début, mais à la fin de l'histoire, et l'on peut dire que

---

20. Extraits tirés du manuscrit de BAKOUNINE « L'Empire knouto-germanique », 1871, *in Œuvres*, I, p. 273, 277-278, 281, 287-288, 321-325.
21. Les sous-titres sont de nous.

l'émancipation réelle et complète de chaque individu humain est le vrai, le grand but, la fin suprême de l'histoire.

La liberté et moi

(...) La définition matérialiste, réaliste et collectiviste de la liberté (...) est celle-ci : l'homme ne devient homme et n'arrive tant à la conscience qu'à la réalisation de son humanité que dans la société et seulement par l'action collective de la société tout entière ; il ne s'émancipe du joug de la nature extérieure que par le travail collectif ou social qui seul est capable de transformer la surface de la terre en un séjour favorable aux développements de l'humanité ; et sans cette émancipation matérielle il ne peut y avoir d'émancipation intellectuelle et morale pour personne. Il ne peut s'émanciper du joug de sa propre nature, c'est-à-dire il ne peut subordonner les instincts et les mouvements de son propre corps à la direction de son esprit de plus en plus développé, que par l'éducation et par l'instruction ; mais l'une et l'autre sont des choses éminemment, exclusivement sociales ; car en dehors de la société l'homme serait resté éternellement une bête sauvage ou un saint, ce qui signifie à peu près la même chose. Enfin l'homme isolé ne peut avoir la conscience de sa liberté. Être libre, pour l'homme, signifie être reconnu et considéré et traité comme tel par un autre homme, par tous les hommes qui l'entourent. La liberté n'est donc point un fait d'isolement, mais de réflexion mutuelle, non d'exclusion mais au contraire de liaison, la liberté de tout individu n'étant autre chose que la réflexion de son humanité ou de son droit humain dans la conscience de tous les hommes libres, ses frères, ses égaux.

Je ne puis me dire et me sentir libre seulement qu'en présence et vis-à-vis d'autres hommes.

(...) Je ne suis vraiment libre que lorsque tous les êtres humains qui m'entourent, hommes et femmes, sont également libres. La liberté d'autrui, loin d'être une limite ou la négation de ma liberté, en est au contraire la condition nécessaire et la confirmation. Je ne deviens vraiment libre que par la liberté des autres, de sorte que, plus nombreux sont les hommes libres qui m'entourent, et plus étendue et plus profonde devient ma liberté. C'est au contraire l'esclavage des hommes qui pose une barrière à ma liberté, ou, ce qui revient au même, c'est leur bestialité qui est une négation de mon humanité parce que, encore une fois, je ne puis me dire libre vraiment que lorsque ma liberté, ou ce qui veut dire la même chose, lorsque ma dignité d'homme, mon droit humain, qui consiste à n'obéir à aucun autre homme et à ne déterminer mes actes que conformément à mes convictions propres, réfléchis par la conscience également libre de tous, me reviennent confirmés par l'assentiment de tout le monde. Ma liberté personnelle ainsi confirmée par la liberté de tous s'étend à l'infini.

État et gouvernement

(...) Je n'hésite pas à dire que l'État c'est le mal, mais un mal historiquement nécessaire, aussi nécessaire dans le passé que le sera tôt ou tard son extinction complète, aussi nécessaire que l'ont été la bestialité primitive et les divagations théologiques des hommes. L'État n'est point la société, il n'en est qu'une forme historique aussi brutale qu'abstraite. Il est né historiquement dans tous les pays du mariage de la violence, de la rapine, du pillage, en un mot de la guerre et de la conquête, avec les dieux créés successivement par la fantaisie théologique des nations. Il a été dès son origine et il reste encore à présent la sanction divine de la force brutale et de l'iniquité triomphante.

(...) La révolte est beaucoup plus facile contre l'État, parce qu'il y a dans la nature même de l'État quelque chose qui provoque à la révolte. L'État, c'est l'autorité, c'est la force, c'est l'ostentation et l'infatuation de la force. Il ne s'insinue pas, il ne cherche pas à convertir : et toutes les fois qu'il s'en mêle, il le fait de très mauvaise grâce ; car sa nature, ce n'est point de persuader, mais de s'imposer, de forcer. Quelque peine qu'il se donne pour masquer cette nature comme le violateur légal de la volonté des hommes, comme la négation permanente de leur liberté. Alors même qu'il commande le bien, il le dessert et le gâte, précisément parce qu'il le commande, et que tout commandement provoque et suscite les révoltes légitimes de la liberté ; et parce que le bien, du moment qu'il est commandé, au point de vue de la vraie morale, de la morale humaine, non divine sans doute, au point de vue du respect humain et de la liberté, devient le mal.

(...) Exploitation et gouvernement, le premier donnant les moyens de gouverner, et constituant la base nécessaire aussi bien que le but de tout gouvernement, qui à son tour garantit et légalise le pouvoir d'exploiter, sont les deux termes inséparables de tout ce qui s'appelle politique. Dès le début de l'histoire, ils ont formé proprement la vie réelle des États : théocratiques, monarchiques, aristocratiques et voire même démocratiques. Antérieurement et jusqu'à la grande Révolution de la fin du XVIIIe siècle, leur liaison intime avait été masquée par les fictions religieuses, loyales et chevaleresques ; mais depuis que la main brutale de la bourgeoisie eut déchiré tous les voiles, d'ailleurs passablement transparents, depuis que son souffle révolutionnaire eut dissipé toutes les vaines imaginations derrière lesquelles l'Église et l'État, la théocratie, la monarchie et l'aristocratie avaient pu si longtemps tranquillement accomplir toutes leurs turpitudes historiques ; depuis que la bourgeoisie, ennuyée d'être enclume fut devenue marteau à son tour ; depuis qu'elle eut inauguré l'État moderne, en un mot cette liaison fatale est devenue pour tous une vérité révélée et même incontestée.

L'exploitation, c'est le corps visible, et le gouvernement, c'est l'âme du régime bourgeois. Et comme nous venons de le voir, l'une et l'autre, dans cette liaison si intime, sont au point de vue théorique aussi bien que pratique, l'expression nécessaire et fidèle de l'idéalisme métaphysique, la conséquence inévitable de cette doctrine bourgeoise qui cherche la liberté et la morale des individus en dehors de la solidarité sociale. Cette doctrine aboutit au gouvernement exploiteur d'un petit nombre d'heureux ou d'élus, à l'esclavage exploité du grand nombre et, pour tous, à la négation de toute moralité et de toute liberté.

La Société ou Fraternité internationale révolutionnaire (1865)

Les textes qui suivent sont à la fois les moins connus et peut-être les plus importants des écrits anarchistes de Bakounine. Ils ne figurent pas dans les six volumes des Œuvres *dont la publication a été entreprise par son disciple James Guillaume, entre 1895 et 1913. Ils n'ont pas encore été recueillis dans les* Archives Bakounine, *en cours de publication aux Pays-Bas. On ne les trouve que dans la monumentale* Biographie *de Bakounine écrite à la main, en allemand, par Max Nettlau* [19]*, et dont il n'exite que quelques rares exemplaires autographiés dans les principales bibliothèques du monde. Ils y sont reproduits dans leur langue originale : le français.*

Il s'agit de plusieurs documents séparés. Ils comportent, de ce fait, des redites. Mais on n'a pas cru devoir y pratiquer des coupures, au moins dans leur partie idéologique, ni tenter d'en modifier l'ordre d'exposition. Ç'eût été déflorer le riche et puissant débit de la pensée bakouninienne. L'un de ces textes a pour titre Catéchisme révolutionnaire. *Il ne doit pas être confondu avec les* Règles dont doit s'inspirer le révolutionnaire *(plus généralement connu, à tort, sous le titre de « Catéchisme révolutionnaire »), où il sera soutenu que « la fin justifie les moyens ». La collaboration de Bakounine à cet amoral « catéchisme » de 1869*

19. Max Nettlau (1864-1944), né à Vienne, de nationalité allemande, infatigable historien et historiographe de l'anarchisme, auteur prolixe et érudit de nombreux ouvrages et articles, et, notamment, de la monumentale biographie de Bakounine.

est d'ailleurs contestée aujourd'hui, preuves à l'appui, par l'éditeur des Archives Bakounine, *Arthur Lehning.*

Les textes que nous donnons maintenant ont été rédigés par Bakounine en Italie, en 1865. Ils constituent, à la fois, les statuts et le programme de sa Société (ou Fraternité) internationale révolutionnaire. L'organisation était censée se composer d'une « famille internationale » et de « familles nationales ». Les membres étaient divisés en deux catégories : les « frères actifs » et les « frères honoraires », selon l'exemple des Carbonari et des francs-maçons. Cependant il semble bien que l'organisation projetée soit demeurée, pour une large part, sur le papier. Comme l'a fait observer Arthur Lehning, ces programmes et statuts traduisent plutôt l'évolution des idées de Bakounine « que le fonctionnement d'une organisation ». Ce que confirme A. Romano, lorsqu'il affirme qu'il s'agissait, en fait, d'« un pacte secret entre quatre ou cinq amis : une alliance fantôme [20] *».*

La poignée d'hommes qui, en Italie, fondèrent avec Bakounine la Fraternité étaient tous, tels que Giuseppe Fanelli (voir plus haut p. 150, note), d'anciens disciples du républicain Giuseppe Mazzini, auprès duquel ils avaient pris le goût et l'habitude des sociétés secrètes. Ils venaient de se séparer de leur chef d'école, jugeant périmés à la fois son séisme et sa conception d'une Révolution purement « politique », donc bourgeoise et sans contenu social.

L'originalité du programme de la Fraternité *n'était pas seulement son contenu socialiste et internationaliste, l'affirmation du « droit de sécession » qui sera repris par Lénine, mais aussi son inspiration libertaire. Comme l'écrit H.E. Kaminski, « en lançant les mots d'ordre de l'anarchie, il représente un pendant au* Manifeste communiste *de Marx et Engels, auquel il est inférieur quant à l'argumentation scientifique, mais qu'il égale par l'ardeur de son enthousiasme révolutionnaire ». Il est « le fondement spirituel de tout le mouvement anarchiste* [21] *».*

Il y a dans les pages qui suivent une contradiction, au moins

---

20. A. Lehning et A. Romano, *in La Première Internationale* (colloque de 1964, CNRS, 1968, p. 281, 335, 349).

21. H.-E. Kaminski, *Bakounine, la vie d'un révolutionnaire*, 1938, p. 213-214.

apparente. Tantôt Bakounine se prononce catégoriquement pour la « destruction des États » : « L'État, dit-il, doit être radicalement démoli », etc., tantôt il réintroduit le mot « État » dans son argumentation. Il le définit cette fois comme « l'unité centrale du pays », comme un organe fédératif. Et il n'en continue pas moins à vitupérer « l'État tutélaire, transcendant, centralisé », à dénoncer « la pression despotiquement centralisatrice de l'État ». Il y a donc pour Bakounine État et État. On retrouve, d'ailleurs, la même ambiguïté sous la plume de Proudhon, chez qui Bakounine a tant puisé. La mise en accusation de l'État a été le thème essentiel de la pensée proudhonienne. Et pourtant le Proudhon de la dernière période, celui du Principe fédératif *(1863), livre écrit deux ans seulement avant le Programme de Bakounine, n'hésite pas, lui non plus, à employer le mot « État », dans le même sens fédéraliste et anticentraliste que Bakounine lui a emprunté.*

Le programme de la Fraternité

La Société internationale révolutionnaire se constituera en deux organisations différentes : la famille internationale, proprement dite, et les familles nationales ; ces dernières devront être partout organisées de manière à ce qu'elles restent toujours soumises à l'absolue direction de la famille internationale.

La famille internationale

Uniquement composée de frères internationaux tant honoraires qu'actifs, elle sera la clé de voûte sur laquelle reposera toute notre grande entreprise révolutionnaire. Le succès de celle-ci dépendra donc principalement du bon choix des f.i. [frères internationaux].

Outre les qualités indispensables pour constituer le caractère révolutionnaire sérieux et honnête, telles que : bonne foi, courage, prudence, discrétion, constance, fermeté, résolution, dévouement sans limite, absence de vanité et d'ambition personnelle, intelligence pratique, il faut encore que le candidat ait adopté de cœur, de volonté et d'esprit tous les principes fondamentaux de notre *Catéchisme révolutionnaire*.

Il faut qu'il soit athée et qu'il revendique avec nous pour la terre et pour l'homme tout ce que les religions ont transporté dans le ciel et attribué à leurs dieux : la vérité, la liberté, la justice, la félicité, la bonté. Il faut qu'il reconnaisse que la morale, indépendante de toute théologie et de toute métaphysique divine, n'a d'autre source que la conscience collective des hommes.

Il faut qu'il soit comme nous l'ennemi du principe d'autorité et qu'il en déteste toutes les applications et conséquences, soit dans le monde intellectuel et moral, soit dans le monde politique, économique et social.

Il faut qu'il aime avant tout la liberté et la justice et qu'il reconnaisse avec nous que toute organisation politique et sociale, fondée sur la négation ou même sur une restriction quelconque de ce principe absolu de la liberté, doit nécessairement aboutir à l'iniquité ou au désordre et que la seule organisation sociale rationnelle, équitable, compatible avec la dignité et la félicité humaines sera celle qui aura pour base, pour âme, pour unique loi et pour but suprême la liberté.

Il faut qu'il comprenne qu'il n'est point de liberté sans égalité, et que la réalisation de la plus grande liberté dans la plus parfaite égalité de droit et de fait, politique, économique et sociale à la fois, c'est la justice.

Il faut qu'il soit fédéraliste, comme nous, tant à l'intérieur qu'à l'extérieur de son pays. Il doit comprendre que l'avènement de la liberté est incompatible avec l'existence des États. Il doit vouloir par conséquent la destruction de tous les États et en même temps celle de toutes les institutions religieuses, politiques et sociales : telles qu'Églises officielles, armées permanentes, pouvoirs centralisés, bureaucratie, gouvernements, parlements unitaires, universités et banques de l'État, aussi bien que monopoles aristocratiques et bourgeois. Afin que sur les ruines de tout cela puisse s'élever enfin la société humaine libre et qui s'organisera désormais non plus, comme aujourd'hui, de haut en bas et du centre à la circonférence, par voie d'unité et de concentration forcées, mais en partant de l'individu libre, de l'association libre, et de la commune autonome, de bas en haut et de la circonférence au centre, par voie de fédération libre.

Il faut qu'il adopte, tant en théorie qu'en pratique et dans toute l'ampleur de ses conséquences, ce principe : tout individu, toute association, toute commune, toute province, toute région, toute nation ont le droit absolu de disposer d'elles-mêmes, de s'associer ou de ne point s'associer, de s'allier avec qui elles voudront et de rompre leurs alliances sans égard aucun pour les soi-disant droits historiques, ni pour les convenances de leurs voisins ; et qu'il soit fermement convaincu que seulement lorsqu'elles seront formées par la toute-puissance de leurs attractions et nécessités inhérentes, naturelles et consacrées par la liberté, ces nouvelles fédérations des communes, des provinces, des régions et des nations deviendront vraiment fortes, fécondes et indissolubles.

Il faut donc qu'il réduise le soi-disant principe de la nationalité, principe ambigu, plein d'hypocrisie et de pièges, principe d'État historique, ambitieux, au principe bien plus grand, bien plus simple, et le seul légitime, de la liberté : chacun, individu ou corps collectif, étant ou devant être libre, a le droit d'être lui-même, et personne n'a celui de lui imposer son costume, ses coutumes, sa langue, ses opinions et ses lois ; chacun doit être absolument libre chez soi. Voici à quoi se réduit dans sa sincérité le droit national. Tout ce qui va au-delà n'est point la confirmation de sa liberté nationale propre, mais la négation de la liberté nationale d'autrui. Le candidat doit donc détester, comme nous, toutes ces idées étroites, ridicules, liberticides et de gloire nationale, bonnes seulement pour la monarchie et pour l'oligarchie, aujourd'hui également bonnes pour la grande bourgeoisie, parce qu'elles leur servent à tromper les peuples et à les ameuter les uns contre les autres pour les mieux asservir.

Il faut que dans son cœur le patriotisme, prenant désormais une place secondaire, cède le pas à l'amour de la justice et de la liberté, et qu'au besoin, lorsque sa propre patrie aurait le malheur de s'en séparer, il n'hésite jamais à prendre leur parti contre elle ; ce qui ne lui coûtera pas beaucoup, s'il est vraiment convaincu, comme il doit l'être, que pour chaque pays il n'y a de prospérité et de grandeur politique que par la justice et par la liberté.

Il faut enfin qu'il soit convaincu que la prospérité et le bonheur de son pays, loin d'être en contradiction avec ceux de tous les autres pays, en ont besoin au contraire pour leur propre réalisation, qu'il existe entre les destinées de toutes les nations une solidarité finale toute-puissante, et que cette solidarité, transformant peu à peu le sentiment étroit et le plus souvent injuste de patriotisme en un amour plus large, plus généreux et plus rationnel de l'humanité, créera à la fin la fédération universelle et mondiale de toutes les nations.

Il faut qu'il soit socialiste dans toute l'acception donnée à ce mot par notre catéchisme révolutionnaire et qu'avec nous il le reconnaisse pour légitime et pour juste, qu'il appelle de tous ses vœux, et qu'il soit prêt à contribuer de tous ses efforts au triomphe d'une organisation sociale, dans laquelle tout individu humain naissant à la vie, homme ou femme, trouve des moyens égaux d'entretien, d'éducation et d'instruction pour son enfance et son adolescence, et que plus tard, arrivé à l'âge de la majorité, il trouve des facilités extérieures, c'est-à-dire politiques, économiques et sociales égales pour créer son propre bien-être en appliquant au travail les différentes forces et aptitudes dont la nature l'aura doué et qu'une instruction égale pour tous aura en lui développées.

Il faut qu'il comprenne ainsi que l'hérédité du mal, qui est incontestable, hélas ! trop souvent comme fait naturel, est partout rejetée par le principe de la justice, de même, et par la même logique justicière, doit être rejetée l'hérédité du bien, que, les morts n'existant plus, ne peuvent avoir de volonté parmi les vivants et qu'en un mot l'égalité économique, sociale et politique du point de départ pour chacun, condition absolue de la liberté de tous, est incompatible avec la propriété héréditaire, avec le droit de succession.

Il faut qu'il soit convaincu que le travail, étant seul producteur des richesses sociales, quiconque en jouit sans travailler est un exploiteur du travail d'autrui, un voleur, et que le travail étant la base fondamentale de l'humaine dignité, l'unique moyen par lequel l'homme conquiert réellement et crée sa liberté, tous les droits politiques et sociaux ne devront appartenir désormais qu'aux seuls travailleurs.

Il faut qu'il reconnaisse que la terre, don gratuit de la nature à chacun, ne peut être et ne doit être la propriété de personne. Mais que ses fruits, en tant que produits du travail, ne doivent revenir qu'à ceux qui la cultivent de leurs mains.

Il doit être convaincu avec nous que la femme, différente de l'homme, mais non à lui inférieure, intelligente, travailleuse et libre comme lui, doit être déclarée dans tous les droits politiques et sociaux son égale ; que, dans la société libre, le mariage religieux et civil doit être remplacé par le mariage libre, et que l'entretien, l'éducation et l'instruction de tous les enfants devront se faire également pour tous, aux frais de la société, sans que celle-ci, tout en les protégeant soit contre la stupidité, soit contre la négligence, soit contre la mauvaise volonté des parents, ait besoin de les en séparer, les enfants n'appartenant ni à la société, ni à leurs parents, mais à leur future liberté, et l'autorité tutélaire de la société ne devant avoir d'autre but, ni d'autre mission par rapport à eux que de les y préparer par une éducation rationnelle et virile, fondée uniquement sur la justice, sur le respect humain et sur le culte du travail.

Il faut qu'il soit révolutionnaire. Il doit comprendre qu'une si complète et si radicale transformation de la société, devant nécessairement entraîner la ruine de tous les privilèges, de tous les monopoles, de tous les pouvoirs constitués, ne pourra naturellement pas s'effectuer par des moyens pacifiques ; que, pour la même raison, elle aura contre elle tous les puissants, tous les riches, et pour elle, dans tous les pays, le peuple seulement, et encore cette partie intelligente et vraiment noble de la jeunesse qui, quoique appartenant par la naissance aux classes privilégiées, par ses convictions généreuses et ses ardentes aspirations, embrasse la cause du peuple.

Il doit comprendre que cette Révolution qui aura pour but unique et suprême l'émancipation réelle, politique, économique et sociale du peuple, aidée sans doute et organisée en grande partie par cette jeunesse, ne pourra se faire en dernier lieu que par le peuple : que toutes les autres questions, religieuses, nationales, politiques ayant été complètement épuisées par l'histoire, il ne reste plus aujourd'hui qu'une seule question, dans laquelle se résument toutes les autres et la seule désormais capable de remuer les peuples : la question sociale ; que toute soi-disant Révolution, soit d'indépendance nationale, comme le dernier soulèvement polonais ou comme celui que prêche aujourd'hui Mazzini, soit exclusivement politique, constitutionnelle, monarchique ou même républicaine, comme le dernier mouvement avorté des progressistes en Espagne, que toute Révolution pareille, se faisant en dehors du peuple et ne pouvant par conséquent triompher sans s'appuyer sur une classe privilégiée quelconque, représentant les intérêts exclusifs de celle-ci, se fera nécessairement contre le peuple, sera un mouvement rétrograde, funeste, contre-révolutionnaire.

Méprisant par conséquent et envisageant comme une fatale erreur ou comme une indigne tromperie tout mouvement secondaire et qui n'aurait point pour but immédiat et direct l'émancipation politique et sociale des classes laborieuses, c'est-à-dire du peuple, ennemi de toute transaction, de toute conciliation, désormais impossible, et de toute coalition menteuse avec ceux qui, par leurs intérêts, sont les ennemis naturels de ce peuple, il ne doit voir de salut pour son pays et pour le monde entier que dans la Révolution sociale.

Il faut qu'il comprenne en même temps que cette Révolution, cosmopolite par essence, comme le sont également la justice et la liberté, ne pourra triompher que si, dépassant comme un universel incendie les barrières étroites des nations et faisant crouler tous les États dans sa marche, elle embrasse toute l'Europe d'abord, ensuite le monde. Il faut qu'il comprenne que la Révolution sociale deviendra nécessairement une Révolution européenne et mondiale.

Que le monde se séparera nécessairement en deux camps, celui de la vie nouvelle et celui des anciens privilèges, et qu'entre ces deux camps opposés, formés comme au temps des guerres religieuses, non plus par des attractions nationales, mais par la communauté des idées et des intérêts, il devra s'allumer une guerre d'extermination, sans merci et sans trêve ; que la Révolution sociale, contraire par toute son essence à cette politique hypocrite de non-intervention, qui n'est bonne seulement que pour les moribonds et que pour les impuissants, dans l'intérêt même de son salut et de sa propre conservation, ne pouvant vivre et triompher qu'en se répandant, ne déposera pas le glaive avant d'avoir détruit tous les États et toutes les vieilles institutions religieuses, politiques et économiques en Europe et dans tout le monde civilisé.

Que ce ne sera pas une guerre de conquête, mais d'émancipation, d'émancipation quelquefois forcée, il est vrai, mais toujours et tout de même salutaire parce qu'elle n'aura pour objet et pour résultat que la destruction des États et de leur base séculaire qui, consacrés par la religion, ont été de tout temps la source de tout esclavage.

Que la Révolution sociale, une fois bien allumée sur un point, trouvera dans tous les pays, en apparence même les plus hostiles, des alliés ardents et formidables dans les masses populaires qui, aussitôt qu'elles auront commencé et touché du doigt son action et son but, ne pourront faire autrement que d'embrasser partout son parti ; qu'il sera par conséquent nécessaire de choisir pour son commencement un terrain propre où elle puisse seulement résister au premier choc de la réaction, après quoi, se répandant au-dehors, elle ne pourra manquer de triompher de toutes les fureurs de ses ennemis, fédéralisant et unissant en une alliance révolutionnaire formidable tous les pays qu'elle aura embrassés.

Que les éléments de la Révolution sociale se trouvent déjà amplement disséminés presque dans tous les pays de l'Europe et que pour en former une puissance effective, il s'agit seulement de les concorder et de les concentrer ; que ce doit être l'œuvre des révolutionnaires sérieux de tous les pays formés en association en même temps publique et secrète avec le double objet d'élargir le terrain révolutionnaire, et de préparer en même temps un mouvement identique et simultané dans tous les pays où le mouvement sera d'abord possible, par l'entente secrète des révolutionnaires les plus intelligents de ces pays.

Il ne suffit pas que notre candidat comprenne tout cela. Il faut qu'il y ait en lui la passion révolutionnaire ; qu'il aime la liberté et la justice au point de vouloir sérieusement contribuer à leur triomphe par ses efforts, au point de se faire un devoir de leur sacrifier son repos, son bien-être, sa vanité, son ambition personnelle, et souvent aussi ses intérêts particuliers.

Il faut qu'il soit convaincu qu'il ne pourra pas mieux les servir qu'en partageant nos travaux, et qu'il sache qu'en prenant place parmi nous, il contractera vis-à-vis de nous tous le même engagement solennel que nous contractons également tous envers lui. Il faut qu'il ait pris connaissance de notre catéchisme révolutionnaire, de toutes nos règles et lois et qu'il jure de les observer toujours avec une fidélité scrupuleuse.

Il doit comprendre qu'une association, ayant un but révolutionnaire, doit nécessairement se former en société secrète, et toute société secrète, dans l'intérêt de la cause qu'elle sert et de l'efficacité de son action, aussi bien que dans celui de la sécurité de chacun de ses membres, doit être soumise à une forte discipline, qui n'est d'ailleurs rien que le résumé et le pur résultat de l'engagement réciproque que tous les membres ont pris les uns vis-à-vis des autres, et que par conséquent c'est une condition d'honneur et un devoir pour chacun de s'y soumettre.

Quelle que soit d'ailleurs la différence des capacités parmi les frères internationaux, nous ne souffrirons jamais qu'un seul maître : notre principe, qu'une seule volonté : nos lois que tous nous avons contribué à créer, ou que du moins nous avons tous également consacrées par notre libre assentiment. Tout en nous inclinant avec respect devant les services passés d'un homme, tout en appréciant la grande utilité que pourraient nous apporter les uns par leur richesse, les autres par leur science, les troisièmes par leur haute position et leur influence publique, littéraire, politique ou sociale, loin de les rechercher pour toutes ces causes, nous y verrons au contraire un motif de méfiance, car tous ces hommes pourraient apporter parmi nous soit des habitudes, soit des prétentions d'autorité, soit l'héritage de leur passé, et nous ne pouvons accepter ni ces prétentions, ni cette autorité, ni cet héritage, regardant toujours en avant, jamais en arrière, et ne reconnaissant de mérite et de droit qu'à celui qui servira le plus activement et le plus résolument notre association.

Le candidat comprendra qu'on ne doit entrer dans celle-ci que pour la servir et que par conséquent elle aura droit d'attendre de chacun de ses membres une unité positive quelconque, et que l'absence de cette utilité, suffisamment constatée et prouvée, aura pour résultat l'exclusion.

En entrant parmi nous, le nouveau frère devra solennellement s'engager à considérer son devoir envers cette société comme son premier devoir, en accordant la seconde place après lui à son devoir vis-à-vis de chaque membre de la société, son frère. Ces deux devoirs devront dominer désormais, sinon dans son cœur, du moins dans sa volonté, sur tous les autres.

Points essentiels des catéchismes nationaux

Les catéchismes nationaux des différents pays pourront donc varier sur tous les points secondaires.

Mais il est des points essentiels et fondamentaux, qui devront être également obligatoires pour les organisations nationales de tous les pays et qui devront former par conséquent la base commune de tous les catéchismes nationaux. Les points sont :

L'impossibilité de succès d'une Révolution nationale isolée et par conséquent la nécessité d'une alliance et d'une fédération révolutionnaire entre tous les peuples qui veulent la liberté.

L'impossibilité d'une telle fédération ou alliance sans un programme commun qui satisfasse également aux droits et aux besoins légitimes de toutes les nations et qui, sans égard aucun pour les soi-disant droits historiques, ni pour ce que l'on appelle la nécessité ou le salut des États, ni pour les gloires nationales, ni pour aucune autre prétention vaniteuse ou ambitieuse de prédominance et de force, toutes choses qu'un peuple doit savoir rejeter s'il veut être vraiment libre, n'aura uniquement pour principe et pour base que la liberté égale pour tous et que la seule justice.

Incompatibilité d'un tel programme, incompatibilité de la liberté, de l'égalité, de la justice, du gouvernement à bon marché, d'un bien-être et de l'émancipation réelle des classes laborieuses avec l'existence des États centralistes, militaires et bureaucratiques. Nécessité absolue de la destruction de tous les États actuellement existants en Europe, moins la Suisse, et de la démolition radicale de toutes les institutions politiques, militaires, administratives, judiciaires et financières qui constituent aujourd'hui la vie et la puissance des États.

Abolition de toute relation et de toute Église d'État ou stipendiée par l'État, confiscation de tous les biens mobiliers et immobiliers des églises au profit des provinces et des communes, avec cette disposition que toutes les religions devenant absolument libres et ne regardant plus que la conscience individuelle de chacun, chaque culte, quel qu'il fût, ne sera plus entretenu que par ses croyants.

Nécessité absolue pour chaque pays voulant faire partie de cette fédération libre des peuples de remplacer chez lui l'organisation centraliste, bureaucratique et militaire par une organisation fédérale, fondée uniquement sur la liberté absolue et sur l'autonomie des régions, des provinces, des communes, des associations et des individus, avec des fonctionnaires électifs et responsables devant le peuple, et avec l'armement national, organisation qui ne partira plus, comme aujourd'hui, de haut en bas et du centre à la circonférence, par principe d'unité, mais de bas en haut, et de la circonférence au centre, par principe de fédération libre, en partant des individus libres, qui formeront les associations, les communes autonomes ; des communes autonomes qui formeront les provinces autonomes ; des provinces qui formeront des régions, et des régions qui, en se fédéralisant librement entre elles, formeront les pays, qui à leur tour formeront tôt ou tard la fédération universelle et mondiale.

Nécessité de reconnaître le droit absolu de sécession à tous les pays, à toutes les régions, à toutes les provinces, à toutes les communes, à toutes les associations, aussi bien qu'à tous les individus, avec cette conviction que le droit de sécession une fois reconnu, les sécessions de fait deviendront impossibles, parce que les unités nationales cessant d'être le produit de la violence et du mensonge historique seront formées librement par les nécessités et les affinités inhérentes à chacune de leurs parties.

Impossibilité de la liberté politique sans égalité politique. Impossibilité de celle-ci sans l'égalité économique et sociale.

Nécessité d'une Révolution sociale.

L'étendue et la portée de cette Révolution différeront plus ou moins dans chaque pays, selon la situation politique et sociale et le degré du développement révolutionnaire dans chacun. Pourtant, dans tous les pays, il faudra proclamer certains principes qui seuls aujourd'hui seront capables d'intéresser et de soulever les masses populaires quel que soit d'ailleurs l'état de leur civilisation. Ce sont les principes suivants :

La terre est à tout le monde. Mais la jouissance n'en appartiendra qu'à ceux qui la cultivent de leurs mains. Abolition de la rente de la terre.

Toutes les richesses sociales n'étant produites que par le travail, qui en jouit sans travail est un voleur.

Les droits politiques ne devront appartenir qu'aux gens honnêtes, ils n'appartiendront qu'aux travailleurs.

Sans spoliation aucune, mais par les seuls efforts et puissances économiques des associations ouvrières, le capital et les instruments de travail tomberont en la possession de ceux qui les appliqueront à la production des richesses par leur propre travail.

Chaque homme doit être le fils de ses œuvres, et la justice ne sera satisfaite que quand l'organisation de la société sera telle que chacun y trouvera en naissant les mêmes moyens d'entretien, d'éducation, d'instruction et plus tard les mêmes facilités extérieures de créer son propre bien-être par son propre travail.

Autant que faire se pourra dans chaque pays, émancipation du mariage de la tutelle de la société et égalisation des droits des femmes à ceux de l'homme.

Aucune Révolution ne saurait réussir dans aucun pays aujourd'hui si elle n'est en même temps une Révolution politique et sociale. Toute Révolution exclusivement politique, soit nationale et dirigée seulement contre la domination de l'étranger, soit constitutionnelle intérieure, lors même qu'elle aurait la république pour but, n'ayant par conséquent point pour objet principal l'émancipation immédiate et réelle, politique et économique du peuple, sera une Révolution illusoire, mensongère, impossible, funeste, rétrograde et contre-révolutionnaire.

La Révolution ne doit pas seulement se faire pour le peuple, elle doit se faire par le peuple et ne pourra jamais réussir que si elle entraîne à la fois toutes les masses des campagnes aussi bien que celles des villes.

Ainsi centralisée par l'idée et par l'identité d'un programme commun à tous les pays ; centralisée par une organisation secrète qui ralliera non seulement toutes les parties d'un pays, mais encore beaucoup, sinon tous les pays, dans un seul plan d'action ; centralisée encore par la simultanéité des mouvements révolutionnaires dans beaucoup de campagnes et de villes, la Révolution devra prendre et garder désormais un caractère local dans ce sens qu'elle ne devra point commencer par une grande concentration de toutes les forces révolutionnaires d'un pays sur un seul point, ni prendre jamais le caractère romanesque et bourgeois d'une expédition quasi révolutionnaire, mais s'allumant à la fois sur tous les points d'un pays, prendra celui d'une vraie Révolution populaire à laquelle prendront également part les femmes, les vieillards, les enfants et qui par là même deviendra invincible.

Cette Révolution pourra bien être sanglante et vindicative dans les premiers jours, pendant lesquels se fera la justice populaire. Mais elle ne gardera pas ce caractère longtemps, et ne prendra jamais celui d'un terrorisme systématique et à froid. Elle fera la guerre aux positions et aux choses, bien plus qu'aux hommes, certaine que les choses et les positions privilégiées et antisociales qu'elles créent, beaucoup plus puissantes que les individus, constituent et le caractère et la force de ses ennemis.

Elle commencera donc par détruire partout toutes les institutions et tous les établissements, Églises, parlements, tribunaux, administrations, armées, banques, universités, etc., qui constituent l'existence même de l'État. L'État doit être radicalement démoli et déclaré en banqueroute, non seulement sous le rapport financier, mais encore sous le rapport politique, bureaucratique, militaire, judiciaire, et policier. Mais ayant fait banqueroute, ayant même cessé d'exister, incapable de payer ses dettes, l'État ne pourra plus forcer personne à payer les siennes, ce soin retombera naturellement sur la propre conscience de chacun. En même temps, dans les communes et dans les villes, on confisquera au profit de la Révolution tout ce qui avait appartenu à l'État ; on confisquera aussi les biens de tous les réactionnaires, et on livrera au feu tous les actes soit de procès, soit de propriété, soit de dettes, déclarant nulle toute la paperasse civile, criminelle, judiciaire ou officielle qu'on n'aura pas pu détruire et laissant chacun dans le *statu quo* de la possession. De cette manière la Révolution sociale sera faite, et les ennemis de la Révolution une fois privés de tous les moyens de lui nuire, on n'aura plus besoin de procéder contre eux à des mesures sanglantes et d'autant plus fâcheuses qu'elles ne manquent jamais d'amener tôt ou tard une fâcheuse réaction.

En même temps qu'elle se localisera partout, la Révolution prendra nécessairement un caractère fédéraliste. Aussitôt après avoir renversé le gouvernement établi, les communes devront se réorganiser révolutionnairement, se donner des chefs, une administration et des tribunaux révolutionnaires, bâtis sur le suffrage universel et sur la responsabilité réelle de tous les fonctionnaires devant le peuple. Pour défendre la Révolution, leurs volontaires formeront en même temps une milice communale. Mais, restant isolée, aucune commune ne pourra se défendre. Ce sera donc une nécessité pour chacune de propager la Révolution au-dehors, de soulever toutes les communes voisines à mesure qu'elles se soulèveront, de se fédéraliser avec elles pour la défense commune. Elles formeront nécessairement entre elles un pacte fédéral basé en même temps sur la solidarité de toutes et sur l'autonomie de chacune. Ce pacte constituera la charte provinciale. Pour le gouvernement des affaires communes on fera nécessairement un gouvernement [22] et une assemblée ou parlement provinciaux. Les mêmes nécessités révolutionnaires poussent les provinces autonomes à se fédéraliser en régions, les régions en fédérations nationales, les nations en fédérations internationales. Et l'ordre et l'unité détruits en tant que produits de la violence et du despotisme renaîtront du sein même de la liberté.

Nécessité de la conspiration et d'une forte organisation secrète, convergeant à un centre international, pour préparer cette révolution.

Catéchisme révolutionnaire

Principes généraux [23]

Négation de l'existence d'un Dieu réel, extramondial, personnel, et par conséquent aussi de toute révélation et de toute intervention divine dans les affaires du monde et de l'humanité. Abolition du service et du culte de la divinité.

Remplaçant le culte de Dieu par le respect et l'amour de l'humanité, nous affirmons la raison humaine, comme critérium unique de la vérité ; la conscience humaine, comme base de la justice ; la liberté individuelle et collective, comme unique créateur de l'ordre de l'humanité.

La liberté, c'est le droit absolu de tout homme ou femme majeurs, de ne point chercher d'autre sanction à leurs actes que leur propre conscience et leur propre raison, de ne les déterminer que par leur volonté propre et de n'en être par conséquent responsables que vis-à-vis d'eux-mêmes d'abord, ensuite vis-à-vis

22. Max Nettlau, copiant à la main ce texte dans son *Bakounine* autographié, a cru devoir faire suivre les mots chefs et gouvernement d'un (*sic*).
23. Les titres sont de nous.

de la société dont ils font partie, mais en tant seulement qu'ils consentent librement à en faire partie.

Il n'est point vrai que la liberté d'un homme soit limitée par celle de tous les autres. L'homme n'est réellement libre qu'autant que sa liberté, librement reconnue et représentée comme par un miroir par la conscience libre de tous les autres, trouve la confirmation de son extension à l'infini dans leur liberté. L'homme n'est vraiment libre que parmi d'autres hommes également libres ; et comme il n'est libre qu'à titre humain, l'esclavage d'un seul homme sur la terre, étant une offense contre le principe même de l'humanité, est une négation de la liberté de tous.

La liberté de chacun n'est donc réalisable que dans l'égalité de tous. La réalisation de la liberté dans l'égalité du droit et du fait est la justice.

Il n'existe qu'un seul dogme, qu'une seule loi, qu'une seule base morale pour les hommes, c'est la liberté. Respecter la liberté de son prochain, c'est le devoir ; l'aimer, l'aider, le servir, c'est la vertu.

Exclusion absolue de tout principe d'autorité et de raison d'État. — La société humaine ayant été primitivement un fait naturel, antérieur à la liberté et au réveil de l'humaine pensée, devenue plus tard un fait religieux, organisé selon le principe de l'autorité divine et humaine, doit se reconstituer aujourd'hui sur la base de la liberté, qui doit devenir désormais le seul principe constitutif de son organisation politique aussi bien qu'économique. L'ordre dans la société doit être la résultante du plus grand développement possible de toutes les libertés locales, collectives et individuelles.

L'organisation politique et économique de la vie sociale doit partir, par conséquent, non plus comme aujourd'hui de haut en bas et du centre à la circonférence par principe d'unité et de centralisation forcées, mais de bas en haut et de la circonférence au centre, par principe d'association et de fédération libres.

Organisation politique

Il est impossible de déterminer une norme concrète, universelle et obligatoire pour le développement intérieur et pour l'organisation politique des nations ; l'existence de chacune étant subordonnée à une foule de conditions historiques, géographiques, économiques différentes et qui ne permettront jamais d'établir un modèle d'organisation, également bon et acceptable pour toutes. Une telle entreprise, absolument dénuée d'utilité pratique, porterait d'ailleurs atteinte à la richesse et à la spontanéité de la vie qui se plaît dans la diversité infinie et, ce qui plus est, serait contraire au principe même de la liberté. Pourtant il est des conditions essentielles, absolues en dehors desquelles la réalisation pratique et l'organisation de la liberté seront toujours impossibles.

Ces conditions sont :

L'abolition radicale de toute religion officielle et de toute Église privilégiée ou seulement protégée, payée et entretenue par l'État. Liberté absolue de conscience et de propagande pour chacun, avec la faculté illimitée d'élever autant de temples qu'il plaira à chacun, à ses dieux, quels qu'ils fussent, et de payer, d'entretenir les prêtres de sa religion.

Les Églises, considérées comme corporations religieuses, ne jouiront d'aucun des droits politiques qui seront attribués aux associations productives, ne pourront ni hériter, ni posséder des biens en commun excepté leurs maisons ou établissements de prière, et ne pourront jamais s'occuper de l'éducation des enfants, l'unique objet de leur existence étant la négation systématique de la morale, de la liberté et la sorcellerie lucrative.

Abolition de la monarchie, république.

Abolition des classes, des rangs, des privilèges et de toutes sortes de distinctions. Égalité absolue des droits politiques pour tous, hommes et femmes ; suffrage universel.

Abolition, dissolution et banqueroute morale, politique, judiciaire, bureaucratique et financière de l'État tutélaire, transcendant, centraliste, doublure et *alter ego* de l'Église, et comme telle, cause permanente d'appauvrissement, d'abrutissement et d'asservissement pour les peuples. Comme conséquence naturelle : abolition de toutes les universités de l'État, le soin de l'instruction publique devant appartenir exclusivement aux communes et aux associations libres ; abolition de la magistrature de l'État, tous les juges devant être élus par le peuple ; abolition des codes criminels et civils qui sont actuellement en vigueur en Europe, parce que tous, également inspirés par le culte de Dieu, de l'État, de la famille religieusement ou politiquement consacrée, et de la propriété, sont contraires au droit humain, et parce que le code de la liberté ne pourrait être créé que pour la seule liberté. Abolition des banques et de toutes les autres institutions de crédit de l'État. Abolition de toute administration centrale, de la bureaucratie, des armées permanentes et de la police de l'État.

Élection immédiate et directe de tous les fonctionnaires publics, judiciaires et civils, aussi bien que de tous les représentants ou conseillers nationaux, provinciaux et communaux, par le peuple, c'est-à-dire par le suffrage universel de tous les individus, hommes et femmes majeurs.

Réorganisation intérieure de chaque pays en prenant pour point de départ et pour base la liberté absolue des individus, des associations productives et des communes.

Droits individuels

Droit pour chacun, homme ou femme, depuis la première heure de sa naissance jusqu'à l'âge de sa majorité, d'être complètement entretenu, surveillé, protégé, élevé, instruit dans toutes les écoles publiques primaires, secondaires, supérieures, industrielles, artistiques et scientifiques aux frais de la société.

Droit égal pour chacun d'être conseillé et soutenu par cette dernière, dans la mesure du possible, au commencement de la carrière que chaque individu, devenu majeur, absolument libre, n'exercera plus sur lui ni surveillance ni autorité aucune et, déclinant vis-à-vis de lui toute responsabilité, ne lui devra plus que le respect et, au besoin, la protection de sa liberté.

La liberté de chaque individu majeur, homme et femme, doit être absolue et complète, liberté d'aller et de venir, de professer hautement toutes les opinions possibles, d'être fainéant ou actif, immoral ou moral, de disposer en un mot de sa propre personne et de son bien à sa guise, sans en rendre compte à personne ; liberté de vivre, soit honnêtement par son propre travail, soit en exploitant honteusement la charité ou la confiance privée, pourvu que cette charité et cette confiance soient volontaires et ne lui soient prodiguées que par des individus majeurs.

Liberté illimitée de toute sorte de propagande par le discours, par la presse, dans les réunions publiques et privées, sans autre frein à cette liberté que la puissance salutaire naturelle de l'opinion publique. Liberté absolue d'associations, sans exempter celles qui par leur objet seront ou paraîtront immorales et même celles qui auront pour objet la corruption et la [destruction] [24] de la liberté individuelle et publique.

La liberté ne peut et ne doit se défendre que par la liberté ; et c'est un contresens dangereux que de vouloir y porter atteinte sous le prétexte spécieux de la protéger ; et, comme la morale n'a pas d'autre source, d'autre stimulant, d'autre cause, d'autre objet que la liberté, et comme elle n'est elle-même rien que la liberté, toutes les restrictions qu'on a imposées à cette dernière dans le but de protéger la morale ont toujours tourné au détriment de celle-ci. La psychologie, la statistique et toute l'histoire nous prouvent que l'immoralité individuelle et sociale a toujours été la conséquence nécessaire d'une mauvaise éducation publique et privée, de l'absence et de la dégradation de l'opinion publique qui n'existe, ne se développe et ne se moralise jamais que par la seule liberté ; et la conséquence surtout d'une organisation vicieuse de la société. L'expérience nous apprend, dit l'illustre statisticien Quételet [25], que c'est la société qui prépare toujours les crimes et que les malfaiteurs ne sont que les instruments fatals qui les accomplissent. Il est donc inutile d'opposer à l'immoralité sociale les rigueurs d'une législation qui empiéterait sur la liberté individuelle.

L'expérience nous apprend, au contraire, que le système répressif et autoritaire, loin d'en avoir arrêté les débordements, l'a toujours plus profondément et plus largement développée dans les pays qui s'en sont trouvés atteints, et que la morale publique et privée a toujours descendu et monté à mesure que la liberté des individus se rétrécissait ou s'élargissait. Et que, par conséquent, pour moraliser la société actuelle, nous devons commencer d'abord par détruire de fond en comble toute cette organisation politique et sociale fondée sur l'inégalité, sur le privilège, sur

24. Illisible dans le manuscrit de Nettlau.

25. Bakounine avait écrit : « L'illustre statisticien français Crételet. » En fait il s'agit du Belge A. Quételet (1798-1831), statisticien et sociologue.

l'autorité divine et sur la méprise [le mépris ?] de l'humanité ; et après l'avoir reconstruite sur les bases de la plus complète égalité, de la justice, du travail, et d'une éducation rationnelle uniquement inspirée par le respect humain, nous devons lui donner l'opinion publique pour garde et, pour âme, la liberté la plus absolue.

Pourtant la société ne doit point rester complètement désarmée contre les individus parasites, malfaisants et nuisibles. Le travail devant être la base de tous les droits politiques, la société, comme une province, ou nation, chacune dans sa circonscription respective, pourra en priver [de ces droits] tous les individus majeurs qui n'étant ni invalides, ni malades, ni vieillards, vivront aux frais de la charité publique ou privée, avec l'obligation de les leur restituer aussitôt qu'ils recommenceront à vivre de leur propre travail.

La liberté de chaque individu humain étant inaliénable, la société ne souffrira jamais qu'un individu quelconque aliène juridiquement sa liberté, ou qu'il l'engage par contrat vis-à-vis d'un autre individu autrement que sur le pied de la plus entière égalité et réciprocité. Elle ne pourra pourtant pas empêcher qu'un homme ou une femme, dénués de tout sentiment de dignité personnelle, ne se mettent sous contrat vis-à-vis d'un autre individu, dans un rapport de servitude volontaire, mais elle les considérera comme des individus vivant de la charité privée et par conséquent destitués de la jouissance des droits politiques, pendant toute la durée de cette servitude.

Toutes les personnes qui auront perdu leurs droits politiques seront également privées de celui d'élever et de garder leurs enfants. En cas d'infidélité à un engagement librement contracté ou bien en cas d'attaque ouverte ou prouvée contre la propriété, contre la personne et surtout contre la liberté d'un citoyen, soit indigène, soit étranger, la société infligera au délinquant indigène ou étranger les peines déterminées par ses lois.

Abolition absolue de toutes les peines dégradantes et cruelles, des punitions corporelles et de la peine de mort, autant que consacrée et exécutée par la loi. Abolition de toutes les peines à terme indéfini ou trop long et qui ne laissent aucun espoir, aucune possibilité réelle de réhabilitation, le crime devant être considéré comme une maladie et la punition plutôt comme une cure que comme une vindicte de la société.

Tout individu condamné par les lois d'une société quelconque, commune, province ou nation, conservera le droit de ne pas se soumettre à la peine qui lui aura été imposée, en déclarant qu'il ne veut plus faire partie de cette société. Mais dans ce cas celle-ci aura à son tour le droit de l'expulser de son sein et de le déclarer en dehors de sa garantie et de sa protection.

Retombé ainsi sous la loi naturelle œil pour œil, dent pour dent, au moins sur le terrain occupé par cette société, le réfractaire pourra être pillé, maltraité, même tué sans que celle-ci s'en inquiète. Chacun pourra s'en défaire comme d'une bête malfaisante, jamais pourtant l'asservir ni l'employer comme esclave.

Droits des associations

Les associations coopératives ouvrières sont un fait nouveau dans l'histoire ; nous assistons aujourd'hui à leur naissance, et nous pouvons seulement pressentir, mais non déterminer à cette heure l'immense développement que, sans aucun doute, elles prendront et les nouvelles conditions politiques et sociales qui en surgiront dans l'avenir. Il est possible et même fort probable que, dépassant un jour les limites des communes, des provinces et même des États actuels, elles donnent une nouvelle constitution à la société humaine tout entière, partagée non plus en nations, mais en groupes industriels différents, et organisée selon les besoins non de la politique, mais de la production. Ceci regarde l'avenir.

Quant à nous, nous ne pouvons poser aujourd'hui que ce principe absolu : que quel que soit [leur] l'objet, toutes les associations, comme tous les individus, doivent jouir d'une liberté absolue. La société, ni aucune partie de la société : commune, province ou nation, n'a le droit d'empêcher des individus libres de s'associer librement dans un but quelconque : religieux, politique, scientifique, industriel, artistique ou même de corruption sur elle et d'exploitation des innocents et des sots, pourvu qu'ils ne soient point mineurs.

Combattre les charlatans et les associations pernicieuses, c'est uniquement l'affaire de l'opinion publique. Mais la société a le devoir et le droit de refuser la garantie sociale, la reconnaissance juridique et les droits politiques et civiques à toute association, comme corps collectif, qui, par son objet, ses règlements, ses statuts serait contraire aux principes fondamentaux de sa constitution, et dont tous les membres ne seraient pas mis sur un pied d'égalité et de réciprocité parfaites, sans pourtant pouvoir en priver les membres eux-mêmes seulement pour le fait de leur participation à des associations non régularisées par la garantie sociale.

La différence entre les associations régulières et irrégulières sera donc celle-ci : les associations juridiquement reconnues comme corps collectifs auront, à ce titre, le droit de poursuivre devant la justice sociale tous les individus, membres ou étrangers, aussi bien que toutes les autres asociations régulières, qui auront manqué à leur engagement envers elles. Les associations juridiquement non reconnues n'auront point ce droit à titre de corps collectifs ; aussi elles ne pourront être soumises, à ce titre, à aucune responsabilité juridique, tous leurs engagements devant être nuls aux yeux d'une société qui n'aura point sanctionné leur existence collective, ce qui pourtant ne pourra libérer aucun de leurs membres des engagements qu'ils auront pu prendre individuellement.

Organisation politique nationale

La division d'un pays en régions, provinces, districts et communes, ou en départements et communes comme en France, dépendra naturellement de la disposition des habitudes historiques, des nécessités actuelles et de la nature particulière de chaque pays. Il ne peut y avoir ici que deux principes communs et obligatoires pour chaque pays, qui voudra organiser sérieusement chez lui la liberté. Le premier : c'est que toute organisation doit procéder de bas en haut, de la commune à l'unité centrale du pays, à l'État, par voie de fédération. La seconde : c'est qu'il y ait entre la commune et l'État au moins un intermédiaire autonome : le département, la région ou la province. Sans quoi, la commune, prise dans l'acceptation restreinte de ce mot, serait toujours trop faible pour résister à la pression uniformément et despotiquement centralisatrice de l'État, ce qui ramènerait nécessairement chaque pays au régime despotique de la France monarchique, comme nous en avons eu deux fois l'exemple en France, le despotisme ayant eu toujours sa source beaucoup plus dans l'organisation centralisatrice de l'État que dans les dispositions naturellement toujours despotiques des rois.

La base de toute l'organisation politique d'un pays doit être la commune, absolument autonome, représentée toujours par la majorité des suffrages de tous les habitants, hommes et femmes à titre égal, majeurs. Aucun pouvoir n'a le droit de se mêler dans sa vie, dans ses actes et dans son administration intérieure. Elle nomme et destitue par élection tous les fonctionnaires : administrateurs et juges, et administre sans contrôle les biens communaux et les finances. Chaque commune aura le droit incontestable de créer indépendamment de toute sanction supérieure sa propre législation et sa propre constitution. Mais, pour entrer dans la fédération provinciale et pour faire partie intégrante d'une province, elle devra absolument conformer sa charte particulière aux principes fondamentaux de la constitution provinciale et la faire sanctionner par le parlement de cette province. Elle devra se soumettre aussi aux jugements du tribunal provincial et aux mesures qui, après avoir été sanctionnées par le vote du parlement provincial, lui seront ordonnées par le gouvernement de la province. Autrement elle sera exclue de la solidarité, de la garantie et communauté, [s'étant mise] hors de la loi provinciale.

La province ne doit être rien qu'une fédération libre de communes autonomes. Le parlement provincial comprenant, soit une seule chambre composée de représentants de toutes les communes, soit deux chambres, dont l'une comprendrait les représentants des communes, l'autre les représentants de la population provinciale tout entière, indépendamment des communes, le parlement provincial, sans s'ingérer aucunement dans l'administration intérieure des communes, devra établir les principes fondamentaux qui devront constituer la charte provinciale et devront être obligatifs (*sic*) pour toutes les communes qui voudront participer au [parlement provincial] [26].

---

26. Ici, dans le manuscrit de Nettlau, plusieurs mots illisibles.

[Prenant les principes du présent catéchisme, pour base], le parlement codifiera la législation provinciale par rapport tant aux devoirs et aux droits respectifs des individus, des associations et des communes, qu'aux peines qui devront être imposées à chacun en cas d'infraction aux lois par lui établies, laissant pourtant aux législations communales le droit de diverger de la législation provinciale sur des points secondaires, mais jamais dans la base ; tendant à l'unité réelle, vivante, non à l'uniformité, et se confiant, pour former une unité encore plus intime, à l'expérience, au temps, au développement de la vie en commun, aux propres convictions et nécessités des communes, à la liberté en un mot, jamais à la pression ni à la violence du pouvoir provincial, car la vérité et la justice mêmes, violemment imposées, deviennent iniquité et mensonge.

Le parlement provincial établira la charte constitutive de la fédération des communes, leurs droits et leurs devoirs respectifs, ainsi que leurs devoirs et leurs droits vis-à-vis du parlement, du tribunal et du gouvernement provinciaux. Il votera toutes les lois, dispositions et mesures qui seront commandées, soit par les besoins de la province tout entière, soit par des résolutions du parlement national, sans perdre jamais de vue l'autonomie provinciale ni l'autonomie des communes. Sans jamais s'ingérer dans l'administration intérieure des communes, il établira la part de chacun, soit dans les impôts nationaux, soit dans les impôts provinciaux. Cette part sera répartie par la commune elle-même entre tous ses habitants valides et majeurs. Il contrôlera enfin tous les actes, sanctionnera ou rejettera toutes les propositions du gouvernement provincial, qui sera mutuellement toujours électif. Le tribunal provincial, également électif, jugera sans appel toutes les causes entre individus et communes, entre associations et communes, entre communes et communes, et en première instance toutes les causes entre la commune et le gouvernement ou le parlement de la province.

La nation ne doit être rien qu'une fédération de provinces autonomes. Le parlement national comprenant, soit une seule chambre composée des représentants de toutes les provinces, soit deux chambres dont l'une comprendrait les représentants des provinces, l'autre les représentants de la population nationale tout entière indépendamment des provinces, le parlement national, sans s'ingérer aucunement dans l'administration et dans la vie politique intérieure des provinces, devra établir les principes fondamentaux qui devront constituer la charte nationale et qui seront obligatoires pour toutes les provinces qui voudront participer au pacte national.

Le parlement national établira le code national, laissant aux codes provinciaux le droit d'en diverger sur les points secondaires, jamais sur la base. Il établira la charte constitutive de la fédération des provinces, votera toutes les lois, dispositions et mesures qui seront commandées par les besoins de la nation tout entière, établira les impôts nationaux et les répartira ente les provinces, laissant à celles-ci le soin de les répartir entre les communes respectives, contrôlera enfin tous les actes, adoptera ou rejettera les propositions du gouvernement exécutif national qui sera toujours électif et, à terme, formera les alliances nationales, fera la paix et la guerre, et seul aura le droit d'ordonner pour un terme toujours déterminé la formation d'une armée nationale. Le gouvernement ne sera que l'exécuteur de ses volontés.

Le tribunal national jugera sans appel toutes les causes des individus, des associations, des communes entre [eux et la] province, aussi bien que tous les débats entre provinces. Dans les causes entre la province et l'État, qui seront également soumises à son jugement, les provinces pourront en appeler au tribunal international, s'il se trouve un jour établi.

La Fédération internationale

La Fédération internationale comprendra toutes les nations qui se seront unies sur les bases ci-dessus et ci-dessous développées. Il est probable et est fort désirable que, lorsque l'heure de la grande Révolution aura de nouveau sonné, toutes les nations qui suivront la lumière de l'émancipation populaire se donnent la main pour une alliance constante et intime contre la coalition des pays qui se mettront sous les ordres de la réaction. Cette alliance devra former une fédération restreinte d'abord et comme le germe de la fédération universelle des peuples qui, dans l'avenir, devra embrasser toute la terre. La fédération internationale des peuples révolutionnaires avec un parlement, un tribunal et un comité directeur internationaux, sera basée naturellement sur les principes mêmes de la révolution. Appliqués à la politique internationale, ces principes sont :

Chaque pays, chaque nation, chaque peuple, petit ou grand, faible ou fort, chaque région, chaque province, chaque commune ont le droit absolu de disposer de leur sort ; de déterminer leur exigence propre, de choisir leurs alliances, de s'unir et de se séparer, selon leurs volontés et besoins sans aucun égard pour les soi-disants droits historiques et pour les nécessités politiques, commerciales ou stratégiques des États. L'union des parties en un tout, pour être vraie, féconde et forte, doit être absolument libre. Elle doit uniquement résulter des nécessités locales intérieures et de l'attraction mutuelle des parties, attraction et nécessités dont les parties sont seules juges.

Abolition absolue du soi-disant droit historique et de l'horrible droit de conquête comme contraires au principe de la liberté.

Négation absolue de la politique d'agrandissement, de gloire et de puissance de l'État, politique qui, faisant de chaque pays une forteresse qui exclut de son sein tout le reste de l'humanité, le force pour ainsi dire [à] se suffire absolument à lui-même, à s'organiser en lui-même comme un monde indépendant de toute humaine solidarité et [à] mettre sa prospérité et sa gloire dans le mal qu'il fera aux autres nations [27]. Un pays conquérant est nécessairement un pays intérieurement esclave.

La gloire et la grandeur d'une nation consistent uniquement dans le développement de son humanité. Sa force, son unité, la puissance de sa vitalité intérieure se mesurent uniquement par le degré de sa liberté. En prenant la liberté pour base, on arrive nécessairement à l'union ; mais de l'unité on arrive difficilement, sinon jamais, à la liberté. Et si l'on y arrive, ce n'est qu'en détruisant une unité qui a été faite en dehors de la liberté.

La prospérité et la liberté des nations comme des individus sont absolument solidaires, et par conséquent liberté absolue de commerce, de transaction et de communication entre tous les pays fédérés. Abolition des frontières, des passeports et des douanes. Chaque citoyen d'un pays fédéré doit jouir de tous

---

27. Sur le manuscrit de Nettlau, « de » au lieu de « à ».

les droits civiques et doit pouvoir facilement acquérir le titre de citoyen et tous les droits politiques dans tous les autres pays appartenant à la même fédération.

La liberté de tous, individus et corps collectifs étant solidaires, aucune nation, aucune province, aucune commune et association ne sauraient être opprimées, sans que toutes les autres ne soient et ne se sentent menacées dans leur liberté. Chacun pour tous et tous pour chacun, telle doit être la règle sacrée et fondamentale de la Fédération internationale.

Aucun des pays fédérés ne pourra conserver d'armée permanente, ni d'institution qui sépareront le soldat du citoyen. Causes de ruine, de corruption, d'abrutissement et de tyrannie intérieurs, les armées permanentes et le métier de soldat sont [en outre] une [menace] contre la prospérité et l'indépendance de tous les autres pays. Chaque citoyen valide doit au besoin devenir soldat pour la défense soit de ses foyers, soit de la liberté. L'armement matériel doit être oganisé dans chaque pays par commune et par province, à peu près comme dans les États-Unis de l'Amérique et en Suisse.

Le parlement international, composé soit d'une seule chambre, comprenant les représentants de toutes les nations, soit de deux chambres, comprenant l'une ces mêmes représentants, l'autre les représentants directs de toute la population comprise par la Fédération internationale, sans distinction de nationalité, le parlement fédéral, ainsi composé, établira le pacte international et la législation fédérale que lui seul aura encore la mission de développer et de modifier selon les besoins du temps.

Le tribunal international n'aura d'autre mission que de juger en dernière instance entre les États et leurs provinces respectives. Quant aux différends qui pourront surgir entre deux États fédérés, ils ne pourront être jugés en première et en dernière instance que par le parlement international qui décidera encore sans appel, dans toutes les questions de politique commune et de guerre, au nom de la fédération révolutionnaire tout entière, contre la coalition réactionnaire.

Aucun État fédéré ne pourra jamais faire la guerre à un autre État fédéré. Le parlement international ayant prononcé son jugement, l'État condamné doit s'y soumettre. Sinon tous les autres États de la fédération devront interrompre leurs communications avec lui, le mettre en dehors de la loi fédérale, de la solidarité et de la communion fédérale et, en cas d'attaque de sa part, s'arme solidairement contre lui.

Tous les États faisant partie de la fédération révolutionnaire devront prendre une part active à toute guerre que l'un d'eux ferait à un État non fédéré. Chaque pays fédéré, avant de la déclarer, doit en avertir le parlement international et ne la déclarer que si celui-ci trouve qu'il y a une raison suffisante pour la guerre. S'il le trouve, le directoire exécutif fédéré prendra la cause de l'État offensé et demandera à l'État agresseur étranger, au nom de toute la fédération révolutionnaire, prompte réparation. Si au contraire le parlement jugera qu'il n'y a pas eu d'agression, ni d'offense réelle, il conseillera à l'État qui se plaint de ne point commencer la guerre, en l'avertissant que s'il la commence, il la fera tout seul.

Il faut espérer qu'avec le temps les États fédérés renonçant au luxe ruineux de représentations particulières se contenteront d'une représentation diplomatique fédérale.

La fédération internationale révolutionnaire restreinte sera toujours ouverte aux peuples qui voudront y entrer plus tard, sur la base des principes et de la solidarité militante et active de la Révolution ci-dessus et ci-dessous exposés, mais sans jamais faire la moindre concession de principes à aucun. Par conséquent ne pourront être reçus dans la fédération que les peuples qui auront accepté tous les principes récapitulés [dans le présent catéchisme].

Organisation sociale

Sans égalité politique point de liberté politique réelle mais l'égalité politique ne deviendra possible que lorsqu'il y aura égalité économique et sociale.

L'égalité n'implique pas le nivellement des différences individuelles, ni l'identité intellectuelle, morale et physique des individus. Cette diversité des capacités et des forces, ces différences de races, de nations, de sexes, d'âges et d'individus, loin d'être un mal social, constituent au contraire la richesse de l'humanité. L'égalité économique et sociale n'implique pas non plus le nivellement des fortunes individuelles, en tant que produits de la capacité, de l'énergie productive et de l'économie de chacun.

L'égalité et la justice réclament uniquement : une organisation de la société telle que tout individu humain naissant à la vie y trouve, en tant que cela dépendra non de la nature mais de la société, des moyens égaux pour le développement de son enfance et de son adolescence jusqu'à l'âge de sa virilité, pour son éducation et pour son instruction d'abord, et plus tard pour l'exercice des forces différentes que la nature aura mises en chacun pour le travail. Cette égalité de point de départ, que la justice réclame pour chacun, sera impossible tant qu'existera le droit de succession.

La justice, autant que la dignité humaine exigent que chacun soit uniquement le fils de ses œuvres. Nous repoussons avec indignation le dogme du péché, de la honte et de la responsabilité héréditaires. Par la même conséquence nous devons rejeter l'hérédité fictive de la vertu, des honneurs et des droits ; celle de la fortune aussi. L'héritier d'une fortune quelconque n'est plus entièrement le fils de ses œuvres et, sous le rapport du point de départ, il est privilégié.

Abolition du droit d'héritage. — Tant que ce droit existera la différence héréditaire des classes, des positions, des fortunes, l'inégalité sociale en un mot et le privilège subsisteront sinon en droit, du moins de fait. Mais l'inégalité de fait, par une loi inhérente à la société, produit toujours l'inégalité des droits : l'inégalité sociale devient nécessairement inégalité politique. Et sans égalité politique, avons-nous dit, point de liberté dans le sens universel, humain, vraiment démocratique de ce mot ; la société restera toujours divisée en deux parts inégales, dont l'une immense, comprenant toute la masse populaire, sera opprimée et exploitée par l'autre. Donc le droit de succession est contraire au triomphe de la liberté, et si la société veut devenir libre, elle doit l'abolir.

Elle doit l'abolir parce que, reposant sur une fiction, ce droit est contraire au principe même de la liberté. Tous les droits individuels, politiques et sociaux, sont attachés à l'individu réel et vivant. Une fois mort il n'y a plus ni volonté fictive d'un individu qui n'est plus et qui, au nom de la mort, opprime les vivants. Si l'individu mort tient à l'exécution de sa volonté, qu'il vienne l'exécuter lui-même s'il le peut, mais il n'a pas le droit d'exiger que la société mette toute sa puissance et son droit au service de sa non-existence.

Le but légitime et sérieux du droit de succession a été toujours d'assurer aux générations à venir les moyens de se développer et de devenir des hommes. Par conséquent, seul le fonds d'éducation et d'instruction publique aura le droit d'hériter avec l'obligation de pourvoir également à l'entretien, à l'éducation et à l'instruction de tous les enfants depuis leur naissance jusqu'à l'âge de la majorité et de leur émancipation complète. De cette manière tous les parents seront également rassurés sur le sort de leurs enfants, et comme l'égalité de tous est une condition fondamentale de la moralité de chacun, et que tout privilège est une source d'immoralité, tous les parents dont l'amour pour leurs enfants est raisonnable et aspire non à leur vanité mais à leur humaine dignité, s'ils avaient même la possibilité de leur laisser un héritage qui les placerait dans une position privilégiée, préfèrent pour eux le régime de la plus complète égalité.

L'inégalité résultant du droit de succession une fois abolie, restera toujours, quoique considérablement amoindrie, celle qui résultera de la différence des capacités, des forces et de l'énergie productive des individus, différence qui, à son tour, sans jamais disparaître entièrement, s'amoindrira toujours de plus en plus sous l'influence d'une éducation et qui d'ailleurs, une fois le droit de succession aboli, ne pèsera jamais sur les générations à venir.

Le travail étant seul producteur de richesse, chacun est libre sans doute soit de mourir de faim, soit d'aller vivre dans les déserts ou dans les forêts parmi les bêtes sauvages, mais quiconque veut vivre au milieu de la société doit gagner sa vie par son propre travail, au risque d'être considéré comme un parasite, comme un exploiteur du bien, c'est-à-dire du travail d'autrui, comme un voleur.

Le travail est la base fondamentale de la dignité et du droit humains. Car c'est uniquement par le travail libre et intelligent que l'homme, devenant créateur à son tour et conquérant, sur le monde extérieur et sur sa propre bestialité, son humanité et son droit, crée le monde civilisé. Le déshonneur qui, dans le monde antique, aussi bien que dans la société féodale, fut attaché à l'idée du travail, et qui en grande partie reste encore attaché aujourd'hui, malgré toutes les phrases que nous entendons répéter chaque jour sur sa dignité, ce mépris stupide du travail a deux sources : la première, c'est cette conviction si caractéristique des anciens et qui même aujourd'hui compte encore tant de partisans secrets : que pour donner à une portion quelconque de l'humaine société les moyens de s'humaniser par la science, par les arts, par la connaissance et par l'exercice du droit, il faut qu'une autre portion, naturellement plus nombreuse, se voue au travail comme esclave. Ce principe fondamental de la civilisation antique fut la cause de sa ruine. La cité corrompue et désorganisée par le désœuvrement privilégié des citoyens, minée d'un autre côté par l'action imperceptible et lente mais constante de ce monde déshérité des esclaves, moralisés malgré l'esclavage et maintenus dans leur force primitive par l'action salutaire du travail même forcé, tomba sous les coups des peuples barbares, auxquels, par leur naissance, avaient appartenu en grande partie ces esclaves.

Le christianisme, cette religion des esclaves, n'avait plus tard détruit l'antique irrégularité que pour en créer une nouvelle : le privilège de la grâce et de l'élection divines fondé sur l'inégalité produite naturellement par le droit de conquête, sépara de nouveau la société humaine en deux camps : la canaille et la noblesse, les serfs et les maîtres, en attribuant à ces derniers le noble métier des armes et du gouvernement et ne laissant aux serfs que le travail non seulement avili, mais encore maudit. La même cause produit nécessairement les mêmes effets ; le monde nobiliaire, énervé et démoralisé par le privilège du désœuvrement, tomba en 1789 sous les coups des serfs, travailleurs révoltés unis et puissants.

Alors fut proclamée la liberté du travail, sa réhabilitation en droit. Mais seulement en droit, car de fait le travail reste encore déhonoré, asservi. La première source de cet asservissement, nommément celle qui consistait dans le dogme de l'inégalité politique des hommes, ayant été supprimée par la grande Révolution, il faut attribuer le mépris actuel du travail à la seconde, qui n'est autre que la séparation qui s'est faite et qui existe dans sa force encore aujourd'hui, entre le travail intellectuel et le travail manuel et qui, reproduisant sous une forme nouvelle l'antique inégalité, partage de nouveau le monde social en deux camps : la minorité privilégiée désormais non plus par la loi mais par le capital, et la majorité des travailleurs forcés, non plus par le droit unique du privilège légal, mais par la faim.

En effet, aujourd'hui, la dignité du travail est déjà théoriquement reconnue et l'opinion publique admet qu'il est honteux de vivre sans travail. Seulement, comme le travail humain, considéré dans sa totalité, se divise en deux parts, dont l'une, tout intellectuelle et déclarée exclusivement noble, comprend les sciences, les arts, et dans l'industrie l'application des sciences et des arts, l'idée, la conception, l'invention, le calcul, le gouvernement et la direction générale ou subordonnée des forces ouvrières, et l'autre seulement l'exécution manuelle réduite à une action purement mécanique, sans intelligence, sans idée, par cette loi économique et sociale de la division du travail, les privilégiés du capital, sans excepter ceux qui y sont les moins autorisés par la mesure de leurs capacités individuelles, s'emparent de la première et laissent la seconde au peuple. Il en résulte trois grands maux : l'un pour ces privilégiés du capital ; l'autre, pour les masses populaires ; et le troisième, procédant de l'un et de l'autre, pour la production des richesses, pour le bien-être, pour la justice et pour le développement intellectuel et moral de la société tout entière.

Le mal dont souffrent les classes privilégiées est celui-ci : en se faisant la belle part dans la répartition des fonctions sociales, elles s'en font une, de plus en plus mesquine, dans le monde intellectuel et moral. Il est parfaitement vrai qu'un certain degré de loisir est absolument nécessaire pour le développement de l'esprit, des sciences et des arts ; mais ce doit être un loisir gagné, succédant aux saines fatigues d'un travail journalier, un loisir juste et dont la possibilité, dépendant uniquement du plus ou du moins d'énergie, de capacité et de bonne volonté dans l'individu, serait socialement égale pour tout le monde. Tout loisir privilégié, au contraire, loin de fortifier l'esprit, l'énerve, le démoralise et le tue. Toute l'histoire nous le prouve : à quelques rares exceptions, les classes privilégiées sous le rapport de la fortune et du sang, ont été toujours les moins productives sous le rapport de l'esprit, et les plus grandes découvertes dans la science, dans les arts et dans l'industrie, ont été faites pour la plupart du temps par des hommes qui, dans leur jeunesse, ont été forcés de gagner leur vie par un rude travail.

L'humaine nature est ainsi faite, que la possibilité du mal en produit immanquablement et toujours la réalité, et que la moralité de l'individu dépend beaucoup plus des conditions de son existence et du milieu dans lequel il vit que de sa volonté propre. Sous ce rapport ainsi que sous tous les autres, la loi de la solidarité sociale est inexorable, de sorte que pour moraliser les individus il ne faut pas tant s'occuper de leur conscience que de la nature de leur existence sociale ; et il n'est point d'autre moralisateur, ni pour la société ni pour l'individu, que la liberté dans la plus parfaite égalité. Prenez le plus sincère démocrate et mettez-le sur un trône quelconque ; s'il n'en descend aussitôt, il deviendra immanquablement une canaille. Un homme né dans l'aristocratie, si, par un heureux hasard, il ne prend pas en mépris et en haine son sang, et s'il n'a pas honte de l'aristocratie, sera nécessairement un homme aussi mal *(sic)* que vain, soupirant après le passé, inutile dans le présent et adversaire passionné de l'avenir. De même le bourgeois, enfant chéri du capital et du loisir privilégié, fera tourner son loisir en désœuvrement, en corruption, en débauche, ou bien s'en servira comme d'une arme terrible pour asservir davantage les classes ouvrières et finira par soulever contre lui une Révolution plus terrible que celle de 1793.

Le mal dont souffre le peuple est encore plus facile à déterminer : il travaille pour autrui, et son travail, privé de liberté, de loisir et d'intelligence, et par là même avili, le dégrade, l'écrase et le tue. Il est forcé de travailler pour autrui, parce que né dans la misère et privé de toute instruction et de toute éducation rationnelle, moralement esclave grâce aux influences religieuses, il se voit jeté dans la vie désarmé, discrédité, sans initiative et sans volonté propre. Forcé par la faim, dès sa plus tendre enfance, à gagner sa triste vie, il doit vendre sa force physique, son travail aux plus dures conditions sans avoir ni la pensée, ni la faculté matérielle d'en exiger d'autres. Réduit au désespoir par la misère, quelquefois il se révolte mais, manquant de cette unité et de cette force que donne la pensée, mal conduit, le plus souvent trahi et vendu par ses chefs, et ne sachant presque jamais à quoi s'en prendre des maux qu'il endure, frappant le plus souvent à faux, il a, jusqu'à présent du moins, échoué dans ses révoltes et, fatigué d'une lutte stérile, il est toujours retombé sous l'antique esclavage.

Cet esclavage durera tant que le capital, restant en dehors de l'action collective des forces ouvrières, l'exploitera, et tant que l'instruction qui, dans une société bien organisée devrait être également répartie sur tout le monde, ne développant que l'intérêt d'une classe privilégiée, attribuera à cette dernière toute la partie spirituelle du travail, et ne laissera au peuple que la brutale application de ses forces physiques asservies et toujours condamnées à exercer des idées qui ne sont pas les siennes.

Par cette injuste et funeste déviation, le travail du peuple, devenant un travail purement mécanique et pareil à celui d'une bête de somme, est déshonoré, méprisé, et, par une conséquence naturelle, déshérité de tout droit. Il en résulte pour la société, sous le rapport politique, intellectuel et moral, un mal immense. La minorité jouissant du monopole et de la science, par l'effet même de ce privilège, est frappée à la fois à l'intelligence et au cœur, jusqu'au point de devenir stupide à force d'instruction, car rien n'est aussi malfaisant et stérile que l'intelligence patentée et privilégiée. D'un autre côté, le peuple, absolument dénué de science, écrasé par un travail quotidien mécanique, capable d'abrutir plutôt que de développer son intelligence naturelle, privé de la lumière qui pourrait lui montrer la voie de sa délivrance, se débat vainement dans son bouge forcé, et comme il a toujours pour lui la force, que donne le nombre, il met toujours en péril l'existence même de la société.

Il est donc nécessaire que la division inique établie entre le travail intellectuel et le travail manuel soit autrement établie. La production économique de la société souffre elle-même considérablement, l'intelligence séparée de l'action corporelle s'énerve, se dessèche, se flétrit, tandis que la force corporelle de l'humanité, séparée de l'intelligence s'abrutit et, dans cet état de séparation artificielle, aucune ne produit la moitié de ce qu'elle peut, de ce qu'elle doit produire lorsque, réunies dans une nouvelle synthèse sociale, elles ne formeront plus qu'une seule action productive. Lorsque l'homme de science travaillera et l'homme du travail pensera, le travail intelligent et libre sera considéré comme le plus beau titre de gloire pour l'humanité, comme la base de sa dignité, de son droit, comme la manifestation de son pouvoir humain sur la terre ; et l'humanité sera constituée.

Le travail intelligent et libre sera nécessairement un travail associé. Libre sera chacun de s'associer ou de ne point s'associer pour le travail, mais il n'est point de doute qu'à l'exception des travaux d'imagination et dont la nature exige la concentration de l'intelligence individuelle en elle-même, dans toutes les entreprises industrielles et même scientifiques ou artistiques qui admettent par leur nature le travail associé, l'association sera préférée par tout le monde, pour la simple raison que l'association multiplie d'une manière merveilleuse les forces productives de chacun, et que chacun devenant membre et coopérateur d'une association productive, avec moins de temps et beaucoup moins de peine, gagnera beaucoup plus.

Lorsque les associations productives et libres cessant d'être les esclaves et devenant à leur tour les maîtresses et les propriétaires du capital qui leur sera nécessaire, comprendront dans leur sein, à titre de membres coopérateurs à côté des forces ouvrières émancipées par l'instruction générale, toutes les intelligences spéciales réclamées par chaque entreprise, lorsque, se combinant entre elles, toujours librement, selon leurs besoins et selon leur nature, dépassant tôt ou tard toutes les frontières nationales, elles formeront une immense fédération économique, avec un parlement éclairé par les données aussi larges que précises et détaillées d'une statistique mondiale, telle qu'il n'en peut encore exister aujourd'hui, et qu'il combinent l'offre avec la demande pour gouverner, déterminer et répartir entre différents pays la production de l'industrie mondiale, de sorte qu'il n'y aura plus ou presque plus de crises commerciales ou industrielles, de stagnation forcée, de désastres, plus de peines ni de capitaux perdus, alors le travail humain, émancipation de chacun et de tous, régénérera le monde.

La terre avec toutes ses richesses naturelles est la propriété de tout le monde, mais elle ne sera possédée que par ceux qui la cultiveront.

La femme, différente de l'homme, mais non à lui inférieure, intelligente, travailleuse et libre comme lui, est déclarée son égale dans les droits comme dans toutes les fonctions et devoirs politiques et sociaux.

De la famille et de l'école

Abolition, non de la famille naturelle, mais de la famille légale, fondée sur le droit civil et sur la propriété. Le mariage religieux et civil est remplacé par le mariage libre. Deux individus majeurs et de sexe différent ont le droit de s'unir et de se séparer selon leur volonté, leurs intérêts mutuels et les besoins de leur cœur, sans que la société ait le droit, soit d'empêcher leur union, soit de les y maintenir malgré eux. Le droit de succession étant aboli et l'éducation de tous les enfants étant assurée par la société, toutes les raisons qui ont été jusqu'à présent assignées pour la consécration politique et civile de l'irrévocabilité du mariage disparaissent, et l'union de deux sexes doit être rendue à son entière liberté, qui ici, comme partout et toujours, est la condition *sine qua non* de la sincère moralité. Dans le mariage libre, l'homme et la femme doivent également jouir d'une liberté absolue. Ni la violence de la passion, ni les droits librement accordés dans le passé ne pourront servir d'excuse pour aucun attentat de la part de l'un contre la liberté de l'autre, et chaque attentat sera considéré comme un crime.

Du moment qu'une femme porte un enfant dans son sein, jusqu'à ce qu'elle l'ait mis au monde, elle a droit à une subvention de la part de la société, payée non pour le compte de la femme, mais pour celui de l'enfant. Toute mère qui voudra nourrir et élever ses enfants recevra également de la société tous les frais de leur entretien et de sa peine [prodiguée] aux enfants.

Les parents auront le droit de garder près d'eux leurs enfants et de s'occuper de leur éducation, sous la tutelle et sous le contrôle suprême de la société qui conservera toujours le droit et le devoir de séparer les enfants de leurs parents, toutes les fois que ceux-ci, soit par leur exemple, soit par leurs préceptes ou traitement brutal, inhumain, pourront démoraliser ou même entraver, le développement de leurs enfants.

Les enfants n'appartiennent ni à leurs parents, ni à la société, ils s'appartiennent à eux-mêmes et à leur future liberté. Comme enfant, jusqu'à l'âge de leur émancipation, ils ne sont libres qu'en possibilité, et doivent se trouver par conséquent sous le régime de l'autorité. Les parents sont leurs tuteurs naturels, il est vrai, mais le tuteur légal et suprême, c'est la société, qui a le droit et le devoir de s'en occuper, parce que son propre avenir dépend de la direction intellectuelle et morale qu'on donnera aux enfants. [La société] ne peut donner la liberté aux majeurs qu'à condition de surveiller l'éducation des mineurs.

L'école doit remplacer l'Église avec l'immense différence que celle-ci, en distribuant son éducation religieuse, n'a point d'autre but que d'éterniser le régime de l'humaine naïveté et de l'autorité soi-disant divine, tandis que l'éducation et l'instruction de l'école, n'ayant, au contraire, d'autre fin que l'anticipation réelle des enfants lorsqu'ils seront arrivés à l'âge de la majorité, ne sera autre chose que leur initiation graduelle et progressive à la liberté par le triple développement de leurs forces physiques, de leur esprit et de leur volonté. La raison, la vérité, la justice, le respect humain, la conscience de la dignité personnelle, solidaire et inséparable de la dignité humaine dans autrui, l'amour de la liberté pour soi-même et pour tous les autres, le culte du travail comme base et condition de tout droit ; le mépris de la déraison, du mensonge, de l'injustice, de la lâcheté, de l'esclavage, et du désœuvrement, telles devront être les bases fondamentales de l'éducation publique.

Elle doit former des hommes, tout d'abord, ensuit des spécialités ouvrières et des citoyens, et à mesure qu'elle avancera avec l'âge des enfants, l'autorité devra naturellement faire de plus en plus place à la liberté, afin que les adolescents, arrivés à l'âge de la majorité, étant émancipés par la loi, puissent avoir oublié comment, dans leur enfance, ils ont été gouvernés et conduits autrement que par la liberté. Le respect humain, ce genre de la liberté, doit être présent même dans les actes les plus sévères et les plus absolus de l'autorité. Toute l'éducation morale est là ; inculquez ce respect aux enfants et vous en aurez fait des hommes.

L'instruction primaire et secondaire une fois terminée, les enfants, selon leurs capacités et leurs sympathies, conseillés, éclairés mais non violentés par leurs supérieurs, choisiront une école supérieure ou spéciale quelconque. En même temps chacun devra s'appliquer à l'étude théorique et pratique de la branche d'industrie qui lui plaira davantage et la somme qu'il aura gagnée par son travail durant cet apprentissage lui sera remise à sa majorité.

Une fois l'âge de la majorité atteint, l'adolescent sera proclamé libre et maître absolu de ses actes. En échange des soins que la société lui a prodigués durant son enfance, elle exigera de lui trois choses : qu'il reste libre, qu'il vive de son travail et qu'il respecte la liberté d'autrui. Et, comme les crimes et les vices dont souffre la société actuelle sont uniquement le produit d'une mauvaise organisation sociale, on pourra être certain qu'avec une organisation et une éducation de la société basées sur la raison, sur la justice, sur la liberté, sur le respect humain et sur la plus complète égalité, le bien deviendra la règle et le mal une maladive exception, qui diminuera de plus en plus sous l'influence toute-puissante de l'opinion publique moralisée.

Les vieillards, les invalides, les malades, entourés de soins, de respect et jouissant de tous leurs droits, tant publics que sociaux, seront traités et entretenus avec profusion aux frais de la société.

Politique révolutionnaire

C'est notre conviction fondamentale que, toutes les libertés nationales étant solidaires, les révolutions particulières de tous les pays doivent l'être aussi, que désormais en Europe comme dans tout le monde civilisé, il n'y aura plus des révolutions, mais seulement la Révolution universelle, comme il n'y a plus qu'une seule réaction européenne et mondiale ; que, par conséquent, tous les intérêts particuliers, toutes les vanités, prétentions, jalousies et hostilités nationales doivent se fondre aujourd'hui dans l'unique intérêt commun et universel de la Révolution, qui assurera la liberté et l'indépendance de chaque nation, par la solidarité de toutes ; que la Sainte Alliance de la [contre-] Révolution mondiale et la conspiration des rois, du clergé, de la noblesse et de la féodalité bourgeoise, appuyés sur d'énormes budgets, sur des armées permanentes, sur une bureaucratie formidable, armés de tous les terribles moyens que leur donne la centralisation moderne, avec l'habitude et pour ainsi dire avec la routine de l'action et le droit de conspirer et de tout faire à titre légal sont un fait immense, menaçant, écrasant, et que, pour le combattre, pour lui opposer un fait d'une égale puissance, pour le vaincre et le détruire, il ne faut rien moins que l'alliance et l'action révolutionnaires simultanées de tous les peuples du monde civilisé.

Contre cette réaction mondiale, la Révolution isolée d'aucun peuple ne saurait réussir. Elle serait une folie, par conséquent, une faute pour lui-même et une trahison, un crime, contre toutes les autres nations. Désormais, le soulèvement de chaque peuple doit se faire non en vue de lui-même, mais en vue de tout le monde. Mais, pour qu'une nation se soulève en vue et au nom de tout le monde, il faut qu'elle ait le programme de tout le monde, assez large, assez profond, assez vrai, assez humain en un mot, pour embrasser les intérêts de tout le monde, et pour électriser les passions de toutes les masses populaires de l'Europe, sans différence de nationalité. Le programme ne peut-être que celui de la Révolution démocratique et sociale.

L'objet de la Révolution démocratique et sociale peut être défini en deux mots :

Politiquement : c'est l'abolition du droit historique, du droit de conquête et du droit diplomatique. C'est l'émancipation complète des individus et des associations du joug de l'autorité divine et humaine : c'est la destruction absolue de toutes les unions et agglomérations forcées des communes dans les provinces, des provinces et des pays conquis dans l'État. Enfin, c'est la dissolution radicale de l'État centraliste, tutélaire, autoritaire, avec toutes les institutions militaires, bureaucratiques, gouvernementales administratives, judiciaires et civiles. C'est en un mot la liberté rendue à tout le monde, aux individus, comme à tous les corps collectifs, associations, communes, provinces, régions et nations, et la garantie mutuelle de cette liberté par la fédération.

Socialement : c'est la confirmation de l'égalité politique par l'égalité économique. C'est, au commencement de la carrière de chacun, l'égalité du point de départ, égalité non naturelle mais sociale pour chacun, c'est-à-dire égalité des moyens d'entretien, d'éducation, d'instruction pour chaque enfant, garçon ou fille, jusqu'à l'époque de sa majorité.

Un fédéralisme internationaliste

Comme le dit James Guillaume, Bakounine avait essayé en vain de faire adopter, par le congrès de Berne (septembre 1868) de la Ligue de la paix et de la liberté, dont il était membre, ligue de tendances bourgeoises, libérales et humanitaires, le texte suivant, où l'on retrouve un certain nombre d'idées déjà développées dans le programme de la Fédération révolutionnaire qui précède. Plus nettement encore que le précédent, ce texte est d'inspiration proudhonienne, tant en ce qui concerne l'apologie du principe fédératif que la critique du principe de nationalité, cher à Napoléon III (auquel Bakounine souscrivait encore lorsqu'il avait volé au secours de l'insurrection polonaise de 1863).

Nous sommes heureux de pouvoir déclarer que ce principe [le principe fédératif] a été unanimement acclamé par le congrès de Genève. La Suisse même, qui, d'ailleurs, le pratique aujourd'hui avec tant de bonheur, y a adhéré sans restriction aucune et l'a accepté dans toute la largeur de ses conséquences. Malheureusement, dans les résolutions du congrès, ce principe a été très mal formulé et ne se trouve même qu'indirectement mentionné, d'abord à l'occasion de la Ligue que nous devons établir et, plus bas, en rapport avec le journal que nous devons rédiger sous le nom d'« États-Unis de l'Europe », tandis qu'il aurait dû, selon nous, occuper la première place dans notre déclaration de principes.

C'est une lacune très fâcheuse et que nous devons nous empresser de combler. Conformément au sentiment unanime du congrès de Genève, nous devons proclamer :

1. Que pour faire triompher la liberté, la justice et la paix dans les rapports internationaux de l'Europe, pour rendre impossible la guerre civile entre les différents peuples qui composent la famille européenne, il n'est qu'un seul moyen : c'est de constituer les États-Unis de l'Europe.

2. Que les États de l'Europe ne pourront jamais se former avec les États tels qu'ils sont aujourd'hui constitués, vu l'inégalité monstrueuse qui existe entre leurs forces respectives.

3. Que l'exemple de la défunte Confédération germanique a prouvé d'une façon péremptoire qu'une confédération de monarchies est une dérision ; qu'elle est impuissante à garantir soit la paix, soit la liberté des populations.

4. Qu'aucun État centralisé, bureaucratique et par là même militaire, s'appelât-il même république, ne pourra entrer sérieusement et sincèrement dans une confédération internationale. Par sa constitution, qui sera toujours une négation ouverte ou masquée de la liberté à l'intérieur, il serait nécessairement une déclaration de guerre permanente, une menace contre l'existence des pays voisins. Fondée essentiellement sur un acte ultérieur de violence, la conquête, ou ce que dans la vie privée on appelle le vol avec effraction, acte béni par l'Église d'une religion quelconque, consacré par le temps et par là même transformé en droit historique, et s'appuyant sur cette divine consécration de la violence triomphante comme sur un droit exclusif et suprême, chaque État centraliste se pose par là même comme une négation absolue du droit de tous les autres États, ne les reconnaissant jamais, dans les traités qu'il conclut avec eux, que dans un intérêt politique ou par impuissance.

5. Que tous les adhérents de la Ligue devront par conséquent tendre par tous leur efforts à reconstituer leurs patries respectives, afin d'y remplacer l'ancienne organisation fondée, de haut en bas, sur la violence et sur le principe d'autorité, par une organisation nouvelle n'ayant d'autre base que les intérêts, les besoins et les attractions naturelles des populations, ni d'autre principe que la fédération libre des individus dans les communes, des communes dans les provinces, des provinces dans les nations, enfin de celles-ci dans les États-Unis de l'Europe d'abord et plus tard du monde entier.

6. Conséquemment, abandon absolu de tout ce qui s'appelle

droit historique des États-Unis ; toutes les questions relatives aux frontières naturelles politiques stratégiques, commerciales, devront être considérées désormais comme appartenant à l'histoire ancienne et repoussées avec énergie par tous les adhérents de la Ligue.

7. Reconnaissance du droit absolu de chaque nation, grande ou petite, de chaque peuple, faible ou fort, de chaque province, de chaque commune à une complète autonomie, pourvu que sa constitution intérieure ne soit pas une menace et un danger pour l'autonomie et la liberté des pays voisins.

8. De ce qu'un pays a fait partie d'un État, s'y fût-il même adjoint librement, il ne s'ensuit nullement pour lui l'obligation d'y rester toujours attaché. Aucune obligation perpétuelle ne saurait être acceptée par la justice humaine, la seule qui puisse faire autorité parmi nous, et nous ne reconnaîtrons jamais d'autres droits ni d'autres devoirs que ceux qui se fondent sur la liberté. Le droit de la libre réunion et de la sécession également libre est le premier, le plus important de tous les droits politiques ; celui sans lequel la confédération ne serait jamais qu'une centralisation masquée.

9. Il résulte de tout ce qui précède que la Ligue doit franchement proscrire toute alliance de telle ou telle fraction nationale de la démocratie européenne avec les États monarchiques, quand même cette alliance aurait pour but de reconquérir l'indépendance ou la liberté d'un pays opprimé ; une telle alliance, ne pouvant amener qu'à des déceptions, serait en même temps une trahison contre la révolution.

10. Par contre la Ligue, précisément parce qu'elle est la Ligue de la paix et parce qu'elle est convaincue que la paix ne pourra être conquise et fondée que sur la plus intime et complète solidarité des peuples dans la justice et dans la liberté, doit proclamer hautement ses sympathies pour toute insurrection nationale contre toute oppression, soit étrangère, soit indigène, pourvu que cette insurrection se fasse au nom de nos principes et dans l'intérêt tant politique qu'économique des masses populaires, mais non avec l'intention ambitieuse de fonder un puissant État.

11. La Ligue fera une guerre à outrance à tout ce qui s'appelle gloire, grandeur et puissance des États. À toutes ces fausses malfaisantes idoles auxquelles ont été immolées des millions de vic-

times humaines, nous opposerons les gloires de l'humaine intelligence se manifestant dans la science et d'une prospérité universelle fondée sur le travail, sur la justice et sur la liberté.

12. La Ligue reconnaîtra la nationalité comme un fait naturel, ayant incontestablement droit à une existence et à un développement libre, mais non comme un principe, tout principe devant porter le caractère de l'universalité et la nationalité n'étant au contraire qu'un fait exclusif, séparé. Ce soi-disant principe de nationalité, tel qu'il a été posé de nos jours par les gouvernements de la France, de la Russie et de la Prusse et même par beaucoup de patriotes allemands, polonais, italiens et hongrois, n'est qu'un dérivatif opposé par la réaction à l'esprit de la Révolution : éminemment aristocratique au fond, jusqu'à faire mépriser les dialectes des populations non lettrées, niant implicitement la liberté des provinces et l'autonomie réelle des communes, et soutenu dans tous les pays non par les masses populaires, dont il sacrifie systématiquement les intérêts réels à un soi-disant bien public, qui n'est jamais que celui des classes privilégiées, ce principe n'exprime rien que les prétendus droits historiques et l'ambitions des États. Le droit de nationalité ne pourra donc jamais être considéré par la Ligue que comme une conséquence naturelle du principe suprême de la liberté, cessant d'être un droit du moment qu'il se pose soit contre la liberté, soit même seulement en dehors de la liberté.

13. L'unité est le but vers lequel tend irrésistiblement l'humanité. Mais elle devient fatale, destructive de l'intelligence, de la dignité, de la prospérité des individus et des peuples, toutes les fois qu'elle se forme en dehors de la liberté, soit par la violence, soit sous l'autorité d'une idée théologique, métaphysique, politique ou même économique quelconque. Le patriotisme qui tend à l'unité en dehors de la liberté, est un patriotisme mauvais, toujours funeste aux intérêts populaires et réels du pays qu'il prétend exalter et servir, ami, souvent sans le voir, de la réaction — ennemi de la révolution, c'est-à-dire de l'émancipation des nations et des hommes. La Ligue ne pourra reconnaître qu'une seule unité : celle qui se constituera librement par la fédération des parties autonomes dans le tout, de sorte que celui-ci, cessant d'être la négation des droits et des intérêts particuliers, cessant d'être le cimetière où viennent forcément s'enterrer toutes les

prospérités locales, deviendra au contraire la confirmation et la source de toutes ces autonomies et de toutes ces prospérités. La Ligue attaquera donc vigoureusement toute organisation religieuse, politique, économique et sociale, qui ne sera pas absolument pénétrée par ce grand principe de la liberté : sans lui, point d'intelligence, point de justice, point de prospérité, point d'humanité.

L'Église et l'État

Nous avons placé ici un texte philosophico-politique, contre l'Église complice de l'État, afin de montrer la diversité des inspirations de Bakounine. Il date de 1871 et est en réalité une suite du texte que nous reproduirons sous le titre « La Commune de Paris » (p. 249). Le titre « L'Église et l'État », de même que celui de l'autre texte, sont tous deux de nous. La brochure dont ils sont l'un et l'autre extraits a en réalité pour titre La Commune de Paris et la nation de l'État. *À la division en deux de cette brochure, à laquelle nous nous sommes permis de procéder, il y a une justification : il arrivait fort souvent à Bakounine de se lancer, tête baissée, dans un sujet, et, à un moment donné de son écrit, de virer brusquement pour aborder, avec la même impétuosité une question assez éloignée, ou même tout à fait différente, de la première. C'est ce qui lui est advenu lorsqu'il a rédigé cette brochure. D'où la liberté que nous avons prise.*

On dit que l'accord et la solidarité universelle des intérêts des individus et de la société ne pourront jamais se réaliser de fait, parce que ces intérêts, étant contradictoires, ne sont pas à même de se contrebalancer d'eux-mêmes ou bien d'arriver à une entente quelconque. À une telle objection je répondrai que si, jusqu'à présent, les intérêts n'ont été jamais et nulle part en accord mutuel, cela fut à cause de l'État, qui a sacrifié les intérêts de la majorité au profit d'une minorité privilégiée. Voilà pourquoi cette fameuse incompatibilité et cette lutte des intérêts personnels avec ceux de la société n'est rien autre qu'une duperie et un mensonge politique né du mensonge théologique, qui imagina la doctrine du premier péché pour déshonorer l'homme et détruire en lui la conscience de sa propre valeur.

Cette même idée fausse de l'antagonisme des intérêts fut enfantée aussi par les rêves de la métaphysique qui, comme on sait, est proche parente de la théologie. Méconnaissant la solidarité de la nature humaine, la métaphysique regardait la société comme un agrégat mécanique et purement artificiel d'individus, associés tout à coup, au nom d'un traité quelconque formel au secret, conclu librement ou bien sous l'influence d'une force supérieure. Avant de s'unir en société, ces individus doués d'une sorte d'âme immortelle jouissaient d'une entière liberté.

Mais si les métaphysiciens, surtout ceux croyant à l'immortalité de l'âme, affirment que les hommes sont en dehors de la société des êtres libres, nous arrivons inévitablement alors à cette conclusion que les hommes ne peuvent s'unir en société qu'à condition de renier leur liberté, leur indépendance naturelle et de sacrifier leurs intérêts personnels d'abord, locaux ensuite. Un tel renoncement et un tel sacrifice de soi-même doivent être, par cela même, d'autant plus impérieux que la société est plus nombreuse et son organisation plus complexe. Dans un tel cas, l'État est l'expression de tous les sacrifices individuels. Existant sous une telle forme abstraite, et en même temps violente, il continue, cela va sans dire, à gêner de plus en plus la liberté individuelle au nom de ce mensonge qu'on appelle « bonheur public », quoique évidemment il ne représente, exclusivement, que l'intérêt de la classe dominante. L'État, de cette manière, nous apparaît comme une inévitable négation et une annihilation de toute liberté, de tout intérêt, individuel aussi bien que général.

On voit ici que dans les systèmes métaphysiques et théologiques tout se lie et s'explique par lui-même. Voici pourquoi les défenseurs logiques de ces systèmes peuvent et doivent même, la conscience tranquille, continuer à exploiter les masses populaires au moyen de l'Église et de l'État. Bourrant leurs poches et assouvissant tous leurs sales désirs, ils peuvent en même temps se consoler à la pensée qu'ils peinent pour la gloire de Dieu, pour la victoire de la civilisation et pour la félicité éternelle du prolétariat.

Mais nous autres, ne croyant ni en Dieu, ni en l'immortalité de l'âme, ni en la propre liberté de la volonté, nous affirmons que la liberté doit être comprise, dans son acception la plus complète et la plus large, comme but du progrès historique de l'humanité. Par un étrange, quoique logique contraste, nos adversaires idéalistes de la théologie et de la métaphysique, prennent le principe de la liberté comme fondement et base de leurs théories, pour conclure tout bonnement à l'indispensabilité de l'esclavage des hommes. Nous autres, matérialistes en théorie, nous tendons en pratique à créer et à rendre durable un idéalisme rationnel et noble. Nos ennemis, idéalistes divins et transcendantaux, tombent jusqu'au matérialisme pratique sanguinaire et vil, au nom de la même logique, d'après laquelle chaque développement est la négation du principe fondamental. Nous somme convaincus que toute la richesse du développement intellectuel, moral et matériel de l'homme, de même que son apparente indépendance, que tout cela est le produit de la vie en société.

En dehors de la société, l'homme ne serait non seulement pas libre, mais il ne serait même pas transformé en homme vrai, c'est-à-dire en être qui a conscience de lui-même, qui sent, pense et parle. Le concours de l'intelligence et du travail collectif a seul pu forcer l'homme à sortir de l'état de sauvage et de brute qui constituait sa nature première ou bien son point initial de développement ultérieur. Nous sommes profondément convaincus de cette vérité que toute la vie des hommes, intérêts, tendances, besoins, illusions, sottises même, aussi bien que les violences, les injustices et toutes les actions, qui ont l'apparence d'être volontaires, ne représente que la conséquence des forces fatales de la vie en société. Les gens ne peuvent admettre l'idée de l'indépendance mutuelle sans renier la réciproque influence de la corrélation des manifestations de la nature extérieure.

Dans la nature elle-même, cette merveilleuse corrélation et filiation des phénomènes n'est pas atteinte, certainement sans lutte. Tout au contraire, l'harmonie des forces de la nature n'apparaît que comme résultat véritable de cette lutte continuelle, qui est la condition même de la vie et du mouvement. Dans la nature et aussi dans la société, l'ordre sans lutte c'est la mort.

Si dans l'univers l'ordre est naturel et possible, c'est uniquement parce que cet univers n'est pas gouverné d'après quelque système imaginé d'avance et imposé par une volonté suprême. L'hypothèse théologique d'une législation divine conduit à une absurdité évidente et à la négation non seulement de tout ordre mais de la nature elle-même. Les lois naturelles ne sont réelles qu'en ce qu'elles sont inhérentes à la nature, c'est-à-dire ne sont fixées par aucune autorité. Ces lois ne sont que de simples manifestations ou bien de continuelles modalités du développement des choses et des combinaisons de ces faits très variés, passagers, mais réels. L'ensemble constitue ce que nous appelons « nature ». L'intelligence humaine et la science observèrent ces faits, les contrôlèrent expérimentalement, puis les réunirent en un système et les appelèrent lois. Mais la nature elle-même ne connaît point de lois. Elle agit inconsciemment, représentant par elle-même la variété infinie des phénomènes, apparaissant et se répétant d'une manière fatale. Voilà pourquoi, grâce à cette inévitabilité de l'action, l'ordre universel peut exister et existe de fait.

Un tel ordre apparaît aussi dans la société humaine, qui, en apparence, évolue d'une manière soi-disant antinaturelle, mais en réalité se soumet à la marche naturelle et inévitable des choses. Seules, la supériorité de l'homme sur les autres animaux et la faculté de penser apportèrent dans son développement un élément particulier, tout à fait naturel, soit dit en passant, dans ce sens que, comme tout ce qui existe, l'homme représente le produit matériel de l'union et de l'action des forces. Cet élément particulier, c'est le raisonnement, ou bien cette faculté de généralisation et d'abstraction, grâce à laquelle l'homme peut se projeter par la pensée, s'examinant et s'observant, comme un objet extérieur et étranger. S'élevant identiquement au-dessus de lui-même, ainsi qu'au-dessus du monde environnant, il arrive à la présentation de l'abstraction parfaite, au néant absolu. Cette limite dernière de la plus haute abstraction de la pensée, ce rien absolu, c'est Dieu.

Voilà le sens et le fondement historique de toute doctrine théologique. Ne comprenant pas la nature et les causes matérielles de leurs propres pensées, ne se rendant même pas compte des conditions ou lois naturelles qui leur sont spéciales, ils ne purent certainement pas soupçonner, ces premiers hommes en société, que leurs notions absolues n'étaient que le résultat de la faculté de concevoir les idées abstraites. Voilà pourquoi ils considèrent ces idées, tirées de la nature, comme des objets réels devant lesquels la nature même cesserait d'être quelque chose. Ils se prirent ensuite à adorer leur fictions, leurs impossibles notions d'absolu, et à leur décerner tous les honneurs. Mais il fallait, d'une manière quelconque, figurer et rendre sensible l'idée abstraite de néant ou de Dieu. Dans ce but, ils enflèrent la conception de la divinité et la douèrent, par surcroît, de toutes les qualités et forces, bonnes et mauvaises, qu'ils rencontraient seulement dans la nature et dans la société.

Tels furent l'origine et le développement historique de toutes les religions, en commençant par le fétichisme et en finissant par le christianisme.

Nous n'avons guère l'intention de nous lancer dans l'histoire des absurdités religieuses, théologiques et métaphysiques et encore moins de parler du déploiement successif de toutes les incarnations et visions divines, créées par des siècles de barbarie. Il est connu de tout le monde que la superstition donnait toujours naissance à d'affreux malheurs et forçait à répandre des ruisseaux de sang et de larmes. Nous dirons seulement que tous ces révoltants égarements de la pauvre humanité furent des faits historiques inévitables, dans la croissance normale et l'évolution des organismes sociaux. De tels égarements engendrèrent dans la société cette idée fatale, dominant l'imagination des hommes, que l'univers était soi-disant gouverné par une force et par une volonté surnaturelles. Les siècles succédèrent aux siècles, et les sociétés s'habituèrent à tel point à cette idée, que finalement elles tuèrent en elles toute tendance vers un plus lointain progrès, et toute capacité à y parvenir.

L'ambition de quelques individus d'abord, de quelques classes sociales ensuite, érigea en principe vital l'esclavage et la conquête, et enracina, plus que toute autre, cette terrible idée de la divinité. Dès lors, toute société fut impossible sans, comme base, ces deux institutions : l'Église et l'État. Ces deux fléaux sociaux sont défendus par tous les doctrinaires.

À peine ces institutions apparurent dans le monde que tout à coup deux castes s'organisèrent : celle des prêtres et celle des aristocrates, qui, sans perdre de temps eurent le soin d'inculquer profondément au peuple asservi l'indispensabilité, l'utilité et la sainteté de l'Église et de l'État.

Tout cela avait pour but de changer l'esclavage brutal en un esclavage légal, prévu, consacré par la volonté de l'État suprême.

Mais les prêtres et les aristocrates croyaient-ils sincèrement à ces institutions qu'ils soutenaient de toutes leurs forces, dans leur intérêt particulier ? N'étaient-ils que des menteurs et des dupeurs ? Non, je crois qu'ils étaient en même temps croyants et imposteurs.

Ils croyaient eux aussi, parce qu'ils partageaient naturellement et inévitablement les égarements de la masse, et c'est seulement plus tard, à l'époque de la décadence du monde ancien, qu'ils devinrent sceptiques et trompeurs sans vergogne. Une autre raison permet de considérer les fondateurs d'États comme des gens sincères. L'homme croit toujours facilement à ce qu'il désire et à ce qui ne contredit pas ses intérêts. Qu'il soit intelligent et instruit, c'est même chose : par son amour-propre et par son désir de vivre avec ses prochains et de profiter de leur respect, il croira toujours à ce qui lui est agréable et utile. Je suis convaincu que, par exemple. Thiers et le gouvernement versaillais s'efforçaient à tout prix de se convaincre qu'en tuant à Paris quelques milliers d'hommes, de femmes et d'enfants, ils sauvaient la France.

Mais si les prêtres, les augures, les aristocrates et les bourgeois, des vieux et nouveaux temps, purent croire sincèrement, ils restèrent quand même sycophantes. On ne peut, en effet, admettre qu'ils aient cru à chacune des absurdités qui constituent la foi et la politique. Je ne parle même pas de l'époque où, selon le mot de Cicéron, « deux augures ne pouvaient se regarder sans rire ». Même au temps de l'ignorance et de la superstition générales, il est difficile de supposer que les inventeurs de miracles quotidiens aient été convaincus de la réalité de ces miracles. On peut dire la même chose de la politique, qu'on peut résumer dans la règle suivante : « Il faut subjuguer et spolier le peuple de telle façon qu'il ne se plaigne pas trop haut de son destin, qu'il n'oublie pas de se soumettre et n'ait pas le temps de penser à la résistance et à la révolte. »

Comment donc, après cela, s'imaginer que des gens qui ont changé la politique en un métier et connaissent son but, c'est-à-dire l'injustice, la violence, le mensonge, la trahison, l'assassinat, en masse et isolé, puissent croire sincèrement à l'art politique et à la sagesse de l'État générateur de la félicité sociale ? Ils ne peuvent pas être arrivés à ce degré de sottise malgré toute leur cruauté. L'Église et l'État ont été de tous temps de grandes écoles de vices. L'histoire est là pour attester leurs crimes : partout et toujours le prêtre et l'homme d'État ont été les ennemis et les bourreaux conscients, systématiques, implacables et sanguinaires des peuples.

Mais comment, tout de même, concilier deux choses en apparence si incompatibles : dupeurs et dupés, menteurs et croyants ? Logiquement, cela paraît difficile ; cependant, en fait, c'est-à-dire dans la vie pratique, ces qualités s'associent très souvent.

En énorme majorité les gens vivent en contradiction avec eux-mêmes, et dans de continuels malentendus ; ils ne le remarquent généralement pas, jusqu'à ce que quelque événement extraordinaire les retire de leur somnolence habituelle et les force à jeter un coup d'œil sur eux et autour d'eux.

En politique comme en religion, les hommes ne sont que des machines entre les mains des exploiteurs. Mais voleurs et volés, oppresseurs et opprimés, vivent les uns à côté des autres, gouvernés par une poignée d'individus, qu'il convient de considérer comme de vrais exploiteurs. Ce sont les mêmes gens, libres de tous préjugés, politiques et religieux, qui maltraitent et oppriment consciemment. Au XVIIe et au XVIIIe siècle, jusqu'à l'explosion de la grande Révolution, comme de nos jours, ils commandent en Europe et agissent presque à leur guise. Il faut croire que leur domination ne se prolongera pas longtemps.

Pendant que les principaux chefs trompent et perdent les peuples en toute conscience, leurs serviteurs, ou les créatures de l'Église et de l'État, s'appliquent avec zèle à soutenir la sainteté et l'intégrité de ces odieuses constitutions. Si l'Église, d'après les dires des prêtres et de la plupart des hommes d'État, est aussi nécessaire au salut de l'âme, l'État, à son tour, est aussi nécessaire pour la conservation de la paix, de l'ordre et de la justice, et les doctrines de toutes les écoles de s'écrier : « Sans Église et sans gouvernement, pas de civilisation, pas de progrès. »

Nous n'avons pas à discuter le problème du salut éternel, parce que nous ne croyons pas à l'immortalité de l'âme. Nous sommes convaincus que la plus nuisible des choses pour l'humanité, pour la vérité et le progrès, c'est l'Église. Et peut-il en être autrement ? N'est-ce pas à l'Église qu'incombe le soin de prévenir les jeunes générations, les femmes surtout ? N'est-ce pas elle qui par ses dogmes, ses mensonges, sa bêtise et son ignominie, tend à tuer le raisonnement logique et la science ? Est-ce qu'elle ne porte pas atteinte à la dignité de l'homme, en pervertissant en lui la notion des droits et de la justice ? Ne rend-elle pas cadavre ce qui est vivant, ne perd-elle pas la liberté, n'est-ce pas elle qui prêche l'esclavage éternel des masses au bénéfice des tyrans et des exploiteurs ? N'est-ce pas elle cette implacable Église, qui tend à perpétuer le règne des ténèbres, de l'ignorance, de la misère et du crime ?

Si le progrès de notre siècle n'est pas un rêve mensonger, il doit en finir avec l'Église.

Programme et objet de l'Organisation secrète révolutionnaire des frères internationaux (1868)

Voici maintenant le programme, datant sans doute de l'automne 1868 de la seconde organisation fraternelle secrète, que Bakounine venait de créer à cette date. Elle doublait clandestinement son Alliance internationale de la démocratie socialiste, organisation qui, elle, se manifestait au grand jour et sollicitait d'être admise en bloc dans l'Internationale. On y remarquera notamment la condamnation par Bakounine, non certes de la contrainte révolutionnaire, mais de la violence et de la terreur lorsqu'elles ne sont pas utiles, lorsqu'elles s'attaquent aux hommes plutôt qu'aux choses et qu'elles sont, en réalité, un dérivatif pour ceux qui rêvent d'une Révolution sanguinaire contre les hommes parce qu'ils ne veulent pas faire une Révolution radicale contre les choses. Bakounine avait puisé ces réflexions dans l'étude de la Terreur bourgeoise de 1794 (plus encore que de celle de 1793). Ce programme mérite également l'attention sur un autre point : Bakounine y part en guerre contre les révolutionnaires « autoritaires ». On devine que déjà couve la querelle entre lui et Marx.

L'Association des frères internationaux veut la Révolution universelle, sociale, philosophique, économique et politique à la fois, afin que de l'ordre des choses actuel, fondé sur la propriété, sur l'exploitation, sur la domination et sur le principe de l'autorité soit religieuse, soit métaphysique et bourgeoisement doctrinaire, soit même jacobinement révolutionnaire, il ne reste dans toute l'Europe d'abord, et ensuite dans le reste du monde, pas une pierre sur une pierre. Au cri de paix aux travailleurs, liberté à tous les opprimés, et de mort aux dominateurs, exploiteurs et tuteurs de toute sorte, nous voulons détruire tous les États et toutes les Églises, avec toutes leurs institutions et leurs lois religieuses, politiques, juridiques, financières, policières, universitaires, économiques, et sociales, afin que tous ces millions de pauvres êtres humains, trompés, asservis, tourmentés, exploités, délivrés de tous leurs directeurs et bienfaiteurs officiels et officieux, associations et individus, respirent enfin avec une complète liberté.

Convaincus que le mal individuel et social réside beaucoup moins dans les individus que dans l'organisation des choses et dans les positions sociales, nous serons humains autant par sentiment de justice que par calcul d'utilité, et nous détruirons sans pitié les positions et les choses afin de pouvoir sans aucun danger pour la Révolution épargner les hommes. Nous nions le libre arbitre et le prétendu droit de la société de punir. La justice elle-même prise dans le sens le plus humain, le plus large, n'est qu'une idée, pour ainsi dire négative et de transition ; elle pose le problème social, mais elle ne le raisonne pas, ne faisant qu'indiquer l'unique voie possible de l'émancipation humaine, c'est-à-dire de l'humanisation de la société par la liberté dans l'égalité ; la solution positive ne pourra être donnée que par l'organisation de plus en plus rationnelle de la société. Cette solution tant désirée, notre idéal à tous, c'est la liberté, la moralité, l'intelligence et le bien-être de chacun par la solidarité de tous, l'humaine fraternité.

Tout individu humain est le produit involontaire d'un milieu naturel et social au sein duquel il est né, il s'est développé et dont il continue à subir l'influence. Les trois grandes causes de toute immoralité humaine sont : l'inégalité tant politique qu'économique et sociale ; l'ignorance qui en est le résultat naturel, et leur conséquence nécessaire : l'esclavage.

L'organisation de la société étant toujours et partout l'unique cause des crimes commis par les hommes, il y a hypocrisie ou absurdité évidente de la part de la société de punir les criminels, toute punition supposant la culpabilité et les criminels n'étant jamais coupables. La théorie de la culpabilité et de la punition est issue de la théologie, c'est-à-dire du mariage de l'absurdité avec l'hypocrisie religieuse. Le seul droit qu'on puisse reconnaître à la société dans son état actuel de transition, c'est le droit naturel d'assassiner les criminels produits par elle-même dans l'intérêt de sa propre défense et non celui de les juger et de les condamner. Ce droit n'en sera pas même un dans la stricte acception de ce mot ; ce sera plutôt un fait naturel, affligeant mais inévitable, signe et produit de l'impuissance et de la stupidité de la société actuelle : et plus la société saura éviter de s'en servir, plus elle sera proche de son émancipation réelle. Tous les révolutionnaires, les opprimés, les souffrants, victimes de l'organisation actuelle de la société et dont les cœurs sont naturellement pleins de vengeance et de haine, doivent bien se rappeler que les rois, les oppresseurs, les exploiteurs de toute sorte sont aussi coupables que les criminels sortis de la masse populaire : ils sont malfaiteurs mais non coupables, puisqu'ils sont, eux aussi, comme des criminels ordinaires, des produits involontaires de l'organisation actuelle de la société. Il ne faudra pas s'étonner si dans le premier moment le peuple insurgé en tue beaucoup. Ce sera un malheur inévitable peut-être, aussi futile que les ravages causés par une tempête.

Mais ce fait naturel ne sera ni moral, ni même utile. Sous ce rapport l'histoire est pleine d'enseignements : la terrible guillotine de 1793 qu'on ne saurait accuser ni de paresse, ni de lenteur, n'est pas parvenue à détruire la classe nobiliaire en France. L'aristocratie y a été sinon détruite complètement, du moins profondément ébranlée, non par la guillotine, mais par la confiscation et la vente de ses biens. Et en général on peut dire que les carnages politiques n'ont jamais tué de partis ; ils se sont montrés surtout impuissants contre les classes privilégiées, tant la puissance réside beaucoup moins dans les hommes que dans les positions que fait aux hommes privilégiés l'organisation des choses, c'est-à-dire l'institution de l'État et sa conséquence aussi bien que sa base naturelle, la propriété individuelle.

Pour faire une Révolution radicale, il faut donc s'attaquer aux positions et aux choses, détruire la propriété et l'État, alors on n'aura pas besoin de détruire les hommes, et de se condamner à la réaction infaillible et inévitable que n'a jamais manqué et ne manquera jamais de produire dans chaque société le massacre des hommes.

Mais pour avoir le droit d'être humain pour les hommes, sans danger pour la révolution, il faudra être impitoyable pour les positions et les choses : il faudra tout détruire et surtout et avant tout la propriété et son corollaire inévitable : l'État. Voilà tout le secret de la Révolution.

Il ne faut pas s'étonner si les jacobins et les blanquistes qui sont devenus socialistes plutôt par nécessité que par conviction, et pour qui le socialisme est un moyen, non le but de la Révolution, puisqu'ils veulent la dictature, c'est-à-dire la centralisation de l'État et que l'État les amènera par une nécessité logique et inévitable à la reconstitution de la propriété, il est fort naturel, disons-nous, que ne voulant pas faire une Révolution radicale contre les choses, ils rêvent une Révolution sanguinaire contre les hommes. Mais cette Révolution sanguinaire fondée sur la construction d'un État révolutionnaire puissamment centralisé aurait pour résultat inévitable, comme nous le prouverons davantage plus tard, la dictature militaire à [d'] un maître nouveau. Donc le triomphe des jacobins ou des blanquistes serait la mort de la Révolution.

Nous sommes les ennemis naturels de ces révolutionnaires, futurs dictateurs, réglementateurs et tuteurs de la révolution, qui, avant même que les États monarchiques, aristocratiques, et bourgeois actuels, soient détruits, rêvent déjà la création d'États révolutionnaires nouveaux, tout aussi centralisateurs et plus despotiques que les États qui existent aujourd'hui, qui ont une si grande habitude de l'ordre créé par une autorité quelconque d'en haut et une si grande horreur de ce qui leur paraît les désordres et qui n'est autre chose que la franche et naturelle expression de la vie populaire, qu'avant même qu'un bon et salutaire désordre se soit produit par la révolution, on rêve déjà la fin et le musellement par l'action d'une autorité quelconque qui n'aura de Révolution que le nom, mais qui en effet ne sera rien qu'une nouvelle réaction puisqu'elle sera une condamnation nouvelle des masses populaires, gouvernées par des décrets, à l'obéissance, à l'immobilité, à la mort, c'est-à-dire à l'esclavage et à l'exploitation par une nouvelle aristocratie quasi révolutionnaire.

Nous comprenons la Révolution dans le sens du déchaînement de ce qu'on appelle aujourd'hui les mauvaises passions, et de la destruction de ce qui dans la même langue s'appelle l'« ordre public ».

Nous ne craignons pas, nous invoquons l'anarchie, convaincus que de cette anarchie, c'est-à-dire de la manifestation complète de la vie populaire déchaînée, doit sortir la liberté, l'égalité, la justice, l'ordre nouveau, et la force même de la Révolution contre la réaction. Cette vie nouvelle, la Révolution populaire, ne tardera pas sans doute de s'organiser, mais elle créera son organisation révolutionnaire de bas en haut et de la circonférence au centre, conformément au principe de la liberté, et non de haut en bas, ni du centre à la circonférence selon le mode de toute autorité, car il nous importe peu que cette autorité s'appelle Église, Monarchie, État constitutionnel, République bourgeoise, ou même dictature révolutionnaire. Nous les détestons et nous les rejetons toutes à titre égal, comme des sources infaillibles d'exploitation et de despotisme.

La Révolution telle que nous l'entendons devra dès le premier jour détruire radicalement et complètement l'État et toutes les institutions de l'État. Les conséquences naturelles et nécessaires de cette destruction seront :

La banqueroute de l'État ;

La cessation du paiement des dettes privées par l'intervention de l'État, en laissant à chaque débiteur le droit de payer les siennes s'il le veut ;

La cessation des paiements de tout impôt et du prélèvement de toutes les contributions, soit directes, soit indirectes ;

La dissolution de l'armée, de la magistrature, de la bureaucratie, de la police et des prêtres ;

L'abolition de la justice officielle, la suspension de tout ce qui juridiquement s'appelait droit, et de l'exercice de ces droits.

Par conséquent, abolition et autodafé de tous les titres de propriété, actes d'héritage, de vente, de donation, de tous les procès, de toute la paperasse juridique et civile en un mot. Partout et en toute chose le fait révolutionnaire au lieu du droit créé et garanti par l'État ;

La confiscation de tous les capitaux productifs et instruments de travail au profit des associations de travailleurs, qui devront les faire produire collectivement ;

La confiscation de toutes les propriétés de l'Église et de l'État aussi bien que des métaux précieux des individus au profit de l'Alliance fédérative de toutes les associations ouvrières, Alliance qui constituera la Commune. En retour des biens confisqués, la Commune donnera le strict nécessaire à tous les individus ainsi dépouillés, qui pourront plus tard par leur propre travail gagner davantage s'il le peuvent et s'ils le veulent.

Pour l'organisation de la Commune, la fédération des barricades en permanence et la fonction d'un Conseil de la Commune révolutionnaire par la délégation d'un ou deux députés par chaque barricade, un par rue, ou par quartier, députés investis de mandats impératifs, toujours responsables et toujours révocables. Le Conseil communal ainsi organisé pourra choisir dans son sein des comités exécutifs, séparés pour chaque branche de l'administration révolutionnaire de la Commune.

Déclaration de la capitale insurgée et organisée en Commune qu'après avoir détruit l'État autoritaire et tutélaire, ce qu'elle était dans son droit de faire puisqu'elle en était l'esclave comme toutes les autres localités, elle renonce à son droit ou plutôt à toute prétention de gouverner, d'imposer les provinces.

Appel à toutes les provinces, communes, et associations, invitant tous à suivre l'exemple donné par la capitale, de se réorganiser révolutionnairement d'abord, et de déléguer ensuite à un point de réunion convenu, leurs députés, tous aussi investis de mandats impératifs, responsables et révocables, pour constituer la fédération des associations, communes et provinces insurgées au nom des mêmes principes, et pour organiser une force révolutionnaire capable de triompher de la réaction. Envoi non de commissaires révolutionnaires officiels avec des écharpes quelconques, mais de propagateurs révolutionnaires dans toutes les provinces et communes, chez les paysans surtout qui ne pourront être révolutionnés ni par les principes, ni par les décrets d'une dictature quelconque, mais seulement par le fait révolutionnaire lui-même, c'est-à-dire par les conséquences que produira infailliblement dans toutes les communes la cessation complète de la vie juridique, officielle de l'État.

Abolition de l'État national encore dans ce sens que tout pays étranger, province, commune, association ou même individu isolé, qui se seraient soulevés au nom des mêmes principes, seront reçus dans la fédération révolutionnaire sans égard pour les frontières actuelles des États quoique appartenant à des systèmes politiques ou nationaux différents, et que les propres provinces, communes, associations, individus qui prendront le parti de la Réaction en seront exclus. C'est donc par le fait même de l'épanchement et de l'organisation de la Révolution en vue de la défense mutuelle des pays insurgés que l'universalité de la Révolution fondée sur l'abolition des frontières et sur les ruines des États, triomphera.

Il ne peut plus y avoir de Révolution ni politique, ni nationale triomphante à moins que la Révolution politique ne se transforme en Révolution sociale, et que la Révolution nationale précisément par son caractère radicalement socialiste et destructif de l'État ne devienne la Révolution universelle.

La Révolution devant se faire partout par le peuple, et la suprême direction devant en rester toujours dans le peuple organisé en fédération libre d'associations agricoles et industrielles, l'État révolutionnaire et nouveau s'organisant de bas en haut par voie de délégation révolutionnaire en embrassant tous les pays insurgés au nom des mêmes principes sans égard pour les vieilles frontières et pour les différences de nationalités, aura pour objet l'administration de services publics et non le gouvernement des peuples. Il constituera la nouvelle patrie, l'alliance de la Révolution universelle contre l'alliance de toutes les réactions.

Cette organisation exclut toute idée de dictature et de pouvoir dirigeant tutélaire. Mais pour l'établissement même de cette alliance révolutionnaire et pour le triomphe de la Révolution contre la réaction, il est nécessaire qu'au milieu de l'anarchie populaire qui constituera la vie même et toute l'énergie de la révolution, l'unité de la pensée et de l'action révolutionnaire trouve un organe. Cet organe doit être l'Association secrète et universelle des frères internationaux.

Cette association part de la conviction que les révolutions ne sont jamais faites ni par les individus, ni même par les sociétés secrètes. Elle se font comme d'elles-mêmes, produites par la force des choses, par le mouvement des événements et des faits. Elles se préparent longtemps dans la profondeur de la conscience instinctive des masses populaires, puis elles éclatent, suscitées en apparence souvent par des causes futiles. Tout ce que peut faire une société bien organisée, c'est d'abord d'aider la naissance d'une Révolution en répandant dans la masse des idées correspondantes aux instincts des masses et d'organiser, non l'armée de la Révolution — l'armée doit être toujours le peuple — mais une sorte d'état-major révolutionnaire composé d'individus dévoués, énergiques, intelligents, et surtout amis sincères, et non ambitieux ni vaniteux, du peuple, capable de servir d'intermédiaire entre l'idée révolutionnaire et les instincts populaires.

Le nombre de ces individus ne doit donc pas être immense. Pour l'organisation internationale dans toute l'Europe cent révolutionnaires fortement et sérieusement alliés suffisent. Deux, trois centaines de révolutionnaires suffiront pour l'organisation du plus grand pays.

Polémique avec Marx

Dans le texte qui précède, les allusions aux conceptions politiques des « marxiens » sont encore voilées et ne comportent aucun nom de personne. Les relations entre Bakounine et Marx, à l'intérieur de la Première Internationale, ne se gâtèrent vraiment qu'après 1870, lorsque Marx qui avait, dans un premier temps, laissé, de façon fort avisée, la parole aux ouvriers, abandonna son rôle de conseiller discret et de cerveau occulte de l'Internationale pour tenter de confisquer ouvertement l'organisation au profit de sa tendance politique « autoritaire » et antianarchiste[28]*. C'est à partir de ce moment qu'il entra en conflit ouvert avec les socialistes libertaires groupés autour de Bakounine. Cette lutte aboutit à une scission au sein de l'Internationale, au congrès de La Haye de 1872, scission voulue délibérément par Marx, qui fit condamner sans appel et exclure les bakouniniens.*

I. L'EXCOMMUNICATION DE LA HAYE[29]

Lettre au journal *La Liberté*, de Bruxelles

Ce 5 octobre 1872, Zurich.

Messieurs les Rédacteurs,

Après avoir publié la sentence d'excommunication que le congrès marxien de La Haye vient de prononcer contre moi, vous trouverez juste, n'est-ce pas, de publier ma réponse. La voici.

---

28. Cf. Miklós MOLNÁR, *Le Déclin de la Première Internationale*, Genève, 1963.
29. Extrait des *Œuvres*, t. IV, p. 342-351. Le titre est de nous.

Le triomphe de M. Marx et des siens a été complet. Certains d'une majorité qu'ils avaient longuement préparée et organisée avec beaucoup d'habileté et de soin, sinon avec beaucoup de respect pour ces principes de la morale, de la vérité et de la justice qu'on retrouve si souvent dans leurs discours et si rarement dans leurs actes, les marxiens ont levé le masque, et, comme il convient à des hommes amoureux du pouvoir, toujours au nom de cette souveraineté du peuple qui, désormais, servira de marchepied à tous les prétendants au gouvernement des masses, ils ont audacieusement décrété l'esclavage du peuple de l'Internationale.

Si l'Internationale était moins vivace, si elle n'était fondée, comme ils se l'imaginent, que sur l'organisation de centres directeurs, et non sur la solidarité réelle des intérêts et des aspirations effectives du prolétariat de tous les pays du monde civilisé, sur la fédéralisation spontanée et libre des sections et des fédérations ouvrières, indépendamment de toute tutelle gouvernementale, les décrets de ce néfaste congrès de La Haye, incarnation par trop complaisante et fidèle des théories et de la pratique marxiennes, eussent suffi pour la tuer. Ils eussent rendu à la fois ridicule et odieuse cette magnifique association, à la fondation de laquelle, j'aime à le constater, M. Marx avait pris une part aussi intelligente qu'énergique.

Un État, un gouvernement, une dictature universelle ! Le rêve des Grégoire VII, des Boniface VIII, des Charles-Quint et des Napoléon, se reproduisant sous des formes nouvelles, mais toujours avec les même prétentions, dans le camp de la démocratie socialiste ! Peut-on s'imaginer quelque chose de plus burlesque, mais aussi de plus révoltant ?

Prétendre qu'un groupe d'individus, même les plus intelligents et les mieux intentionnés, seront capables de devenir la pensée, l'âme, la volonté dirigeante et unificatrice du mouvement révolutionnaire et de l'organisation économique du prolétariat de tous les pays, c'est une telle hérésie contre le sens commun et contre l'expérience historique, qu'on se demande avec étonnement comment un homme aussi intelligent que M. Marx a pu la concevoir.

Les papes ont eu moins pour excuse la vérité absolue qu'ils disaient tenir en leurs mains de par la grâce du Saint-Esprit et en laquelle ils étaient censés de croire. M. Marx n'a point cette excuse, et je ne lui ferai pas l'injure de penser qu'il s'imagine avoir scientifiquement inventé quelque chose qui approche de la vérité absolue. Mais du moment que l'absolu n'existe pas, il ne peut y avoir pour l'Internationale de dogme infaillible, ni par conséquent de théorie politique ou économique officielle, et nos congrès ne doivent jamais prétendre au rôle de conciles œcuméniques proclamant des principes obligatoires pour tous les adhérents et croyants.

Il n'existe qu'une seule loi réellement obligatoire pour tous les membres, individus, sections et fédérations de l'Internationale, dont cette loi consiste la vraie, l'unique base. C'est, dans toute son extension, dans toutes ses conséquences et applications, la solidarité internationale des travailleurs de tous les métiers et de tous les pays dans leur lutte économique contre les exploiteurs du travail. C'est dans l'organisation réelle de cette solidarité, par l'action spontanée des masses ouvrières et par la fédération absolument libre, et qui sera d'autant plus puissante qu'elle sera libre, des masses ouvrières de toutes les langues et de toutes les nations, et non dans leur unification par décrets et sous la baguette d'un gouvernement quelconque, que réside uniquement l'unité réelle et vivante de l'Internationale.

Que de cette organisation de plus en plus large de la solidarité militante du prolétariat contre l'exploitation bourgeoise doive sortir et surgisse en effet la lutte politique du prolétariat contre la bourgeoisie, qui peut en douter ? Les marxiens et nous, nous sommes unanimes sur ce point. Mais immédiatement se présente la question qui nous sépare si profondément des marxiens.

Nous pensons que la politique, nécessairement révolutionnaire, du prolétariat, doit avoir pour objet immédiat et unique la destruction des États. Nous ne comprenons pas qu'on puisse parler de la solidarité internationale lorsqu'on veut conserver les États, à moins qu'on ne rêve l'État universel, c'est-à-dire l'esclavage universel, comme les grands empereurs et les papes, l'État par sa nature même étant une rupture de cette solidarité et par conséquent une cause permanente de guerre. Nous ne concevons pas non plus qu'on puisse parler de la liberté du prolétariat ou de la délivrance réelle des masses dans l'État et par l'État. État veut dire domination, et toute domination suppose l'assujettissement des masses et par conséquent leur exploitation au profit d'une minorité gouvernante quelconque.

Nous n'admettons pas, même comme transition révolutionnaire, ni les Conventions nationales, ni les Assemblées constituantes, ni les gouvernements provisoires, ni les dictatures soi-disant révolutionnaires ; parce que nous sommes convaincus que la Révolution n'est sincère, honnête et réelle que dans les masses, et que, lorsqu'elle se trouve concentrée entre les mains de quelques individus gouvernants, elle devient inévitablement et immédiatement la réaction. Telle est notre croyance, ce n'est pas ici le moment de développer. Les marxiens professent des idées toutes contraires. Comme il convient à de bons Germains, ils sont les adorateurs du pouvoir de l'État, et nécessairement aussi les prophètes de la discipline politique et sociale, les champions de l'ordre établi de haut en bas, toujours au nom du suffrage universel et de la souveraineté des masses, auxquelles on réserve le bonheur et l'honneur d'obéir à des chefs, à des maîtres élus. Les marxiens n'admettent point d'autre émancipation que celle qu'ils attendent de leur État soi-disant populaire (*Volksstaat*). Ils sont si peu les ennemis du patriotisme que leur Internationale même porte trop souvent les couleurs du pangermanisme. Il existe entre la politique bismarckienne et la politique marxienne une différence sans doute très sensible, mais entre les marxiens et nous il y a un abîme. Eux, ils sont les gouvernementaux, nous, les anarchistes quand même.

Telles sont les deux tendances principales qui séparent aujourd'hui l'Internationale en deux camps. D'un côté il n'y a à proprement parler que la seule Allemagne ; de l'autre, il y a, à des degrés différents, l'Italie, l'Espagne, le Jura suisse, une grande partie de la France, la Belgique, la Hollande, et dans un avenir très prochain les peuples slaves. Ces deux tendances se sont heurtées au congrès de La Haye, et, grâce à la grande habileté de M. Marx, grâce à l'organisation tout à fait artificielle de son dernier congrès, la tendance germanique a vaincu.

Est-ce à dire que la terrible question ait été résolue ? Elle n'a pas même été proprement discutée ; la majorité ayant voté comme un régiment bien dressé, elle a écrasé toute discussion sous son vote. La contradiction existe donc plus vite et plus menaçante que jamais, et M. Marx lui-même, malgré tous les enivrements du triomphe, ne s'imagine sans doute pas qu'il puisse en être quitte à si bon marché. Et si même il a pu concevoir un moment une si folle espérance, la protection solidaire des délégués jurassiens, espagnols, belges et hollandais (sans parler de l'Italie qui n'a pas même daigné envoyer ses délégués à ce congrès trop ostensiblement falsifié), cette protestation si modérée dans la forme, mais d'autant plus énergique et significative dans le fond, a dû vite le désabuser.

Cette protestation elle-même n'est évidemment qu'un très faible avant-coureur de l'opposition formidable qui va éclater dans tous les pays vraiment pénétrés du principe et de la passion de la Révolution sociale. Et tout cet orage aura été soulevé par la préoccupation même si malheureuse des marxiens de faire de la question politique une base, un principe obligatoire de l'Internationale.

En effet, entre les deux tendances ci-dessus indiquées, aucune conciliation aujourd'hui n'est possible. Seule la pratique de la Révolution sociale, de grandes expériences historiques nouvelles, la logique des événements pourront les ramener tôt ou tard à une solution commune ; et, fortement convaincus de la bonté de notre principe, nous espérons qu'alors les Allemands eux-mêmes, les travailleurs de l'Allemagne et non leurs chefs, finiront par se joindre à nous pour démolir ces prisons des peuples qu'on appelle les États et pour condamner la politique, qui n'est en effet rien que l'art de dominer et de tondre les masses.

Mais aujourd'hui que faire ? Aujourd'hui la solution et la conciliation sur le terrain politique étant impossibles, il faut se tolérer mutuellement et en laissant à chaque pays le droit incontestable de suivre les tendances politiques qui lui plairont davantage ou qui lui paraîtront les mieux adaptées à sa situation particulière. Rejetant par conséquent toutes les questions politiques du programme obligatoire de l'Internationale, il faut chercher l'unité de cette grande association uniquement sur le terrain de la solidarité économique. Cette solidarité nous unit, tandis que les questions politiques fatalement nous séparent.

Il est certain que ni les Italiens, ni les Espagnols, ni les Jurassiens, ni les Français, ni les Belges, ni les Hollandais, ni les peuples slaves, ces ennemis historiques du pangermanisme, ni même le prolétariat de l'Angleterre et de l'Amérique [30], ne se soumettront jamais aux tendances politiques qu'impose aujourd'hui au prolétariat de l'Allemagne l'ambition de ses chefs. Mais en supposant même que, par suite de cette désobéissance, le nouveau Conseil général [31] frappe d'interdiction tous ces pays et qu'un nouveau concile œcuménique des marxiens les excommunie et les déclare rejetés du sein de l'Internationale, la solidarité économique qui existe nécessairement, naturellement et de fait entre le prolétariat de tous ces pays et celui de l'Allemagne en sera-t-elle diminuée ?

Que les ouvriers de l'Allemagne fassent une grève, qu'ils se révoltent contre la tyrannie économique de leurs patrons, ou qu'ils se révoltent contre la tyrannie politique d'un gouvernement qui est le protecteur naturel des capitalistes et autres exploiteurs du travail populaire, le prolétariat de tous ces pays excommuniés par les marxiens restera-t-il les bras croisés, spectateur indifférent de cette lutte ? Non, il leur donnera tout son pauvre argent et, qui plus est, il donnera tout son sang à ses frères de l'Allemagne, sans leur demander préalablement quel sera le système politique dans lequel ils croiront devoir chercher leur délivrance.

Voilà donc où se trouve la véritable unité de l'Internationale : elle est dans les aspirations communes et dans le mouvement

---

30. Les résolutions votées à La Haye par une majorité factice furent désavouées par *toutes* les fédérations régionales qui composaient l'Internationale, savoir : 1. par la Fédération jurassienne, dans son Congrès de Saint-Imier (15-16 septembre 1872) ; 2. par toutes les sections françaises qui purent, malgré la loi Dufaure, se réunir et délibérer, entre autres par un congrès de vingt-trois délégués de sections françaises (octobre 1872) ; 3. par la Fédération italienne (lettre de sa Commission de correspondance, décembre 1872), qui dès le mois d'août 1872, dans son premier congrès à Rimini, avait rompu avec le Conseil général ; 4. par la Fédération belge, dans son congrès de Bruxelles (25-26 décembre 1872) ; 5. par la Fédération espagnole, dans son congrès de Cordoue (25-30 décembre 1872) ; 6. par la Fédération américaine (résolution du conseil fédéral de Spring Street, New York, 19 janvier 1873) ; 7. par la Fédération anglaise, dans son congrès de Londres (26 janvier 1873) ; 8. par la Fédération hollandaise (résultat du vote des actions communiqué par le conseil fédéral hollandais le 14 février 1873). Il n'y avait pas de section de l'Internationale en Allemagne, la législation s'y opposant ; l'Internationale ne pouvait y compter que des adhérents individuels, directement affiliés auprès du Conseil général (note de James Guillaume).

31. Le Conseil général de l'Internationale, qui de 1864 à 1872 avait eu Londres pour siège, fut placé, par une décision du Congrès de La Haye, à New York, où Marx et Engels avaient compté trouver des instruments dociles de leurs volontés (*id.*)

spontané des masses populaires de tous les pays, et non dans un gouvernement quelconque, ni dans une théorie politique uniforme, imposée par un congrès général à ces masses.

C'est tellement évident, qu'il faut être bien aveuglé par la passion du pouvoir pour ne point le comprendre.

Je conçois à la rigueur que les despotes couronnés ou non couronnés aient pu rêver le sceptre du monde ; mais que dire d'un ami du prolétariat, d'un révolutionnaire qui prétend vouloir sérieusement l'émancipation des masses et qui, en se posant en directeur et en arbitre suprême de tous les mouvements révolutionnaires qui peuvent éclater dans différents pays, ose rêver l'assujettissement du prolétariat de tous ces pays à une pensée unique, éclose dans son propre cerveau ?

Je pense que M. Marx est un révolutionnaire très sérieux, sinon toujours très sincère, qu'il veut réellement le soulèvement des masses ; et je me demande comment il fait pour ne point voir que l'établissement d'une dictature universelle, collective ou individuelle, d'une dictature qui ferait en quelque sorte la besogne d'un ingénieur en chef de la Révolution mondiale, réglant et dirigeant le mouvement insurrectionnel des masses dans tous les pays comme on dirige une machine, que l'établissement d'une pareille dictature suffirait à lui seul pour tuer la révolution, pour paralyser et pour fausser tous les mouvements populaires. Quel est l'homme, quel est le groupe d'individus, si grand que soit leur génie, qui oserait se flatter de pouvoir seulement embrasser et comprendre l'infinie multitude d'intérêts, de tendances et d'actions si diverses dans chaque pays, dans chaque province, dans chaque localité, dans chaque métier, et dont l'ensemble immense, uni, mais non uniformisé, par une grande aspiration commune et par quelques principes fondamentaux qui sont passés désormais dans la conscience des masses, constituera la future Révolution sociale ?

Et que penser d'un congrès international qui, dans l'intérêt soi-disant de cette révolution, impose au prolétariat de tout le monde civilisé un gouvernement investi de pouvoirs dictatoriaux, avec le droit inquisitorial et pontifical de suspendre des fédérations régionales, d'interdire des nations entières au nom d'un principe soi-disant officiel et qui n'est autre que la propre pensée de M. Marx, transformée par le vote d'une majorité factice en une vérité absolue ? Que penser d'un congrès qui, pour rendre sans doute sa folie plus ostensible encore, relègue en Amérique ce gouvernement dictatorial, après l'avoir composé d'hommes probablement très honnêtes, mais obscurs, suffisamment ignorants et absolument inconnus à lui-même ? Nos ennemis les bourgeois auraient donc raison lorsqu'ils se moquent de nos congrès et lorsqu'ils prétendent que l'Association internationale des travailleurs ne combat les vieilles tyrannies que pour en établir une nouvelle, et que, pour remplacer dignement les absurdités existantes, elle veut en créer une autre !

II. Étatisme et anarchie

L'institut international d'histoire sociale d'Amsterdam a bien voulu nous autoriser à reproduire l'extrait suivant de Étatisme et Anarchie *: l'ouvrage publié en langue russe en 1873 et jamais encore traduit en français constitue le tome III des* Archives Bakounine *éditées par E.J. Brill à Leiden (Pays-Bas) pour le compte de l'Institut d'Amsterdam. La traduction française est de Marcel Body.*

Nous avons déjà exprimé à plusieurs reprises une très vive aversion pour la théorie de Lassalle et de Marx qui recommande aux travailleurs, sinon comme idéal suprême, du moins comme but essentiel immédiat, la fondation d'un « État populaire », lequel, comme ils l'ont eux-mêmes expliqué, ne serait pas autre chose que « le prolétariat organisé en classe dominante ». Si le prolétariat devient la classe dominante, sur qui, demandera-t-on, dominera-t-il ? C'est donc qu'il restera encore une classe soumise à cette nouvelle classe dominante, à cet État nouveau, ne fût-ce par exemple, que la plèbe des campagnes qui, on le sait, n'est pas en faveur chez les marxiens [32] et qui, située au plus bas degré de la civilisation, sera probablement dirigée par le prolétariat des villes et des fabriques ; ou bien, si l'on considère la question du point de vue ethnique, disons, pour les Allemands, la question

32. On a préféré ici écrire « marxiens » et non « marxistes », comme l'a fait le traducteur, car Bakounine, quand il s'exprime en français, emploie toujours le premier terme.

des Slaves ; ceux-ci se trouveront pour la même raison vis-à-vis du prolétariat allemand victorieux, dans une sujétion d'esclave identique à celle de ce prolétariat par rapport à sa bourgeoisie.

Qui dit État, dit nécessairement domination et, par conséquent, esclavage ; un État sans esclavage, avoué ou masqué, est inconcevable ; voilà pourquoi nous sommes ennemis de l'État.

Que signifie : « le prolétariat organisé en classe dominante » ? Est-ce à dire que celui-ci sera tout entier à la direction des affaires publiques ? On compte environ quarante millions d'Allemands. Se peut-il que ces quarante millions fassent partie du gouvernement et le peuple entier gouvernant, il n'y aura pas de gouvernés ? Alors il n'y aura pas d'État [33], mais, s'il y en a un, il y aura des gouvernés, il y aura des esclaves.

Dans la théorie marxienne ce dilemme est tranché très simplement. Par gouvernement populaire les marxiens entendent le gouvernement du peuple au moyen d'un petit nombre de représentants élus par le peuple au suffrage universel. L'élection par l'ensemble de la nation des représentants soi-disant du peuple et des dirigeants de l'État, ce qui est le dernier mot des marxiens aussi bien que de l'école démocrate, est un mensonge qui cache le despotisme de la minorité dirigeante, mensonge d'autant plus dangereux qu'il est présenté comme l'expression de la prétendue volonté du peuple.

Ainsi, sous quelque angle qu'on se place pour considérer cette question, on arrive au même résultat exécrable : le gouvernement de l'immense majorité des masses populaires par une minorité privilégiée. Mais cette minorité, disent les marxiens, se composera d'ouvriers. Oui, certes, d'anciens ouvriers, mais qui, dès qu'ils seront devenus des gouvernants ou des représentants du peuple, cesseront d'être des ouvriers et se mettront à regarder le monde prolétaire du haut de l'État ; ne représenteront plus le peuple, mais eux-mêmes et leurs prétentions à le gouverner. Qui en doute ne connaît pas la nature humaine.

Ces élus seront en revanche des socialistes convaincus et par surcroît savants. Les termes socialiste scientifique, socialisme scientifique, qui reviennent sans cesse dans les écrits des lassal-

33. Cf. p. 104, la même idée dans Proudhon.

liens et des marxiens, prouvent par eux-mêmes que le pseudo-État populaire ne sera rien d'autre que le gouvernement despotique des masses prolétaires par une nouvelle et très restreinte aristocratie de vrais ou de prétendus savants. Le peuple n'étant pas savant, il sera entièrement affranchi des soucis gouvernementaux et tout entier intégré dans le troupeau des gouvernés. Bel affranchissement !

Les marxiens se rendent compte de cette contradiction et, tout en admettant que la direction gouvernementale des savants, la plus lourde, la plus vexatoire et la plus méprisable qui soit, sera, quelles que puissent être les formes démocratiques, une véritable dictature, se consolent à l'idée que cette dictature sera temporaire et de courte durée. Ils prétendent que son seul souci et son unique fin sera de donner l'instruction au peuple et de le porter, tant économiquement que politiquement, à un niveau tel que tout gouvernement ne tardera pas à devenir inutile ; et l'État, après avoir perdu son caractère politique, c'est-à-dire autoritaire, se transformera de lui-même en organisation tout à fait libre des intérêts économiques et des communes.

Il y a là une flagrante contradiction. Si leur État est effectivement un « État populaire », quelles raisons aurait-on de le supprimer ? Et si, d'autre part, sa suppression est nécessaire pour l'émancipation réelle du peuple, comment pourrait-on le qualifier d'« État populaire » ? En polémiquant avec eux, nous les avons amenés à reconnaître que l'organisation libre des masses ouvrières, que la liberté ou l'anarchie, c'est-à-dire de bas en haut, est l'ultime but de l'évolution sociale et que tout État, y compris leur « État populaire », est un joug, ce qui signifie que, d'une part, il engendre le despotisme et, d'autre part, l'esclavage.

Selon eux, ce joug étatique, cette dictature est une phase de transition nécessaire pour arriver à l'émancipation totale du peuple : l'anarchie ou la liberté étant le but, l'État ou la dictature le moyen. Ainsi donc, pour affranchir les masses populaires, on devrait commencer par les asservir.

Pour le moment, notre polémique s'est arrêtée sur cette contradiction. Les marxiens prétendent que seule la dictature, bien entendu la leur, peut créer la liberté du peuple ; à cela nous répondrons qu'aucune dictature ne peut avoir d'autre fin que de durer le plus longtemps possible et qu'elle est seulement capable d'engendrer l'esclavage dans le peuple qui la subit et d'éduquer ce dernier dans cet esclavage ; la liberté ne peut être créée que par la liberté, c'est-à-dire par le soulèvement du peuple entier et par la libre organisation des masses laborieuses de bas en haut.

(...) Tandis que la théorie politico-sociale des socialistes anti-autoritaires ou anarchistes les mène infailliblement à une rupture complète avec tous les gouvernements, avec toutes les formes de la politique bourgeoise, et ne leur laisse d'autre issue que la Révolution sociale, la théorie adversaire, la théorie des communistes autoritaires et de l'autoritarisme scientifique attire et englue ses partisans, sous prétexte de tactique, dans des compromis incessants avec les gouvernements et les différents partis politiques bourgeois, c'est-à-dire les pousse directement dans le camp de la réaction.

(...) Point capital de ce programme : l'émancipation (prétendue) du prolétariat par le seul et unique moyen de l'État. Mais pour cela il faut que l'État accepte de se faire l'émancipateur du prolétariat en secouant le joug du capital bourgeois. Comment donc inculquer à l'État cette volonté ? Pour cela, il ne peut y avoir que deux moyens : le prolétariat fait la Révolution pour s'emparer de l'État, moyen héroïque. Après s'être emparé de l'État, il devrait, selon nous, immédiatement le détruire, en tant qu'éternelle prison des masses prolétaires ; or, selon la théorie de M. Marx, le peuple non seulement ne doit pas détruire l'État, mais doit au contraire l'affermir, le rendre encore plus puissant et, sous cette forme, le mettre à la disposition de ses bienfaiteurs, de ses tuteurs et de ses éducateurs, les chefs du Parti communiste, en un mot, à la disposition de M. Marx et de ses amis qui commenceront aussitôt à l'affranchir à leur manière.

Ils prendront en main les rênes du gouvernement, parce que le peuple ignorant a besoin d'une bonne tutelle ; ils créeront une Banque d'État unique qui concentrera entre ses mains la totalité du commerce, de l'industrie de l'agriculture et même la production scientifique, tandis que la masse du peuple sera divisée en deux armées : l'armée industrielle et l'armée agricole, sous le commandement direct des ingénieurs de l'État qui formeront une nouvelle caste politico-savante privilégiée.

Voyez quel but lumineux est assigné au peuple par l'école communiste allemande !

Bakounine et Marx sur la Commune

Voici deux textes, tous deux admirables, l'un de Bakounine, l'autre de Marx, sur la Commune de Paris. Ils ont été écrits au lendemain de la défaite de la Commune (mai 1871). Tous deux développent un thème tiré par l'un et l'autre de l'expérience de la Commune, qui fut la première Révolution prolétarienne : celui de l'abolition de l'État. Le texte de Bakounine n'a rien qui puisse surprendre. Il est en effet, dans la lignée de ceux de ses écrits qui précèdent. On y trouve une quintessence du socialisme libertaire.

Plus surprenante, en revanche, est l'Adresse rédigée par Marx, au nom du Conseil général de l'Internationale ouvrière, dont faisaient partie, alors, les marxiens comme les bakouniniens. Elle résulte, en effet, d'un effort de conciliation tenté par son rédacteur entre les deux courants de l'Internationale.

À ce titre, elle diffère sensiblement des écrits de Marx d'avant et d'après 1871 et elle se rapproche singulièrement de ceux de Bakounine. Avec le recul du temps, on peut la considérer comme l'un des rares ponts jetés entre marxisme et anarchisme, comme l'un des peu nombreux efforts de synthèse entre la pensée « autoritaire » et la pensée libertaire.

Dans cette Adresse, plus connue sou le nom de La Guerre civile en France, *Marx révisait certains passages* du Manifeste communiste *de 1848. Les rédacteurs de cet illustre document, Marx et Engels, y avaient exposé la notion d'une Révolution prolétarienne par étapes. La première serait la conquête du pouvoir politique grâce à laquelle « petit à petit », les instruments de pro-*

duction, les moyens de transport, le crédit seraient centralisés entre les mains de l'État.

Ce ne serait qu'au terme d'une longue évolution, lorsque les antagonismes de classes auraient disparu et le pouvoir public perdu son caractère politique, que toute la production serait concentrée, non plus entre les mains de l'État, mais entre les mains des « individus associés » : dans cette association de type libertaire, le libre développement de chacun serait la condition du libre développement de tous.

Bakounine qui, à la différence des socialistes français, connaissait le Manifeste communiste, *dans son texte original allemand, depuis 1848, n'avait pas manqué une occasion de critiquer cette manière de scinder la Révolution en deux étapes, dont la première serait encore fortement étatique. Il l'avait fait en ces termes : « L'État devenu seul propriétaire (...) sera aussi l'unique capitaliste, le banquier, le bailleur de fonds, l'organisateur, le directeur de tout le travail national et le distributeur des produits. Tel est l'idéal, le principe fondamental du communisme moderne*[34]*. » Et ailleurs : « Cette Révolution consistera dans l'expropriation soit successive, soit violente des propriétaires et des capitalistes actuels, et dans l'appropriation de toutes les terres et de tout le capital par l'État qui, pour pouvoir remplir sa grande mission économique aussi bien que politique, devra être nécessairement très puissant et très fortement concentré. L'État administrera et dirigera la culture de la terre au moyen de ses ingénieurs appointés et commandant à des armées de travailleurs ruraux, organisés et disciplinés pour cette culture. En même temps, sur la ruine de toutes les banques existantes, il établira une banque unique, commanditaire de tout le travail et de tout le commerce national*[35]*. »*

Et encore : « Dans l'État populaire de M. Marx, nous dit-on, il n'y aura point de classe privilégiée. Tous seront égaux, non seulement au point de vue juridique et politique, mais au point de vue économique Au moins on le promet, quoique je doute fort que, de la manière dont on s'y prend et dans la voie qu'on veut suivre, on puisse jamais tenir sa promesse. Il n'y aura donc plus

34. BAKOUNINE, *Œuvres*, t. IV, 1910, p. 62.
35. *Ibidem*, p. 381-382.

de classe privilégiée, mais un gouvernement excessivement compliqué, qui ne se contentera pas de gouverner et d'administrer les masses politiquement, comme le font tous les gouvernements aujourd'hui, mais qui encore administrera économiquement, en concentrant en ses mains la production et la juste répartition des richesses, la culture de la terre, l'établissement et le développement des fabriques, l'organisation et la direction par le seul banquier, l'État[36]*.* »

Sous l'aiguillon de la critique bakouninienne, Marx et Engels ressentirent la nécessité d'apporter des correctifs à leurs conceptions trop étatistes de 1848. Dans une préface à une réédition du Manifeste, *en date du 24 juin 1872, ils convinrent donc qu'à « bien des égards » ils donneraient maintenant une « rédaction différente » au passage en question du texte de 1848. Et ils invoquaient, notamment, à l'appui de cette révision « les expériences pratiques, d'abord de la Révolution de Février [1848], ensuite, et bien plus, de la Commune de Paris où, pour la première fois, le prolétariat eut en main, deux mois durant, le pouvoir politique ». Pour conclure : « Tout cela fait que, par endroits, ce programme n'est plus à la page. La Commune, notamment, a fourni la preuve que la classe ouvrière ne peut pas se contenter de prendre possession de la machine déjà existante de l'État pour la mettre au service de ses propres objectifs. » Aussi l'adresse de 1871 proclame-t-elle que la Commune est « la forme politique enfin trouvée par laquelle réaliser l'émancipation économique du travail ».*

Dans sa biographie de Karl Marx, un marxiste indiscuté, Franz Mehring a souligné, à son tour, que l'Adresse de 1871, célébrant la Commune de Paris, révisait, sur ce point, dans une certaine mesure, le Manifeste, *où la dissolution de l'État était bien envisagée, mais seulement comme un processus à long terme. Plus tard, cependant, assurait Mehring, après la mort de Marx, Engels, en lutte avec les courants anarchistes, devait laisser tomber le correctif en question et revenir aux anciennes conceptions du* Manifeste[37].

---

36 *Ibidem*, p.476.

37. Franz Mehring (1846-1919), *Karl Marx, Geschichte seines Lebens*, 1918 ; Lénine, dans *L'Etat et la Révolution*, a dénoncé la « dénaturation » par l'« opportunisme » social-démocrate de la « correction essentielle » apportée par Marx au *Manifeste*.

Toujours est-il que le « tournant » un peu brusque du rédacteur de l'Adresse de 1871 devait susciter le scepticisme de Bakounine. Parlant de la Commune, il écrivit : « L'effet en fut si formidable partout que les marxiens eux-mêmes, dont toutes les idées avaient été renversées par cette insurrection, se virent obligés de tirer devant elle leur chapeau. Ils firent plus : à l'encontre de la plus simple logique et de leurs sentiments véritables, ils proclamèrent que son programme et son but étaient les leurs. Ce fut un travestissement vraiment bouffon, mais forcé. Ils avaient dû le faire, sous peine de se voir débordés et abandonnés de tous, tellement la passion que cette Révolution avait provoquée en tout le monde avait été puissante [38]. *»*

Et Bakounine d'observer : « Il paraît qu'au congrès de La Haye [septembre 1872] M. Engels, effrayé par l'impression détestable qu'avait produite la lecture de quelques pages de ce Manifeste, *s'est empressé de déclarer que c'était là un document vieilli, une théorie abandonnée par eux-mêmes [Marx et Engels]. S'il a dit cela, il a manqué de sincérité, car, à la veille même de ce congrès, les marxiens se sont efforcés de répandre ce document dans tous les pays* [39]. *»*

Quant à James Guillaume, le disciple jurassien de Bakounine, il réagit à la lecture de l'Adresse de 1871 en des termes analogues : « Voici une étonnante déclaration de principes, où Marx semble avoir abandonné son propre programme pour se rallier aux idées fédéralistes. Y a-t-il là une conversion réelle de l'auteur du Capital, *ou du moins un entraînement momentané auquel il a cédé sous le coup des événements ? Ou bien était-ce de sa part une habileté, afin de recueillir, par une adhésion apparente au programme de la Commune, le bénéfice du prestige qui s'attachait à ce nom* [40] *? »*

De nos jours, Arthur Lehning, à qui l'on doit l'érudite édition des Archives Bakounine, *actuellement en cours de publication, a souligné, à son tour, la contradiction entre les idées de l'Adresse et tous les autres écrits de Marx : « C'est une ironie de l'histoire qu'au moment même où la lutte des tendances autoritaire et anti-*

---

38. BAKOUNINE, lettre destinée au journal de Bruxelles *La Liberté* en date du 5 octobre 1827, *in Œuvres*, Stock, Paris, t. IV, p. 387.
39. *Ibid*. p. 372.
40. James GUILLAUME, *Souvenirs sur l'Internationale,* 1907, t. II, p. 192.

autoritaire atteignait son apogée [dans la Première Internationale], Marx, sous l'impression de l'énorme effet du soulèvement révolutionnaire du prolétariat parisien, ait exprimé les idées de cette Révolution, qui étaient l'opposé de celles qu'il représentait, d'une façon telle qu'on pourrait presque les qualifier de programme de cette tendance anti-autoritaire qu'il combattait [dans l'Internationale] par tous les moyens (...) *Il ne fait aucun doute que la brillante Adresse du Conseil général* (...) *ne s'insère pas du tout dans la construction du système du " socialisme scientifique ".* La Guerre civile *est au plus haut degré non marxiste* (...). *La Commune de Paris n'avait rien de commun avec le socialisme d'État de Marx, mais était bien davantage en accord avec les idées de Proudhon et les théories fédéralistes de Bakounine* (...). *Le principe essentiel de la Commune était, selon Marx, que le centralisme politique de l'État devait être remplacé par un autogouvernement des producteurs, par une fédération des communes autonomes auxquelles l'initiative dévolue jusqu'alors à l'État devait être confiée* (...)

« La Guerre civile *est en pleine contradiction avec les autres écrits marxistes où il est question d'un dépérissement de l'État. La Commune de Paris n'a pas centralisé les moyens de production entre les mains de l'État. L'objectif de la Commune de Paris ne fut pas de laisser l'État " dépérir ", mais de l'abroger immédiatement.* (...) *L'anéantissement de l'État n'était plus le résultat final inévitable d'un processus historique dialectique, d'une phase supérieure de la société, elle-même conditionnée par une forme de production supérieure.*

« *La Commune de Paris anéantit l'État, sans réaliser une quelconque des conditions définies précédemment par Marx comme prélude à son abrogation ;* (...) *La défaite de l'État bourgeois par la Commune n'avait pas pour but d'installer un autre État à sa place* (...) *Son objectif n'était pas la fondation d'une nouvelle machine étatique, mais le remplacement de l'État par une organisation de la société sur des bases économiques et fédéralistes.* (...) *Dans* La Guerre civile [*l'Adresse*] *il n'est pas question d'un "dépérissement", mais d'une extirpation immédiate et totale de l'État*[41]. »

---

41. Arthur LEHNING, « Marxismes und Anarchismus in der russischen Revolution » (Marxisme et anarchisme dans la Révolution russe), revue *Die Internationale*, Berlin, 1929, traduit de l'allemand.

Parallèlement, le marxologue Maximilien Rubel a admis : « Il est indéniable que l'idée que Marx s'est faite de la conquête et de la suppression de l'État par le prolétariat a trouvé sa forme définitive dans son Adresse sur la Commune de Paris et qu'elle diffère comme telle de l'idée que nous en donne le Manifeste communiste [42]. »

Mais il y a tout de même désaccord entre les deux érudits : Lehning, qui, à tort ou à raison, voit en Marx un « autoritaire », affirme que l'Adresse est un « corps étranger » dans le socialisme marxiste, tandis que Rubel, au contraire, qui veut voir en Marx un « libertaire », soutient que la pensée marxienne a trouvé dans l'Adresse « sa forme définitive ».

Il n'en reste pas moins que, dans l'effort de synthèse à trouver aujourd'hui entre anarchisme et marxisme, l'Adresse de 1871 doit être considérée comme un point de départ, comme une première démonstration qu'il est possible de concilier fructueusement les deux courants de pensée, autoritaire et libertaire.

Bakounine : la Commune de Paris [43]

(...) Le socialisme révolutionnaire vient de tenter une première manifestation éclatante et pratique dans la Commune de Paris.

Je suis un partisan de la Commune de Paris qui, pour avoir été massacrée, étouffée dans le sang par les bourreaux de la réaction monarchique et cléricale, n'en est devenue que plus vivace, plus puissante dans l'imagination et dans le cœur du prolétariat de l'Europe ; j'en suis le partisan surtout parce qu'elle a été une négation audacieuse, bien prononcée, de l'État.

C'est un fait historique immense que cette négation de l'État se soit manifestée précisément en France, qui a été jusqu'ici par excellence le pays de la centralisation politique, et que ce soit précisément Paris, la tête et le créateur historique de cette grande civilisation française, qui en ait pris l'initiative.

Paris se découronnant et proclamant avec enthousiasme sa

---

42. Karl Marx, *Pages choisies pour une éthique socialiste*, textes réunis par Maximilien Rubel, 1948, Introduction p. 4, note.
43. Extrait de *La Commune de Paris et la notion de l'État*, 1871.

propre déchéance pour donner la liberté et la vie à la France, à l'Europe, au monde entier ;

Paris affirmant de nouveau sa puissance historique d'initiative en montrant à tous les peuples esclaves (et quelles sont les masses populaires qui ne soient point esclaves ?) l'unique voie d'émancipation et de salut ;

Paris portant un coup mortel aux traditions politiques du radicalisme bourgeois et donnant une base réelle au socialisme révolutionnaire ;

Paris méritant à nouveau les malédictions de toute la gent réactionnaire de la France et de l'Europe ;

Paris s'ensevelissant dans ses ruines pour donner un solennel démenti à la réaction triomphante ; sauvant par son désastre l'honneur et l'avenir de la France, et prouvant à l'humanité consolée que si la vie, l'intelligence, la puissance morale se sont retirées des classes supérieures, elles se sont conservées énergiques et pleines d'avenir dans le prolétariat ;

Paris inaugurant l'ère nouvelle, celle de l'émancipation définitive et complète des masses populaires et de leur solidarité désormais toute réelle, à travers et malgré les frontières des États ;

Paris tuant le patriotisme et fondant sur ses ruines la religion de l'humanité ;

Paris se proclamant humanitaire et athée, et remplaçant les fictions divines par les grandes réalités de la vie sociale et la foi dans la science ; les mensonges et les iniquités de la morale religieuse, politique et juridique par les principes de la liberté, de la justice, de l'égalité et de la fraternité, ces fondements éternels de toute morale humaine ;

Paris héroïque, rationnel et croyant, confirmant sa foi énergique dans les destinées de l'humanité par sa chute glorieuse, par sa mort et la léguant beaucoup plus énergique et vivante aux générations à venir ;

Paris noyé dans le sang de ses enfants les plus généreux, c'est l'humanité crucifiée par la réaction internationale et coalisée de l'Europe, sous l'inspiration immédiate de toutes les Églises chrétiennes et du grand prêtre de l'iniquité, le pape ; mais la prochaine Révolution internationale et solidaire des peuples sera la résurrection de Paris.

Tel est le vrai sens, et telles sont les conséquences bienfaisantes et immenses des deux mois d'existence et de la chute à jamais mémorable de la Commune de Paris.

La Commune de Paris a duré trop peu de temps, et elle a été trop empêchée dans son développement intérieur par la lutte mortelle qu'elle a dû soutenir contre la réaction de Versailles, pour qu'elle ait pu, je ne dis pas même appliquer, mais élaborer théoriquement son programme socialiste. D'ailleurs, il faut bien le reconnaître, la majorité des membres de la Commune n'étaient pas proprement socialistes et, s'ils se sont montrés tels, c'est qu'ils ont été invinciblement entraînés par la force irrésistible des choses, par la nature de leur milieu, par les nécessités de leur position, et non par leur conviction intime. Les socialistes, à la tête desquels se place naturellement notre ami Varlin, ne formaient dans la Commune qu'une très infime minorité ; ils n'étaient tout au plus que quatorze ou quinze membres. Le reste était composé de jacobins.

Mais entendons-nous, il y a jacobins et jacobins. Il y a les jacobins avocats et doctrinaires, comme M. Gambetta, dont le républicanisme positiviste, présomptueux, despotique et formaliste, ayant répudié l'antique foi révolutionnaire et n'ayant conservé du jacobinisme que le culte de l'unité et de l'autorité, a livré la France populaire aux Prussiens, et plus tard à la réaction indigène ; et il y a les jacobins franchement révolutionnaires, les héros, les derniers représentants sincères de la foi démocratique de 1793, capables de sacrifier et leur unité et leur autorité bien-aimées aux nécessités de la Révolution, plutôt que de ployer leur conscience devant l'insolence de la réaction.

Ces jacobins magnanimes à la tête desquels se place naturellement Delescluze, une grande âme et un grand caractère, veulent le triomphe de la Révolution avant tout ; et comme il n'y a point de Révolution sans masses populaires, et comme ces masses ont éminemment aujourd'hui l'instinct socialiste et ne peuvent plus faire d'autre Révolution qu'une Révolution économique et sociale, les jacobins de bonne foi, se laissant entraîner toujours davantage par la logique du mouvement révolutionnaire, finiront par devenir des socialistes malgré eux.

Telle fut précisément la situation des jacobins qui firent partie de la Commune de Paris. Delescluze et bien d'autres avec lui signèrent des programmes et des proclamations dont l'esprit général et les promesses étaient positivement socialistes. Mais comme, malgré toute leur bonne foi et toute leur bonne volonté, ils n'étaient que des socialistes bien plus extérieurement entraînés qu'intérieurement convaincus, comme ils n'avaient pas eu le temps, ni même la capacité, de vaincre et de supprimer en eux-mêmes une masse de préjugés bourgeois qui étaient en contradiction avec leur socialisme récent, on comprend que, paralysés par cette lutte intérieure, ils ne purent jamais sortir des généralités, ni prendre une de ces mesures décisives qui eussent rompu à jamais leur solidarité et tous leurs rapports avec le monde bourgeois.

Ce fut un grand malheur pour la Commune et pour eux ; ils en furent paralysés et ils paralysèrent la Commune ; mais on ne peut pas le leur reprocher comme une faute. Les hommes ne se transforment pas d'un jour à l'autre, et ne changent ni de nature ni d'habitudes à volonté. Ils ont prouvé leur sincérité en se faisant tuer pour la Commune. Qui osera leur en demander davantage ?

Ils sont d'autant plus excusables que le peuple de Paris lui-même, sous l'influence duquel ils ont pensé et agi, était socialiste beaucoup plus d'instinct que d'idée ou de conviction réfléchie. Toutes ses aspirations sont au plus haut degré et exclusivement socialistes ; mais ses idées ou plutôt ses représentations traditionnelles sont encore loin d'être arrivées à cette hauteur. Il y a encore beaucoup de préjugés jacobins, beaucoup d'imaginations dictatoriales et gouvernementales, dans le prolétariat des grandes villes de France et même dans celui de Paris. Le culte de l'autorité, produit fatal de l'éducation religieuse, cette source historique de tous les malheurs, de toutes les dépravations et de toutes les servitudes populaires, n'a pas été encore complètement déraciné de son sein. C'est tellement vrai que même les enfants les plus intelligents du peuple, les socialistes les plus convaincus, ne sont pas encore parvenus à s'en délivrer d'une manière complète. Fouillez dans leur conscience et vous y retrouverez le jacobin, le gouvernementaliste, refoulé dans quelque coin bien obscur et devenu très modeste, il est vrai, mais non entièrement mort.

D'ailleurs, la situation du petit nombre des socialistes convaincus qui ont fait partie de la Commune était excessivement difficile. Ne se sentant pas suffisamment soutenus par la grande masse de la population parisienne, l'organisation de l'Association Internationale, très imparfaite elle-même d'ailleurs, n'embrassant à peine que quelques milliers d'individus, ils ont dû soutenir une lutte journalière contre la majorité jacobine. Et au milieu de quelles circonstances encore ! Il leur a fallu donner du travail et du pain à quelques centaines de milliers d'ouvriers, les organiser, les armer, et surveiller en même temps les menées réactionnaires dans une ville immense comme Paris, assiégée, menacée de la faim, et livrée à toutes les sales entreprises de la réaction qui avait pu s'établir et qui se maintenait à Versailles, avec la permission et par la grâce des Prussiens. Il leur a fallu opposer un gouvernement et une armée révolutionnaires au gouvernement et à l'armée de Versailles, c'est-à-dire que, pour combattre la réaction monarchique et cléricale, ils ont dû, oubliant et sacrifiant eux-mêmes les premières conditions du socialisme révolutionnaire, s'organiser en réaction jacobine.

N'est-il pas naturel qu'au milieu de circonstances pareilles, les jacobins, qui étaient les plus forts puisqu'ils constituaient la majorité dans la Commune, et qui, en outre, possédaient, à un degré infiniment supérieur, l'instinct politique, la tradition et la pratique de l'organisation gouvernementale, aient eu d'immenses avantages sur les socialistes ? Ce dont il faut s'étonner, c'est qu'ils n'en aient pas profité beaucoup plus qu'ils ne l'ont fait, qu'ils n'aient pas donné au soulèvement de Paris un caractère exclusivement jacobin, et qu'ils se soient laissés, au contraire, entraîner dans une Révolution sociale.

Je sais que beaucoup de socialistes, très conséquents dans leur théorie, reprochent à nos amis de Paris de ne s'être pas montrés suffisamment socialistes dans leur pratique révolutionnaire, tandis que tous les aboyeurs de la presse bourgeoise les accusent au contraire de n'avoir suivi que trop fidèlement le programme du socialisme. Laissons les ignobles dénonciateurs de cette presse, pour le moment, de côté ; je ferai observer aux théoriciens sévères de l'émancipation du prolétariat qu'ils sont injustes envers nos frères de Paris ; car, entre les théories les plus justes et leur mise en pratique, il y a une distance immense qu'on ne franchit pas en quelques jours. Quiconque a eu le bonheur de connaître Varlin, par exemple, pour ne nommer que celui dont la mort est certaine, sait combien, en lui et en ses amis, les convictions socialistes ont été passionnées, réfléchies et profondes. C'étaient des hommes dont le zèle ardent, le dévouement et la bonne foi n'ont jamais pu être mis en doute par aucun de ceux qui les ont approchés.

Mais précisément parce qu'ils étaient des hommes de bonne foi, ils étaient pleins de défiance en eux-mêmes en présence de l'œuvre immense à laquelle ils avaient voué leur pensée et leur vie : ils se comptaient pour si peu ! Ils avaient d'ailleurs cette conviction que dans la Révolution sociale, diamétralement opposée, dans ceci comme dans tout le reste, à la Révolution politique, l'action des individus était presque nulle et l'action spontanée des masses devait être tout. Tout ce que les individus peuvent faire, c'est d'élaborer, d'éclaircir et de propager les idées correspondant à l'instinct populaire, et, de plus, c'est de contribuer par leurs efforts incessants à l'organisation révolutionnaire de la puissance naturelle des masses, mais rien au-delà ; et tout le reste ne doit et ne peut se faire que par le peuple lui-même. Autrement on aboutirait à la dictature politique, c'est-à-dire à la reconstitution de l'État, des privilèges, des inégalités, de toutes les oppressions de l'État, et on arriverait, par une voie détournée mais logique, au rétablissement de l'esclavage politique, social, économique des masses populaires.

Varlin et tous ses amis, comme tous les socialistes sincères, et en général comme tous les travailleurs nés et élevés dans le peuple, partageaient au plus haut degré cette prévention parfaitement légitime contre l'initiative continue des mêmes individus, contre la domination exercée par des individualités supérieures : et, comme ils étaient justes avant tout, ils tournaient aussi bien cette prévention, cette défiance contre eux-mêmes que contre toutes les autres personnes.

Contrairement à cette pensée des communistes autoritaires, selon moi tout à fait erronée, qu'une Révolution sociale peut être décrétée et organisée, soit par une dictature, soit par une assemblée constituante issue d'une Révolution politique, nos amis, les socialistes de Paris, ont pensé qu'elle ne pouvait ête faite et amenée à son plein développement que par l'action spontanée et continue des masses, des groupes et des associations populaires.

Nos amis de Paris ont eu mille fois raison. Car, en effet, quelle est la tête si géniale qu'elle soit, ou si l'on veut parler d'une dictature collective, fût-elle même formée par plusieurs centaines d'individus doués de facultés supérieures, quels sont les cerveaux assez puissants, assez vastes pour embrasser l'infinie multiplicité et diversité des intérêts réels, des aspirations, des volontés, des besoins dont la somme constitue la volonté collective d'un peuple, et pour inventer une organisation sociale capable de satisfaire tout le monde ? Cette organisation ne sera jamais qu'un lit de Procuste sur lequel la violence plus ou moins marquée de l'État forcera la malheureuse société à s'étendre.

C'est ce qui est toujours arrivé jusqu'ici, et c'est précisément à ce système antique de l'organisation par la force que la Révolution sociale doit mettre un terme en rendant leur pleine liberté aux masses, aux groupes, aux communes, aux associations, aux individus mêmes, et en détruisant, une fois pour toutes, la cause historique de toutes les violences, la puissance et l'existence même de l'État qui doit entraîner dans sa chute toutes les iniquités du droit juridique avec tous les mensonges des cultes divers, ce droit et ces cultes n'ayant jamais été rien que la consécration obligée, tant idéale que réelle, de toutes les violences représentées, garanties et privilégiées par l'État.

Il est évident que la liberté ne sera rendue au monde humain, et que les intérêts réels de la société, de tous les groupes, de toutes les organisations locales ainsi que de tous les individus qui forment la société, ne pourront trouver de satisfaction réelle que quand il n'y aura plus d'États. Il est évident que tous les intérêts soi-disant généraux de la société que l'État est censé représenter, et qui en réalité ne sont autre chose que la négation générale et constante des intérêts positifs des régions, des communes, des associations et du plus grand nombre des individus assujettis à l'État, constituent une abstraction, une fiction, un mensonge et que l'État est comme une vaste boucherie et comme un immense cimetière où, à l'ombre et sous le prétexte de cette abstraction, viennent généreusement, béatement se laisser immoler et ensevelir toutes les aspirations réelles, toutes les forces vives d'un pays ; et comme aucune abstraction n'existe jamais par elle-même ni pour elle-même, comme elle n'a ni jambes pour marcher, ni bras pour créer, ni estomac pour digérer cette masse de victimes qu'on lui donne à dévorer, il est clair qu'aussi bien que l'abstraction religieuse ou céleste, Dieu, représente en réalité les intérêts très positifs, très réels d'une caste privilégiée, le clergé, son complément terrestre, l'abstraction politique, l'État, représente les intérêts non moins positifs et réels de la classe aujourd'hui principalement sinon exclusivement exploitante et qui d'ailleurs tend à englober toutes les autres, la bourgeoisie.

Et comme le clergé s'est toujours divisé et aujourd'hui tend à se diviser encore plus en une minorité très puissante et très riche et une majorité très subordonnée et passablement misérable, de même la bourgeoisie et ses diverses organisations sociales et politiques dans l'industrie, dans l'agriculture, dans la banque et dans le commerce, aussi bien que dans tous les fonctionnements administratifs, financiers, judiciaires, universitaires, policiers et militaires de l'État, tend à se scinder chaque jour davantage en une oligarchie réellement dominante et une masse innombrable de créatures plus ou moins vaniteuses et plus ou moins déchues qui vivent dans une perpétuelle illusion, repoussées inévitablement et toujours davantage dans le prolétariat par une force irrésistible, celle du développement économique actuel, et réduites à servir d'instruments aveugles à cette oligarchie toute-puissante.

L'abolition de l'Église et de l'État doit être la condition première et indispensable de l'affranchissement réel de la société ; après quoi seulement elle peut et doit s'organiser d'une autre manière, mais non pas de haut en bas et d'après un plan idéal, rêvé par quelques sages ou savants, ou bien à coups de décrets lancés par quelque force dictatoriale ou même par une assemblée nationale, élue par le suffrage universel. Un tel système, comme je l'ai déjà dit, mènerait inévitablement à la création d'un nouvel État, et conséquemment à la formation d'une aristocratie gouvernementale, c'est-à-dire d'une classe entière de gens n'ayant rien de commun avec la masse du peuple et, certes, cette classe recommencerait à l'exploiter et à l'assujettir sous prétexe de bonheur commun ou pour sauver l'État.

La future organisation sociale doit être faite seulement de bas en haut, par la libre association ou fédération des travailleurs, dans les associations d'abord, puis dans les communes, dans les régions, dans les nations et, finalement, dans une grande fédération internationale et universelle. C'est alors seulement que se réalisera le vrai et vivifiant ordre de la liberté et du bonheur général, cet ordre, qui loin de renier, affirme au contraire et met d'accord les intérêts des individus et de la société.

Karl Marx : la Commune de Paris [44]

Le cri de République sociale, auquel la Révolution de Février avait été proclamée par le prolétariat de Paris, n'exprimait guère qu'une vague aspiration à une République qui ne devait pas seulement abolir la forme monarchique de la domination de classe, mais la domination de classe elle-même. La Commune fut la forme positive de cette République.

Paris, siège central de l'ancien pouvoir gouvernemental, et, en même temps, forteresse sociale de la classe ouvrière française, avait pris les armes contre la tentative faite par Thiers et ses ruraux pour restaurer et perpétuer cet ancien pouvoir gouvernemental que leur avait légué l'Empire.

Paris pouvait seulement résister parce que, du fait du siège, il s'était débarrassé de l'armée et l'avait remplacée par une garde nationale, dont la masse était constituée par des ouvriers. C'est cet état de fait qu'il s'agissait maintenant de transformer en une institution durable. Le premier décret de la Commune fut donc la suppression de l'armée permanente et son remplacement par le peuple en armes.

La Commune fut composée des conseillers municipaux, élus au suffrage universel dans les divers arrondissements de la ville. Ils étaient responsables et révocables à tout moment [45]. La majorité de ses membres étaient naturellement des ouvriers ou des représentants reconnus de la classe ouvrière. La Commune devait être non pas un organisme parlementaire, mais un corps agissant, exécutif et législatif à la fois. Au lieu de continuer d'être l'instrument du gouvernement central, la police fut immédiatement dépouillée de ses attributs politiques et transformée en un instrument de la Commune, responsable et à tout instant révocable. Il en fut de même pour les fonctionnaires de toutes les autres

44. Extrait de *La Guerre civile en France*, 1871.
45. On verra plus loin, p. 362 et suivantes, la critique par Kropotkine du système représentatif de la Commune.

branches de l'administration. Depuis les membres de la Commune jusqu'au bas de l'échelle, la fonction publique devait être assurée pour des salaires d'ouvriers. Les pots-de-vin traditionnels et les indemnités de représentation des hauts dignitaires de l'État disparurent avec ces hauts dignitaires eux-mêmes. Les services publics cessèrent d'être la propriété privée des créatures du gouvernement central. Non seulement l'administration municipale, mais toute l'initiative jusqu'alors exercée par l'État fut remise aux mains de la Commune.

Une fois abolies l'armée permanente et la police, instruments matériels du pouvoir de l'ancien gouvernement, la Commune se donna pour tâche de briser l'outil spirituel de l'oppression, le pouvoir des prêtres ; elle décréta la séparation de l'Église et de l'État et l'expropriation de toutes les Églises dans la mesure où elles constituaient des corps possédants. Les prêtres furent renvoyés à la calme retraite de la vie privée, pour y vivre des aumônes des fidèles, à l'instar de leurs précédesseurs, les apôtres. La totalité des établissements d'instruction furent ouverts au peuple gratuitement, et, en même temps, débarrassés de toute ingérence de l'Église et de l'État. Ainsi, non seulement l'instruction était rendue accessible à tous, mais la science elle-même était libérée des fers dont les préjugés de classe et le pouvoir gouvernemental l'avaient chargée.

Les fonctionnaires de la justice furent dépouillés de cette feinte indépendance qui n'avait servi qu'à masquer leur vile soumission à tous les gouvernements successifs auxquels, tour à tour, ils avaient prêté serment de fidélité, pour le violer ensuite. Comme le reste des fonctionnaires publics, magistrats et juges devaient être électifs, responsables et révocables.

La Commune de Paris devait, bien entendu, servir de modèle à tous les grands centres industriels de France. Le régime de la Commune une fois établi à Paris et dans les centres secondaires, l'ancien gouvernement centralisé aurait, dans les provinces aussi, dû faire place au gouvernement des producteurs par eux-mêmes. Dans une brève esquisse d'organisation nationale que la Commune n'eut pas le temps de développer, il est dit expressément que la Commune devait être la forme politique même des plus petits hameaux de campagne et que dans les régions rurales l'armée permanente devait être remplacée par une milice populaire à temps de service extrêmement court. Les communes rurales de chaque département devaient administrer leurs affaires communes par une assemblée de délégués au chef-lieu du département, et ces assemblées de département devaient à leur tour envoyer des députés à la délégation nationale à Paris ; les délégués devaient être à tout moment révocables et liés par le mandat impératif de leurs électeurs. Les fonctions, peu nombreuses, mais importantes, qui restaient encore à un gouvernement central, ne devaient pas être supprimées, comme on l'a dit faussement, de propos délibéré, mais devaient être remplies par des fonctionnaires communaux, autrement dit strictement responsables.

L'unité de la nation ne devait pas être brisée, mais au contraire organisée par la Constitution communale ; elle devait devenir une réalité par la destruction du pouvoir d'État qui prétendait être l'incarnation de cette unité, mais se voulait indépendant de la nation elle-même, et supérieur à elle, alors qu'il n'en était qu'une excroissance parasitaire. Tandis qu'il importait d'amputer les organes purement répressifs de l'ancien pouvoir gouvernemental, ses fonctions légitimes devaient être arrachées à une autorité qui revendiquait une prééminence au-dessus de la société elle-même, et rendues aux serviteurs responsables de la société. Au lieu de décider une fois tous les trois ou six ans quel membre de la classe dirigeante devait « représenter » et fouler aux pieds le peuple au parlement, le suffrage universel devait servir au peuple constitué en communes, comme le suffrage individuel sert à tout autre employeur en quête d'ouvriers et de personnel de direction pour son affaire. Et c'est un fait bien connu que les sociétés, comme les individus, en matière d'affaires véritables, savent généralement mettre chacun à sa place et, s'ils font une fois une erreur, ils savent la redresser promptement.

D'autre part, rien ne pouvait être plus étranger à l'esprit de la Commune que de remplacer le suffrage universel par une investiture hiérarchique. C'est en général le sort des formations historiques entièrement nouvelles d'être prises à tort pour la réplique des formes plus anciennes, et même éteintes, de la vie sociale, avec lesquelles elles peuvent offrir une certaine ressemblance. Ainsi, dans cette nouvelle Commune, qui brise le pouvoir d'État moderne, on a voulu voir un rappel à la vie des communes médiévales, qui d'abord précédèrent ce pouvoir d'État, et ensuite en devinrent le fondement [46].

La Constitution communale a été prise à tort pour une tentative de rompre en une fédération de petits États, conforme au rêve de Montesquieu et des Girondins, cette unité des grandes nations, qui, bien qu'engendrée à l'origine par la violence, est maintenant devenue un puissant facteur de la production sociale.

L'antagonisme de la Commune et du pouvoir d'État a été pris à tort pour une forme excessive de la vieille lutte contre la sur-centralisation. Des circonstances historiques particulières peuvent avoir empêché dans d'autres pays le développement classique de la forme bourgeoise du gouvernement, comme il s'est fait en France, et peuvent avoir permis, comme en Angleterre, de compléter les grands organes centraux de l'État par des *vestries* [47] corrompues, des conseillers municipaux affairistes et de féroces administrateurs du bureau de bienfaisance dans les villes et, dans les comtés, par des juges de paix effectivement héréditaires.

La Constitution communale aurait restitué au corps social toutes les forces jusqu'alors absorbées par l'État parasite qui se nourrit sur la société et en paralyse le libre mouvement. Par ce seul fait, elle eût été le point de départ de la régénération de la France.

(...) L'existence même de la Commune impliquait, comme quelque chose d'évident, la liberté municipale ; mais elle n'était plus dorénavant un obstacle au pouvoir d'État, désormais aboli. Il ne pouvait venir qu'au cerveau d'un Bismarck (...) l'idée de prêter à la Commune de Paris des aspirations à cette caricature de la vieille organisation municipale française de 1791 qu'est le régime municipal prussien, qui rabaisse l'administration des villes à n'être que de simples rouages de second ordre dans la machine policière de l'État prussien.

La Commune a réalisé ce mot d'ordre de toutes les révolutions bourgeoises, le gouvernement à bon marché, en abolissant ces deux grandes sources de dépenses : l'armée permanente et le fonctionnarisme d'État. Son existence même supposait la non-

---

46. On verra plus loin, p. 363 et suivantes, l'écrit de Kropotkine sur les Communes du Moyen Âge.
47. Conseils de paroisses.

existence de la monarchie qui, en Europe du moins, est le fardeau normal et l'indispensable masque de la domination de classe. Elle fournissait à la République la base d'institutions réellement démocratiques. Mais ni le « gouvernement à bon marché », ni la « vraie République » n'étaient son but dernier ; ils n'étaient guère que ses corollaires.

La multiplicité des interprétations auxquelles la Commune a été soumise, et la multiplicité des intérêts qui se réclamaient d'elle montrent que c'était une forme politique tout à fait susceptible d'expansion, alors que toutes les formes de gouvernement avaient jusque-là mis l'accent sur la répression. Son véritable secret, le voici : c'était essentiellement un gouvernement de la classe ouvrière, le résultat de la lutte de la classe des producteurs contre la classe des appropriateurs, la forme politique enfin trouvée qui permettait de réaliser l'émancipation économique du travail.

Bakounine sur l'autogestion ouvrière

I

DE LA COOPÉRATION [48]

(...) Quel est le but de l'Internationale ? C'est d'émanciper, n'est-ce pas, la classe ouvrière par l'action solidaire des ouvriers de tous les pays. Et quel est le but de la coopération bourgeoise ? C'est d'arracher un nombre restreint d'ouvriers à la misère commune, pour en faire des bourgeois au détriment du plus grand nombre.

(...) Supposons que mille hommes soient exploités et opprimés par dix. Que penserait-on si, parmi ces mille hommes, il s'en trouvait vingt, trente, ou davantage, qui se diraient : « Nous sommes fatigués d'être victimes ; mais comme, d'un autre côté, il est ridicule d'espérer le salut de tout le monde, comme la prospérité du petit nombre exige absolument le sacrifice du grand nombre, abandonnons nos camarades à leur sort, et, ne songeant qu'à nous seuls, pour être heureux devenons à notre tour des bourgeois, des exploiteurs. »

Ce serait une trahison, n'est-ce pas ?

(...) Il y en a beaucoup parmi eux qui sont de très bonne foi, qui ne trompent pas, mais se trompent. Ne connaissant pas,

48. Extraits de l'article : « De la Coopération », *L'Égalité*, Genève, 21 septembre 1869.

n'ayant jamais vu ni imaginé d'autre pratique que la pratique bourgeoise, beaucoup d'entre eux pensent qu'il serait de bonne guerre de recourir à cette même pratique pour combattre la bourgeoisie. Ils ont la simplicité de croire que ce qui tue le travail peut l'émanciper, et qu'ils sauront se servir aussi bien que la bourgeoisie elle-même, contre elle, de l'arme au moyen de laquelle la bourgeoisie les écrase.

C'est une grande erreur. Ces hommes naïfs ne se rendent pas compte de la supériorité immense que le monopole de la richesse, de la science et d'une pratique séculaire, aussi bien que l'appui ouvert ou masqué, mais toujours actif, des États, et toute l'organisation de la société actuelle, donnent à la bourgeoisie sur le prolétariat. Ce serait donc une lutte trop inégale pour qu'on pût raisonnablement espérer le succès dans ces conditions-là. Les armes bourgeoises, d'ailleurs, n'étant autres que la concurrence effrénée, la guerre de chacun contre tous, la prospérité conquise sur la ruine des autres, ces armes, ces moyens ne peuvent servir que la bourgeoisie, et nécessairement détruiraient la solidarité, cette seule puissance du prolétariat.

(...) Nous aussi nous voulons la coopération ; nous sommes mêmes convaincus que la coopération dans toutes les branches du travail et de la science sera la forme prépondérante de l'organisation sociale dans l'avenir. Mais, en même temps, nous savons qu'elle ne pourra prospérer, se développer pleinement, librement, et embrasser toute l'industrie humaine, que lorsqu'elle sera fondée sur l'égalité, lorsque tous les capitaux, tous les instruments de travail, le sol compris, seront rendus, à titre de propriété collective, au travail.

Nous considérons donc cette revendication avant tout, et l'organisation de la puissance internationale des travailleurs de tous les pays, comme le but principal de notre grande association.

Ceci une fois admis, loin d'être les adversaires des entreprises coopératives dans le présent, nous les trouvons nécessaires sous beaucoup de rapports. D'abord, et c'est là même à nos yeux pour le moment leur avantage principal, elles habituent les ouvriers à organiser, à faire, à diriger leurs affaires par eux-mêmes, sans aucune intervention soit du capital bourgeois, soit d'une direction bourgeoise.

Il est désirable que, quand l'heure de la liquidation sociale sonnera, elle trouve dans tous les pays, dans toutes les localités, beaucoup d'associations coopératives, qui, si elles sont bien organisées, et surtout fondées sur les principes de la solidarité et de la collectivité, non sur l'exclusivisme bourgeois, feront passer la société de son état présent à celui de l'égalité et de la justice sans trop grandes secousses.

Mais pour qu'elles puissent remplir cette mission, il faut que l'Association internationale ne protège que des associations coopératives qui auront pour base ses principes.

II

Association ouvrière et propriété collective [49]

Il faut l'abolition de l'État, qui n'a jamais eu d'autre mission que de régulariser, de sanctionner et de protéger, avec la bénédiction de l'Église, la domination des classes privilégiées et l'exploitation du travail populaire au profit des riches. Par conséquent il faut : la réorganisation de la société, de bas en haut, par la libre formation et par la libre fédération des associations ouvrières, tant industrielles et agricoles que scientifiques et artistiques, l'ouvrier devenant en même temps homme d'art et de science, et les artistes et les savants devenant aussi des ouvriers manuels, associations et fédérations libres, fondées sur la propriété collective de la terre, des capitaux, des matières premières et des instruments de travail, c'est-à-dire de toute la grande propriété qui sert à la production, ne laissant à la propriété individuelle, et héréditaire aussi, que les choses qui servent réellement à l'usage personnel (...).

49. Extrait d'une lettre du 3 janvier 1872 à Lodovico Nabruzzi. Le titre est de nous.

Les premiers disciples de Bakounine

Des anticipations à l'action directe et à la construction libertaire

Avec les disciples et continuateurs de Bakounine, James Guillaume, César de Paepe, les Jurassiens, Pierre Kropotkine, nous entrons dans une phase d'exposition systématique des plans de construction d'une société anarchiste.

Décantant et prolongeant l'œuvre de ses pionniers, l'anarchisme prend maintenant, si l'on peut dire, son second souffle. Il s'essaie à formuler dans le détail et avec la plus grande précision possible les linéaments de l'organisation sociale future, au lendemain de la victoire de la Révolution prolétarienne : anticipations auxquelles Marx et son école dite « socialiste scientifique » se sont le plus souvent refusés, hantés qu'ils étaient par le souci de prendre leurs distances à l'égard du socialisme dit « utopique ».

Le lecteur trouvera ici, assurément, moins de brio littéraire et de génie que dans ce qui précède. Mais pour nous qui, dans la seconde moitié du XXe siècle, nous trouvons au pied du mur de la construction socialiste, nous pouvons puiser dans les plans de société qu'on va lire, non plus, comme dans l'imagination des pionniers, des idées jaillissantes et percutantes, mais, moins passionnants peut-être, des matériaux solides et concrets. Après avoir été largement mis à profit par les anarcho-syndicalistes français et espagnols de la première moitié du XXe siècle, ils peuvent, dans cette seconde moitié du siècle, nous aider à reconstruire le monde.

Pour commencer, et à titre de préface à ce qui va suivre, voici des extraits d'un rapport présenté, le 11 novembre 1869, par l'ouvrier menuisier Jean-Louis Pindy (1840-1917), délégué de l'Union syndicale des ouvriers du Bâtiment de Paris, au congrès de Bâle de la Première Internationale. Pindy est le précurseur des divers auteurs d'anticipations sociales qui ouvrent le présent volume. Le premier, en effet, il trace la perspective d'une double fédération : fédération des communes, fédération des syndicats, avec pour corollaire la suppression du gouvernement et l'abolition du salariat :

(...) Nous concevons deux modes de groupement parmi les travailleurs : d'abord, un groupement local qui permet aux travailleurs d'un même lieu d'entretenir des relations journalières ; puis, un groupement entre les différentes localités, bassins, contrées, etc.

Premier mode. Ce groupement correspond aux relations politiques de la société actuelle qu'il remplace avantageusement : il a été jusqu'à présent le mode employé par l'Association internationale des travailleurs. Cet état de choses implique, pour les sociétés de résistance, la fédération des sociétés locales s'aidant réciproquement par des prêts d'argent, organisant des réunions pour la discussion des questions sociales, prenant en commun les mesures d'intérêt collectif.

Mais à mesure que l'industrie s'agrandit, un autre mode de groupement devient nécessaire simultanément avec le premier. Les ouvriers, dans tous les pays, sentent que leurs intérêts sont solidaires et qu'on les écrase l'un par l'autre. D'un autre côté, l'avenir réclame une organisation qui sorte de l'enceinte des villes et, ne connaissant plus de frontières, établisse une vaste répartition du travail d'un bout du monde à l'autre ; à ce double point de vue des sociétés de résistance doivent s'organiser internationalement : il faut que chaque corps de métier entretienne un échange de correspondance et de renseignements dans le pays et avec les autres nations. (...) Ce mode de groupement devient un agent de décentralisation, car il ne s'agit plus d'établir dans chaque pays un centre commun à toutes les industries, mais chacune aura pour centre la localité où elle est le plus développée ; par exemple, pour la France, tandis que les houilleurs se fédéreraient autour de Saint-Étienne, les ouvriers en soieries le feraient autour de Lyon, comme les industries de luxe à Paris. Une fois ces deux groupements opérés, le travail s'organise pour le présent et pour l'avenir en supprimant le salariat (...).

Le groupement des différentes corporations par ville et par pays (...) forme la commune de l'avenir de même que l'autre mode forme la représentation ouvrière de l'avenir. Le gouvernement est remplacé par les conseils des corps de métier réunis, et par un comité de leurs délégués respectifs, réglant les rapports du travail qui remplaceront la politique.

(...) Nous proposons la résolution suivante :

« Le Congrès est d'avis que tous les travailleurs doivent s'employer activement à créer des caisses de résistance dans les différents corps de métier.

« À mesure que ces sociétés se forment il invite les sections, groupes fédéraux et conseils centraux à en donner avis aux sociétés de la même corporation, afin de provoquer la formation d'associations nationales de corps de métier.

« Ces fédérations seront chargées de réunir tous les renseignements intéressant leur industrie respective, de diriger les mesures à prendre en commun, de régulariser les grèves, et de travailler activement à leur réussite, en attendant que le salariat soit remplacé par la fédération des producteurs libres. »

La controverse entre César de Paepe (1842-1890) et Adhémar Schwitzguébel (1844-1895)

CÉSAR DE PAEPE
par Miklós Molnár [1]

Le personnage le plus en vue parmi les délégués belges à la Iʳᵉ Internationale fut, sans doute, César de Paepe. Né en 1842, mort en 1890, de Paepe vécut la grandeur et la décadence, puis le nouvel essor du mouvement ouvrier belge. Fils d'un fonctionnaire de l'État belge, de Paepe se préparait à la carrière d'avocat, mais la mort soudaine de son père l'obligea à abandonner ses études. Il devint typographe chez Désiré Brismée et bientôt son camarade dans le mouvement des libres penseurs. Il entra dans la Société des Solidaires, puis, avec ses nouveaux amis, dont Voglet et Steens, il fonda, en 1861, la société Le Peuple, association de la démocratie militante d'où sortit, quatre ans après, la section belge de l'Association internationale des travailleurs. Dès lors, de Paepe, qui avait repris entre-temps ses études et était devenu médecin, se trouva jusqu'à la fin de sa vie aux premiers rangs du mouvement ouvrier belge. Nous ne pouvons pas retracer ici toutes les étapes de sa vie mouvementée [2]. Notons seulement qu'il fut délégué presque à chaque Congrès de l'Internationale où ses discours et ses interventions étaient parmi les plus remarquables.

---

1. Extrait de Miklós MOLNÁR, *Le Déclin de la Première Internationale,* 1963.
2. Cf. Louis BERTRAND, *César de Paepe, sa vie, son œuvre,* Bruxelles, 1909. Voir aussi du même auteur, *Histoire de la démocratie et du socialisme en Belgique depuis 1830,* Bruxelles, 1906-1907, 2 vol. (note de Molnár).

Définir son idéologie et sa position politique serait plus malaisé encore que de décrire sa vie. Libre penseur, fédéraliste, proudhonien, collectiviste, communiste, anarchiste, social-démocrate ? Qu'était-il en réalité ? Mais que fut le mouvement ouvrier belge à son époque, ce « socialisme mixte, à la fois mutuelliste et marxiste, qu'on appelle collectivisme » — selon la formule heureuse mais forcément incomplète d'Elie Halévy [3].

Il nous semble que les deux questions ne font qu'une et que l'on ne saurait y répondre en partant uniquement des catégories du « marxisme », du mutuellisme proudhonien ou de l'anarchisme dans le sens bakouninien. Car la pensée de de Paepe et de ses camarades était, en même temps qu'influencée par les grands courants d'idées d'origine allemande et française, empreinte des théories des penseurs belges, tels que de Potter et Colins [4], et des traditions ouvrières remontant à l'époque des compagnonnages. De Paepe, certes, eut des périodes plus ou moins proudhoniennes et anarchisantes et subit également l'influence de la pensée de Marx. Mais en lisant ses écrits et ses discours on a l'impression qu'en penchant tantôt vers l'une, tantôt vers l'autre tendance dans le mouvement internationaliste, de Paepe ne s'est jamais éloigné beaucoup de ce collectivisme belge qui voulait réconcilier l'idée de la propriété collective et celle de la liberté individuelle. À la recherche d'un système fondé sur la justice sociale et la liberté politique, de Paepe — nous le croyons du moins — ne fit jamais un choix définitif en ce qui concerne les moyens propres à atteindre ce but. Les partisans de la centralisation critiquaient souvent son fédéralisme tandis que les anarchistes lui reprochaient certains traits « étatistes » de son système.

De même, l'attitude de de Paepe en ce qui concerne l'alternative de l'abstention ou de l'activité politique ne fut jamais catégorique. Indécis à l'époque de la Conférence de Londres (septembre 1871), il devint « abstentionniste » pour quelques années et finit

3. Dans *Histoire du socialisme européen*, Paris, 1948, p. 151 (note de Molnár).

4. Le baron de Colins (1783-1859) dans ses principaux ouvrages (*Le Pacte social*, 1835, *Socialisme rationnel*, 1849) prôna un socialisme essentiellement collectiviste reposant sur l'appropriation commune du sol. Son principal disciple, Louis de Potter, publia, entre autres, en 1850, un *Catéchisme social*.

par adhérer au mouvement des « Jeunes » socialistes belges qui aboutit à la création du Parti ouvrier belge de 1885.

Notons encore que le caractère extrêmement conciliant de de Paepe lui permit une grande souplesse dans ses prises de position. Esprit libre et tolérant, il cherchait à approfondir les discussions jusqu'à un niveau philosophique permettant une compréhension, impossible au niveau des polémiques.

De l'organisation des services publics dans la société future [5]

PAR CÉSAR DE PAEPE

Nous prenons pour point de départ l'état de choses actuel, les services publics actuellement existants ; puis, nous éliminons de ces services publics ceux qu'une nouvelle organisation sociale paraît devoir rendre inutiles ; nous cherchons quels sont les services publics que les nécessités nouvelles réclameront, et ceux qui, dès à présent, se font déjà sentir comme un besoin évident ; nous nous demandons ensuite à qui l'exécution de ces divers services publics incombe naturellement, rationnellement ; arrivés à ce point, nous sommes amenés à jeter un coup d'œil sur l'ensemble de l'évolution économique, et à nous demander si les transformations profondes que cette évolution fait ou fera subir à certaines industries, ne font ou ne feront pas de ces industries de véritables services publics : enfin, nous terminons par la question de savoir comment, de quelle manière, les services publics, en général, devraient être exécutés dans l'avenir.

5. Extraits de César DE PAEPE, *De l'organisation des services publics dans la société future*, 1874, rapport présenté au congrès de Bruxelles de l'Internationale (dite « anti-autoritaire»). Les sous-titres sont de nous.

GESTION PAR DES COMPAGNIES OUVRIÈRES ?

Par qui doivent être organisés et exécutés les divers services publics ?

Ici nous rencontrons deux grands courants d'idées, deux véritables écoles antagonistes. L'une de ces écoles tend, en thèse générale, à abandonner les services publics à l'initiative privée des individus ou de compagnies se formant spontanément, et leur ôte en quelque sorte ainsi leur caractère de service public pour en faire des entreprises particulières ; c'est l'école du laissez-faire. L'autre tend, en thèse générale, à placer les services publics sous la main de l'État, de la province (département, canton) ou de la commune ; c'est l'école interventionniste.

Certes, la concession des chemins de fer, des mines, etc. à des compagnies ouvrières n'aurait pas, du moins dans le début, le même caractère d'exploitation effrénée qu'ont acquis les compagnies financières, actuellement concessionnaires de ces grands services publics. Mais n'oublions pas que la moderne aristocratie capitaliste, elle aussi, est sortie du Tiers État ; n'oublions pas qu'avant d'être ce qu'ils sont aujourd'hui, les hauts barons de la finance (ou, sinon eux-mêmes, du moins leur père ou leur aïeul) ont été des travailleurs, mais des travailleurs placés dans une situation privilégiée. Grâce aux perfectionnements incessants des agents mécaniques, grâce aux nouvelles applications industrielles des découvertes de la science, grâce à la diminution des frais d'exploitation et à l'accumulation de capital qui résulterait de ce développement du machinisme et de cette application des découvertes scientifiques de tout genre, ces compagnies ouvrières, propriétaires d'un vaste matériel perfectionné et disposant d'un monopole naturel ou artificiel que la société leur aurait abandonné, ne tarderaient pas à dominer toute la situation économique, comme leurs aînées les compagnies financières.

Sans doute, on nous dira que les concessions ne se feraient que moyennant certaines conditions, et que les compagnies ouvrières, en acceptant la concession, seraient liées par un contrat. Mais les compagnies de capitalistes à qui l'État a concédé des houillères, des lignes ferrées, etc., sont aussi liées par un contrat ; cela les empêchent-elles de distribuer de gros dividendes à leurs membres et d'écumer le plus clair de la richesse publique ? Du moment que les compagnies auxquelles vous concédez un monopole quelconque sont propriétaires de leur matériel d'exploitation, quel est le contrat qui viendra leur défendre d'améliorer ce matériel, d'économiser les frais, de ne pas renouveler le personnel à mesure que les décès viendront le diminuer, d'accumuler enfin des capitaux, de devenir, en un mot, une nouvelle classe privilégiée ? Nous aurions eu ainsi tout simplement le malin plaisir de substituer une aristocratie ouvrière à l'aristocratie bourgeoise, comme nos pères ont substitué une aristocratie bourgeoise à la vieille aristocratie nobiliaire.

Nous dira-t-on qu'il n'est pas nécessaire que ce matériel appartienne à la compagnie ; qu'il peut être fourni à la compagnie par la grande collectivité sociale, et reste la propriété inaliénable de cette dernière ; et que dès lors les améliorations résultant des progrès de la civilisation auraient lieu en faveur de la société entière ; nous admettons ceci, mais alors ces compagnies ne sont plus vraiment des compagnies concessionnaires, mais des entrepreneurs associés se chargeant simplement de l'exécution de certains services publics pour le compte de la société, représentée par la commune, la province, le canton ou l'État, etc.

Gestion par l'État ?

D'autre part, parmi ceux qui inclinent vers la remise de tous les services publics, ou du moins des plus importants, aux mains des administrations publiques et notamment de l'État, un bon nombre ne sont partisans de ce système qu'à la condition que l'État soit républicain et démocratiquement constitué, basé sur la législation directe ou pour le moins sur le suffrage universel et qu'il respecte toutes les libertés politiques ; ils n'en voudraient pas sous un régime despotique ou même simplement monarchique. Ils craignent, non sans raison, pour des motifs purement politiques, de renforcer encore la puissance du despotisme, et par conséquent ils veulement momentanénement laisser complètement à l'industrie privée une foule de services publics, tels que l'enseignement, les assurances, les chemins de fer, etc., qu'au point de vue économique il vaudrait mieux remettre entre les mains de l'État.

(...) Partant de la notion de l'État telle qu'elle nous est transmise par l'histoire de tous les pays, c'est-à-dire de l'État despotique, de l'État qui partout n'a été jusqu'à présent que l'organisation de la domination d'une famille, d'une vaste caste ou d'une classe sur la multitude réduite à l'état de servitude légale et économique, un grand nombre de socialistes ont créé : Guerre à l'État ! Ils ne veulent entendre parler de l'État sous quelque forme, avec quelque acception que ce soit. Ils déclarent très nettement vouloir la destruction absolue de l'État, de tous les États ; et les plus logiques d'entre eux, voyant bien que la commune n'est en définitive qu'un petit État, qu'un État dont le territoire est moins étendu, dont les fonctions s'exercent sur une moindre échelle que les États ordinaires déclarent ne pas plus vouloir de l'État communal, que de l'État proprement dit. Ils ont inscrit sur leur drapeau le mot : An-archie ! Non pas « anarchie » dans le sens de désordre, puisqu'au contraire ils croient pouvoir arriver à l'ordre vrai, par l'organisation spontanée des forces économiques ; mais An-archie, dans le sens où l'entendait Proudhon, c'est-à-dire absence de pouvoir, absence d'autorité, et, dans leur idée, dans le sens d'abolition de l'État, les mots autorité et pouvoir étant à leurs yeux absolument synonymes du mot État.

Mais, à côté de cette notion traditionnelle et historique de l'État, lequel, en effet, n'a jamais été jusqu'à présent qu'une autorité, qu'un pouvoir, qu'un despotisme pour mieux dire encore (et le pire des despotismes, puisqu'il s'est toujours exercé par une minorité oisive contre la majorité travailleuse), ces socialistes ont tenu compte d'un fait vrai et qui deviendra vrai de plus en plus, d'un fait qui est des plus grands phénomènes économiques des temps modernes : ils ont vu que, dans les principales branches de la production moderne, la grande industrie se substitue de plus en plus à la petite industrie, et que la centralisation des capitaux, l'application de plus en plus étendue de la force collective et de la division du travail, l'introduction incessante de puissantes machines mues par la vapeur et transmettant le mouvement à une foule d'outils et de machines, outils jadis isolés, nécessitant par conséquent la réunion des travailleurs en grandes masses dans de vastes usines, que tout cela ne pouvait qu'accroître chaque jour le domaine de la grande industrie. Ils ont vu que, dans cette grande production moderne, l'ouvrier isolé ou artisan faisait place à des travailleurs collectifs, à des collectivités ouvrières ; ils ont vu que ces collectivités ouvrières, ayant vis-à-vis d'elles des capitalistes associés dont les intérêts sont diamétralement et ouvertement opposés aux leurs, devaient immanquablement se constituer en groupes de résistance, en unions de métiers, et même entraîner dans ce mouvement les travailleurs de la petite industrie ; qu'ainsi le groupement par corps de métiers devait se généraliser ; et ils en ont conclu que cette organisation spontanée de la classe ouvrière devait servir de base à un groupement social nouveau, non sans analogie avec le groupement spontané des communes bourgeoises du Moyen Âge ; la communauté d'intérêt devant inévitablement pousser les corps de métiers à s'entendre pour se soutenir les uns les autres, il en résulte tout un ensemble de fédérations d'abord locales, puis régionales, puis internationales. Bien plus, non contents de ces observations théoriques, ils ont mis la main à l'œuvre : comme les ouvriers anglais, ils ont fondé des *trade unions*, ils les ont fédérées entre elles, et ils ont, avec raison, voulu constituer l'Association internationale sur cette base fédérative et économique. Alors, ils ont opposé ce groupement des collectivités ouvrières, qui a ses racines dans les profondeurs de la vie économique moderne, au groupement plus ou moins factice et suranné des Communes et des États purement politiques, et proclamé la déchéance future de ces derniers.

Jusqu'ici rien de mieux. Mais nous nous demandons si les collectivités ouvrières, si les corps de métiers groupés dans une même localité, si cette Commune de prolétaires, en un mot, le jour où elle aura remplacé la Commune officielle d'aujourd'hui ou Commune bourgeoise, ne se trouvera pas tout comme cette dernière vis-à-vis de certains services publics dont la continuation est indispensable à la vie sociale ? Nous nous demandons si, dans la Commune nouvelle, il ne faudra pas de la sécurité, un état civil, un entretien des rues et des places publiques, de l'éclairage dans les rues, des eaux potables à la maison, le curage des égouts, et toute la série des services publics que nous avons cités au début de ce travail ? Ne faudrait-il pas que les groupes ouvriers, les corps de métiers de la Commune, choisissent dans leur sein des délégués à chacun de ces services publics, des délégués chargés de faire fonctionner ces services publics, à moins que ces groupes ne préfèrent, d'un bloc, nommer une délégation qui se partage la direction de ces divers services ? Dans l'un comme dans l'autre cas, n'avez-vous pas ainsi une administration locale des services publics, une administration communale ?

Mais tous les services publics ne peuvent pas être faits par une administration purement locale, puisqu'un grand nombre d'entre eux, précisément les plus importants, sont par leur nature même destinés à fonctionner sur un terrain plus vaste que celui de la Commune : est-ce une Commune qui va diriger les chemins de fer, entretenir les grandes routes, endiguer les fleuves, canaliser les rivières, se charger de l'expédition des lettres et des dépêches télégraphiques vers les autres localités, etc. ? Évidemment non ! Il faut donc bien que les Communes s'entendent, se constituent en Fédération des Communes, et choisissent une délégation qui s'occupe de ces services publics. Que cette délégation soit nommée globalement pour l'administration de tous les grands services publics régionaux, ou spécialement pour tel service particulier, il n'importe ; ces délégués devant dans tous les cas avoir entre eux des rapports directs et suivis, constituent toujours une administration publique, régionale ou nationale, le nom ne fait rien à la chose. Dans le début, n'est-il pas plus que probable qu'à défaut d'autres bases que les traditions et la langue, ces régions ou nations correspondraient généralement aux nationalités actuelles ou, du moins, aux principales grandes divisions de ces nationalités, par exemple Angleterre, Écosse, Galles et Irlande pour la Grande-Bretagne ; Suisse allemande et Suisse romande, pour la Suisse ; pays wallon et pays flamand pour la Belgique (à moins que ce dernier, pour des affinités particulières, question de langue, par exemple, n'aille rejoindre la Hollande) ?

Et cette Fédération régionale ou nationale des communes, que sera-t-elle au fond, sinon un État ? Oui, un État, puisqu'il faut l'appeler par son nom. Seulement, ce sera un État fédératif, un État formé de bas en haut. Un État ayant à sa base, pour origine, un groupement économique, le groupement des corps de métiers formant la Commune, et, de plus, ayant sans doute à côté de son administration des grands services publics, émanation directe des Communes fédérées, une Chambre du travail, émanation directe des unions générales (*amalgameted unions* des Anglais) formées par la fédération régionale des unions locales du même métier.

« Un État an-archique »

L'État est une machine : c'est l'instrument des grands services publics. Comme toutes les autres machines, celle-ci aussi est indispensable à la grande production moderne et à la grande circulation des produits qui en résulte ; comme toutes les autres machines, celle-ci aussi a été meurtrière pour les travailleurs, elle a toujours fonctionné jusqu'ici pour le profit exécutif des classes privilégiées. Pour que cela ait une fin, il faut que les travailleurs s'emparent de cette machine. Mais en nous en emparant, voyons bien si la machine État ne demande pas des modifications importantes pour qu'elle ne puisse blesser personne ; voyons bien s'il ne faut pas y supprimer certains rouages que l'exploitation bourgeoise y avait surajoutés, et y ajouter d'autres que l'incurie bougeoise avait négligés ; voyons même s'il ne faut pas l'asseoir entièrement sur des bases nouvelles. Ces réserves faites, nous pouvons dire : travailleurs, à nous la machine, à nous l'État.

Ce n'est pas que le mot an-archie nous fasse peur. Au contraire, l'horreur que l'an-archie inspire à la classe bourgeoise (horreur qui nous semble être pour beaucoup dans la vogue qu'a le mot chez les travailleurs), fait qu'elle nous sourit assez et que nous ne rejetterions le mot qu'à regret. Que nos amis les anarchistes nous permettent donc de ne pas répudier précisément le mot, bien qu'il n'ait peut-être plus absolument pour nous le même sens que pour eux. Après tout, l'État, tel que nous le concevons et tel que nous le voulons, n'est pas précisément une autorité, un système gouvernemental, quelque chose qui s'impose au peuple par la force ou par la ruse, une *archie* enfin, pour parler grec. Y a-t-il une idée bien autoritaire dans ces formules : service postal de l'État, chemins de fer de l'État, défrichement des bruyères par l'intervention de l'État, etc. ? Nous pouvons fort bien concevoir un État non autoritaire (nous allions dire un État an-archique, mais nous nous sommes retenu, parce que beaucoup de nos lecteurs auraient trouvé que ces deux termes jurent de se trouver accolés l'un à l'autre). En effet, la véritable autorité ne consiste certainement pas dans l'acte d'exécuter des décisions prises, d'exécuter des lois votées, d'administrer les services publics conformément aux lois votées, mais bien dans l'acte de faire et d'imposer la loi. Or, la législation peut fort bien ne pas être le fait de l'État, ne pas rentrer dans ses attributions, soit que les lois soient votées directement dans les Communes ou dans les groupes quelconques, soit que par l'instruction intégrale donnée à tous et l'unité mentale qui en résultera, les lois sociales deviennent un jour tellement évidentes pour l'esprit qu'elles n'aient pas plus besoin d'être votées que les lois de l'astronomie, de la physique ou de la chimie.

Ainsi donc, à la Commune les services publics simplement locaux, communaux, sous la direction de l'administration locale, nommée par les corps de métiers de la localité et fonctionnant sous l'œil de tous les habitants. À l'État, les services publics plus étendus, régionaux ou nationaux, sous la direction de l'administration régionale, nommée par la Fédération des Communes et fonctionnant sous l'œil de la Chambre régionale du travail. Est-ce tout ? Non ; il y a et il y aura de plus en plus des services publics, qui, par leur nature, sont internationaux ou interrégionaux (ici les noms importent fort peu). Pour ceux-là il faut une fédération internationale, et nous dirions volontiers universelle, humanitaire ou planétaire, tout en reconnaissant que, vu l'état excessivement arriéré de certains peuples, il faudra bien du temps avant que ces épithètes répondent à la réalité des choses. Nous n'avons pas besoin d'indiquer comment cette constitution suprême de l'humanité aurait besoin également de son ou de ses administrations des services publics universels ; elle aurait les mêmes bases sans doute que celles que nous avons indiquées pour la constitution de l'État, et elle aussi aurait sans doute sa chambre internationale de métiers, formée par les mandataires des fédérations internationales du travail, dont quelques-unes commencent déjà à se former en ce moment par l'initiative des *trade unions* anglaises.

Communisme et « anarchie »

Mais, nous dira-t-on, peut-être, (...) ne faut-il pas (...) considérer toutes les branches de la production comme destinées à être constituées en services publics ? Ne voyez-vous pas que nous tombons ainsi dans le plus effroyable communisme !

C'est une chose étonnante que le pouvoir qu'ont certains mots d'effrayer les esprits, alors que l'idée à laquelle ils correspondent court le monde et est très bien admise pourvu qu'elle se déguise sous un autre nom. Ainsi en est-il du mot *an-archie*, qui fait dresser les cheveux sur la tête de nos bourgeois, alors que l'idée de la réduction indéfinie des fonctions gouvernementales et finalement de l'abolition même du gouvernement est le dernier mot des économistes du laissez-faire, patronnés par ces braves bourgeois ! Ainsi en est-il de l'idée de l'État et de l'intervention de l'État dans les affaires industrielles, pour une autre catégorie de personnes, qui renferme à la fois les économistes officiels et les socialistes antiétatistes, alors qu'une administration centrale, l'État en un mot, est une chose dont on pouvait fort bien se passer naguère avant la grande production moderne, mais qui est devenue et devient de plus en plus une nécessité sociale en présence de la grande production et de la grande circulation, comme organe normal de la centralisation économique, comme direction normale des grandes industries qui fournissent la matière première à la production et des grands moyens de transports qui vont porter les marchandises à la consommation. C'est à tel point nécessaire qu'à défaut de cette centralisation économique entre les mains de l'État, les forces économiques se centralisent quand même entre les mains de puissantes compagnies qui sont de véritable États oligarchiques. Le mot communisme, lui, a eu la singulière faveur d'être repoussé par les socialistes comme une calomnie, d'être envisagé par les économistes comme la plus grande des utopies, d'être enfin aux yeux de la bourgeoisie une théorie consacrant le vol et la promiscuité en permanence, enfin la pire des pestes.

Quant à nous, qui ne nous effrayons pas du mot « État » si épouvantable aux yeux des uns, pas plus que du mot « an-archie », si terrible aux yeux des autres, pourquoi nous effraierions-nous du mot « communisme » ? En supposant même que ce mot n'ait pas un sens clairement défini et ne présente pas une idée parfaitement rationnelle, moins que tout autre il doit nous effrayer ; car le communisme, envisagé dans le passé, a toujours été la forme, sentimentale ou mystique, nous le voulons bien, mais énergique et radicale, dont les classes déshéritées et leurs agitateurs, depuis Spartacus jusqu'à Babeuf se sont servis pour manifester leur éternelle revendication, et faire entendre leur incessante protestation contre la misère et l'iniquité sociale. Mais le mot communisme a aussi une signification plus précise, il représente une idée réellement scientifique. Communisme veut dire propriété commune, propriété publique, propriété de la société.

ÉTAT BOURGEOIS ET ÉTAT OUVRIER.

(...) Nous avons vu que l'État nous fusille, nous condamne, nous emprisonne et nous fusille de nouveau, et nous voulons enlever à l'État sa jugerie, ses geôliers et ses fusilleurs. Nous avons vu de nos yeux que l'État, que, même l'État actuel, l'État bourgeois, lorsqu'il voulait bien produire par lui-même au lieu d'abandonner la production à des compagnies de capitalistes qui n'ont en vue que de s'enrichir, produisait mieux et à meilleur marché que ces compagnies ; nous en attestons les chemins de fer de l'État en Belgique, et le service des postes, et la construction des ports de mer. Mais ce que nous n'avons pas vu, et que nous ou nos neveux verront, c'est l'État ouvrier, l'État basé sur le groupement des libres Communes ouvrières, se chargeant définitivement de la gestion de toutes les grandes entreprises sociales (...).

Mais que nous importent les anathèmes lancés contre nous du haut des chaires officielles de l'économie politique orthodoxe (...). Ce qui nous touche de bien plus près, c'est la répulsion instinctive qu'éprouvent pour toute fonction confiée à l'État, pour toute intervention de l'État, des socialistes qui sur les autres points marchent côte à côte avec nous ; entre ceux-là et nous, nous croyons qu'il existe tout simplement un grand malentendu : peut-être le mot État est-il le seul point qui nous sépare d'eux ; s'il en était ainsi, nous laisserions volontiers le mot de côté, tout en déclarant que nous conservons et même que nous étendons la chose, sous le couvert plus agréable d'une autre dénomination quelconque : administration publique, délégation des Communes fédérées, etc.

Mais à côté de ceux qui nous reprocheront le rôle que nous attribuerons à l'État, il y a aussi ceux qui repousseront le rôle que nous attribuons à la Commune. Pour les jacobins de toutes nuances, l'État est le grand Tout, le dieu Pan, en qui tout doit vivre et se mouvoir. Pour eux l'État n'est pas seulement un organe particulier ayant sans doute une grande importance et une haute destinée, mais c'est le corps social tout entier. Ils ne comprennent pas, ceux-là, que l'on puisse entrer dans la vie sans billet d'entrée de l'État, ni s'en aller de ce monde sans passeport de l'État ; ceux-là non plus de nous pardonneront pas d'avoir enlevé à l'État tout son lustre, toute sa splendeur, ses brillantes armures, ses belles robes rouges et noires, pour le revêtir de la blouse du mineur ou de la veste du chauffeur de locomotive ; plus de généraux de la République, plus de procureurs de la République ! Mais encore une fois, ceci aussi est l'abomination de la désolation ? Faire de la Commune le pivot de l'organisation sociale, mais ne voyez-vous pas que c'est ridicule ? La Commune n'est qu'une simple subdivision territoriale du département, comme celui-ci est une simple subdivision de l'État : à ce dernier la nomination du préfet et du maire, du gouverneur et du bourgmestre. Ainsi le veut la République une et indivisible !

Quant à votre Commune autonome qui, au lieu de se contenter de recevoir la vie de l'État, prétend au contraire que c'est d'elle que l'État doit émaner ! Quant à votre Commune sociale qui aspire à faire de l'État un rouage du socialisme, ce n'est qu'une vieille pétroleuse dont nous connaissons les exploits et que trois fois déjà nous avons massacrée aux cris de *Vive la République* : en 1793 par la guillotine, en juin 1848 par la fusillade, en mai 1871 par la mitraillade ! Très bien, Messieurs les grands citoyens de la Montagne ! Nous avouons que vos foudres sont un peu plus terribles que celles de vos alliés du moment, les grands prêtres de la secte économique orthodoxe, qui se contentent de donner à vos exploits la consécration de leur science : au nom de la liberté du travail, laissez travailler le chassepot, laissez faire la mitrailleuse et laissez passer les balles à travers les flancs du prolétaire... Mais c'est précisément, Messieurs, parce que nous ne voulons plus nous laisser condamner, emprisonner, fusiller ou guillotiner, que nous ne voulons plus de vos juges, de vos sbires et de vos bourreaux.

À la conception jacobine de l'État omnipotent et de la Commune subalternisée, nous opposons la conception de la Commune émancipée, nommant elle-même tous ses administrateurs sans exception ; faisant elle-même la législation, la justice et la police. À la conception libérale de l'État-gendarme, nous opposons la conception de l'État désarmé, mais chargé d'instruire la jeunesse et de centraliser les grands travaux d'ensemble. La Commune devient essentiellement l'organe des fonctions politiques ou que l'on a appelées telles : la loi, la justice, la sécurité, la garantie des contrats, la protection des incapables, la vie civile, mais elle est en même temps l'organe de tous les services publics locaux. L'État devient essentiellement l'organe de l'unité scientifique et des grands travaux d'ensemble nécessaires à la société.

La question des services publics devant l'Internationale

Réponse d'Adhémar Schwitzguébel à César de Paepe [6]

Ouvrier graveur-guillocheur, Adhémar Schwitzguébel (1844-1895), Jurassien suisse, ami de James Guillaume, fut un des militants les plus actifs de la Fédération jurassienne de l'Internationale. James Guillaume a publié de lui, à Paris, en 1908, Quelques écrits, *d'où est extrait de texte qu'on va lire et qui répondait, d'un point de vue strictement anarchiste, au rapport de César de Paepe.*

(...) Après ce qui a été dit déjà sur la question des services publics, il est manifeste que deux grands courants d'idées, en ce qui concerne la réorganisation sociale, vont se partager le monde socialiste, l'un tendant à l'État ouvrier, l'autre à la Fédération des communes.

Quelques-uns pensent qu'il n'y a, au fond de ce grand débat, qu'une question d'expressions différentes de la même idée. Mais les discussions relatives à la question des services publics ne peuvent plus laisser de doute à cet égard : il s'agit bien de deux choses différentes. C'est ce que nous nous efforcerons de démontrer. Nous étudierons la question des services publics au point de vue de l'État ouvrier et au point de vue de la Fédération des

---

6. Rapport présenté au Congrès jurassien tenu à Vevey, les 1er et 2 août 1875, par la Section des graveurs et guillocheurs du district de Courtelary (les sous-titres sont de nous).

communes, et nous terminerons en la mettant en présence de l'histoire et de la Révolution sociale.

L'« État ouvrier » ressemble à l'État actuel

Quelle est l'idée fondamentale des États modernes, et par quelles nécessités les partisans de l'État justifient-ils son existence ? C'est que, dans toutes les relations entre les hommes, il y a des rapports purement privés, mais qu'il en existe d'essentiels qui concernent tout le monde ; de là la nécessité d'un ordre public, au moyen duquel on assure le jeu régulier des rapports publics et généraux entre les hommes. Qu'on médite bien le mémoire bruxellois, et on trouvera que la conception de l'État ouvrier, qui y domine, est absolument, quant au fond, semblable à celle de l'État actuel.

Voici venir les objections : l'État réorganisé, dirigé, administré par les classes ouvrières, aura perdu le caractère d'oppression, d'exploitation qu'il a actuellement entre les mains de la bourgeoisie ; au lieu d'une organisation politique, judiciaire, policière, militaire qu'il est maintenant, il sera une agence économique, le régulateur des services publics organisés suivant les nécessités sociales et l'application des sciences.

Mais rendons-nous compte du fonctionnement d'un État pareil. L'action politique légale ou la Révolution sociale ont mis entre les mains de la classe ouvrière la direction de la Commune et de l'État. Ce que veulent les classes ouvrières, l'émancipation du travail de toute domination, de toute exploitation du capital, elles peuvent le réaliser. Il faut que l'instrument de travail devienne propriété collective, que la production soit organisée, que l'échange se fasse, que la circulation favorise l'échange, qu'une instruction et une éducation scientifiques, humaines, remplacent l'ignorance actuelle ; que des conditions hygiéniques garantissent l'existence des individus et de la société ; que la sécurité publique remplace l'antagonisme actuel, le jeu criminel des passions haineuses et des rivalités brutales. Le prolétariat, devenu dictateur dans l'État, décrète la propriété collective et l'organise, au profit soit des Communes, soit de l'État ; il établit les conditions dans lesquelles doivent être utilisés les instruments de travail, pour sauvegarder les intérêts de la production, des groupes producteurs, et ceux des Communes et de l'État ; puis il détermine le fonctionnement de l'échange des produits, organise et développe les moyens de circulation ; élabore un programme d'instruction et d'éducation de la jeunesse, en remet l'exécution soit à la Commune, soit à l'État ; établit un service sanitaire communal et général ; prend les mesures nécessaires pour assurer la sécurité publique dans les Communes et l'État.

Dans tout ce qui concerne ainsi l'organisation sociale, le prolétariat doit d'abord distinguer ce qui est de l'initiative privée et ce qui appartient à l'initiative publique, ce qui est service privé et ce qui est service public, ce qui est du domaine de la Commune, ce qui relève de l'État. Exactement comme cela se passe aujourd'hui.

Ce travail de distinction, d'élimination du privé de ce qui est public, d'organisation de tout ce qui est public, de tout ce qui relève de la Commune et de l'État, le prolétariat, pris en corps, ne peut l'opérer directement. Il faut que son opinion, sa volonté générale se décomposent, s'analysent, et pour cela il faut les personnifier dans des représentants qui iront, à la tribune parlementaire, défendre l'opinion de leurs commettants. Toujours comme cela se passe aujourd'hui.

L'« État ouvrier » n'est pas une solution

Comment ces parlements d'ouvriers seront-ils constitués ? Il n'y a pas d'autre moyen que le fameux suffrage universel. Il y aura donc encore la minorité à qui la majorité fera la loi, ou *vice versa* ; car, l'État étant reconnu nécessaire pour sauvegarder les intérêts publics, la loi de l'État sera obligatoire pour tous, et ceux qui chercheront à s'y soustraire seront traités comme des criminels. Cet État ouvrier, qui devait être organisé pour la satisfaction des intérêts économiques de la société, le voilà lancé à pleines voiles dans la législation, la juridiction, la police, l'armée, l'école et l'Église officielles. Du moment qu'il y a loi de l'État, d'une part, et, d'autre part, diversité d'intérêts à satisfaire, il est inévitable qu'il y ait majorité ou minorité hostile à cette loi. Si l'État ne possède pas la puissance de faire exécuter la loi, celle-ci ne sera pas observée, et l'action de l'État nécessite donc la formation d'une puissance capable de réprimer toute tentative de rébellion contre la constitution et les lois de l'État. Toute l'organisation judiciaire pour punir les atteintes portées aux bases, à l'ordre, aux lois de l'État ; la police pour surveiller l'observation des lois ; l'armée pour comprimer la révolte si elle éclate, pour protéger l'État contre les atteintes des autres États, sont des conséquences nécessaires du principe fondamental de l'existence de l'État.

Si ces services publics, comme on les a appelés jusqu'à ce jour, sont nécessaires à l'existence matérielle de tout État, l'école et l'Église officielles ne sont pas moins nécessaires à son existence morale. Il faut que les intelligences acceptent cette domination absolue de l'État comme la chose la plus naturelle du monde ; aussi tout l'enseignement public, par l'école et l'Église, est-il fondé sur le respect absolu de tout ce qui se rattache à l'État. Et dans l'État ouvrier, auquel on assigne comme caractère essentiel la fonction de régulateur économique, toute l'organisation de la propriété, de la production, de l'échange, de la circulation sera, entre les mains de la majorité ou de la minorité qui aura la direction des affaires, un moyen de domination bien autrement puissant que les fonctions politiques, juridiques, policières, militaires exercées actuellement par les bourgeois au pouvoir. Plus que les bourgeois, les ouvriers, maîtres de l'État, se montreront impitoyables contre toute atteinte portée à leur État, parce qu'ils croiront avoir réalisé le plus parfait idéal.

L'État ouvrier ne nous paraît donc pas présenter, au problème de réorganisation sociale, une solution qui soit conforme aux intérêts de l'humanité ; celle-ci ne serait point émancipée parce que l'instrument de travail, l'organisation du travail, certains services publics seraient du domaine de l'État ou de la Commune ; la répartition équitable des fruits de la production, le bénéfice d'une meilleure instruction et éducation, les jouissances de la vie sociale seraient certes mieux assurés à chacun que dans l'ordre des choses actuel, mais l'autonomie complète de l'individu et du groupe ne serait point réalisée, et, pour que l'homme soit émancipé, il faut qu'il le soit comme travailleur et comme individu.

(...) Poser la question de la réorganisation sociale en employant la formule soumise aux délibérations du Congrès de Bruxelles, c'était inévitablement égarer les intelligences sur les véritables termes de la question, c'était d'avance conclure à l'État ouvrier.

Deux principes nouveaux : collectivisme et fédéralisme

(...) Deux principes, d'une conséquence historique immense, se sont dégagés des débats et des luttes intestines qui ont agité notre Association : le principe de la propriété collective, comme base économique de la nouvelle organisation sociale, et le principe d'autonomie et de fédération, comme base de groupement des individus et des collectivités humaines. Pour rechercher quelle serait la nouvelle organisation sociale, pourquoi, au lieu de se rendre compte des conséquences nécessaires de l'application des deux principes énoncés ci-dessus, se demander ce qui serait service privé et ce qui deviendrait service public, par qui et comment seraient faits ces services publics ? En raisonnant rationnellement, on eût dû se dire : nous nous trouvons en présence de la nécessité de transformer la propriété individuelle en propriété collective : quel est le moyen le plus pratique d'opérer cette transformation ? C'est que les travailleurs s'emparent directement des instruments de travail, qu'ils ont fait fonctionner au profit des bourgeois et qu'ils doivent désormais faire fonctionner à leur propre profit. Cette mesure révolutionnaire est supérieure en pratique à tous les décrets des assemblées dictatoriales qui se croiraient autorisées à diriger la Révolution ou l'émancipation intégrale des classes travailleuses ; et l'action spontanée des masses populaires, d'où elle peut seule sortir, est, dès les premiers actes de la Révolution, l'affirmation pratique du principe d'autonomie et de fédération, qui devient la base de tout groupement social. Avec les privilèges économiques de la bourgeoisie ont sombré, dans cette tempête révolutionnaire, toutes les institutions de l'État au moyen desquelles la bourgeoisie maintient ses privilèges.

Étudions maintenant les conséquences, au point de vue de la réorganisation sociale, d'une pareille Révolution. Dans une localité quelconque, les différents corps de métiers sont maîtres de la situation : dans telle industrie, l'outillage utilisé est de minime valeur ; dans telle autre il est d'une valeur considérable et d'une utilité plus générale ; si le groupe des producteurs employés dans cette industrie doit être un monopole pour un groupe de travailleurs, au détriment des autres groupes. Les nécessités révolutionnaires, qui ont poussé les groupes travailleurs à une action identique, leur dictent également des pactes de fédération, au moyen desquels ils s'assurent mutuellement les conquêtes de la Révolution ; ces pactes, nécessairement, seront communaux, régionaux, internationaux, et contiendront les garanties suffisantes pour qu'aucun groupe ne puisse accaparer à lui seul les bénéfices de la Révolution. C'est ainsi que la propriété collective nous paraît devoir être tout d'abord communale, puis régionale et même internationale, suivant le développement et l'importance plus ou moins générale de telle branche de l'activité humaine, de telle richesse naturelle, de tels instruments de travail accumulés par un travail antérieur.

Quant à la constitution des groupes de producteurs, la spontanéité des intérêts révolutionnaires qui leur ont donné naissance sera le point de départ de leur organisation, et du développement de cette organisation au point de vue de la réorganisation sociale. S'étant groupés librement pour l'action révolutionnaire, les travailleurs continueront ce libre groupement pour l'organisation de la production, de l'échange, de la circulation, de l'instruction et éducation, de l'hygiène, de la sécurité ; et de même que, dans les luttes révolutionnaires, l'attitude hostile d'un individu dans tel groupe, d'un groupe dans telle commune, d'une commune dans telle région, d'une région dans l'internationalité, n'ont pu empêcher la marche triomphante de la Révolution, de même l'isolement, lorsqu'il s'agira du développement des conquêtes de la Révolution, ne pourra arrêter la marche progressive des masses travailleuses agissant librement.

La Fédération des Communes remplace l'État

Qu'on remarque bien la différence essentielle entre l'État ouvrier et la Fédération des Communes. L'État détermine ce qui est service public et l'organisation de ce service public : voilà l'activité humaine réglementée. Dans la Fédération des Communes, aujourd'hui le cordonnier travaille chez lui dans sa chambre : demain, par l'application d'une découverte quelconque, la production des chaussures peut être centuplée et simplifiée à la fois : les cordonniers alors s'unissent, se fédèrent, établissent leurs ateliers, leurs manufactures, et entrent ainsi dans l'activité générale. Il en est de même de toutes les branches de l'activité humaine : ce qui est restreint s'organise d'une manière restreinte, ce qui est général, d'une manière générale, tant dans les groupes que dans les communes et les fédérations. C'est l'expérience, le développement de chaque jour, mis au service de la liberté et de l'activité humaines.

Que sont devenus, dans cette organisation, les services publics de l'État actuel, sa législation, sa juridiction, sa police, son armée, son école et son Église officielles ? Le libre contrat a remplacé la loi ; s'il y a des conflits, ils sont jugés par des tribunaux d'arbitres dans les groupes où éclatent ces conflits : et quant aux mesures de répression, elles n'ont plus leur raison d'être dans une société fondée sur la libre organisation, l'organisation et l'action de tel groupe ne pouvant en aucune manière me nuire si l'organisation et l'action du groupe auquel j'appartiens sont également respectées, et cette organisation et cette action pouvant difficilement s'écarter des intérêts de l'humanité émancipée, après que la Révolution sociale aura balayé toutes les conséquences pratiques du bourgeoisisme. Un service de sécurité pourra peut-être encore avoir son utilité temporaire, mais ce ne pourra plus être une institution ayant un caractère général, indispensable, vexatoire, oppressif, comme dans l'ordre actuel.

Les grands courants de la Révolution sociale

Il est incontestable que la question, au point de vue pratique, se tranchera suivant le degré de développement socialiste des masses travailleuses dans chaque pays, et aussi suivant les premiers pas, plus ou moins décisifs, de la Révolution sociale. Il n'y a aujourd'hui que les ignorants et les gens de mauvaise foi qui osent affirmer que la solution du problème social peut se produire autrement que par la Révolution. Nous sommes heureux de constater que nos frères d'Allemagne, malgré le caractère légal de leur agitation socialiste actuelle, sont d'accord avec nous sur ce point. Mais la Révolution peut se produire de deux façons : elle peut avoir pour but immédiat, et pour base d'action en même temps, la conquête, par les classes ouvrières, du pouvoir politique dans l'État actuel et la transformation de cet État bourgeois en État ouvrier ; elle peut, d'un autre côté, avoir pour but immédiat, et également pour base d'action, la destruction de tout État et le groupement spontané et fédératif de toutes les forces révolutionnaires du prolétariat. Si l'action révolutionnaire peut varier d'un pays à l'autre, elle est également susceptible de variation dans les communes d'un même pays ; ici la Commune conservera un caractère autoritaire et gouvernemental, et même de bourgeoisisme ; ailleurs le coup de balai sera complet. Si on se rend bien compte de la situation actuelle des peuples dans les différents États civilisés, et des conceptions diverses, en ces matières, qui ont encore cours, on comprendra qu'il est inévitable que la Révolution présente un caractère extrême de variété. Nous verrons sans doute toutes les théories socialistes, le communisme, le collectivisme, le mutuellisme, recevoir une application plus ou moins restreinte ou générale, selon les grands courants que suivra la Révolution.

Comment en serait-il autrement, quand nous voyons aujourd'hui un grand pays comme l'Allemagne s'attacher à l'idée de l'État ouvrier, et d'autres, comme l'Italie et l'Espagne, à l'idée de la Fédération des Communes ? Cette diversité de tendances révolutionnaires a été, pour la bourgeoisie, un sujet d'accuser le socialisme d'impuissance. Avec un peu de clairvoyance, il est facile cependant de constater que, si des divergences existent dans la conception d'une nouvelle organisation sociale, les classes ouvrières sont de plus en plus unies pour faire crouler l'édifice bourgeois. Et cette divergence ne peut pas être une cause d'impuissance, mais, au contraire, une cause de force, dans ce sens que les groupes de travailleurs, en réalisant leur conception particulière et en respectant la réalisation des conceptions des autres groupes, auront tous un plus grand intérêt au triomphe de la Révolution.

En quoi cela arrêtera-t-il la marche révolutionnaire du prolétariat, que les Allemands réalisent l'État ouvrier, tandis que les Italiens, les Espagnols, les Français réaliseront la Fédération des Communes ? et même qu'en France certaines communes conservent la propriété individuelle, tandis que la propriété collective triomphera dans d'autres ?

La Fédération des Communes l'emportera

Ces réserves faites, nous avons cependant la conviction que l'organisation la plus favorable au développement des intérêts de l'humanité finira par s'imposer partout, et que les premières manifestations révolutionnaires seront déterminantes pour le développement successif des étapes de la Révolution. Cette conviction, nous la poussons jusqu'à affirmer que ce sera la Fédération des Communes qui sortira avec le plus de puissance de la Révolution sociale.

On a reproché à cette Fédération des Communes d'être un obstacle à la réalisation d'une entente générale, d'une union complète des travailleurs, et de ne pas présenter, au point de vue de l'action révolutionnaire, la même puissance d'action qu'un État.

Mais comment se fait-il que les groupes de travailleurs, librement fédérés dans l'Internationale, pratiquent la solidarité, s'entendent, se mettent d'accord ? C'est que la même situation économique les pousse à la pratique de la solidarité. Que sera-ce, alors que leur action sera débarrassée de toutes les entraves que lui oppose l'ordre actuel ?

Comment se fait-il que l'Internationale augmente en puissance d'action tant qu'elle est une fédération, tandis qu'elle se déchire sitôt qu'un Conseil général veut en faire un État ? C'est que les travailleurs ont la haine de l'autorité, qu'ils veulent être libres, et qu'ils ne seront puissants que par la pratique de cette large et complète liberté.

Oui, notre Association a été la démonstration de la fécondité du principe d'autonomie et de libre fédération ; et c'est par l'application de ce principe que l'humanité pourra marcher vers de nouvelles conquêtes pour assurer le bien-être moral et matériel de tous.

James Guillaume (1844-1916)

PAR FRITZ BRUPBACHER [1]

James Guillaume est né le 16 février 1844, à Londres. Son père, Suisse de Neuchâtel, s'était fait naturaliser anglais ; sa mère était française. Sa famille paternelle habitait Fleurier, dans le Val-de-Travers. Son grand-père y avait fondé vers 1815 une maison d'horlogerie avec une succursale à Londres. Il était républicain, et il avait dû se réfugier un an ou deux dans le canton de Vaud à la suite des émeutes de 1831. Le père de James Guillaume vint à Londres à vingt ans, bon horloger déjà, pour remplacer son oncle à la direction de la succursale. Ce n'était pas un homme ordinaire, et la civilisation l'intéressait davantage que le commerce des montres. Il ne se contenta pas d'apprendre, à ses heures de loisir, et l'allemand et l'espagnol, mais il étudia aussi les sciences naturelles, qui l'intéressèrent particulièrement, et la philosophie. Il se maria en 1843, avec une jeune fille très cultivée, qui était d'une famille de musiciens.

En 1848, la République ayant été proclamée à Neuchâtel, le père de James Guillaume, ardent républicain lui aussi, revint au pays. Il fut bientôt nommé juge, puis préfet du Val-de-Travers, et

---

1. Fritz Brupbacher (1874-1945) docteur en médecine de Zurich, membre du Parti socialiste suisse de 1898 à 1914, date de son expulsion, puis du Parti communiste à partir de 1920 jusqu'à son expulsion à la fin de 1932 ; n'a cessé, au fond, d'être anarchiste et de faire de la propagande en faveur de la liberté sexuelle. A publié *Marx and Bakounine* et *60 Jahre Ketzer* (autobiographie), livres dont on a publié des extraits en français sous le titre *Socialisme et liberté* (1955).

à partir de ce moment ne s'occupa plus que des affaires publiques. Élu conseiller d'État en 1853, il fut réélu constamment pendant trente-cinq ans.

James Guillaume avait donc quatre ans lorsqu'il arriva en Suisse. Il entra au collège latin à neuf ans et demi ; à seize ans, il passa dans les auditoires, qu'on appelle aujourd'hui l'académie, et il y resta jusqu'en 1862. Élève assez indiscipliné, il avait souvent maille à partir avec les autorités scolaires, qui étaient royalistes et religieuses. Mais, s'il était mal noté pendant l'année à cause de ses allures indépendantes, il se rattrapait aux examens, où il était toujours le premier. Ce qui importe dans sa vie d'écolier, ce n'est pas ce qu'il a fait en classe — il n'écoutait pas ses maîtres, il n'avait aucune confiance en eux —, c'est ce qu'il a voulu apprendre seul et ce qui fermentait dans sa tête. Il lut toute la bibliothèque de son père, se passionnant pour l'Antiquité, pour la Révolution française, pour la philosophie et particulièrement pour Spinoza, pour la poésie depuis Homère et Shakespeare jusqu'à Goethe et à Byron, pour Rabelais enfin, Molière et Voltaire.

Les sciences naturelles, astronomie, géologie, entomologie, l'occupaient aussi beaucoup. Il se sentait poète et musicien : il a écrit des milliers de vers lyriques, composé des drames et des romans, entrepris un opéra et un oratorio. La politique ne l'intéressait pas moins. La lutte entre républicains et royalistes était acharnée à Neuchâtel. Dès ce temps, l'histoire de la Révolution fascinait Guillaume, et ses héros étaient les montagnards : Marat, autre Neuchâtelois, Robespierre, Saint-Just.

Guillaume se rendit à Zurich en septembre 1862 : il devait étudier la philosophie, compléter sa culture, et se préparer au professorat des langues anciennes. Il entra au Laboratoire philologique et pédagogique dirigé par Köchly — Köchly et l'esthéticien Vischer ont été les seuls de ses professeurs que le jeune anti-autoritaire ait pris au sérieux, et encore ! Guillaume apprit à Zurich à connaître le génie allemand, dans ses poètes et ses philosophes. Il s'y imprégna aussi des lettres grecques. C'est à Zurich qu'il commença de traduire *Les Gens de Seldwyla*, de Gottfried Keller, romancier suisse, mais excellent écrivain allemand. Guillaume fut le premier qui mit Keller en français, son ouvrage parut en 1864. Le socialisme n'existait guère pour lui encore. Un camarade un peu plus jeune lui ayant confié une admiration enthousiaste pour Proudhon, Guillaume répondit que Proudhon était un sophiste.

Au printemps de 1864, Guillaume fut obligé de retourner à Neuchâtel. Il dut renoncer, plein de regrets, à un voyage d'études qu'il avait compté faire à Paris. Il passa en fin d'année l'examen du professorat des écoles industrielles et reçut un poste au Collège de Locle. (...) Réfléchissez qu'il n'est pas encore socialiste, et qu'il n'a vécu jusqu'ici que d'étude et parmi les livres. Le voilà transplanté au milieu du peuple ouvrier. Il regarde, son cœur s'émeut, sa raison s'irrite. Il avait la passion du vrai, elle anime en lui la passion du juste. La vanité des connaissances classiques le frappe, il hausse les épaules en songeant à ses anciens plans d'avenir. Poète, il renonce à chanter, il écoute les cris de la poésie vivante. Historien, il se demande si la Révolution est achevée, ou même si elle a commencé. Pour que sa vie encore vaille d'être vécue, il veut la consacrer à l'instruction populaire du peuple : et pour commencer, il organise des cours du soir pour les apprentis. Il continue à lire toutes sortes d'auteurs : Feuerbach, Darwin, Fourier, Louis Blanc, Proudhon. Et, peu à peu, des conceptions nouvelles s'élaborent dans sa tête. Savant et philosophe, il n'avait pu concevoir l'égalité précédemment qu'à la façon de Robespierre et de Louis Blanc : l'homme ayant une âme, l'égalité de toutes les âmes allait de soi. Mais comment concilier l'égalité avec le darwinisme, avec la descendance animale, avec la lutte pour la vie ? Et la morale, que devenait-elle sans le libre arbitre ? Ces questions le tourmentèrent longtemps : lorsque la négation du libre arbitre métaphysique se fut imposée enfin à lui, il se trouva tranquille et sur un terrain solide.

Pourtant sa pensée manque de centre : et le socialiste ne s'est pas encore précisé au cœur du professeur et du métaphysicien. Le mouvement coopératif français touche la Suisse : et voilà qui doit aviver l'intérêt des cours du soir. En 1865, une section de l'Internationale est établie à La Chaux-de-Fonds : un peuple qui s'aide mérite donc qu'on l'aide. Restait à le rencontrer tout vif, dévouement et patience, sacrifice de la vie et de la mort : ce fut l'image que Guillaume admira et chérit en Constant Meuron, le vétéran des émeutes neuchâteloises, le révolutionnaire et le républicain qui n'avait jamais rien su que la Révolution et la république.

Dès lors, Guillaume est formé : il veut agir, il sait pourquoi agir. Comment, il hésite encore. Il songe à se faire instituteur dans un village, pour être plus près du peuple ; puis à se faire typographe, ainsi que Constant Meuron s'était fait guillocheur. On le dissuada de l'un et de l'autre, en lui démontrant que s'il se déclassait, il perdrait presque toute l'influence utile qu'il pourrait exercer.

À l'automne de 1866, Constant Meuron et James Guillaume fondèrent la section de l'Internationale du Locle, et Guillaume se rendit au Congrès de Genève.

Jusque-là, il s'était consacré à l'éducation générale des ouvriers, le plus souvent par des conférences d'histoire (qui ont été imprimées depuis), mais aussi par des essais d'organisation coopérative de crédit et de consommation. Il participait activement d'ailleurs au mouvement politique et parlementaire, mais il en vint bientôt, ainsi que la plupart des Internationaux du Jura, à la conviction que la classe ouvrière n'avait rien à y gagner. Le Congrès de l'Internationale à Lausanne, le Congrès de la Ligue de la paix et de la liberté à Genève, tenus en 1867, modifièrent profondément la pensée de Guillaume : c'est là en effet qu'il prit contact avec des révolutionnaires de toute l'Europe, et que la foi lui vint à la Révolution sociale universelle.

Il était à ce moment de son développement quand il fit, en 1869, la connaissance de Bakounine, lors de la fondation de la Fédération romande. Leurs vues étaient tout à fait analogues : le rêve d'une société sans État, où il n'y aurait plus ni gouvernement ni constitution, où tous les hommes seraient libres et égaux, s'était formé en Guillaume, par développement intérieur et par expérience extérieure, avant qu'il ne rencontrât Bakounine. Et pour chacun d'eux cependant ce fut une grande chose que de découvrir l'autre.

« Je dois à Bakounine — écrit Guillaume —, au point de vue moral, ceci : auparavant j'étais stoïcien, préoccupé du développement moral de ma personnalité, m'efforçant de conformer ma vie à un idéal ; sous l'influence de Bakounine, je renonçai à cette préoccupation personnelle, individuelle, et je conçus qu'il valait mieux remplacer l'effort vers la perfection morale par une chose plus humaine, plus sociale : renonciation à l'action purement individuelle et résolution de me consacrer à l'action collective, en cherchant la base et la garantie de la moralité dans la conscience collective d'hommes étroitement unis pour travailler à une œuvre commune de propagande et de révolution. »

On sait s'il s'y est mis. De 1866 à 1878, Guillaume ne vécut que pour l'Internationale. Il se maria en 1868 avec Élise Golay. Donnons un souvenir respectueux à la vaillante jeune fille, qui mit sa main dans celle de l'agitateur et du persécuté. Dès 1869, en effet, Guillaume dut renoncer à son professorat du Locle, étant entré en conflit avec les autorités pédagogiques à cause de son activité révolutionnaire. Il devint typographe et le resta jusqu'en 1872. Conter sa vie entre 1866 et 1878 serait conter l'histoire de l'Internationale : c'est pourquoi ses souvenirs en ont composé une. Il fut l'un des orateurs les plus zélés de cette gauche, constituée au Congrès de Bâle, et qui se défit avec la séparation des autoritaires et des anti-autoritaires au fameux Congrès de La Haye. Pour le développement des idées de Guillaume, ses capacités personnelles, intellectuelles et morales, mises à part, on ne saurait attacher trop d'importance au bonheur qu'il a eu de vivre et d'agir avec une classe ouvrière d'une extraordinaire activité spirituelle. Il est difficile de distinguer ce que Guillaume a donné à ses camarades, et ce qu'il a reçu d'eux. Les militants jurassiens de cette époque s'étaient vraiment confondus en une vaste communauté spirituelle : on y sentait en commun, on y pensait en commun, on y agissait en commun. Point de meneurs, point de menés : rien que des hommes à l'initiative plus ou moins décidée, aux dons naturels plus ou moins riches. Mais où commence le travail de l'un, où celui de l'autre, voilà ce qu'on se donnerait en vain la peine de chercher.

Guillaume devint donc l'émanation intellectuelle d'une collectivité. (...) C'est là, dans le Jura, que les horlogers et Guillaume ensemble produisirent les idées qu'une génération nouvelle devait retrouver et rebaptiser sous le nom de syndicalisme révolutionnaire.

On pouvait déjà, dès 1870, voir s'opposer clairement dans la Suisse occidentale les deux tendances qu'on appelle aujourd'hui sociale-démocratique et syndicaliste révolutionnaire. En 1870, au Congrès de la Fédération romande, à La Chaux-de-Fonds, eut lieu la première scission : là s'accomplit en petit ce qui devait s'accomplir en grand en 1872. Guillaume rédigeait alors l'organe des « collectivistes » (syndicalistes révolutionnaires), *La Solidarité*, qui dura jusqu'après la Commune et la crise qui s'ensuivit parmi les Jurassiens. Plus tard, il fut rédacteur du *Bulletin*, qui remplaça cette *Solidarité*.

La Commune massacrée, le combat des autoritaires et des anti-autoritaires devint dans l'Internationale plus aigu que jamais. Marx attaque les anti-autoritaires et tout spécialement les Jurassiens, à la conférence de Londres. La conséquence fut qu'une entente plus étroite rapprocha tous les éléments anti-autoritaires, et que les hostilités s'exaspérèrent. On sait que Bakounine et Guillaume furent exclus de l'Internationale au Congrès de La Haye, en 1872, Marx et ses compagnons ayant cru se débarrasser ainsi de l'esprit des anti-autoritaires. Ce n'est pas ici le lieu de parler des moyens auxquels Marx recourut pour parvenir à ses fins : qu'on en lise le détail dans *L'Internationale* de Guillaume [2].

Dès avant La Haye, Guillaume s'était toujours tenu aux premiers rangs, mais, après le Congrès, il devient tout à fait impossible de se représenter le développement ultérieur de l'Internationale sans lui.

L'opposition contre Marx était très hétérogène : et pour la concentrer et la maintenir, un esprit compréhensif, capable d'apprécier beaucoup d'individualités diverses, était nécessaire, qui lui rendit possible un travail commun. Tel est le rôle que Guillaume a compris et rempli d'une façon merveilleuse. Ce qu'il y a de plus rare parmi les hommes, d'une part qu'ils aient par eux-mêmes des idées claires et fermes, d'autre part qu'ils sachent entrer dans les idées d'hommes différents d'eux-mêmes et les estimer à leur valeur, voilà ce qui caractérisait Guillaume, et voilà pourquoi il a tant agi dans les combats spirituels de l'Internationale. On sent en effet dans tout ce qu'il dit et dans tout ce qu'il écrit une personnalité morale éminente, également libre et du fanatisme et de l'électisme.

(...) Après 1870, l'Internationale, prise dans l'évolution économique et politique, devait mourir malgré tout le travail des militants. Le mouvement ouvrier européen ne se concevait plus lui-même et se scindait en mouvements nationaux. Comme dans le reste de l'Europe, l'esprit de révolte baissa aussi dans le Jura, *Le*

---

2. *L'Internationale, documents et souvenirs (1864-1788)*, 4 vol., 1905-1910.

Bulletin que rédigeait Guillaume, organe de la Fédération jurassienne et, au moins pendant quelques années, organe de l'Internationale anti-autoritaire, dut cesser de paraître en 1878.

Idées sur l'organisation sociale (1876)

par James Guillaume

I. Avant-propos [3]

La réalisation des idées contenues dans les pages qu'on va lire ne peut s'obtenir qu'au moyen d'un mouvement révolutionnaire.

Ce n'est pas en un jour que le flot grossit au point de rompre la digue qui le contient ; l'eau monte par degrés, lentement ; mais, une fois qu'elle a atteint le niveau voulu, la débâcle est soudaine, et la digue s'écroule en un clin d'œil.

Il y a donc deux faits successifs, dont le second est la conséquence nécessaire du premier : d'abord, la transformation lente des idées, des besoins, des moyens d'action au sein de la société ; puis, quand le moment est venu où cette transformation est assez avancée pour passer dans les faits d'une manière complète, il y a la crise brusque et décisive, la révolution, qui n'est que le dénouement d'une longue évolution, la manifestation subite d'un changement dès longtemps préparé et devenu inévitable.

Il ne viendra à l'esprit d'aucun homme sérieux d'indiquer à l'avance les voies et moyens par lesquels doit s'accomplir la révolution, prologue indispensable de la rénovation sociale. Une Révolution est un fait naturel, et non l'acte d'une ou de plusieurs volontés individuelles : elle ne s'opère pas en vertu d'un plan

3. Les sous-titres sont de nous.

préconçu, elle se produit sous l'impulsion incontrôlable de nécessités auxquelles nul ne peut commander.

Qu'on n'attende donc pas de nous l'indication d'un plan de campagne révolutionnaire ; nous laissons cet enfantillage à ceux qui croient encore à la possibilité et à l'efficacité d'une dictature personnelle pour accomplir l'œuvre de l'émancipation humaine.

Nous nous bornerons à dire brièvement quel est le caractère que nous désirons voir prendre à la révolution, pour éviter qu'elle ne retombe dans les errements du passé. Ce caractère doit être avant tout négatif, destructif. Il ne s'agit pas d'améliorer certaines institutions du passé pour les adapter à une société nouvelle, mais de les supprimer. Ainsi, suppression radicale du gouvernement, de l'armée, des tribunaux, de l'Église, de l'école, de la banque et de tout ce qui s'y rattache.

En même temps, la Révolution a un côté positif : c'est la prise de possession des instruments de travail et de tout le capital des travailleurs.

Nous devons expliquer comment nous entendons cette prise de possession.

Parlons d'abord de la terre et des paysans.

Dans plusieurs pays, mais particulièrement en France, les bourgeois et les prêtres ont cherché à tromper et à effrayer les paysans, en leur disant que la Révolution voulait leur prendre leurs terres.

C'est là un indigne mensonge des ennemis du peuple. La Révolution veut faire tout le contraire : elle veut prendre les terres des bourgeois, des nobles et des prêtres, pour les donner à ceux des paysans qui n'en ont pas.

Si une terre appartient à un paysan, et que ce paysan la cultive lui-même, la Révolution n'y touchera pas. Au contraire, elle lui en garantira la libre possession, et l'affranchira de toutes les charges qui pesaient sur elle. Cette terre qui payait l'impôt au fisc, et qui était grevée de lourdes hypothèques, la Révolution l'émancipera comme elle émancipe le travailleur : plus d'impôts, plus d'hypothèques ; la terre est redevenue libre comme l'homme.

Quant aux terres des bourgeois, des nobles, du clergé, aux terres que le pauvre peuple des campagnes a cultivées jusqu'à ce jour pour ses maîtres, celles-là, la Révolution les reprend à ceux qui les avaient volées, elle les rend à leurs propriétaires légitimes, à ceux qui les cultivent.

Comment la Révolution fera-t-elle pour enlever la terre à la bourgeoisie, aux exploiteurs, et pour la donner aux paysans ?

Jusqu'à présent, quand les bourgeois faisaient une Révolution politique, quand ils exécutaient un de ces mouvements dont le résultat était seulement un changement de maîtres pour le peuple, ils avaient l'habitude de publier des décrets, annonçaient au pays la volonté du nouveau gouvernement ; le décret était affiché dans les communes, et le préfet, les tribunaux, le maire, les gendarmes le faisaient exécuter.

La Révolution vraiment populaire ne suivra pas cet exemple ; elle ne rédigera pas de décrets, elle ne réclamera pas les services de la police et de l'administration gouvernementale. Ce n'est pas avec des décrets, avec des paroles écrites sur du papier, qu'elle veut émanciper le peuple, mais avec des actes.

II. Les paysans

Nous examinerons, dans ce chapitre, la manière dont doivent s'organiser les paysans pour tirer le plus de profit possible de leur instrument de travail, la terre.

Au lendemain de la Révolution, voici dans quelle position se trouveront les paysans : les uns, qui étaient déjà petits propriétaires, conservent le morceau de terrain qu'ils cultivaient et qu'ils continuent à cultiver seuls avec leur famille. D'autres, et c'est le plus grand nombre, qui étaient fermiers d'un grand propriétaire, ou simples manœuvres à la solde d'un fermier, se sont emparés en commun d'une vaste étendue de terrain, et doivent la cultiver en commun.

Lequel de ces deux systèmes est le meilleur ?

Il ne s'agit pas ici de faire de la théorie, mais de prendre pour point de départ les faits, et de rechercher ce qui est immédiatement réalisable.

Nous plaçant à ce point de vue, nous disons d'abord que la chose essentielle, celle pour laquelle la Révolution a été faite, est accomplie : la terre est devenue la propriété de celui qui la cultive, le paysan ne travaille plus au profit d'un exploiteur qui vit de ses sueurs.

Cette grande conquête obtenue, le reste est d'ordre secondaire ; les paysans peuvent, si c'est leur volonté, partager le terrain en lots individuels et attribuer à chaque travailleur un lot ; ou bien au contraire mettre le terrain en commun et s'associer pour le cultiver. Cependant, quoique secondaire par rapport au fait essentiel, à l'émancipation du paysan, cette question de la meilleure forme à adopter pour la culture et pour la possession du sol mérite aussi d'être examinée avec attention.

Dans une région qui aura été peuplée, avant la Révolution, de paysans petits propriétaires ; où la nature du sol sera peu propice à des cultures étendues ; où l'agriculture en est encore restée aux procédés de l'âge patriarcal, où l'emploi des machines est inconnu ou peu répandu — dans une région semblable, il sera naturel que les paysans conservent la forme de propriété à laquelle ils sont habitués. Chacun d'eux continuera à cultiver son terrain comme par le passé, avec cette seule différence, que ses valets d'autrefois (s'il en avait) seront devenus ses associés et partageront avec lui les fruits que leur travail commun aura fait produire à la terre.

Toutefois il est probable qu'au bout de peu de temps, ces paysans restés propriétaires individuels trouveront avantageux pour eux de modifier leur système traditionnel de travail. Ils se seront d'abord associés pour créer une agence communale chargée de la vente ou de l'échange de leurs produits ; puis cette première association les conduira à tenter d'autres pas dans cette même voie. Ils feront en commun l'acquisition de diverses machines destinées à faciliter leur travail ; ils se prêteront une aide réciproque pour l'exécution de certaines corvées qui se font mieux quand elles sont enlevées rapidement par un grand nombre de bras ; et ils finiront sans doute par imiter leurs frères, les travailleurs de l'industrie et ceux des grandes cultures, en se décidant à mettre leurs terres en commun et à former une association agricole. Mais s'ils s'attardent quelques années dans l'ancienne routine, si même l'espace d'une génération entière devait s'écouler, dans certaines communes, avant que les paysans y prissent le parti d'adopter la forme de la propriété collective, il n'y aurait pas à ce retard d'inconvénient grave ; le prolétariat des campagnes n'aurait-il pas disparu, et au sein même de ces communes restées en arrière, y aurait-il autre chose qu'une population de travailleurs libres, vivant dans l'abondance et la paix ?

Par contre, là où de grands domaines, de vastes cultures occupent un nombre considérable de travailleurs, dont les efforts réunis et combinés sont nécessaires à la mise en œuvre du sol, la propriété collective s'impose d'elle-même. On verra le territoire de toute une commune, quelquefois même celui de plusieurs communes, ne former qu'une exploitation agricole, où seront appliqués les procédés de la grande culture. Dans ces vastes communautés de travailleurs des champs, on ne s'efforcera pas, comme le fait aujourd'hui le petit paysan sur son lopin de terre, d'obtenir du même terrain une foule de produits différents : on ne verra pas, côte à côte dans un enclos d'un hectare de superficie, un petit carré de blé, un petit carré de pommes de terre, un autre de vigne, un autre de fourrage, un autre d'arbres fruitiers, etc. Chaque sol est, par sa configuration extérieure, par son exposition, par sa composition chimique, approprié plus spécialement à une espèce de produits : on ne sèmera donc pas du blé sur le terrain propre à la vigne, on ne cherchera pas à obtenir des pommes de terre sur un sol qui serait mieux utilisé comme pâturage. La communauté agricole, si elle ne dispose que d'une seule nature de terrain, ne se livrera qu'à la culture d'une seule espèce de produits, sachant que la culture en grand donne, avec moins de travail, des résultats beaucoup plus considérables, et préférant se procurer par l'échange les produits qui lui manquent, plutôt que de ne les obtenir qu'en petite quantité et en mauvaise qualité sur un terrain qui ne leur serait pas propice.

L'organisation intérieure d'une communauté agricole ne sera nécessairement pas partout la même : une assez grande variété pourra se produire suivant les préférences des travailleurs associés ; ils n'auront, pourvu qu'ils se conforment aux principes d'égalité et de justice, à consulter sur ce point que leurs convenances et leur utilité.

La gérance de la communauté, élue par tous les associés, pourra être confiée soit à un seul individu, soit à une commission de plusieurs membres ; il sera même possible de séparer les diverses fonctions administratives, et de remettre chacune d'elles à une commission spéciale. La durée de la journée de travail sera fixée non par une loi générale appliquée à tout le pays, mais par une décision de la communauté elle-même ; seulement, comme la communauté sera en relations avec tous les travailleurs agricoles de la région, il faut admettre comme probable qu'une entente se sera effectuée entre tous les travailleurs pour l'adoption d'une base uniforme sur ce point. Les produits du travail appartiennent à la communauté et chaque associé reçoit d'elle, soit en nature (subsistances, vêtements, etc.), soit en monnaie d'échange, la rémunération du travail accompli par lui. Dans quelques associations, cette rémunération sera proportionnelle à la durée du travail ; dans d'autres, elle sera en raison à la fois de la durée du travail et de la nature des fonctions remplies ; d'autres systèmes encore pourront être essayés et pratiqués.

Cette question de la répartition devient tout à fait secondaire, dès que celle de la propriété a été résolue et qu'il n'existe plus de capitalistes opérant un prélèvement sur le travail des masses. Toutefois nous pensons que le principe dont il faut chercher à se rapprocher autant que possible est celui-ci : *De chacun suivant ses forces, à chacun suivant ses besoins*. Une fois que, grâce aux procédés mécaniques et aux progrès de la science industrielle et agricole, la production se sera accrue de telle sorte qu'elle dépassera de beaucoup les besoins de la société — et ce résultat sera obtenu dans un espace de quelques années après la Révolution —, une fois qu'on en sera là, disons-nous, on ne mesurera plus d'une main scrupuleuse la part qui revient à chaque travailleur : chacun pourra puiser dans l'abondante réserve sociale, selon toute l'étendue de ses besoins, sans craindre de jamais l'épuiser ; et le sentiment moral qui se sera développé chez des travailleurs libres et égaux préviendra l'abus et le gaspillage. En attendant, c'est à chaque communauté à déterminer elle-même, pendant la période de transition, la méthode qu'elle croit la plus convenable pour répartir le produit du travail entre ses associés.

III. Les travailleurs industriels

Chez les travailleurs de l'industrie, il faut, comme chez les paysans, distinguer plusieurs catégories.

Il y a d'abord les métiers dans lesquels l'outillage est presque insignifiant, où la division du travail n'existe pas ou n'existe qu'à peine, et où par conséquent le travailleur isolé peut produire aussi bien que s'il travaillait en association. Telles sont, par exemple, les professions de tailleur, de cordonnier, etc. [4].

Puis viennent les métiers qui nécessitent la coopération de plusieurs travailleurs, l'emploi de ce qu'on appelle la force collective, et qui s'exercent généralement dans un atelier ou un chantier ; exemple : les typographes, les menuisiers, les maçons.

Enfin il est une troisième catégorie d'industrie, où la division du travail est poussée beaucoup plus loin, où la production se fait sur une échelle gigantesque et exige l'emploi de puissantes machines et la possession d'un capital considérable. Telles sont les filatures, les usines métallurgiques, les houillères, etc.

Pour les travailleurs appartenant aux industries de la première catégorie, le travail collectif n'est pas une nécessité ; et il arrivera sans doute que, dans un grand nombre de cas, le tailleur ou le savetier préférera continuer à travailler seul dans sa petite échoppe. C'est là une chose toute naturelle, d'autant plus que dans les petites communes, il n'y aura peut-être qu'un seul travailleur appartenant à chacun de ces métiers. Toutefois et sans vouloir gêner en rien l'indépendance individuelle, nous pensons que, là où la chose est praticable, le travail en commun est le meilleur : dans la société de ses égaux, l'émulation stimule le travailleur ; il produit davantage, et fait son ouvrage de meilleur cœur ; en outre, le travail en commun permet un contrôle plus utile de chacun sur tous et de tous sur chacun.

Quant aux travailleurs des deux autres catégories, il est évident que l'association leur est imposée par la nature même de leur travail ; et que leurs instruments de travail n'étant plus de simples outils d'un usage exclusivement personnel, mais des machines ou des outils dont l'emploi exige le concours de plusieurs ouvriers, la propriété de cet outillage ne peut être que collective.

Chaque atelier, chaque fabrique formera donc une association de travailleurs, qui restera libre de s'administrer de la façon qu'il

4. Il faut remarquer toutefois que, même dans ces professions-là, le mode de production de la grande industrie peut être appliqué et produire une économie de temps et de travail. Ce que nous en disons ne s'applique donc qu'à une période transitoire. (Note de James Guillaume.)

lui plaira, pourvu que les droits de chacun soient sauvegardés et que les principes d'égalité et de justice soient mis en pratique. Au chapitre précédent, en parlant des associations ou communautés de travailleurs agricoles, nous avons présenté, à propos de la gérance, de la durée de la journée de travail, et de la répartition des produits, des observations qui naturellement s'appliquent aussi aux travailleurs de l'industrie et, que par conséquent nous n'avons pas besoin de répéter. Nous venons de dire que, partout où il s'agit d'une industrie exigeant un outillage un peu compliqué et le travail en commun, la propriété des instruments de travail devait être commune. Mais un point reste à déterminer : cette propriété commune appardiendra-t-elle exclusivement à l'atelier dans lequel elle fonctionne, ou bien sera-t-elle la propriété de toute la corporation des travailleurs de telle ou telle industrie ?

Notre opinion est que c'est la seconde de ces solutions qui est la bonne. Lorsque, par exemple, le jour de la Révolution, les ouvriers typographes de la ville de Rome auront pris possession de toutes les imprimeries de cette cité, ils devront immédiatement se réunir en assemblée générale, pour y déclarer que l'ensemble des imprimeries de Rome constitue la propriété commune de tous les typographes romains. Puis, dès que la chose sera possible, ils devront faire un pas de plus, et se solidariser avec les typographes des autres villes d'Italie ; le résultat de ce pacte de solidarité sera la constitution de tous les établissements typographiques d'Italie comme propriété collective de la fédération des typographes italiens. Au moyen de cette mise en commun, les typographes de toute l'Italie pourront aller travailler dans l'une ou l'autre des villes de leur pays, et y trouver partout des instruments de travail dont ils auront le droit de se servir.

Mais si la propriété des instruments de travail doit, selon nous, être remise à la corporation, nous ne voulons pas dire par là qu'il y aura, au-dessus des groupes de travailleurs formant les ateliers, une sorte de gouvernement industriel qui ait le pouvoir de disposer à son gré des instruments de travail. Non : les travailleurs des divers ateliers ne font pas le moins du monde l'abandon de l'instrument de travail qu'ils ont conquis entre les mains d'une puissance supérieure qui s'appellerait la corporation. Ce qu'ils font, c'est ceci : ils se garantissent réciproquement, sous certaines conditions, la jouissance de l'instrument de travail dont ils ont acquis la possession, et, en accordant à leurs collègues des autres ateliers la coparticipation à cette puissance, ils obtiennent en échange d'être à leur tour coparticipants à la propriété des instruments de travail détenus par ces collègues avec lesquels ils ont conclu le pacte de solidarité.

IV. La commune

La commune est formée de l'ensemble des travailleurs habitant une même localité. Prenant pour type la commune telle qu'elle se présente dans la très grande majorité des cas, et négligeant les exceptions, nous définirons la commune : la fédération locale des groupes de producteurs.

Cette fédération locale ou commune est constituée dans le but de pourvoir à certains services qui ne sont pas du domaine exclusif de telle ou telle corporation, mais qui les intéressent toutes, et que pour cette raison on appelle services publics.

Les services publics communaux peuvent être résumés dans l'énumération suivante :

a) *Travaux publics* [5]

Toutes les maisons sont la propriété de la commune.

La Révolution faite, chacun continue à habiter provisoirement le logement qu'il occupait, à l'exception des familles qui étaient réduites à des habitations malsaines ou trop insuffisantes, et qui seront immédiatement logées, par les soins de la commune, dans les appartements vacants des maisons appartenant précédemment aux riches.

La construction des maisons nouvelles, contenant des logements sains, spacieux et commodes, pour remplacer les misérables taudis des anciens quartiers populaires, sera un des premiers besoins de la société affranchie. La commune s'en occupera immédiatement ; et de la sorte elle pourra non seule-

5. Les sous-titres qui suivent sont de James Guillaume.

ment fournir du travail aux corporations des maçons, charpentiers, serruriers, couvreurs, etc., mais encore il lui sera facile d'occuper d'une manière utile cette foule de gens qui, vivant dans l'oisiveté avant la Révolution, ne savent aucun métier ; ils pourront être employés comme manœuvres dans les immenses travaux de construction et de terrassement qui seront alors entrepris sur tous les points de la région affranchie, et spécialement dans les villes.

Les logements nouveaux seront construits aux frais de tous — ce qui signifie qu'en échange du travail fourni par les diverses corporations du bâtiment, celles-ci recevront de la commune les bons d'échange nécessaires pour qu'elles puissent subvenir largement à l'entretien de tous leurs membres. Et puisque les logements auront été construits aux frais de tous, ils devront être à la disposition de tous — c'est-à-dire que la jouissance en sera gratuite, et que personne n'aura à payer à la commune une redevance, un loyer, en échange de l'appartement qu'il occupera.

Les logements étant gratuits, il semble qu'il en pourra résulter de graves discordes, parce que personne ne voudra garder un mauvais logement, et que chacun se disputera les meilleurs. Mais nous pensons qu'on aurait tort de craindre qu'il se produise, de ce chef, des inconvénients graves, et voici nos raisons. D'abord, nous devons dire que ne pas vouloir habiter un mauvais logement et en désirer un meilleur est un désir assurément fort légitime ; et c'est justement ce désir, qu'on verra se produire avec beaucoup de force, qui nous donne l'assurance que partout on travaillera avec énergie et activité à le satisfaire, en bâtissant des maisons nouvelles. Mais en attendant qu'elles soient bâties, il faudra bien prendre patience et se contenter de ce qui existe ; la commune aura eu soin, comme nous l'avons dit, de remédier aux besoins les plus pressants en logeant les familles les plus pauvres dans les vastes palais des riches ; et quant au reste de la population, nous croyons qu'il se sera développé en elle, par l'enthousiasme révolutionnaire, un sentiment de générosité et d'abnégation, qui fera que chacun sera heureux de supporter, pendant quelque temps encore, les inconvénients d'une habitation incommode, et qu'il ne viendra à l'idée de personne de chercher querelle à un voisin qui, plus favorisé, aura provisoirement un appartement plus agréable.

Au bout de peu de temps, grâce à l'activité avec laquelle travailleront les constructeurs, puissamment stimulés par la demande générale, les logements seront devenus si abondants, que toutes les demandes pourront être satisfaites : chacun n'aura plus qu'à choisir, avec la certitude de trouver une habitation à sa convenance.

Ce que nous disons là n'a rien de chimérique, quelque merveilleux que cela puisse paraître à ceux dont le regard n'a jamais dépassé l'horizon de la société bourgeoise : c'est au contraire ce qu'il y a de plus simple et de plus naturel, si naturel qu'il serait impossible que les choses se passassent autrement. En effet, à quoi veut-on que s'occupent les légions de maçons et d'autres travailleurs du bâtiment, sinon à construire incessamment des logements commodes et vraiment dignes d'être habités par les membres d'une société civilisée ? Leur faudra-t-il en construire pendant beaucoup d'années, pour que chaque famille ait le sien ? Non, ce sera l'œuvre de peu de temps. Et quand ils auront fini, se croiseront-ils les bras ? Non, sans doute ; ils continueront à travailler ; ils amélioreront, ils perfectionneront ce qui existe, et peu à peu on verra disparaître entièrement les quartiers sombres, les rues étroites, les maisons incommodes de nos villes actuelles : à leur place s'élèveront des palais, où habiteront les travailleurs redevenus hommes.

b) *Échange*

Dans la société nouvelle, il n'y aura plus de commerce, dans le sens qui est attaché aujourd'hui à ce mot.

Chaque commune établira un comptoir d'échange, dont nous allons expliquer le plus clairement possible le mécanisme.

Les associations de travailleurs, ainsi que les producteurs individuels (dans les branches où la production individuelle pourra continuer), déposeront leurs produits au comptoir d'échange. La valeur de ces divers produits aura été fixée d'avance par une convention entre les fédérations corporatives régionales et les différentes communes, au moyen des données que fournira la statistique. Le comptoir d'échange remettra aux producteurs des bons d'échange représentant la valeur de leurs produits ; ces bons d'échange seront admis à circuler dans toute l'étendue du territoire de la Fédération des communes.

Parmi les produits ainsi déposés au comptoir d'échange, les uns sont destinés à être consommés dans la commune même, et les autres à être exportés dans d'autres communes, et par conséquent échangés contre d'autres produits.

Les premiers de ces produits seront transportés dans les différents bazars communaux, pour l'établissement desquels on aura pu utiliser provisoirement les locaux les plus commodes parmi les boutiques et magasins des anciens marchands. De ces bazars, les uns seront consacrés aux produits alimentaires, d'autres aux vêtements, d'autres aux ustensiles de ménage, etc.

Les produits destinés à l'exportation resteront dans des magasins généraux, jusqu'à ce que le moment soit venu de les diriger sur les communes qui en auront besoin.

Prévenons ici une objection. On nous dira peut-être : le comptoir d'échange de chaque commune remet aux producteurs, au moyen de bons d'échange, un signe représentatif de la valeur de leurs produits, et cela avant d'être assuré de l'écoulement de ces mêmes produits. Si les produits venaient à ne pas s'écouler, dans quelle position se trouverait le comptoir d'échange ? Ne risque-t-il pas de faire des pertes, et le genre d'opération dont on le charge n'est-il pas très aléatoire ?

À cela, nous répondrons que chaque comptoir d'échange est sûr d'avance de l'écoulement des produits qu'il reçoit, en sorte qu'il ne peut y avoir aucun inconvénient à ce qu'il en remette aussitôt la valeur aux producteurs par des bons d'échange.

Il y aura certaines catégories de travailleurs auxquels il sera matériellement impossible d'apporter leurs produits au comptoir d'échange : tels sont, par exemple, les constructeurs de bâtiments. Mais le comptoir d'échange ne leur servira pas moins d'intermédiaire : ils y feront enregistrer les divers travaux qu'ils auront exécutés, et dont la valeur aura toujours été convenue d'avance ; et le comptoir leur délivrera cette valeur en bons d'échange. Il en sera de même des divers travailleurs employés pour les services administratifs de la commune ; leur travail consiste, non en produits fabriqués, mais en services rendus ; ces services auront été tarifés d'avance, et le comptoir d'échange leur en paiera la valeur.

Le comptoir d'échange n'a pas seulement pour fonction de

recevoir les produits que lui apportent les travailleurs de la commune ; il correspond avec les autres communes, et il fait venir les produits que la commune est obligée de tirer du dehors, soit pour contribuer à son alimentation, soir comme matières premières, combustibles, produits manufacturés, etc.

Ces produits tirés du dehors figurent dans les bazars communaux, à côté des produits de la localité.

Les consommateurs se présentent dans ces divers bazars, munis de leurs bons d'échange, qui peuvent être divisés en coupures de différentes valeurs ; et ils se procurent là, sur les bases d'un tarif uniforme, tous les objets de consommation dont ils auront besoin.

Jusqu'à présent, l'exposé que nous avons fait des opérations du comptoir d'échange n'a rien qui diffère d'une manière essentielle des usages du commerce actuel : ces opérations, en effet, ne sont autres que celles de la vente et de l'achat ; le comptoir achète aux producteurs leurs produits, et vend aux consommateurs les objets de consommation. Mais nous pensons qu'au bout d'un certain temps, la pratique des comptoirs d'échange pourra sans inconvénient être modifiée, et qu'un système nouveau se substituera peu à peu au système ancien : l'échange proprement dit disparaîtra et fera place à la distribution pure et simple.

Voilà ce que nous entendons par là :

Aussi longtemps qu'un produit est peu abondant, et ne se trouve dans les magasins communaux qu'en quantités plus petites que celles que la population pourrait consommer, on est obligé d'apporter dans la répartition de ce produit une certaine mesure ; et la manière la plus facile d'opérer ce rationnement des consommateurs, c'est de leur vendre le produit, c'est-à-dire de n'en livrer qu'à ceux qui donneront en échange une certaine valeur. Mais une fois que, grâce au développement prodigieux de la production qui ne manquera pas d'avoir lieu dès que le travail sera organisé sur des bases rationnelles — une fois, disons-nous, que grâce à ce développement, telle ou telle catégorie de produits en dépassera de beaucoup tout ce que pourrait consommer la population, alors il ne sera plus nécessaire de rationner les consommateurs ; on pourra supprimer l'opération de la vente, qui était une sorte de frein opposé à une consommation immodérée ; les comptoirs communaux ne vendront plus les produits aux consommateurs, ils les leur distribueront à proportion des besoins que ceux-ci déclareront éprouver.

Cette substitution de la distribution à l'échange pourra avoir lieu au bout de peu de temps pour tous les objets de première nécessité ; car ce sera surtout vers une production abondante de ces objets que seront dirigés les premiers efforts des associations de producteurs. Bientôt d'autres objets, qui aujourd'hui encore sont rares et coûteux, et sont par conséquent regardés comme des objets de luxe, pourront à leur tour être produits sur une grande échelle, et entrer ainsi dans le domaine de la distribution, c'est-à-dire de la consommation universelle. Par contre d'autres objets, mais en petit nombre et de peu d'importance (par exemple les perles, diamants, certains métaux), ne pourront jamais devenir abondants, parce que la nature elle-même en a limité la quantité ; mais comme on aura cessé d'y attacher le prix que l'opinion leur attribue aujourd'hui, ils ne seront plus guère recherchés que par les associations scientifiques qui voudront les placer dans des musées d'histoire naturelle ou les utiliser pour la confection de certains instruments.

c) *Alimentation*

Le service de l'alimentation ne forme en quelque sorte qu'une annexe de celui de l'échange. En effet, ce que nous venons de dire de l'organisation du comptoir d'échange s'applique à tous les produits, y compris les produits spécialement destinés à l'alimentation. Cependant, nous croyons utile d'ajouter, dans un paragraphe spécial, quelques explications plus détaillées sur les dispositions à prendre pour la répartition des principaux produits alimentaires.

Aujourd'hui la boulangerie, la boucherie, le commerce des vins, des denrées coloniales sont abandonnés à l'industrie privée et à la spéculation, qui, par des fraudes de tout genre, cherchent à s'enrichir aux dépens du consommateur. La société nouvelle devra immédiatement porter remède à un pareil état de choses : et ce remède consistera à ériger en service public communal tout ce qui concerne la distribution des produits alimentaires de première nécessité.

Qu'on le remarque bien : ceci ne veut pas dire que la commune s'empare de certaines branches de la production. Non : la production proprement dite reste entre les mains des associations de producteurs. Mais pour le pain, par exemple, en quoi consiste la production ? uniquement dans la culture du blé. Le laboureur sème et récolte le grain, et l'apporte au comptoir d'échange : là s'arrête la fonction du producteur. Réduire ce grain en farine, transformer cette farine en pain, ce n'est plus de la production : c'est un travail analogue à celui que remplissent les divers employés des bazars communaux, un travail destiné à mettre un produit alimentaire, le blé, à la portée des consommateurs. De même pour la viande, etc.

On le voit donc : au point de vue du principe, rien de plus logique que de faire rentrer la boulangerie, la boucherie, la distribution des vins, etc. dans les attributions de la commune.

En conséquence, le blé, une fois entré dans les magasins de la commune, sera réduit en farine dans un moulin communal (il va sans dire que plusieurs communes pourront avoir le même moulin) ; la farine sera transformée en pain dans les boulangeries communales, et le pain sera livré par la commune aux consommateurs. Il en sera de même de la viande : les bestiaux seront abattus dans les abattoirs communaux, et dépecés dans les boucheries communales. Les vins seront conservés dans les caves communales, et distribués aux consommateurs par des employés spéciaux. Enfin, les autres denrées alimentaires seront, suivant la consommation plus ou moins immédiate qui doit en être faite, conservées dans les magasins de la commune, ou bien exposées aux halles, où les consommateurs viendront les chercher.

C'est surtout pour cette catégorie de produits, pain, viande, vin, etc., que les efforts devront tendre à substituer au plus vite au régime de l'échange celui de la distribution. Une fois qu'une alimentation abondante sera assurée à tous, les progrès des sciences, des arts industriels, et de la civilisation en général, marcheront à pas de géant.

d) *Statistique*

La commission communale de statistique aura pour tâche de réunir tous les renseignements statistiques de la commune.

Les diverses corporations ou associations de production la tiendront constamment au courant du nombre de leurs membres et des changements qui s'opèrent dans leur personnel, en sorte qu'il sera possible de connaître à tous les instants le nombre de bras employés dans les diverses branches de la production.

Par l'intermédiaire du comptoir d'échange, la commission de statistique obtiendra les données les plus complètes sur le chiffre de la production et sur celui de la consommation.

Ce sera au moyen des faits statistiques recueillis de la sorte dans toutes les communes d'une région, qu'il sera possible d'équilibrer scientifiquement la production et la consommation ; en obéissant à ces indications, on pourra accroître le nombre de bras dans les branches où la production est insuffisante, et le diminuer dans celles où la production est surabondante. La statistique permettra aussi de fixer la durée moyenne de la journée de travail, nécessaire pour obtenir la somme de produits que réclament les besoins de la société. Ce sera par elle également qu'on arrivera à pouvoir déterminer, non certes d'une manière absolue, mais avec une exactitude suffisante pour la pratique, la valeur relative des divers produits, qui servira de base aux tarifs des comptoirs d'échange.

Mais ce n'est pas tout ; la commission de statistique aura encore à remplir les fonctions attribuées aujourd'hui à l'état civil : elle enregistrera les naissances et les décès. Nous n'ajoutons pas : les mariages, parce que, dans une société libre, l'union volontaire de l'homme et de la femme ne sera plus un acte officiel, mais un acte purement privé, qui n'aura besoin d'aucune sanction publique.

Bien d'autres choses encore sont du ressort de la statistique : les maladies, les observations météorologiques, tous les faits enfin qui, se produisant d'une façon régulière, peuvent être enregistrés et comptés, et du groupement numérique desquels peut sortir quelque enseignement, parfois même quelque loi scientifique.

e) *Hygiène*

Sous le nom général d'hygiène nous avons rassemblé divers services publics dont le bon fonctionnement est indispensable au maintien de la santé commune.

Au premier rang il faut placer naturellement le service médical, qui sera mis gratuitement par la commune à la portée de tous ses ressortissants. Les médecins ne seront plus des industriels cherchant à tirer le plus gros profit possible de leurs malades ; ce seront des employés de la commune, rétribués par elle, et qui doivent accorder leurs soins à tous ceux qui les réclament.

Mais le service médical ne nous présente que le côté curatif de cette branche de l'activité et du savoir humain qui s'occupe de la santé ; et ce n'est pas assez que de guérir les maladies, il faut encore les prévenir. C'est là la fonction de l'hygiène proprement dite.

On pourrait citer encore plusieurs autres choses qui devront attirer l'attention et occuper les soins de la commission d'hygiène ; mais le peu que nous venons de dire a déjà dû suffire pour donner une idée de la nature de ses fonctions et de leur importance.

f) *Sécurité*

Ce service comprend les mesures nécessaires pour garantir à tous les habitants de la commune, la sécurité de leur personne ainsi que pour protéger les bâtiments, les produits, etc., contre toute déprédation et tout accident.

Il n'est pas probable que dans une société où chacun pourra vivre en pleine liberté du fruit de son travail, et trouvera tous ses besoins abondamment satisfaits, des cas de vol et de brigandage puissent encore se présenter. Le bien-être matériel, ainsi que le développement intellectuel et moral qui résultera de l'instruction vraiment humaine donnée à tous, rendront en outre beaucoup plus rares les crimes qui sont la suite de la débauche, de la colère, de la brutalité, ou d'autres vices.

Néanmoins il ne sera pas inutile de prendre des précautions pour la sécurité des personnes. Ce service, qu'on pourrait appeler, si ce terme n'avait pas une signification trop équivoque, la police de la commune, ne sera pas confié, comme aujourd'hui, à un corps spécial : tous les habitants seront appelés à y prendre part, et à veiller à tour de rôle dans les divers postes de sûreté que la commune aura institués.

On se demandera sans doute, à ce propos, comment sera traité, dans la société égalitaire, celui qui se sera rendu coupable d'un meurtre ou d'autres violences. Évidemment on ne pourra pas, sous prétexte de respect des droits de l'individu et de négation de l'autorité, laisser courir tranquillement un meurtrier ou attendre que quelque ami de la victime lui applique la loi du talion. Il faudra le priver de sa liberté, et le garder dans une maison spéciale, jusqu'à ce qu'il puisse, sans danger, être rendu à la société. Comment devra-t-il être traité durant sa captivité ? et d'après quels principes en déterminera-t-on la durée ? Ce sont là des questions délicates, sur lesquelles les opinions sont encore divisées. Il faudra s'en remettre à l'expérience pour leur solution ; mais nous savons dès à présent que, grâce à la transformation que l'éducation opérera dans les caractères, les crimes seront devenus très rares : les criminels n'étant plus qu'une exception, seront considérés comme des malades et des insensés ; la question du crime, qui occupe aujourd'hui tant de juges, d'avocats et de geôliers, perdra son importance sociale, et deviendra un simple chapitre de la philosophie médicale.

g) *L'enfant n'est la propriété de personne* [6]

Le premier point à considérer, c'est la question de l'entretien des enfants. Aujourd'hui, ce sont les parents qui sont chargés de pourvoir à la nourriture de leurs enfants, ainsi qu'à leur instruction : cet usage est la conséquence d'un principe faux, qui fait considérer l'enfant comme la propriété de ses parents. L'enfant n'est la propriété de personne, il s'appartient à lui-même ; et pendant la période dans laquelle il est encore incapable de se protéger lui-même, et où par conséquent il peut être exposé à l'exploitation, c'est à la société à le protéger et à lui assurer la garantie

6. Les titres qui suivent sont de nous.

de son entretien : en subvenant à sa consommation et aux diverses dépenses que nécessitera son éducation, la société ne fait qu'une avance, que l'enfant lui remboursera par son travail lorsqu'il sera devenu un producteur.

Ainsi, c'est la société, et non les parents, qui doit se charger de l'entretien de l'enfant. Ce principe général posé, nous croyons devoir nous abstenir de fixer d'une manière précise et détaillée la forme en laquelle il doit être appliqué : nous risquerions de tomber dans l'utopie ; il faudra laisser agir la liberté, et attendre les leçons de l'expérience. Disons seulement que vis-à-vis de l'enfant, la société est représentée par la commune et que chaque commune aura à déterminer l'organisation qu'elle jugera la meilleure pour l'entretien de ses enfants : ici on préférera la vie en commun, là on laissera les enfants à leur mère au moins jusqu'à un certain âge, etc.

Mais ce n'est là qu'un côté de la question. La commune nourrit, habille, loge les enfants : qui les instruira, qui en fera des hommes et des producteurs ? et selon quel plan leur éducation sera-t-elle dirigée ?

À ces questions, nous répondrons : l'éducation des enfants doit être intégrale, c'est-à-dire qu'elle doit développer à la fois toutes les facultés du corps et toutes les facultés de l'esprit, de manière à faire de l'enfant un homme complet. Cette éducation ne doit pas être confiée à une caste spéciale d'instituteurs ; tous ceux qui connaissent une science, un art, un métier, peuvent et doivent être appelés à l'enseigner.

On distinguera dans l'éducation deux degrés : l'un où l'enfant de cinq à douze ans n'a pas encore atteint l'âge d'étudier les sciences, et où il s'agit essentiellement de développer ses facultés physiques ; et un second degré où l'enfant, de douze à seize ans, doit être initié aux diverses branches du savoir humain, en même temps qu'il apprend la pratique d'une ou plusieurs branches de production.

Dans le premier degré, comme nous l'avons dit, il s'agit essentiellement de développer les facultés physiques, de fortifier le corps, d'exercer les sens. Aujourd'hui, on s'en remet au hasard du soin d'exercer la vue, de former l'oreille, de développer l'habileté de la main ; une éducation rationnelle s'appliquera au contraire, par des exercices spéciaux, à donner à l'œil et à l'oreille toute la puissance dont ils sont susceptibles ; et quand aux mains, on se gardera bien d'habituer les enfants à se servir exclusivement de la droite : on cherchera à les rendre aussi habiles d'une main que de l'autre.

En même temps que les sens s'exerceront, et que la vigueur corporelle s'accroîtra par une intelligente gymnastique, la culture de l'esprit commencera, mais d'une façon toute spontanée : un certain nombre de faits scientifiques s'accumuleront d'eux-mêmes dans le cerveau de l'enfant.

L'observation individuelle, l'expérience, les conversations des enfants entre eux, ou avec les personnes chargées de diriger leur enseignement, seront les seules leçons qu'ils recevront dans cette période.

Plus d'école arbitrairement gouvernée par un pédagogue, et dans laquelle les élèves tremblants soupirent après la liberté et les jeux du dehors. Dans leurs réunions, les enfants seront complètement libres : ils organiseront eux-mêmes leurs jeux, leurs conférences, établiront un bureau pour diriger leurs travaux, des arbitres pour juger leurs différends, etc. Ils s'habitueront ainsi à la vie publique, à la responsabilité, à la mutualité ; le professeur qu'ils auront librement choisi pour leur donner un enseignement ne sera plus pour eux un tyran détesté, mais un ami qu'ils écouteront avec plaisir.

Dans le second degré, les enfants, parvenus à l'âge de douze ou treize ans, étudieront successivement dans un ordre méthodique les principales branches des connaissances humaines. L'enseignement ne sera pas remis entre les mains d'hommes qui en feront leur occupation exclusive : les professeurs de telle ou telle science seront en même temps des producteurs, qui occuperont une partie de leur temps au travail manuel ; et chaque branche en comptera non pas un, mais un aussi grand nombre qu'il se trouvera dans la commune d'hommes possédant une science et disposés à l'enseigner. En outre, la lecture en commun de bons ouvrages d'enseignement, les discussions dont ces lectures seront suivies, diminueront beaucoup l'importance qu'on attache aujourd'hui à la personnalité du professeur.

En même temps que l'enfant développera son corps et s'appropriera les sciences, il fera son apprentissage comme producteur. Dans le premier degré de l'enseignement, le besoin de réparer ou de modifier le matériel de ses jeux aura initié l'enfant au maniement des principaux outils. Pendant la seconde époque, il visitera les divers ateliers, et bientôt, entraîné par son goût vers l'une ou l'autre branche, il se choisira une ou plusieurs spécialités. Les maîtres d'apprentissage seront les producteurs eux-mêmes ; dans chaque atelier, il y aura des élèves, et une partie du temps de chaque travailleur sera consacrée à leur montrer à travailler. À cette éducation pratique seront jointes quelques leçons théoriques.

De cette manière, à l'âge de seize ou dix-sept ans, le jeune homme aura parcouru tout le cercle des connaissances humaines, et sera en état de poursuivre seul ses études ultérieures, s'il le désire ; il aura en outre appris un métier, et se trouvera dès lors au rang des producteurs utiles, de façon à pouvoir rembourser à la société, par son travail, la dette que son éducation lui aura fait contracter envers elle.

Il nous reste à dire un mot des relations de l'enfant avec sa famille.

Il y a des gens qui prétendent qu'une mesure d'organisation sociale qui met l'entretien de l'enfant à la charge de la société n'est autre chose que « la destruction de la famille ». C'est là une expression vide de sens ; tant que le concours de deux individus de sexe différent sera nécessaire pour la procréation d'un nouveau-né, tant qu'il y aura des pères et des mères, le lien naturel de parenté entre l'enfant et ceux à qui il doit la vie ne pourra pas être effacé des relations sociales.

Seulement le caractère de ce lien devra nécessairement se modifier. Dans l'Antiquité, le père était maître absolu de l'enfant, il avait sur lui droit de vie et de mort ; dans les temps modernes, l'autorité paternelle a été limitée par certaines restrictions ; quoi de plus naturel, par conséquent, que dans une société libre et égalitaire, ce qui reste encore aujourd'hui de cette autorité s'efface complètement, pour faire face aux relations de simple affection ?

Nous ne prétendons pas, sans doute, que l'enfant doive être traité en adulte, que tous ses caprices aient droit au respect et que, lorsqu'il y a opposition entre sa volonté enfantine et les règles établies par la science et le sens commun, il ne faille pas enseigner à l'enfant à céder. Au contraire, nous disons que l'enfant a besoin d'être dirigé : mais la direction de ses premières années ne doit pas être confiée exclusivement aux mains de parents souvent incapables, et qui généralement abusent du pouvoir qui leur est remis. Le but de l'éducation que reçoit l'enfant étant de le mettre aussi vite que possible en état de se diriger lui-même, par le large développement de toutes ses facultés, il est évident qu'aucune tendance étroitement autoritaire n'est compatible avec un pareil système d'éducation. Mais parce que les relations du père au fils seront, non plus celles d'un maître à un esclave, mais celles d'un instituteur à un élève, d'un ami plus âgé à un ami plus jeune, pense-t-on que l'affection réciproque des parents et des enfants aura à en souffrir ? N'est-ce pas au contraire alors qu'on verra cesser ces inimitiés, ces discordes dont la famille offre aujourd'hui tant d'exemples, et qui presque toujours ont pour cause la tyrannie exercée par le père sur ses enfants ?

Que personne ne vienne donc plus dire que la société affranchie et régénérée détruira la famille. Elle apprendra au contraire au père, à la mère, à l'enfant, à s'aimer, à s'estimer, à respecter leurs droits mutuels ; et en même temps elle leur mettra au cœur, à côté et au-dessus des affections de famille qui n'embrassent qu'un cercle restreint et qui peuvent devenir mauvaises si elles restent exclusives, un amour plus haut et plus noble, celui de la grande famille humaine.

Un réseau fédératif

Quittant maintenant le terrain restreint de la commune ou de la fédération locale des groupes de producteurs, nous allons voir l'organisation sociale se compléter, d'une part par la constitution des fédérations régionales corporatives, embrassant tous les groupes de travailleurs qui appartiennent à une même branche de la production ; d'autre part, par la constitution d'une Fédération des communes.

(...) Nous avons déjà indiqué sommairement ce que c'est qu'une fédération corporative. Il existe, au sein même de la société actuelle, des organisations embrassant dans une même association tous les ouvriers d'un métier : telle est, par exemple, la fédération des ouvriers typographes. Mais ces organisations-là ne sont qu'une ébauche très imparfaite de ce que doit être, dans la société à venir, la fédération corporative. Celle-ci sera formée de tous les groupes producteurs appartenant à la même branche de travail ; ils s'unissent, non plus pour protéger leur salaire contre la rapacité des patrons, mais en première ligne pour se garantir mutuellement l'usage des instruments de travail qui sont en possession de chacun des groupes, et qui deviendront, par un contrat réciproque, la propriété collective de la fédération corporative tout entière ; en outre, la fédération des groupes entre eux permet à ceux-ci d'exercer un contrôle constant sur la production, et par conséquent de régler le plus ou moins d'intensité de celle-ci, dans la proportion des besoins qui sont manifestés par la société tout entière.

La constitution de la fédération corporative s'opérera d'une façon extrêmement simple. Dès le lendemain de la Révolution, les groupes producteurs appartenant à la même industrie sentiront le besoin de s'envoyer mutuellement des délégués, d'une ville à une autre pour se renseigner et s'entendre. De ces conférences partielles sortira la convocation d'un congrès fédéral de délégués de la corporation dans quelque point central. Ce congrès posera les bases du contrat fédératif, qui sera soumis ensuite à l'approbation de tous les groupes de la corporation. Un bureau permanent, élu par le congrès corporatif et responsable devant celui-ci, sera destiné à servir d'intermédiaire entre les groupes formant la fédération, de même qu'entre la fédération elle-même et les autres fédérations corporatives.

Une fois que toutes les branches de la production, y compris celles de la production agricole, se seront organisées de la sorte, un immense réseau fédératif, embrassant tous les producteurs et par conséquent aussi tous les consommateurs, couvrira le pays, et la statistique de la production et de la consommation, centralisée par les bureaux des diverses fédérations corporatives, permettra de déterminer d'une manière rationnelle le nombre des heures de la journée normale de travail, le prix de revient des produits et leur valeur d'échange, ainsi que la quantité en laquelle ces produits doivent être créés pour suffire aux besoins de la consommation.

Des gens habitués aux déclamations creuses de certains prétendus démocrates demanderont peut-être si les groupes de travailleurs ne devront pas être appelés à intervenir directement, par le vote de tous ceux qui composent la fédération corporative, dans la fixation de ces divers détails ; et quand nous aurons répondu négativement, ils s'écrieront sans doute que c'est là du despotisme ; ils protesteront contre ce qu'ils appelleront l'autorité des bureaux, investis du pouvoir de trancher seuls des questions si graves et de prendre des décisions de la plus haute importance. Nous répondrons que la besogne dont les bureaux permanents de chaque fédération seront chargés n'a rien de commun avec l'exercice d'une autorité quelconque : il s'agit en effet tout simplement de recueillir et de mettre en ordre les renseignements fournis par les groupes producteurs ; et une fois ces renseignements réunis et rendus publics, d'en tirer les conséquences qui en découlent nécessairement concernant les heures de travail, le prix de revient des produits, etc. C'est là un simple calcul d'arithmétique, qui ne peut pas se faire de deux manières différentes, et qui ne peut pas donner deux résultats : il n'en peut sortir qu'un résultat unique ; ce résultat, chacun pourra le contrôler pour son propre compte, parce que chacun aura les éléments de l'opération sous les yeux, et le bureau permanent est simplement chargé de le constater et de le porter à la connaissance de tous. Aujourd'hui déjà, l'administration des postes, par exemple, remplit un service assez semblable à celui qui sera confié aux bureaux des fédérations corporatives ; et personne ne s'avise de se plaindre d'un abus d'autorité parce que la poste détermine, sans consulter le suffrage universel, la classification et le groupement des lettres en paquets, pour les faire parvenir à destination de la manière la plus expéditive et la plus économique.

Ajoutons que les groupes producteurs formant une fédération interviendront dans les actes du bureau d'une manière bien autrement efficace et directe que par un simple vote : ce sont eux, en effet, qui fourniront les renseignements, toutes les données statistiques que le bureau ne fait que coordonner : en sorte que le bureau n'est que l'intermédiaire passif au moyen duquel les groupes communiquent entre eux et constatent publiquement les résultats de leur propre activité.

Le vote est un procédé propre à trancher des questions qui ne peuvent être résolues au moyen de données scientifiques, et qui doivent être laissées à l'appréciation arbitraire du nombre ; mais dans des questions susceptibles d'une solution scientifique et précise, il n'y a pas lieu à voter ; la vérité ne se vote pas, elle se constate et s'impose ensuite à tous par sa propre évidence.

Mais nous n'avons montré encore qu'une des moitiés de l'organisation extra-communale : à côté des fédérations corporatives doit se constituer la Fédération des communes.

Pas de socialisme dans un seul pays

La Révolution ne peut pas être restreinte à un seul pays : elle est obligée, sous peine de mort, d'entraîner dans son mouvement, sinon l'univers tout entier, du moins une partie considérable des pays civilisés. En effet, aucun pays ne peut, aujourd'hui, se suffire à lui-même ; les relations internationales sont une nécessité de la production et de la consommation, et elles ne sauraient être interrompues. Si, autour d'un pays révolutionné, les États voisins parvenaient à établir un blocus hermétique, la Révolution restant isolée serait condamnée à s'éteindre. Ainsi, comme nous raisonnons dans l'hypothèse du triomphe de la Révolution dans un pays donné, nous devons supposer que la plupart des autres pays de l'Europe auront fait leur Révolution en même temps.

Il n'est pas indispensable que, dans tous les pays où le prolétariat aura renversé la domination de la bourgeoisie, la nouvelle organisation sociale installée par la Révolution soit la même dans tous ses détails. Étant données les divergences d'opinion qui se sont manifestées jusqu'à ce jour entre les socialistes des pays germaniques (Allemagne, Angleterre), et ceux des pays latins et slaves (Italie, Espagne, France, Russie), il est probable que l'organisation sociale adoptée par les révolutionnaires allemands, par exemple, différera sur plus d'un point de celle que se seront donnée les révolutionnaires italiens ou français. Mais ces différences n'ont pas d'importance pour les relations internationales : les principes fondamentaux étant les mêmes de part et d'autre, des rapports d'amitié et de solidarité ne peuvent manquer de s'établir entre les peuples émancipés des divers pays.

Il va sans dire que les frontières artificielles créées par les gouvernements actuels tomberont devant la Révolution. Les communes se grouperont librement entre elles suivant leurs intérêts économiques, leurs affinités de langue, leur situation géographique. Et dans certains pays, comme l'Italie ou l'Espagne, trop vastes pour ne former qu'une seule agglomération de communes, et que la nature elle-même a divisés en plusieurs régions distinctes, il se constituera sans doute, non pas une Fédération unique, mais plusieurs Fédérations de communes. Ce ne sera pas là une rupture de l'unité, un retour à l'ancien morcellement en petits États politiques isolés et ennemis ; ces diverses Fédérations de communes, bien que distinctes les unes des autres, ne seront pas isolées : leurs intérêts seront solidaires, elles concluront entre elles un pacte d'union et cette union volontaire, fondée sur une utilité réelle, sur une communauté de buts et de besoins, sur un échange constant de bons offices, sera bien autrement étroite et solide que l'unité factice de la centralisation politique, établie par la violence et n'ayant d'autre raison d'être que l'exploitation du pays au profit d'une classe privilégiée.

Le pacte d'union ne s'établira pas seulement entre les Fédérations de communes appartenant à un même pays ; les anciennes frontières politiques étant effacées, toutes les Fédérations de communes, de proche en proche, entreront dans cette fraternelle alliance, et ainsi se trouvera réalisé, après que les principes de la Révolution auront triomphé dans l'Europe entière, ce grand rêve de la fraternité des peuples qui ne peut s'accomplir que par la Révolution sociale.

Pierre Kropotkine (1842-1921)

PAR MAX NETTLAU [1]

Jeunesse, éducation, sa vie d'officier et d'explorateur en Sibérie, sa vie de science et de travail, à Petrograd, cette vie donc de 1842 (9 décembre) à la fin des années soixante, est toute racontée dans les Mémoires [2]. Il fut, de très bonne heure, un travailleur et un chercheur infatigable, et même dans cette Russie opprimée et arriérée, il trouvait vite les objets qui l'occupaient et le fascinaient entièrement. Il s'aperçut du courant d'opposition qui, sous mille formes et d'innombrables nuances, accompagnait toujours l'absolutisme tout-puissant, le combattant et le suivant sans cesse et ne désarmant jamais ; il apprit vite à connaître la vraie science et à en devenir un amant passionné toute sa vie, et il fut également impressionné par ce qu'on peut appeler la grandeur, la richesse, l'avenir de la Russie-Sibérie. L'époque fut propice, car, de quinze à vingt-cinq ans, il fut témoin d'un grand réveil libéral et radical, après la mort de Nicolas Ier ; il assista à un apogée de la science naturelle par les grands travaux de Darwin et d'autres de cette même époque, et ses voyages en Sibérie lui ouvrirent de larges horizons.

(...) On sait qu'à un moment donné il renonça à une vie de science, comme il avait déjà renoncé à une vie militaire et à une vie de courtisan — et se dévoua avec cette même intensité, qui

1. Sur Nettlau, v. *supra*, p. 173 n.
2. *Autour d'une vie*, 1902.

est le rythme de toutes ses actions, à la cause du peuple. Il entra dans le mouvement révolutionnaire russe et là il se mit dès le début dans le petit groupe des vrais révolutionnaires.

(...) Au printemps de 1872, il voyagea en Suisse où, à Zurich il se plongea d'abord dans une montagne de littérature socialiste, de celle qui ne pénétrait pas en Russie. Par le fait que son frère, qui se trouvait déjà en Suisse, adhérait aux opinions très modérées, surtout en pratique, de Lavroff [3], et d'autres relations pareilles, il est prévenu contre Bakounine qu'il ne va pas voir ; de l'autre côté, quand il arrive à Neuchâtel, chez James Guillaume, celui-ci est déjà mis sur ses gardes envers lui, de sorte qu'il n'a pas de rapprochement avec les anarchistes vers lesquels il se sent pourtant poussé.

Quand il demande à Guillaume s'il fallait rester en Suisse, celui-ci lui conseille de rentrer en Russie. Il y rentre, en effet, et se met plus que jamais au travail révolutionnaire. Il paie de sa personne en donnant des conférences à des groupes secrets d'ouvriers, déguisé en ouvrier, ce qui aboutit à son arrestation. Alors son activité plus intime est découverte, son travail d'organisation et de correspondance, ainsi que son plan élaboré, hardiment révolutionnaire, pour réorganiser la propagande russe sous toutes ses formes. Il avait un autre projet encore, celui d'aller dans le sud de la Russie, où les cercles étaient plus avancés et d'y proposer la terreur agraire. Il s'aperçut bien que le parti modéré contrecarrait sournoisement son action. Enfin il fut arraché à cette activité fiévreuse (car la science et le travail accompagnaient toujours sa propagande) par son arrestation et après sa fuite (...) il arriva en Écosse en 1876 et se dirigea sur Londres.

Mais qu'allait-il faire à Londres, où le mouvement socialiste était vraiment éteint alors pour quelques années ? Après un court voyage en Suisse, il y en fit un autre pour y rester. Il réalisa enfin son idéal de 1872, de vivre dans le Jura suisse dont les ouvriers, intelligents et indépendants, avaient tant fait pour maintenir et répandre les idées anti-autoritaires dans l'Internationale. Certains faits l'avaient rapproché de James Guillaume, quoique leurs natures différentes n'aient jamais permis une vraie intimité et

---

3. Sur Lavroff, v. *supra*, p. 160 n.

amitié. Mais James Guillaume cédait alors quelque peu la place à des esprits plus remuants, quoique moins constants, tel Paul Brousse [4], anarchiste alors, et avec celui-ci Kropotkine s'entendait plus facilement.

Au cours de cette œuvre d'internationaliste, il travaille pour le Jura et pour l'Espagne, et il trouve encore le temps de rédiger pour les ouvriers allemands en Suisse leur premier programme anarchiste. De même Paul Brousse rédige et écrit (pour être traduit) le premier journal anarchiste allemand de cette époque, publié à Berne. Et en l'absence de Guillaume, il rédige même le *Bulletin jurassien* et y fait entrer le premier article qui préconise la « propagande par le fait » (en ces termes mêmes), article qui est écrit par Paul Brousse.

Le hasard d'un congrès le fait aller en Belgique, à Verviers (septembre 1877), mais, pour éviter des poursuites, il se rend à Paris, où il commence ses études sur la Révolution française. Il voyage en Espagne (été de 1878), à Barcelone et à Madrid, et réussit à apaiser une dissension qui divisait le groupe terroriste de Morago (Madrid) et le groupe syndicaliste révolutionnaire de Vinas (Barcelone) ; en fait, l'un et l'autre étaient anarchistes.

Paris ne fut pas hospitalier alors aux internationalistes anarchistes et il échoua bientôt à Genève.

C'est là qu'au début de 1879, son enfant préféré, le *Révolté*, prit naissance (22 février). (...) C'est là que fut publiée cette longue suite d'articles en apparence isolés, car ils suivaient l'actualité du moment, mais qui se prêtaient pourtant si bien à être rassemblés en brochures à éditions et traductions innombrables, puis en un livre : *Paroles d'un Révolté*, car le tout avait été pensé et écrit selon un plan tracé à l'avance.

Pour quelque temps encore, la vie de Kropotkine est pleine d'incidents. On l'expulse de Suisse, pour un article qui est de Cafiero. Il passe encore un temps bien morne à Londres, où il

4. Paul Brousse (1844-1912), médecin, d'abord anarchiste, disciple de Bakounine, membre de la Fédération jurassienne. Fonda, en 1877, à La Chaux-de-Fonds, avec Kropotkine, une société secrète qu'il appela « notre intimité internationale », composée d'internationalistes d'origines diverses et qui continuait la Fraternité secrète fondée par Bakounine en 1865 (v. *supra*, p. 173). Passa vers 1880 de l'anarchisme au socialisme réformiste : partisan du « possibilisme », euphémisme pour opportunisme.

assiste aussi au Congrès révolutionnaire international de Londres (1881). Il est réduit à vivre à Thonon, en Savoie, ne pouvant plus entrer en Suisse et menacé toujours plus du côté de la France où l'élan de la propagande anarchiste à Paris et à Lyon déchaîne le désir de la frapper dans la personne de ses plus dévoués propagandistes. Dans ce coup de filet est pris aussi Kropotkine qui comparait dans l'odieux procès de Lyon — la déclaration des anarchistes rédigée par lui est à relire [5] — et la prison de Clairvaux, la chambre même du vieux Blanqui, je crois, devient sa dernière demeure permanente en France. Car, libéré, après plusieurs années, par l'amnistie du commencement de 1886, il ne peut rester que peu de temps à Paris et, à partir de ce temps, pendant trente et un ans, il résidera en Angleterre pour rentrer en Russie au printemps de 1917, sous Kerensky.

En Angleterre, où il passa six ans à Harrow-on-the-Hill, à une assez grande distance de Londres, pour s'en rapprocher un peu, s'en éloigner de nouveau (Bromley, Kent), s'en rapprocher encore et en partir définitivement (Brighton), il mena une vie d'études et de travail pénible et sans incidents extérieurs, mais il sut trouver une série de débouchés pour son activité, qu'il est intéressant d'examiner.

Pour la propagande, il y eut toujours *La Révolte* — où fut publiée la série d'articles instructifs, réunis sous le titre *La Conquête du pain ;* plus tard, il y eut *Les Temps nouveaux* — et il y eut bientôt le journal mensuel anglais *Freedom*, à partir d'octobre 1886.

Mais une autre voie pour élaborer ses idées s'offrit à lui. Il avait, depuis des années, écrit sur la Russie, sa révolution, ses prisons, etc., dans le *Newcastle Chronicle*, des lettres dans le *Times* et des articles très soignés dans le *Nineteenth Century*. Cette grande revue, donc, publia aussi des articles qui expliquaient les idées anarchistes. Ainsi « les Bases scientifiques de l'Anarchie », « l'Anarchie future » y furent publiées en 1887. Puis, de 1888 à 1890, Kropotkine s'occupa de questions économiques, articles qui formeront *Champs, Usines et Ateliers* (Paris, 1910). Après, il retrace l'anarchie dans la nature, non l'anarchie féroce de la lutte pour la vie, mais l'anarchie altruiste et la solidarité de l'entraide

5. Voir plus loin p. 360.

(articles de 1890 à 1896 et 1910), d'où le livre *L'Entraide* (Paris, 1906). Il termine ce sujet par quelques articles de controverse darwinienne (1910, 1912) et aborde son dernier grand sujet, l'éthique, dans les articles, de 1904 à 1905, dont la suite, si elle a paru, m'est inconnue [6] ; je sais cependant que ce travail, très difficile, fut interrompu par ses études sur la Révolution française de 1793 et la Révolution russe de 1905, et aussi par ses maladies fréquentes, de multiples autres travaux et surtout par les restrictions de toutes sortes qu'une faiblesse croissant avec l'âge lui imposaient.

Deux voyages aux États-Unis et au Canada donnèrent l'impulsion à son livre de mémoires *Autour d'une Vie* (1902), écrit pour une revue américaine, et à des conférences publiées, comme *Russian Literature* (1905).

La Révolution russe de 1905 donna la forme finale à ses études sur la Révolution française, résumées déjà dans des publications plus petites et le gros livre, *La Grande Révolution*, fut enfin publié en 1909.

Ses travaux historiques et de science et les controverses marxistes orientaient son intérêt vers les débuts du socialisme et l'histoire des idées anarchistes. Un grand article dans l'*Encyclopédie britannique* et le livre *La Science moderne et l'Anarchie* (Paris, 1913) en témoignent.

---

6. *L'Éthique* a paru, inachevé, après la mort de Kropotkine.

L'idée anarchiste [7]

1. L'étude attentive de la situation actuelle, économique et politique, nous amène à la conviction que l'Europe marche rapidement vers une Révolution : que cette Révolution ne se bornera pas à un seul pays, mais que, éclatant quelque part, elle s'étendra, comme en 1848, aux pays voisins et embrasera plus ou moins l'Europe entière ; et que, tout en assumant des caractères différents chez divers peuples, selon la phase historique qu'ils traversent et selon les conditions locales elle aura néanmoins ce caractère général distinctif : elle ne sera pas seulement politique, elle sera aussi, et surtout, une Révolution économique.

2. La Révolution économique peut prendre des caractères divers et avoir différents degrés d'intensité chez divers peuples. Mais il importe que, quel que soit ce caractère, les socialistes de tous les pays, profitant de la désorganisation des pouvoirs pendant la période révolutionnaire, appliquent toutes leurs forces à réaliser sur une vaste échelle la transformation du régime de la propriété, par l'expropriation pure et simple des détenteurs actuels des grandes propriétés foncières, des instruments de travail et des capitaux de toute sorte, et par la prise de possession de tous ces capitaux par les cultivateurs, les organisations ouvrières et les communes, agricoles et municipales.

Le fait de l'expropriation doit être accompli par les travailleurs

7. Rapport de Pierre Kropotkine à la Réunion jurassienne sous le pseudonyme de Levachoff (1er novembre 1879). Paru dans le journal *Le Révolté*, Genève.

eux-mêmes des villes et des campagnes. Espérer qu'un gouvernement quelconque le fasse, eût été une erreur profonde : car l'histoire nous apprend que les gouvernements, lors même qu'ils étaient sortis de la révolution, n'ont jamais fait que donner une sanction légale aux faits révolutionnaires accomplis, et encore a-t-il fallu que le peuple soutienne une longue lutte avec ces gouvernements pour leur arracher l'assentiment aux mesures révolutionnaires qu'il réclamait à haute voix pendant les périodes d'effervescence. D'ailleurs, une mesure de cette importance resterait lettre morte si elle n'était pas réalisée librement dans chaque commune, dans chaque endroit du territoire, par les intéressés eux-mêmes.

3. L'expropriation et la mise en commun du capital social doit s'accomplir partout où ce fait deviendra possible et dès que la possibilité s'en présentera, sans s'enquérir si la totalité ou la majorité de l'Europe ou de tel pays est prête à accepter les idées du collectivisme. Les inconvénients qui résulteraient d'une réalisation partielle du collectivisme se compenseront largement par ses avantages. Le fait ayant été accompli dans telle localité, il deviendra lui-même le plus puissant moyen de propagande de l'idée et le plus puissant moteur pour mettre en mouvement les localités où le travailleur, peu préparé à accepter ces idées du collectivisme, hésiterait encore à procéder à l'expropriation. D'ailleurs, il serait oiseux de discuter s'il est nécessaire ou non d'attendre que les idées du collectivisme soient acceptées par la majorité d'une nation pour les mettre en pratique, car il est certain, qu'à moins de se constituer en un gouvernement qui fusillerait le peuple, les socialistes-doctrinaires n'empêcheront pas que l'expropriation ait lieu dans les localités plus avancées dans leur éducation socialiste, lors même que la grande masse du pays resterait encore inerte.

4. Le fait de l'expropriation une fois accompli, et la force de résistance des capitalistes une fois brisée, il en surgira nécessairement, après une certaine période de tâtonnements, une nouvelle forme de l'organisation de la production et de l'échange, limitée d'abord, élargie ensuite : et cette forme sera beaucoup plus conforme aux aspirations populaires et aux exigences de la vie et

des rapports mutuels que toute théorie, si belle qu'elle fût, élaborée, soit par la pensée et l'imagination des réformateurs, soit par les travaux d'un corps législatif quelconque. Cependant, nous croyons ne pas nous tromper en prévoyant dès aujourd'hui que les bases de la nouvelle organisation seront, au moins dans les pays romands, la libre fédération des groupes producteurs et la libre fédération des Communes et des groupes de Communes indépendantes.

5. Si la Révolution met immédiatement en exécution l'expropriation, elle en recevra une force intérieure qui lui permettra de résister, aussi bien aux tentatives de former un gouvernement qui chercherait à l'étrangler qu'aux attaques qui pourraient se produire du dehors. Mais, quand même la Révolution eût été vaincue, ou que l'expropriation n'eût pas pris l'extension que nous prévoyons, un soulèvement populaire commencé sur cette base rendrait à l'humanité cet immense service qu'il accélérerait l'avènement de la Révolution sociale. Tout en apportant (comme toutes les révolutions) une certaine amélioration immédiate du sort du prolétariat, même vaincu il rendrait désormais impossible tout autre soulèvement qui ne prendrait pas pour point de départ l'expropriation de quelques-uns au profit de tous. Une prochaine explosion amènerait donc nécessairement la cessation de l'exploitation capitaliste, et partant, l'égalité économique et politique, le travail pour tous, la solidarité, la liberté.

6. Pour que la Révolution apporte tous les fruits que le prolétariat a le droit d'attendre après des siècles de luttes incessantes et des holocaustes de victimes sacrifiées, il est nécessaire que la période révolutionnaire dure plusieurs années, afin que la propagande des idées nouvelles ne se borne pas seulement aux grands centres intellectuels, mais pénètre jusque dans les hameaux les plus isolés, afin de vaincre l'inertie qui se manifeste nécessairement dans les masses avant qu'elles se lancent vers une réorganisation fondamentale de la société, pour que, enfin, les idées nouvelles aient le temps de recevoir le développement ultérieur, nécessaire au progrès réel de l'humanité.

Donc, loin de chercher à constituer immédiatement, à la place du pouvoir renversé, un nouveau pouvoir qui, né aux débuts de la

Révolution, lorsque les idées nouvelles commencent seulement à se réveiller, serait fatalement conservateur de par son essence ; loin de chercher à créer un pouvoir qui, représentant de la première phase de la révolution, ne ferait qu'entraver le libre développement des phases ultérieures, et qui tendrait fatalement à l'immobiliser et à la circonscrire, il est du devoir des socialistes d'empêcher la création de tout nouveau gouvernement et de réveiller au contraire les forces du peuple, destructives de l'ancien régime et créatrices en même temps de la nouvelle organisation de la société.

7. Telle étant notre conception de la prochaine Révolution et le but que nous nous proposons d'atteindre, il est évident que nous devons, pendant la période préparatoire que nous traversons aujourd'hui, concentrer tous nos efforts sur une large propagande de l'idée de l'expropriation et du collectivisme. Au lieu de reléguer ces principes dans un coin de notre cerveau, pour ne venir parler au peuple que de questions de la ci-nommée politique, (ce qui serait vouloir préparer les esprits à une Révolution éminemment politique, en oblitérant sensiblement son caractère économique, le seul qui puisse lui donner la force nécessaire), nous devons au contraire, toujours, dans toutes les circonstances, exposer largement ces principes, en démontrer la portée pratique, en prouver la nécessité ; nous devons faire tous nos efforts pour préparer l'esprit populaire à l'acceptation de ces idées qui, si étranges qu'elles paraissent de prime abord à ceux qui sont imbus de préjugés politico-économiques, deviennent bientôt une vérité incontestable pour ceux qui les discutent de bonne foi, une vérité dont la science s'empare aujourd'hui, une vérité admise souvent par ceux mêmes qui la combattent publiquement.

En travaillant dans cette voie, sans nous laisser éblouir par le succès momentané et souvent factice des partis politiques, nous travaillons à l'infiltration de nos idées dans les masses ; nous opérons insensiblement un changement d'opinion favorable à nos idées ; nous groupons les hommes nécessaires pour la large propagande de ces idées pendant la période d'effervescence vers laquelle nous marchons ; et nous savons par l'expérience de l'histoire humaine, que c'est précisément durant les périodes d'effervescence, lorsque la diffusion et la transformation des idées s'opèrent avec une rapidité inconnue aux périodes de tranquillité, que les principes de l'expropriation et du collectivisme pourront se répandre à grands flots et inspirer les grandes masses du peuple à mettre ces principes en pratique.

8. Pour que la période révolutionnaire puisse avoir la durée de quelques années et pour qu'elle porte ses fruits, il est absolument nécessaire que la Révolution prochaine ne se borne pas seulement aux grandes villes : il faut que le soulèvement pour l'expropriation se produise surtout dans les campagnes. Il est donc nécessaire, sans compter sur l'élan révolutionnaire qui pourrait, dans une période d'effervescence, rayonner des villes dans les villages, dès aujourd'hui déjà de préparer le terrain dans les campagnes.

Comme mesure provisoire et comme expérience, il faudrait que les sections jurassiennes s'imposent le devoir d'entreprendre dans les villages voisins des villes une propagande suivie dans le sens de l'expropriation des terres par les communes rurales. Des tentatives dans ce sens ayant été déjà faites, nous pouvons affirmer qu'elles ont porté plus de fruits qu'on ne le présumait en commençant. L'expérience démontrera quelle est la meilleure voie à suivre, et quels pourraient être les moyens d'étendre cette propagande. Quelque difficiles que fussent les débuts, ils doivent être faits sans plus de retard. En outre, nous ne saurions trop recommander l'étude des soulèvements de paysans en Italie et de la propagande révolutionnaire qui se fait aujourd'hui dans les villages d'Espagne.

9. Tout en recommandant de concentrer nos efforts sur une large propagande, sous toutes ses formes, des idées de l'expropriation, nous n'entendons pas dire par cela que nous dussions négliger les occasions de faire l'agitation sur toutes les questions de la vie du pays, qui se produisent autour de nous. Au contraire, nous pensons que les socialistes doivent profiter de toutes les occasions qui peuvent donner lieu à une agitation économique ; et nous sommes convaincus que chaque agitation, commencée sur le terrain de la lutte des exploités contre les exploiteurs, quelque circonscrits que fussent au début sa sphère d'action, les buts qu'elle se propose et les idées qu'elle avance, peut devenir une source

féconde d'agitation socialiste, si elle ne tombe pas entre les mains d'intrigants ambitieux.

Il serait donc utile que les sections ne passent pas hautainement à côté des diverses questions qui agitent les travailleurs de la localité pour la seule raison que ces questions n'ont que très peu de commun avec le socialisme. Au contraire, en prenant part à toutes ces questions, et en profitant de l'intérêt qu'elles excitent, nous pourrions travailler à répandre l'agitation sur une plus vaste étendue et, tout en restant sur le terrain pratique de la question, chercher à élargir les conceptions théoriques, et réveiller l'esprit d'indépendance et de révolte dans ceux qui s'intéressent à l'agitation produite. Cette participation est d'autant plus nécessaire qu'elle présente l'unique moyen de combattre les opinions erronées qui se propagent dans chaque occasion pareille par la bourgeoisie, et d'empêcher que l'agitation ouvrière ne s'engage, grâce à l'activité déployée par des ambitieux, dans une voie absolument contraire aux intérêts des travailleurs.

10. Les efforts des anarchistes devant tendre à ébranler l'État dans toutes ses parties, nous ne voyons pas l'utilité de nous constituer en un parti politique qui s'efforcerait de se coincer dans les tenailles gouvernementales, dans l'espoir de prendre un jour sa part de l'héritage du gouvernementalisme actuel. Nous croyons que le meilleur moyen d'ébranler cet édifice serait d'activer la lutte économique. Mais nous croyons aussi qu'il serait utile d'avoir toujours l'œil ouvert sur les actes et prouesses de nos gouvernements, d'étudier soigneusement celles des questions politiques qui intéressent le peuple travailleur, et de profiter de chaque occasion favorable pour lui faire toucher du doigt l'incapacité, l'hypocrisie et l'égoïsme de classe des gouvernements actuels, ainsi que le caractère vicieux et nuisible du régime gouvernemental. Faisons la guerre à l'État et à ses représentants, non pas pour prendre une place dans leurs conseils, comme le font les partis politiques, mais pour ébranler la force qu'ils opposent aux aspirations du travailleur et pour accélérer leur chute inévitable.

11. Persuadés que le mode de groupement qui va se réaliser dans un prochain avenir (au moins dans les pays d'origine romande) sera la Commune, indépendante de l'État, abolissant

dans son sein le système représentatif et réalisant l'expropriation des matières premières, instruments de travail et capitaux au profit de la communauté, nous croyons nécessaire de mettre à l'étude sérieuse la Commune collectiviste, et de discuter la part que les anarchistes peuvent prendre à la lutte qui se produit actuellement, sur le terrain politique et économique, entre les Communes et l'État.

Le congrès de la Fédération jurassienne de 1880

L'année suivante, en 1880, eut lieu à La Chaux-de-Fonds, dans le Jura suisse, un congrès de la Fédération jurassienne, qui, depuis la scission de La Haye, en 1872, de l'Internationale ouvrière, s'était faite le porte-parole du socialisme « anti-autoritaire » et libertaire, hérité de Michel Bakounine.

Le lecteur lira successivement :

1) *de larges extraits du compte rendu de ce congrès paru dans le journal* Le Révolté *du 17 octobre 1880 et, notamment, l'intervention de Pierre Kropotkine ;*

2) *des extraits du mémoire (ou « programme») présenté à ce congrès par la Fédération ouvrière du district de Courtelay*[8] *;*

3) *enfin, le rapport présenté à ce congrès par l'Italien Carlo Cafiero, sur « Anarchie et communisme ».*

Ces textes permettent de distinguer au sein de la Fédération jurassienne deux courants divergents : l'un, représenté par Kropotkine, Cafiero, etc., se proclamait carrément communiste libertaire. Le second, plus prudent et moins ambitieux, dont le

---

8. Fondée le 1er septembre 1868 par la fusion de la section de Sonvilier et d'une vingtaine de sections locales du vallon de Saint-Imier, Adhémar Schwitzguébel avait déjà présenté un rapport sur la marche de cette fédération au congrès de Bâle (1869).

porte-parole était Adhémar Schwitzguébel, s'en tenait encore à l'emploi du mot collectivisme[9].

Quelle était la différence entre ces deux tendances ?

Le collectivisme, théoriquement, se bornait à vouloir mettre en commun les moyens de production et il laissait aux associations ouvrières la liberté de déterminer le mode de répartition des produits du travail, faculté qui, en fait, revenait à rémunérer le travail en fonction des prestations accomplies. Le communisme libertaire, au contraire, entendait mettre en commun, non seulement les moyens de production, mais également les objets de consommation et distribuer gratuitement les produits portés dès lors en abondance sur le marché, selon la formule : À chacun suivant ses besoins. *C'était ce que James Guillaume avait suggéré dès 1874 (Voir plus haut page 309).*

Les objections des partisans du collectivisme à l'égard du communisme étaient surtout inspirées par des motifs d'opportunité. Comme l'expose Adhémar Schwitzguébel, qui se déclare lui-même communiste anarchiste, « l'idée communiste a été jusqu'à présent mal comprise dans le sein des populations où l'on croit toujours à un système excluant toute liberté ».

Les objections des partisans du communisme libertaire, adversaires du mot collectivisme, provenaient aussi du fait qu'en 1880 ce dernier mot avait été dépouillé de la signification qu'on lui avait donnée couramment dans la Première Internationale. Les réformistes n'entendaient plus par collectivisme la mise en commun révolutionnaire et générale des instruments de travail, mais un socialisme évolutionniste et parlementaire.

Compte rendu du congrès de la Fédération jurassienne (1880)

(Extraits)[10].

(...) Le congrès a eu lieu à La Chaux-de-Fonds, les 9 et 10 octobre 1880.

---

9. Max Nettlau, *Bibliographie de l'anarchie* (s.d.), p. 58.
10. Paru dans *Le Révolté*, Genève, 17 octobre 1880.

Le compagnon Kropotkine rapporte qu'ayant assisté à une séance de la section de Genève, celle-ci trouvait que le programme était beaucoup trop long pour être servi avec efficacité pour la propagande populaire.

Passant ensuite à la discussion du programme, il dit que depuis quelque temps le socialisme est devenu à la mode et, là même où l'on s'y attendrait le moins, on entend dire : « Nous aussi nous sommes socialistes ! » Nous avons ainsi des socialistes de toutes les nuances, rouges et roses, bleus et verts, blancs et même noirs. Tous ceux qui admettent la nécessité d'une modification quelconque dans les relations entre capitalistes et ouvriers, si anodine qu'elle soit, viennent se parer du mot de socialistes.

Nous n'avons pas à nous occuper de ceux qui se disent socialistes avec le but déterminé d'enrayer le développement du socialisme. Laissons-les de côté pour le moment. Mais si nous étudions toutes les autres écoles de socialisme réformiste, étatiste, démocrate, etc., etc., et si nous les comparons au socialisme anarchiste, nous apercevons bientôt une idée constituant une différence nettement tranchée entre les diverses écoles et nous. C'est la manière de concevoir l'œuvre que la Révolution doit accomplir.

Une idée commune se retrouve chez tous les socialistes évolutionnistes et même chez quelques socialistes révolutionnaires. Ils ne croient pas à une prochaine grande Révolution, ou bien, s'ils y croient, ils sont persuadés que cette Révolution ne sera pas une Révolution socialiste ; « Au jour du prochain mouvement » disent-ils, « le peuple ne sera pas encore prêt à accomplir une Révolution sérieuse dans le régime de la propriété ; c'est pourquoi il s'agit d'accomplir d'abord une Révolution politique qui donnera toute facilité pour préparer les esprits à une Révolution sociale ». À les croire, celle-ci ne viendrait donc que lorsque nos arrière-petits-fils auraient la barbe grise. Étudiez les écrits des socialistes de toutes les écoles, vous verrez qu'au fond cette idée domine chez eux, quelles que soient les phrases qui servent à la masquer.

Nous ne saurions trop protester contre cette conception par laquelle les timides cherchent d'avance à circonscrire la portée de la prochaine révolution. Nous sommes fermement convaincus que l'expropriation sera le but et le moteur de la prochaine lutte européenne, et nous devons faire tous nos efforts pour que cette expropriation devienne un fait accompli à l'issue de la bataille dont nous sentons tous l'approche. C'est l'expropriation, opérée par le peuple et suivie de l'immense mouvement d'idées qu'elle fera surgir, qui seule pourra donner à la prochaine Révolution la force nécessaire pour vaincre les obstacles qui se dressent devant elle. C'est l'expropriation qui devra servir de point de départ à une nouvelle période du développement de la société. Et si même les efforts de nos ennemis, secondés en cela par les hommes qui veulent déjà dire au peuple : « Tu n'iras pas plus loin ! », réussissaient à nous vaincre, du moins le fait d'avoir tenté la mise en commun de tout le capital social et des produits du travail, ne fût-ce même que sur un espace limité, serait un exemple salutaire, annonçant le succès définitif de la Révolution suivante.

L'expropriation, mise en exécution par le peuple, dès qu'une insurrection aura désorganisé le pouvoir de la bourgeoisie ; la prise de possession immédiate par les groupes producteurs de tout le capital social, tel sera notre mode d'action lors de la prochaine révolution ; et c'est surtout sur ce point que nous différons de ces écoles socialistes qui, au fond, n'ayant aucune confiance dans le peuple, veulent faire de la prochaine Révolution un simple changement de forme de gouvernement, les unes, sous prétexte d'établir les libertés nécessaires pour le développement de l'idée socialiste, les autres sous prétexte de mettre en exécution l'expropriation graduelle, à petites doses, lorsque eux, les gouvernements, le jugeront à propos.

Si la Fédération accepte l'idée émise par la section de Genève, de publier un résumé de notre programme, ne serait-il pas bon que ce résumé fasse ressortir plus nettement cette différence essentielle qui existe entre notre parti et les écoles évolutionnistes ?

Le compagnon Kropotkine observe en outre que l'emploi du mot collectivisme dans le programme pourrait prêter à un malentendu.

Lorsque ce mot fut introduit dans l'Internationale, on lui donnait une signification tout autre que celle qu'on cherche à lui donner aujourd'hui. Ménageant les préjugés existant alors en France contre le communisme, par lequel l'on sous-entendait un ordre monastique enfermé dans un couvent ou dans une caserne, l'Internationale accepta le mot de collectivisme.

Elle disait ainsi qu'elle voulait la mise en commun du capital social et la liberté complète des groupes d'introduire telle répartition des produits du travail qu'ils trouveraient la mieux appropriée aux circonstances. Aujourd'hui, l'on cherche à faire comprendre que le mot de collectivisme signifie autre chose : il signifierait, selon les évolutionnistes, non la mise en commun des instruments de travail, mais la jouissance individuelle des produits. D'autres vont encore plus loin et cherchent à limiter même le capital social qui devrait être mis en commun : ce ne serait que le sol, les mines, les forêts, les voies de communication. Pour le reste, les collectivistes de ce genre seraient prêts à le défendre à coups de fusil contre ceux qui oseraient y toucher pour en faire une propriété collective.

Il serait temps de mettre fin à ce malentendu et pour cela il n'y a qu'un moyen : c'est celui d'abandonner le mot de collectivisme et de se déclarer franchement communistes, en faisant ressortir la différence qui existe entre notre conception du communisme anarchiste et celle qui fut répandue par les écoles communistes mystiques et autoritaires d'avant 1848. Nous aurions mieux exprimé notre idéal, et notre propagande n'en serait que fortifiée. Elle y acquerrait cet élan qu'apporte l'idée du communisme et que ne donnera jamais celle du collectivisme.

Le compagnon Élisée Reclus [11] appuie les observations du compagnon Kropotkine. En dépit de toutes les explications données par les collectivistes non communistes, il lui est impossible de comprendre comment leur organisation sociale pourrait fonctionner. Si la grande usine, c'est-à-dire, la terre, et si toutes les usines secondaires qui s'y trouvent sont mises en commun, si le travail se fait par tous et que la quantité et la qualité des produits soient dues précisément à la solidarité des efforts, à qui doivent-ils légitimement appartenir, si ce n'est à l'ensemble solidaire des travailleurs ? Quelle règle pourra guider les comptables répartiteurs et leur faire reconnaître la part de produits afférente à chacun, dans cette manne provenant du travail de l'humanité tout entière, y compris les générations antérieures ? Cette répartition, faite par le hasard ou le caprice, ne peut avoir d'autre résultat que

11. Elisée Reclus (1830-1905), géographe et théoricien de l'anarchisme, auteur, notamment, de *L'Évolution, la Révolution et l'idée anarchiste*, 1898.

de déposer dans la société collectiviste le germe des dissensions, des luttes et de la mort.

Ce qui est vrai, ce qui est juste, c'est que les produits, dus au travail de tous appartiennent à tous et que chacun en prenne librement sa part pour la consommer à sa convenance, sans autre règle que celle qui provient de la solidarité des intérêts et du respect mutuel des associés. Il serait du reste absurde de craindre la disette, puisque l'énorme déperdition de produits causée par le gaspillage actuel du commerce et par l'appropriation privée aurait enfin cessé. La peur est toujours une mauvaise conseillère. N'ayons pas de crainte de nous dire communistes, comme nous le sommes en réalité. L'opinion populaire a sa logique : les collectivistes ont beau faire, le bon sens universel a compris que l'appropriation des terres et des usines mène forcément à la communauté des produits.

Le compagnon Reclus désirerait aussi que le congrès fît des réserves sur le paragraphe du mémoire de Courtelary relatif à la Commune. Sans doute les conditions de lieux ont une grande importance comme fait, et la plupart des groupes se constitueront dans les limites des communes actuelles ; mais il ne faut pas perdre de vue que les groupements de forces révolutionnaires se font librement, en dehors de toute organisation communale. Jusqu'à maintenant, les communes n'ont été que de petits États, et même la Commune de Paris, insurrectionnelle par en bas, était gouvernementale par en haut, maintenait toute la hiérarchie des fonctionnaires et des employés. Nous ne sommes pas plus communistes qu'étatistes, nous sommes anarchistes, ne l'oublions pas, et nous en donnons la meilleure preuve par notre réunion d'aujourd'hui. Nous espérons bien avoir part, si minime qu'elle soit, dans l'œuvre révolutionnaire et, venant du Vallon, de Genève, de Lausanne de France, de Naples, nous ne nous rattachons ni à une commune spéciale, ni à un État quelconque. L'Internationale ne reconnaît pas ces frontières.

Le compagnon Schwitzguébel déclare être communiste anarchiste ; s'il admet le programme tel qu'il vient d'être présenté, c'est-à-dire avec les idées collectivistes qui prédominent, c'est qu'il voit les populations plutôt hostiles que favorables à ces idées et que l'élaboration d'un programme franchement communiste ne ferait qu'augmenter cette hostilité ; il remarque qu'il y a là une question d'opportunité pour ainsi dire qu'il est nécessaire d'examiner attentivement. L'idée communiste a été jusqu'à présent mal comprise dans le sein des populations où l'on croit toujours à un système excluant toute liberté. Il estime qu'il y a un grand travail préparatoire à faire pour amener les populations à admettre le communisme.

Le compagnon Herzig, délégué de Genève, trouve que le programme qui vient d'être présenté donne beaucoup trop d'attributions à la Commune et semble vouloir remplacer l'autorité de l'État, contre laquelle nous nous élevons, par une nouvelle forme, celle de la Commune — ce qui ne serait que la décentralisation de l'autorité. S'il est vrai, comme le dit le programme, que les prochaines révolutions populaires aient leur foyer dans la Commune et pour objectif l'autonomie de cette dernière, nous ne devons pas, pour cette raison, chercher notre voie dans cette nouvelle conception de la Révolution, ni chercher à prendre le dessus des événements ; notre devoir est de faire germer dans les esprits de nouvelles idées absolument contraires à tout principe d'autorité.

Le programme laisse à supposer que les luttes politiques devront être portées sur le terrain communal. Nous nous élevons contre cette opinion lors même qu'il serait prouvé que ces luttes serviront au renversement de l'État, car, pour les entreprendre, il faudrait nécessairement entrer dans la voie légale, ce qui serait contraire à nos principes et supposerait leur abandon.

Le compagnon Cafiero, parlant du programme révolutionnaire, vient à parler du communisme (…) [12].

Le compagnon Pindy observe que non seulement l'idée du communisme peut être acceptée par l'ouvrier français, mais le sentiment communiste est inné chez lui ; s'il se dit collectiviste en ce moment, c'est à cause des histoires ridicules qui ont été racontées depuis 1848 sur le communisme d'alors. Si le mot communisme lui répugne, il n'en est pas moins prêt, en toute cir-

---

12. Voir plus loin, p. 352, « Anarchie et communisme », rapport présenté par Carlo Cafiero.

constance, à pratiquer la chose. Pindy lui-même l'a pratiqué, par instinct, mais malgré cela aujourd'hui encore il croit que ce mot, mais seulement le mot, inspire de la répulsion aux ouvriers révolutionnaires français.

D'autre part il déclare que pour démasquer les pseudo-socialistes progressistes actuels, il y a lieu d'expliquer la véritable signification des mots, et de donner aux choses le nom qui leur convient.

Il a idée que notre programme atteindra ce but.

Le Congrès prend la résolution suivante qui sera jointe au programme :

« Le Congrès, après avoir entendu la lecture du mémoire publié par la fédération ouvrière du district de Courtelary, recommande cette publication à l'attention de tous les socialistes et de toutes les personnes qui s'intéressent aux questions sociales.

« Le Congrès déclare cependant que deux points du programme auraient pu être plus nettement déterminés.

« Les idées émises sur la Commune peuvent laisser supposer qu'il s'agit de substituer à la forme actuelle de l'État une forme plus restreinte, qui serait la Commune. Nous voulons la disparition de toute forme étatiste, générale ou restreinte, et la Commune n'est pour nous que l'expression synthétique de la forme organique des libres groupements humains.

« L'idée du collectivisme a donné lieu à des interprétations équivoques qu'il importe de faire disparaître. Nous voulons le collectivisme avec toutes ses conséquences logiques, non seulement au point de vue de l'appropriation collective des moyens de production, mais aussi de la jouissance et de la consommation collective des produits. Le communisme anarchiste sera ainsi la conséquence nécessaire et inévitable de la Révolution sociale et l'expression de la nouvelle civilisation qu'inaugurera cette révolution.

« Nous manifestons le désir que l'étude de cette question importante soit reprise, en prenant, pour base de démonstration, l'application de ces théories dans une Commune déterminée, en tenant compte de tous les éléments constitutifs de cette Commune, soit comme facilités, soit comme difficultés d'application.

« Le Congrès désire qu'une brochure, résumant le mémoire

présenté par la Fédération ouvrière socialiste du district de Courtelary soit publiée dans l'intérêt de la propagande ouvrière. »

Mémoire présenté au Congrès jurassien de 1880 par la Fédération ouvrière du district de Courtelary

Ce programme, document tout à fait remarquable, appelle une courte présentation, dans laquelle il convient de souligner un certain nombre de points dignes d'attention.

Tout d'abord, il a été rédigé par des ouvriers. Il commence par les mots : « Pour nous travailleurs manuels... » C'est l'ouvrier qui a tenu la plume pour ses camarades. Ces ouvriers savent ce qu'ils veulent. Ils disent carrément leur fait aux socialistes autoritaires qui se flattent de s'emparer du pouvoir « pour transformer l'État actuel en un État communiste ». Ils n'y vont pas par quatre chemins pour leur riposter : « Nous ne pouvons pas partager cette manière de voir. » Et ils condamnent expressément l'obstacle au progrès qu'est, à leurs yeux, l'État, en une formule imagée, inspirée par la campagne au sein de laquelle ils vivent et travaillent : « La société humaine marche, l'État est toujours le sabot. »

Pourtant ces libertaires, partisans de la spontanéité des masses, ne font pas fi des minorités agissantes, indispensables à leurs yeux pour orienter la Révolution sociale : « L'intervention (...) du parti qui possède la conception théorique de cette Révolution n'en est pas moins un facteur important. »

Mais, en même temps, le danger que la Révolution victorieuse ne soit capturée par des chefs issus d'elle ne leur échappe pas. Ils insistent sur la nécessité de faire en sorte qu'elle « ne tourne pas de nouveau au profit des classes gouvernantes ».

En bons disciples de Bakounine et de James Guillaume, mais tout de même en avance sur leur temps, car les anarchistes de 1880 ne s'étaient pas encore faits syndicalistes (v. tome II, p. 68 et suivantes), ils préconisent une fédération des corps de métiers, ils recherchent une synthèse entre la commune et le syndicat. Il s'interrogent : la commune d'après la Révolution sera-t-elle dirigée par une assemblée générale de tous ses habitants ou par des délégués locaux des divers corps de métiers ? Mais, ouvriers qu'ils sont, ils optent plutôt pour la seconde solution : ce sera la fédération locale des corps de métiers qui constituera la future commune.

Ainsi des problèmes qui se posent concrètement aux communistes libertaires espagnols, au cours de la Révolution de 1936 (v. tome II, p. 101 et suivantes) étaient déjà abordés, en 1880, par les travailleurs manuels du district de Courtelary.

Un des principes de base de l'autogestion ouvrière est également entrevu par eux : « Pour ne pas retomber dans les errements des administrations centralisées et bureaucratiques », il leur paraît que la commune sur le plan local, aussi bien que les grands services publics à l'échelle nationale et internationale, ne devront pas être gérés par une seule et unique administration, mais par différentes commissions spécialisées pour chaque branche d'activité. C'est une structure qui, de nos jours, a prévalu dans nombre de communautés autogérées.

LE PROGRAMME (extraits)

(...) Pour nous, travailleurs manuels, notre tâche est tracée par les circonstances dans lesquelles se développent les populations ouvrières. Notre travail sera plus une œuvre indicative que complète. Nous formulerons ce que nous savons ; nous dirons nos aspirations ; nous déterminerons nos revendications ; nous conclurons avec la logique du bon sens populaire.

(...) La Révolution sociale attaquant les bases mêmes de la société bourgeoise consacrera par son triomphe de nouvelles bases au développement de la société humaine. L'œuvre du progrès pacifique, des réformes successives dans les détails, se continuera après la Révolution sociale, comme ce fut le cas après toutes les grandes révolutions qui ont transformé les conditions d'existence des sociétés humaines.

Cette Révolution n'est pas seulement une conception théorique ; elle est dans la nature des choses et c'est le développement de la situation actuelle qui y conduira. Cependant, si la situation est l'élément principal comme levier de la Révolution, l'intervention plus ou moins intelligente et appropriée du parti qui possède la conception théorique de cette Révolution n'en est pas moins un facteur important. De là découle la nécessité, non pas d'attendre que la Révolution tombe du ciel, mais de la préparer dans les limites du possible et surtout, de faire en sorte qu'elle ne tourne pas de nouveau au profit des classes gouvernantes.

(...) Nous nous trouvons en présence de deux tendances générales bien accentuées. Les uns préconisent la participation des classes ouvrières à la politique courante et la conquête par elles du pouvoir politique dans l'État. Les autres, au contraire, préconisent l'abstention en matière d'action politique dans l'État.

Ce furent des conceptions théoriques différentes sur les formes politiques de la nouvelle société qui constituèrent les deux écoles qui représentent, l'une le socialisme autoritaire, l'autre le socialisme anarchiste.

Ne pouvant concevoir d'autre forme politique que l'État omnipotent, centralisé et gouverné par un pouvoir électif, le socialisme autoritaire espère accomplir la Révolution dans le régime de la propriété en s'emparant du pouvoir dans l'État pour transformer l'État actuel en un État communiste.

Nous ne pouvons pas partager cette manière de voir. La Révolution économique que veulent les socialistes est une Révolution trop profonde pour qu'elle puisse s'opérer par les ordres d'un pouvoir central quels que fussent sa force et son élan révolutionnaire. Décrétée, elle resterait lettre morte si elle n'était accomplie par le peuple lui-même, sur tous les points du territoire. Et si même l'État communiste eût pu exister un moment, il eût nécessairement porté en lui-même les germes de dissolution, parce qu'il n'aurait résolu qu'une partie du problème social, la réforme économique.

Tout le problème de la réalisation de la liberté humaine — dans sa plus large conception — reste debout, parce que l'État, par la nature même de sa constitution et de ses manifestations, n'émancipe pas l'être humain, mais l'absorbe ; l'État communiste, plus encore que l'État bourgeois, annulerait l'individu et régnerait par la force. Pour nous, la solution du problème social comprend, non seulement la réalisation la plus complète possible, au profit des masses, du bien-être matériel, mais aussi, pour tous et pour chacun la conquête la plus large de la liberté. Telle est la raison pour laquelle nous ne sommes point partisans de l'État communiste, et, en conséquence, les ennemis d'une politique qui conduit à cet État.

(...) La société humaine marche, l'État est toujours le sabot.

L'examen de la situation contemporaine fournit une démonstration éclatante de ce que nous avançons.

Le parti socialiste étatiste pour agir politiquement sur le terrain légal, n'avait malheureusement qu'une chose à faire : mettre en poche le programme communiste et affecter un programme de pratique immédiate, avec lequel on espérait rallier les masses ; on prit dans les programmes avancés de la démocratie bourgeoise les points saillants, en leur donnant une couleur socialiste et c'est ainsi que surgirent les différents programmes de réalisation immédiate du parti socialiste légal.

L'État bourgeois n'accepta pas même la lutte sur ce terrain pacifique et le seul pays, en Europe, où ce socialisme légal fut une puissance, l'Allemagne, nous offre le spectacle d'une réaction sur toute la ligne ; la retraite du parti socialiste et sa désorganisation sont le résultat de toute une longue et puissante campagne [13].

Cette tactique de politique étatiste ne nous paraît donc pas être la vraie. Examinons la tactique abstentionniste. Les anarchistes, en élargissant le problème social, en y introduisant, à côté de la transformation de la propriété, la destruction de l'État, raisonnèrent logiquement en disant : puisque nous voulons la destruction de l'État, loin de chercher à nous en emparer pour le modifier, le transformer, nous devons au contraire chercher à faire le vide autour de lui, pour l'affaiblir de toutes les forces morales et matérielles qui pourraient lui apporter leur concours. Telle est l'origine du courant abstentionniste contemporain. Malheureusement, le bon sens, la logique théorique se rencontrent rarement d'accord avec la réalité des faits. S'il est absolument vrai, théoriquement, que le jour où les masses populaires se refuseraient à nommer des législateurs, des gouvernements et des administrateurs de l'État, rejetteraient constitutions et lois, refuseraient les impôts et le service militaire, l'État aurait vécu dans l'histoire, il n'en est pas moins vrai, d'un autre côté, que pratiquement, la plupart des êtres

13. Allusion à la période de répression de la social-démocratie par le chancelier Bismarck (depuis 1878).

humains sont attachés à l'une ou à l'autre chose de la société actuelle et de l'État. C'est par ce lien pratique, qui est souvent un détail, que tout le système se continue, soutenu par les masses, malgré leurs mécontentements.

L'État prélève des impôts, chacun vise à payer moins ; il s'occupe de juridiction, tous veulent une bonne justice au meilleur marché ; l'État s'occupe des écoles, les parents veulent pour leurs enfants une bonne instruction qui ne leur coûte rien ; il s'occupe de l'Église, les uns veulent l'Église libérale, les autres l'Église orthodoxe ou ultramontaine, d'autres encore veulent que l'État les laisse libres de n'appartenir à aucune Église ; l'État s'occupe de police, chacun vise à garantir par lui sa sécurité personnelle ; il a une organisation militaire, beaucoup se font un devoir d'être soldats, les uns en permanence, les autres en qualité de miliciens ; l'État s'occupe des routes, des forêts, des eaux, tous ces services doivent donner satisfaction aux intérêts du public ; l'État accorde le droit de nommer le gouvernement, les administrations, les législateurs, de voter les institutions et les lois, les budgets, tous sont fiers d'être citoyens-électeurs.

Chaque individu pris dans l'engrenage de l'une ou plusieurs de ces questions de détails pratiques, vous avez la masse attachée tout entière au système. Très peu osent penser et dire que les services généraux pourraient très bien être faits directement par la société humaine elle-même, librement organisée.

(...) Trois éléments essentiels nous autorisent à dire que c'est dans la Commune que se trouvera le foyer de la Révolution sociale. L'ancienne tradition révolutionnaire jacobine a fait son temps et, depuis la Commune de Paris, il se constitue une nouvelle tradition révolutionnaire autour de l'idée d'autonomie communale et de fédération. L'état des esprits incline de plus en plus vers cette nouvelle forme politique, les excès de la centralisation se faisant partout lourdement sentir sur les populations ; le développement de la situation matérielle, aussi bien que les nouveaux courants d'opinion conduisent à la Commune autonome et à la fédération des Communes. Ajoutons à ces considérations générales les conséquences nécessaires de la tactique préparatoire de notre parti, et nous pouvons affirmer que c'est dans la Commune que grondera l'insurrection populaire.

Nous avons donc à nous occuper des mesures révolutionnaires immédiates dans la Commune.

La puissance de la bourgeoisie sur les masses populaires a sa source dans les privilèges économiques, dans la domination politique et dans la considération juridique de ces privilèges. Il faut donc atteindre la puissance bourgeoise dans ses causes, aussi bien que dans ses manifestations diverses.

Les mesures suivantes nous paraissent indispensables au salut de la Révolution, au même titre que la lutte armée contre ses ennemis :

Confiscation, par les insurgés, du capital social, propriétés terriennes, mines, habitations, édifices religieux et publics, instruments de travail, matières premières, métaux précieux, bijoux et pierres de valeur, produits manufacturés ;

Destitution de toutes les autorités politiques, administratives et judiciaires ;

Abolition de toute intervention légale dans le paiement des dettes collectives ou privées et dans la transmission des héritages ;

Suppression de tous les impôts ;

Licenciement de l'armée et de la police ;

Autodafé de tous les titres de rentes, de propriété, d'hypothèque, de valeurs financières, de concessions.

Telles nous paraissent devoir être les mesures destructives. — Quelles doivent être les mesures organiques de la révolution ?

Constitution immédiate et spontanée des corps de métiers ; prise de possession provisoire, par eux, de la part du capital social propre au fonctionnement de leur spécialité de production ; fédération locale des corps de métiers et organisation du travail ;

Constitution des groupes de quartier et fédération de ces groupes pour assurer le service immédiat des subsistances ;

Organisation des forces insurrectionnelles ;

Constitution de commissions, par délégations des groupes, ayant chacune une spécialité dans l'administration des affaires de la Commune révolutionnaire : commission de sûreté contre les ennemis de la Révolution, commission de la force révolutionnaire, commission de contrôle du capital social, commission du travail, commission de subsistances, commission pour le service de la circulation, commission d'hygiène, commission d'enseignement ;

Constitution de commissions d'action extérieure avec mission de travailler à la fédération de toutes les forces révolutionnaires des Communes insurgées ; de provoquer, par la propagande révolutionnaire, l'insurrection dans toutes les Communes et régions et l'application, dans la plus large mesure possible, des mesures propres à la destruction de l'ordre de choses actuel et au salut de la révolution ;

Fédération des Communes et organisation des masses, en vue de la permanence de la Révolution, jusqu'à l'écrasement complet de toute action réactionnaire.

Le collectivisme nous apparaît (...) comme la forme générale d'une nouvelle société, mais nous travaillerons de toutes nos forces à ce que son organisation et son fonctionnement soient libres.

(...) Les corps de métiers constitués, il s'agit d'organiser la vie locale. L'organe de cette vie locale sera la fédération des corps de métiers et c'est cette fédération locale qui constituera la future Commune. Sera-ce une assemblée générale de tous les habitants, seront-ce des délégations des corps de métiers, pour en référer ensuite à leur assemblées particulières, qui rédigeront le contrat de la Commune ? Il nous paraîtrait puéril de nous arrêter à la préférence de l'un ou l'autre système ; les deux systèmes fonctionneront sans doute suivant les traditions et l'importance particulière des Communes. Nous croyons utile de dire ici que, d'une façon générale, la pratique plus ou moins démocratique du suffrage universel perdra de plus en plus son importance dans une société organisée scientifiquement, c'est-à-dire où les faits réels et non plus de vaines formules artificielles seront la base de toute vie sociale.

Quelles seront les attributions de la Commune ? Entretien de toute la richesse locale ; contrôle de l'utilisation des divers capitaux, sous-sol, sol, bâtiments, outillage, matière première, par les corps de métiers ; contrôle, en ce qui concerne les intérêts généraux, de l'organisation du travail ; organisation de l'échange et éventuellement de la distribution et de la consommation des produits ; entretien de la voirie, des édifices, des promenades, des jardins publics ; organisation de l'assurance contre tous les accidents ; service d'hygiène ; service de sécurité ; statistique locale ; organisation de l'entretien, de l'instruction et de l'éducation des enfants ; encouragements aux arts, aux sciences, aux découvertes et applications.

Cette vie locale dans ces différentes branches d'activité, nous la voulons également libre, comme l'organisation du métier ; la libre organisation, soit des individus, soit des groupes, soit des quartiers, pour la satisfaction des divers services locaux que nous venons d'énumérer.

Pour ne pas retomber dans les errements des administrations centralisées et bureaucratiques, nous pensons que les intérêts généraux de la Commune ne doivent pas être administrés par une seule et unique administration locale, mais par différentes commissions spéciales pour chaque branche d'activité, constituées directement par les organisateurs intéressés de tel service local. Ce procédé enlèverait aux administrations locales le caractère gouvernemental et maintiendrait, dans son intégrité, le principe d'autonomie, tout en organisant au mieux les intérêts locaux.

(...) Dans l'administration [des] différents services [publics] généraux, on appliquera le principe de spécialisation comme dans l'administration commune, et nous éviterons ainsi de donner raison au reproche qui a été fait au socialisme anarchiste de retomber, par l'organisation des intérêts généraux, dans une nouvelle forme de l'État.

Anarchie et communisme

Rapport de Carlo Cafiero au Congrès jurassien

Au congrès tenu à Paris par la région du Centre, un orateur, qui s'est distingué par son acharnement contre les anarchistes, disait : « Communisme et anarchie hurlent de se trouver ensemble. »

Un autre orateur qui parlait aussi contre les anarchistes, mais avec moins de violence, s'est écrié, en parlant d'égalité économique : « Comment la liberté peut-elle être violée, lorsque l'égalité existe ? »

Eh bien ! je pense que les deux orateurs avaient tort. On peut parfaitement avoir l'égalité économique, sans avoir la moindre liberté. Certaines communautés religieuses en sont une preuve vivante, puisque la plus complète égalité y existe en même temps que le despotisme. La complète égalité, car le chef s'habille du même drap et mange à la même table que les autres ; il ne se distingue d'eux que par le droit de commander qu'il possède. Et les partisans de l'« État populaire » ? S'ils ne rencontraient pas d'obstacles de toute sorte, je suis sûr qu'ils finiraient par réaliser la parfaite égalité, mais, en même temps aussi le plus parfait despotisme, car, ne l'oublions pas, le despotisme de l'État actuel augmenterait du despotisme économique de tous les capitaux qui passeraient aux mains de l'État, et le tout serait multiplié par toute la centralisation nécessaire à ce nouvel État. Et c'est pour cela que nous, les anarchistes, amis de la liberté, nous nous proposons de les combattre à outrance.

Ainsi, contrairement à ce qui a été dit, on a parfaitement raison de craindre pour la liberté, lors même que l'égalité existe ; tandis qu'il ne peut y avoir aucune crainte pour l'égalité là où existe la vraie liberté, c'est-à-dire l'anarchie.

Enfin, anarchie et communisme, loin de hurler de se trouver ensemble, hurleraient de ne pas se trouver ensemble, car ces deux termes, synonymes de liberté et d'égalité, sont les deux termes nécessaires et indivisibles de la révolution.

Notre idéal révolutionnaire est très simple, on le voit : il se compose, comme celui de tous nos devanciers, de ces deux termes : liberté et égalité. Seulement il y a une petite différence.

Instruits par les escamotages que les réactionnaires de toute sorte et de tout temps ont faits de la liberté et de l'égalité, nous nous sommes avisés de mettre, à côté de ces deux termes, l'expression de la valeur exacte. Ces deux monnaies précieuses ont été si souvent falsifiées que nous tenons enfin à en connaître et à en mesurer la valeur exacte.

Nous plaçons donc, à côté de ces deux termes : liberté et égalité, deux équivalents dont la signification nette ne peut pas prêter à l'équivoque, et nous disons : « Nous voulons la liberté, c'est-à-dire l'anarchie, et l'égalité, c'est-à-dire le communisme. »

Anarchie, aujourd'hui, c'est l'attaque, c'est la guerre à toute autorité, à tout pouvoir, à tout État. Dans la société future, l'anarchie sera la défense, l'empêchement apporté au rétablissement de toute autorité, de tout pouvoir, de tout État : pleine et entière liberté de l'individu qui, librement et poussé seulement par ses besoins, par ses goûts et ses sympathies, se réunit à d'autres individus dans le groupe ou dans l'association ; libre développement de l'association qui se fédère avec d'autres dans la commune ou dans le quartier ; libre développement des communes qui se fédèrent dans la région et ainsi de suite : les régions dans la nation ; les nations dans l'humanité.

Le communisme, la question qui nous occupe plus spécialement aujourd'hui, est le second point de notre idéal révolutionnaire.

Le communisme actuellement, c'est encore l'attaque ; ce n'est pas la destruction de l'autorité, mais c'est la prise de possession, au nom de toute l'humanité, de toute la richesse existant sur le globe. Dans la société future, le communisme sera la jouissance de toute la richesse existante, par tous les hommes et selon le principe : *De chacun selon ses facultés à chacun selon ses besoins*, c'est-à-dire : *De chacun et à chacun suivant sa volonté*.

Il faut remarquer, et ceci répond surtout à nos adversaires, les communistes autoritaires ou étatistes, que la prise de possession et la jouissance de toute la richesse existante doivent être, selon nous, le fait du peuple lui-même. Le peuple, l'humanité, n'étant pas des individus capables de saisir la richesse et la tenir dans leurs deux mains, on a voulu en conclure, il est vrai, qu'il faut, pour cette raison, instituer toute une classe de dirigeants, de représentants et de dépositaires de la richesse commune. Mais nous ne partageons pas cet avis. Pas d'intermédiaires, pas de représentants qui finissent toujours par ne représenter qu'eux-mêmes, pas de modérateurs de l'égalité, pas davantage de modération de la liberté, pas de nouveau gouvernement, pas de nouvel État, dût-il se dire populaire ou démocratie, révolutionnaire ou provisoire.

La richesse commune étant disséminée sur toute la terre, tout en appartenant de droit à l'humanité entière, ceux donc qui se trouvent à la portée de cette richesse et en mesure de l'utiliser l'utiliseront en commun. Les gens de tel pays utiliseront la terre, les machines, les ateliers, les maisons, etc., du pays et ils s'en serviront tous en commun. Partie de l'humanité, ils exerceront ici, de fait et directement, leur droit sur une part de la richesse humaine. Mais, si un habitant de Pékin venait dans ce pays, il se trouverait avoir les mêmes droits que les autres ; il jouirait en commun avec les autres de toute la richesse du pays, de la même façon qu'il l'eût fait à Pékin.

Il s'est donc bien trompé, cet orateur qui a dénoncé les anarchistes comme voulant constituer la propriété des corporations. La belle affaire que l'on ferait, si l'on détruisait l'État pour le remplacer par une multitude de petits États, tuer le monstre à une tête pour entretenir le monstre à mille têtes !

Non ; nous l'avons dit, et nous ne cesserons de le répéter : point d'entremetteurs, point de courtiers et d'obligeants serviteurs qui finissent toujours par devenir les vrais maîtres : nous voulons que toute la richesse existante soit prise directement par le peuple lui-même, qu'elle soit gardée par ses mains puissantes, et qu'il décide lui-même de la meilleure manière d'en jouir, soit pour la production soir pour la consommation.

Oui, le communisme est applicable. On pourra bien laisser chacun prendre à volonté ce dont il aura besoin, puisqu'il y en aura assez pour tous. On n'aura plus besoin de demander plus de travail que chacun n'en voudra donner, parce qu'il y aura toujours assez de produits pour le lendemain.

Et c'est grâce à cette abondance que le travail perdra le caractère ignoble de l'asservissement, en lui laissant seulement le charme d'un besoin moral et physique, comme celui d'étudier, de vivre avec la nature.

Ce n'est pas tout d'affirmer que le communisme est chose possible : nous pouvons affirmer qu'il est nécessaire. Non seulement on peut être communiste, il faut l'être sous peine de manquer le but de la révolution.

En effet, après la mise en commun des instruments de travail et des matières premières, si nous conservions l'appropriation individuelle des produits du travail, nous nous trouverions forcés de conserver la monnaie, partant une accumulation de richesses plus ou moins grande, selon le plus ou moins de mérite, ou plutôt d'adresse, des individus. L'égalité aurait ainsi disparu, puisque celui qui parviendrait à posséder plus de richesse se serait déjà élevé par cela même au-dessus du niveau des autres. Il ne resterait plus qu'un pas à faire pour que les contre-révolutionnaires établissent le droit d'héritage. Et, en effet, j'ai entendu un socialiste de renom, soi-disant révolutionnaire, qui soutenait l'attribution individuelle des produits, finir par déclarer qu'il ne verrait pas d'inconvénients à ce que la société admît la transmission de ces produits en héritage : la chose, selon lui, ne porterait pas à conséquence. Pour nous qui connaissons de près les résultats auxquels la société en est arrivée avec cette accumulation des richesses et leur transmission par héritage, il ne peut pas y avoir de doute à ce sujet.

Mais l'attribution individuelle des produits rétablirait non seulement l'inégalité parmi les hommes, elle rétablirait encore l'inégalité entre les différents genres de travail. Nous verrions reparaître immédiatement le travail « propre » et le travail « malpropre », le travail « noble » et le travail « ignoble » : le premier serait fait par les plus riches, le second serait l'attribution des plus pauvres. Alors ce ne serait plus la vocation et le goût personnel qui détermineraient l'homme à s'adonner à tel genre d'activité plutôt qu'à un autre : ce serait l'intérêt, l'espoir de gagner davantage dans telle profession. Ainsi renaîtraient la paresse et la diligence, le mérite et le démérite, le bien et le mal, le vice et la vertu, et, par conséquent, la « récompense », d'un côté, et la « punition », de l'autre, la loi, le juge, le sbire et la prison.

Il y a des socialistes qui persistent à soutenir cette idée de l'attribution individuelle des produits du travail en faisant valoir le sentiment de la justice.

Étrange illusion ! Avec le travail collectif, que nous impose la nécessité de produire en grand et d'appliquer sur une large échelle les machines, avec cette tendance, toujours plus grande, du travail moderne à se servir du travail des générations précédentes, comment pourrait-on déterminer ce qui est la part du produit de l'un et la part du produit d'un autre ? C'est absolument impossible, et nos adversaires le reconnaissent si bien eux-mêmes, qu'ils finissent par dire : — « Eh bien ! nous prendrons pour base de la répartition l'heure de travail » ; mais, en même temps, ils admettent eux-mêmes que ce serait injuste, puisque trois heures du travail de Pierre peuvent souvent valoir cinq heures du travail de Paul.

Autrefois, nous nous disions « collectivistes », puisque c'était le mot qui nous distinguait des individualistes et des communistes-autoritaires ; mais, au fond, nous étions tout bonnement communistes-anti-autoritaires, et en nous disant « collectivistes », nous pensions exprimer par ce nom notre idée que *tout* doit être mis en commun, sans faire de différence entre les instruments et matières de travail et les produits du travail collectif.

Mais un beau jour, nous avons vu surgir encore une nouvelle nuance de socialistes qui, ressuscitant les errements du passé, se mirent à philosopher, à distinguer, à différencier sur cette question, et qui finirent par se faire les apôtres de la thèse suivante :

« Il existe, disent-ils, des valeurs d'usage et des valeurs de production. Les valeurs d'usage sont celles que nous employons à satisfaire nos besoins personnels : c'est la maison que nous habitons, les vivres que nous consommons, les vêtements, les livres, etc., tandis que les valeurs de production sont celles dont nous nous servons pour produire : c'est l'atelier, les hangars, l'étable, les magasins, les machines et les instruments de travail de toute sorte, le sol, matières de travail, etc. Les premières valeurs qui servent à satisfaire les besoins de l'individu — disent-ils — doivent être d'attribution individuelle, tandis que les secondes, celles qui servent à tous pour produire, doivent être d'attribution collective. »

Telle fut la nouvelle théorie économique trouvée, ou plutôt renouvelée pour le besoin.

Mais je vous demande, à vous qui donnez l'aimable titre de valeur de production au charbon qui sert à alimenter la machine, à l'huile servant pour la graisser, à l'huile qui éclaire sa marche, pourquoi le refuserez-vous au pain et à la viande dont je me nourris, à l'huile dont j'assaisonne ma salade, au gaz qui éclaire mon travail, à tout ce qui sert à faire vivre et marcher la plus parfaite de toutes les machines, le père de toutes les machines : l'homme ?

Vous classez dans les valeurs de production la prairie et l'étable qui sert à abriter les bœufs et les chevaux et vous voulez en exclure les maisons et les jardins qui servent au plus noble de tous les animaux : l'homme ?

Où est donc votre logique ?

D'ailleurs, vous-mêmes qui vous faites les apôtres de cette théorie, vous savez parfaitement que cette démarcation n'existe pas en réalité, et que, s'il est difficile de la tracer aujourd'hui, elle disparaîtra complètement le jour où tous seront producteurs en même temps que consommateurs.

Ce n'est donc pas cette théorie, on le voit, qui aurait pu donner une force nouvelle aux partisans de l'attribution individuelle des produits du travail. Cette théorie n'a obtenu qu'un seul résultat : celui de démasquer le jeu de ces quelques socialistes qui voulaient atténuer la portée de l'idée révolutionnaire : elle nous a ouvert les yeux et nous a montré la nécessité de nous déclarer tout carrément communistes.

Mais enfin abordons la seule et unique objection sérieuse que nos adversaires aient avancée contre le communisme. Tous sont d'accord que nous allons nécessairement vers le communisme, mais on nous oberve qu'au commencement, les produits n'étant pas assez abondants, il faudra établir le rationnement, le partage, et que le meilleur partage des produits du travail serait celui basé sur la quantité du travail que chacun aura faite.

À ceci nous répondrons que, dans la société future, lors même que l'on serait obligé de faire le rationnement, on devrait rester communistes : c'est-à-dire le rationnement devrait se faire, non pas selon les mérites, mais selon les besoins.

Prenons une famille, ce modèle du petit communisme d'un communisme autoritaire plutôt qu'anarchiste, il est vrai, ce qui, d'ailleurs, dans notre exemple, ne change rien.

Dans la famille, le père apporte, supposons cent sous par jour, l'aîné trois francs, un garçon plus jeune quarante sous, et le gamin seulement vingt sous par jour. Tous apportent l'argent à la mère qui tient la caisse et qui leur donne à manger. Tous apportent inégalement, mais au dîner chacun se sert à sa guise et selon son appétit ; il n'y a pas de rationnement. Mais viennent les mauvais jours, et la dèche force la mère à ne plus s'en remettre à l'appétit et au goût de chacun pour la distribution du dîner. Il faut faire un rationnement et, soit par l'initiative de la mère, soit par convention tacite de tous, les portions sont réduites. Mais voyez, cette répartition ne se fait pas suivant les mérites, car c'est le plus jeune garçon et le gamin surtout qui reçoivent la plus grosse part, et quant au morceau choisi, il est réservé pour la vieille qui ne rapporte rien du tout. Même pendant la disette, on applique dans la famille ce principe de rationnement selon les besoins. En serait-il autrement dans la grande famille humaine de l'avenir ?

(...) On ne peut pas être anarchiste sans être communiste. En effet, la moindre idée de limitation contient déjà elle-même des germes d'autoritarisme. Elle ne pourrait pas se manifester sans engendrer immédiatement la loi, le juge, le gendarme. Nous devons être communistes, car c'est dans le communisme que nous réaliserons la vraie égalité. Nous devons être communistes, parce que le peuple, qui ne comprend pas les sophismes collectivistes, comprend parfaitement le communisme comme les amis Reclus et Kropotkine l'on déjà fait remarquer. Nous devons être communistes, parce que nous sommes des anarchistes, parce que l'anarchie et le communisme sont les deux termes nécessaires de la Révolution.

Déclaration des anarchistes accusés devant le tribunal correctionnel de Lyon

PAR KROPOTKINE, 19 janvier 1883

Ce qu'est l'anarchie, ce que sont les anarchistes, nous allons le dire :

Les anarchistes, messieurs, sont des citoyens qui, dans un siècle où l'on prêche partout la liberté des opinions, ont cru de leur devoir de se recommander de la liberté illimitée.

Oui, messieurs, nous sommes, de par le monde, quelques milliers, quelques millions de travailleurs qui revendiquons la liberté absolue, rien que la liberté, toute la liberté !

Nous voulons la liberté, c'est-à-dire que nous réclamons pour tout être humain le droit et le moyen de faire tout ce qui lui plaît, et ne faire que ce qui lui plaît ; de satisfaire intégralement tous ses besoins, sans autre limite que les impossibilités naturelles et les besoins de ses voisins également respectables.

Nous voulons la liberté, et nous croyons son existence incompatible avec l'existence d'un pouvoir quelconque, quelles que soient son origine et sa forme, qu'il soit élu ou imposé, monarchique ou républicain, qu'il s'inspire du droit divin ou du droit populaire, de la Sainte Ampoule ou du suffrage universel.

C'est que l'histoire est là pour nous apprendre que tous les gouvernements se ressemblent et se valent. Les meilleurs sont les pires. Plus de cynisme chez les uns, plus d'hypocrisie chez les autres ! Au fond, toujours les mêmes procédés, toujours la même intolérance. Il n'est pas jusqu'aux plus libéraux en apparence qui n'aient en réserve, sous la poussière des arsenaux législatifs, quelque bonne petite loi sur l'Internationale, à l'usage des oppositions gênantes.

Le mal, en d'autres termes, aux yeux des anarchistes, ne réside pas dans telle forme de gouvernement plutôt que dans telle autre. Il est dans l'idée gouvernementale elle-même, il est dans le principe d'autorité.

La substitution, en un mot, dans les rapports humains, du libre contrat, perpétuellement révisable et résoluble, à la tutelle administrative et légale, à la discipline imposée, tel est notre idéal.

Les anarchistes se proposent donc d'apprendre au peuple à se passer de gouvernement comme il commence à apprendre à se passer de Dieu.

Il apprendra également à se passer de propriétaires. Le pire des tyrans, en effet, ce n'est pas celui qui vous embastille, c'est celui qui vous affame : ce n'est pas celui qui vous prend au collet, c'est celui qui vous prend au ventre.

Pas de liberté sans égalité ! Pas de liberté dans une société où le capital est monopolisé entre les mains d'une minorité qui va se réduisant tous les jours et où rien n'est également réparti, pas même l'éducation publique, payée cependant des deniers de tous.

Nous croyons, nous, que le capital, patrimoine commun de l'humanité, puisqu'il est le fruit de la collaboration des générations passées et des générations contemporaines, doit être à la disposition de tous, de telle sorte que nul ne puisse en être exclu ; que personne, en revanche, ne puisse en accaparer une part au détriment du reste.

Nous voulons, en un mot, l'égalité : l'égalité de fait, comme corollaire ou plutôt comme condition primordiale de la liberté. *De chacun selon ses facultés, à chacun selon ses besoins ;* voilà ce que nous voulons sincèrement, énergiquement ; voilà ce qui sera, car il n'est point de prescription qui puisse prévaloir contre des revendications à la fois légitimes et nécessaires. Voilà pourquoi l'on veut nous vouer à toutes les flétrissures.

Scélérats que nous sommes ! nous réclamons le pain pour tous, le travail pour tous ; pour tous aussi l'indépendance et la justice.

Paroles d'un révolté (1885) [14]

La décomposition des États

Lorsque, après la chute des institutions du Moyen Âge, les États naissants faisaient leur apparition en Europe et s'affermissaient, s'agrandissaient par la conquête, par la ruse, par l'assassinat — ils ne s'ingéraient encore que dans un petit cercle des affaires humaines.

Aujourd'hui, l'État est parvenu à s'immiscer dans toutes les manifestations de notre vie. Du berceau à la tombe, il nous étrangle dans ses bras. Tantôt comme État central, tantôt comme État-province ou canon, tantôt comme État-commune, il nous poursuit à chaque pas, il apparaît à chaque coin de rue, il nous impose, nous tient, nous harcèle.

Il légifère sur toutes nos actions. Il accumule des montagnes de lois et d'ordonnances dans lesquelles l'avocat le plus malin ne sait plus se retrouver. Il crée chaque jour de nouveaux rouages qu'il adapte gauchement à la vieille patraque rhabillée [15], et il en arrive à créer une machine si compliquée, si bâtarde, si obstructive, qu'elle révolte ceux-là mêmes qui se chargent de la faire marcher.

Il crée une armée d'employés, d'araignées aux doigts crochus, qui ne connaissent l'univers qu'à travers les sales vitres de leurs bureaux, ou par leurs paperasses aux grimoires absurdes, une

---

14. Extraits de Pierre Kropotkine, *Paroles d'un Révolté,* 1883.
15. Patraque : montre ; rhabillée : raccommodée.

bande noire qui n'a qu'une religion, celle de l'écu, qu'un souci, celui de se raccrocher à un parti quelconque, noir, violet ou blanc, afin qu'il garantisse un maximum d'appointements pour un minimum de travail.

Les résultats, nous ne les connaissons que trop. Y a-t-il une seule branche de l'activité de l'État qui ne révolte ceux qui, malheureusement, ont à faire avec elle ? Une seule branche, dans laquelle l'État, après des siècles d'existence et de replâtrages, n'ait pas fait preuve de complète incapacité ?

De la commune du Moyen Âge à la commune moderne

Le texte qui suit est un des plus importants de Kropotkine, celui aussi qui a exercé le plus d'influence, notamment sur le communisme libertaire espagnol. Mais il n'y a pas toujours été très bien compris. Pour trop d'anarchistes espagnols, Kropotkine aurait voulu ressusciter les communes du Moyen Âge et ils n'ont pas manqué d'identifier ce prétendu retour au passé avec la tradition, encore si vive dans les campagnes de leur pays, de la communauté paysanne primitive, particulariste et libre.

En fait, cette interprétation du propos de Kropotkine est, au moins en partie, inexacte. L'auteur, en effet, ne cesse d'insister, comme de son côté, l'a fait Marx dans La Guerre civile en France *(v. plus haut p. 257) sur les différences essentielles qu'il voit entre la commune du passé et celle de l'avenir. Dans notre siècle de chemins de fer, de télégraphe et de progrès scientifique, la commune aura, insiste-t-il, un visage bien différent de celui qu'elle a eu au XIIe siècle. Elle ne visera pas à remplacer le seigneur local mais l'État. Elle ne se bornera pas à être communaliste, elle sera communiste. Loin d'avoir tendance à « circonscrire dans ses murs » elle cherchera « à s'étendre, à s'universaliser ». Et Kropotkine affirme, catégoriquement, que, de nos jours, « une petite commune ne pourrait vivre huit jours » : elle aura un besoin impérieux de contracter des alliances, de se fédérer.*

Mais c'est ici que la pensé du théoricien anarchiste se fait plus flottante et qu'elle autorise les interprétations idéalistes et parti-

cularistes qu'ont cru pouvoir lui donner, beaucoup plus tard, ses futurs disciples espagnols.

Chaque commune, pour Kropotkine, ne s'insère pas dans une seule et unique fédération des communes, mais elle noue, de droite et de gauche et, si l'on peut dire, au petit bonheur la chance, toutes sortes de liens fédératifs qui s'enchevêtrent, s'entrecroisent, se superposent, perspective séduisante, certes, exaltante pour qui chérit par-dessus tout la liberté, mais à condition qu'elle soit compatible avec une planification du type moderne. Comme on voudrait suivre Kropotkine quand il passe des communes proprement dites, c'est-à-dire locales, aux groupes d'affinités non plus territoriaux, dont les membres seraient « disséminés dans mille cités et villages » et où, à la manière de Charles Fourier, « tel individu ne trouvera la satisfaction de ses besoins qu'en se groupant avec d'autres individus ayant les mêmes goûts ».

Ici la filiation est directe entre Kropotkine et ceux des communistes libertaires espagnols qui, à leur congrès de Saragosse, en mai 1936, feront la part belle aux nostalgiques de l'âge d'or, de la « commune libre », aux particularistes de la patria chica *(petite patrie), et, à la veille d'une Révolution sociale, alors imminente, se pencheront, avec une sollicitude un peu disproportionnée, sur les groupes d'affinités de nudistes et de naturistes, « réfractaires à l'industrialisation ».*

Il a été dit ailleurs que ces conceptions naïves et idéalistes, se réclamant de Kropotkine, seront vivement combattues par un économiste éminent de l'anarcho-syndicalisme espagnol, Diego Abad de Santillan [16]*. Pour ce dernier il ne peut exister, du point de vue économique, de « communes libres ». « Notre idéal, explique-t-il, est la commune associée, fédérée, intégrée dans l'économie totale du pays en Révolution* […] *Une économie socialisée, dirigée et planifiée est impérative et correspond à l'évolution du monde économique moderne. »*

Quand nous disons [17] que la Révolution sociale doit se faire par l'affranchissement des Communes, et que ce sont les Communes, absolument indépendantes, affranchies de la tutelle de l'État, qui

16. Daniel Guérin, *L'Anarchisme*, 1965. Santillan, *El Organismo economico de la Revolucion*. 1936 ; voir tome II, p. 135 et suivantes.
17. Extrait de *Paroles d'un Révolté*.

pourront seules nous donner le milieu nécessaire à la Révolution et le moyen de l'accomplir, on nous reproche de vouloir rappeler à la vie une forme de la société qui s'est déjà survécue, qui a fait son temps. « Mais la Commune, nous dit-on, est en fait d'autrefois ! En cherchant à détruire l'État et à mettre à sa place les Communes libres, vous tournez vos regards vers le passé vous voulez nous ramener en plein Moyen Âge, rallumer les guerres antiques entre elles, et détruire les unités nationales, si péniblement conquises pendant le cours de l'histoire ! »

Eh bien ! examinons cette critique.

Constatons d'abord que toute comparaison avec le passé n'a qu'une valeur relative. Si, en effet, la Commune voulue par nous n'était réellement qu'un retour vers la Commune du Moyen Âge, ne faudrait-il pas reconnaître que la Commune, aujourd'hui, ne peut revêtir les formes qu'elle prenait il y a sept siècles ? Or, n'est-il pas évident que s'établissant de nos jours, dans notre siècle de chemins de fer et de télégraphe, de science cosmopolite et de recherche de la vérité pure, la Commune aurait une organisation si différente de celle qu'elle a eue au XIIe siècle, que nous serions en présence d'un fait absolument nouveau, placé dans des conditions nouvelles et qui nécessairement amènerait des conséquences absolument différentes ?

En outre, nos adversaires, les défenseurs de l'État, sous ses formes diverses, devraient bien se souvenir que nous pouvons leur faire une objection absolument semblable à la leur.

Nous aussi nous pouvons leur dire, et à plus forte raison, que ce sont eux qui ont leur regard tourné vers le passé, puisque l'État est une forme tout aussi ancienne que la Commune. Seulement il y a cette différence : tandis que l'État nous représente dans l'histoire la négation de toute liberté, l'absolutisme et l'arbitraire, la ruine de ses sujets, l'échafaud et la torture, c'est précisément dans l'affranchissement des Communes et dans les soulèvements des peuples et des Communes contre les États que nous retrouvons les plus belles pages de l'histoire. Certes, en nous transportant vers le passé, ce ne sera pas vers un Louis XI, vers un Louis XV, ou vers Catherine II que nous porterons nos regards : ce sera plutôt sur les communes ou républiques d'Amalfi et de Florence, vers celles de Toulouse et de Laon, vers Liège et Courtray, Augsbourg et Nuremberg, vers Pskov et Novgorod.

Il ne s'agit donc pas de se payer de mots et de sophismes : il importe d'étudier, d'analyser de près et de ne pas imiter [ceux] qui se bornent à nous dire : « Mais la Commune, c'est le Moyen Âge ! En conséquence elle est condamnée. » — « L'État, c'est tout un passé de méfaits, répondrions-nous ; donc, il est condamné à plus forte raison ! »

Entre la Commune du Moyen Âge et celle qui peut s'établir aujourd'hui, et probablement s'établira bientôt, il y aura bien des différences essentielles : tout un abîme creusé par six ou sept siècles de développement de l'humanité et de rudes expériences. Examinons les principales.

Quel est le but capital de cette « conjuration » ou « communion » que font au XIIe siècle les bourgeois de telle cité ? Certes, il est bien restreint. Le but est de s'affranchir du seigneur. Les habitants, marchands et artisans, se réunissent et jurent de ne pas permettre à « qui que ce soit de faire tort à l'un d'entre eux et de le traiter désormais en serf» ; c'est contre ces anciens maîtres que la Commune se lève en armes. « Commune, dit un auteur du XIIe siècle, cité par Augustin Thierry, est un mot nouveau et détestable, et voici ce qu'on entend par ce mot : les gens taillables ne payent plus qu'une fois par an à leur seigneur la rente qu'ils lui doivent. S'ils commettent quelque délit, ils en sont quittes pour une amende légalement fixée ; et quant aux levées d'argent qu'on a coutume d'infliger aux serfs, ils en sont entièrement exempts. »

C'est donc bien réellement contre le seigneur que se soulève la Commune du Moyen Âge. C'est de l'État que la Commune d'aujourd'hui cherchera à s'affranchir. Différence essentielle, puisque, souvenons-nous en, ce fut bien l'État, représenté par le roi, qui, plus tard, s'apercevant que les Communes voulaient faire acte d'indépendance vis-à-vis du Seigneur, envoya ses armées « pour châtier », comme dit la chronique, « la forsennerie de ces musards qui, pour raison de la Commune, faisaient mine de se rebeller et dresser contre la couronne ».

La Commune de demain saura qu'elle ne peut plus admettre de supérieur ; qu'au-dessus d'elle il ne peut y avoir que les intérêts de la Fédération, librement consentie par elle-même avec d'autres

Communes. Elle sait qu'il ne peut y avoir de terme moyen : ou bien la Commune sera absolument libre de se donner toutes les institutions qu'elle voudra faire toutes les réformes et révolutions qu'elle trouvera nécessaires, ou bien elle restera ce qu'elle a été jusqu'aujourd'hui, une simple succursale de l'État, enchaînée dans tout ses mouvements, toujours sur le point d'entrer en conflit avec l'État, et sûre de succomber dans la lutte qui s'ensuivrait. Elle sait qu'elle doit briser l'État et le remplacer par la Fédération, et elle agira en conséquence. Plus que cela, elle en aura les moyens. Aujourd'hui ce ne sont plus de petites villes seulement qui lèvent le drapeau de l'insurrection communale. C'est Paris, c'est Marseille, c'est Carthagène, et bientôt ce seront toutes les grandes cités qui arboreront le même drapeau. Différence essentielle, s'il en fût.

En s'affranchissant du seigneur, la Commune du Moyen Âge s'affranchissait-elle aussi de ces riches bourgeois, qui, par la vente des marchandises et des capitaux, s'étaient conquis des richesses privées au sein de la cité ? Point du tout ! Après avoir démoli les tours de son seigneur, l'habitant de la ville vit bientôt se dresser, dans la Commune même, des citadelles de riches marchands cherchant à le subjuguer, et l'histoire intérieure des Communes du Moyen Âge est celle d'une lutte acharnée entre les riches et les pauvres, lutte qui, nécessairement, finit par l'intervention du roi. L'aristocratie se développant de plus en plus au sein même de la Commune, le peuple, retombé vis-à-vis du riche seigneur de la ville haute dans la servitude qu'il subissait jadis de la part du seigneur du dehors, comprit qu'il n'avait plus rien à défendre dans la Commune ; il déserta les remparts qu'il avait dressés pour conquérir sa liberté et qui, par l'effet du régime individualiste, étaient devenus les boulevards d'un nouveau servage. N'ayant rein à perdre, il laissa les riches marchands se défendre eux-mêmes, et ceux-ci furent vaincus : efféminés par le luxe et les vices, sans soutien dans le peuple, ils durent bientôt céder aux sommations des hérauts du roi et leur remirent les clefs de leurs cités. En d'autres communes, ce furent les riches eux-mêmes qui ouvrirent les portes de leurs villes aux armées impériales, royales ou ducales, pour fuir la vengeance populaire, prête à tomber sur eux.

Mais la première préoccupation de la Commune du XIXe siècle ne sera-t-elle pas de mettre fin à ces inégalités sociales ? de s'emparer de tout le capital social accumulé dans son sein et de le mettre à la disposition de ceux qui veulent s'en servir pour produire et pour augmenter le bien-être général ? Son premier soin ne sera-t-il pas de briser la force du capital et de rendre à jamais impossible la création de l'aristocratie qui causa la chute des Communes du Moyen Âge ? Ira-t-elle prendre pour alliés l'évêque et le moine ? Enfin, imitera-t-elle des ancêtres qui ne cherchaient dans la Commune que la création d'un État dans l'État ? qui, abolissant le pouvoir du seigneur ou du roi, ne savaient faire mieux que de reconstituer, jusque dans ses minimes détails, toujours le même pouvoir, oubliant que ce pouvoir, pour être limité par les murs de la ville, n'en conserverait pas moins tous les vices de son modèle ? Les prolétaires de notre siècle imiteront-ils ces Florentins qui, tout en abolissant les titres de noblesse ou en les faisant porter comme flétrissure, laissaient naître en même temps une nouvelle aristocratie, celle de la grosse bourse ? Feront-ils enfin comme ces artisans qui, arrivés à l'hôtel de ville, imitaient dévotement leurs devanciers, et reconstituaient toute cette échelle de pouvoirs qu'ils venaient de renverser ? Changeront-ils seulement les hommes sans toucher aux institutions ?

Certainement non. La Commune du XIXe siècle, forte de son expérience, fera mieux. Elle sera commune autrement que par le nom. Elle ne sera pas uniquement communaliste, elle sera communiste ; révolutionnaire en politique, elle le sera aussi dans les questions de production et d'échange. Elle ne supprimera pas l'État pour le reconstituer, et bien des communes sauront prêcher d'exemple, en abolissant le gouvernement de procuration, en se gardant de confier leur souveraineté aux hasards du scrutin.

La Commune du Moyen Âge, après avoir secoué le joug de son seigneur, chercha-t-elle à le frapper dans ce qui faisait sa force ? Chercha-t-elle à venir en aide à la population agricole qui l'entourait et, pourvue d'armes que le serf des campagnes n'avait pas, mit-elle ces armes au service des malheureux qu'elle regardait orgueilleuse du haut de ses murs ? Loin de là ! Guidée par un sentiment purement égoïste, la Commune du Moyen Âge s'enferma dans ses remparts. Que de fois n'a-t-elle pas jalousement fermé ses portes et levé ses ponts devant les esclaves qui venaient lui demander refuge, et ne les a-t-elle pas laissé massacrer par le seigneur, sous ses yeux, à la portée de ses arquebuses ? Fière de ses libertés, elle ne cherchait pas à les étendre sur ceux qui gémissent au-dehors. C'est à ce prix même, au prix de la conservation du servage chez ses voisins, que mainte commune a reçu son indépendance. Et puis, n'était-il pas aussi de l'intérêt des gros bourgeois communiers, de voir les serfs de la plaine rester toujours attachés à la glèbe, sans connaître ni l'industrie, ni le commerce, toujours forcés de recourir à la ville pour s'approvisionner de fer, de métaux et de produits industriels ? Et lorsque l'artisan voulait tendre la main par-dessus la muraille qui le séparait du serf, que pouvait-il faire contre la volonté du bourgeois qui tenait le haut du pavé, qui seul connaissait l'art de la guerre et qui payait les mercenaires aguerris ?

Maintenant, quelle différence ; la Commune de Paris victorieuse se serait-elle bornée à se donner des institutions municipales plus ou moins libres ? Le prolétariat parisien brisant ses chaînes, c'eût été la Révolution sociale dans Paris d'abord, puis dans les communes rurales. La Commune de Paris, lors même qu'elle soutenait la lutte à son corps défendant, a néanmoins dit au paysan : Prends la terre, toute la terre ! Elle ne se serait pas bornée à des paroles, et l'eût-il fallu, ses vaillants fils seraient allés en armes dans les villages lointains aider le paysan à faire sa Révolution : chasser les accapareurs du sol, et s'en emparer pour le rendre à tous ceux qui veulent et qui savent en tirer des moissons. La Commune du Moyen Âge cherchait à se circonscrire dans ses murs ; celle du XIXe siècle cherche à s'étendre, à s'universaliser. À la place des privilèges communaux, elle a mis la solidarité humaine.

La Commune du Moyen Âge pouvait se parquer dans ses murs et, jusqu'à certain point, s'isoler de ses voisins. Lorsqu'elle entrait en relations avec d'autres communes, ces relations, se bornaient le plus souvent à un traité pour la défense des droits urbains contre les seigneurs, ou bien à un pacte de solidarité pour la protection mutuelle des ressortissants des communes dans leurs voyages lointains. Et quand de véritables ligues se formaient entre les villes, comme en Lombardie, en Espagne, en Belgique, ces lignes, trop peu homogènes, trop fragiles à cause de la diversité des privilèges, se scindaient bientôt en groupes isolés ou succombaient sous les attaques des États voisins.

Quelle différence avec les groupes qui se formeraient aujourd'hui ! Une petite Commune ne pourrait vivre huit jours sans être obligée par la force des choses de se mettre en relations suivies avec les centres industriels, commerciaux, artistiques, et ces centres, à leur tour, sentiraient le besoin d'ouvrir leurs portes toutes grandes aux habitants des villages voisins, des communes environnantes et des cités lointaines.

Que telle grande ville proclame demain la Commune, qu'elle abolisse dans son sein la propriété individuelle, qu'elle introduise chez soi le communisme complet, c'est-à-dire la jouissance collective du capital social, des instruments de travail et des produits du travail accompli, et, pourvu que la ville ne soit pas cernée par des armées ennemies, au bout de quelques jours déjà, les convois de chars arriveront aux Halles, les fournisseurs lui expédieront des ports lointains leurs cargaisons de matières premières ; les produits de l'industrie de la cité, après avoir satisfait aux besoins de la population, iront chercher des acheteurs aux quatre coins du monde ; les étrangers viendront en foule, et tous, paysans, citoyens des villes voisines, étrangers, iront conter à leurs foyers la vie merveilleuse de la libre cité où tous travaillent, où il n'y a plus ni pauvres ni opprimés, où tous jouissent des fruits de leur labeur, sans que personne mette la main sur la part du lion. L'isolement n'est pas à craindre : si les communistes des État-Unis [18] ont à se plaindre dans leur communauté, ce n'est pas de l'isolement, c'est plutôt de l'intrusion du monde bourgeois des alentours dans leurs affaires communales.

C'est qu'aujourd'hui le commerce et l'échange, renversant les

---

18. Allusion aux communautés communistes du genre de celle de Cabet qui s'étaient établies en Amérique. Sur Cabet, v. p. 90 n.

bornes des frontières, ont aussi détruit les murailles des anciennes cités. Ils ont déjà établi la cohésion qui manquait au Moyen Âge. Tous les points habités de l'Europe occidentale sont si intimement liés entre eux que l'isolement est devenu impossible pour aucun d'eux ; il n'y a pas de village si haut perché qu'il soit sur la corniche d'une montagne qui n'ait son centre industriel et commercial vers lequel il gravite, avec lequel il ne peut plus rompre.

Le développement de grands centres industriels a fait plus.

De nos jours encore, l'esprit de clocher pourrait exciter bien des jalousies entre deux communes voisines, empêcher leur alliance directe, et même allumer des luttes fratricides. Mais si ces jalousies peuvent empêcher effectivement la fédération directe de ces deux Communes, c'est par l'intermédiaire des grands centres que cette fédération s'établira. Aujourd'hui, deux petits municipes voisins n'ont souvent rien qui les relie directement : le peu de relations qu'ils entretiennent servirait plutôt à faire naître des conflits qu'à nouer des liens de solidarité. Mais tous deux ont déjà un centre commun avec lequel ils sont en relations fréquentes, sans lequel ils ne peuvent subsister ; et quelles que soient les jalousies de clocher, ils se verront obligés de s'unir par l'intermédiaire de la grande ville où ils s'approvisionnent, où ils portent leurs produits ; chacun d'eux devra faire partie de la même fédération, pour maintenir leurs relations avec ce foyer d'appel et se grouper autour de lui.

Et pourtant ce centre ne pourrait pas lui-même prendre une prépondérance fâcheuse sur les Communes qui l'environnent. Grâce à la variété infinie des besoins de l'industrie et du commerce, tous les lieux habités ont déjà plusieurs centres auxquels ils se rattachent, et à mesure que leurs besoins se développeront, ils se rattacheront à de nouveaux centres qui pourront subvenir à des nécessités nouvelles. Nos besoins sont si variés, ils naissent avec une telle rapidité, que bientôt une seule fédération ne suffira plus à les satisfaire tous. La Commune sentira donc la nécessité de contracter d'autres alliances, d'entrer dans une autre fédération. Membre d'un groupe pour l'acquisition de ses denrées alimentaires, la Commune devra se faire membre d'un deuxième groupe pour obtenir d'autres objets qui lui sont nécessaires, les métaux, par exemple, et puis encore d'un troisième et d'un quatrième groupe pour les étoffes et les œuvres d'art. Prenez un atlas économique de n'importe quel pays, et vous verrez qu'il n'existe pas de frontières économiques : les zones de production et d'échange de divers produits se pénètrent mutuellement, s'enchevêtrent, se superposent. De même les fédérations de Communes, si elles suivaient leur libre développement, viendraient bientôt s'enchevêtrer, se croiser, se superposer et former ainsi un réseau bien autrement compact, « un et indivisible » que ces groupements étatistes qui ne sont que juxtaposés, comme les verges en faisceau autour de la hache du licteur.

Ainsi, répétons-le, ceux qui viennent nous dire que les Communes, une fois débarrassées de la tutelle de l'État, vont se heurter et s'entre-détruire en guerre intestines, oublient une chose ; c'est la liaison intime qui existe déjà entre les diverses localités, grâce aux centres de gravitation industrielle et commerciale, grâce à la multitude de ces centres, grâce aux incessantes relations. Ils ne se rendent pas compte de ce qu'était le Moyen Âge avec ses cités closes et ses caravanes se traînant lentement sur des routes difficiles, surveillées par les seigneurs-brigands ; ils oublient ces courants d'hommes, de marchandises, de lettres, de télégrammes, d'idées et d'affections, qui circulent entre nos cités comme les eaux de fleuves qui ne tarissent jamais : ils n'ont pas l'idée nette de la différence des deux époques qu'ils cherchent à comparer.

D'ailleurs, l'histoire n'est-elle pas là pour nous prouver que l'instinct de fédération est déjà devenu un des besoins les plus pressants de l'humanité ? Il suffit qu'un jour l'État se trouve désorganisé pour une raison ou pour une autre : que la machine oppressive faiblisse dans ses fonctions, pour que les alliances libres d'elles-mêmes. Souvenons-nous des fédérations spontanées de la bourgeoisie armée pendant la Grande Révolution. Souvenons-nous de ces fédérations qui surgirent spontanément en Espagne et sauvèrent l'indépendance du pays, lorsque l'État était ébranlé jusque dans ses fondements par les armés conquérantes de Napoléon. Dès que l'État n'est plus à même d'imposer l'union forcée, l'union surgit d'elle-même, selon les besoins naturels.

Renversez l'État, la société fédérée surgira de ses ruines, vraiment une, vraiment indivisible, mais libre et grandissant en solidarité par la liberté même.

Mais il y a encore autre chose. Pour le bourgeois du Moyen Âge la Commune était un État isolé, nettement séparé des autres par ses frontières. Pour nous, « Commune » n'est plus une agglomération territoriale, c'est plutôt un nom générique, un synonyme de groupement d'égaux, ne connaissant ni frontière ni murailles. La Commune sociale cessera bien vite d'être un tout nettement défini. Chaque groupe de la Commune sera nécessairement attiré vers d'autres groupes similaires des autres Communes ; il se groupera, se fédérera avec eux par des liens tout au moins aussi solides que ceux qui le rattachent à ses concitadins, constituera une Commune d'intérêts dont les membres sont disséminés dans mille cités et villages. Tel individu ne trouvera la satisfaction de ses besoins qu'en se groupant avec d'autres individus ayant les même goûts et habitant cent autres communes.

Aujourd'hui déjà les sociétés libres commencent à couvrir tout l'immense champ de l'activité humaine. Ce n'est plus seulement pour satisfaire ses goûts scientifiques, littéraires ou artistiques, que l'homme ayant des loisirs constitue des sociétés. Ce n'est plus seulement pour une lutte de classes que l'on se ligue.

On trouverait difficilement une seule des manifestations multiples et variées de l'activité humaine, qui ne soit déjà représentée par des sociétés librement constituées et leur nombre augmente sans cesse, envahissant chaque jour de nouveaux champs d'action, jusqu'à ceux mêmes qui jadis étaient considérés comme une attribution spéciale de l'État. Littérature, arts, sciences, enseignement, commerce, industrie, trafic, amusements, hygiène, musées, entreprises lointaines, expéditions polaires, voire même défense du territoire, secours aux blessés, défense contre les agresseurs et les tribunaux eux-mêmes, partout nous voyons l'initiative privée se faire jour et revêtir la forme de sociétés libres. C'est la tendance, le trait distinctif de la deuxième moitié du XIXe siècle.

Cette tendance prenant son libre essor, et trouvant un nouveau champ immense d'application, servira de base à la société future. C'est par libres groupements que s'organisera la Commune sociale, et ces groupements mêmes bouleverseront les murailles, les frontières. Ce seront des millions de communes non plus territoriales, mais se tendant la main à travers les fleuves, les chaînes de montagnes, les océans, unissant les individus disséminés aux quatre coins du globe et le peuple en une seule et même famille d'égaux.

Le gouvernement révolutionnaire

I

Que les gouvernements actuels doivent être abolis, afin que la liberté, l'égalité et la fraternité ne soient plus de vains mots et deviennent des réalités vivantes ; que toutes les formes de gouvernement essayées jusqu'à nos jours n'aient été qu'autant de formes d'oppression et doivent être remplacées par une nouvelle forme de groupement ; à cet égard, tous ceux qui ont un cerveau et un tempérament tant soit peu révolutionnaire sont parfaitement d'accord. À vrai dire, il ne faut même pas être bien novateur pour arriver à cette conclusion ; les vices des gouvernements actuels et l'impossibilité de les réformer sont trop frappants pour ne pas sauter aux yeux de tout observateur raisonnable. Et quant à renverser les gouvernements, on sait généralement qu'à certaines époques cela se fait sans beaucoup de difficultés. Il y a des moments où les gouvernements s'écroulent presque d'eux-mêmes, comme des châteaux de cartes, sous le souffle du peuple révolté. On l'a bien vu en 1848 et en 1870 ; on le verra bientôt.

Renverser un gouvernement, c'est tout pour un révolutionnaire bourgeois. Pour nous, ce n'est que le commencement de la Révolution sociale. La machine de l'État une fois détraquée, la hiérarchie des fonctionnaires tombée en désorganisation et ne sachant plus dans quel sens il faut marcher, les soldats ayant perdu confiance en leurs chefs, bref, l'armée des défenseurs du capital une fois mise en déroute, c'est alors que se dresse devant nous la grande œuvre de démolition des institutions qui servent à perpétuer l'esclavage économique et politique. La possibilité d'agir librement est acquise, que vont faire les révolutionnaires ?

À cette question, il n'y a que les anarchistes qui répondent : « Pas de gouvernement, l'anarchie ! » Tous les autres disent : « Un gouvernement révolutionnaire ! » Ils ne diffèrent que sur la forme à donner à ce gouvernement élu par le suffrage universel, dans l'État ou dans la Commune ; les autres se prononcent pour la dictature révolutionnaire.

Un « gouvernement révolutionnaire ! » Voilà deux mots qui sonnent bien étrangement à l'oreille de ceux qui se rendent compte de ce que doit signifier la Révolution sociale et de ce que signifie un gouvernement. Deux mots qui se contredisent, se détruisent l'un l'autre. On a bien vu, en effet, des gouvernements despotiques, c'est l'essence de tout gouvernement d'être pour la réaction contre la Révolution et de tendre nécessairement au despotisme ; mais on n'a jamais vu un gouvernement révolutionnaire, et pour cause. C'est que la Révolution, synonyme de « désordre », de bouleversement, de renversement en quelques jours des institutions séculaires, de démolition violente des formes établies de la propriété, de destruction des castes, de transformation rapide des idées admises sur la moralité, ou plutôt sur l'hypocrisie qui en tient la place, de liberté individuelle et d'action spontanée est précisément l'opposé, la négation du gouvernement, celui-ci étant synonyme de l'« ordre établi », du conservatisme, du maintien des institutions existantes, la négation de l'initiative et de l'action individuelles. Et, néanmoins, nous entendons continuellement parler de ce merle blanc, comme si un « gouvernement révolutionnaire » était la chose la plus simple du monde, aussi commune et aussi connue de chacun que la royauté, l'empire ou la papauté !

Que les soi-disant révolutionnaires bourgeois prêchent cette idée, cela se comprend. Nous savons ce qu'ils entendent par Révolution. C'est tout bonnement un replâtrage de la république bourgeoise ; c'est la prise de possession par les soi-disant républicains, des emplois lucratifs, réservés aujourd'hui aux bonapartistes ou aux royalistes. C'est tout au plus le divorce de l'Église ou de l'État, remplacé par le concubinage des deux, la séquestration des biens du clergé au profit de l'État et surtout des futurs administrateurs de ces biens, peut-être encore, le référendum, ou quelque autre machine du même genre. Mais que des révolutionnaires socialistes se fassent les apôtres de cette idée, nous ne pouvons l'expliquer qu'en supposant de deux choses l'une : ou bien, ceux qui l'acceptent sont imbus de préjugés bourgeois, qu'ils ont puisés, sans s'en rendre compte, dans la littérature et surtout dans l'histoire faite à l'usage de la bourgeoisie par les bourgeois, et, pénétrés encore de l'esprit de servilisme, produit des siècles d'esclavage, ils ne peuvent pas même s'imaginer libres ; ou bien, ils ne veulent point de cette Révolution dont ils ont toujours le nom sur les lèvres ; ils se contenteraient d'un simple replâtrage des institutions actuelles, à condition qu'on les portât au pouvoir, quitte à voir plus tard ce qu'il faudra faire pour tranquilliser la « bête », c'est-à-dire le peuple. Ils n'en veulent aux gouvernants du jour que pour prendre leur place. Avec ceux-ci nous n'avons pas à raisonner. Nous ne parlerons donc qu'à ceux qui se trompent sincèrement.

Commençons par la première des deux formes de « gouvernement révolutionnaire » qu'on préconise, le gouvernement élu.

Le pouvoir royal ou autre est renversé, l'armée des défenseurs du capital est en déroute ; partout la fermentation, la discussion de la chose publique, le désir de marcher de l'avant. Les idées nouvelles surgissent, la nécessité de changement sérieux est comprise, il faut agir, il faut commencer sans pitié l'œuvre de démolition, afin de déblayer le terrain pour la vie nouvelle. Mais que nous propose-t-on de faire ? De convoquer le peuple pour les élections, d'élire tout de suite un gouvernement, de lui confier l'œuvre que nous tous, que chacun de nous devrait faire de sa propre initiative !

C'est ce que fit Paris, après le 18 mars 1871. « Je me souviendrai toujours, nous disait un ami, de ces beaux moments de la délivrance. J'étais descendu de ma haute chambre du quartier Latin pour entrer dans cet immense club en plein vent qui remplissait les boulevards d'une extrémité à l'autre de Paris. Tous discutaient sur la chose publique ; toute préoccupation personnelle était oubliée ; il ne s'agissait plus d'acheter ni de vendre ; tous étaient prêts à se lancer corps et âme vers l'avenir. Des bourgeois même, emportés par l'ardeur universelle, voyaient avec bonheur s'ouvrir le monde nouveau. « S'il faut faire la Révolution sociale, eh bien ! : mettons tout en commun ; nous sommes prêts ! » Les éléments de la Révolution étaient là : il ne s'agissait plus que de les mettre en œuvre. En rentrant le soir dans ma chambre, je me disais : « Que l'humanité est belle ! On ne la connaît pas, on l'a toujours calomniée ! » Puis vinrent les élections, les membres de la Commune furent nommés, et la puissance de dévouement, le zèle pour l'action s'éteignirent peu à peu. Chacun se remit à la besogne accoutumée en se disant : « Maintenant, nous avons un gouvernement honnête, laissons-le faire ». On sait ce qui s'ensuivit. »

Au lieu d'agir de soi-même, au lieu de marcher de l'avant, au lieu de se lancer hardiment vers un nouvel ordre de choses, le peuple, confiant en ses gouvernants, s'en remet à eux du soin de prendre l'initiative. Voilà la première conséquence, résultat fatal des élections. Que feront donc ces gouvernants investis de la confiance de tous ?

Jamais élections ne furent plus libres que celles de mars 1871. Les adversaires de la Commune l'ont eux-mêmes reconnu. Jamais la grande masse des électeurs n'était plus imbue du désir d'envoyer au pouvoir les meilleurs hommes, des hommes de l'avenir, des révolutionnaires. Et c'est ce qu'elle fit. Tous les révolutionnaires de renom furent élus par des majorités formidables ; jacobins, blanquistes, internationaux, les trois fractions révolutionnaires se trouvèrent représentées au Conseil de la Commune. L'élection ne pouvait donner un meilleur gouvernement.

On en connaît le résultat. Enfermés à l'Hôtel de Ville, avec mission de procéder dans les formes établies par les gouvernements précédents, ces révolutionnaires ardents, ces réformateurs se trouvèrent frappés d'incapacité, de stérilité. Avec toute leur bonne volonté et leur courage, ils n'ont pas même su organiser la défense de Paris. Il est vrai qu'aujourd'hui on s'en prend pour cela aux hommes, aux individus ; mais ce ne sont pas les individus qui furent la cause de cet échec, c'est le système appliqué.

En effet, le suffrage universel, lorsqu'il est libre, peut donner, tout au plus, une assemblée représentant la moyenne des opinions qui circulent en ce moment dans la masse ; et cette moyenne, au début de la Révolution, n'a généralement qu'une idée vague, fort vague, de l'œuvre à accomplir, sans se rendre comte de la manière dont il faut s'y prendre. Ah ! si le gros de la nation, de la Commune pouvait s'entendre, avant le mouvement, sur ce qu'il y aurait à faire dès que le gouvernement serait renversé ! Si ce rêve des utopistes de cabinet pouvait être réalisé, nous n'aurions même jamais eu de révolutions sanglantes : la volonté du gros de la nation étant exprimée, le reste s'y serait soumis de bonne grâce. Mais ce n'est pas ainsi que se passent les choses. La Révolution éclate bien avant qu'une entente générale ait pu s'établir, et ceux qui ont une idée nette de ce qu'il y aurait à faire au lendemain du mouvement ne sont à ce moment-là qu'une petite minorité. La grande masse du peuple n'a encore qu'une idée générale du but qu'elle voudrait voir réaliser, sans trop savoir comment marcher vers ce but, sans trop avoir de confiance dans la marche à suivre. La solution pratique ne se trouvera, ne se précisera que lorsque le changement aura déjà commencé : elle sera le produit de la Révolution elle-même, du peuple en action, ou bien elle ne sera rien, le cerveau de quelques individus étant absolument incapable de trouver ces solutions qui ne peuvent naître que de la vie populaire.

C'est cette situation qui se reflète dans le corps élu par le suffrage, lors même qu'il n'aurait pas tous les vices inhérents aux gouvernements représentatifs en général. Les quelques hommes qui représentent l'idée révolutionnaire de l'époque se trouvent noyés parmi les représentants des écoles révolutionnaires du passé ou de l'ordre de choses existant. Ces hommes, qui seraient si nécessairement au milieu du peuple, et précisément dans ces journées de Révolution, pour semer largement leurs idées, pour mettre les masses en mouvement, pour démolir les institutions du passé, se trouvent cloués là, dans une salle, discutant à perte de vue, pour arracher des concessions aux modérés, pour convertir des ennemis, tandis qu'il n'y a qu'un seul moyen de les amener à l'idée nouvelle, c'est de la mettre à exécution. Le gouvernement se change en parlement, avec tous les vices des parlements bourgeois. Loin d'être un gouvernement « révolutionnaire », il devient le plus grand obstacle à la Révolution et, pour cesser de piétiner sur place, le peuple se voit forcé de le renvoyer, de destituer ceux qu'hier encore il acclamait comme ses élus. Mais ce n'est plus si facile. Le nouveau gouvernement, qui s'est empressé d'organiser toute une autre échelle administrative pour étendre sa domination et se faire obéir, n'entend pas céder la place aussi légèrement. Jaloux de maintenir son pouvoir, il s'y cramponne avec toute l'énergie d'une institution qu'il n'a pas encore eu le temps de tomber en décomposition sénile. Il est décidé à opposer la force à la force ; et, pour le déloger, il n'y a qu'un moyen, celui de prendre les armes, de refaire une Révolution, afin de renvoyer ceux en qui on avait mis tout son espoir.

Et voilà la Révolution divisée ! Après avoir perdu un temps précieux en atermoiements, elle va perdre ses forces en divisions intestines entre les amis du jeune gouvernement et ceux qui ont vu la nécessité de s'en défaire ! Et tout cela pour ne pas avoir compris qu'une vie nouvelle demande des formes nouvelles ; que ce n'est pas en se cramponnant aux anciennes formes qu'on opère une révolution ! Tout cela pour n'avoir pas compris l'incompatibilité de Révolution et de gouvernement, pour ne pas avoir entrevu que l'un, sous quelque forme qu'il se présente, est toujours la négation de l'autre, et que, en dehors de l'anarchie, il n'y a pas de révolution.

II

Il en est de même pour cette autre forme de « gouvernement révolutionnaire » que l'on nous vante, la dictature révolutionnaire.

Les dangers auxquels s'expose la Révolution, si elle se laisse maîtriser par un gouvernement élu, sont si évidents que toute une école de révolutionnaires renonce complètement à cette idée. Ils comprennent qu'il est impossible à un peuple insurgé de se donner, par la voie des élections, un gouvernement qui ne représente pas le passé, et qui ne soit pas un boulet attaché aux pieds du peuple, surtout lorsqu'il s'agit d'accomplir cette immense régénération économique, politique et morale que nous comprenons par Révolution sociale. Ils renoncent donc à l'idée d'un gouvernement « légal », du moins pour la période qui est une révolte contre la légalité, et ils préconisent la « dictature révolutionnaire ».

« Le parti, disent-ils, qui aura renversé le gouvernement se substituera de force à sa place. Il s'emparera du pouvoir et procédera d'une façon révolutionnaire. Il prendra les mesures nécessaires pour assurer le succès du soulèvement ; il démolira les vieilles institutions ; il organisera la défense du territoire. Quant à ceux qui ne voudront pas reconnaître son autorité, la guillotine ; à ceux, peuple ou bourgeois, qui refuseront d'obéir aux ordres qu'il lancera pour régler la marche de la Révolution, encore la guillotine ! » Voilà comment raisonnent les Robespierre en herbe, ceux qui n'ont retenu de la grande épopée du siècle passé que son époque de déclin, ceux qui n'y ont appris que les discours des procureurs de la République.

Pour nous, anarchistes, la dictature d'un individu ou d'un parti — au fond, c'est la même chose — est jugée définitivement. Nous savons qu'une Révolution sociale ne se dirige pas par l'esprit d'un seul homme ou d'un seul groupe. Nous savons que Révolution et gouvernement sont incompatibles ; l'un doit tuer l'autre, peu importe le nom qu'on donne au gouvernement : dictature, royauté, ou parlement. Nous savons que ce qui fait la force et la vérité de notre parti gît dans sa formule fondamentale : « Rien ne se fait de bon et de durable que par la libre initiative du peuple, et tout pouvoir tend à la tuer » ! C'est pourquoi les meilleurs d'entre nous, si leurs idées ne devaient plus passer par le creuset du peuple pour être mises à exécution, et s'ils devenaient maîtres de cet engin formidable, le gouvernement, qui leur permît d'en agir à leur fantaisie, deviendraient dans huit jours bons à poignarder. Nous savons où mène chaque dictature, même la mieux intentionnée, à la mort de la révolution. Et nous savons enfin que cette idée de dictature n'est toujours qu'un produit malsain de ce fétichisme gouvernemental, qui, de pair avec le fétichisme religieux, a toujours perpétué l'esclavage.

Mais aujourd'hui ce n'est pas aux anarchistes que nous nous adressons. Nous parlons à ceux des révolutionnaires gouvernementalistes qui, égarés par les préjugés de leur éducation, se trompent sincèrement et ne demandent pas mieux que de discuter. Nous leur parlerons donc en nous mettant à leur point de vue.

Et d'abord, une observation générale. Ceux qui prêchent la dictature ne s'aperçoivent généralement pas qu'en soutenant ce préjugé, ils ne font que préparer le terrain à ceux qui les égorgeront plus tard. Il y a cependant un mot de Robespierre dont ses admirateurs feraient bien de se souvenir. Lui, il ne niait pas la dictature en principe. Mais… « Garde-t'en bien, répondit-il brusquement à Mandar lorsque celui-ci en parla, Brissot serait dictateur ! » Oui, Brissot, le malin girondin, ennemi acharné des tendances égalitaires du peuple, défenseur enragé de la propriété (qu'il avait jadis qualifiée de vol), Brissot, qui eût tranquillement écroué à l'Abbaye Hébert, Marat, et tous les modérantistes jacobins.

Mais, cette parole date de 1792 ! À cette époque, la France était déjà depuis trois ans en révolution ! De fait, la royauté n'existait plus : il ne restait qu'à lui porter le coup de grâce ; en fait, le régime féodal était aboli déjà.

Et cependant, même à cette époque, où la Révolution roulait librement ses vagues, c'est encore le contre-révolutionnaire Brissot qui avait toutes les chances d'être acclamé dictateur ! Et qu'eût-ce été auparavant, en 1789 ? C'est Mirabeau qui eût été reconnu chef du pouvoir. L'homme qui faisait un marché avec le roi pour lui vendre son éloquence, voilà qui eût été porté au pouvoir à cette époque, si le peuple insurgé n'avait imposé sa souveraineté, appuyée sur les piques, et s'il n'avait procédé par les faits accomplis de la Jacquerie, en rendant illusoire tout pouvoir constitué à Paris ou dans les départements.

Mais, le préjugé gouvernemental aveugle si bien ceux qui parlent de dictature, qu'ils préfèrent préparer la dictature d'un nouveau Brissot ou d'un Napoléon, que de renoncer à l'idée de donner un autre maître aux hommes qui brisent les chaînes !

Les sociétés secrètes du temps de la Restauration et de Louis-Philippe ont puissamment contribué à maintenir ce préjugé de dictature. Les bourgeois républicains de l'époque, soutenus par les travailleurs, ont fait une longue série de conspirations pour renverser la royauté et proclamer la République. Ne se rendant pas compte de la transformation profonde qui devait s'opérer en France, même pour qu'un régime républicain bourgeois pût s'établir, ils s'imaginaient qu'au moyen d'une vaste conspiration ils renverseraient un jour la royauté, s'empareraient du pouvoir et proclameraient la République. Pendant près de trente ans, ces sociétés secrètes n'ont cessé de travailler avec un dévouement sans bornes, une persévérance et un courage héroïques. Si la République est sortie tout naturellement de l'insurrection de février 1848, c'est grâce à ces sociétés, c'est grâce à la propagande par le fait qu'elles firent pendant trente ans. Sans leurs nobles efforts, jusqu'à présent encore la République eût été impossible.

Leur but était donc de s'emparer eux-mêmes du pouvoir, de s'installer en dictature républicaine. Mais, comme de raison, jamais ils n'y sont parvenus. Comme toujours, de par la force inévitable des choses, ce n'est pas une conspiration qui renversera la royauté. Les conspirateurs avaient préparé la déchéance. Ils avaient largement semé l'idée républicaine ; leurs martyrs en avaient fait l'idéal du peuple. Mais, la dernière poussée, celle qui renversa définitivement le roi de la bourgeoisie, fut bien plus vaste et plus forte que celle qui pouvait venir d'une société secrète ; elle vint de la masse populaire.

Le résultat est connu. Le parti qui avait préparé la chute de la royauté se trouva écarté des marches de l'Hôtel de Ville. D'autres, trop prudents pour courir les champs de la conspiration, mais plus connus, plus modérés aussi, guettant le moment de s'emparer du pouvoir, prirent la place que les conspirateurs pensaient conquérir au bruit de la canonnade. Des publicistes, des avocats, de beaux parleurs qui travaillaient à se faire un nom pendant que les vrais républicains forgeaient les armes ou expiraient au bagne, s'emparèrent du pouvoir. Les uns, déjà célèbres, furent acclamés par les badauds ; les autres se poussèrent eux-mêmes, et furent acceptés parce que leur nom ne représentait rien, sinon un programme d'accommodement avec tout le monde.

Qu'on ne vienne pas nous dire que c'était manque d'esprit pratique de la part du parti d'action ; que d'autres pourront faire mieux. Non, mille fois non ! C'est une loi, comme celle du mouvement des astres, que le parti d'action reste en dehors, tandis que les intrigants et les parleurs s'emparent du pouvoir. Ils sont plus connus dans la grande masse qui fait la dernière poussée. Ils réunissent plus de suffrages, car, avec ou sans bulletins, par acclamation ou par l'intermédiaire des urnes, au fond c'est toujours un genre d'élection tacite qui se fait en ce moment par acclamation. Ils sont acclamés par tout le monde, surtout par les ennemis de la Révolution qui préfèrent pousser en avant les nullités, et l'acclamation reconnaît ainsi pour chefs ceux qui, au fond, sont des ennemis du mouvement ou des indifférents.

L'homme [19] qui plus que tout autre fut l'incarnation de ce système de conspiration, l'homme qui paya par une vie en prison son dévouement à ce système, lança à la veille de sa mort ces mots qui sont tout un programme : *Ni dieu ni maître !*

---

19. Auguste Blanqui (1803-1881) le grand révolutionnaire partisan de la dictature d'une minorité. Cf. *supra* avant-propos p. 5.

III

S'imaginer que le gouvernement puisse être renversé par une société secrète, et que cette société puisse s'implanter à sa place, c'est une erreur dans laquelle sont tombées toutes les organisations révolutionnaires nées au sein de la bourgeoisie républicaine depuis 1820. Mais d'autres faits abondent pour mettre cette erreur en évidence. Quel dévouement, quelle abnégation, quelle persévérance n'a-t-on pas vu déployer par les sociétés secrètes républicaines de la jeune Italie, et cependant tout ce travail immense, tous ces sacrifices faits par la jeunesse italienne, devant lesquels pâlissent même ceux de la jeunesse révolutionnaire russe, tous ces cadavres entassés dans les casemates des forteresses autrichiennes et sous le couteau et les balles du bourreau, tout cela eut pour héritiers les malins de la bourgeoisie et de la royauté. Il en est de même en Russie. Il est rare de trouver dans l'histoire une organisation secrète qui ait obtenu, avec aussi peu de moyens, des résultats aussi immenses que ceux atteints par la jeunesse russe, qui fait preuve d'une énergie et d'une action aussi puissante que le Comité exécutif. Il a ébranlé ce colosse qui semblait invulnérable, le tsarisme ; et il a rendu le gouvernement autocrate désormais impossible en Russie. Et cependant, bien naïfs sont ceux qui s'imagineraient que le Comité exécutif deviendra maître du pouvoir le jour où la couronne d'Alexandre III sera traînée dans la boue. D'autres, les prudents qui travaillaient à se faire un nom pendant que les révolutionnaires creusaient leurs mines, ou périssaient en Sibérie, d'autres, les intrigants, les parleurs, les avocats, les littérateurs qui versent de temps en temps une larme bien vite essuyée sur la tombe des héros et posent pour amis du peuple — voilà ceux qui viendront prendre la place vacante du gouvernement et crieront Arrière ! aux « inconnus » qui auront préparé la révolution.

C'est inévitable, c'est fatal, et il ne peut pas en être autrement. Car ce sont pas les sociétés secrètes, ni même les organisations révolutionnaires, qui porteront le coup de grâce aux gouvernements. Leur fonction, leur révolution. Et lorsque les esprits sont préparés, les circonstances extérieures aidant, la dernière poussée vient, non pas du groupe initiateur, mais de la masse restée en dehors des ramifications de la société. Le 31 août (1870), Paris reste muet aux appels de Blanqui. Quatre jours plus tard, il proclame la déchéance du gouvernement ; mais alors, ce ne sont plus les blanquistes qui sont les initiateurs du mouvement : c'est le peuple, les millions, qui détrônent le décembriseur [20], et acclament les farceurs dont les noms ont résonné depuis deux ans à leurs oreilles. Lorsque la Révolution est prête à éclater, lorsque le mouvement se sent dans l'air, lorsque le succès est déjà devenu certain, alors mille hommes nouveaux, sur lesquels l'organisation secrète n'a jamais exercé une influence directe, viennent se joindre au mouvement, comme des oiseaux de proie arrivés sur le champ de bataille pour se partager la dépouille des victimes. Ceux-ci aident à faire la dernière poussée, et ce n'est pas dans les rangs des conspirateurs sincères et irréconciliables, c'est parmi les pantins à balançoire qu'ils vont prendre leurs chefs, tant ils sont inspirés de l'idée qu'un chef est nécessaire. Les conspirateurs qui maintiennent le préjugé de la dictature travaillent donc inconsciemment à faire monter au pouvoir leurs propres ennemis.

Mais, si ce que nous venons de dire est vrai par rapport aux révolutions ou plutôt aux émeutes politiques, cela est bien plus vrai encore par rapport à la Révolution que nous voulons, la Révolution sociale. Laisser s'établir un gouvernement quelconque, un pouvoir fort et obéi, c'est enrayer la marche de la Révolution dès le début. Le bien que ce gouvernement pourrait faire est nul, et le mal immense.

En effet, de quoi s'agit-il, que comprenons-nous par Révolution ? Ce n'est pas un simple changement de gouvernants. C'est la prise de possession par le peuple de toute la richesse sociale. C'est l'abolition de tous les pouvoirs qui n'ont cessé d'entraver le développement de l'humanité. Mais est-ce par des décrets émanant d'un gouvernement que cette immense Révolution économique peut-être accomplie ? Nous avons vu, au siècle passé le dictateur révolutionnaire polonais Kosciuszko [20 *bis*] décréter l'abolition du servage personnel ; le servage continua d'exister quatre-

---

20. Louis-Napoléon Bonaparte (Napoléon III) avait pris le pouvoir par le coup d'État du 2 décembre 1851.

20 *bis*. Thadée Kosciuszko (1746-1817), nommé dictateur de la Pologne en 1794.

vingts ans après ce décret [21]. Nous avons vu la Convention, l'omnipotente Convention, la terrible Convention, comme disent ses admirateurs, décréter le partage par tête de toutes les terres communales reprises aux seigneurs. Comme tant d'autres, ce décret resta lettre morte, parce que, pour le mettre en exécution, il eût fallu que les prolétaires des campagnes fissent toute une nouvelle Révolution, et que les Révolutions ne se font pas à coups de décrets. Pour que la prise de possession de la richesse sociale par le peuple devienne un fait accompli, il faut que le peuple se sente les coudées franches, qu'il secoue la servitude à laquelle il n'est que trop habitué, qu'il agisse de sa tête, qu'il marche de l'avant sans attendre les ordres de personne. Or, c'est précisément ce qu'empêchera la dictature, lors même qu'elle serait la mieux intentionnée du monde, et en même temps elle sera incapable d'avancer d'un seul pouce la révolution.

Mais si le gouvernement, fût-il même un idéal de gouvernement révolutionnaire, ne crée pas une force nouvelle et ne présente aucun avantage pour le travail de démolition que nous avons à accomplir, encore moins avons-nous à compter sur lui pour l'œuvre de réorganisation qui doit suivre la démolition. Le changement économique qui résultera de la Révolution sociale sera si immense et si profond, il devra altérer tellement toutes les relations basés aujourd'hui sur la propriété et l'échange qu'il est impossible à un ou à quelques individus d'élaborer les formes sociales qui doivent naître dans la société future. Cette élaboration des formes sociales nouvelles ne peut se faire que par le travail collectif des masses. Pour satisfaire à l'immense variété des conditions et des besoins qui naîtront le jour où la propriété individuelle sera démolie, il faut la souplesse de l'esprit collectif du pays. Toute autorité extérieure ne sera qu'une entrave, qu'un empêchement à ce travail organique qui doit s'accomplir et, partant, une source de discorde et de haines.

Mais il est bien temps d'abandonner cette illusion, tant de fois démentie et tant de fois payée si cher, d'un gouvernement révolutionnaire. Il est temps de se dire une fois pour toutes et

---

21. Proclamation du 7 mai 1794, promulguée le 30 mai. Si ce décret avait été mis à exécution, c'était, de fait, l'abolition du servage personnel et de la justice patrimoniale (note de Kropotkine).

d'admettre cet axiome politique qu'un gouvernement ne peut pas être révolutionnaire. On nous parle de la Convention ; mais n'oublions pas que les quelques mesures d'un caractère tant soit peu révolutionnaire prises par la Convention furent la sanction de faits accomplis par le peuple qui à ce moment marchait par-dessus la tête de tous les gouvernements. Comme l'a dit Victor Hugo dans son style imagé. Danton poussait Robespierre, Marat surveillait et poussait Danton, et Marat lui-même était poussé par Cimourdain [22], cette personnification des clubs des « enragés » et des révoltés. Comme tous les gouvernements qui la précédèrent et la suivirent, la Convention ne fut qu'un boulet aux pieds du peuple.

Les faits que nous enseigne l'histoire sont si concluants sous ce rapport ; l'impossibilité d'un gouvernement révolutionnaire et la nocivité de ce qu'on désigne sous ce nom sont si évidents qu'il semblerait difficile de s'expliquer l'acharnement qu'une certaine école se nommant socialiste met à maintenir l'idée d'un gouvernement. Mais l'explication est bien simple. C'est que, tout socialistes qu'ils se disent, les adeptes de cette école ont une tout autre conception que la nôtre de la Révolution qu'il nous incombe d'accomplir. Pour eux, comme pour tous les radicaux bourgeois, la Révolution sociale, c'est plutôt une affaire de l'avenir à laquelle il n'y a pas à songer aujourd'hui. Ce qu'ils rêvent au fond de leur cœur, sans oser l'avouer, c'est tout autre chose. C'est l'installation d'un gouvernement pareil à celui de la Suisse ou des États-Unis, faisant quelques tentatives d'appropriation à l'État de ce qu'ils appellent ingénieusement « services publics ». C'est quelque chose qui tient de l'idéal de Bismarck et de celui du tailleur qui arrive à la présidence des États-Unis. C'est un compromis, fait d'avance, entre les aspirations socialistes des masses et les appétits des bourgeois. Ils voudraient bien l'expropriation complète, mais ils ne se sentent pas le courage de la tenter, ils la renvoient au siècle prochain, et, avant la bataille, ils entrent déjà en négociation avec l'ennemi.

Pour nous, qui comprenons que le moment approche de porter à la bourgeoisie un coup mortel ; que le moment n'est pas loin où

---

22. Cimourdain, héros du roman de Victor Hugo : *Quatre-vingt-treize*, 1873 ; — Cf. KROPOTKINE. *La Grande Révolution,* 1909 ; Daniel GUÉRIN, *La Lutte de classes sous la Première République (17793-1797),* nouv. éd., 1969.

le peuple pourra mettre la main sur toute la richesse sociale et réduire la classe des exploiteurs à l'impuissance ; pour nous, dis-je, il ne peut y avoir d'hésitation. Nous nous lancerons corps et âme dans la Révolution sociale et, comme dans cette voie un gouvernement, quel que soit le bonnet dont il se coiffe, est un obstacle, nous réduirons à l'impuissance et balayerons les ambitieux à mesure qu'ils viendront s'imposer pour gouverner nos destinées.

Assez de gouvernements, place au peuple, à l'anarchie !

L'anarchie : sa philosophie, son idéal (1896)

(Extraits)

Qu'une société, rentrée en possession de toutes les richesses accumulées dans son sein, puisse largement assurer l'abondance à tous, en retour de quatre ou cinq heures par jour de travail effectif et manuel dans la production, là-dessus l'assentiment unanime de ceux qui ont réfléchi à cette question nous est déjà acquis. Si chacun dès son enfance apprenait à connaître d'où vient le pain qu'il mange, la maison qu'il habite, le livre qu'il étudie et ainsi de suite, et si chacun s'accoutumait à compléter le travail de la pensée par le travail des bras, dans quelque branche, de la production manuelle, la société pourrait facilement s'acquitter de cette tâche, sans même tabler sur les simplifications de la production que nous réserve un avenir plus ou moins proche.

Il suffit, en effet, de penser un moment au gaspillage inouï, inimaginable, de forces humaines qui se fait aujourd'hui, pour concevoir ce qu'une société civilisée peut produire, avec quelle petite quantité de travail de chacun, et quelles œuvres grandioses elle pourrait entreprendre qui sont aujourd'hui hors de question. Malheureusement, la métaphysique que l'on nomme l'économie politique ne s'est jamais occupée de ce qui devait constituer son essence, l'économie des forces.

Sur la possibilité de la richesse dans une société communiste, outillée comme nous le sommes, il n'y a pas de doutes. Là ou les doutes surgissent, c'est lorsqu'il s'agit de savoir si pareille société peut exister sans que l'homme soit soumis dans tous ses actes au contrôle de l'État ; s'il n'est pas nécessaire pour arriver au bien-être, que les sociétés européennes sacrifient le peu de liberté personnelle qu'elles ont reconquise durant ce siècle, au prix de tant de sacrifices.

Une partie des socialistes affirment qu'il est impossible d'arriver à un pareil résultat sans sacrifier sa liberté sur l'autel de l'État. L'autre, à laquelle nous appartenons, prétend au contraire, que c'est seulement par l'abolition de l'État, par la conquête de la liberté entière de l'individu, par la libre entente, l'association et la fédération absolument libres, que nous pourrons arriver au communisme, à la possession commune de notre héritage et à la production en commun de toutes les richesses.

Là est la question qui prime toutes les autres en ce moment et que le socialisme est amené à résoudre sous peine de voir tous ses efforts compromis, tout son développement ultérieur paralysé.

Si chaque socialiste veut se reporter en arrière dans ses souvenirs, il se rappellera sans doute la foule de préjugés qui se réveillèrent en lui, lorsqu'il arriva la première fois à penser que l'abolition du système capitaliste, de l'appropriation privée du sol et des capitaux, devient une nécessité historique.

La même chose se produit chez celui qui entend dire pour la première fois que l'abolition de l'État, de ses lois, de son système entier de gérance, de gouvernementalisme et de centralisation devient aussi une nécessité historique ; que l'abolition de l'un sans l'autre est matériellement impossible. Toute notre éducation, faite, remarquez-le bien, par l'Église et par l'État, dans l'intérêt des deux, se révolte contre cette conception.

Est-elle, cependant, moins juste pour cela ? Et dans l'holocauste des préjugés que nous avons déjà fait pour notre émancipation, celui de l'État doit-il survivre ?

Resté salarié, le travailleur resterait esclave, de celui à qui il serait obligé de vendre sa force, que cet acheteur soit un particulier, ou l'État.

Dans l'esprit populaire, dans cette somme de milliers d'opinions qui traverseront les cerveaux humains, on sent aussi que, si l'État devait se substituer au patron dans son rôle d'acheteur et de surveillant de la force de travail, ce serait encore une tyrannie odieuse. L'homme du peuple ne raisonne pas sur des abstractions, il pense en termes concrets, et c'est pourquoi il sent que l'abstraction « État » revêtirait pour lui la forme de nombreux fonctionnaires, pris parmi ses camarades d'usine ou d'atelier, et il sait à quoi s'en tenir sur leurs vertus ; excellents camarades aujourd'hui, ils deviennent demain des gérants insupportables. Et il cherche la constitution sociale qui élimine les maux actuels, sans en créer de nouveaux.

C'est pourquoi le collectivisme n'a jamais passionné les masses qui reviennent toujours au communisme, mais à un communisme de plus en plus dépouillé de la théocratie et de l'autoritarisme jacobin des années quarante, au communisme libre, anarchiste.

Je dirai plus. En reportant continuellement ma pensée sur ce que nous avons vu pendant ce quart de siècle dans le mouvement social européen, je ne peux m'empêcher de croire que le socialisme moderne est forcément amené à faire un pas en avant vers le communisme libertaire.

Kropotkine dans la Révolution russe

Bien que le rôle des anarchistes dans la Révolution russe soit traité dans le tome II de l'anthologie, il a fallu ici faire une entorse à ce plan chronologique. En effet, pour ne pas séparer les unes des autres les diverses œuvres de Kropotkine, on a préféré sauter par-dessus un certain nombre d'années et en arriver dès maintenant aux importants écrits du « prince anarchiste [23] », lorsqu'il fut revenu à son pays natal après la Révolution d'Octobre 1917.

Lettre à Georges Brandès (1919)

Bien cher ami [24].

Enfin une occasion se présente de vous écrire, et je m'empresse d'en profiter sans être sûr, d'ailleurs, que cette lettre vous parviendra.

Tous deux nous vous remercions de cœur pour l'intérêt fraternel que vous avez pris à votre vieil ami, lorsque le bruit s'était répandu de mon arrestation. Ce bruit était absolument faux, ainsi que les racontars concernant l'état de ma santé.

La personne qui vous remettra cette lettre vous racontera la vie isolée que nous menons dans notre petite ville de province ; à

23. George Woodcock et I. Avakoumovitch, *Pierre Kropotkine, le prince anarchiste*, trad. fr., 1953.
24. Georges Brandès (1842-1927), célèbre critique littéraire danois.

mon âge, il est matériellement impossible de prendre part aux affaires publiques pendant une Révolution, et s'en occuper en amateur n'est pas dans ma nature. L'hiver passé, que nous passions à Moscou, j'ai travaillé avec un groupe de collaborateurs pour élaborer les éléments d'une république fédéraliste. Mais le groupe a dû se disperser, et je me suis remis à un travail sur l'Éthique que j'avais commencé, il y a une quinzaine d'années, en Angleterre.

Tout ce que je peux faire maintenant, c'est vous donner une idée générale de la situation en Russie, dont, à mon avis, on ne se rend pas bien compte en Occident. Une analogie l'expliquera, peut-être.

Nous traversons en ce moment ce que la France vécut pendant la Révolution jacobine, de septembre 1792 à juillet 1794, avec ceci en plus que maintenant c'est une Révolution sociale qui cherche sa voie.

La méthode dictatoriale des jacobins fut fausse. Elle ne pouvait pas créer une organisation stable et forcément elle aboutit à la réaction. Mais les jacobins accomplirent néanmoins, en juin 1793, l'abolition des droits féodaux, commencée en 1789, que ni la Constituante ni la Législative ne voulurent achever. Et ils proclamèrent hautement l'égalité politique de tous les citoyens. Deux immenses changements fondamentaux qui, dans le courant du XIXe siècle, firent le tour de l'Europe.

Un fait analogue se produit en Russie. Les bolcheviks s'efforcent d'introduire, par la dictature d'une fraction du parti social-démocrate, la socialisation du sol, de l'industrie et du commerce. Ce changement qu'ils s'efforcent d'accomplir, c'est le principe fondamental du socialisme. Malheureusement, la méthode par laquelle ils cherchent à imposer, dans un État fortement centralisé, un communisme rappelant celui de Babeuf, et en paralysant le travail constructif du peuple, cette méthode rend la réussite absolument impossible. Ce qui nous prépare une réaction furieuse, méchante. Celle-ci cherche déjà à s'organiser pour ramener l'ancien régime, en profitant de l'épuisement général, produit d'abord par la guerre, puis par la famine que nous subissions dans la Russie centrale et par la désorganisation complète de l'échange et de la production, inévitables pendant une Révolution aussi vaste, accomplie par décrets. On parle, en Occident, de rétablir l'« ordre » en Russie par une intervention armée des alliés. Eh bien ! cher ami, vous savez combien criminelle envers tout le progrès social de l'Europe fut, à mon avis, l'attitude de ceux qui travaillèrent à désorganiser la force de résistance de la Russie, ce qui prolongea la guerre d'une année, nous donna l'invasion allemande sous le couvert d'un traité, et coûta des flots de sang pour empêcher que l'Allemagne conquérante écrasât l'Europe sous la botte impériale. Vous connaissez bien mes sentiments à cet égard [25].

Et néanmoins je proteste de toutes mes forces contre toute espèce d'intervention armée des alliés dans les affaires russes. Cette intervention aurait pour conséquence un accès de chauvinisme russe. Elle nous ramènerait une monarchie chauviniste — ou on en voit déjà les indices — et, notez bien ceci, elle produirait dans l'ensemble du peuple russe une attitude hostile envers l'Europe occidentale, attitude qui aurait les plus tristes conséquences. Les Américains l'ont déjà très bien compris.

On imagine peut-être qu'en soutenant l'amiral Koltchak et le général Denikine [26] on soutient un parti libéral, républicain. Mais c'est déjà une erreur. Quelles que fussent les intentions personnelles de ces deux chefs militaires, le grand nombre de ceux qui se sont groupés autour d'eux ont d'autres visées. Forcément, ce qu'ils nous apporteraient serait un retour à la monarchie, la réaction et des flots de sang.

Ceux des alliés qui voient clair dans les événements devraient donc répudier toute intervention armée. D'autant plus que, s'ils veulent réellement venir en aide à la Russie, ils trouveront immensément à faire dans une autre direction.

Nous manquons de pain dans tout l'immense espace des provinces centrales et septentrionales. C'est la famine, avec toutes ses conséquences. Toute une génération s'étiole. Et on nous

---

25. Kropotkine avait pris parti, pendant la guerre de 1914-1918, pour les impérialismes occidentaux contre les empires centraux, dans une déclaration connue sous le nom de « Manifeste des Seize ». Ce reniement des principes fondamentaux de l'anarchisme fut désavoué par les anarchistes-communistes (v. p. 459).

26. Alexis Koltchak (1874-1920), amiral russe blanc, vaincu et fusillé par les bolcheviks ; général Anton Denikine (1872-1947), général russe blanc, finalement vaincu par les mêmes.

refuse le droit d'acheter du pain en Occident ! — Pourquoi ? Serait-ce pour nous ramener un Romanoff ?

Partout en Russie nous manquons de marchandises fabriquées. Le paysan paie des prix fous pour une faux, une hache, quelques clous, une aiguille, un mètre, n'importe quelle étoffe, mille roubles (autrefois cela faisait 2 500 F) les quatre roues ferrées d'un méchant chariot russe. Dans l'Ukraine, c'est encore pire : on ne trouve de marchandises à aucun prix.

Au lieu de jouer le rôle que l'Autriche, la Prusse et la Russie jouaient en 1793 envers la France, les alliés auraient dû tout faire pour aider le peuple russe à sortir de cette terrible situation. D'ailleurs, on verserait des flots de sang pour faire revenir le peuple russe au passé, on n'y réussirait pas. C'est à construire un nouvel avenir par l'élaboration constructive d'une vie nouvelle, qui se dessine déjà, malgré tout, que les alliés devraient nous aider. Sans tarder, venez en aide à nos enfants ! Venez nous aider dans le travail constructif nécessaire ! Et pour cela, qu'on nous envoie, non pas des diplomates et des généraux, mais du pain, des outils pour le produire et des organisateurs, qui ont su si bien aider les alliés pendant ces terribles cinq années à empêcher la désorganisation économique et à repousser l'invasion barbare des Allemands.

On me rappelle que je dois terminer cette lettre, déjà trop longue. Je le ferai en vous embrassant fraternellement.

Comment le communisme ne doit pas être introduit

Lettre aux travailleurs de l'Europe occidentale

Dmitrov, gouvernement de Moscou,
28 avril 1919

On m'a demandé si je n'avais pas un message à adresser aux ouvriers du monde occidental. Sûrement, il y a beaucoup à dire et à apprendre des événements actuels de la Russie. Comme le message pourrait être long, j'indiquerai seulement quelques points principaux.

Tout d'abord, les ouvriers du monde civilisé et leurs amis des autres classes doivent engager leurs gouvernements à abandonner entièrement l'idée d'une intervention armée dans les affaires de la Russie, qu'elle se fasse d'une manière ouverte ou déguisée, militaire ou sous la forme de subventions à différentes nations.

La Russie traverse en ce moment une Révolution de la même profondeur et de la même importance que le firent l'Angleterre en 1639-1648 et la France en 1789-1794. Chaque nation doit refuser de jouer le rôle honteux où s'abaissèrent l'Angleterre, la Prusse, l'Autriche et la Russie pendant la Révolution française.

De plus, il faut considérer que la Révolution russe qui cherche à édifier une société dans laquelle toute la production des efforts combinés du travail, de l'habileté technique et des connaissances scientifiques, irait entièrement à la communauté elle-même n'est pas un simple accident dans la lutte des partis. Elle a été préparée par près d'un siècle de propagande communiste et socialiste, depuis le temps de Robert Owen, Saint-Simon et Fourier [27]. Et bien que la tentative d'introduire la nouvelle société au moyen de la dictature d'un parti soit apparemment condamnée à un échec, on doit reconnaître que la Révolution a déjà introduit dans notre vie quotidienne de nouvelles conceptions sur les droits du travail, sa véritable position dans la société, et les devoirs de chaque citoyen, et qu'elles subsisteront.

Non seulement les ouvriers, mais tous les éléments de progrès des nations civilisées doivent mettre un terme à l'appui donné jusqu'ici aux adversaires de la révolution. Non qu'il n'y ait rien à combattre dans les méthodes du gouvernement bolchevique. Bien loin de là ! Mais toute intervention armée d'une puissance étrangère provoque nécessairement un renforcement des tendances dictatoriales des gouvernements et paralyse les efforts des Russes prêts à aider la Russie, indépendamment de son gouvernement, dans la restauration de sa vie.

Les maux inhérents à la dictature de parti ont donc été accrus par les conditions de guerre au milieu desquelles ce parti se maintient. L'état de guerre a été un prétexte pour renforcer les méthodes dictatoriales du parti ainsi que sa tendance à centraliser chaque détail de la vie dans les mains du gouvernement, ce qui a

27. Owen, v. p. 138 ; Saint-Simon, id., p. 91 ; Fourier (Charles) (1722-1837), socialiste « utopique » français, fondateur de l'école phalanstérienne, théoricien de l'harmonie universelle.

eu pour effet d'arrêter l'immense branche des activités usuelles de la nation. Les maux naturels du communisme d'État ont été décuplés sous le prétexte que toutes les misères de notre existence sont dues à l'intervention des étrangers.

Je dois d'ailleurs signaler que, si l'intervention militaire des Alliés est continuée, elle développera certainement en Russie un sentiment amer à l'égard des nations occidentales, sentiment qui sera utilisé quelque jour dans des conflits futurs. Cette aigreur se développe déjà.

Bref, il est grand temps que les nations de l'Europe occidentale entrent en relations directes avec la nation russe. Et à ce point de vue, vous, la classe ouvrière et les éléments avancés de toutes les nations, devez avoir votre mot à dire.

Un mot encore sur la question générale. Le rétablissement des relations entre les nations européennes et américaines et la Russie ne signifie aucunement la suprématie de la nation russe sur les nationalités qui composaient l'empire des tsars. La Russie impériale est morte et ne ressuscitera pas. L'avenir de ses différentes provinces s'oriente dans le sens d'une grande fédération. Les territoires naturels des différentes parties de cette fédération sont tout à faits distincts, comme le savent ceux d'entre nous familiarisés avec l'histoire de la Russie, son ethnographie et sa vie économique. Tous les efforts pour réunir, sous une loi centrale, les parties constitutives de l'Empire russe, la Finlande, les provinces baltiques, la Lituanie, l'Ukraine, la Géorgie, l'Arménie, la Sibérie, etc. sont sûrement voués à un échec. Il est donc utile que les nations occidentales déclarent qu'elles reconnaissent le droit à l'indépendance de chaque partie de l'ancien Empire russe.

Mon opinion est que cette évolution se poursuivra. Je vois venir le temps prochain où chaque partie de cette fédération sera elle-même une fédération de communes rurales et de villes libres. Et je crois encore que certaines parties de l'Europe occidentale prendront bientôt la direction de ce mouvement.

Pour ce qui concerne notre présente situation économique et politique, la Révolution russe étant la continuation des deux grandes révolutions d'Angleterre et de France, essaie de progresser là où la France s'est arrêtée quand elle parvint à mettre debout ce qu'on appelait l'égalité de fait, c'est-à-dire l'égalité économique.

Malheureusement, cette tentative a été faite, en Russie, sous la dictature fortement centralisée d'un parti, les social-démocrates maximalistes. Cet essai avait été tenté de la même façon que la conspiration de Babeuf, extrêmement centraliste et jacobiniste. Je dois vous avouer franchement que, à mon avis, cette tentative d'édifier une république communiste sur la base d'un communisme d'État fortement centralisé, sous la loi de fer de la dictature d'un parti est en train d'aboutir à un fiasco. Nous apprenons à connaître, en Russie, comment le communisme ne doit pas être introduit, même par une population fatiguée de l'ancien régime et n'opposant aucune résistance active à l'expérience faite par les nouveaux gouvernants. L'idée des Soviets, c'est-à-dire de conseils d'ouvriers et de paysans, préconisée d'abord lors de la tentative révolutionnaire de 1905 et immédiatement réalisée par la Révolution de février 1917, aussitôt que fut renversé le tsarisme, l'idée de tels conseils contrôlant la vie politique et économique du pays, est une grande idée. D'autant plus qu'elle conduit nécessairement à l'idée que ces conseils doivent être composés de tous ceux qui prennent une part réelle à la production de la richesse nationale par leur propre effort personnel.

Mais, aussi longtemps qu'un pays est gouverné par la dictature d'un parti, les conseils d'ouvriers et de paysans perdent évidemment toute leur signification. Ils sont réduits au rôle passif joué anciennement par les états généraux et les parlements, quand ils étaient convoqués par le roi et avaient à combattre un conseil royal tout-puissant.

Un conseil du travail cesse d'être un conseiller libre et sérieux quand il n'y a pas de liberté de la presse dans le pays et nous nous trouvons dans cette situation depuis près de deux ans, sous prétexte qu'on est en état de guerre. Mieux encore. Les conseils d'ouvriers et de paysans perdent toute signification quand les élections ne sont pas précédées dune campagne électorale libre et quand les élections sont faites sous la pression de la dictature d'un parti. Naturellement l'excuse habituelle est qu'une loi dictatoriale est inévitable comme moyen de combattre l'ancien régime. Mais une telle loi devient évidemment un recul dès que la Révolution s'attelle à la construction d'une nouvelle société sur une nouvelle base économique. Elle devient une condamnation à mort pour la nouvelle construction.

Les manières de renverser un gouvernement déjà malade sont bien connues de l'histoire, ancienne et moderne. Mais quand il faut créer de nouvelles formes de vie, spécialement de nouvelles formes de production et d'échange, sans avoir d'exemples à imiter, quand tout doit être construit sur place, quand un gouvernement qui entreprend de fournir à chaque habitant chaque verre de lampe et encore l'allumette, se montre absolument incapable de le faire avec ses fonctionnaires, si illimité que soit le nombre de ceux-ci, ce gouvernement devient nuisible. Il développe une bureaucratie si formidable que le système bureaucratique français, qui exige l'intervention de quarante fonctionnaires pour vendre un arbre abattu par un orage sur une route nationale, devient une bagatelle en comparaison de lui. C'est ce que nous apprenons aujourd'hui en Russie. Et c'est ce que vous, les travailleurs de l'Occident, pouvez et devez éviter par tous les moyens puisque vous avez à cœur le succès d'une reconstruction sociale. Envoyez ici vos délégués pour voir comment une Révolution sociale travaille dans la vie réelle.

L'immense travail constructif qu'exige une Révolution sociale ne peut pas être accompli par un gouvernement central, même s'il a pour le guider quelque chose de plus substantiel que quelques manuels socialistes et anarchistes. Il a besoin des connaissances, du cerveau et de la collaboration volontaire d'une foule de forces locales et spécialisées qui, seules, peuvent attaquer avec succès la diversité des problèmes économiques dans leurs aspects locaux. Rejeter cette collaboration et s'en rapporter au génie de dictateurs de parti, c'est détruire le noyau indépendant, telles les *trade unions* (appelées en Russie unions professionnelles) et les organisations coopératives locales, en les changeant en organes bureaucratiques du parti, comme c'est le cas actuellement. Mais c'est le moyen de ne pas accomplir la Révolution, de rendre sa réalisation impossible. Et c'est la raison pour laquelle je considère comme mon devoir de vous mettre en garde contre l'emprunt de telles directives.

Les conquérants impérialistes de toutes nationalités peuvent désirer que les populations de l'ex-empire russe restent aussi longtemps que possible dans de misérables conditions économiques et soient aussi condamnées à approvisionner l'Europe occidentale et centrale de matières premières, pendant que les industriels occidentaux encaisseront tous les bénéfices que les Russes auraient pu autrement retirer de leur travail. Mais les classes ouvrières d'Europe et d'Amérique, ainsi que les centres intellectuels de ces pays, comprennent sûrement que seule la violence pourrait maintenir la Russie dans cet assujettissement. En même temps, les sympathies que notre Révolution rencontra partout en Russie et en Amérique montrent que vous fûtes heureux de saluer en la Russie un nouveau membre de la confrérie internationale des nations. Et vous vous apercevrez sûrement bientôt qu'il y va de l'intérêt de tous les travailleurs du monde que la Russie sorte aussitôt que possible des conditions qui paralysent actuellement son développement.

Quelques mots encore. La dernière guerre a inauguré de nouvelle conditions de vie pour le monde civilisé. Le socialisme fera sûrement des progrès considérables et de nouvelles formes de vie indépendante seront certainement créées, basées sur la liberté locale et l'initiative édificatrice ; elles seront créées soit d'une manière pacifique, soit par des moyens révolutionnaires si les parties intelligentes des nations civilisées ne collaborent pas à une reconstruction inévitable.

Mais le succès de cette reconstruction dépendra, pour une grande part, de la possibilité de coopération étroite des différentes nations. Pour atteindre ce but, il faut que les classes ouvrières de toutes les nations soient étroitement unies et que l'idée d'une grande internationale de tous les travailleurs du monde soit renouvelée, non point sous la forme d'une union dirigée par un seul parti, comme ce fut le cas dans la Deuxième Internationale, et comme c'est à nouveau le cas dans la Troisième. De pareilles unions ont naturellement pleine raison d'exister, mais en dehors d'elles, et les unissant toutes, il doit y avoir une union de tous les syndicats du monde, de tous ceux qui produisent la richesse du monde, fédérés pour délivrer la production mondiale de son présent assujettissement au capital.

Dernière visite à Kropotkine par Vilkens [28]

(Décembre 1920)

Kropotkine a soixante-dix-huit ans. Malgré l'âge, sa pensée a conservé toute sa lucidité. Il marche aussi agilement que nous autres. Sa mémoire est inépuisable. Il nous parle du temps de la Commune et nous cite de menus détails, comme s'ils s'étaient passés hier. Il nous conte aussi des épisodes de sa jeunesse, quand il explorait la Sibérie et les frontières de la Chine, avec la même vivacité qu'un jeune écolier.

(...) La conversation roule à présent sur la Révolution russe. Kropotkine se confirme plus que jamais dans ses opinions : les communistes, avec leur méthodes, au lieu de mettre le peuple sur la voie du communisme, finiront par lui faire haïr jusqu'à son nom.

Ils sont sincères, peut-être ; mais leur système les empêche d'introduire dans la pratique le moindre principe du communisme. Et, constatant que l'œuvre révolutionnaire n'avance point, ils en augurent « que le peuple n'est pas prêt pour avaler leurs décrets, qu'il faut du temps, des détours ». C'est logique : l'histoire des révolutions politiques se répète. Le plus triste est qu'ils ne reconnaissent nullement, ne veulent pas reconnaître leurs erreurs, et chaque jour enlèvent à la masse un morceau des conquêtes de la Révolution, au profit de l'État centraliste.

En tout cas, dit-il, l'expérience de la Révolution n'est pas perdue pour le peuple russe. Il s'est réveillé : il est en marche vers de meilleures destinées. Quatre ans de Révolution font plus, pour rendre un peuple conscient, qu'un siècle passé à végéter.

— Que pensez-vous de l'avenir de la Révolution, et quelle force pourrait, à votre avis, se substituer avantageusement aux communistes ?

— Il ne faut pas trop compter sur la résistance indéfinie des masses pour soutenir les bolcheviks. Eux-mêmes arrivent, par leurs méthodes, à les faire s'en désintéresser. Mais ils disposent d'un puissant appareil militaire qui, sur la base de la discipline, joue le rôle des armés bourgeoises. En tout cas, les bolcheviks

28. Extrait du journal *Le Libertaire,* 28 janvier 1921.

tomberont plutôt par leurs propres fautes, et, par leur politique, auront facilité à l'Entente l'avènement de la réaction, que le peuple redoute, parce que chacun aurait des comptes à rendre aux Blancs.

— Et si malheureusement la chose arrive, croyez-vous que le pouvoir de réaction s'affermirait ?

— Je ne le crois pas. Au plus, il pourrait durer quelques années, mais le peuple, un moment abattu, réagirait forcément, et la nouvelle Révolution aurait de l'expérience et marcherait de concert avec les réalisations révolutionnaires de l'Europe.

— Et quelle doit être l'attitude du prolétariat mondial à l'égard de la Révolution actuelle ?

— Sans aucun doute, de continuer, à la défendre, non plus avec des paroles, mais par des actes ; car l'hostilité bourgeoise baissera en raison de l'attitude ferme de la classe ouvrière. Et ce sera également pour le prolétariat mondial, une bonne gymnastique révolutionnaire. Mais il ne faut pas confondre la défense de la Révolution avec l'idolâtrie : le prolétariat mondial doit se préparer à dépasser l'exemple russe et se débarrasser d'avance de tous les obstacles à la participation effective des masses et ne pas s'en laisser accroire par des formules fausses.

Souvenirs de Kropotkine par Emma Goldman [29]

[Nous étions à Moscou] quand nous reçûmes un mot de Dmitrov, disant que notre vieux camarade Pierre Kropotkine avait été terrassé par une pneumonie. Le choc fut d'autant plus grand que nous avions visité Pierre en juillet et l'avions trouvé en bonne santé et de bonne humeur. Il paraissait plus jeune et mieux portant que lorsque nous l'avions vu en mars dernier. L'éclat de ses

29. Extrait de Emma Goldman, *Living my Life*, 1934. Emma Goldman (1869-1940), d'origine juive russe ; elle émigre aux États-Unis en 1886 et y devient anarchiste. Championne des droits de la femme, du contrôle des naissances, de la liberté individuelle et sexuelle, elle publie un journal, *Mother Earth* et plus tard, d'admirables Mémoires : *Living my Life*. En 1919, à l'apogée de l'hystérie anti-anarchiste, elle est extradée des États-Unis en Russie soviétique. Elle y reste jusqu'à la révolte de Cronstadt (1921). Ensuite elle retourne en Europe et en Amérique, continuant infatigablement à écrire et à faire des conférences. Elle se rend en Espagne en 1936.

yeux et sa vivacité nous l'avaient montré en une condition excellente. Le domaine des Kropotkine était ravissant dans le soleil d'été, avec toutes ses fleurs et le jardin potager de Sophie en pleine floraison. Pierre nous avait parlé avec beaucoup de fierté de sa compagne et de ses talents de jardinière. Prenant Sacha [30] et moi par la main, il nous mena, avec une exubérance enfantine, à l'endroit où Sophie avait planté une espèce spéciale de salades. Elle avait réussi à obtenir des têtes aussi grosses que des choux, avec des feuilles frisées et délicieuses. Lui-même avait bêché la terre, mais c'était Sophie qui était le vrai expert, répétait-il. Sa récolte de pommes de terre de l'hiver dernier avait été si bonne qu'il en était resté assez pour en échanger contre du fourrage pour leur vache, et même pour partager avec leur voisins de Dmitrov, qui avaient peu de légumes. Notre cher Pierre avait folâtré dans son jardin en parlant de tous ces sujets comme s'ils étaient des événements mondiaux.

L'esprit juvénile de notre camarade avait été contagieux, il nous entraîna tous par son charme et sa gaieté.

Dans l'après-midi, dans son studio, il devint à nouveau le savant et penseur, clair et pénétrant dans son jugement sur les personnes et les événements. Nous avions discuté de la dictature, des méthodes imposées à la Révolution par la nécessité et de celles inhérentes à la nature du parti. Je voulais que Pierre m'aidât à comprendre mieux la situation qui menaçait de faire effondrer ma foi en la Révolution et les masses. Patiemment, et avec la tendresse que l'on prodigue à un enfant malade, il avait essayé de me calmer. Il affirmait qu'il n'y avait pas de raison de désespérer. Il comprenait mon conflit intérieur, disait-il, mais il était sûr qu'avec le temps j'apprendrais à faire la distinction entre la Révolution et le régime. C'étaient deux mondes à part et l'abîme entre eux devait forcément devenir de plus en plus profond avec

30. « Sacha », surnom familier d'Alexandre Berkman (1870-1936), lui aussi d'origine juive russe, émigré aux États-Unis en 1888. Voulant soutenir des grévistes dans leur lutte contre des briseurs de grève professionnels, il tire en 1892, à Pittsburgh, sur le magnat de la sidérurgie, Henry Clark Frick, qui est légèrement blessé. Il est condamné, le 1er mars 1893, à 21 ans de prison et en purge 14, défendu sans relâche par Emma Goldman. Avec elle il est arrêté et déporté en 1919, en Russie soviétique. En décembre 1921, après la répression de Cronstadt et l'exécution de Fanny Baron, il quitte la Russie pour l'Allemagne puis la France. Malade, il se suicide à Nice, Auteur des *Mémoires de prison d'un anarchiste* (1912) et du *Mythe bolchevique* (1922), tous deux en anglais.

l'avance du temps. La Révolution russe était beaucoup plus grande que la française et d'une signification plus puissante pour le monde entier. Elle avait marqué profondément la vie des masses de partout et personne ne pouvait prévoir la riche récolte que l'humanité allait en recueillir. Les communistes qui adhéraient irrévocablement à l'idée d'un État centralisé étaient condamnés à mal diriger le cours de la révolution. Leur but étant la suprématie politique, ils étaient inévitablement devenus les jésuites du socialisme, justifiant tous les moyens pour arriver à leurs fins. Leur méthodes paralysaient l'énergie des masses et terrorisaient les gens. Mais sans le peuple, sans la participation directe des travailleurs à la reconstruction du pays, rien de créateur et d'essentiel ne pourrait être accompli.

Nos propres camarades, avait continué Kropotkine, avaient dans le passé omis d'accorder une considération suffisante aux éléments fondamentaux d'une Révolution sociale. Le facteur de base dans un tel soulèvement, c'était l'organisation de la vie économique du pays. La Révolution russe prouvait que nous devions nous préparer à cela. Il était arrivé à la conclusion que le syndicalisme allait probablement fournir ce dont la Russie manquait le plus : un instrument par lequel pourrait s'effectuer la construction économique et industrielle du pays. Il se rapportait à l'anarcho-syndicalisme, indiquant qu'un tel système, grâce à l'aide des coopératives, sauverait les révolutions futures des erreurs fatales et des terribles souffrances par lesquelles passait la Russie.

Je me souvenais vivement de tout cela en recevant la triste nouvelle de la maladie de Kropotkine. Je ne pouvais penser à partir pour Petrograd sans avoir vu Pierre à nouveau. Des infirmières efficaces étaient rares en Russie. Moi je pourrais le soigner et faire au moins cela pour mon cher maître et ami.

J'appris que la fille de Pierre, Alexandra, se trouvait à Moscou et s'apprêtait à partir pour Dmitrov. Elle m'informa qu'une infirmière très compétente, une Russe qui avait étudié en Angleterre, était chargée des soins. Leur petite villa étant déjà trop pleine de gens, elle me conseilla de ne pas déranger Pierre pour le moment. Elle partait pour Dmitrov et allait me téléphoner au sujet de l'état de son père et de l'utilité de ma visite.

J'étais à peine arrivée [à Petrograd], quand Mme Ravich me

téléphona pour me dire qu'on m'appelait d'urgence de Dmitrov. Elle avait reçu un message de Moscou demandant que je vienne immédiatement. Pierre allait plus mal et la famille l'avait priée de me dire de venir tout de suite.

Mon train fut assailli par une terrible tempête de neige et nous arrivâmes à Moscou avec dix heures de retard sur l'horaire. Il n'y avait pas de train pour Dimtrov jusqu'au lendemain soir et les routes étaient bloquées par des amas de neige trop hauts pour qu'une auto puisse passer. Les fils téléphoniques étaient par terre et il n'y avait pas moyen d'atteindre Dmitrov.

Le train du soir avançait avec une lenteur exaspérante et s'arrêtait souvent pour reprendre du combustible. Il était quatre heures du matin, quand nous arrivâmes. Avec Alexandre Schapiro [31], un ami intime de la famille Kropotkine et Pavlov, un camarade du Syndicat des boulangers, je me hâtais vers la villa des Kropotkine. Hélas ! c'était trop tard ! Pierre avait cessé de respirer une heure plus tôt. Il mourut à quatre heures du matin, le 8 février 1921. Sa veuve désolée me dit que Pierre avait souvent demandé si j'étais en route et quand j'arriverais. Sophie était sur le point de s'effondrer et grâce à la nécessité de m'occuper d'elle j'oubliai le cruel concours de circonstances qui m'avait interdit de rendre le moindre service à celui qui avait imprimé une si puissante impulsion à ma vie et à mon travail.

Sophie nous apprit que Lénine, informé de la maladie de Pierre, avait envoyé les meilleurs médecins de Moscou à Dmitrov, ainsi que des provisions et des friandises pour le malade. Il avait aussi ordonné de lui envoyer de fréquents bulletins sur l'état de Pierre et d'en faire publier dans la presse. Quel triste dénouement que tant d'attentions aient été données sur son lit de mort à l'homme qui, par deux fois, avait été razzié par la Tchéka et qui, pour cette raison, avait été forcé de prendre une retraite non dési-

31. Alexandre M. Schapiro (1882-1947), fils d'un anarchiste russe ; secrétaire du Bureau anarchiste international après le congrès anarchiste international d'Amsterdam de 1907 (v. *infra*, p. 436). Pendant la Révolution il est rédacteur du journal *Golos Truda* avec Voline (voir p. 546) et membre du Commissariat aux affaires étrangères. La répression des anarchistes par les bolcheviks l'oblige à partir pour Berlin en 1922, où il anime le groupe des anarchistes russes exilés. Il vit ensuite à Paris où il collabore au *Combat syndicalisé*, puis aux États-Unis.

rée ! Pierre Kropotkine avait aidé à préparer le terrain pour la Révolution, mais on lui avait refusé de participer à sa vie et à son développement ; sa voix avait retenti en Russie malgré la persécution tsariste, mais elle avait été étouffée par la dictature communiste.

Pierre ne cherchait ni n'acceptait jamais de faveur d'aucun gouvernement, il ne tolérait aucune pompe ni aucun faste. Nous décidâmes donc qu'il ne devait y avoir aucune intrusion de l'État à son enterrement, et que celui-ci ne devait pas être rabaissé par la participation des officiels. Les derniers jours de Pierre sur terre devaient se passer en compagnie de ses seuls camarades.

Schapiro et Pavlov partirent pour Moscou chercher Sacha et les autres camarades de Petrograd. Avec le groupe de Moscou, ils devaient prendre en main les obsèques. Je restai à Dmitrov pour aider Sophie à préparer son cher défunt au transfert à la capitale, pour l'enterrement.

(...) Jusqu'au jour où il avait été forcé de prendre le lit, Pierre avait continué à travailler, dans les conditions les plus difficiles, à son ouvrage sur l'Éthique, qu'il espérait être le couronnement de sa vie. Son plus grand regret dans ses dernières heures était qu'il ne lui fût pas donné un peu plus de temps pour compléter ce qu'il avait commencé il y avait des années.

Dans les trois dernières années de sa vie, Pierre avait été coupé de tout contact étroit avec les masses. À sa mort il reprenait pleinement ce contact avec elles. Paysans, ouvriers, soldats, intellectuels, hommes et femmes sur un rayon de plusieurs kilomètres, de même que toute la communauté de Dmitrov, affluaient à la villa de Kropotkine pour rendre un dernier hommage à l'homme qui avait vécu parmi eux et qui avait partagé leurs luttes et leurs détresses.

Sacha arriva à Dmitrov avec de nombreux camarades de Moscou pour assister au transfert du corps de Pierre à Moscou. Jamais le petit village n'avait rendu à quiconque un aussi grand hommage qu'à Pierre Kropotkine. Les enfants l'avaient le mieux connu et aimé à cause de son caractère enjoué et jeune. Les écoles étaient fermées ce jour-là en signe de deuil pour l'ami qui les quittait. Ils s'étaient rendus en grand nombre à la station et agitèrent leurs mains pour dire adieu à Pierre quand le train s'ébranla lentement.

En chemin j'appris de Sacha que la commission pour les obsèques de Pierre Kropotkine, qu'il avait aidé à organiser et dont il était le président, avait déjà été l'objet de multiples chicanes de la part des autorités soviétiques. On avait permis à la commission de publier deux pamphlets de Pierre et de sortir un numéro spécial du bulletin à la mémoire de Pierre Kropotkine. Plus tard, le Soviet de Moscou, sous la présidence de Kamenev, demanda que les manuscrits de ce bulletin fussent soumis à la censure. Sacha Shapiro et d'autres camarades protestèrent, disant que ces démarches retarderaient sa publication. Pour gagner du temps ils avaient promis que seulement des appréciations sur la vie et le travail de Kropotkine paraîtraient dans ce bulletin. Puis soudain, le censeur se rappela qu'il avait trop de travail en cours pour le moment et que l'affaire devait attendre son tour régulier. Cela signifiait que le bulletin ne pourrait paraître à temps pour l'enterrement, et il était évident que les bolcheviks avaient recours à leur tactique dilatoire habituelle jusqu'à ce qu'il fût trop tard pour leur utilité. Nos camarades se décidèrent à l'action directe. Lénine s'était approprié souvent cette idée anarchiste, pourquoi les anarchistes ne la reprendraient-ils pas de lui ? Le temps pressait et l'objectif était assez important pour risquer même une arrestation. Ils cassèrent les sceaux que la Tchéka avait placés sur l'imprimerie de notre vieux camarade Atabekian et nos amis travaillèrent comme des castors pour préparer et sortir le bulletin à temps pour les obsèques.

L'hommage d'estime et d'affection pour Pierre Kropotkine se transforma à Moscou en une manifestation monstre. Dès le moment où le corps arriva dans la capitale et fut déposé à la Maison des syndicats, ainsi que pendant les deux jours où le défunt fut exposé dans le hall de marbre, il y eut un défilé de gens tel qu'on ne l'avait jamais connu depuis les jours d'Octobre.

La commission Kropotkine avait envoyé une requête à Lenine, le priant de faire relâcher temporairement les anarchistes emprisonnés à Moscou, pour qu'ils puissent prendre part aux derniers honneurs rendus à leur maître et ami décédé. Lénine l'avait promis et le comité exécutif du parti communiste avait donné l'ordre à la Veh-Tchéka (la Tchéka russe), de libérer « selon son appréciation » les anarchistes emprisonnés en vue de leur participation aux obsèques. Mais la Veh-Tchéka n'était apparemment pas disposée à obéir, fût-ce même à Lénine ou à la suprême autorité de son propre parti. Elle demanda si la commission pouvait garantir le retour des prisonniers à la prison. La commission donna une garantie collective. Là-dessus la Veh-Tchéka déclara « qu'il n'y avait pas d'anarchistes emprisonnés à Moscou ». En vérité Boutirky et la prison intérieure de la Tchéka étaient remplis de nos camarades arrêtés lors de la razzia de la Conférence de Kharkov, bien que cette dernière, en vertu d'un accord entre le gouvernement soviétique et Nestor Makhno, eût été officiellement permise. En outre, Sacha avait obtenu l'entrée à la prison Boutirky et y avait parlé avec plus d'une vingtaine de nos camarades emprisonnés. Accompagné de l'anarchiste russe Yartchouk, il avait également visité la prison intérieure de la Tchéka de Moscou et avait eu une conversation avec Aaron Baron [32], qui représentait à cette occasion un grand nombre d'autres anarchistes emprisonnés. Pourtant la Tchéka insistait, disant qu'il n'y avait pas d'« anarchistes emprisonnés à Moscou ».

À nouveau, la commission fut appelée à recourir à l'action directe. Le matin de l'enterrement elle donna l'ordre à Alexandra Kropotkine de téléphoner au Soviet de Moscou pour dire qu'on allait dénoncer publiquement ce manque de parole et que les couronnes déposées par les Soviets et organisations communistes allaient être enlevées, si la promesse donnée par Lénine n'était pas tenue.

Le grand hall des colonnes était archiplein ; parmi les présents il y avait plusieurs représentants de la presse européenne et américaine. Notre vieil ami Henry Alsberg était là, récemment revenu de Russie. Un autre journaliste, Arthur Ransonne, représentait le *Manchester Guardian*. Il était certain qu'ils feraient connaître ce manque de paroles des Soviets. Alors qu'on avait informé le monde entier des soins et attentions accordés à Pierre Kropotkine par le gouvernement soviétique pendant sa dernière maladie, la publicité donnée à un tel scandale devait être évitée à tout prix.

---

32. Aaron Baron, anarchiste, participe à la Révolution russe de 1905, exilé ensuite en Sibérie, s'en évade pour gagner les États-Unis, regagne la Russie en 1917 ; coéditeur du journal *Nabat,* à Kharkov, avec Voline ; arrêté par la Tchéka avec sa compagne Fanny en novembre 1920 ; demeure en prison et en camp de concentration jusqu'en 1938 ; arrêté de nouveau depuis et disparu. Fanny Baron fut fusillée par les bolcheviks en septembre 1921.

Kamenev demanda donc un délai et promit solennellement de libérer les anarchistes emprisonnés dans les vingt minutes.

On retarda pendant une heure l'enterrement. Les grandes masses des gens en deuil tremblaient dans le froid cruel de Moscou, attendant dans la rue l'arrivée des disciples emprisonnés du grand défunt. Ils arrivèrent enfin, mais ils n'étaient que sept en tout de la prison de la Tchéka. Il n'y avait pas un seul des camarades de la prison Boutirky. Au dernier moment la Tchéka assura à la commission qu'ils avaient été libérés et qu'ils étaient en route. Les prisonniers en permission tenaient les cordons du poêle. Avec un triste orgueil ils portaient les restes de leur camarade et maître aimé. La vaste assemblée dans la rue les reçut en un impressionnant silence. Soldats sans armes, marins, étudiants, enfants, organisations syndicales représentant tous les métiers, groupes d'hommes et de femmes représentant les intellectuels, paysans et beaucoup de groupes d'anarchistes avec leur bannières rouges ou noires, une multitude unie sans coercition, ordonnée sans commandement, s'avançait sur la longue route, deux heures durant, jusqu'au cimetière Devichy, aux alentours de la ville.

Au musée de Tolstoï, les sons de la marche funèbre de Chopin saluèrent le cortège ainsi qu'un chœur formé par les disciples du prophète de Isanaïa Poliana. En signe de remerciement nos camarades baissèrent leurs bannières comme l'hommage d'un grand fils de la Russie à un autre.

En passant devant la prison de Boutirky, la procession s'arrêta une seconde fois et nos bannières s'inclinèrent comme témoignage du dernier salut de Pierre Kropotkine à ses camarades courageux qui lui faisaient des signes d'adieu à travers leurs fenêtres grillagées. L'expression spontanée d'une douleur profonde caractérisait les discours prononcés sur la tombe de notre camarade, par des hommes représentant différentes tendances politiques. La note dominante fut que la mort de Pierre Kropotkine était la perte d'une puissance morale énorme, telle qu'il n'en existait plus dans notre pays.

Pour la première fois depuis mon arrivée à Petrograd, ma voix était entendue en public. Elle me semblait étrangement dure et incapable d'exprimer tout ce que Pierre avait été pour moi.

La douleur que me causait sa mort était liée à mon désespoir devant l'échec de la Révolution que personne d'entre nous n'avait été capable d'éviter.

Le soleil disparaissait lentement à l'horizon et le ciel, baigné d'un rouge sombre, formait un baldaquin fantastique au-dessus de la terre fraîche qui recouvrait maintenant l'endroit du repos éternel de Pierre Kropotkine.

Les sept détenus sortis sur parole passèrent la soirée avec nous et ce ne fut que tard dans la nuit qu'ils regagnèrent leur prison. Ne les attendant pas, les gardiens avaient fermé les portes et s'étaient retirés. Les hommes durent presque forcer l'entrée, tant les gardiens étaient étonnés de voir des anarchistes assez fous pour tenir une parole donnée pour eux par leur camarades.

Les anarchistes de la prison Boutirky n'étaient finalement pas venus à l'enterrement. La Veh-Tchéka avait prétendu à la commission qu'ils avaient refusé de venir, bien qu'on leur en eût donné la possibilité. Nous savions que c'était un mensonge, mais malgré cela je décidai de rendre personnellement une visite à nos prisonniers pour entendre leur version de l'histoire. Ceci comportait la nécessité odieuse de demander un permis à la Tchéka. On m'emmena dans le bureau privé du tchékiste en chef, qui était un tout jeune garçon, un revolver à la ceinture et un autre sur la table. Il s'avança vers moi les mains tendues et m'appela abondamment « chère camarade ». Il me dit que son nom était Brenner et qu'il avait vécu en Amérique. Il avait été anarchiste et naturellement il connaissait très bien Sacha ainsi que moi-même et savait tout de nos activités aux États-Unis. Il était fier de nous appeler camarades. Naturellement, maintenant il était avec les communistes, m'expliquait-il, car il considérait l'actuel régime comme un pas en avant vers l'anarchisme. La chose importante, c'était la Révolution, et puisque les bolcheviks travaillaient pour elle, il coopérait avec eux. Mais avais-je donc cessé d'être une révolutionnaire pour refuser de prendre la main fraternellement tendue de l'un de ses défenseurs ?

Je lui répondis que de ma vie je n'avais jamais donné la main à un détective et encore moins à un policier qui avait été anarchiste. J'étais venue pour obtenir une entrée à la prison et je voulais savoir si je pouvais avoir satisfaction.

(...) Il se leva, et sortit de la pièce. J'attendis une demi-heure, me demandant si j'étais prisonnière. À chacun son tour en Russie, pourquoi pas moi ? Soudain des pas s'approchèrent, et la porte s'ouvrit en grand. Un vieil homme, évidemment un tchékiste, me permettait d'entrer dans la prison Boutirky.

Parmi un nombreux groupe de camarades emprisonnés, j'en rencontrai plusieurs que j'avais connus aux États-Unis : Fanny et Aaron Baron, Voline [33], et d'autres qui avaient travaillé en Amérique, ainsi que des Russes de l'organisation *Nabat,* que j'avais rencontrés à Kharkov. Un représentant de la Veh-Tchéka était venu les voir, dirent-ils, et leur avait offert de relâcher quelques-uns d'entre eux, individuellement, mais non en groupe collectif, comme cela avait été arrangé avec la commission. Nos camarades s'étaient opposés à ce manquement à la parole donnée et avaient insisté pour pouvoir assister à l'enterrement de Kropotkine en groupe ou pas du tout. L'homme leur déclara qu'il devait informer les officiers supérieurs de leur demande et qu'il reviendrait bientôt, avec la décision définitive. Mais il ne revint jamais. Les camarades disaient que cela n'avait aucune importance, parce qu'ils avaient tenu leur propre meeting à la mémoire de Kropotkine dans le couloir de la prison, où ils l'avaient honoré par des discours de circonstance et des chants révolutionnaires. Avec l'aide d'autres politiques ils avaient transformé la prison en une université populaire, me disait Voline. Ils donnaient des cours de science et d'économie politique, de sociologie et de littérature et apprenaient aux prisonniers de droit commun à lire et à écrire. En fait, ils avaient beaucoup plus de liberté que nous à l'extérieur et nous devions les envier, plaisantaient-ils. Mais ils craignaient que ce havre ne durât plus longtemps.

---

33. Voir la biographie de Voline *infra*, p. 546.

Errico Malatesta (1853-1932)

Errico Malatesta est né le 14 décembre 1853, en Italie, dans la province de Caserie, d'une famille de modestes propriétaires ruraux. Dès l'âge de quatorze ans, il adressa une lettre insolente et menaçante au roi Victor-Emmanuel II, ce pour quoi il fut arrêté. À Naples, il fit ses études à l'école religieuse des Escolapes, puis à la faculté de médecine. Après avoir été républicain, puis avoir répudié le patronage de Mazzini, il adhéra à l'Internationale en 1871, peu de mois après la Commune de Paris, et y rejoignit l'aile bakouninienne. Il joua un rôle actif en octobre 1876 au congrès de Berne de l'Internationale « antiautoritaire », où, s'éloignant quelque peu de l'héritage idéologique de Bakounine, il abandonna le « collectivisme » pour se faire le protagoniste du « communisme libertaire » (v. supra, p. 328 et 343) et aussi lancer l'idée de la « propagande par le fait ». Malatesta, Carlo Cafiero et Kropotkine furent désormais associés.

En 1877, dans la province de Bénévent, les deux premiers tentèrent de mettre en application leur activisme à la manière blanquiste. À la tête d'une trentaine d'internationalistes, armés, drapeaux rouges en tête, ils s'emparèrent du village de Lentino, distribuèrent des armes à la population, brûlèrent les archives publiques. Mais la population resta passive, l'armée intervint. Malatesta et Cafiero furent arrêtés sur place. Au procès, bien qu'ils reconnussent avoir tiré sur les carabiniers, ils furent acquittés.

Après maintes aventures dans le Moyen-Orient, Malatesta, de Marseille, gagna Genève où il participa avec Kropotkine à l'édition du journal Le Révolté. *Expulsé de Suisse, puis de plusieurs autres pays, il se fixa enfin à Londres où il s'essaya dans divers petits métiers.*

En 1881 les anarchistes se réunirent à Londres en un congrès international et Malatesta y proposa vainement la création d'une Internationale anarchiste (v. plus loin p. 427). En Italie, il put reprendre une activité révolutionnaire et y fonda deux journaux, La Questione sociale *et* La Anarchia, *de tendances antipatriotiques et antiparlementaires. Mais bientôt, en 1884, la répression à nouveau s'abattit sur lui. Au cours d'un procès politique, il réussit à s'enfuir dans une caisse de machines à coudre embarquée pour l'Amérique du Sud. Entre-temps, il avait publié un « projet de réorganisation de l'Internationale sur une base purement anarchiste ».*

On le retrouve à Buenos Aires en 1885 où il publie une autre Questione sociale *et se fait organisateur syndicaliste. En 1889, après maintes aventures rocambolesques, il quitte l'Amérique du Sud pour la France, puis l'Angleterre, puis l'Espagne. Ce petit homme infatigable est toujours par monts et par vaux. À Londres, en 1896 (v. plus loin p. 427), Malatesta participa au congrès international ouvrier socialiste, où il était le délégué des anarcho-syndicalistes espagnols.*

Revenu clandestinement en Italie, il y combattit tout à la fois le parlementarisme, l'individualisme, le marxisme et s'éloigna de Kropotkine dont il critiqua le « spontanéisme ». Il insista sur la nécessité d'organiser l'anarchisme en parti et se fit l'avocat du syndicalisme ainsi que de l'action directe ouvrière.

Mais de nouvelles aventures l'attendaient. Déporté dans des îles italiennes, il s'en évada, en 1889, se rendit en Angleterre, puis aux États-Unis, puis à Cuba, pour revenir à Londres en 1900. Il y publie plusieurs journaux : L'Internazionale, Lo Sciopero generale *(« la grève générale »).*

En 1907, il participa activement au congrès international anarchiste à Amsterdam (v. plus loin p. 439). Ce ne fut qu'en 1913 qu'il quitta l'Angleterre pour rentrer en Italie. Il y rencontra Mussolini, alors socialiste de gauche et directeur du journal Avanti. *Il eut de longues discussions avec le futur « Duce » fasciste, qu'il trouva déjà sceptique sur la perspective de la Révolution sociale ; il confia à son ami Luigi Fabbri que cet homme* était révolutionnaire seulement sur le papier et qu'il n'y avait rien à faire avec lui.

À Ancône, Malatesta publia le journal Volontà, auquel il avait déjà donné son impulsion de Londres, et s'y montra un agitateur inlassable. En juin 1914, il y fut le détonateur de la « Semaine rouge ». L'émeute avait éclaté à la suite du massacre par les forces de l'ordre de manifestants désarmés. Le peuple s'empara de la ville. Les syndicats décrétèrent la grève générale dans tout le pays. L'armée intervint. Malatesta dut s'enfuir, pour regagner l'Angleterre.

La Première Guerre mondiale le trouva fidèle à l'internationalisme prolétarien et il combattit avec indignation le bellicisme de Kropotkine (v. plus loin p. 457). À la fin de 1919, il put quitter Londres pour rentrer en Italie, où il fut accueilli par des foules enthousiastes. Le Corriere della Sera du 20 janvier 1920 le dépeignit comme « un des plus grands personnages de la vie italienne ». Son journal Umanità Nuova tirait à 50 000 exemplaires et il était devenu l'animateur d'une centrale ouvrière anarcho-syndicaliste, l'Union syndicale italienne (U.S.I.).

De 1919 à 1922, Malatesta connut l'apogée de sa carrière de militant et d'agitateur révolutionnaire. Il transporta à Rome son journal et s'efforça de former une « Alliance du Travail » antifasciste, avec les partis politiques et les syndicats, qui proclama, en juillet 1922, une grève générale, mais les chemises noires fascistes, déjà puissantes, écrasèrent le mouvement. Peu après la « marche sur Rome » Umanità Nuova fut interdite, un portrait de Malatesta brûlé en public. Il réussit néanmoins à faire paraître, en 1924, une revue bimensuelle : Pensiero e Volontà qui, bien que souvent censurée, survécut jusqu'en 1926. Il y écrivit des articles d'une haute maturité.

À partir de la fin de 1926 Malatesta, vieilli, et que le totalitarisme fasciste avait réduit au silence (à l'exception de quelques articles qu'il put faire passer à l'étranger), vécut en résidence surveillée, ce qui l'empêcha de rejoindre, comme il l'aurait souhaité, la Révolution républicaine de 1931 en Espagne. Il mourut le 22 juillet 1932.

Révolution et réaction

RÉVOLUTION : c'est la création d'institutions nouvelles, vivantes, de nouveaux groupements, de relations sociales nouvelles. C'est aussi la destruction des privilèges et des monopoles, c'est l'esprit d'une justice nouvelle, de fraternité, de cette liberté qui doit renouveler toute la vie sociale, le niveau moral et les conditions matérielles des masses, en les incitant, à travers leurs actions directes et conscientes, à assurer leur propre avenir.

RÉVOLUTION : c'est l'organisation de tous les services publics par ceux qui y travaillent, dans leur propre intérêt autant que dans celui du public.

RÉVOLUTION : c'est l'abolition de toutes les contraintes, c'est l'autonomie des groupes, des communes, des régions.

RÉVOLUTION : c'est la fédération libre créée par le désir d'une fraternité humaine, par des intérêts individuels et collectifs, par les besoins de la production et de la défense.

RÉVOLUTION : c'est la constitution d'innombrables groupements libres, basés sur des idées, des souhaits et des goûts de toutes sortes, tels qu'ils existent parmi les hommes.

RÉVOLUTION : c'est la formation et la prolifération de milliers de centres représentatifs communaux, régionaux et nationaux, qui, sans posséder un pouvoir législatif, sont utiles pour faire connaître et pour coordonner de près et de loin les désirs et les intérêts des gens, et qui agissent par leurs informations, conseils et exemples.

RÉVOLUTION : c'est la liberté trempée dans le creuset de l'action ; elle dure aussi longtemps que dure l'indépendance : c'est-à-dire jusqu'à ce que d'autres, profitant de la lassitude qui surprend les masses, de l'inévitable déception qui suit les trop grands espoirs, les erreurs probables et les défauts humains, réussissent à constituer un pouvoir qui, soutenu par une armée de conscrits ou de mercenaires, dicte la loi, arrête le mouvement au point où il se trouve, et c'est alors que commence la réaction.

Une organisation sans autorité [1]

Croyant, sous l'influence de l'éducation autoritaire reçue, que l'autorité est l'âme de l'organisation sociale, pour combattre celle-là ils [certains anarchistes] ont combattu et nié celle-ci (...). L'erreur fondamentale des anarchistes adversaires de l'organisation est de croire qu'une organisation n'est pas possible sans autorité et de préférer, une fois admise cette hypothèse, renoncer à toute organisation plutôt que d'accepter la moindre autorité (...). Si nous croyons qu'il ne pourrait pas y avoir d'organisation sans autorité, nous serions des autoritaires, parce que nous préférerions encore l'autorité qui entrave et rend triste la vie à la désorganisation qui la rend impossible.

Sur la nécessité de l'organisation [2]

L'organisation n'est que la pratique de la coopération et de la solidarité, elle est la condition naturelle, nécessaire de la vie sociale, elle est un fait inéluctable qui s'impose à tous, tant dans la société humaine en général que dans tout groupe de gens ayant un but commun à atteindre.

L'homme ne veut ni ne peut vivre isolé, il ne peut même pas devenir véritablement homme et satisfaire ses besoins matériels et moraux autrement qu'en société et avec la coopération de ses semblables. Il est donc fatal que tous ceux qui ne s'organisent pas librement, soit qu'ils ne le puissent, soit qu'ils n'en sentent pas la pressante nécessité, aient à subir l'organisation établie par d'autres individus ordinairement constitués en classe ou groupes

1. *L'Agitazione*, Ancône, n° 13 et 14, 4 et 11 juin 1967.
2. *Anarchie et organisation*, 1927, réédité en 1967.

dirigeants, dans le but d'exploiter à leur propre avantage le travail d'autrui.

Et l'oppression millénaire des masses par un petit nombre de privilégiés a toujours été la conséquence de l'incapacité de la plupart des individus à s'accorder, à s'organiser sur la base de la communauté d'intérêts et de sentiments avec les autres travailleurs pour produire, pour jouir et pour, éventuellement, se défendre des exploiteurs et des oppresseurs. L'anarchisme vient remédier à cet état de choses avec son principe fondamental d'organisation libre, créée et maintenue par la libre volonté des associés sans aucune espèce d'autorité, c'est-à-dire sans qu'aucun individu ait le droit d'imposer aux autres sa propre volonté. Il est donc naturel que les anarchistes cherchent à appliquer à leur vie privée et à la vie de leur parti ce même principe sur lequel, d'après eux, devrait être fondée toute la société humaine.

Certaines polémiques laisseraient supposer qu'il y a des anarchistes réfractaires à toute organisation ; mais, en réalité, les nombreuses, trop nombreuses discussions que nous avons sur ce sujet, même quand elles sont obscurcies par des questions de mots ou envenimées par des questions de personnes, ne concernent, au fond, que le mode et non le principe d'organisation. C'est ainsi que des camarades, en paroles les plus opposés à l'organisation, s'organisent comme les autres et souvent mieux que les autres, quand ils veulent sérieusement faire quelque chose.

L'anarchie [3]

Le mot Anarchie nous vient du grec et signifie sans gouvernement, état d'un peuple qui se régit sans autorité constituée, sans gouvernement.

Avant que toute une catégorie de penseurs considérât une telle organisation comme possible et désirable, avant qu'elle fût prise comme but par un parti qui est désormais un des facteurs les plus importants des luttes sociales modernes, le mot Anarchie était généralement pris dans le sens de désordre, de confusion ; il est encore pris aujourd'hui dans ce sens par les masses ignorantes et par les adversaires intéressés à cacher la vérité.

Comme on a cru le gouvernement nécessaire, puisqu'on a admis que sans gouvernement il ne peut y avoir que désordre et confusion, il est naturel, il est même logique que le terme Anarchie, qui signifie absence de gouvernement, signifie aussi absence d'ordre.

Le fait n'est pas sans exemple dans l'histoire des mots. Dans les temps et les pays où le peuple a cru nécessaire le gouvernement d'un seul (monarchie), le mot *république*, qui signifie gouvernement de la majorité, était pris dans le sens de désordre et de confusion ; on retrouve encore cette signification dans le langage populaire de presque tous les pays.

Changez l'opinion, persuadez le public que non seulement le gouvernement n'est pas nécessaire, mais qu'il est extrêmement dangereux et nuisible et alors le mot Anarchie, justement parce

3. Extraits de *L'Anarchie*, 1891, traduit de l'italien en 1907, réédité en 1929.

qu'il signifie absence de gouvernement, voudra dire pour tous : ordre naturel, harmonie des besoins et des intérêts de tous, liberté complète dans la solidarité.

On a tort de dire que les anarchistes ont mal choisi leur nom, puisque ce nom est mal compris de la masse et prête à une fausse interprétation. L'erreur ne dépend pas du mot mais de la chose, et la difficulté que rencontrent les anarchistes dans la propagande ne dépend pas du nom qu'ils se donnent, mais du fait que leur concept heurte tous les préjugés invétérés que nourrit le peuple sur la fonction du gouvernement ou, comme on le dit ordinairement, sur l'État.

Qu'est-ce que le gouvernement ?

La tendance métaphysique (qui est une maladie de l'esprit par laquelle l'homme, après avoir abstrait par processus logique les qualités d'un être, subit une espèce d'hallucination lui faisant prendre l'abstraction pour la réalité), la tendance métaphysique, disons-nous, qui, malgré les coups de la science positive, a encore de profondes racines dans l'esprit de la plupart des hommes contemporains, fait que beaucoup conçoivent le gouvernement comme une entité morale, douée de certains attributs de raison, de justice, d'équité, indépendants des personnes qui sont au gouvernement.

Pour eux, le gouvernement, ou mieux l'État, est le pouvoir social abstrait ; c'est le représentant, abstrait toujours, des intérêts généraux ; c'est l'expression du droit de tous, considéré comme limite des droits de chacun. Ce mode de concevoir le gouvernement est appuyé par les intéressés à qui il importe de sauver le principe d'autorité et de le faire survivre aux fautes et aux erreurs de ceux qui se succèdent dans l'exercice du pouvoir.

Pour nous, le gouvernement c'est la collectivité des gouvernants ; et les gouvernants, rois, présidents, ministres, députés, etc., sont ceux qui ont la faculté de faire les lois pour régler les rapports des hommes entre eux et de faire exécuter ces lois ; de décréter et de percevoir l'impôt ; de forcer au service militaire ; de juger et de punir les contrevenants aux lois, de surveiller et sanctionner les contrats privés, de monopoliser certaines branches de production et certains services publics, ou, s'ils le veulent, toute la production et tous les services publics ; de favoriser ou empêcher l'échange des produits ; de déclarer la guerre ou conclure la paix avec les gouvernements des autres pays ; de concéder ou de retirer des franchises, etc. Les gouvernants, en un mot, sont ceux qui ont la faculté, à un degré plus ou moins élevé, de se servir de la force sociale, soit de la force physique, intellectuelle et économique de tous, pour obliger tout le monde à faire ce qu'ils veulent eux-mêmes. Cette faculté constitue, à notre sens, le principe du gouvernement, le principe d'autorité.

Mais quelle est la raison d'être du gouvernement ?

Pourquoi abdiquer entre les mains de quelques individus notre propre liberté, notre propre initiative ? Pourquoi leur donner la faculté de s'emparer, avec ou contre la volonté de chacun, de la force de tous et d'en disposer à leur gré ? Sont-ils donc si exceptionnellement doués qu'ils puissent, avec quelque apparence de raison, se substituer à la masse et pourvoir aux intérêts des hommes, mieux que ne sauraient le faire les intéressés ? Sont-ils infaillibles et incorruptibles au point qu'on puisse confier, avec prudence, le sort de chacun et de tous à leur bonté ?

Et lors même qu'il existerait des hommes d'une bonté et d'un savoir infinis, quand même, par une hypothèse qui ne s'est jamais vérifiée dans l'histoire et que, croyons-nous, il est impossible de vérifier, le pouvoir de gouverner serait dévolu aux plus capables et aux meilleurs, la possession du pouvoir n'ajouterait rien à leur puissance bienfaisante, ou plutôt la paralyserait, la détruirait par la nécessité dans laquelle ils se trouveraient de s'occuper de tant de choses qu'ils ne comprennent pas et surtout de gaspiller la meilleure part de leur énergie pour se maintenir au pouvoir, pour contenter les amis, pour brider les mécontents et mater les rebelles.

D'ailleurs, bons ou mauvais, sages ou ignorants, que sont les gouvernements ? Qui les désigne à leur haute fonction ? S'imposent-ils eux-mêmes par droit de guerre, de conquête ou de révolution ? Mais alors, quelle garantie a le peuple qu'ils s'inspirent de l'utilité générale ? C'est une pure question d'usurpation ; et, aux sujets, s'ils sont mécontents, il ne reste que l'appel à la force pour se délivrer du joug. Sont-ils choisis par une classe, par un parti ? Mais alors ce sont les intérêts et les idées de cette classe qui triompheront, tandis que la volonté et les intérêts des autres seront sacrifiés. Sont-ils élus par le suffrage universel ? Mais alors le seul critérium est le nombre, qui, certes, ne prouve ni l'équité, ni la raison, ni la capacité. Ce seront ceux qui savent mieux tromper la masse qui seront élus, et la minorité, qui peut être la moitié moins un, sera sacrifiée : cela, sans compter que l'expérience a démontré l'impossibilité de trouver un mécanisme électoral par lequel les élus soient au moins les représentants réels de la majorité.

Nombreuses et variées sont les théories au moyen desquelles on a essayé d'expliquer et de justifier l'existence du gouvernement. Toutes, en somme, sont fondées sur le préconcept, avoué ou non, que les hommes ont des intérêts contraires et qu'il faut une force externe, supérieure pour obliger les uns à respecter les intérêts des autres, en prescrivant et imposant telle règle de conduite, qui harmoniserait, autant que possible, les intérêts en lutte et qui apporterait à chacun la plus grande satisfaction avec le moins de sacrifices possible.

Si, disent les théoriciens de l'autoritarisme, les intérêts, les tendances, les désirs d'un individu sont en opposition avec ceux d'un autre individu, ou même de toute la société, qui aura le droit et la force d'obliger l'un à respecter les intérêts des autres ? Qui pourra empêcher tel citoyen de violer la volonté générale ? La liberté de chacun, disent-ils, a pour limite la liberté des autres, mais qui établira ces limites et qui les fera respecter ? Les antagonismes naturels des intérêts et des passions créent la nécessité du gouvernement et justifient l'autorité qui se pose en modératrice dans la lutte sociale et assigne les limites des droits et des devoirs de chacun.

Telle est la théorie ; mais les théories, pour être justes, doivent être basées sur les faits et pouvoir les expliquer ; et l'on sait qu'en économie sociale, trop souvent les théories s'inventent pour justifier les faits, c'est-à-dire pour défendre le privilège et le faire accepter tranquillement par ceux qui en sont les victimes.

Regardons plutôt les faits.

Dans tout le cours de l'histoire, tout comme à l'époque actuelle, le gouvernement est, ou la domination brutale, violente, arbitraire, de quelques-uns sur la masse, ou un instrument ordonné pour assurer la domination et le privilège à ceux qui, par force, par ruse ou par hérédité, ont accaparé tous les moyens de vie, surtout le sol, et s'en servent pour tenir le peuple en servitude et le faire travailler pour eux. On opprime les hommes de deux façons : ou directement, par la force brutale, par la violence physique ; ou indirectement, en leur soustrayant leurs moyens de subsistance et en les réduisant ainsi à l'impuissance. Le premier mode est l'origine du pouvoir, soit privilège politique ; le second est l'origine du privilège économique.

On peut encore opprimer les hommes en agissant sur leur intelligence et leurs sentiments, ce qui constitue le pouvoir religieux ou « universitaire » ; mais comme l'esprit n'est qu'une résultante des forces matérielles, le mensonge et les corps constitués pour le propager n'ont de raison d'être qu'en tant qu'ils sont le résultat des privilèges économiques et politiques, un moyen pour les défendre et les consolider.

Aujourd'hui, le gouvernement composé de propriétaires et de gens à leur service est tout à la disposition des propriétaires ; il l'est tellement que les plus riches dédaignent même souvent d'en faire partie. Rothschild n'a besoin, ni d'être député, ni d'être ministre : il lui suffit d'avoir à sa disposition les députés et les ministres.

Dans bien des pays, le prolétariat a nominalement une participation plus ou moins large à l'élection du gouvernement. C'est une concession faite par la bourgeoisie, soit pour obtenir le concours du peuple dans la lutte contre le pouvoir royal ou aristocratique, soit pour détourner du peuple la pensée de s'émanciper, en lui donnant une apparence de souveraineté. Que la bourgeoisie l'ait prévu ou non, dès qu'elle concédait au peuple le droit de vote, il est certain que ce droit s'est montré tout à fait illusoire, bon seulement à consolider le pouvoir de la bourgeoisie, en donnant à la partie la plus énergique du prolétariat l'illusoire espérance d'arriver au pouvoir.

Même avec le suffrage universel, nous pourrions dire surtout avec le suffrage universel, le gouvernement est resté le serf et le gendarme de la bourgeoisie. S'il en était autrement, si le gouvernement menaçait de devenir hostile, si la démocratie pouvait être autre chose qu'un moyen de tromper le peuple, la bourgeoisie, menacée dans ses intérêts, se préparerait à la révolte et se servirait de toute la force et de toute l'influence que lui donne la possession de la richesse pour rappeler le gouvernement à la fonction de simple gendarme à son service.

En tout temps et en tous lieux, quel que soit le nom que prenne le gouvernement, quelles que soient son origine et son organisation, sa fonction essentielle est toujours celle d'opprimer et d'exploiter les masses, de défendre les oppresseurs et les accapareurs ; ses organes principaux, caractéristiques indispensables, sont le gendarme et le percepteur des impôts, le soldat et le geôlier, auxquels se joint immanquablement le marchand de mensonges, prêtre ou professeur, payé et protégé par le gouvernement pour asservir les esprits et les rendre dociles au joug.

Un gouvernement ne peut exister longtemps sans cacher sa nature sous un prétexte d'utilité générale ; il ne peut pas faire respecter la vie des privilégiés sans se donner l'air de la vouloir respectée chez tous ; il ne peut faire accepter les privilèges de quelques-uns sans faire semblant de sauvegarder les droits de tous. « La loi », dit Kropotkine, c'est-à-dire ceux qui ont fait la loi, soit le gouvernement, « la loi a utilisé les sentiments sociaux de l'homme pour faire passer, avec des préceptes de morale que l'homme acceptait, des ordres utiles à la minorité des spoliateurs contre lesquels il se serait révolté ».

Un gouvernement ne peut vouloir que la société se défasse, parce que alors disparaîtrait pour lui et pour la classe dominante la matière à exploiter. Il ne peut permettre qu'elle se régisse elle-même sans entremise officielle, parce que alors le peuple s'apercevrait bien vite que le gouvernement ne sert à rien, sinon à défendre les propriétaires qui l'affament, et se préparerait à se débarrasser des gouvernements et des propriétaires.

Aujourd'hui, devant les réclamations pressantes et menaçantes du prolétariat, les gouvernements montrent la tendance de s'interposer dans les relations entre patrons et ouvriers. Ils essaient ainsi de faire dévier le mouvement ouvrier et d'empêcher, par quelques trompeuses réformes, que les pauvres ne prennent eux-mêmes tout ce dont ils ont besoin, c'est-à-dire une part de bien-être égale à celle dont jouissent les autres.

Il faut, en outre, tenir compte que, d'une part, les bourgeois, c'est-à-dire les propriétaires, sont eux-mêmes continuellement en train de se faire la guerre, de se manger entre eux, et, d'autre part, que le gouvernement, bien que fils, esclave et protecteur de la bourgeoisie, comme tout serf, tend à s'émanciper, et tout protecteur tend à dominer le protégé. De là ce jeu de bascule, ces tiraillements, ces concessions accordées et retirées, cette recherche d'alliés parmi les conservateurs contre le peuple, jeu qui est la science des gouvernants et qui fait illusion aux naïfs et aux paresseux attendant toujours leur salut d'en haut.

Le gouvernement, ou, comme on le dit, l'« État » justicier, modérateur des luttes sociales, administrateur impartial des intérêts du public, est un mensonge, une illusion, une utopie jamais réalisée et jamais réalisable.

Si les intérêts des hommes devaient être contraires les uns aux autres, si la lutte entre les hommes était une loi nécessaire de la société humaine, si la liberté des uns devait être une limite à la liberté des autres, alors chacun chercherait à faire toujours triompher ses propres intérêts sur ceux des autres ; chacun tenterait d'augmenter sa liberté au préjudice de la liberté d'autrui. S'il devait y avoir un gouvernement, non parce qu'il serait plus ou moins utile à la totalité des membres d'une société, mais parce que les vainqueurs voudraient s'assurer les fruits de la victoire, en soumettant solidement les vaincus, et se délivrer de la charge de sa défense des hommes spécialement dressés au métier de gendarme, alors l'humanité serait destinée à périr ou à se débattre éternellement entre la tyrannie des vainqueurs et la rébellion des vaincus.

(...) Aujourd'hui, le développement immense qu'a pris la production, l'accroissement de ces besoins qui ne peuvent être satisfaits que par le concours d'un grand nombre d'hommes de tous les pays, les moyens de communication, l'habitude des voyages, la science, la littérature, le commerce, les guerres même ont resserré et resserrent toujours davantage l'humanité en un seul corps, dont les parties, solidaires entre elles, ne trouvent leur plénitude et la liberté de développement que dans le salut des autres parties et du tout.

L'abolition du gouvernement ne signifie pas et ne peut pas signifier destruction de la connexion sociale. Bien au contraire, la coopération qui, aujourd'hui, est forcée, qui, aujourd'hui, est directement à l'avantage de quelques-uns, sera libre, volontaire et directe, à l'avantage de tous et en deviendra d'autant plus intense et efficace.

L'instinct social, le sentiment de solidarité, se développeraient au plus haut degré ; chaque homme fera tout ce qu'il peut pour le bien des autres hommes, tant pour satisfaire ses sentiments affectifs que par intérêt bien compris.

Du libre concours de tous, grâce au gouvernement spontané des hommes selon leurs besoins et leurs sympathies, du bas en haut, du simple au composé, partant des intérêts les plus immédiats pour arriver aux plus généraux, surgira une organisation sociale qui aura pour but le plus grand bien-être et la plus grande liberté de tous, qui embrassera toute l'humanité en une fraternelle communauté ; qui se modifiera, s'améliorera selon les modifications, les circonstances et les enseignements de l'expérience.

Cette société d'hommes libres, cette société d'amis, c'est l'Anarchie.

Mais, supposons que le gouvernement ne constitue pas, en soi, une classe privilégiée et qu'il puisse vivre sans créer autour de lui une nouvelle classe de privilégiés, en restant le représentant, l'esclave si l'on veut, de toute la société. À quoi servirait-il désormais ? En quoi et comment augmenterait-il la force, l'intelligence, l'esprit de solidarité, le soin du bien-être de tous et de l'humanité future qui, à ce moment, existeraient dans la société ?

C'est toujours la vieille histoire de l'homme lié qui, ayant réussi à vivre malgré ses liens, les considère comme la condition nécessaire de son existence.

Nous sommes habitués à vivre sous un gouvernement qui accapare toutes ces forces, toutes ces intelligences, toutes ces volontés qu'il peut diriger à ses fins et met obstacle, paralyse, supprime celles qui lui sont inutiles ou hostiles, et nous nous imaginons que tout ce qui s'est fait dans la société est l'œuvre du gouvernement et que sans gouvernement il ne resterait plus à la société ni force, ni intelligence, ni bonne volonté. Ainsi le propriétaire qui s'est emparé du sol le fait cultiver à son profit particulier, ne laissant au travailleur que le strict nécessaire pour qu'il puisse et veuille continuer à travailler — et le travailleur asservi pense qu'il ne pourrait vivre sans le patron, comme si celui-ci avait créé la terre et les forces de la nature.

(...) L'existence d'un gouvernement, même si c'était, d'après notre hypothèse, le gouvernement idéal des socialistes autoritaires, loin de donner une augmentation des forces productives, organisatrices et protectrices de la société, les amoindrirait immensément, en restreignant l'initiative à quelques-uns et en donnant à ces quelques-uns le droit de tout faire, sans pouvoir, naturellement, leur donner le don de tout savoir.

En effet, si vous enlevez de la législation et de toutes les œuvres d'un gouvernement tout ce qui est compris pour défendre les privilégiés et qui représente la volonté des privilégiés eux-mêmes, que reste-t-il qui ne soit le résultat de l'activité de tous ?

Du reste, pour comprendre comment une société peut vivre sans gouvernement, il suffit d'observer un peu à fond la société actuelle, et on verra comme en réalité la plus grande partie, la partie essentielle de la vie sociale, s'accomplit, même aujourd'hui, en dehors de l'intervention du gouvernement, et comment le gouvernement n'intervient que pour exploiter les masses, pour défendre les privilégiés et enfin pour sanctionner, bien inutilement, tout ce qui s'est fait sans lui et même malgré et contre lui.

Les hommes travaillent, échangent, étudient, voyagent, suivent comme ils le veulent les règles de la morale et de l'hygiène, profitent des progrès de la science et de l'art, ont entre eux des rapports infinis, sans qu'ils sentent le besoin de quelqu'un qui leur impose la façon de se conduire. Et ce sont justement ces choses où le gouvernement n'a pas d'ingérence qui marchent le mieux, qui donnent lieu à moins de contestations et qui s'accommodent à la volonté de tous, de manière que tous y trouvent leur utilité et leur agrément.

(...) Le gouvernement, je le répète encore, est l'ensemble des individus qui ont reçu ou qui ont pris le droit et les moyens de faire les lois et de forcer les gens à obéir ; l'administrateur, l'ingénieur, etc., sont, au contraire, des hommes qui reçoivent ou assument la charge de faire un travail et le font. « Gouvernement » signifie délégation du pouvoir, soit abdication de l'initiative et de la souveraineté de tous dans les mains de quelques-uns. « Administration » signifie délégation de travail, soit charge donnée et acceptée, échange libre de services, fondés sur de libres contrats.

Le gouvernant est un privilégié, puisqu'il a le droit de commander aux autres et de se servir des forces des autres pour faire triompher ses idées et ses désirs personnels. L'administrateur, le directeur technique, etc., sont des travailleurs comme les autres, quand il s'agit, cela s'entend, d'une société où tous ont des moyens égaux de se développer, où tous sont ou peuvent être à la fois des travailleurs intellectuels et manuels, où tous les travaux, toutes les fonctions donnent un droit égal à jouir des avantages sociaux. Il ne faut pas confondre la fonction du gouvernement avec la fonction de l'administration, qui sont essentiellement différentes, car si, aujourd'hui, elles se trouvent confondues, c'est à cause du privilège économique et politique.

Mais hâtons-nous de passer aux fonctions pour lesquelles le gouvernement est considéré, par tous ceux qui ne sont pas anarchistes, comme vraiment indispensable : la défense externe et interne d'une société, c'est-à-dire la « guerre », la « police », la « justice ».

Les gouvernements disparus et la richesse sociale étant mise à la disposition de tous, tous les antagonismes disparaîtront bien vite entre les différents peuples, et la guerre n'aura plus de raison d'être.

(...) Admettons, toutefois, que les gouvernements des pays non encore émancipés veuillent et puissent tenter de remettre en servitude un peuple libre. Celui-ci aura-t-il besoin d'un gouvernement pour se défendre ? Pour faire la guerre, il faut des hommes qui aient les connaissances géographiques et techniques nécessaires, et surtout des masses qui veulent se battre. Un gouvernement ne peut pas augmenter les capacités des uns, ni la volonté et le courage des autres. L'expérience historique nous enseigne comment un peuple qui veut vraiment défendre son propre pays est invincible : en Italie, tout le monde sait comment, devant les corps des volontaires (formation anarchique), croulent les trônes et s'évanouissent des armées régulières, composées d'hommes forcés ou enrôlés.

La « police » ? la « justice » ? Beaucoup s'imaginent que s'il n'y avait pas des gendarmes, des policiers et des juges, chacun serait libre de tuer, de violer et de brutaliser son prochain ; que les anarchistes, au nom de leurs principes, voudraient qu'on respectât cette liberté étrange qui viole et détruit la liberté et la vie d'autrui. Ils sont presque persuadés que, après avoir détruit le gouvernement et la propriété privée, nous laisserions reconstituer tranquillement l'une et l'autre, par respect de la « liberté » de ceux qui ressentiraient le besoin d'être gouvernants et propriétaires. Etrange manière, vraiment, de comprendre nos idées ! Il est vrai qu'ainsi on réussit plus facilement à se débarrasser, avec un haussement d'épaules, de la peine de les réfuter.

La liberté que nous voulons, pour nous et pour les autres, n'est pas la liberté absolue, abstraite, métaphysique, qui se traduit fatalement dans la pratique par l'oppression des faibles, mais c'est la liberté réelle, la liberté possible qui est la communauté consciente des intérêts, la solidarité volontaire. Nous proclamons la maxime : « Fais ce que veux » et nous résumons pour ainsi dire en elle notre programme, parce que, il est aisé de le saisir, nous sommes persuadés que dans une société harmonique, dans une société sans gouvernement et sans propriété, « chacun voudra ce qu'il devra ».

(...) S'il n'y avait pas les équivoques au moyen desquelles on cherche à couper la voie à la Révolution sociale, nous pourrions affirmer qu'anarchie est synonyme de socialisme.

Malatesta et les anarchistes au congrès de Londres (1896)

L'Internationale « antiautoritaire » avait péri, par manque d'homogénéité, après le congrès de Verviers de 1877. En 1881, les anarchistes avaient tenté de se réunir en un congrès international à Londres pour y fonder une Internationale purement anarchiste. Mais la proposition, qui émanait de Malatesta, avait échoué, surtout à cause de la répugnance à l'organisation manifestée par les anarchistes français. Malatesta ne s'était pas découragé pour autant. En 1884, il avait repris sa suggestion de créer une nouvelle Internationale qui, selon lui, aurait dû être tout à la fois « communiste, anarchiste, antireligieuse, révolutionnaire et antiparlementaire ». Mais ce projet avait fait long feu et les anarchistes s'étaient isolés de plus en plus des masses ouvrières que les réformistes avaient réussi toujours davantage à encadrer : en 1889, les social-démocrates de divers pays se réunirent à Paris afin d'ouvrir la voie à ce qui devait devenir la Deuxième Internationale. Quelques anarchistes s'étant présentés à cette réunion y furent mal accueillis et il y eut de violents incidents : les social-démocrates, ayant la force du nombre, étouffèrent toute contradiction de la part des libertaires.

Même tumulte au congrès socialiste international de Bruxelles, en 1891, d'où les anarchistes furent expulsés au milieu des huées. Cependant, cette fois, une partie importante des délégués ouvriers, britanniques, néerlandais, italiens s'étaient retirés du congrès en manière de protestation.

Au congrès suivant, qui se tint à Zurich en 1893, les social-démocrates décidèrent, par précaution, de n'accueillir désormais, en plus des organisations syndicales, que ceux des partis et groupements socialistes qui admettaient la nécessité de l'action politique, ce par quoi ils entendaient la conquête du pouvoir au moyen du suffrage universel.

Quand un nouveau congrès socialiste international se réunit à Londres, en juillet 1896, quelques anarchistes français et italiens avaient cru habile de s'y faire déléguer par des syndicats ouvriers. Mais cette manière de tourner l'obstacle ne désarma pas la hargne des réformistes, dont le comportement, comme va le faire ressortir un montage de textes, fut rien moins qu'odieux.

Ainsi que l'écrira l'écrivain libertaire Victor-Serge, « l'anarchisme a été une réaction profondément saine contre la corruption du socialisme à la fin du XIX*e* *siècle*[4] *». Lénine ne sera pas loin de partager cet avis*[5].

P.-S. La plupart des textes qui suivent sont extraits de l'introduction historique par Paul Delesalle au compte rendu du Congrès anarchiste international de 1907 *(Paris, 1908) et du livre d'Augustin Hamon,* Les Socialistes au Congrès de Londres, *1897.*

Paul Delesalle[6]

En France, le divorce entre anarchistes et démocrates-socialistes date de 1880. L'année précédente, au Congrès de Marseille, toutes les tendances s'étaient confondues ; possibilistes, collectivistes et anarchistes s'étaient rangés sous un même drapeau.

Eugène Fournière[7]

Nous étions alors séparés des anarchistes par une cloison extrêmement mince, plutôt idéale, ou plutôt verbale (...) Dans le groupe même de *l'Égalité* il y eut des anarchistes jusqu'en 1880.

---

4. Victor-Serge, « La pensée anarchiste », *Le Crapouillot*, janvier 1938.
5. Lénine, *L'État et la Révolution*, 1917.
6. Sur Paul Delesalle, v. plus loin p. 487.
7. Eugène Fournière (1857-1914), ancien ouvrier bijoutier, fondateur avec Gustave Rouanet de la *Revue socialiste*, conseiller municipal de Paris et député, enseigna l'histoire du travail. Extrait de son livre *La Crise socialiste*.

Ils ne nous quittèrent qu'au moment où le jeune Parti ouvrier décida d'entrer dans l'action électorale, et c'est au Congrès du Havre (novembre 1880), où fut adopté le programme rédigé à Londres sous la dictée de Karl Marx et présenté à notre acceptation par [Benoît] Malon [8], que se consomma la scission entre anarchistes et [socialistes].

Paul Delesalle

Le divorce était définitif et devait rapidement s'étendre aux anarchistes et aux social-démocrates de tous les pays. Toutefois les anarchistes, ou plus exactement un certain nombre d'entre eux, ne cessèrent jamais, malgré tout, de se rattacher spirituellement à la grande famille du socialisme universel. Aussi lorsque, à Paris en 1889, à Bruxelles en 1891, les social-démocrates s'efforcèrent de ressusciter la pratique des congrès socialistes internationaux, quelques anarchistes crurent-ils pouvoir y participer.

Leur présence y donna lieu aux plus âpres conflits. Les social-démocrates, ayant la force du nombre, étouffèrent toute contradiction de la part de leurs adversaires qui furent expulsés au milieu des huées. « Il est vrai, a écrit Bernard Lazare (*Écho de Paris*, juillet 1896), qu'une grande partie des délégués ouvriers anglais, hollandais et italiens se retirèrent en manière de protestation. Cependant, comme les triomphateurs ne se sentaient pas assez forts encore, ils ne votèrent aucune résolution importante et ils préférèrent écarter la question du parlementarisme et celle de l'alliance avec les partis gouvernementaux. Néanmoins l'attitude de la majorité signifiait nettement : nous ne nous occuperons plus de luttes économiques, mais de luttes politiques, et à l'action révolutionnaire nous substituerons l'action légale et pacifique. »

Au congrès international suivant, qui se tint à Zurich en 1893, les social-démocrates réussirent enfin (ils le croyaient du moins) à se débarrasser de leurs adversaires.

---

8. Benoît Malon (1841-1893), socialiste français, auteur de *Le Socialisme intégral*.

Circulaire adoptée au Congrès de Zurich et adressée en 1895

Toutes les chambres syndicales ouvrières seront admises aux congrès ; aussi les partis et organisations socialistes qui reconnaissent la nécessité de l'organisation des travailleurs et de l'action politique. Par action politique, on entend que les organisations des travailleurs cherchent, autant que possible, à employer ou à conquérir les droits politiques et le mécanisme de la législation, pour amener ainsi le triomphe des intérêts du prolétariat et la conquête du pouvoir politique.

Gustave Rouanet [9]

« Les doctrines des anarchistes sont aux antipodes des nôtres (...) Socialisme et anarchie sont deux termes qui s'excluent. »

Article de Domela Nieuwenhuis [10]

Honte à ceux qui excluront, à ceux qui diviseront au lieu d'unir. Le monde verra une répétition de la lutte entre Marx et Bakounine en 1872. Ce sera une nouvelle lutte entre l'autorité et la liberté. Imaginez de tels hommes comme Kropotkine, Reclus, Malatesta, Tcherkessoff, Cipriani [11], et beaucoup d'autres exclus du congrès et vous devez admettre que ce ne serait plus un congrès socialiste, mais seulement un congrès parlementaire, un congrès réformiste des social-démocrates, un congrès d'une secte.

---

9. Gustave Rouanet (1855-1927), publiciste, député socialiste de la Seine de 1893 à 1914. Extrait de *La Petite République*, 15 juillet 1896.

10. Ferdinand Domela Nieuwenhuis (1846-1919), anarchiste néerlandais, ancien pasteur luthérien, devenu socialiste révolutionnaire et libertaire, propagandiste de la grève générale. Auteur de *Le Socialisme en danger* (1894) et *Socialisme libertaire et socialisme autoritaire* (1895).

11. Vladimir Tcherkessoff (1854-1925), anarchiste russe originaire de Géorgie, réfugié à Londres en 1891 ; ami de Kropotkine et de Malatesta ; antimarxiste et partisan du syndicalisme révolutionnaire ; auteur de *Doctrines et actes de la social-démocratie* (1896), traducteur de Bakounine, Kropotkine, Malatesta, Reclus, etc. ; — Amilcare Cipriani (1844-1918), révolutionnaire italien libertaire, ancien compagnon de Garibaldi dans l'expédition de Sicile, participa à Londres à la fondation de la Première Internationale en 1864, prit part à la Commune de Paris.

Choisissez ce que vous voulez être : un congrès de socialistes sérieux qui discutent toutes les questions qui intéressent les socialistes, ou un congrès de sectaires qui ont exclu comme hérétiques beaucoup d'hommes qui ont combattu et souffert pour la cause du peuple.

Paul Delesalle

Au congrès suivant (Londres, 26 juillet-1er août 1896), de nombreux anarchistes se présentèrent, non plus, il est vrai, en qualité d'anarchistes, mais de syndiqués, délégués de chambres syndicales (Jean Grave, Errico Malatesta, Émile Pouget, Fernand Pelloutier, Tortelier, Paul Delesalle, etc.) [12]. C'est alors que les social-démocrates, après une bataille de trois jours où ils faillirent avoir le dessous, édictèrent ces résolutions fameuses excluant des congrès futurs tous les groupements, mêmes corporatifs, qui se refuseraient à confesser la « nécessité » du parlementarisme.

Au début des séances du Congrès de Londres, le 27 juillet 1896, Paul Delesalle monte à la tribune et veut parler. L'interprète, un étudiant français, le saisit à bras-le-corps et le jette violemment au bas de l'escalier, où il se fait des contusions.

Jean Jaurès [13]. — Si les anarchistes, qui ont considérablement évolué, sont entrés dans les syndicats pour en faire des groupements révolutionnaires, qu'ils le disent (...) Nous repousserons les

12. Jean Grave (1854-1939), anarchiste français d'origine ouvrière, édita *Le Révolté* à Genève, puis *Les Temps nouveaux* à Paris ; auteur, notamment, de *La Société au lendemain de la Révolution* (1882) et de *La Société mourante et l'anarchie* (1893), livre pour lequel il fut poursuivi en justice ; — Fernand Pelloutier et Émile Pouget, v. plus loin p. 478 et 487 ; — Joseph Tortelier (1854-1925), ouvrier menuisier, participe à des actions directes contre le chômage et les propriétaires avec Louise Michel et Émile Pouget ; devient anarchiste en 1884, propagandiste de la grève générale, de l'abstention électorale, de la gratuité du pain, du logement et du vêtement, en prélude à une consommation selon les besoins.

13. Jean Jaurès (1859-1914), leader républicain et social-démocrate, journaliste et historien, assassiné à la veille de la Première Guerre mondiale.

organisations qui les ont délégués, car nous n'admettons pas les théories anarchistes.

Fernand Pelloutier. — La Fédération des Bourses du Travail a voulu dire, en me déléguant, que le mouvement économique doit l'emporter sur le mouvement électoral. M. Jaurès le sait bien, que les ouvriers ne veulent à aucun prix que leur argent serve à l'action électorale.

Gustave Delory [14] — Les anarchistes sont les adversaires de toute organisation, et on vient ici pour s'organiser, pour s'entendre sur une action commune. Il n'est donc pas possible qu'on les admette.

Jules Guesde. — L'action parlementaire est le principe socialiste par excellence. Il n'y a pas de place ici pour ses ennemis. Il faut d'abord prendre le gouvernement (...) Ailleurs, il n'y a que mystification, il y a plus, il y a trahison. Ceux qui rêvent une autre action n'ont qu'à tenir un autre congrès.

Jean Jaurès. — Je vous demande de maintenir formellement la décision essentielle du Congrès de Zurich, c'est-à-dire la nécessité absolue de l'action politique.

H. M. Hyndman [15] — L'anarchie, c'est le désordre ; elle ne peut pas être à ce congrès.

Domela Nieuwenhuis. — Il est vrai que le congrès n'est pas un congrès anarchiste, mais il est vrai aussi qu'il n'est pas un congrès social-démocrate. Tout socialiste a le droit de venir.

Jean Jaurès. — Nous sommes des élus socialistes et nous avons davantage le droit de venir dans un congrès que lorsqu'on est mandaté par des syndicats insignifiants de quatre ou cinq personnes.

---

14. Gustave Delory (1857-1925), d'origine ouvrière, un des premiers militants socialistes du Nord de la France, arrêté lors des grèves du 1er mai 1890, élu maire de Lille en 1896, conseiller général et député en 1902.
15. Jules Guesde et H. M. Hyndman, v. plus loin p. 462-463.

Alexandre Millerand [16]. — Nous nous refusons formellement à avoir la moindre promiscuité avec eux [les anarchistes] (...) Le socialisme ne peut être qu'à la condition de rester lui-même et de ne pas se solidariser avec l'anarchie.

Domela Nieuwenhuis. — Nous nous retirons, ne voulant pas participer plus longtemps à une comédie jouée par la social-démocratie pour le plus grand profit de quelques ambitieux.

M. van Kol [17]. — Bon voyage !

August Bebel [18] — Loin de dire aux ouvriers comme les anarchistes : « Ne votez plus ! » je leur dirai : « Votez encore, votez toujours ! »

Wilhelm Liebknecht — [Pour le prochain congrès] je demande l'exclusion des anarchistes à quelque titre qu'ils se présentent.

Commentaires d'Augustin Hamon

Les discours étaient tronqués (...) lorsque Mme Marx-Aveling [fille de Karl Marx] traduisait.

Les Anglais votèrent toujours les exclusions, se figurant exclure des anarchistes individualistes, ennemis de toute organisation, de tout ordre. Ils se figuraient chasser des dynamiteurs, des bandits.

La caractéristique de ce congrès fut un autoritarisme sans borne (...), une extraordinaire intolérance.

Les Allemands étaient les directeurs. Aidés de M. et Mme Aveling, ils étaient les véritables maîtres du congrès. Le bureau décidait ce que (...) Liebknecht voulait.

---

16. Alexandre Millerand (1859-1943), socialiste réformiste devenu ministre en 1899, président de la République de 1920 à 1924.

17. Henri van Kol (1852-1925), député social-démocrate néerlandais, spécialisé dans les questions coloniales, auteur d'une brochure : *L'Anarchisme* (1893), sous le pseudonyme de Rienzi.

18. August Bebel (1840-1913), un des fondateurs de la social-démocratie allemande.

La social-démocratie s'est montrée telle qu'elle est : intolérante, étroite, si autoritaire que Keir Hardie [19] l'a qualifiée de bismarckienne.

Les socialistes d'outre-Rhin se sont vus peu à peu conduits à abandonner les principes du socialisme. Ils tendent vers le radicalisme.

Ce sont des automates.

Madame Aveling. — Tous les anarchistes sont des fous.

Jean Jaurès
(*Petite République*, 31 juillet 1896)
Aucune collaboration n'est possible entre les socialistes et les anarchistes qui n'ont même pas l'excuse de la sincérité dans l'aberration, et qui sont venus désorganiser le congrès comme ils désorganisent les syndicats, au grand profit de la réaction bourgeoise.

Manifeste des anarchistes présents au Congrès (extrait)

Nous pensons qu'il est utile de bien expliquer quelle est la position des anarchistes vis-à-vis du mouvement ouvrier en général et vis-à-vis de ce congrès en particulier.

Dans le but de nous mettre en suspicion auprès des ouvriers et d'avoir la haute main sur le mouvement, les social-démocrates affirment que les anarchistes ne sont pas des socialistes.

Eh bien ! s'il y a des anarchistes qui aiment s'appeler ainsi, et qui ne veulent pas être socialistes, ils n'ont certainement rien à faire dans un congrès socialiste et ils seront les premiers à ne pas vouloir s'en mêler.

Mais nous, les anarchistes communistes ou collectivistes, nous voulons l'abolition complète des classes et de toute exploitation et domination de l'homme sur l'homme.

Nous voulons que le sol et tous les instruments de production et d'échange, ainsi que toute la richesse accumulée par le travail

---

19. Keir Hardie (1856-1915), ancien mineur anglais, travailliste de gauche, fondateur de l'Independant Labour Party en 1893.

des générations passées, deviennent, par l'expropriation des détenteurs actuels, la propriété commune de tous les hommes, pour que tous, en travaillant, puissent jouir des produits du travail, en plein communisme.

Nous voulons substituer à la concurrence et à la lutte entre les hommes la fraternité et la solidarité dans le travail pour le bonheur de tous. Et les anarchistes ont propagé cet idéal, ont lutté et souffert pour sa réalisation depuis de longues années et, dans certains pays, comme l'Italie et l'Espagne, bien avant la naissance du socialisme parlementaire.

Quel homme de bonne foi et bien renseigné oserait soutenir que nous ne sommes pas des socialistes ?

Ne serions-nous pas socialistes parce que nous voulons que les travailleurs conquièrent leurs droits par les efforts organisés ? parce que nous désirons qu'ils ne s'en remettent pas à l'espoir, chimérique selon nous, de les obtenir par les concessions d'un gouvernement quelconque ? parce que nous croyons que le parlementarisme, non seulement est une arme impuissante pour les prolétaires, mais encore doit, étant incapable, même sans la résistance de la bourgeoisie et cela de par sa nature même, de représenter les intérêts et la volonté de tous, toujours rester l'instrument de domination d'une classe ou d'un parti ? parce que nous croyons que la nouvelle société doit être organisée avec le concours direct de tous les intéressés, de la périphérie au centre, librement, spontanément, sous l'inspiration du sentiment de solidarité et sous la pression des nécessités naturelles et sociales ? parce que nous croyons que si, au contraire, cette réorganisation était faite à force de décrets par un corps central, élu ou s'imposant lui-même, elle commencerait par être une organisation artificielle, violentant et mécontentant tout le monde, et aboutirait à la création d'une nouvelle classe de politiciens professionnels, qui accaparerait pour elle-même toutes sortes de privilèges et de monopoles ?

Avec bien plus de raison, on pourrait soutenir que nous sommes les socialistes les plus logiques et les plus complets puisque nous réclamons pour chacun non seulement sa part entière dans la richesse sociale, mais encore sa part dans le pouvoir social, c'est-à-dire la faculté réelle de faire sentir, comme tous les autres, son influence dans l'administration des affaires publiques.

Nous sommes donc des socialistes. Par suite, il est clair qu'un congrès dont nous serions exclus ne pourrait pas s'appeler, honnêtement, congrès international socialiste des travailleurs. Il devrait alors prendre le titre particulier du ou des partis qui y seraient admis. Ainsi, aucun de nous n'aurait pensé à se mêler d'un congrès qui se serait nommé congrès social-démocrate ou congrès des socialistes parlementaires.

Il est de l'intérêt de tous les ennemis de la société capitaliste que les ouvriers soient unis et solidaires dans la lutte contre la capitalisme. Cette lutte est nécessairement de caractère économique. Ce n'est pas que nous méconnaissions l'importance des questions politiques. Nous croyons non seulement que le gouvernement, l'État, est un mal par lui-même ; mais aussi nous sommes convaincus qu'il est le défenseur armé du capitalisme. Nous pensons que le peuple ne pourra pas mettre les mains sur la propriété sans passer sur le corps du gendarme, au sens propre ou au figuré, selon les circonstances. Donc, nous devons nécessairement nous préoccuper de la lutte politique contre les gouvernements.

Mais la politique est naturellement une grande cause de division. Sans doute, il en est ainsi à cause des différences des conditions et des tempéraments dans les divers pays, par le fait que les rapports entre la constitution politique d'un pays et les conditions de son peuple sont très complexes, moins saisissables, moins susceptibles d'être traités d'une façon qui semble bonne à tout le monde. De fait, les ouvriers conscients des divers pays, que la lutte économique pourrait facilement réunir et solidariser, sont divisés en maintes fractions à cause de la politique.

Par conséquent, une entente entre tous les ouvriers, qui luttent pour leur émancipation, ne peut avoir lieu que sur le terrain économique. C'est d'ailleurs ce qui importe le plus, puisque l'action politique, parlementaire ou révolutionnaire du prolétariat est également impuissante tant que celui-ci ne constitue pas une puissance économique organisée et consciente.

Toute tentative pour imposer une opinion politique unique au mouvement ouvrier aboutirait à la désagrégation du mouvement et empêcherait les progrès de l'organisation économique.

Les social-démocrates visent évidemment à imposer aux ouvriers leur programme spécial. On dirait qu'ils veulent interdire à ceux qui n'acceptent pas les décisions de leur parti de combattre pour l'émancipation humaine.

Nous ne demandons pas — bien loin de là — que les différents partis et écoles renoncent à leur programme et à leur tactique. Nous tenons à nos idées et nous comprenons que les autres tiennent aux leurs.

Nous demandons seulement qu'on ne porte pas la division sur un terrain où elle n'a pas de raison d'être ; nous demandons le droit pour tout travailleur de combattre contre la bourgeoisie, la main dans la main de ses frères, sans distinction d'idées politiques. Nous demandons que chacun lutte comme il l'entend, d'accord avec ceux qui l'entendent comme lui, mais que tous soient solidaires dans la lutte économique.

Que, si les social-démocrates veulent persister dans leur tentative d'embrigadement et semer ainsi la division entre les travailleurs, puissent ceux-ci comprendre et faire triompher la grande parole de Marx : Travailleurs du monde, unissez-vous !

E. Malatesta et A. Hamon

Malatesta et le congrès anarchiste international, Amsterdam, 24-31 août 1907

Désormais les anarchistes, ainsi échaudés, renoncèrent à se frotter aux social-démocrates dans des congrès internationaux. Ils décidèrent de tenir leurs propres congrès. Ce qui fut fait à Amsterdam en 1907. Le lecteur trouvera ci-dessous de larges extraits du compte rendu de ces assises, extrait de La Publication sociale, *Paris, 1908, éditée par Paul Delesalle. D'autres extraits des débats de ce congrès ont été reproduits par Jean Maitron dans* Ravachol et les Anarchistes, *collection Archives, 1964, p. 141-158 ; ils concernent la controverse Monatte-Malatesta sur les rapports entre syndicalisme et anarchisme, non évoquée ici mais traitée plus loin (page 475 et suivantes) par Fernand Pelloutier.*

Mardi 27 août

Amédée Dunois[21]. — Le temps n'est pas loin derrière nous où la majeure partie des anarchistes était opposée à toute pensée d'organisation. Alors, le projet qui nous occupe eût soulevé parmi eux des protestations sans nombre et les auteurs se fussent vus soupçonnés d'arrière-pensées rétrogrades et de visées autoritaires.

---

21. Amédée Catonné, dit Dunois (1878-1944), de formation libertaire il évolue vers le socialisme autoritaire, entre au journal socialiste *L'Humanité* avant 1914 ; participe à la conférence internationaliste de Zimmerwald en 1915 ; membre du P.C.F. après la scission de Tours et secrétaire général de *L'Humanité* ; puis revient à la S.F.I.O. où il participe avec Jean Zyromski à la tendance *La Bataille socialiste*.

C'était le temps où les anarchistes, isolés les uns des autres, plus isolés encore de la classe ouvrière, semblaient avoir perdu tout sentiment social ; où l'anarchisme, avec ses incessants appels à la réforme de l'individu, apparaissait à beaucoup comme le suprême épanouissement du vieil individualisme bourgeois.

L'action individuelle, « l'initiative individuelle » était censée suffire à tout. On tenait généralement pour négligeable l'étude de l'économie, des phénomènes de la production et de l'échange et même certains des nôtres, déniant toute réalité à la lutte de classes, ne consentaient à voir dans la société actuelle que des antagonismes d'opinions auxquels la « propagande » consistait justement à préparer l'individu.

En tant que protestation abstraite contre les tendances opportunistes et autoritaires de la social-démocratie, l'anarchisme a joué depuis vingt-cinq ans un rôle considérable. Pourquoi, au lieu de s'en tenir là, a-t-il essayé de construire, en face du socialisme parlementaire, une idéologie qui lui appartînt en propre ? Dans ses audacieuses envolées, cette idéologie a trop souvent perdu de vue le terrain solide de la réalité et de l'action pratique et, trop souvent aussi, a fini par atterrir, qu'elle voulût ou non, aux rives isolées de l'individualisme. C'est ainsi qu'on en vint parmi nous à ne plus concevoir l'organisation que sous des formes inévitablement oppressives pour « l'individu » et à repousser systématiquement toute action collective. Cependant, sur cette question de l'organisation qui, précisément, nous occupe, une évolution significative est en voie de s'accomplir. Sans nul doute, cette évolution particulière doit être rattachée à l'évolution générale que l'anarchisme a subie en France depuis quelques années.

En nous mêlant plus activement qu'autrefois au mouvement ouvrier, nous avons franchi la distance séparant l'idée pure, qui si aisément se transforme en dogme inviolable, de la vivante réalité. Nous nous sommes de moins en moins intéressés à nos abstractions d'antan et de plus en plus au mouvement pratique, à l'action : le syndicalisme, l'antimilitarisme ont pris chez nous la première place. L'anarchisme nous apparaît beaucoup moins sous l'aspect d'une doctrine philosophique et morale que comme une théorie révolutionnaire, que comme un programme concret de transformation sociale. Il nous suffit de voir en lui l'expression théorique la plus parfaite des tendances du mouvement prolétarien.

L'organisation anarchiste soulève encore des objections. Mais ces objections sont fort différentes, selon qu'elles émanent des individualistes ou des syndicalistes.

Contre les premiers, il suffit d'en appeler à l'histoire de l'anarchisme. Celui-ci est sorti, par voie de développement, du « collectivisme » de l'Internationale, c'est-à-dire, en dernière analyse, du mouvement ouvrier. Il n'est donc pas une forme récente, la plus perfectionnée, de l'individualisme, mais une des modalités du socialisme révolutionnaire. Ce qu'il nie, ce n'est donc pas l'organisation ; tout au contraire, c'est le gouvernement, avec lequel, nous dit Proudhon, l'organisation est incompatible. L'anarchisme n'est pas individualiste ; il est fédéraliste, « associationniste », au premier chef. On pourrait le définir : le fédéralisme intégral.

Au reste on ne voit pas comment une organisation anarchiste pourrait nuire au développement individuel de ses membres. Personne en effet ne serait tenu d'y entrer, ni même, y étant entré, de n'en pas sortir.

Les objections élevées d'un point de vue individualiste contre nos projets d'organisation anarchiste ne résistent pas à l'examen : elles se retourneraient tout aussi bien contre toute forme de société. Celles des syndicalistes ont plus de solidité. Arrêtons-nous-y un instant.

L'existence d'un mouvement ouvrier d'orientation nettement révolutionnaire est actuellement, en France, le grand fait auquel risque de se heurter, sinon de se briser, toute tentative d'organisation anarchiste ; et ce grand fait historique nous impose certaines précautions auxquelles ne sont plus tenus, j'imagine, nos camarades des autres pays.

« Le mouvement ouvrier vous offre, nous dit-on, un champ d'action à peu près illimité. Tandis que vos groupements d'opinions, petites chapelles où ne pénètrent que des fidèles, ne peuvent espérer grossir indéfiniment leurs effectifs, l'organisation syndicale, elle, ne désespère pas d'arriver à contenir, dans ses cadres souples et mobiles, le prolétariat tout entier.

« Or, continue-t-on, c'est à l'union ouvrière qu'est votre place d'anarchistes, et là seulement. L'union ouvrière n'est pas simplement une organisation de lutte, c'est elle le germe vivant de la société future, et celle-ci sera ce que nous aurons fait le syndicat.

La faute, c'est de rester entre initiés, à remâcher toujours les mêmes problèmes de doctrine, à tourner sans fin dans le même cercle de pensée. Sous aucun prétexte, il ne faut se séparer du peuple, car si arriéré, si borné que soit encore le peuple, c'est lui — et non l'idéologue — le moteur indispensable de toute révolution. Avez-vous donc, comme les social-démocrates, des intérêts différents de ceux du prolétariat à faire valoir, intérêts de parti, de secte ou de coterie ? Est-ce au prolétariat de venir à vous, ou bien à vous d'aller à lui pour vivre de sa vie, gagner sa confiance et l'exciter, par la parole et par l'exemple, à la résistance, à la révolte, à la révolution ? »

Je ne vois pas pourtant que ces objections vaillent contre nous. Organisés ou non, les anarchistes (j'entends ceux de notre tendance qui ne séparent pas l'anarchisme du prolétariat) ne prétendent pas au rôle de « sauveurs suprêmes ». Convaincus de longue date que l'émancipation des travailleurs sera l'œuvre des travailleurs eux-mêmes, ou ne sera pas, nous assignons volontiers au mouvement ouvrier la première place dans l'ordre de l'action. C'est dire que, pour nous, le syndicat n'a pas à ne jouer qu'un rôle purement corporatif, platement professionnel, comme l'entendent les guesdistes et, avec eux, quelques anarchistes attardés à des formules surannées. Le temps du corporatisme est passé : ce fait a pu contrarier à l'origine les conceptions qui lui étaient antérieures ; nous l'acceptons, nous, avec toutes ses conséquences.

Notre rôle donc, à nous anarchistes qui pensons être la fraction la plus avancée, la plus audacieuse et la plus affranchie, de ce prolétariat, militant toujours à ses côtés est de combattre, mêlé à lui, les mêmes batailles. Loin de nous l'inepte pensée de nous isoler dans nos groupes d'études ; organisés ou non, nous resterons fidèles à notre mission d'éducateurs, d'excitateurs de la classe ouvrière. Et si aujourd'hui nous croyons devoir nous grouper entre camarades, c'est, entre autres raisons, pour conférer à notre activité syndicale le maximum de force et de continuité. Plus nous serons forts, et nous ne serons forts qu'en nous groupant, plus forts aussi seront les courants d'idées que nous pourrons diriger à travers le mouvement ouvrier.

Mais nos groupes anarchistes devraient-ils se borner à parfaire l'éducation des militants, à entretenir en eux la sève révolutionnaire, à leur permettre de se connaître et de se rencontrer ? N'auraient-ils pas à exercer directement une activité propre ? Nous pensons que si.

La Révolution sociale ne peut être l'œuvre que de la masse. Mais toute Révolution s'accompagne nécessairement d'actes qui par leur caractère, en quelque sorte technique, ne peuvent être le fait que d'un petit nombre, de la fraction la plus hardie et la plus instruite du prolétariat en mouvement. Dans chaque quartier, chaque cité, chaque région, nos groupes formeraient, en période révolutionnaire, autant de petites organisations de combat, destinées à l'accomplissement des mesures spéciales et délicates auxquelles la grande masse est le plus souvent inhabile.

Mais l'objet essentiel et permanent d'un groupe, ce serait, j'y arrive enfin, la propagande anarchiste. Oui, nous nous unirions avant tout pour propager nos conceptions théoriques, nos méthodes d'action directe et de fédéralisme. Jusqu'ici la propagande s'est faite individuellement. La propagande individuelle a donné des résultats fort appréciables jadis, mais il faut bien avouer qu'il n'en est plus ainsi aujourd'hui.

Depuis plusieurs années, une sorte de crise a frappé l'anarchisme. Le manque, presque complet, d'entente et d'organisation entre nous est pour beaucoup dans cette crise. Les anarchistes, en France, sont en très grand nombre. Dans l'ordre théorique, ils sont déjà bien divisés ; dans l'ordre pratique, ils le sont plus encore. Chacun agit à sa guise et à son heure. Les efforts individuels, pour considérables qu'ils soient, se dispersent et se gaspillent souvent en pure perte. Il y a des anarchistes partout : ce qui manque, c'est un mouvement anarchiste ralliant, sur un terrain commun, toutes les forces qui, jusqu'à ce jour, bataillèrent isolément.

Ce mouvement anarchiste sortira de notre action commune, de notre action concertée, coordonnée. Inutile de dire que l'organisation anarchiste n'aurait pas la prétention d'unir tous les éléments qui se réclament, bien à tort parfois, de l'idée d'anarchie. Il suffirait qu'elle groupât, autour d'un programme d'action pratique, tous les camarades acceptant nos principes et désireux de travailler avec nous.

La parole est donnée au camarade H. Croiset, d'Amsterdam, qui représente, dans le congrès, la tendance individualiste.

H. Croiset[22]. — Ce qui importe avant toute autre chose, c'est de donner une définition de l'anarchie qui servira de base à mes démonstrations. Nous sommes anarchistes en ce sens que nous voulons instaurer un état social dans lequel l'individu trouvera la garantie de sa liberté intégrale, dans lequel chacun pourra vivre pleinement sa vie ; autrement dit, dans lequel il sera donné à l'individu de vivre sans restriction d'aucune sorte, toute sa vie à lui, et non plus, comme aujourd'hui, la vie des autres. Je veux dire la vie que d'autres lui imposent.

Ma devise, c'est : Moi, moi, moi... et les autres ensuite !

Les individus ne doivent s'associer que lorsqu'il est démontré que leurs efforts individuels ne peuvent leur permettre d'atteindre isolément le but. Mais le gouvernement, l'organisation, ne doit jamais, sous aucune prétexte, devenir une contrainte pour celui qui y est entré librement. L'individu n'est pas fait pour la société, c'est au contraire la société qui est faite pour l'individu.

L'anarchie veut mettre chaque individu à même de développer librement toutes ses facultés. Or l'organisation a pour résultat fatal de limiter, toujours plus ou moins, la liberté de l'individu. L'anarchie est donc opposée à tout système d'organisation permanente. Par la vaine ambition de devenir pratiques, les anarchistes se sont réconciliés avec l'organisation. C'est une pente glissante sur laquelle ils se sont placés là. Ils finiront un jour ou l'autre par se réconcilier avec l'autorité elle-même, tout comme les social-démocrates !

Les idées anarchistes doivent conserver leur pureté ancienne, plutôt que tendre à devenir plus pratiques. Retournons donc à l'ancienne pureté de nos idées.

Siegfried Nacht[23]. — Je ne suivrai pas Croiset sur le terrain où il s'est placé. Ce qui, par-dessus tout, me paraît devoir être élucidé, ce sont les rapports entre l'anarchisme, ou plus exactement

---

22. Hynan Croiset, anarchiste individualiste, disciple de Stirner (voir tome I, p. 11) ; organisera, en 1920, une grève au théâtre d'Amsterdam ; auteur d'un livre, *Le Mouvement néerlandais de libre pensée*.

23. Siegfried Nacht (1878-1959), d'origine galicienne juive, anarcho-syndicaliste ; a vécu en Suisse, en Espagne, aux États-Unis, où il est mort ; a écrit l'*Action directe* et *La Grève générale*.

les organisations anarchistes, et les syndicats ouvriers. C'est pour faciliter la tâche de ces derniers que nous, en tant qu'anarchistes, nous devons constituer des groupes spéciaux de préparation et d'éducation révolutionnaire.

Le mouvement ouvrier a une mission qui lui est propre et qui découle des conditions de vie faites au prolétariat par la société actuelle : cette mission, c'est la conquête de la puissance économique, l'appropriation collective de toutes les sources de production de vie. C'est à quoi aspire l'anarchisme : mais celui-ci ne saurait y parvenir avec ses seuls groupements de propagande idéologique. Pour bonne qu'elle soit, la théorie ne pénètre pas profondément le peuple, et c'est avant tout par l'action que celui-ci s'éduque. L'action, peu à peu, lui donnera une mentalité révolutionnaire.

Les idées de grève générale et d'action directe exercent une grande séduction sur la conscience des masses ouvrières. Ces masses, dans la Révolution future, constitueront en quelque sorte l'infanterie de l'armée révolutionnaire. Nos groupes anarchistes, spécialisés dans les besognes techniques, en formeront pour ainsi dire l'artillerie, laquelle, pour être moins nombreuse, n'est pas moins nécessaire que l'infanterie.

Georges Thonar. — Communisme et individualisme, dans l'ensemble de l'idée anarchiste, sont égaux et inséparables. L'organisation, l'action en commun, est indispensable au développement de l'anarchisme et n'est pas contradictoire avec nos prémisses théoriques. L'organisation est un moyen, et pas un principe ; mais il va de soi que, pour être acceptable, elle doit être constituée libertairement.

L'organisation a pu être inutile au temps où nous n'étions qu'un très petit nombre d'anarchistes, se connaissant tous et se fréquentant assidûment. Nous sommes devenus légion, et nous devons veiller à ce que nos forces ne s'éparpillent pas. Organisons-nous donc, non seulement pour la propagande anarchiste, mais encore et surtout pour l'action directe.

Je suis loin d'être hostile au syndicalisme surtout quand ses tendances sont à la révolution. Mais enfin l'organisation ouvrière n'est pas anarchiste, et par conséquent nous ne serons jamais, dans son sein, absolument nous-mêmes ; notre activité n'y pourra jamais être intégralement anarchiste. D'où la nécessité pour nous de créer des groupements et des fédérations libertaires, fondés sur le respect de la liberté et de l'initiative de tous et de chacun.

K. Vohryzek. — C'est en qualité d'individualiste que je veux plaider la cause de l'organisation. Il est impossible de prétendre que l'anarchisme, du fait même de ses principes, ne saurait admettre l'organisation. L'individualiste attitré lui-même ne condamne pas radicalement l'association entre les individus.

Dire, comme on le fait quelquefois : ou Stirner ou Kropotkine, en opposant ainsi ces deux penseurs, c'est faire une erreur. Kropotkine et Stirner ne peuvent être opposés l'un et l'autre : ils ont exposé la même idée à des points de vue différents. Voilà tout. Et la preuve que Max Stirner n'était pas l'individualiste forcené qu'on se plaît à dire, c'est qu'il s'est prononcé en faveur de « l'organisation ». Il a même consacré un chapitre entier à l'« association des Egoïstes [24] ».

Notre organisation n'ayant aucun pouvoir exécutif ne sera pas contraire à nos principes. Dans les syndicats ouvriers, nous défendons les intérêts économiques des travailleurs. Mais pour tout le reste, nous devons nous grouper à part, créer des organisations à bases libertaires.

Emma Goldman [24]. — Moi aussi je suis en principe favorable à l'organisation. Cependant je redoute que celle-ci, un jour ou l'autre, ne tombe dans l'exclusivisme.

Dunois a parlé contre les excès de l'individualisme. Mais ces excès n'ont rien à faire avec l'individualisme vrai, pas plus que les excès du communisme n'ont à faire avec le véritable communisme. J'ai exposé ma manière de voir dans un rapport dont la conclusion est que l'organisation tend toujours, plus ou moins, à absorber la personnalité de l'individu. C'est là un danger qu'il faut prévoir. Aussi n'accepterai-je l'organisation anarchiste qu'à une seule condition, c'est qu'elle soit basée sur le respect absolu de toutes les initiatives individuelles et ne puisse en entraver le jeu ni l'évolution.

---

24. Voir *supra*, p. 33-37 ; — sur Emma Goldman, voir *supra*, p. 401.

Le principe essentiel de l'anarchie, c'est l'autonomie individuelle. L'Internationale ne sera anarchiste que si elle respecte intégralement ce principe.

Pierre Ramus [25]. — Je suis favorable à l'organisation et à tous les efforts qui seront faits parmi nous en ce sens. Pourtant il ne me semble pas que les arguments présentés dans le rapport de Dunois aient toute la qualité désirable. Nous devons nous efforcer de revenir aux principes anarchistes, tels que, tout à l'heure, les a formulés Croiset, mais en même temps nous devons systématiquement organiser notre mouvement. En d'autres termes, il faut que l'initiative individuelle s'appuie sur la force de la collectivité, et que la collectivité trouve son expression dans l'initiative individuelle.

Mais pour qu'il en soit pratiquement ainsi, nous devons garder intacts et purs nos principes fondamentaux. Au reste nous sommes loin de créer du nouveau. En réalité, nous sommes les successeurs immédiats de ceux qui, dans la vieille Association internationale des travailleurs, étaient avec Bakounine contre Marx. Nous n'apportons donc rien de nouveau et le plus que nous pouvons faire, c'est de donner à nos vieux principes une impulsion nouvelle, en favorisant partout la tendance à l'organisation.

Quant au but de la nouvelle Internationale, ce ne doit pas être de constituer une force auxiliaire de celle du syndicalisme révolutionnaire. Ce doit être de travailler à la propagande de l'anarchisme dans son intégrité.

Errico Malatesta. — J'ai écouté avec attention tout ce qui a été dit avant moi sur cette question de l'organisation, et mon impression très nette est que ce qui nous divise, ce sont des mots que nous entendons de manière différente. Nous nous cherchons querelle sur des mots. Mais sur le fond même de la question, je suis persuadé que tout le monde est d'accord.

25. Pierre Ramus, de son vrai nom Rudolf Grossmann (1882-1942), anarchiste autrichien ; a vécu aux États-Unis et à Londres avant la Première Guerre mondiale ; revient en Europe en 1904 ; introduit le syndicalisme révolutionnaire en Autriche ; propagandiste de l'antimilitarisme aux côtés de Karl Liebknecht ; mort pendant la guerre, sur un bateau torpillé par les Allemands.

Tous les anarchistes, à quelque tendance qu'ils appartiennent, sont, d'une certaine façon, des individualistes. Mais la réciproque est loin d'être vraie : tous les individualistes ne sont pas, tant s'en faut, des anarchistes. Les individualistes se divisent donc en deux catégories bien tranchées : les uns revendiquent, pour toutes les individualités humaines, la leur aussi bien que celle d'autrui, le droit au développement intégral ; les autres ne songent qu'à leur seule individualité et n'hésitent jamais à lui sacrifier autrui. Le tsar de toutes les Russies est de ces derniers individualistes-là. Nous sommes, nous, parmi les premiers.

On s'écrie, avec Ibsen [26], que l'homme le plus puissant du monde, c'est celui qui est le plus seul. Non-sens énorme ! Le Dr Stockmann, dans la bouche duquel Ibsen a mis cette maxime, n'était pas un isolé dans toute la force du terme ; il vivait dans une société constituée et non dans l'île de Robinson. L'homme « seul » est dans l'impossibilité d'accomplir la plus petite tâche utile, productive ; et si quelqu'un a besoin d'un maître au-dessus de lui, c'est bien l'homme qui vit isolé. Ce qui libère l'individu, ce qui lui permet de développer toutes ses facultés, ce n'est pas la solitude, c'est l'association.

Pour accomplir un travail réellement utile, la coopération est indispensable, aujourd'hui plus que jamais. Sans doute, l'association doit laisser une entière autonomie aux individus qui y adhèrent, et la fédération doit respecter dans les groupes cette même autonomie : gardons-nous bien de croire que le défaut d'organisation soit une garantie de liberté. Tout démontre qu'il en est autrement.

Un exemple : il y a des journaux anarchistes français qui ferment leurs colonnes à tous ceux dont les idées, le style ou plus simplement la personne ont eu le malheur de déplaire à leurs rédacteurs habituels. Le résultat, c'est que ces rédacteurs sont investis d'un pouvoir personnel qui limite la liberté d'opinion et d'expression des camarades. Il en serait différemment si ces journaux, au lieu d'être la propriété personnelle de tel ou tel individu,

---

26. Henrik Ibsen (1828-1906), dramaturge norvégien individualiste. Le Dr Stockmann est le personnage principal de l'une de ses pièces : *Un ennemi du peuple* (1882) : un homme seul en lutte contre un groupe social puissant.

appartenaient à des groupements : alors toutes les opinions pourraient librement y être confrontées.

On parle beaucoup d'autorité, d'autoritarisme. Mais là-dessus il faudrait s'entendre. Contre l'autorité incarnée dans l'État et n'ayant d'autre but que de maintenir l'esclavage économique au sein de la société, nous nous élevons de toute notre âme et ne cesserons pas de nous révolter. Mais il y a cette autorité purement morale qui découle de l'expérience, de l'intelligence ou du talent, et, tout anarchistes que nous sommes, il n'est personne d'entre nous qui ne respecte cette autorité-là.

C'est un tort que de se représenter les « organisateurs », les fédéralistes, comme des autoritaires ; et c'en est un autre, non moins grave, que de se figurer les « antiorganisateurs », les individualistes, comme se condamnant délibérément à l'isolement. Pour moi, je le répète, la querelle entre individualistes et organisateurs est une pure querelle de mots, qui ne tient pas devant l'examen attentif des faits. Dans la réalité pratique, que voyons-nous donc ? C'est que les « individualistes » sont parfois mieux organisés que les « organisateurs » pour la raison que ces derniers se bornent trop souvent à prêcher l'organisation sans la pratiquer. D'autre part, il arrive qu'on rencontre beaucoup plus d'autoritarisme effectif dans les groupements qui se réclament bruyamment de la « liberté absolue de l'individu » que dans ceux que l'on regarde ordinairement comme autoritaires, parce qu'ils ont un bureau et prennent des décisions.

Autrement dit, organisation ou antiorganisateurs, tous s'organisent. Il n'y a que ceux qui ne font rien ou pas grand-chose qui peuvent vivre dans l'isolement et s'y complaire. Voilà la vérité ; pourquoi ne pas la reconnaître ?

Une preuve à l'appui de ce que j'avance : en Italie tous les camarades qui sont actuellement dans la lutte se réclament de mon nom, les « individualistes » aussi bien que les « organisateurs », et je crois bien que tous ont raison, car, quelles que soient entre eux les divergences théoriques, tous également pratiquent l'action collective.

Assez de querelles de mots, tenons-nous-en aux actes ! Les mots divisent et l'action unit. Il est temps de nous mettre tous ensemble au travail pour exercer une influence effective sur les événements sociaux. Il m'est pénible de penser que, pour arracher l'un des nôtres aux griffes de ses bourreaux, il a fallu que nous nous adressions à d'autres partis que le nôtre. Et pourtant, Ferrer [27] ne devrait pas sa liberté aux francs-maçons et aux libres penseurs bourgeois, si les anarchistes groupés en une internationale puissante et redoutée avaient pu prendre eux-mêmes en main la protestation universelle contre l'infamie criminelle du gouvernement espagnol.

Tâchons donc que l'Internationale anarchiste devienne enfin une réalité. Pour nous mettre à même de faire rapidement appel à tous les camarades, pour lutter contre la réaction, comme pour faire acte, en temps voulu, d'initiative révolutionnaire, il faut que notre Internationale soit !

Max Baginsky [28]. — Une grave erreur trop souvent commise, c'est de croire que l'individualisme répudie toute organisation. Les deux termes, au contraire, sont inséparables. Individualisme signifie plus spécialement un effort dans le sens de l'affranchissement intérieur, moral, de l'individu ; organisation signifie association entre individualités conscientes en vue d'un but à atteindre ou d'un besoin économique à assouvir. Il importe toutefois de ne jamais oublier qu'une organisation révolutionnaire a besoin d'individualités spécialement énergiques et conscientes.

Amédée Dunois. — Je constate que j'avais essayé de faire descendre la discussion du ciel des idées abstraites et vagues sur la terre ferme des idées concrètes, précises, humblement relatives. Croiset au contraire l'a fait remonter au ciel, à des hauteurs métaphysiques où je me refuse à le suivre.

La motion dont je propose l'adoption au congrès ne s'inspire pas d'idées spéculatives sur le droit de l'individu au développement intégral. Elle part de considérations toutes pratiques sur la nécessité qu'il y a à s'organiser, à solidariser les efforts de propagande et de combat.

---

27. Francisco Ferrer (1854-1909), libre penseur espagnol, fondateur d'un système d'enseignement et d'éducation libres, haï de l'Église catholique qui le fit accuser d'avoir pris part à des complots révolutionnaires ; il périt fusillé en 1909 dans la forteresse de Montjuich.

28. Max Baginsky (1864-1943), membre du parti social-démocrate allemand, puis anarchiste, émigré aux États-Unis en 1893.

Christian Cornelissen[29]. — Rien n'est plus relatif que le concept d'individu. L'individualité en soi n'existe pas dans la réalité, où nous la voyons toujours limitée par d'autres individualités. Les individualistes oublient trop ces limites de fait, et le grand bienfait de l'organisation sera précisément de rendre l'individu conscient de ces limites en l'accoutumant à concilier son droit au développement personnel avec les droits d'autrui.

G. Rinjnders. — Je ne suis pas, moi non plus, hostile à l'organisation. Du reste il n'y a pas un seul anarchiste qui au fond ne lui soit favorable. Tout dépend de la manière dont l'organisation est conçue et établie. Ce qu'il convient avant tout d'y éviter, ce sont les personnalités. En Hollande, par exemple, la Fédération existante est loin de satisfaire tout le monde ; il est vrai que ceux qui ne l'approuvent pas n'ont qu'à n'y pas entrer.

Émile Chapelier. — Je demande que les discours soient moins longs et plus substantiels. Depuis le discours prononcé hier soir par Malatesta, lequel a épuisé la question, on n'a pas apporté pour ou contre l'organisation un seul argument nouveau. Avant de parler d'autorité ou de liberté, il serait bon de s'entendre sur le sens de ces mots. Par exemple, qu'est-ce que l'autorité ? Si c'est l'influence qu'exercent et qu'exerceront toujours dans un groupement les hommes de capacité réelle, je n'ai rien à dire contre elle. Mais l'autorité qu'il faut à tout prix éviter entre nous, c'est celle qui découle de ce fait que certains camarades suivent aveuglément tel ou tel. C'est là un danger et, pour le conjurer, je demande que l'organisation qui sera créée ignore les chefs et les comités généraux.

Emma Goldman. — Je suis, comme je l'ai déjà dit, pour l'organisation. Seulement je voudrais que, dans la motion Dunois, fût explicitement affirmée la légimité de l'action individuelle, à côté

29. Christian Cornelissen (1864-1943), socialiste libertaire hollandais, ami et collaborateur de Domela Nieuwenhuis avec qui il rédigea le journal *Recht voor Allen* ; théoricien et organisateur du syndicalisme et de la grève générale dans son pays ; émigra et finit ses jours en France, où il collabora à la presse syndicaliste.

de l'action collective. Je présente donc un amendement à la motion Dunois.

Emma Goldman donne lecture de son amendement qui, accepté par Dunois, sera ensuite incorporé, en termes abrégés, à la motion de ce dernier.

I.I. Samson[30]. — Ici, en Hollande, existe une Fédération de communistes libertaires, à laquelle j'appartiens. Sans doute, comme le disait tout à l'heure le compagnon Rinjnders, beaucoup de camarades ont refusé d'y adhérer. Pour des raisons de principes ? Non pas : pour des raisons de personnes seulement. Nous n'excluons, n'avons jamais exclu personne. Nous ne nous opposons pas même à l'entrée des individualistes. Qu'ils viennent donc à nous, s'ils le veulent. À la vérité, je ne me dissimule pas que, quelle que soit la forme de l'organisation, ils s'y conduiront toujours en mécontents. Ce sont des mécontents par nature et il n'y a pas trop à s'émouvoir de leurs critiques.

K. Vohryzek. — La motion Dunois ne disant rien sur le caractère que doit revêtir l'organisation anarchiste, je demande qu'elle soit complétée par une adjonction précisant ce caractère, adjonction que Malatesta a bien voulu signer avec moi.

(Vohryzek lit cette adjonction qu'on trouvera plus loin.)

La discussion est close. On va passer au vote sur les motions déposées. Il y en a deux : la première est celle de Dunois, légèrement amendée par Emma Goldman et complétée par Vohryzek et Malatesta ; la seconde est celle du camarade Pierre Ramus.

MOTION DUNOIS :

Les anarchistes réunis à Amsterdam le 27 août 1907,

considérant que les idées d'anarchie et d'organisation, loin

30. I.I. Samson, propagandiste anarchiste hollandais, actif pendant la grève générale de 1903 ; rédacteur du journal *Le Libre Communiste* en 1905 ; plus tard membre du parti socialiste.

d'être incompatibles, comme on l'a quelquefois prétendu, se complètent et s'éclairent l'une l'autre, le principe même de l'anarchie résidant dans la libre organisation des producteurs ;

que l'action individuelle, pour importante qu'elle soit, ne saurait suppléer au défaut d'action collective, de mouvement concerté ; *pas plus que l'action collective ne saurait suppléer au défaut d'initiative individuelle* [31],

que l'organisation des forces militantes assurerait à la propagande un essor nouveau et ne pourrait que hâter la pénétration dans la classe ouvrière des idées de fédéralisme et de révolution ;

que l'organisation ouvrière, fondée sur l'identité des intérêts, n'exclut pas une organisation fondée sur l'identité des aspirations et des idées ;

sont d'avis que les camarades de tous les pays mettent à l'ordre du jour la création de groupes anarchistes et la fédération des groupes déjà créés.

ADJONCTION VOHRYZEK-MALATESTA :

La Fédération anarchiste est une association de groupes et d'individus où personne ne peut imposer sa volonté ni amoindrir l'initiative d'autrui. Vis-à-vis de la société actuelle, elle a pour but de changer toutes les conditions morales et économiques et, dans ce sens, elle soutient la lutte par tous les moyens adéquats.

MOTION PIERRE RAMUS :

Le Congrès anarchiste d'Amsterdam propose aux groupes de tous les pays de s'unir en fédérations locales et régionales, d'après les diverses divisions géographiques.

Nous déclarons que notre proposition s'inspire des principes mêmes de l'anarchisme, car nous ne voyons pas la possibilité de l'initiative et de l'activité individuelle en dehors du groupement,

---

31. La proposition soulignée (en italique) résume l'amendement d'Emma Goldman (note de Paul Delesalle).

lequel, constitué selon nos vœux, fournira seul un terrain pratique à la libre expansion de chaque individualité.

L'organisation fédérative est la forme qui convient le mieux au prolétariat anarchiste. Elle unit les groupes existants en un tout organique qui s'accroît par l'adhésion de groupes nouveaux. Elle est autiautoritaire, n'admet aucun pouvoir législatif central à décisions obligatoires pour les groupes et individus, ceux-ci ayant un droit reconnu à se développer librement dans notre mouvement commun et à agir dans le sens anarchiste et économique sans aucun ordre ou empêchement. La fédération n'exclut aucun groupe et chaque groupe est libre de se retirer et de rentrer en possession des fonds versés, quand il le juge nécessaire.

Nous recommandons en outre aux compagnons de se grouper selon les besoins et nécessités de leur mouvement respectif, et aussi de ne pas perdre de vue que la force du mouvement anarchiste, national et international, dépend de sa constitution sur des bases internationales, les moyens d'émancipation ne pouvant dériver que d'une action internationale concertée. Compagnons de tous les pays, organisez-vous en groupes autonomes et unissez-vous en une fédération internationale : l'Internationale anarchiste.

Lecture de ces motions ayant été donnée en français, en hollandais et en allemand, il est passé au vote.

La motion Dunois obtient 46 voix ; l'adjonction Vohryzek 48. À la contre-épreuve, une seule main se lève contre la motion, aucune contre l'adjonction qui réunit ainsi l'unanimité des suffrages.

La motion Ramus est ensuite mise aux voix : elle réunit 13 pour *et 17* contre. *Beaucoup de congressistes déclarent s'abstenir pour la raison que la motion Ramus n'ajoute rien à celle qui vient d'être votée.*

Un compte rendu de la revue Pages libres *a souligné ainsi l'importance du vote émis par le congrès :*

« Cette résolution d'Amsterdam, y est-il dit, n'est pas tout à fait sans importance : désormais, il ne sera plus possible à nos adversaires social-démocrates d'invoquer notre vieille haine de toute espèce d'organisation pour nous bannir du socialisme sans autre forme de procès. Le légendaire individualisme des anarchistes a été tué publiquement à Amsterdam par les anarchistes eux-mêmes, et toute la mauvaise foi de certains de nos adversaires ne saurait parvenir à le ressusciter. »

Vendredi 30 août

Emma Goldman se lève et dit qu'il serait étrange qu'un congrès anarchiste ne se déclarât pas en faveur du droit de révolte entendu dans son acceptation la plus large ; et elle lit la déclaration suivante que le camarade Baginsky a signée avec elle :

Le Congrès anarchiste international se déclare en faveur du droit de révolte de la part de l'individu comme de la part de la masse entière.

Le Congrès est d'avis que les actes de révolte, surtout quand ils sont dirigés contre les représentants de l'État et de la ploutocratie, doivent être considérés d'un point de vue psychologique. Ils sont les résultats de l'impression profonde faite sur la psychologie de l'individu par la pression terrible de notre injustice sociale.

On pourrait dire, comme règle, que seul l'esprit le plus noble, le plus sensible et le plus délicat est sujet à de profondes impressions se manifestant par la révolte interne et externe. Pris sous ce point de vue, les actes de révolte peuvent être caractérisés comme les conséquences socio-psychologiques d'un système insupportable ; et comme tels, ces actes, avec leurs causes et motifs, doivent être compris plutôt que loués ou condamnés.

Durant les périodes révolutionnaires, comme en Russie, l'acte de révolte, sans considérer son caractère psychologique, sert de double but : il mine la base même de la tyrannie et soulève l'enthousiasme des timides. C'est le cas surtout quand l'activité terroriste est dirigée contre les agents les plus brutaux et les plus haïs du despotisme.

Le Congrès, en acceptant cette résolution, exprime son adhésion à l'acte individuel de révolte de même que sa solidarité avec l'insurrection collective.

Mise aux voix, la déclaration Goldman-Baginsky est approuvée à l'unanimité.

Malatesta, l'Internationale anarchiste et la guerre

Le 15 février 1915 parut le manifeste qui suit. Il était signé de trente-cinq libertaires connus de diverses nationalités parmi lesquels Errico Malatesta, Alexandre Schapiro, Alexandre Berkman, Emma Goldman, Domela Nieuwenhuis, etc. Malatesta et Schapiro étaient deux des cinq secrétaires du Bureau International qui avaient été élus au Congrès international anarchiste en 1907. Autre secrétaire, Rudolf Rocker[32] *n'avait pu donner sa signature, car il était alors interné ; mais il était lui aussi opposé à la guerre.*

L'Europe en feu, une dizaine de millions d'hommes aux prises dans la plus effroyable boucherie qu'ait jamais enregistrée l'histoire, des centaines de millions de femmes et d'enfants en larmes, la vie économique, intellectuelle et morale de sept grands peuples brutalement suspendue, la menace chaque jour plus grave de complications militaires nouvelles, tel est, depuis cinq mois, le pénible, angoissant et odieux spectacle que nous offre le monde civilisé.

Mais spectacle attendu, au moins par les anarchistes.

Car pour eux il n'a jamais fait et il ne fait aucun doute — les terribles événements d'aujourd'hui fortifient cette assurance — que la guerre est en permanente gestation dans l'organisme social

32. Rudolf Rocker (1873-1958), historien et philosophe anarchiste allemand, mort aux États-Unis, auteur, notamment, de *La Banqueroute du communisme d'État russe* (en allemand), 1921.

actuel et que le conflit armé, restreint ou généralisé, colonial ou européen, est la conséquence naturelle et l'aboutissement nécessaire et fatal d'un régime qui a pour base l'inégalité économique des citoyens, repose sur l'antagonisme sauvage des intérêts, et place le monde du travail sous l'étroite et douloureuse dépendance d'une minorité de parasites, détenteurs à la fois du pouvoir politique et de la puissance économique. La guerre était inévitable : d'où qu'elle vînt, elle devait éclater. Ce n'est pas en vain que, depuis un demi-siècle, on prépare fiévreusement les plus formidables armements et que l'on accroît tous les jours davantage les budgets de la mort. À perfectionner constamment le matériel de guerre, à tendre continûment tous les esprits et toutes les volontés vers la meilleure organisation de la machine militaire, on ne travaille pas à la paix.

Aussi est-il naïf et puéril, après avoir multiplié les causes et les occasions de conflits, de chercher à établir les responsabilités de tel ou tel gouvernement. Il n'y a pas de distinction possible entre les guerres offensives et les guerres défensives. Dans le conflit actuel, les gouvernements de Berlin et de Vienne se sont justifiés avec des documents non moins authentiques que les gouvernements de Paris, de Londres et de Petrograd. C'est à qui de ceux-ci et de ceux-là produira les documents les plus indiscutables et les plus décisifs pour établir sa bonne foi et se présenter comme l'immaculé défenseur du droit et de la liberté, la champion de la civilisation.

La civilisation ? Qui donc la représente en ce moment ? Est-ce l'État allemand avec son militarisme formidable et si puissant qu'il a étouffé toute velléité de révolte ? Est-ce l'État russe dont le knout, le gibet et la Sibérie sont les seuls moyens de persuasion ? Est-ce l'État français avec Biribi, les sanglantes conquêtes du Tonkin, de Madagascar, du Maroc, avec le recrutement forcé des troupes noires ; la France qui retient dans ses prisons, depuis des années, des camarades coupables seulement d'avoir écrit et parlé contre la guerre ? Est-ce l'Angleterre qui exploite, divise, affame et opprime les populations de son immense empire colonial ?

Non. Aucun des belligérants n'a le droit de se réclamer de la civilisation, comme aucun n'a le droit de se déclarer en état de légitime défense.

La vérité, c'est que la cause des guerres, de celle qui ensanglante actuellement les plaines de l'Europe, comme de toutes celles qui l'ont précédée, réside uniquement dans l'existence de l'État, qui est la forme politique du privilège.

L'État est né de la force militaire ; il s'est développé en se servant de la force militaire ; et c'est encore sur la force militaire qu'il doit logiquement s'appuyer pour maintenir sa toute-puissance. Quelle que soit la forme qu'il revête, l'État n'est que l'oppression organisée au profit d'une minorité de privilégiés. Le conflit actuel illustre ceci de façon frappante : toutes les formes de l'État se trouvent engagées dans la guerre présente : l'absolutisme avec la Russie, l'absolutisme mitigé de parlementaires avec l'Allemagne, l'État régnant sur des peuples de races bien différentes avec l'Autriche, le régime démocratique constitutionnel avec l'Angleterre et le régime démocratique républicain avec la France.

Le malheur des peuples, qui pourtant étaient tous profondément attachés à la paix, est d'avoir eu confiance en l'État avec ses diplomates intrigants, en la démocratie et les partis politiques (même d'opposition comme le socialisme parlementaire), pour éviter la guerre. Cette confiance a été trompée à dessein et elle continue à l'être lorsque les gouvernants, avec l'aide de toute leur presse, persuadent leurs peuples respectifs que cette guerre est une guerre de libération.

Nous sommes résolument contre toute guerre entre peuples et, dans les pays neutres, comme l'Italie, où les gouvernants prétendent jeter encore de nouveaux peuples dans la fournaise guerrière, nos camarades se sont opposés, s'opposent et s'opposeront toujours à la guerre avec la dernière énergie.

Le rôle des anarchistes, quel que soit l'endroit ou la situation dans laquelle ils se trouvent, dans la tragédie actuelle, est de continuer à proclamer qu'il n'y a qu'une seule guerre de libération : celle qui, dans tous les pays, est menée par les opprimés contre les oppresseurs, par les exploités contre les exploiteurs. Notre rôle c'est d'appeler les esclaves à la révolte contre leurs maîtres.

La propagande et l'action anarchistes doivent s'appliquer avec persévérance à affaiblir et à désagréger les divers États, à cultiver l'esprit de révolte et à faire naître le mécontentement dans les peuples et dans les armées.

À tous les soldats de tous les pays qui ont la conviction de combattre pour la justice et la liberté, nous devons expliquer que leur héroïsme et leur vaillance ne serviront qu'à perpétuer la haine, la tyrannie et la misère.

Aux ouvriers de l'usine il faut rappeler que les fusils qu'ils ont maintenant entre les mains ont été employés contre eux dans les jours de grève et de légitime révolte, et ensuite ils serviront encore contre eux pour les obliger à subir l'exploitation patronale.

Aux paysans, leur montrer qu'après la guerre il faudra encore une fois se courber sous le joug et continuer à cultiver la terre de leurs seigneurs, et à nourrir les riches.

À tous les parias, qu'ils ne doivent pas lâcher leurs armes avant d'avoir réglé des comptes avec leurs oppresseurs, avant d'avoir pris la terre et l'usine pour eux.

Aux mères, compagnes et filles, victimes d'un surcroît de misère et de privations, montrons quels sont les vrais responsables de leurs douleurs et du massacre de leurs pères, fils et maris.

Nous devons profiter de tous les mouvements de révolte, de tous les mécontentements, pour fomenter l'insurrection, pour organiser la Révolution de laquelle nous attendons la fin de toutes les iniquités sociales.

Pas de découragement, même devant une calamité comme la guerre actuelle ! C'est dans des périodes aussi troublées, où des milliers d'hommes donnent héroïquement leur vie pour une idée, qu'il faut que nous montrions à ces hommes la générosité, la grandeur et la beauté de l'idéal anarchiste ; la justice sociale réalisée par l'organisation libre des producteurs ; la guerre et le militarisme à jamais supprimés, la liberté entière conquise par la destruction totale de l'État et de ses organismes de coercition.

Vive l'Anarchie !

(Suivent 35 signatures.)

En sens contraire, au printemps de 1916, d'autres anarchistes dont Kropotkine, Tcherkessoff, Jean Grave, Charles Malato,

Christian Cornelissen, Paul Reclus (fils d'Elisée)[33] *etc. publièrent une déclaration d'approbation, à la guerre. Elle fut imprimée en France dans* La Bataille Syndicaliste, *feuille soupçonnée d'être subventionnée par le gouvernement français. Cette déclaration devint célèbre sous le nom de « Manifeste des Seize » bien qu'elle n'ait eu en réalité que quinze signataires. Elle suscita, en mai, une protestation des anarchistes-communistes dont voici la conclusion :*

Nous déclarons que toute la propagande pour la continuation de la guerre entre les peuples « jusqu'au bout », c'est-à-dire « jusqu'à la victoire » de l'une des coalitions combattantes, est une propagande essentiellement nationaliste et réactionnaire ; que les buts par lesquels on prétend justifier et expliquer cette propagande sont tout à fait naïfs, profondément erronés et ne peuvent résister à la moindre critique historique ou logique ; qu'une telle propagande, n'ayant rien de commun ni avec l'anarchisme, ni avec l'antimilitarisme, ni avec l'internationalisme, représente au contraire, dans son essence et par ses conséquences pratiques, une sorte de propagande de militarisme et de nationalisme étatiste prétendu « démocratique » ; qu'il est du devoir absolu des anarchistes-communistes de lutter fermement contre de tels errements et contre ces courants d'idées absolument contraires aux intérêts vitaux des travailleurs ; et que, par conséquent, non seulement nous ne pouvons dorénavant considérer les signataires de la « Déclaration » comme nos camarades de lutte, mais nous nous voyons obligés de les tenir résolument pour des ennemis bien qu'inconscients, cependant ennemis réels, de la cause ouvrière.

33. Charles Malato (1857-1938), écrivain anarchiste, auteur, notamment, de *La Philosophie de l'anarchie* (1889) ; Paul Reclus, fils d'Elisée Reclus (v. p. 341).

Une lettre prophétique

À Luigi Fabbri [34]
Très cher Fabbri, Londres, 30 juillet 1919.

(...) Il me semble que nous sommes parfaitement d'accord sur les questions qui te préoccupent tellement, soit sur « la dictature du prolétariat ».

Je pense que sur cette question l'opinion des anarchistes ne peut pas être mise en doute et, en fait, même avant la Révolution bolchevique, elle n'a jamais été mise en doute par personne. Anarchie signifie non-gouvernement et donc à plus forte raison non-dictature, ce qui veut dire [35] un gouvernement absolu, sans contrôle et sans limites constitutionnelles. Mais quand la Révolution bolchevique éclata, il semble que nos amis aient confondu ce qui était une Révolution contre un gouvernement existant avec ce qui représentait un nouveau gouvernement qui venait de dominer la Révolution pour la freiner et la diriger aux fins particulières d'un parti. Et ainsi nos amis se sont presque déclarés bolcheviks eux-mêmes.

Maintenant les bolcheviks sont simplement des marxistes qui sont restés des marxistes honnêtes et consciencieux, au contraire de leurs maîtres et modèles, les Guesde, Plechanoff, Hyndman, Scheidemann, Noske, etc. [36], qui ont trouvé la fin que tu connais.

---

34. Luigi Fabbri (1877-1938), écrivain et militant anarchiste italien, auteur de *Dittatura e Rivoluzione*.
35. Le mot « dictature ».
36. Jules Guesde (1845-1922), leader social-démocrate après avoir été anar-

Nous respectons leur sincérité, nous admirons leur énergie, mais comme nous n'avons jamais été d'accord avec eux sur le plan théorique, nous ne saurions nous solidariser avec eux quand de la théorie on passe à la pratique.

Mais la vérité est peut-être simplement ceci : nos amis bolchevisants entendent par l'expression « dictature du prolétariat » simplement le fait révolutionnaire des travailleurs qui prennent possession de la terre, des instruments de travail et cherchent à construire une société et à organiser un mode de vie dans laquelle il n'y aura pas de place pour une classe qui exploite et opprime les producteurs.

Comprise de cette façon, la « dictature du prolétariat » serait le pouvoir effectif de tous les travailleurs qui essaient d'abattre la société capitaliste et deviendrait donc l'Anarchie, dès que la résistance de la réaction aurait cessé et que personne ne puisse plus prétendre obliger les masses par la force à lui obéir et à travailler pour lui. Et alors notre différend ne serait plus qu'une question de mots. Dictature du prolétariat signifierait dictature de tous, c'est-à-dire, cela ne serait plus une dictature, tout comme un gouvernement de tous n'est plus un gouvernement dans le sens autoritaire, historique et pratique du mot.

Mais les vrais partisans de la « dictature du prolétariat » ne le comprennent pas ainsi, et ils le font bien voir en Russie. Le prolétariat y prend naturellement une part, comme prend une part le peuple dans les régimes démocratiques, c'est-à-dire, pour cacher l'aspect réel de la chose. En réalité il s'agit de la dictature d'un parti, ou plutôt des chefs d'un parti ; c'est une véritable dictature, avec ses décrets, ses sanctions pénales, avec ses agents d'exécution et surtout avec sa force armée qui sert aujourd'hui aussi pour défendre la Révolution contre ses ennemis extérieurs, mais qui servira demain pour imposer aux travailleurs la volonté des dicta-

chiste puis l'introducteur du marxisme en France. Georges Plechanoff (1856-1918), populiste russe devenu marxiste en exil ; introducteur du marxisme en Russie ; maître et collaborateur de Lénine ; se détacha de lui pour condamner, en 1917, la prise du pouvoir par les bolcheviks. Henri Hyndman (1842-1921), fondateur du travaillisme après avoir été l'introducteur du marxisme en Angleterre. Philippe Scheidemann (1864-1935), premier ministre social-démocrate allemand en 1919 au conseil contre-révolutionnaire des commissaires du peuple, plus tard ministre de l'Armée, organise la répression des mouvements révolutionnaires de l'après-guerre.

teurs, pour freiner la Révolution, consolider les nouveaux intérêts en train de se constituer et pour défendre une nouvelle classe privilégiée, contre les masses.

Le général Bonaparte, lui aussi, a servi à défendre la Révolution française contre la réaction européenne, mais en la défendant il l'a étranglée. Lénine, Trotsky et leurs camarades sont sûrement des révolutionnaires sincères (...), et ils ne trahiront pas ; mais ils préparent les cadres gouvernementaux qui serviront à ceux qui viendront ensuite pour profiter de la Révolution et pour l'assassiner. Eux, ils seront les premières victimes de leurs méthodes et je crains qu'avec eux s'écroulera aussi la Révolution.

L'histoire se répète : *mutatis mutandis*, c'est la dictature de Robespierre qui amena Robespierre à la guillotine et prépara la voie à Napoléon.

Telles sont mes idées en général sur les choses de la Russie. Quant aux nouvelles en particulier que nous avons reçues, elles sont encore trop diverses et trop contradictoires pour pouvoir risquer un jugement. Il se peut aussi que beaucoup de choses qui nous semblent mauvaises sont le fruit de cette situation et que, dans les circonstances particulières de la Russie, il n'y avait pas moyen de faire autre chose que ce qu'ils ont fait. Il est mieux d'attendre, d'autant plus que ce que nous dirons ne peut avoir aucune influence sur le développement des faits en Russie et pourrait par contre être mal interprété en Italie et y donner l'impression de faire écho aux calomnies intéressées de la réaction.

Émile Henry (1872-1894)

Émile Henry (1872-1894), contrairement aux autres anarchistes terroristes, était un intellectuel. Il fit des études brillantes comme boursier à l'école J.-B. Say où l'un de ses professeurs le dépeignit comme « un enfant parfait, le plus honnête qu'on puisse rencontrer ». Il n'eût tenu qu'à lui de revêtir l'uniforme de polytechnicien. Mais il s'y refusa « pour ne pas être militaire et n'être pas contraint de tirer sur des malheureux comme à Fourmies [1] *».*

Son père, Fortuné Henry, s'était battu dans les rangs des communards. Condamné à mort par contumace, il avait réussi à échapper à la répression qui suivit la défaite en se réfugiant en Espagne où naquirent ses deux fils. Il n'était revenu en France qu'en 1882 après l'armistice. Plus tard il collabora au journal L'En-dehors.

Le 12 février 1894, à 9 heures du soir, un garçon blond pénétra dans le café Terminus, à la gare Saint-Lazare. S'étant assis à un guéridon libre, Henry tira soudain d'une poche de son paletot une petite marmite de fer-blanc bourrée d'explosifs et la lança en l'air. Elle se heurta à un lustre, éclata et pulvérisa toutes les glaces ainsi que quelques tables de marbre. Ce fut un sauve-qui-peut général. Il y eut une vingtaine de blessés dont un devait succomber à ses blessures.

Émile Henry prit la fuite, poursuivi par un agent de police et un garçon de café, auxquels se joignit un cheminot sur lequel il

1. Allusion à la fusillade du 1er mai 1891 où la troupe tira sur la foule ouvrière, faisant dix morts.

tira, mais en le manquant. Un peu plus loin, il blessa sérieusement un agent, avant de se faire prendre.

À l'audience de la cour d'assises, il eut de cinglantes répliques :

Le président de la cour d'assises. — *Vous avez tendu cette main* (...) *que nous voyons aujourd'hui couverte de sang.*

Émile Henry. — *Mes mains sont couvertes de sang, comme votre robe rouge.*

Au jury, il lut une déclaration dont voici des extraits [2] *:*

(...) Je suis anarchiste depuis peu de temps. Ce n'est guère que vers le milieu de l'année 1891 que je me suis lancé dans le mouvement révolutionnaire. Auparavant, j'avais vécu dans les milieux entièrement imbus de la morale actuelle. J'avais été habitué à respecter et même à aimer les principes de patrie, de famille, d'autorité et de propriété.

Mais les éducateurs de la génération actuelle oublient trop fréquemment une chose, c'est que la vie, avec ses luttes et ses déboires, avec ses injustices et ses iniquités, se charge bien, l'indiscrète, de dessiller les yeux des ignorants et de les ouvrir à la réalité. C'est ce qui m'arriva, comme il arrive à tous. On m'avait dit que cette vie était facile et largement ouverte aux intelligents et aux énergiques, et l'expérience me montra que seuls les cyniques et les rampants peuvent se faire bonne place au banquet.

On m'avait dit que les institutions sociales étaient basées sur la justice et l'égalité, et je ne constatai autour de moi que mensonges et fourberies. Chaque jour m'enlevait une illusion. Partout où j'allais, j'étais témoin des mêmes douleurs chez les uns, des mêmes jouissances chez les autres. Je ne tardai pas à comprendre que les grands mots qu'on m'avait appris à vénérer : honneur, dévouement, devoir, n'étaient qu'un masque voilant les plus honteuses turpitudes.

L'usinier qui édifiait une fortune colossale sur le travail de ses ouvriers, qui, eux, manquaient de tout, était un monsieur honnête.

---

2. D'après André SALMON, *La Terreur noire*, 1959, et Jean MAITRON, *Ravachol et les anarchistes*, 1964.

Le député, le ministre dont les mains étaient toujours ouvertes aux pots-de-vin, étaient dévoués au bien public. L'officier qui expérimentait le fusil nouveau modèle sur des enfants de sept ans avait bien fait son devoir, et, en plein parlement, le président du Conseil lui adressait ses félicitations. Tout ce que je vis me révolta, et mon esprit s'attacha à la critique de l'organisation sociale. Cette critique a été trop souvent faite pour que je la recommence. Il me suffira de dire que je devins l'ennemi d'une société que je jugeais criminelle.

Un moment attiré par le socialisme, je ne tardai pas à m'éloigner de ce parti. J'avais trop d'amour de la liberté, trop de respect de l'initiative individuelle, trop de répugnance à l'incorporation, pour prendre un numéro dans l'armée matriculée du quatrième État. D'ailleurs, je vis qu'au fond le socialisme ne change rien à l'ordre actuel. Il maintient le principe autoritaire, et ce principe, malgré ce qu'en peuvent dire de prétendus libres penseurs, n'est qu'un vieux reste de la foi en une puissance supérieure.

(...) Dans cette guerre sans pitié que nous avons déclarée à la bourgeoisie, nous ne demandons aucune pitié. Nous donnons la mort et nous devons la subir. C'est pourquoi j'attends votre verdict avec indifférence. Je sais que ma tête ne sera pas la dernière que vous couperez (...) Vous ajouterez d'autres noms à la liste sanglante de nos morts.

Pendus à Chicago, décapités en Allemagne, garrottés à Xérès, fusillés à Barcelone, guillotinés à Montbrison et à Paris, nos morts sont nombreux ; mais vous n'avez pas pu détruire l'anarchie. Ses racines sont profondes : elle est née au sein d'une société pourrie qui s'affaisse ; elle est une réaction violente contre l'ordre établi ; elle représente les aspirations d'égalité et de liberté qui viennent battre en brèche l'autoritarisme actuel. Elle est partout. C'est ce qui la rend indomptable, et elle finira par vous vaincre et par vous tuer.

Lettre au directeur de la Conciergerie [3]

27 février 1894

Monsieur le Directeur,

Au cours de la visite que vous m'avez faite dans ma cellule le dimanche 18 courant, vous avez eu avec moi une discussion, d'ailleurs tout amicale, sur les idées anarchistes.

Vous avez été fort étonné, m'avez-vous dit, de connaître nos théories sous un aspect nouveau pour vous, et vous m'avez demandé de vous résumer par écrit notre conversation, afin de bien connaître ce que veulent les compagnons anarchistes.

Il vous sera facile de comprendre, Monsieur, que ce n'est pas en quelques pages que l'on peut développer une théorie qui analyse toutes les manifestations de la vie sociale actuelle, les étudie comme un docteur ausculte un corps malade, les condamne parce qu'elles sont contraires au bonheur de l'humanité et, en leurs lieu et place, échafaude une vie toute nouvelle, basée sur des principes entièrement antagonistes de ceux sur lesquels est bâtie la vieille société.

D'ailleurs, d'autres que moi ont déjà fait ce que vous me demandez de faire. Les Kropotkine, les Reclus, les Sébastien Faure [ont exposé] leurs idées, et ont poussé leur développement aussi loin que possible.

---

3. Texte reproduit grâce à l'amabilité de Jean Maitron ; Extrait de Jean MAITRON, *Histoire du mouvement anarchiste en France (1886-1914)*.

Lisez *Evolution et Révolutions* de Reclus ; *La Morale Anarchiste, Les Paroles d'un Révolté, La Conquête du Pain* de Pierre Kropotkine ; *Autorité et liberté, Le Machinisme et ses conséquences* de Sébastien Faure [4] ; *La Société mourante et l'Anarchie*, de Grave ; *Entre Paysans (Fra contadini)* de Malatesta ; lisez encore ces nombreuses brochures, ces innombrables manifestes qui, depuis quinze ans, ont paru tour à tour, chacune ou chacun développant des idées nouvelles, suivant que l'étude ou les circonstances les suggéraient à leurs auteurs.

Lisez tout cela, et alors vous pourrez vous former un jugement à peu près fondé sur l'Anarchie.

Et cependant, gardez-vous bien de croire que l'Anarchie est un dogme, une doctrine inattaquable, indiscutable, vénérée par ses adeptes à l'égal du Coran par les musulmans.

Non ; la liberté absolue, que nous revendiquons, développe sans cesse nos idées, les élève vers des horizons nouveaux (au gré des cerveaux des divers individus) et les rejette hors des cadres étroits de toute réglementation et de toute codification.

Nous ne sommes pas des « croyants », nous ne nous inclinons ni devant Reclus, ni devant Kropotkine, nous discutons leurs idées, nous les acceptons quand elles développent dans nos cerveaux des impressions sympathiques, mais nous les repoussons quand elles ne font rien vibrer en nous.

Nous sommes loin de posséder l'aveugle foi des collectivistes, qui croient en une chose, parce que Guesde a dit qu'il fallait y croire, et qui ont un catéchisme dont ce serait sacrilège de discuter les paragraphes.

Ceci bien établi, je vais essayer de vous développer, brièvement et rapidement, ce que j'entends, moi, par l'Anarchie, sans pour cela engager d'autres compagnons qui, par certains points, peuvent avoir des vues différentes des miennes.

Vous ne discuterez pas qu'aujourd'hui le système social est mauvais, et la preuve, c'est que chacun en souffre. Depuis le mal-

---

4. Sébastien Faure (1858-1942), d'abord élevé par les jésuites ; puis socialiste guesdiste et candidat aux élections en octobre 1885 ; anarchiste à partir de 1888 ; créa le journal *Le Libertaire* en 1895 ; brillant orateur et conférencier plus que théoricien ; fonda La Ruche, école libertaire, à Rambouillet, en 1904 ; assuma la direction de *L'Encyclopédie anarchiste* en 4 volumes ; auteur, entre autres, de *La Douleur universelle* (1895).

heureux errant, sans pain et sans gîte, qui connaît la faim à l'état constant, jusqu'au milliardaire, qui craint toujours une révolte des meurt-de-faim venant troubler sa digestion, toute l'humanité éprouve des angoisses.

Eh bien ! sur quelles bases repose la société bourgeoise ? Abstraction faite des principes de famille, de patrie et de religion, qui n'en sont que des corollaires, nous pouvons affirmer que les deux pierres de voûte, les deux principes fondamentaux de l'état actuel sont l'autorité et la propriété.

Je ne veux pas m'étendre davantage sur ce sujet. Il me serait facile de démontrer que tous les maux dont nous souffrons découlent de la propriété et de l'autorité.

La misère, le vol, le crime, la prostitution, les guerres, les révolutions ne sont que des résultantes de ces deux principes.

Donc, les deux bases de la société étant mauvaises, il n'y a pas à hésiter. Il ne faut pas essayer d'un tas de palliatifs (voir socialisme) qui ne servent qu'à déplacer le mal ; il faut détruire les deux germes vicieux, et les extirper de la vie sociale.

C'est pourquoi, anarchistes, nous voulons remplacer la propriété individuelle par le Communisme, et l'autorité par la liberté.

Donc, plus de titres de possession ni de titres de domination : égalité absolue.

Quand nous disons égalité absolue, nous ne prétendons pas que tous les hommes auront un même cerveau, une même organisation physique ; nous savons fort bien que toujours il y aura la plus grande diversité entre les aptitudes, cérébrales et corporelles. C'est justement cette variété de capacités qui réalisera la production de tout ce qui est nécessaire à l'humanité, et sur elle aussi nous comptons pour entretenir l'émulation dans une société anarchiste.

Il y aura des ingénieurs et des terrassiers, cela est évident, mais sans que l'un ait aucune supériorité sur l'autre ; car le travail de l'ingénieur ne servirait de rien sans le concours du terrassier, et vice versa.

Chacun étant libre de choisir le métier qu'il exercera, il n'y aura plus que des êtres obéissant sans contrainte aux penchants que la nature a placés en eux (garantie de bonne production).

Ici une question se pose. Et les paresseux ? Chacun voudra-t-il travailler ?

Nous répondons : oui, chacun voudra travailler, et voici pourquoi :

Aujourd'hui, la moyenne de la journée de travail est de 10 heures.

Beaucoup d'ouvriers sont occupés à des travaux absolument inutiles à la société, en particulier aux armements militaires de terre et de mer. Beaucoup aussi sont frappés par le chômage. Ajoutez à cela qu'un nombre considérable d'hommes valides ne produisent rien : soldats, prêtres, policiers, magistrats, fonctionnaires, etc.

On peut donc affirmer, sans être taxé d'exagération, que sur 100 individus capables de produire un travail quelconque, 50 seulement fournissent un effort vraiment utile à la société. Ce sont ces cinquante qui produisent toute la richesse sociale.

D'où la déduction que, si tout le monde travaillait, la journée de travail, au lieu d'être de 10 heures, descendrait à 5 heures seulement.

Considérons en outre que, dans l'état actuel, le total des produits manufacturés est quatre fois plus considérable, et le total des produits agricoles trois fois plus considérable que la somme nécessaire aux besoins de l'humanité ; c'est-à-dire qu'une humanité trois fois plus nombreuse serait vêtue, logée, chauffée, nourrie, en un mot aurait la satisfaction de tous ses besoins, si le gaspillage et d'autres multiples causes ne venaient détruire cette surproduction.

(Vous trouverez cette statistique des produits dans la petite brochure : *Les produits de la Terre et les produits de l'Industrie*).

De ce qui précède, nous pouvons donc tirer la conclusion suivante :

Une société où chacun collaborerait au travail commun, et qui se contenterait d'une production ne dépassant pas énormément sa consommation (l'excès de la première sur la seconde devant constituer une petite réserve), n'aurait à demander à chacun de ses membres valides qu'un effort de deux à trois heures, peut-être même moins.

Qui donc alors refuserait de donner une si petite quantité de travail ? Qui voudrait vivre avec cette honte d'être méprisé de tous et considéré comme un parasite [5] ?

(...) La propriété et l'autorité marchant toujours de pair, se soutenant l'une l'autre, pour tenir l'humanité esclave !

---

5. Manque ici un passage (note de Jean Maitron).

Qu'est-ce que le droit de propriété ? Est-ce un droit naturel ? Est-il légitime que l'un mange tandis que l'autre jeûne ? Non, la Nature, en nous créant, nous fit des organismes similaires, et un estomac de manœuvre exige les mêmes satisfactions qu'un estomac de financier.

Et cependant, aujourd'hui, une classe a tout accaparé, volant à l'autre classe non seulement le pain du corps, mais encore le pain de l'esprit.

Oui, dans un siècle que l'on appelle de progrès et de science, n'est-il pas douloureux de penser que des millions d'intelligences, avides de savoir, se trouvent dans l'impossibilité de s'épanouir ? Que d'enfants du peuple, qui seraient peut-être devenus des hommes de haute valeur, utiles à l'humanité, ne sauront jamais autre chose que les quelques notions indispensables que leur inculque l'école primaire !

La propriété, voilà l'ennemi du bonheur humain, car elle crée l'inégalité et, par suite, la haine, l'envie, la révolte sanglante.

L'autorité, elle, n'est que la sanction de la propriété. Elle vient mettre la force au service de la spoliation.

Eh bien ! le travail étant un besoin naturel, convenez avec moi, Monsieur, que nul ne se dérobera à la demande d'un effort aussi minimum que celui dont nous avons parlé plus haut.

(Le travail est un besoin si naturel que l'Histoire nous montre des hommes d'État s'arrachant avec bonheur aux soucis de la politique pour travailler comme de simples ouvriers. Pour n'en citer que deux exemples bien connus : Louis XVI faisait de la serrurerie ; de nos jours, Gladstone, « the great old man », profite de ses vacances pour abattre lui-même quelques-uns des chênes de ses forêts, comme un vulgaire bûcheron.)

Vous voyez donc bien, Monsieur, qu'il ne vous sera nécessaire de recourir à aucune loi pour éviter les paresseux.

Si, par extraordinaire, quelqu'un voulait cependant refuser son concours à ses frères, il serait toujours moins coûteux de nourrir ce malheureux, qui ne peut être qu'un malade, que d'entretenir des législateurs, des magistrats, des policiers et des gardes-chiourme pour le mater.

Beaucoup d'autres questions se posent, mais elles sont d'un ordre secondaire ; l'important était d'établir que la suppression de la propriété, la prise au tas, n'amènerait pas un arrêt de la production par suite du développement de la paresse, et que la société anarchiste saurait se nourrir et se satisfaire en tous ses besoins.

Toutes les autres objections qu'on pourrait soulever seront facilement réfutées en s'inspirant de cette idée qu'un milieu anarchiste développera dans chacun de ses membres la solidarité et l'amour de ses semblables, car l'homme saura qu'en travaillant pour les autres il travaillera en même temps pour lui.

Une objection qui paraîtrait plus fondée est celle-ci :

Si aucune autorité n'existe plus, s'il n'y a pas la peur du gendarme pour arrêter le bras des criminels, ne risquons-nous pas de voir les délits et les crimes se multiplier dans une proportion effrayante ?

La réponse est facile :

Nous pouvons classer les crimes commis aujourd'hui en deux catégories principales : les crimes d'intérêt et les crimes passionnels.

Les premiers disparaîtront d'eux-mêmes, car il n'y aura plus matière à ces délits, atteintes à la propriété, dans un milieu qui a supprimé la propriété.

Quant aux seconds, aucune législation ne peut les empêcher. Bien loin de là, la loi actuelle, qui acquitte le mari assassinant la femme adultère, ne fait que favoriser la fréquence de ces crimes.

Au contraire, un milieu anarchiste élèvera le niveau moral de l'humanité. L'homme comprendra qu'il n'a aucun droit sur une femme se donnant à un autre que lui, puisque cette femme ne fait qu'obéir à sa nature.

Par conséquent les crimes, dans la future société, deviendront de plus en plus rares, jusqu'à ce qu'ils disparaissent complètement.

Je vais vous résumer, Monsieur, mon idéal d'une société anarchiste.

Plus d'autorité, bien plus contraire au bonheur de l'humanité que les quelques excès qui pourraient se produire aux débuts d'une société libre.

Au lieu de l'organisation autoritaire actuelle, groupement des individus par sympathies et affinités, sans lois et sans chefs.

Plus de propriété individuelle ; mise en commun des produits ; travail de chacun selon ses besoins, consommation de chacun selon ses besoins, c'est-à-dire, à son gré.

Plus de famille, égoïste et bourgeoise, faisant de l'homme la propriété de la femme, et de la femme la propriété de l'homme ; exigeant de deux êtres qui se sont aimés un moment d'être liés l'un à l'autre jusqu'à la fin de leurs jours.

La nature est capricieuse, elle demande toujours de nouvelles sensations. Elle veut l'amour libre. C'est pourquoi nous voulons l'union libre.

Plus de patries, plus de haines entre frères, jetant les uns sur les autres des hommes qui ne se sont même jamais vus.

Remplacement de l'attachement étroit et mesquin du chauvin à sa patrie, par l'amour large et fécond de l'humanité tout entière, sans distinction de races ni de couleurs.

Plus de religions, forgées par des prêtres pour abâtardir les masses et leur donner l'espoir d'une vie meilleure alors qu'eux-mêmes jouiront de la vie terrestre.

Au contraire, développement continu des sciences, mises à la portée de chaque être qui se sentira attiré vers leur étude amenant peu à peu tous les hommes à la conscience du matérialisme.

Étude particulière des phénomènes hypnotiques que la science commence aujourd'hui à constater, afin de démasquer les charlatans qui présentent aux ignorants, sous un jour merveilleux et surnaturel, des faits d'ordre purement physique.

En un mot, plus d'entrave aucune au libre développement de la nature humaine.

Libre éclosion de toutes les facultés physiques, cérébrales et mentales.

Qu'une société ayant de telles bases arrive du premier coup à l'harmonie parfaite, je ne suis pas assez optimiste pour l'espérer. Mais j'ai la profonde conviction que deux ou trois générations suffiront pour arracher l'homme à l'influence de la civilisation artificielle qu'il subit aujourd'hui, et pour le ramener à l'état de nature, qui est l'état de bonté et d'amour.

Mais pour faire triompher cet idéal, pour asseoir une société anarchiste sur des bases solides, il faut commencer par le travail de destruction. Il faut jeter bas le vieil édifice vermoulu.

C'est ce que nous faisons.

La bourgeoisie prétend que nous n'arriverons jamais à notre but.

L'avenir, un avenir bien proche, le lui apprendra.

Vive l'Anarchie !

Les anarchistes français dans les syndicats

On va assister maintenant à la pénétration des anarchistes ou, plus exactement, de certains anarchistes dans les syndicats ouvriers. L'attitude des libertaires à l'égard des syndicats, en effet, n'a pas été homogène. Les uns, sectaires, attachés à la pureté de la doctrine, ont pesé, avec une méfiance non dissimulée, le risque d'absorption des anarchistes par un mouvement prolétarien de masses, préoccupé à peu près exclusivement de revendications immédiates ; d'autres, les anarcho-syndicalistes, n'ont pas rechigné à s'y insérer, mais avec le dessein, intéressé et délibéré, de le « noyauter » ; mais d'autres encore sont entrés dans le syndicat avec un désintéressement total, soucieux uniquement de se mettre au service de la classe ouvrière et ce sont ceux-là qui ont créé ce qu'on a appelé le syndicalisme révolutionnaire, symbiose de l'idée fédéraliste libertaire et du corporatisme revendicatif à travers la pratique de la lutte de classes quotidienne.

Pourquoi cette entrée des anarchistes dans les syndicats ?

Vers 1880, l'anarchisme, en France, se trouvait dans une impasse. Il avait réussi à s'isoler d'un monde ouvrier en plein développement et tombant de plus en plus sous la coupe des politiciens réformistes social-démocrates. Il était enfermé dans une sorte de tour d'ivoire idéologique ou bien il avait prêché une action minoritaire : la « propagande par le fait », euphémisme pour désigner le terrorisme, l'usage de la bombe.

Kropotkine devait être l'un des premiers à redresser la barre et à inciter l'anarchisme à s'évader de son impuissante insularité :

« Il faut être avec le peuple, qui ne demande plus l'acte isolé, mais des hommes d'action dans les rangs », écrivit-il dans un article. Et de prôner la résurrection d'un syndicalisme de masses, du type de celui de la Première Internationale, mais décuplé : « Des unions monstres englobant les millions de prolétaires. »

Sur la lancée de Kropotkine, un jeune journaliste anarchiste, Fernand Pelloutier, qui venait de Saint-Nazaire, publia, en 1898, dans la revue libertaire Les Temps nouveaux, *l'article : « L'anarchisme et les syndicats ouvriers » dont le lecteur trouvera plus loin le texte. Le syndicat, selon lui, devait être « une école pratique d'anarchisme », tout comme il sera plus tard, pour les communistes de l'école bolchevique, l'antichambre du communisme.*

Mais un autre anarchiste, Émile Pouget, n'était pas tout à fait du même avis. Il n'hésita pas à soutenir que le syndicalisme se suffisait à lui-même, qu'il n'avait pas besoin du chaperonnage des théoriciens libertaires, et que le syndicat devait être considéré comme le groupement social « par excellence ». Aussi va-t-on donner ici, après l'article de Pelloutier, un texte particulièrement significatif de Pouget.

L'entrée des anarchistes dans les syndicats fut un événement d'importance. Elle régénéra le mouvement, lui apporta une base de masses et, loin de le faire se perdre dans ce que Lénine appellera l'« économisme », elle lui donnera l'occasion de se retremper et de se retrouver dans une nouvelle et vivante synthèse.

Le syndicalisme révolutionnaire n'en impliquait pas moins un risque, contre lequel les anarchistes intransigeants n'avaient pas tout à fait tort de mettre en garde. L'action corporative pour des fins immédiates n'allait-elle pas, à la longue, secréter une bureaucratie ouvrière, susceptible de stériliser la lutte sociale et de la faire tomber dans un conservatisme analogue à celui que les anarchistes dénonçaient chez les réformistes social-démocrates ?

On va voir que Fernand Pelloutier a eu le mérite de ne pas écarter de sa démonstration cette hypothèse. Avec clairvoyance, il admettait, dès 1895, que les administrations des syndicats pouvaient « devenir des pouvoirs », c'est-à-dire engendrer une bureaucratie. Et, plus tard, Malatesta, poussant à fond l'objection, lancera un cri d'alarme au congrès anarchiste international d'Amsterdam, en 1907 : « Le fonctionnaire est dans le mouvement ouvrier un danger qui n'est comparable qu'au parlementarisme. »

Mais Pierre Monatte, partisan trop optimiste du syndicalisme « pur », rétorquera que le bureaucratisme syndical, certes, n'était pas sans danger, mais que le syndicalisme recélait en lui-même suffisamment de contre-poisons démocratiques pour mettre le fonctionnariat hors d'état de nuire[1]*. On sait aujourd'hui qu'il n'y a pas réussi.*

1. Cf. J. Maitron, *Ravachol et les anarchistes*, op. cit.

Fernand Pelloutier (1867-1901)

Fernand Pelloutier (1867-1901), élevé dans des écoles religieuses, puis au collège de Saint-Nazaire, avait abandonné la bourgeoisie pour rejoindre le peuple. Très jeune, il se lança dans le journalisme. Il devint membre du Parti ouvrier français, puis, en 1892, il fut délégué des Bourses du Travail de Saint-Nazaire et de Nantes à un congrès socialiste où il fit voter, ce qui était insolite dans ce milieu, le principe de la grève générale.

Au début de 1893, il alla se fixer à Paris. Il ne tarda pas à se séparer des marxistes pour embrasser les idées libertaires. Dans une « Lettre aux anarchistes », il écrivit : « Nous sommes (...) ce qu'ils ne sont pas [les politiciens], *des révoltés de toutes les heures, hommes vraiment sans dieu, sans maître et sans patrie, les ennemis irréconciliables de tout despotisme, moral ou collectif, c'est-à-dire des lois et des dictatures, y compris celle du prolétariat. »*

Mais en même temps Pelloutier incitait les anarchistes à militer dans le mouvement syndical. En 1895 il fut nommé secrétaire de la Fédération des Bourses du Travail et s'y prodigua sans compter. En 1897 il fonda une revue mensuelle d'économie sociale, L'Ouvrier des Deux-Mondes, *en assurant lui-même la composition typographique.*

Pelloutier considérait les Bourses du Travail comme le type le plus parfait que l'on puisse adopter pour l'organisation ouvrière, le plus proche de la base populaire. Il voyait en elles l'embryon de l'« association libre des producteurs » prévue par Bakounine, en même temps que de la Commune ouvrière, rouage essentiel de la société future. Mort prématurément des suites d'une maladie incurable, il a laissé un livre posthume, classique du syndicalisme révolutionnaire : L'Histoire des Bourses du Travail.

L'ANARCHISME ET LES SYNDICATS OUVRIERS [2]

De même que des ouvriers de ma connaissance hésitent, quoique désabusés du socialisme parlementaire, à faire profession de socialisme libertaire, parce que, à leur sens, toute l'anarchie consiste dans l'emploi individuel de la dynamite, de même je sais nombre d'anarchistes qui, par un préjugé jadis fondé d'ailleurs, se tiennent à l'écart des syndicats, et, le cas échéant, les combattent, parce que pendant un temps cette institution a été le véritable terrain de culture des aspirants députés. À Saint-Etienne, par exemple (et je tiens ceci de bonne source), les membres des syndicats vénèrent Ravachol ; aucun d'eux, cependant, n'ose se dire anarchiste, de crainte de paraître abandonner la préparation de la révolte collective au bénéfice de la révolte isolée. Ailleurs, au contraire, à Paris, à Amiens, à Marseille, à Roanne, et dans cent autres villes, des anarchistes admirent l'esprit nouveau dont sont animés depuis quelque deux ans les syndicats, sans oser pourtant pénétrer dans ce champ révolutionnaire pour y faire germer le bon grain semé par la dure expérience. Et, entre ces hommes, émancipés presque au même degré, intellectuellement liés par un commun but et par la perception ici, par la conviction là, de la nécessité d'un mouvement violent, une défiance subsiste qui écarte, les premiers des camarades crus systématiquement hostiles à toute action concertée, les seconds d'une forme de groupement où ils croient encore obligatoire l'aliénation de la liberté individuelle.

Cependant, le rapprochement commencé dans quelques grands centres industriels ou manufacturiers ne cesse de s'étendre. Un camarade de Roanne a naguère indiqué aux lecteurs des *Temps nouveaux* que, non seulement les anarchistes de cette ville sont entrés enfin dans les groupes corporatifs, mais qu'ils y ont acquis

2. Écrit le 20 octobre 1895 ; paru dans *Les Temps nouveaux*, 2-8 novembre 1895.

par leur énergie et l'ardeur de leur prosélytisme une autorité morale réellement profitable à la propagande. Ce que nous avons appris touchant les syndicats de Roanne, je pourrais le dire de maints syndicats d'Alger, de Toulouse, de Paris, de Beauvais, de Toulon, etc., qui, entamés par la propagande libertaire, étudient aujourd'hui les doctrines dont hier ils refusaient, sous l'influence marxiste, d'entendre même parler. Or, analyser les causes de ce rapprochement, qui aurait jadis paru impossible, exposer les phases qu'il a traversées, c'est faire disparaître le reste de défiance qui empêche l'union révolutionnaire et ruiner le socialisme étatiste, devenu la forme doctrinale des appétits inavouables. Il y a eu un moment où les syndicats se sont trouvés préparés (et, ce qui est une garantie contre toute réaction, préparés par leur propre jugement, en dépit même des conseils qu'ils écoutaient jusque-là avec tant de respect) à abandonner toute participation aux lois dites sociales ; ce moment a coïncidé avec l'application des premières réformes dont on leur promettait depuis quatre ans tant de merveilles.

On leur avait dit si souvent « Patience ! nous obtiendrons qu'on réglemente la durée de votre travail de façon à vous donner ces heures de repos et d'étude sans quoi vous seriez perpétuellement esclaves » que l'attente de cette réforme les hypnotisa, pour ainsi dire, pendant plusieurs années, les détournant de l'objectif révolutionnaire. Mais quand on leur eut accordé la loi de protection du travail des femmes et des enfants, que constatèrent-ils ? Une réduction de salaire de leurs femmes, de leurs enfants et des leurs propres, proportionnelle à la diminution de la durée du travail, des grèves ou des lock-out à Paris, à Amiens, dans l'Ardèche, une extension du travail à domicile, ou *sweating system*, ou bien l'emploi par les industriels de combinaisons ingénieuses (équipes tournantes, relais), qui, à la fois, rendaient la loi inapplicable et aggravaient les conditions de travail. L'application de la loi du 2 novembre 1892 eut enfin de tels résultats qu'ouvrières et ouvriers en réclamèrent, et en réclament encore, l'abrogation.

D'où venait pareil échec ? Les syndicats s'empressèrent de le rechercher ; mais, trop nouvellement frappés dans leur foi aux législations pour qu'elle fût sérieusement atteinte, trop ignorants en économie sociale pour chercher au-delà des causes tangibles, ils crurent (la réduction de la durée du travail ayant déterminé la réduction du salaire) que la loi serait parfaite si, à la réglementation de la durée, elle ajoutait la réglementation du prix de ce travail.

Mais l'heure était enfin arrivée des déconvenues. Aux promesses, qui avaient fait la puissance du socialisme réformiste, allaient succéder les réalisations, qui seraient sa ruine. De nouvelles lois surgirent, qui avaient pour but, soit de rémunérer mieux le producteur, soit d'assurer sa vieillesse. Mais alors les syndicats s'aperçurent (et l'honneur de cette observation, capitale dans l'évolution socialiste, revient surtout aux femmes) que les objets qui leur étaient mieux payés à eux producteurs leur étaient vendus de plus en plus cher à eux consommateurs, qu'à mesure qu'augmentait le taux du salaire, s'élevait le prix du pain, du vin, de la viande, des loyers, de l'ameublement, de toutes les choses, en un mot, qui sont la condition immédiate de l'existence ; ils s'aperçurent encore (et cela a été formellement dit au récent Congrès de Limoges) qu'en dernière analyse les retraites sont toujours le produit de prélèvements sur les salaires. Et cette leçon expérimentale, plus éloquente pour eux que magistrale analyse de la répercussion des impôts faite par Proudhon [3], enseignée par l'Internationale, admise même et professée par les programmes collectivistes d'il y a treize ans, si elle ne les persuada pas encore que prétendre diminuer le paupérisme dans un état économique où tout est combiné pour l'étendre, ce serait vouloir contenir un liquide sur une surface plane, du moins elle grava dans leur esprit cette idée grosse de conséquences que les législations sociales ne sont peut-être pas la panacée qu'on leur avait dite.

Cependant, cette leçon n'aurait pas suffi à déterminer en eux l'évolution rapide que nous constatons, si les écoles socialistes ne s'étaient attachées elles-mêmes à leur inspirer le dégoût de la politique. Pendant longtemps les syndicats pensèrent que la faiblesse du parti socialiste, ou, plutôt, du prolétariat, avait surtout, peut-être même exclusivement, pour cause les divisions des politiciens. Dès qu'un désaccord surgissait entre le citoyen X et le

3. Il s'agit vraisemblablement du ch. VII du *Système des contradictions économiques* (1846) et peut-être aussi du chap. III de *Théorie de l'impôt* (1861).

citoyen Z, entre le « Torquemada en lorgnon », stigmatisé jadis par Clovis Hugues et Ferroul [4], et tel coryphée de la « Fédération des Lâcheurs socialistes », selon le mot de Lafargue [5], les syndicats se coupaient en deux, et, s'il s'agissait d'opérer une action commune, comme la manifestation du 1er Mai, par exemple, voyaient leurs membres partagés en cinq, six, dix tronçons, qui allaient les uns à hue, les autres à dia, suivant le mot d'ordre des chefs. Cela les fit réfléchir, et, prenant là encore l'effet pour la cause, ils dépensèrent une énergie qu'on peut dire incommensurable pour essayer de résoudre cet insoluble problème : l'union socialiste [6]. Ah ! les efforts faits pour atteindre à cette chimère, quiconque n'a point vécu dans les milieux corporatifs ne peut s'en faire même une idée. Ordres du jour, délibérations, manifestes : tout, tout fut essayé, mais en vain ; au moment même où l'accord paraissait scellé, où, plutôt par lassitude que par conviction, les discussions s'éteignaient, un mot rallumait l'étincelle : guesdistes, blanquistes, intransigeants, broussistes se dressaient furieux, échangeant des injures, se jetant à la tête qui Guesde, qui Vaillant [6], qui Brousse, et la bataille nouvelle durait des semaines pour recommencer à peine terminée.

En ce monde, tout a une fin. Lassés de leur affaiblissement croissant et de leurs inutiles efforts pour concilier la politique, qui est surtout d'intérêt individuel, avec l'économie, qui est d'intérêt social, les syndicats finirent par comprendre (et mieux valait tard que jamais) que leur propre division avait une cause plus élevée que la division des politiciens et que l'une et l'autre résultaient... de la politique. C'est alors qu'enhardis déjà par l'inefficacité

---

4. Clovis Hugues (1851-1907), homme politique et poète français ; Ernest Ferroul (1853-1921), médecin, maire socialiste et député de Narbonne.

5. Paul Lafargue (1842-1911), né à Cuba de parents français, étudiant en médecine, d'abord libertaire proudhonien, puis disciple et gendre de Karl Marx, dont il épouse la fille Laura ; membre de l'Internationale ; participa activement à la Commune ; délégué de Karl Marx en Espagne pour y combattre les partisans de Bakounine ; amnistié en 1880 ; élu député en 1891, avec Jules Guesde fonde le Parti Ouvrier français ; auteur du *Droit à la Paresse*, pamphlet d'une verve quelque peu libertaire. Il se suicide avec sa femme le 26 novembre 1911, « avant l'impitoyable vieillesse ».

6. Sur l'unité socialiste, cf. l'introduction de Daniel Guérin à Rosa Luxemburg, *Le Socialisme en France (1898-1912)*, à paraître ; — Édouard Vaillant (1840-1915), un des plus grands révolutionnaires français, d'abord blanquiste, membre de la Commune de 1871, condamné à mort puis amnistié. Finit dans l'« union sacrée ».

manifeste des lois « sociales », par les trahisons de certains élus socialistes (les uns donnant leur appui au gros commerce de Bercy, les autres faisant des débris de leur démission en blanc de petites balles pour en frapper le nez long d'une aune des électeurs), par les déplorables résultats de l'immixtion des députés ou des conseillers municipaux dans les grèves, notamment celle des omnibus, par l'hostilité à la grève générale de journaux et d'hommes dont toute la politique consiste à faire ou à se faire l'échelle pour conquérir les 25 francs et l'écharpe, les syndicats décidèrent que dorénavant les agitations politiques leur resteraient étrangères, que toute discussion, autre qu'économique, serait impitoyablement proscrite de leur programme d'études et qu'ils se consacreraient tout entiers à la résistance contre le capital. De récents exemples ont montré combien sur cette pente les syndicats glissèrent vite !

Cependant le bruit de cette Révolution avait transpiré. Le mot d'ordre nouveau : Plus de politique ! s'était propagé dans les ateliers. Nombre de syndiqués désertaient les églises consacrées au culte électoral. Le terrain syndical parut alors à quelques anarchistes suffisamment préparé pour recevoir et féconder la doctrine, et ils vinrent en aide à ceux qui, enfin émancipés de la tutelle parlementaire, s'efforçaient maintenant de consacrer leur attention et celle de leurs camarades sur l'étude des lois économiques.

Cette entrée des libertaires dans le syndicat eut un résultat considérable. Elle apprit d'abord à la masse la signification réelle de l'anarchisme, doctrine qui, pour s'implanter, peut fort bien, répétons-le, se passer de la dynamite individuelle ; et, par un enchaînement naturel d'idées, elle révéla aux syndiqués ce qu'est et ce que peut devenir cette organisation corporative dont ils n'avaient eu jusqu'alors qu'une étroite conception.

Personne ne croit ou n'espère que la prochaine Révolution, si formidable qu'elle doive être, réalise le communisme anarchiste pur. Par le fait qu'elle éclatera, sans doute, avant que soit achevée l'éducation anarchiste, les hommes ne seront point assez mûrs pour pouvoir s'ordonner absolument eux-mêmes, et longtemps encore les exigences des caprices étoufferont en eux la voix de la raison. Par conséquent (l'occasion est bonne pour le dire), si nous prêchons le communisme parfait, ce n'est ni avec la certitude ni même avec l'esprit que le communisme sera la forme sociale de demain ; c'est pour avancer, approcher le plus possible de la perfection, l'éducation humaine, pour avoir, en un mot, le jour venu de la conflagration, atteint le maximum d'affranchissement. Mais l'état transitoire à subir doit-il être nécessairement, fatalement la geôle collectiviste [7] ? Ne peut-il consister en une organisation libertaire limitée exclusivement aux besoins de la production et de la consommation, toutes institutions politiques ayant disparu ? Tel est le problème qui, depuis de longues années, préoccupe et à juste titre beaucoup d'esprits.

Or, qu'est-ce que le syndicat ? Une association, d'accès ou d'abandon libre, sans président, ayant pour tout fonctionnaire un secrétaire et un trésorier révocables dans l'instant, d'hommes qui étudient et débattent des intérêts professionnels semblables. Que sont-ils, ces hommes ? Des producteurs, ceux-là mêmes qui créent toute la richesse publique. Attendent-ils, pour se réunir, se concerter, agir, l'agrément des lois ? Non : leur constitution légale n'est pour eux qu'un amusant moyen de faire de la propagande révolutionnaire avec la garantie du gouvernement, et d'ailleurs combien d'entre eux ne figurent pas et ne figureront jamais sur l'annuaire officiel des syndicats ? Usent-ils du mécanisme parlementaire pour prendre leurs résolutions ? Pas davantage : ils discutent, et l'opinion la plus répandue fait loi, mais une loi sans sanction, exécutée précisément parce qu'elle est subordonnée à l'acceptation individuelle, sauf le cas, bien entendu, où il s'agit de résister au patronat. Enfin, s'ils nomment à chaque séance un président, un délégué à l'ordre, ce n'est plus que par l'effet de l'habitude car, une fois nommé, ce président est parfaitement oublié et oublie fréquemment lui-même la fonction dont ses camarades l'ont investi.

Laboratoire des luttes économiques, détaché des compétitions électorales, favorable à la grève générale avec toutes ses conséquences, s'administrant anarchiquement, le syndicat est donc bien l'organisation à la fois révolutionnaire et libertaire qui pourra seule contrebalancer et arriver à réduire la néfaste influence des politiciens collectivistes. Supposons maintenant que, le jour où

7. Par ce mot Pelloutier entend : le socialisme étatique.

éclatera la Révolution, la presque totalité des producteurs soit groupée dans les syndicats : n'y aura-t-il pas là, prête à succéder à l'organisation actuelle, une organisation quasi libertaire, supprimant de fait tout pouvoir politique, et dont chaque partie, maîtresse des instruments de production, réglerait toutes ses affaires elle-même, souverainement et par le libre consentement de ses membres ? Et ne serait-ce pas « l'association libre des producteurs libres » ?

Assurément les objections sont nombreuses : les administrations fédérales peuvent devenir des pouvoirs ; d'habiles gens peuvent arriver à gouverner les syndicats comme les socialistes parlementaires gouvernent les groupes politiques ; mais ces objections ne sont valables qu'en partie. Les conseils fédéraux ne sont, dans l'esprit même des syndicats, que des institutions transitoires, qu'a fait naître la nécessité de généraliser et de rendre de plus en plus formidables les luttes économiques, mais que le succès révolutionnaire rendrait superflues, et que, d'ailleurs, les groupes dont elles émanent surveillent d'un œil trop jaloux pour qu'elles arrivent jamais à conquérir une autorité directrice. D'autre part, la révocabilité permanente des fonctionnaires réduit leur fonction et leur personne à bien peu de chose, et trop souvent même il ne leur suffit pas d'avoir fait leur devoir pour conserver la confiance de leurs camarades. Puis, l'organisation corporative n'est encore qu'à l'état embryonnaire. À peine débarrassée de la tyrannie politicienne, elle marche éperdue et, comme l'enfant à ses premiers pas, chancelle sur la route de l'indépendance. Mais qui sait où la douceur, et plus encore les fruits de la liberté, l'auront conduite dans dix ans ? Et c'est précisément à l'y conduire que les socialistes libertaires doivent consacrer leurs efforts.

« Le Comité fédéral des Bourses du Travail, dit un procès-verbal officiel publié dans le *Bulletin de la Bourse de Narbonne*, a pour mission d'instruire le prolétariat sur l'inutilité d'une Révolution qui se contenterait de substituer un État à un autre, fût-ce un État socialiste. » Ce comité, dit un autre procès-verbal à paraître dans le *Bulletin de la Bourse de Perpignan*, « doit s'efforcer de préparer une organisation qui, en cas d'une transformation sociale, puisse assurer le fonctionnement économique par le libre groupement et rendre superflue toute institution politique.

Son but étant la suppression de l'autorité sous toutes ses formes, il a pour tâche d'habituer les travailleurs à s'affranchir des tutelles ».

Ainsi, d'une part, les « syndiqués » sont aujourd'hui en état d'entendre, d'étudier et de recevoir les doctrines libertaires ; d'autre part, les anarchistes n'ont pas à craindre, en prenant part au mouvement corporatif, d'être obligés d'abdiquer leur indépendance. Les premiers sont prêts à admettre, les seconds peuvent fortifier une organisation dont les résolutions résultent du libre accord ; qui, suivant le mot de Grave (*La Société future*, p. 202), « n'ait ni lois, ni statuts, ni règlements auxquels chaque individu soit forcé de se soumettre sous peine d'un châtiment quelconque préalablement déterminé » ; que les individus aient la faculté d'abandonner quand il leur plaira, sauf, je le répète, le cas où la lutte contre l'ennemi est engagée ; qui, pour tout dire, soit une école pratique d'anarchisme.

Que les hommes libres entrent donc dans le syndicat, et que la propagation de leurs idées y prépare les travailleurs, les artisans de la richesse, à comprendre qu'ils doivent régler leurs affaires eux-mêmes, et à briser, par suite, le jour venu, non seulement les formes politiques existantes, mais toute tentative de reconstitution d'un pouvoir nouveau. Cela montrera aux autoritaires combien était fondée leur crainte, déguisée en dédain, du « syndicalisme », et combien éphémère leur doctrine, disparue avant même d'avoir pu s'affirmer !

Émile Pouget (1860-1931)

La vie militante d'Émile Pouget
par Paul Delesalle [8]

La jeunesse

Émile Pouget était né en 1860, près de Rodez, dans le département de l'Aveyron. Son père, qui était notaire, mourut de bonne heure. Sa mère se remaria et de ce fait sa vie fut en quelque sorte désaxée. Néanmoins, son beau-père, bon républicain de l'époque, batailleur comme son beau-fils, perdit vite sa place de petit fonctionnaire pour avoir écrit dans une petite feuille de combat qu'il avait du reste fondée.

C'est au lycée de Rodez où il commença ses études que naquit sa passion pour le journalisme. Il fonda à quinze ans son premier journal, *Le Lycéen républicain*. Je n'ai pas besoin de dire comment ses maîtres accueillirent la petite feuille.

En 1875, son beau-père mourut. Il lui fallut quitter le lycée pour gagner sa vie. Paris l'attira. (...) Employé dans un magasin de nouveautés, il se mit, la tâche terminée, à courir les réunions publiques, les groupes avancés et rapidement se donna tout entier à la propagande révolutionnaire.

Mais déjà, l'anarchisme purement spéculatif et idéaliste ne pouvait satisfaire un sens social prononcé et dès 1879 il prit part à la fondation, à Paris, du premier syndicat d'employés. Il y a

8. Paul Delesalle (1870-1948), ancien ouvrier métallurgiste, anarchiste et syndicaliste révolutionnaire ; collabora aux *Temps nouveaux*, puis fut élu secrétaire de la Fédération des Bourses du Travail où il succéda à Fernand Pelloutier jusqu'à 1907 ; ensuite éditeur et libraire révolutionnaire. Texte extrait du *Cri du Peuple*, 29 juillet et 5 août 1931.

une telle unité de vie militante chez Pouget qu'il sut bientôt décider son syndicat à publier la première en date des brochures antimilitaristes. Inutile de dire que ce fut notre syndicaliste qui la rédigea et j'ajoute qu'elle serait aujourd'hui impubliable aussi bien par la véhémence de son texte que par les conseils dont elle était largement émaillée.

Vers les années 1882-1883, le chômage sévissait à Paris avec une certaine intensité, si bien que le 8 mars 1883 la Chambre syndicale des menuisiers convoquait les sans-travail à un meeting en plein air qui devait se tenir sur l'esplanade des Invalides.

Bien entendu, le meeting fut rapidement dissous par la police, mais deux groupes importants de manifestants se formèrent : l'un prit le chemin de l'Élysée et fut rapidement dispersé, l'autre, avec Louise Michel et Pouget, dévala vers le boulevard Saint-Germain. Rue du Four une boulangerie fut plus ou moins dévalisée.

Néanmoins, la manifestation continua et ce ne fut qu'arrivée place Maubert qu'elle se trouva en présence d'une force de police importante. Les agents s'étant précipités pour arrêter Louise Michel [9], Pouget s'efforça de la délivrer ; il fut à son tour arrêté et conduit au poste.

Quelques jours après, sous l'inculpation, inexacte, de pillage à main armée, il passait en cour d'assises. Louise était condamnée à douze ans de réclusion, Pouget à huit ans, peine qu'il dut purger à la prison de droit commun de Melun. Il y resta trois années pleines et une amnistie intervenue à la suite d'une action de Rochefort [9] l'en tira au bout de ce temps. La prison, au contraire, n'avait pas assagi le militant.

Le Père Peinard

C'est le 24 février 1889 que parut le premier numéro du *Père Peinard* en petite brochure, rappelant *La Lanterne* de Rochefort,

9. Sur Louise Michel, voir plus loin p. 492 ; — Henri Rochefort (marquis de Rochefort-Luzay) (1830-1913), journaliste et pamphlétaire ; fit dans son hebdomadaire *La Lanterne* une vive opposition au Second Empire. Député de la Commune en 1871.

écrit à la façon imagée du *Père Duchêne* d'Hébert, mais d'un style plus prolétarien.

(...) Les petits pamphlets de Pouget eurent un succès dont on se rend difficilement compte aujourd'hui. Tant que dura le *Père Peinard* — puis *La Sociale* —, il y eut dans certains centres ouvriers une réelle agitation prolétarienne et je pourrais citer dix, vingt localités ouvrières, telles Trélazé, Fourchambault, où tout mouvement est tombé à rien après la disparition de ses pamphlets.

À Paris, notamment, parmi les ébénistes du faubourg Saint-Antoine, le mouvement revendicatif dura tant que vécut le *Père Peinard*. Un petit brûlot, *Le Pot-à-Colle*, écrit dans le même style y parut même vers les années 1891-1893.

(...) L'anarchisme de Pouget est avant tout et surtout prolétarien. Dès les premiers numéros du *Père Peinard*, il exalte les mouvements de grève, les numéros du 1er Mai sont uniquement consacrés à encourager « les copains » à y prendre part : « Le 1er Mai est une occasion qui peut tourner bien. Il suffirait pour cela que nos frangins, les troubades, lèvent la crosse en l'air comme en février 1848, comme au 18 mars 1871, et ça ne serait pas long du coup. »

L'un des premiers, il sent tout ce que l'on peut tirer de l'idée de grève générale et dès 1889 il écrit :

« Oui, nom de Dieu, y a plus que ça aujourd'hui : la grève générale !

« Voyez-vous ce qui arriverait si dans quinze jours y avait plus de charbon. Les usines s'arrêteraient, les grandes villes n'auraient plus de gaz, les chemins de fer roupilleraient.

« Du coup, le populo presque tout entier se reposerait. Ça lui donnerait le temps de réfléchir ; il comprendrait qu'il est salement volé par les patrons, et dame, il se pourrait bien qu'il leur secoue les puces dare-dare ! »

Et plus loin :

« Donc une fois que les mineurs seraient tous en l'air, que la grève serait quasi générale, faudrait, nom de Dieu, qu'ils se foutent à turbiner pour leur propre compte ; la mine est à eux, elle leur a été volée par les richards ; qu'ils reprennent leur bien, mille bombes. Et le jour où, assez marioles, y aura une tripotée de bons bougres qui commenceront le chabanais dans ce sens, eh bien ! foi de Père Peinard, le commencement de la fin sera arrivé ! »

Un grand pamphlétaire prolétarien

Mais si le mouvement ouvrier y tient une très grande place, tous les autres aspects de la question sociale, Pouget les passe au crible de son implacable censure ; aucune des tares de la société bourgeoise ne lui échappe ; une grande banque, le Comptoir d'Escompte, vient-elle de sauter : son article « Les accapareurs » serait à citer en entier :

« Gouvernants, bouffe-galette et financiers, c'est fripouille et Cie. Comme aujourd'hui, l'on a décidé une enquête. Je préfère, écrit-il, le système de 89, c'était mieux. Ainsi au mois de juillet 89, Berthier de Sauvigny était accroché à un réverbère, et un autre de ses copains, Foullon [10], était massacré. Quand donc nous foutrons-nous à appliquer à nouveau ce système, pour faire passer le goût du pain à toute la clique des Rothschild et des Schneider ? »

L'agitation à l'extérieur ne le laisse jamais indifférent.

Ainsi : « Chez les copains d'à-côté » : « En plus des gars d'Allemagne qui se trémoussent gaillardement, les Macaronis cassent la margoulette à leurs grands proprios, les paysans serbes et bulgares, qualifiés de brigands par nos salopiots de journaleux, tapent sur les grosses légumes... Y a pas jusqu'aux Angliches qui, malgré leur flegme et leur air gnangnan, y sont allés de leur petite grève. »

C'est ensuite « les jean-foutreries militaires », critique de l'armée, des « saloperies de la caserne » et c'est une charge à fond — et quelle charge ! — de l'armée et du militarisme.

« Au Palais d'injustice », c'est la magistrature et la justice de classe et je ne vous dis que ça, qui est à son tour jugée comme elle le mérite.

Et ce n'est pas tout. À chaque sursaut de l'opinion publique c'est un article, voire un numéro spécial, car Pouget a, par-dessus

10. Joseph Foullon (1717-1789), contrôleur général des finances, pendu puis décapité au lendemain de la prise de la Bastille.

tout, le sens exact de la propagande, de ce qu'il y a à dire aux foules.

Le tirage au sort lui est un bon prétexte, de même l'anniversaire de la Commune ou du 14 juillet, et souvent un placard [11] accompagne le numéro du *Père Peinard*. Pas un fait qui ne touche tant soit peu l'opinion ne le laisse indifférent. C'est que Pouget est avant tout un journaliste-né.

Mais où la polémique revêt une forme plus personnelle, bien que sans lui être particulière puisqu'elle est celle de tous les anarchistes à cette époque, c'est dans sa critique du parlementarisme et de tout l'organisme étatique.

Ce que ressuscitaient Pouget et les anarchistes de cette époque c'étaient en réalité les anciennes luttes de la Première Internationale, le socialisme libertaire d'une part, représenté par Bakounine et la Fédération dite Jurassienne, et le socialisme autoritaire de Marx.

Guesde, le meilleur des représentants du socialisme autoritaire de l'époque, la bête noire de Pouget et qui le lui rendait bien, allait partout clamant : « Envoyez au parlement, vous classe ouvrière, la moitié des députés plus un et la Révolution ne sera pas loin d'être un fait accompli. » Ce à quoi Pouget et ses amis répondaient : « Groupez-vous dans vos sociétés ouvrières, dans vos syndicats et emparez-vous des ateliers. »

Deux méthodes qui mettaient et mettent aujourd'hui encore aux prises, et de façons parfois violentes, socialistes libertaires et autoritaires.

Et Pouget d'illustrer sa thèse, aussi la polémique est-elle acerbe. Qu'on en juge : « C'est dimanche qu'elles ont lieu ces sacrées élections ! Turellement c'est pas les candidats qui manquent ; y en a pour tous les goûts et de toutes les couleurs : une truie n'y trouverait pas ses petits. Mais, nom de Dieu, si la couleur et l'étiquette des candidats changent, y a une chose qui ne varie pas : les boniments ! Réacs, républicains, boulangeards, socialos, etc., tous promettent au populo de se faire mourir de fatigue ! »

Et un violent placard de développer sa démonstration.

---

11. Nombre de placards et affiches, sous le titre « Le Père Peinard au Populo », ont été tirés à plus de 20 000 exemplaires, et je pourrais en citer plus de trente (note de Paul Delesalle).

Répression

Mais une telle propagande, menée avec tant de vigueur, n'était certes pas sans inconvénients. Les poursuites pleuvaient dru et, si ses gérants écopaient, Pouget, lui aussi, allait faire de temps à autre des séjours à Sainte-Pélagie, la prison politique de l'époque, ce qui n'empêchait pas le *Père Peinard* de paraître, des copains allant à tour de rôle chercher la copie à la prison même.

Une période d'agitation aussi intense, et il faut bien le dire, elle n'était pas seule, avait exaspéré certaines individualités ; une série d'attentats s'ensuivit avec, comme couronnement, l'assassinat à Lyon du président Carnot [12].

La bourgeoisie, excitée par la presse à son service, fut prise d'une frousse telle qu'elle ne crut trouver son salut que dans le vote par les parlements d'une série de lois de répression qualifiées justement, la peur passée, de lois scélérates. [13]

Les arrestations succédèrent aux perquisitions qui eurent lieu par centaines à travers le pays et un grand procès, dit « Procès des Trente », fut engagé.

Pouget et pas mal d'autres camarades mirent la frontière entre eux et leurs prétendus juges. L'exil commençait pour lui et, le 21 février 1894, le 253e et dernier numéro de la première série du *Père Peinard* paraissait.

Réfugié à Londres où il retrouva Louise Michel [14], ce serait mal connaître notre camarade que de croire qu'il allait s'arrêter, et en septembre de la même année le premier numéro de la série londonienne du *Père Peinard* paraissait. Huit numéros parurent jusqu'en janvier 1895. Mais l'exil n'était pas une solution, la bourgeoisie se sentait un peu rassurée, Pouget revint en France

---

12. Sadi Carnot (1837-1894), président de la République assassiné à Lyon par l'anarchiste italien Caserio.

13. Lois « scélérates » destinées à réprimer l'activité terroriste anarchiste et qui furent votées après l'attentat d'Auguste Vaillant en 1894. Auguste Vaillant (1861-1894), anarchiste, enfant de la balle, exerça vingt métiers, fut guillotiné après avoir lancé une bombe dans l'hémicycle de la Chambre des Députés, le 9 décembre 1893.

14. Louise Michel (1830-1905), institutrice et militante anarchiste indomptable ; elle participa à la Commune de 1871, fut déportée, puis graciée.

pour purger sa contumace et fut acquitté comme l'avaient du reste été tous ses co-accusés du « Procès des Trente ».

Toutes ces péripéties n'avaient en rien altéré l'ardeur du militant ; cela ne traîna pas ; le 11 mai de la même année paraissait *La Sociale* qui succédait au *Père Peinard*, dont son fondateur, pour de multiples raisons, n'avait pu reprendre momentanément le titre (qui ne fut repris qu'en octobre 1896).

De ces deux nouveau-nés de Pouget, que dire sinon qu'ils furent égaux, par l'intensité de la propagande, à leur aîné ? Même courage, plus de courage même, car les « lois scélérates » aggravaient les difficultés, et même vaillance. C'est de cette époque que datent les fameux *Almanach du Père Peinard*, de nombreuses brochures de propagande dont l'une, entre autres, signée Pouget, *Les Variations guesdistes*, fit quelque bruit dans le landerneau du socialisme politicien.

Vint l'affaire Dreyfus, Pouget là encore ne pouvait pas rester indifférent. Il se jeta dans la bataille, mais ce fut pour réclamer la justice aussi pour les anarchistes envoyés au bagne et qui se mouraient aux Iles du Salut, qui leur étaient à cette époque spécialement affectées. Par de multiples articles, par sa brochure *Les Lois scélérates*, écrite en collaboration avec Francis de Pressensé, il réussit à attirer l'attention des masses, et les gouvernants de l'époque durent mettre en liberté quelques-uns de ceux qui restaient d'une prétendue révolte habilement machinée antérieurement par l'administration du bagne.

« La Voix du Peuple »

Nous sommes arrivés à l'année 1898. La Confédération Générale du Travail prend un développement de plus en plus grand, une importance sociale toujours plus forte.

Le Congrès de Toulouse (1897), sous l'impulsion de Pouget, avait adopté un important rapport sur *Le Boycottage et le Sabotage*, qui apportait à la classe ouvrière une nouvelle forme de lutte.

Enfin, et c'était là son idée la plus chère, il avait envisagé de doter la classe ouvrière d'un organe de combat exclusivement rédigé par les intéressés. Déjà un premier vœu dans ce sens avait été adopté au Congrès de Toulouse, puis repris au Congrès de Rennes. Il s'agissait alors dans l'esprit des camarades d'un journal quotidien, projet auquel l'on dut renoncer par la suite, en présence de difficultés financières de tout ordre.

N'importe, l'idée était lancée et il est bon de le rappeler ici, c'est aussi grâce à la ténacité de Pouget que le premier numéro de *La Voix du Peuple* paraissait le 1er décembre 1900.

Pouget, nommé secrétaire adjoint de la C.G.T., section des Fédérations, était chargé d'assurer la parution hebdomadaire du journal. Grâce à son effort persévérant et aidé par Fernand Pelloutier, la classe ouvrière pour la première fois était dotée d'un organe bien à elle.

(...) Il me serait facile, la collection de *La Voix du Peuple* aidant, de reprendre une à une les campagnes de tous ordres, lutte contre les bureaux de placement, repos hebdomadaire, journée de huit heures, lutte contre les iniquités les plus diverses auxquelles le nom d'Émile Pouget est constamment mêlé et toujours au premier plan de la bataille.

C'est toute la classe ouvrière qui luttait par sa plume.

Il me faut cependant rappeler ces beaux et inoubliables numéros spéciaux sur « Le Tirage au sort », sur « Le 1er Mai », conçus et mis en valeur d'une telle façon qu'il n'est pas exagéré de dire que jamais une telle intensité de propagande n'a été dépassée.

Rappellerai-je aussi la campagne pour la journée de huit heures, ayant son aboutissement au 1er mai 1906 ? Il faut avoir vécu cette époque aux côtés de Pouget pour savoir quelle science — le mot ne me paraît pas trop fort — de la propagande il déploya alors. Secondé par son *alter ego* Victor Griffuelhes [15], pendant près de deux années, ils surent trouver chaque fois du nouveau pour tenir en haleine la masse des travailleurs qui parfois a trop tendance à douter d'elle-même. Il n'est donc pas exagéré de dire que si, là où elle sut l'imposer intégralement, la classe ouvrière jouit de la journée de huit heures, elle le doit pour une part assez appréciable à Émile Pouget.

15. Victor Griffuelhes (1874-1923), ancien ouvrier cordonnier ; d'abord blanquiste, puis syndicaliste révolutionnaire : secrétaire général de la C.G.T. de 1902 à 1909.

Il suffit de reprendre la collection des congrès de la C.G.T. entre 1896 et 1907 pour bien juger de l'influence profonde qu'il exerça sur ces assises du travail. Ses rapports, ses interventions et surtout son travail effectif au sein des commissions sont encore les plus sûrs garants de ce que lui doit le syndicalisme. Rappellerai-je qu'à Amiens c'est lui qui tint la plume et que la motion, qui aujourd'hui encore reste la charte du véritable syndicalisme, est en partie son œuvre [16] ?

Il faut rappeler aussi, en dehors des nombreuses brochures qu'il signa, sa collaboration à nombre de petits journaux ouvriers et aussi ses grands articles parus dans *Le Mouvement socialiste* d'Hubert Lagardelle [17], études si substantielles qu'il sera impossible de les ignorer lorsque l'on voudra à l'avenir étudier plus que superficiellement les origines et les méthodes du mouvement syndicaliste en France.

« La Révolution », Villeneuve-Saint-Georges, la retraite

(...) Pouget eut toute sa vie comme la hantise d'un journal quotidien, mais d'un journal prolétarien reflétant exclusivement les aspirations de la classe ouvrière. C'est alors ce qu'il tenta en fondant, avec d'autres camarades, *La Révolution*. Griffuelhes en était, Monatte [18] aussi. Malheureusement, il faut beaucoup d'argent pour faire vivre un journal quotidien et l'aide escomptée n'étant pas venue, *La Révolution* dut, au bout de quelques mois, cesser de paraître. Ce fut bien là l'un des plus grands crève-cœur

16. La charte d'Amiens (1906), par laquelle le syndicalisme révolutionnaire proclamait son indépendance à l'égard des partis politiques.

17. Hubert Lagardelle (1875-1958), avocat, d'abord guesdiste, puis fondateur du *Mouvement socialiste* (1899-1914), revue théorique du syndicalisme révolutionnaire ; auteur d'un livre remarquable, *Le Socialisme français*. Finit ministre du maréchal Pétain.

18. Pierre Monatte (1881-1960), correcteur d'imprimerie, collabora à la revue anarchiste *Les Temps nouveaux* puis, devenu syndicaliste révolutionnaire, fit partie du Comité confédéral de la C.G.T. d'avant 1914 ; fonda la revue *La Vie ouvrière* de 1909 à 1914. Adhéra au P.C.F. en 1923 et devint rédacteur de la page sociale de *L'Humanité*. Il en fut exclu en novembre 1924. Il fonda alors *La Révolution Prolétarienne*, organe de la Ligue syndicaliste. Cf. *Syndicalisme révolutionnaire et communisme, les archives de Pierre Monatte*, 1969.

de sa vie de voir sombrer l'œuvre qu'il avait si ardemment désirée.

Je pourrais presque m'arrêter ici mais il me faut rappeler l'affaire de Draveil-Villeneuve-Saint-Georges. Il semble bien en effet, avec le recul des années, que cette misérable et triste journée ait été voulue par Clemenceau [19]. C'était du reste l'opinion de Griffuelhes autant que celle de Pouget. Des poursuites furent engagées contre un certain nombre de militants et naturellement Pouget était du nombre. Mais au bout de plus de deux mois passés à la prison de Corbeil, l'accusation dut être abandonnée et il n'est pas exagéré de dire que, si le procès était venu, le banc d'infamie n'aurait sans doute pas été celui des accusés.

Mais déjà la santé de Pouget, qui était notre aîné d'une bonne dizaine d'années, commençait à laisser à désirer.

À la longue, la lutte telle qu'il la comprenait use quelque peu son homme. Le repos pour lui consista alors à se remettre au travail pour gagner sa vie et jusqu'au jour où la maladie le terrassa, il n'arrêta pas, bien qu'âgé de soixante et onze ans, de travailler [20].

ÉMILE POUGET : QU'EST LE SYNDICAT [21] ?

Propriété, autorité ne sont que la manifestation et l'expression divergente d'un seul et unique « principe » qui se concrète en la réalisation et la consécration de la servitude humaine. Il n'y a donc là qu'une différence d'angle visuel : vu d'une face, l'esclavage apparaît comme un *crime de propriété* tandis que, sous une autre face, il se constate comme un *crime d'autorité*.

Dans la vie, ces « principes », muselières pour les peuples, se sont concrétés en institutions oppressives dont la façade seule a varié au cours des âges. À l'heure actuelle, malgré toutes les

---

19. En 1908, des grèves furent réprimées dans le sang par le gouvernement de Georges Clemenceau (1841-1929), à Draveil et Villeneuve-Saint-Georges, à la suite de quoi les dirigeants de la C.G.T. furent arrêtés.

20. En 1931, dans le village de Lozère (Palaiseau), un corbillard du pauvre conduisit Émile Pouget à sa dernière demeure, suivi de Pierre Monatte, Maurice Chambelland et quelques autres, dont j'étais (D. G.).

21. Extrait de *Le Syndicat*, 1905.

transformations opérées dans le régime de la propriété et les modifications apportées dans l'exercice de l'autorité, transformations et modifications toutes de surface, la soumission, la contrainte, le travail forcé, la faim, etc., sont le lot des classes ouvrières.

C'est pourquoi l'enfer du Salariat est une géhenne lugubre : la grande majorité des êtres humains y végètent, sevrés de bien-être et de liberté. Et dans cette géhenne, malgré la décoration démocratique qui la maquille, fleurissent à foison misère et douleurs.

Le groupement essentiel

Le groupe corporatif est, en effet, l'unique centre qui, par sa constitution, réponde aux aspirations qui impulsent le salarié ; il est la seule agrégation d'êtres humains résultant de l'identité absolue des intérêts, puisqu'il a sa raison d'être dans la forme de production, sur laquelle il se modèle et dont il n'est que le prolongement.

Qu'est, en effet, le syndicat ? Une association de travailleurs, unis par le lien corporatif. Cette coordination corporative peut se manifester, suivant les milieux, tantôt par le lien plus circonscrit du métier ou, dans l'énorme industrialisation du XXe siècle, englober des prolétaires de métiers divers, mais dont l'effort concourt à une œuvre commune.

Cependant, quelle que soit la forme préférée par les militants ou imposée par les circonstances, soit que l'agglomérat syndical se limite au « métier » ou s'étende à l'« industrie », l'identité du but se dégage toujours. Elle est :

1. Tenir constamment tête à l'exploiteur ; le forcer à respecter les améliorations conquises ; enrayer toute tentative de régression ; puis, aussi, tendre à atténuer l'exploitation en exigeant des améliorations fragmentaires, telles que : diminution des heures de travail, accroissement des salaires, meilleure hygiène, etc., modifications qui, quoiqu'elles ne portent que sur des détails, n'en sont pas moins des atteintes efficaces aux privilèges capitalistes, dont elles sont une atténuation ;

2. Le syndicat tend à préparer une coordination grandissante des rapports de solidarité, de manière à rendre possible, dans le plus bref délai qu'il soit, l'expropriation capitaliste, seule base pouvant servir de point de départ à une transformation intégrale de la société. Ce n'est qu'après cette légitime restitution sociale que pourra être annihilée toute possibilité de parasitisme. Alors seulement, nul n'étant plus astreint à travailler au service d'un autre, le salariat étant aboli, la production deviendra sociale dans sa destination comme elle l'est dans sa source ; à ce moment, la vie économique étant un réel amalgame d'efforts réciproques, toute exploitation sera, non seulement abolie, mais devenue impossible.

Ainsi, grâce au syndicat, la question sociale se manifeste avec une netteté et une acuité telles que son évidence s'impose aux moins clairvoyants ; le groupe corporatif trace, sans équivoque possible, la démarcation entre les salariés et les maîtres. Grâce à lui, la société apparaît telle qu'elle est : d'un côté, les travailleurs, les volés ; de l'autre, les exploiteurs, les voleurs.

Autonomie syndicale

Pour si supérieur à toute autre forme de groupement que soit le syndicat, il ne s'ensuit pas qu'il ait une vie intrinsèque et indépendante de celle que lui communiquent ses adhérents. C'est pourquoi, ceux-ci, pour faire acte de syndiqués conscients, se doivent de participer à l'œuvre du syndicat. Et ce serait, de leur part, n'avoir pas la moindre notion de ce qui fait la force de ce groupement que de supposer s'être affirmés parfaits syndiqués en se mettant financièrement en règle avec le syndicat.

Certes, il est bon de verser régulièrement ses cotisations, mais ce n'est que la plus mince part de ce que se doit à lui-même, et par conséquent au syndicat, un militant convaincu : il doit, en effet, savoir que la valeur du syndicat est moins le résultat de son encaisse monétaire que la multiplication de l'énergie cohérente de ses adhérents.

L'individu est la cellule constitutive du syndicat. Seulement, il ne se produit pas pour le syndiqué le phénomène dépressif qui se manifeste dans les milieux démocratiques où, le suffrage universel étant en honneur, la tendance est à la compression et à la diminution de la personnalité humaine. Dans un milieu démocratique, l'électeur ne peut user de sa volonté que pour un acte d'abdication : il est appelé à « donner » sa « voix » au candidat qu'il souhaite avoir pour « représentant ».

L'adhésion au syndicat n'implique rien de semblable et le plus pointilleux n'y pourrait découvrir la moindre atteinte à la personnalité humaine ; après comme avant, le syndiqué est ce qu'il était, après, comme avant, autonome il était, autonome il reste.

En entrant dans un syndicat, le travailleur se borne à passer un contrat, toujours révocable, avec des camarades qui sont ses égaux, en vouloir et en pouvoir et, à aucun moment, les avis qu'il pourra être amené à émettre, les actes auxquels il lui adviendra de participer, n'auront les caractères suspensifs ou abdicatifs de la personnalité qui distinguent et qualifient les votes politiques.

Au syndicat, par exemple, s'agit-il de nommer un conseil syndical, ayant charge de la besogne administrative, il n'y a pas à comparer cette « sélection » avec une « élection » ; le mode de votation, habituellement employé en telle circonstance, n'est qu'un procédé pour aboutir à la division du travail et il ne s'accompagne d'aucune délégation d'autorité. Les fonctions du conseil syndical, strictement délimitées, ne sont qu'administratives. Le conseil fait la besogne qui lui incombe, sans jamais neutraliser ses mandants, sans se substituer à eux, ni agir pour eux.

Autant peut s'en dire de toutes les décisions prises au syndicat ; toutes se restreignent à un acte défini et particulier, tandis que, dans le domaine démocratique, l'élection implique que l'élu a reçu de son électeur un blanc-seing qui lui permet de décider et d'agir à sa guise, sur tout et pour tout, sans même être entravé par la volonté possiblement contraire de ses mandants, dont, en ce cas, l'opposition, si caractérisée qu'elle soit, est inefficace, tant que court le mandat de leur élu.

Il n'y a donc pas de parallèle possible, et encore moins de confusion, entre l'action syndicale et la participation aux décevantes besognes de la politique.

Le syndicat, école de volonté

Le « connais-toi toi-même ! » de Socrate est, au syndicat, complété par la maxime « Fais tes affaires toi-même ! ».

Ainsi, le syndicat s'érige comme une école de volonté : son rôle prépondérant résulte du pouvoir de ses membres et, s'il est la forme supérieure d'association, c'est parce qu'il est la condensation des forces ouvrières, rendues efficaces par leur action directe, forme sublime de l'activité consciente des volontés de la classe prolétarienne.

La bourgeoisie a manœuvré pour prêcher la résignation et la patience au peuple en lui faisant espérer que le progrès s'accomplirait par miracle, sans effort de sa part, grâce à l'intervention extérieure de l'État. Ce n'était que la perpétuation, sous une forme moins niaise, des croyances millénaires et religiosâtres. Or, tandis que les dirigeants tentaient de substituer cette illusion décevante au non moins décevant mirage religieux, les travailleurs réalisaient dans l'ombre, avec une ténacité indomptable et jamais rebutée, l'organisme d'émancipation qu'est le syndicat.

Cet organisme, véritable école de volonté, s'est constitué et développé au cours du XIXe siècle. C'est grâce à lui, grâce à sa constitution économique que les travailleurs ont pu résister à l'inoculation du virus politicien et défier toute tentative de division.

C'est dans la première moitié du XIXe siècle que les groupements corporatifs se constituèrent malgré l'interdiction qui les frappait. La persécution sévissait, impitoyable contre ceux qui avaient l'audace de se syndiquer, aussi fallut-il s'ingénier pour éviter la répression. Alors, pour se grouper sans trop de risques, les travailleurs masquèrent leurs associations de résistance sous des aspects anodins, tel celui de la mutualité.

Les groupements de charité n'ont jamais porté ombrage à la bourgeoisie, qui sait fort bien qu'étant de simples calmants ils ne peuvent, à aucun titre, constituer un remède au mal de misère. L'espoir en la charité est un cataplasme somnifère tout juste bon à empêcher les exploités de réfléchir sur leur triste sort et d'y chercher une solution. C'est pourquoi les associations mutualistes ont toujours été tolérées, sinon encouragées par les dirigeants.

Les travailleurs surent profiter de la tolérance accordée à ces groupements ; ils se réunirent, sous le prétexte de s'assister en cas de maladie, de se constituer des retraites, etc., mais ils poursuivirent un but plus viril : ils se préoccupèrent d'améliorer leurs conditions d'existence et visèrent à résister aux exigences patronales. Leur tactique ne put réussir à toujours donner le change à l'autorité qui, prévenue par les dénonciations patronales, traqua souvent ces douteuses sociétés de secours mutuels.

Plus tard quand, à force de s'aguerrir, d'agir par eux-mêmes, les travailleurs se sentirent assez forts pour braver la loi, ils jetèrent le masque mutuelliste et, crânement, ils intitulèrent leurs groupements sociétés de résistance.

Beau titre ! expressif et clair. Il est à lui seul un programme d'action. Il prouve combien, bien que fussent encore embryonnaires les groupes corporatifs, les travailleurs sentaient la nécessité de ne pas marcher à la remorque des politiciens et aussi de ne pas combiner leurs intérêts avec ceux de la bourgeoisie, mais, au contraire, de se dresser en face d'elle et en opposition.

D'instinct, c'était le balbutiement de la lutte de classes dont l'Association Internationale des Travailleurs allait donner la formule nette et définitive, en proclamant que « l'émancipation des travailleurs doit être l'œuvre des travailleurs eux-mêmes ».

Cette formule, lumineuse affirmation de la force ouvrière, épurée de toutes les scories du démocratisme, allait servir d'idée directrice à tout le mouvement prolétarien. Elle n'était, d'ailleurs, que l'affirmation au grand jour et catégorique des tendances en germination dans le peuple. Ce qui le démontre surabondamment, c'est la concordance théorique et de tactique entre le mouvement « syndicaliste », jusque-là souterrain et imprécis, et la déclaration initiale de l'Internationale.

Après avoir posé en principe que les travailleurs n'ont à compter que sur leurs propres forces, la déclaration de l'Internationale complétait la proclamation de l'autonomie nécessaire du prolétariat en indiquant que c'est uniquement par son action directe qu'il peut obtenir des résultats tangibles ; elle ajoutait :

« Considérant :

« Que l'assujettissement économique du travailleur aux détenteurs des moyens de travail, c'est-à-dire des sources de la vie, est la cause première de sa servitude politique, morale et matérielle ;

« Que l'émancipation économique des travailleurs est conséquemment le grand but auquel tout mouvement politique doit être subordonné comme moyen (...) »

Donc l'Internationale ne se bornait pas à proclamer avec netteté l'autonomie ouvrière, elle complétait sa déclaration en affirmant que les agitations politiciennes, les modifications à la forme gouvernementale ne devaient pas impressionner les travailleurs au point de leur faire oublier les réalités économiques.

Le mouvement syndicaliste actuel n'est que la suite logique de celui de l'Internationale ; la concordance est absolue, et c'est dans le même plan que nous continuons l'œuvre de nos aînés.

Seulement, quand l'Internationale posait ses prémisses, la volonté ouvrière était encore trop peu clairvoyante, la conscience de classe du prolétariat trop peu développée pour que l'orientation économique prédominât sans déviation possible.

La classe ouvrière eut à subir l'influence divergente des politiciens malpropres qui, ne voyant dans le peuple qu'un moyen de parvenir, le louangent, l'hypnotisent et le trahissent. D'autre part, elle se laissa aussi entraîner par les hommes de loyauté et de désintéressement qui, imbus de démocratisme, attachaient trop d'importance à la superfétation étatiste.

C'est grâce à la double influence de ces éléments que, dans la période actuelle (qui commence à l'hécatombe de 1871), le mouvement syndical végéta longtemps, tiraillé en divers sens. D'un côté, les politiciens crapuleux s'efforçaient de domestiquer les syndicats pour les mettre à la remorque du gouvernement ; de l'autre, les socialistes des diverses écoles s'attachaient à y faire prédominer leurs tendances. Donc, les uns et les autres visaient à transformer les syndicats de « groupements d'intérêts » en « groupements d'affinités ».

Le mouvement syndical avait de trop vigoureuses racines, il est une nécessité trop inéluctable pour que ces efforts divergents pussent enrayer son développement. Aujourd'hui, il continue l'œuvre de l'Internationale, celle des pionniers des « sociétés de résistance » et des premiers groupements. Certes, les tendances se sont précisées, les théories se sont clarifiées, mais il y a une absolue concordance entre le mouvement syndical du XIXe siècle et celui du XXe siècle : l'un découle de l'autre. Il y a là croissance logique, ascension vers une volonté toujours plus consciente et manifestation de la force de plus en plus coordonnée du prolétariat, qui s'épanouit en une unité grandissante d'aspirations et d'action.

L'œuvre présente

La besogne syndicale a un double objet : elle doit poursuivre, avec une rigueur inlassable, l'amélioration des conditions présentes de la classe ouvrière. Mais, sans se laisser obséder par cette œuvre transitoire, les travailleurs doivent se préoccuper de rendre possible, et prochain, l'acte primordial d'émancipation intégrale : l'expropriation capitaliste.

Dans le présent, l'action syndicaliste vise la conquête d'améliorations partielles, graduelles qui, loin d'être un but, ne peuvent être considérées que comme un moyen pour exiger davantage et arracher au capitalisme des améliorations nouvelles.

Le syndicat offre aux patrons une surface de résistance qui est en proportions géométriques de la résistance de ses adhérents ; il refrène les appétits de l'exploiteur ; il lui impose le respect de conditions de travail moins draconiennes que celles résultant du contrat individuel subi par le salarié isolé. À ce contrat léonin, entre le patron cuirassé de capital et le prolétaire dénué de tout, il substitue le contrat collectif.

Alors, en face de l'employeur se dresse le syndicat qui atténue l'odieux « marché du travail », de l'offre des bras, en enrayant, dans une certaine mesure, les conséquences fâcheuses de l'abondance des sans-travail ; qui impose au capitaliste le respect des travailleurs et aussi, dans une proportion en rapport avec sa force, exige de lui l'abandon de bribes de privilèges.

Cette question des améliorations partielles a servi de prétexte pour tenter d'introduire la discorde dans les organisations corporatives. Les politiciens, qui ne vivent que de la confusion des idées et que chagrine la répulsion croissante qu'ont les syndicats pour leurs personnalités et leur dangereuse intervention, ont essayé de transporter dans les milieux économiques les querelles de mots avec lesquels ils bernent les électeurs. Ils ont cherché à créer des zizanies et à couper les syndicats en deux camps, en classifiant les travailleurs en réformistes et en révolutionnaires. Pour mieux discréditer ces derniers, ils les ont baptisés « les partisans du tout ou rien » et les ont mensongèrement prétendus adversaires des améliorations actuellement possibles.

Ces niaiseries n'ont de supérieur que leur stupidité. Il n'est pas un travailleur, quelles que soient sa mentalité ou ses aspirations, qui, par principe ou par tactique, voudrait s'entêter à travailler dix heures au compte d'un patron, au lieu de huit, tout en gagnant six francs au lieu de sept.

C'est pourtant en mettant en circulation ces idiotes balivernes que les politiciens espèrent éloigner la classe ouvrière de l'organisation économique et la dissuader de faire ses propres affaires et de travailler elle-même à conquérir toujours davantage de bien-être et de liberté. Ils comptent sur le venin de ces calomnies pour désagréger les syndicats en faisant renaître dans leur sein les disputes oiseuses et dissolvantes qui ont disparu depuis que la politique en a été éliminée.

Ce qui donne une apparence de prétexte à ces manœuvres c'est que les syndicats, guéris grâce aux cruelles leçons de l'expérience, des espoirs en l'intervention gouvernementale, ont pour elle une légitime méfiance. Ils savent que l'État, dont la fonction consiste à être le gendarme du capital, a, par nature, tendance à faire pencher la balance du côté patronal. Aussi, quand une réforme lui vient par la voie légale, ils ne se jettent pas dessus avec la voracité d'une grenouille sur le chiffon rouge qui cache l'hameçon ; ils l'acceptent avec la prudence qui sied, d'autant plus que cette réforme ne se réalise que si les travailleurs sont assez organisés pour en imposer, par la force, l'application.

Les syndicats se méfient d'autant mieux des cadeaux gouvernementaux qu'ils ont souvent constaté leur nuisance. Ainsi, ils ont en fort piètre estime des « cadeaux » tels que le Conseil supérieur du travail et les conseils du travail, institutions inventées uniquement pour contrebalancer et enrayer l'œuvre des groupements corporatifs. De même, ils ont garde de s'enthousiasmer pour l'arbitrage obligatoire et la réglementation des grèves dont la plus claire conséquence serait d'énerver la capacité de résistance ouvrière. De même encore, la capacité juridique et la commercialité octroyées aux organisations ouvrières ne leur disent rien qui vaille, car ils y voient le désir de leur faire abandonner le terrain de la lutte sociale, pour les entraîner sur le terrain capitaliste où l'antagonisme de la lutte sociale céderait le pas à des chicanes d'argent.

Mais, de ce que les syndicats ont une rude méfiance pour la bienveillance du gouvernement à leur égard, il s'en faut qu'ils répugnent à conquérir des améliorations fragmentaires. Seulement, ils les veulent réelles. C'est pourquoi, au lieu de les attendre du bon plaisir du pouvoir, ils les arrachent de haute lutte, par leur action directe.

Si, comme cela arrive, l'amélioration qu'ils exigent est subordonnée à la loi, les syndicats en poursuivent l'obtention par la pression extérieure sur les pouvoirs publics et non en essayant de faire pénétrer dans les parlements des députés spécialement mandatés, enfantin petit jeu qui pourrait se continuer des siècles sans qu'apparût une majorité favorable à la réforme rêvée.

Lorsque l'amélioration désirée doit être arrachée directement au capitaliste, c'est encore par une vigoureuse pression que les groupements corporatifs manifestent leur volonté. Leurs moyens sont variés, quoique relevant toujours du principe d'action directe : selon les cas, ils usent de la grève, du sabotage, du boycottage, du label.

Mais, quelle que soit l'amélioration conquise, toujours elle doit constituer un amoindrissement des privilèges capitalistes, être une expropriation partielle.

Ainsi, quand on ne se satisfait pas de la logomachie politicienne, quand on analyse les procédés et la valeur de l'action syndicale, s'évanouit le subtil distinguo de « réformiste » et de « révolutionnaire » et on est amené à conclure que les seuls travailleurs réellement réformistes sont les syndicalistes révolutionnaires.

Élaboration de l'avenir

Outre l'œuvre de défense quotidienne, les syndicats ont pour besogne de préparer l'avenir.

Le groupe producteur devra être la cellule de la société nouvelle. Il est impossible de concevoir une transformation sociale réelle sur d'autres bases. Donc, il est indispensable que les producteurs se préparent à la besogne de prise de possession et de réorganisation qui doit leur incomber et que, seuls, ils sont aptes à mener à bien.

C'est une Révolution sociale et non une Révolution politique que nous voulons faire. Ce sont là deux phénomènes distincts et les tactiques qui conduisent à l'une détournent de l'autre.

Les collectivités espagnoles

La plupart des textes qui précèdent ayant trait aux plans d'une société anarchiste, il a paru utile d'y ajouter, à titre, à la fois, de contraste et de complément, des documents relatant une expérience concrète d'édification libertaire : celle des collectividades *espagnoles de 1936. Sans doute le rôle politique et militaire joué par les anarchistes dans la Révolution et la guerre civile espagnoles est-il traité plus loin. Mais il nous a paru utile de faire, dès maintenant, un saut dans le temps : après les anticipations, la pratique de l'autogestion. Le lien est d'ailleurs direct entre les anticipateurs et les praticiens : les seconds avaient recueilli de la façon la plus précise les enseignements des premiers. Ainsi le lecteur pourra-t-il mieux apprécier les aptitudes constructives, et non pas destructives, de l'anarchisme.*

par Augustin Souchy [1]

Les événements qui se déroulèrent [après le 19 juillet 1936] en Espagne représentaient quelque chose d'entièrement nouveau ; en effet, les occupations de terres et d'usines par les travailleurs espagnols n'avaient pas pour but de faire simplement pression sur les propriétaires, les cadres et les pouvoirs publics pour obtenir

1. Augustin Souchy, anarcho-syndicaliste allemand qui se mit au service de la Révolution espagnole. Extraits de *Collectivisation, l'œuvre constructive de la Révolution espagnole*, avril 1937, réédité en 1965 ; abréviations : C.N.T. signifie Confédération nationale du travail (anarcho-syndicaliste), F.A.I., Fédération anarchiste ibérique, U.G.T., Union générale des travailleurs.

une amélioration des conditions de travail et de salaire ; elles tendaient bel et bien à la gestion directe des moyens de production et d'échange par tous ceux qui les mettent en œuvre — et, dans le cas des terres laissées en friche ou d'entreprises déficientes, la « prise en main » avait le caractère d'une véritable mesure de salut social. Handicapée sur le marché mondial des produits agricoles et des produits industriels, soit par une administration parasitaire, soit par la concurrence des pays neufs, l'Espagne bourgeoise n'était capable, ni de secourir ses chômeurs, ni de mettre en valeur son propre sol et d'en tirer sa nourriture.

À cela, la réplique de l'Espagne ouvrière et paysanne était un acte de justice et de responsabilité, opéré par la base, en dehors de toute bureaucratie et de toute dictature de parti, et par lequel le pays devait nourrir le pays.

Le 19 juillet et les jours suivants toutes les grandes entreprises furent abandonnées par leurs dirigeants. Les directeurs des compagnies de chemins de fer, des compagnies de transport urbain, de transport maritime, de la grande métallurgie, de l'industrie textile, les présidents et les délégués des associations patronales, tous avaient disparu. La grève générale, déclenchée par la classe ouvrière, mesure de défense contre la rébellion, paralysa pendant huit jours toute la vie économique.

Dès que la rébellion fut brisée, les organisations ouvrières décidèrent de mettre fin à la grève. Les syndiqués de la C.N.T., à Barcelone, furent convaincus que la reprise du travail ne pouvait pas se faire aux mêmes conditions qu'auparavant. La grève générale ne fut pas une grève qui avait pour but la défense ou l'amélioration des salaires. Il ne s'agissait pas, en effet, d'obtenir des salaires plus élevés ou de meilleures conditions de travail. Des entrepreneurs, aucun n'était là. Les travailleurs ne devaient pas seulement reprendre leur place à l'établi, sur la locomotive ou le tramway ou dans les bureaux. Ils devaient se charger aussi de la direction générale des fabriques, des ateliers, des entreprises, etc. En d'autres mots, la direction de l'industrie et de toute la vie économique incombait désormais aux ouvriers et employés occupés dans tous les secteurs de l'économie du pays.

En Espagne, en particulier en Catalogne, le processus de socialisation commença par la collectivisation. Celle-ci ne doit pas être considérée comme l'accomplissement d'un plan préconçu. Elle fut spontanée. De toute façon, l'influence de la doctrine anarchiste sur cette transformation est incontestable. Depuis de longues années, les anarchistes et les syndicalistes d'Espagne considéraient comme leur but suprême la transformation sociale de la société. Dans leurs assemblées de syndicats et de groupes, dans leurs journaux, leurs brochures et leurs livres, le problème de la Révolution sociale fut discuté sans cesse et d'une façon systématique. Que doit-il arriver au lendemain de la victoire du prolétariat ? L'appareil gouvernemental doit être brisé. Les travailleurs doivent s'occuper eux-mêmes du fonctionnement de leur entreprise, l'administrer eux-mêmes, les syndicats doivent contrôler toute la vie économique. Les associations des branches d'industrie doivent diriger la production ; les fédérations locales régler la consommation. Telles étaient les idées des anarcho-syndicalistes, idées que la F.A.I. adopta aussi. Dans ses conférences et ses congrès, celle-ci a constamment déclaré que la vie économique doit être réglée par les syndicats.

(...) Après le 19 juillet 1936, les syndicats de la C.N.T. se chargèrent de la production et du ravitaillement. Les syndicats s'efforcèrent d'abord de résoudre la question la plus urgente : celle d'assurer le ravitaillement de la population. Dans chaque quartier, des cuisines furent installées dans les locaux des syndicats. Des comités de ravitaillement s'occupèrent de chercher les vivres aux dépôts centraux de la ville ou à la campagne. Ces vivres furent payés avec des bons dont la valeur était garantie par les syndicats. Chaque membre des syndicats, les femmes et les enfants des miliciens et aussi la population en général, tous furent nourris gratuitement. Pendant les journées de grève, les ouvriers ne reçurent aucun salaire. Le Comité des milices antifascistes décida de verser aux ouvriers et employés la somme correspondant à ce qu'ils auraient touché s'ils avaient travaillé pendant ces journées.

Collectivisation de l'industrie [2]

(...) La première phase de la collectivisation débuta quand les travailleurs prirent à leur charge l'exploitation des entreprises.

2. Les sous-titres sont de nous.

Dans chaque atelier, fabrique, bureau, magasin de vente, des délégués syndicaux furent nommés qui s'occupèrent de la direction. Souvent, ces nouveaux dirigeants n'avaient pas de préparation théorique et peu de connaissances en économie nationale. Cependant, ils avaient une connaissance profonde de leurs besoins personnels et des nécessités du moment.

(...) Ils connaissaient leur métier, le processus de production de leur industrie, savaient conseiller. Leur esprit d'initiative et d'invention suppléait au manque de préparation.

Dans quelques fabriques de l'industrie textile, on confectionna des foulards en soie, rouge et noir, avec impression d'un texte antifasciste. Ces foulards furent mis en vente. « Comment avez-vous calculé le prix ? Comment avez-vous établi la marge de profit ? demanda un journaliste étranger et marxiste. — Je ne connais rien en ce qui concerne la marge de profit, répondit l'ouvrier à qui l'on posait ces questions. Nous avons cherché dans les livres le prix de la matière première, calculé les dépenses courantes, ajouté un supplément en vue du fonds de réserve, additionné le montant des salaires, ajouté un supplément de 10 % pour le Comité des milices antifascistes et le prix fut établi. » Les foulards furent vendus à un prix inférieur à ce qu'il aurait été sous le régime précédent. Les salaires avaient été augmentés et la marge de profit, notion sacrée en économie bourgeoise, était utilisée en faveur de la lutte contre le fascisme.

De cette façon s'effectua dans la plupart des entreprises la direction de la production par les ouvriers. Les patrons furent jetés sur le pavé pour autant qu'ils s'opposaient à la nouvelle gestion économique. Ils furent admis comme travailleurs s'ils acceptaient le nouvel état de choses. Ils furent, dans ce cas, occupés comme techniciens, directeurs commerciaux, ou même comme simples ouvriers. Ils touchaient un salaire correspondant à celui d'un ouvrier ou d'un technicien suivant leur profession.

Ce début et ces changements furent relativement assez simples. Les difficultés apparurent plus tard. Au bout d'un temps assez court, il n'y eut plus de matières premières à volonté. Les premiers jours après la Révolution les matières premières furent réquisitionnées. Ensuite on dut les payer, c'est-à-dire les faire entrer en ligne de compte. De l'étranger n'arrivaient que fort peu de matières premières, il s'ensuivit une augmentation des prix des matières premières et des produits finis. Les salaires furent augmentés, mais cette augmentation ne fut pas générale. Dans quelques industries, elle fut considérable. Dans la première phase de la collectivisation, les salaires des ouvriers ou des employés étaient différents même dans le cadre de la même industrie.

(...) Les syndicats décidèrent de s'occuper eux-mêmes du contrôle des entreprises. Les syndicats d'entreprise se transformèrent en entreprises industrielles. Le syndicat du bâtiment de Barcelone se chargea de l'exécution des travaux des différentes entreprises en bâtiment de la ville. Les salons de coiffure furent collectivisés. Dans chaque salon de coiffure, il y eut un délégué syndical. Chaque semaine, il apporta le produit de toutes les recettes au comité économique du syndicat. Les dépenses des salons de coiffure furent payées par le syndicat, de même que les salaires.

(...) Cependant, certaines branches économiques marchèrent mieux que d'autres. Il y eut des industries riches et pauvres, des salaires élevés et des salaires bas. Le processus de collectivisation ne pouvait pas (...) s'arrêter à cette phase. À la Fédération locale des syndicats de Barcelone (C.N.T.) on discuta la création d'un comité de liaison. Celui-ci devait s'étendre à tous les comités économiques des divers syndicats, l'argent devait être concentré dans une seule place, une caisse d'égalisation devait veiller à une répartition légitime des fonds. Dans certaines industries existaient depuis le début ce comité de liaison et cette caisse d'égalisation. La Compagnie des autobus de Barcelone, entreprise rentable, administrée par les ouvriers, a des excédents de recettes. Une partie de ces excédents est versée à un fond de réserve pour l'achat de matériel à l'étranger. Une autre partie est destinée à soutenir la Compagnie des tramways dont le rendement financier est inférieur à celui de la Compagnie des autobus.

Lorsque l'essence devint rare, 4 000 conducteurs de taxis tombèrent en chômage. Leur salaire dut tout de même être payé par le syndicat. Ce fut une lourde charge pour le syndicat des transports. Il dut demander une aide aux deux autres syndicats et à la commune de Barcelone.

Dans l'industrie du textile, à cause de la pénurie de matières premières, on dut diminuer les heures de travail. Dans certaines fabriques, on ne travailla plus que trois jours par semaine. Cependant, les ouvriers durent être payés. Comme le syndicat du textile n'avait pas de moyens à sa disposition, la Généralité dut payer les ouvriers à sa place.

Le processus de collectivisation ne pouvait s'arrêter à ce degré. Les syndicalistes réclamèrent la socialisation. Mais socialisation ne signifie pas pour eux nationalisation, soit direction de l'économie par l'État. La socialisation doit être une généralisation de la collectivisation. Il s'agit d'un rassemblement des capitaux des divers syndicats dans une caisse centrale ; la concentration dans le cadre de la fédération locale se transforma en une sorte d'entreprise économique communale. Il s'agit d'une socialisation par en bas des activités ouvrières dans le cadre de la commune.

Collectivisation dans l'agriculture

Non seulement en Catalogne, mais aussi dans toutes les autres parties de l'Espagne, les traditions du collectivisme avaient des racines. Lorsque le pouvoir des généraux fut abattu, on constata, dans le pays, cette aspiration générale en faveur de la collectivisation des grandes propriétés existantes. Les organisations syndicales et les groupes anarchistes se placèrent à la tête de ce mouvement pour la collectivisation. Ils restèrent fidèles à leurs traditions.

La collectivisation du sol prit en Espagne d'autres formes qu'en Russie. La propriété agricole, dans le cadre d'une commune, fut collectivisée pour autant qu'elle appartenait auparavant à un grand propriétaire foncier. Celui-ci s'était placé du côté du clan clérico-militariste et contre le peuple. Les propriétaires qui avaient accepté le changement économique purent continuer à travailler dans le cadre du syndicat, qui se plaça à la tête de la collectivisation. Les exportateurs se rallièrent aussi au syndicat et en plusieurs endroits également les petits propriétaires.

Le sol et la propriété sont travaillés en commun par les travailleurs de la campagne, tous les produits sont livrés au syndicat qui verse les salaires et vend la production. De petits propriétaires, qui ne voulurent pas adhérer au syndicat, travaillent en marge de la collectivisation. Ils doivent travailler péniblement pour assurer leurs moyens d'existence. On n'a fait aucune pression sur eux, mais on ne les fait pas non plus participer aux avantages de la production collective. Au syndicat, par contre, le travail est organisé rationnellement. Là, règne réellement le principe : tous pour un, un pour tous. Le petit propriétaire vit donc en marge de la commune (ou communauté). Lors de la répartition des machines agricoles, des produits alimentaires, etc., le petit propriétaire est servi en dernier [3].

Le syndicat des travailleurs agricoles constitue aujourd'hui une entreprise économique. Le nettoyage et l'emballage de différents fruits destinés au transport sont placés sous la direction du syndicat. Dans certaines communes, l'ensemble de la vie économique se trouve entre les mains des syndicats. Le syndicat a nommé divers comités pour l'organisation du travail, pour la consommation, pour la répartition et pour la lutte contre le fascisme. Cafés et cinémas, pour autant qu'il en existe, se trouvent placés sous le contrôle syndical. Dans les petites localités il n'y a pas de différence entre les syndicats des diverses professions ou branches artisanales. Tous sont réunis dans la fédération locale, qui constitue le nerf vital de l'économie et en même temps le centre politique et culturel de la commune.

Dans une branche, il n'y eut pas de collectivisation : dans les banques.

Pourquoi donc les banques ne furent-elles pas organisées ? Les employés de banque étaient faiblement organisés. Ils étaient affiliés non pas aux syndicats de la C.N.T., mais aux syndicats de l'U.G.T. qui est opposée à la collectivisation. L'U.G.T., socialiste, a, en effet, d'autres traditions. Son idéologie est social-démocratique, elle veut l'étalisation. La socialisation doit, selon cette doctrine, être appliquée par l'État au moyen de décrets. Le gouvernement ne décréta pas la collectivisation des banques. (...) La réquisition des biens des banques aurait permis une répartition

---

3. J'ai assisté, dans la province de Valence, à une assemblée du syndicat des travailleurs agricoles, à laquelle les petits propriétaires étaient également représentés. Ils purent aussi prendre part à la discussion. Ils se plaignirent qu'il leur manquait ceci ou cela. On les invita à entrer dans le syndicat. Une commission présenta un rapport sur les améliorations à introduire dans le travail du sol. Ce fut fort instructif d'observer de quelle façon les travailleurs présents complétèrent par leurs expériences personnelles les propositions de la commission (note d'Augustin Souchy).

centrale, unique, des moyens financiers et l'établissement d'un plan financier. Une centrale régulatrice aurait pu être mise sur pied. Sous l'impulsion des représentants des syndicats d'industrie, les employés de banque auraient pu établir un plan de financement des secteurs vitaux de l'économie du pays. L'institut financier aurait pu immédiatement mettre au service de la collectivisation la puissance financière du pays. La collectivisation ne serait pas restée partielle, elle aurait pu s'étendre à toute la vie économique.

Après sept mois de collectivisation, les syndicats, à la lumière de leurs expériences, constatèrent qu'il était nécessaire de coordonner toutes les entreprises collectivisées des diverses industries. Ils se basèrent donc sur les expériences faites. La direction centrale, qui est créée aujourd'hui, n'a pas besoin de se préoccuper de la création d'organes subordonnés qui existent déjà. Le sommet de la collectivisation repose sur un fondement solide, qui a pour base le syndicat d'industrie, ses sections de métier dans les entreprises et les ateliers mêmes.

Les syndicats émirent aussi la prétention de régler le ravitaillement, sans vouloir cependant en faire un monopole. Le syndicat de l'alimentation prit à sa charge le fonctionnement des boulangeries. (Il n'y a pas à Barcelone de grandes boulangeries, de fabriques de pain.)

À côté de celles-ci existent encore de petites boutiques de boulangers, qui travaillent comme auparavant. Le transport du lait des campagnes dans les villes est assuré aussi par les syndicats, qui s'occupent, en plus, du fonctionnement de la majorité des laiteries. Le syndicat de l'alimentation contrôle les entreprises agricoles et travaille en collaboration avec les fermes collectivisées.

(...) En Russie, durant les premiers temps de la Révolution, les magasins étaient fermés. Il n'en fut pas ainsi en Espagne. Le grand commerce passa dans les mains des syndicats. Le petit commerce reçut ses marchandises du syndicat. Pour le petit commerce, les prix furent fixés d'une façon générale. Le commerce intérieur organisé fut contrôlé. À la tête du monopole de ravitaillement se trouve le conseil du ravitaillement. Le but fut d'organiser et d'unifier l'ensemble du ravitaillement en Catalogne de façon à ce que chaque localité soit servie suivant ses besoins. Un prix unique fut établi par les communes collectivisées, les syndicats de pêcheurs et d'autres branches de l'alimentation, en accord avec l'offre du ravitaillement. Éviter une augmentation des prix des denrées alimentaires, tel était le but de cette politique économique. Spéculateurs et accapareurs devaient être ainsi éliminés.

Au milieu de décembre, cette politique fut suspendue. Le 16 décembre fut formé un nouveau gouvernement catalan. Les communistes obtinrent l'exclusion du P.O.U.M. (Parti ouvrier d'unification marxiste) du gouvernement. Dans la formation de celui-ci, le ministère du Ravitaillement fut accordé à Comorera [4], membre du parti socialiste unifié (affilié à la IIIe Internationale). Un autre ministère fut donné à Domenech, le représentant des syndicalistes de la C.N.T. Comorera abolit le monopole du ravitaillement. La liberté du commerce fut de nouveau introduite. On laissa la voie libre à l'augmentation des prix. Dans ce domaine, la collectivisation fut suspendue.

Dans la branche des transports, l'heureuse influence de la collectivisation saute aux yeux. En dépit d'une augmentation générale des prix, les tarifs des compagnies de transports de Barcelone n'ont pas augmenté. On aperçoit dans les rues de Barcelone de nouveaux tramways aux peintures toutes fraîches ainsi que de nouveaux autobus. De nombreuses voitures-taxis ont été remises à neuf.

La situation n'est pas aussi bonne dans l'industrie textile. À cause du manque de matières premières, on ne travaille plus que deux ou trois jours par semaine dans beaucoup de fabriques, mais les salaires sont payés pour quatre jours. La prolongation de cette situation affaiblit ces entreprises. Le revenu des ouvriers ne touchant que le salaire de quatre jours est insuffisant. Ce n'est pas là la conséquence de la collectivisation, mais bien celle de la guerre. L'industrie textile de Catalogne a perdu ses principaux débouchés. Une partie de l'Andalousie, l'Estrémadure, la Vieille Castille et tout le nord de l'Espagne, avec la région populeuse et industrielle des Asturies, se trouvent entre les mains des fascistes. Il n'y a pas moyen de trouver un nouveau débouché.

---

4. Juan Comorera, socialiste catalan devenu communiste en 1936 et conseiller de la Généralité de Catalogne ; plus tard expulsé du Parti ; craignant d'être liquidé physiquement, il rentra clandestinement en Espagne et y fut condamné à une lourde peine ; il mourut en prison.

(...) Au cours du premier mois de 1937, la situation s'est quelque peu améliorée. On travaille pour l'armée. À Sabadell, une ville du textile de 60 000 habitants, tous les ouvriers sont occupés. À Barcelone, dans quelques filatures la durée du travail est toujours réduite.

(...) La collectivisation ouvre de nouvelles perspectives, conduit à de nouvelles voies. En Russie, la Révolution a pris le chemin de l'étatisation. (...) En Espagne (...) le peuple lui-même, les paysans à la campagne, les ouvriers dans les villes ont pris à leur charge l'exploitation du sol et des moyens de production. Au milieu de grandes difficultés, à tâtons et à travers les erreurs, ils vont toujours de l'avant, s'efforçant d'édifier un système économique équitable dans lequel les travailleurs eux-mêmes soient les bénéficiaires des fruits de leur travail.

Programme de la fédération des collectifs d'Aragon [5] 14 mars 1937

I. Structure de la fédération régionale des collectifs agricoles

1. Constituer la fédération régionale des collectifs, pour coordonner la puissance économique de la région, et pour donner caution solidaire à cette fédération, d'accord avec les principes d'autonomie et de fédéralisme qui sont les nôtres.

2. Pour construire cette fédération, observer les règles suivantes :
a) les collectifs doivent se fédérer par canton ;
b) pour maintenir la cohésion et le contrôle des comités cantonaux entre eux, il sera créé le *Comité régional des collectifs*.

3. Les collectifs établiront une statistique exacte de leur production et de leur consommation, qu'ils enverront à leur comité cantonal respectif — lequel le transmettra au comité régional.

4. La suppression de la monnaie dans les collectifs et son remplacement par la carte de ravitaillement permettront de mettre à la disposition de chaque collectif les quantités de subsistance nécessaires.

5. Pour que le comité régional puisse procéder au ravitaille-

5. Extraits tirés du *Journal de Barcelone*, traduits en français dans *Contre-courant* ; le mot « collectif » équivaut au mot « collectivité ».

ment des collectifs en produits provenant d'importations, les collectifs ou les comités cantonaux fourniront au comité régional une quantité de produits en rapport avec la richesse de chaque localité ou canton, afin de créer le fonds régional d'échanges extérieurs.

II. Nouvelle forme organique de l'administration de la terre

Nous acceptons le municipe ou commune comme organe futur de contrôle sur l'administration des propriétés du peuple. Toutefois, en tant que *collectivistes fédérés cantonalement*, nous proposons d'abolir les limites locales de la propriété que nous cultivons et, à notre avis, il sera nécessaire que le congrès envisage les points suivants :

1. Les collectifs étant constitués en fédérations cantonales, il sera entendu que les terroirs locaux administrés par ces fédérations ne constitueront plus qu'un seul terroir sans limites intérieures ; et, pour tout ce qui concerne les champs cultivés, instruments de travail, machines agricoles, ainsi que des matières premières qui leur sont destinées, ils seront mis à la disposition des collectifs qui viendraient à en manquer.

2. Il sera fait appel aux collectifs qui ont surabondance de main-d'œuvre ou qui, en certaines époques de l'année, n'utilisent pas tous leurs producteurs parce que ce n'est pas le moment approprié pour leurs travaux, et les équipes disponibles pourront être utilisées, sous le contrôle du comité cantonal, pour renforcer les collectifs qui manquent de bras.

III. Conduite à tenir vis-à-vis des conseils locaux et des petits propriétaires

1. Rapports avec les conseils locaux :

a) Les conseils locaux, composés des représentants des diverses organisations antifascistes, ont une fonction particulière entièrement légale, qui leur a été reconnue par le Comité régional de défense de l'Aragon.

b) Les conseils administratifs des collectifs exercent une fonction nettement distincte de celle des conseils locaux et cantonaux.

c) Mais comme les syndicats sont appelés à nommer et contrôler les délégués aux deux fonctions ci-dessus, elles peuvent être exercées par le même camarade, étant bien entendu qu'il ne doit les mêler en quoi que ce soit.

2. Rapports avec les petits propriétaires :

a) Il est bien entendu que les petits propriétaires qui, par leur propre volonté, se tiennent à l'écart des collectifs, n'ont aucun droit à en exiger des services en travail ou en nature, puisqu'ils se considèrent capables de se suffire à eux-mêmes.

b) Toutes les propriétés foncières, rurales et urbaines et les autres biens ayant appartenu à des éléments factieux au moment de l'expropriation et qui sont acceptées dans le collectif passent aux mains du collectif.

De plus, toutes les terres qui jusqu'à présent n'ont pas été travaillées par leur propriétaire, fermier ou métayer, passent aux mains du collectif.

c) Aucun petit propriétaire se tenant en dehors du collectif ne pourra posséder plus de terre qu'il n'en aura labouré lui-même, étant bien entendu que cette possession ne lui donnera droit à percevoir aucun bénéfice de la nouvelle société.

d) Il sera tenu pour libre et responsable, parmi les travailleurs associés, pour autant que sa personne ou son bien ne causeront aucune perturbation de l'ordre collectif.

Des exemples locaux de collectivisation [6]

LECERA (Aragon)

Lecera est le premier village de la province de Saragosse et est du ressort judiciaire de Belchite, dont il est distant de douze kilomètres.

Il compte 2 400 habitants et possède quelques industries, celle du plâtre notamment. Tout le reste est agriculture dont les ressources les plus importantes sont le blé, le vin, le safran, et quelques autres céréales, mais en petites quantités.

En arrivant dans ces localités converties aujourd'hui en campements au service des milices, la première chose que nous faisons est de chercher où se trouve le comité du peuple. Ici, nous le trouvons dans l'ancienne mairie.

C'est le camarade Pedro Navarro Jarque, instituteur national natif de Lecera, qui répond à nos questions :

— Le Comité fut appelé révolutionnaire antifasciste et fut composé de sept membres, tous du Syndicat des travaux divers, affilié à la C.N.T. Il a une complète liberté d'action et ne reçoit ni les coups de frein ni les influences d'aucun parti politique. Nous avons été nommés en assemblée et nous représentons les aspirations de tout le village. Nous avons les mêmes facultés qu'une mairie pour tout ce qui concerne l'administration et la vie de la population. Il y a un conseil d'administration local composé de cinq membres appartenant aussi au syndicat de la C.N.T., qui

6. Extraits de documents C.N.T.

s'occupe d'organiser le travail des champs et des industries de Lecera. Nous avons nommé un délégué du travail qui, en collaboration avec douze sous-délégués, s'occupe des besoins de la colonne qui lutte sur ce front et du travail collectif. Tous naturellement sont d'accord avec le comité révolutionnaire.

— Avez-vous collectivisé les terres ?

— Cela a été un problème très difficile, ou, plus exactement, ce problème existe encore, car nous désirons que les hommes viennent à nous convaincus de l'excellence et de l'avantage de nos idées. Nous avons collectivisé les grandes propriétés et nous avons respecté jusqu'à présent les petites. Si les circonstances nous sont favorables, nous avons l'espoir de voir le petit propriétaire venir de lui-même à la collectivisation, parce que les Leceranais sont compréhensifs comme ils nous l'ont prouvé en apportant à la collectivité bon nombre des produits qu'ils récoltent.

Actuellement, on recueille le safran dans toutes les petites propriétés, on le met en collectivité et on l'emmagasine pour les usages de la consommation et pour les échanges.

Les petits propriétaires qui autrefois avaient à peine de quoi manger, puisque la récolte était presque totalement emportée par les grands propriétaires qui se payaient, ainsi, des dettes contractées, désiraient, d'abord, conserver leurs terres ; mais, en assemblée générale, on fit comprendre la nécessité de mettre les récoltes en commun et l'adhésion fut unanime. Il faut respecter la volonté des hommes et, sans pression, les attirer par l'exemple. Le Comité révolutionnaire désire que l'on connaisse le travail immense du camarade Manuel Martinez, sous-délégué social du front de Lecera. Tout le village lui en est reconnaissant.

— Il y a longtemps qu'il travaille dans le Comité ?

— Près de trois mois. Le 25 août, il prit possession de ces fonctions, établissant depuis cette date le régime du communisme libertaire et abolissant la monnaie dans la ville.

On a fait l'échange de divers produits avec Tortosa et Reus. On a abattu pour les milices de ce front cinq mille moutons et on a livré à la consommation 280 000 kilos de blé. Le Comité chargé du ravitaillement fournit, en échange, toutes sortes d'articles à la population civile.

— Sans circulation de monnaie, comment s'arrangent les petits propriétaires pour satisfaire leurs différents besoins ?

— Nous avons déjà dit que nous prêchons d'exemple. Il n'y a ici ni classes ni catégories. Pour nous, le petit propriétaire qui demain, sans doute, aura cessé de l'être, est un producteur.

Par l'intermédiaire des sous-délégués de travail, qui sont aussi délégués des faubourgs, on connaît parfaitement les ouvriers qui travaillent et le délégué du ravitaillement, qui détient dans le magasin de comestibles un livret familial, donne à chaque famille ce qui lui est nécessaire. La répartition se fait de la manière la plus juste — nous dit en terminant Navarro, le président du Comité — et nous parviendrons à démontrer la supériorité de notre système dans tous les domaines.

(...) À peu de distance du local du comité révolutionnaire se trouve le dépôt de Lecera. Il occupe une grande salle et les habitations particulières d'un édifice qui devait être inauguré comme salle de danse. Les magasins sont remplis de denrées comestibles, pots de lait, sacs de légumes, bidons d'huile, de piles de caisses de viande de conserve, etc., et à l'étage supérieur se trouve le dépôt de vêtements et instruments aratoires. Les provisions sont donc abondantes.

Amposta (Catalogne)

(...) Amposta est un village de dix mille habitants dont l'économie repose sur l'agriculture. La principale culture est celle du riz qui lui donne la première place en Catalogne.

Dans la dernière récolte de riz, au mois de septembre, on en a recueilli 36 millions de kilos. Il faut noter que cent kilos de riz brut fournissent à la consommation soixante kilos de riz blanc.

Les terres collectivisées par les travailleurs donneront un meilleur rendement grâce aux bonnes conditions dans lesquelles elles seront travaillées. Et, arrosées par les eaux fécondantes de l'Ebre, elles donneront une plus grande richesse de produits à un peuple laborieux et libre comme l'est celui d'Amposta.

Il y a dans la localité mille deux cents travailleurs de la terre. Afin de pouvoir intensifier l'agriculture, on a arraché de vieux oliviers et des caroubiers improductifs pour préparer à leur place un terrain d'arrosage dont on a le plus grand besoin. La ferme avicole qui a été montée par les camarades avec toutes les données modernes mérite de retenir l'attention. On estime qu'elle représente une valeur de deux cent mille pesetas. Pour cette année, dès que l'installation sera terminée, on y mettra cinq mille poules et on estime que, pour l'année qui vient, avec le secours des couveuses, on pourra produire deux mille poulets par semaine.

À part les travaux relatifs à l'aviculture, tous les autres travaux sont collectivisés ; une importante ferme a été créée où se fera l'élevage de la race bovine, porcine et ovine ; dans cette ferme on compte déjà soixante-dix vaches laitières dont le rendement permettra la création d'une laiterie moderne.

La collectivité peut accomplir parfaitement son travail car elle compte déjà quatorze tracteurs, quinze batteuses et soixante-dix chevaux. Les terres sont municipalisées et ceux qui, n'appartenant pas à la collectivité agricole, désirent acquérir quelques parcelles pour les travailler pour leur compte, doivent les demander à la municipalité qui les leur concède ; ainsi sera supprimé l'odieux salaire, vestige de l'esclavage qui a survécu jusqu'à nos jours. Les ouvriers de la construction sont collectivisés ; dans leur section sont inclus une fabrique de mosaïque et un four à plâtre. Les spectacles publics et autres corps de métiers sont également collectivisés.

En ce qui concerne l'enseignement, Amposta était très en retard ; on compte en ce moment dans la ville trente-huit écoles, chiffre qui représente quinze écoles de plus qu'avant la Révolution. Les cours sont obligatoires (...).

Pour installer les nouvelles écoles, la municipalité a saisi un certain nombre de locaux. Elle possède également le matériel nécessaire sans avoir besoin de recourir à la Généralité de Catalogne (...). On a créé six classes d'adultes. Dans un bref délai on va fonder une Ecole des Arts et Métiers et une cantine scolaire.

La municipalité a déjà une bibliothèque qui va être développée pour satisfaire au désir du peuple avide, en général, de s'instruire.

Sur le plan éducatif on a donné quelques conférences sociales et on va créer une chorale et un groupe scénique dans le but de développer, chez les enfants, le goût des arts. Des professeurs sont déjà trouvés.

(...) On ne connaît pas les privations à Amposta, grâce à l'échange du riz contre d'autres produits. Et il reste encore de nombreuses tonnes de cet aliment nutritif. On a établi une carte de vivres familiale pour la distribution des produits de première nécessité, dont la ration est donnée pour trois jours.

Dans l'ancienne église a été établie la coopérative des consommateurs et il est curieux d'observer l'usage qui a été tiré des diverses dépendances. Une grande partie de la population se ravitaille à cette coopérative qui vend, chaque semaine, onze à douze mille pesetas de marchandises.

Il y a, dans le village, quelque quarante-cinq familles qui ne peuvent travailler pour raison d'âge ou de santé. La municipalité a fait le nécessaire pour que rien ne leur manque.

En somme, tout le ravitaillement de la commune est assuré.

— Nous manquons seulement, nous dit en souriant le secrétaire de la municipalité, de vin et d'alcool. Mais c'est parce que nous avons intérêt à ce qu'il en entre le moins possible à Amposta.

La municipalité désire réaliser d'importantes améliorations, et notamment démolir les vieilles masures qui se trouvent à l'entrée de la ville, achever les égouts et amplifier le service des eaux.

À Amposta fonctionne une centrale des eaux, une des premières et des plus importantes d'Espagne. L'eau qui sert aux besoins de la ville et qui vient de l'Ebre est purifiée par le chlore liquide.

Grâce aux travaux d'assainissement qui ont été réalisés, on a fait disparaître les épidémies comme la fièvre typhoïde et certaines maladies dont les travailleurs avaient beaucoup souffert.

Un hôpital a été créé qui répond aux besoins de la population. Et comme annexe un dispensaire a été ajouté qui manquait totalement. Maintenant, on peut soigner tous ceux qui le désirent. Enfin, un sanatorium a été édifié en dehors de la localité, pour soigner efficacement les tuberculeux.

Quoique la Confédération domine à Amposta, les diverses charges de la municipalité ont été réparties entre les éléments de la C.N.T. et de l'U.G.T. et il y règne la plus parfaite harmonie.

(...) Toute la propriété urbaine a été collectivisée, les loyers ont été diminués et leur montant sert aux besoins de la municipalité. La municipalité a saisi des salines qui peuvent produire environ cinq cent mille pesetas par an et on désire monter une fabrique de lessives.

(...) On a le projet de fixer un salaire familial, on étudie le meilleur moyen de le mettre en pratique et il est entendu que la municipalité convoquera le peuple une fois par an pour étudier la meilleure façon d'employer les bénéfices, tous frais déduits (...).

DANS LA PROVINCE DU LEVANT
par Gaston Leval [7]

La Fédération régionale du Levant, constituée par nos camarades de la C.N.T., qui a servi de base à la constitution de la fédération parallèle des collectivités agraires, englobait cinq provinces : Castellon de la Plana, Valence, Alicante, Murcie et Albacete. L'importance de l'agriculture pour les quatre premières, toutes méditerranéennes, parmi les plus riches de l'Espagne, et celle de la population, presque 3 300 000 habitants, donnent un grand relief aux réalisations sociales qui y ont été effectuées. À notre avis, c'est dans le Levant, grâce à ses richesses naturelles et à l'esprit créateur de nos camarades, que l'œuvre des collectivités agraires a été la plus vaste et la mieux réalisée.

(...) Des cinq provinces, c'est dans celle de Valence que le mouvement a été le plus développé.

Cela s'explique en premier lieu par sa grande importance : 1 650 000 habitants au moment de la Révolution. Puis, par ordre décroissant, venait la province de Murcie, avec 622 000 habitants ; Alicante avec 470 000 ; Castellon de la Plana avec 312 000 ; enfin Albacete qui en comprenait 238 000. Le nombre des collectivités était en proportion de celui des habitants. Mais c'est dans la province de Valence que les socialisations ont pris depuis le début un rythme plus décisif et accéléré.

(...) Au congrès de la Fédération des paysans du Levant, les 21-23 novembre 1937, on comptait 430 collectivités organisées. Cinq mois plus tard, on en comptait cinq cents. Pour faire apprécier ces chiffres, signalons que les cinq provinces totalisaient, de

7. Gaston Leval, anarcho-syndicaliste français, lié étroitement, bien avant la Révolution de 1936, à l'anarcho-syndicalisme espagnol, comme on le verra p. 680. Extraits de *Ne Franco ne Stalin*, en traduction italienne, à paraître en français sous un autre titre.

la plus grande ville au plus petit village, 1 172 municipalités. C'est donc dans 43 % des localités de la région agricole la plus riche d'Espagne où, dans la *huerta* [8] de Valence, la densité de la population est la plus élevée du monde, 450 habitants au km^2, que sont apparues, en vingt mois, cinq cents collectivités agraires.

En général, de telles collectivités n'eurent pas le même caractère que celles d'Aragon. Dans cette région, la prédominance plus ou moins exclusive des troupes de la C.N.T. et de la F.A.I. ont empêché longtemps la police, l'administration de l'État et les partis politiques s'appuyant sur l'autorité gouvernementale, de faire obstacle à leur développement. Dans le Levant, comme du reste dans toutes les autres régions d'Espagne, les autorités étaient restées à leur poste avec les gardes d'assaut, les carabiniers et les troupes commandées par des officiers qui n'avaient pas du tout l'esprit révolutionnaire.

Il était donc difficile de collectiviser depuis le début, avec la même rapidité obstinée qu'en Aragon. D'autre part, dans la région du Levant, l'importance des villages, qui souvent ressemblent à de petites villes, rendait difficile aussi l'adhésion unanime de la population ; les divisions politiques et sociales y étaient plus nettement marquées, les différentes tendances mieux organisées.

Presque toujours, dans le Levant, les collectivités naquirent sur l'initiative des syndicats des paysans du lieu ; mais elles ne tardèrent pas à constituer une organisation autonome. On maintint seulement un contact externe avec le syndicat qui constituait la jonction nécessaire entre collectivistes et individualistes. En fait, ces derniers apportèrent leurs produits pour les échanger contre autre chose. Ainsi, en pratique, leur isolationnisme se diluait entièrement dans l'œuvre médiatrice du syndicat, lequel s'était désormais organisé sur une structure répondant au nouveau but. Dans son sein avaient été créées des commissions — pour le riz, pour les oranges, l'horticulture, les pommes de terre, etc. — auxquelles correspondait un magasin de récolte et de distribution. La collectivité elle-même avait son magasin et ses commissions. Plus tard, cet inutile dédoublement fut supprimé. Les magasins furent unifiés ; les commissions furent composées de collecti-

8. *Huerta*, vaste verger irrigué.

vistes et d'individualistes inscrits au syndicat. D'autres en créèrent de mixtes ; comme par exemple celles pour l'achat des machines, des semences, des engrais, des insecticides, des produits vétérinaires, etc. Les mêmes camions furent utilisés. La solidarité s'étendit. Et l'esprit collectiviste attirait toujours plus les récalcitrants.

(...) Rapidement, cette organisation tendit à unifier et rationaliser tout. Le rationnement et le salaire familial furent établis par cantons, les villages les plus riches aidèrent les plus pauvres à travers les comités cantonaux intermédiaires. Dans chaque centre cantonal fut constitué un noyau de techniciens composé de comptables, d'un expert en agriculture, d'un vétérinaire, d'un spécialiste de la lutte contre les maladies des plantes, d'un ingénieur, d'un architecte et d'un expert des questions commerciales.

(...) Chaque collectivité avait un vétérinaire. La plus grande partie des ingénieurs et des vétérinaires adhéraient au syndicat de la C.N.T. On y comptait aussi un grand nombre de techniciens de l'agriculture. Les spécialistes dans la culture de la vigne et dans la fabrication du vin y étaient presque tous. Les ingénieurs et les vétérinaires employés par les autres entreprises, et non par la collectivité, travaillaient aussi pour celle-ci et même de façon désintéressée, s'appliquant à l'élaboration de plans et à la réalisation de projets. L'esprit créateur de la Révolution avait conquis les esprits progressistes.

Les agronomes proposaient les entreprises nécessaires et possibles : planification de l'agriculture, transplantation des cultures que la propriété individuelle ne permettait pas toujours d'adapter aux conditions géologiques et climatiques les plus favorables. Le vétérinaire organisait scientifiquement l'élevage. Éventuellement, il consultait l'agronome sur les ressources dont il pouvait disposer. Et, avec les commissions paysannes, ce dernier adaptait les cultures dans la mesure du possible.

Mais le vétérinaire consultait aussi l'architecte et l'ingénieur pour la construction des porcheries, étables, écuries, et poulaillers collectifs. Le travail se planifiait spontanément. On planifiait à la base et en partant de la base, selon les principes libertaires.

Grâce aux ingénieurs, il avait été construit un grand nombre de canaux et de puits artésiens qui permirent, soit de mieux irriguer les terres, qui l'étaient peu, soit de transformer celles qui étaient sèches. Au moyen de pompes aspirantes on avait procédé à la captation et à la distribution de l'eau. Ce n'était pas une nouveauté technique, mais ce l'était en fait pour beaucoup de villages de cette région. La nature du sol, très poreuse, et la rareté des précipitations atmosphériques — 400 mm en moyenne — avaient toujours rendu très difficile cette extraction de l'eau qu'il fallait aller chercher à 50, 100 ou 200 mètres de profondeur. Dans la région de Murcie et de Cathagène, furent peut-être faits les plus grands efforts. Aux alentours de Villajoyosa, la construction d'un barrage permit d'irriguer un million d'amandiers qui jusqu'alors avaient souffert de la sécheresse.

Les architectes ne s'occupaient pas seulement de constructions pour les animaux. Parcourant la région, ils donnèrent des conseils sur les habitations humaines quant à l'architecture, aux matériaux, aux fondations, à la situation, à l'hygiène, etc. ; (...) Le voisinage des villages, beaucoup moins disséminés qu'en Aragon, facilitait cette solidarité active. Le travail était même intercommunal. Un noyau se constituait pour combattre les maladies des plantes, pour sulfater, pour tailler les arbres, pour travailler dans les champs et les vergers. Un autre se consacrait à la réfection ou à la construction des routes.

(...) Les cinq cents collectivités et sections de la région du Levant étaient subdivisées en cinquante-quatre fédérations cantonales qui se rassemblaient en cinq fédérations provinciales, lesquelles débouchaient sur le Comité régional qui embrassait le tout.

Ce Comité nommé par des congrès annuels et responsables devant eux — paysans en chemise et sabots — se composait de vingt-six sections techniques : culture des fruits en général, agrumes, vignes, oliveraies, horticulture, riz, bétail ovin et caprin, porcin et bovin ; venaient ensuite les sections industrielles : vinification, fabrication d'alcools, de liqueurs, de conserves, d'huile, de sucre, de fruits, d'essences et parfums ainsi que d'autres produits dérivés ; de plus on créa des sections de produits divers, d'importation-exportation, de machineries, transports, engrais ; puis la section du bâtiment orientant et stimulant la construction locale d'édifices de toute espèce ; enfin la section d'hygiène et d'enseignement.

(...) La moitié de la production d'oranges — presque quatre millions de quintaux — était aux mains de la fédération paysanne du Levant et 70 % de la récolte totale était transportée et vendue par son organisation commerciale — grâce à ses magasins de dépôt, à ses camions, à ses bateaux — et à sa section d'exportations qui au début de 1938 avait établi en France des sections de vente (à Marseille, Perpignan, Bordeaux, Sète, Cherbourg et Paris).

La même chose existait pour le riz — 30 000 hectares dans la seule province de Valence sur 47 000 dans toute l'Espagne — et pour les légumes frais — la *huerta* de Valence et les jardins de Murcie donnaient deux ou trois récoltes par an.

(...) Quand les collectivités d'une localité croyaient utile de créer une fabrique de liqueurs, de sucres de fruits, de conserves, etc., elles communiquaient l'idée à la section correspondante du comité central à Valence. Celui-ci examinait la proposition et, suivant le cas, invitait une délégation des proposants. Si, compte tenu des matières premières utilisables, il existait déjà assez de fabriques, on répondait négativement en expliquant la raison. Si l'installation convenait, on acceptait la proposition. Mais la tâche ne devait pas incomber seulement aux collectivités locales proposantes. Par l'intermédiaire du comité régional, toutes les cinq cents collectivités devaient contribuer à l'effort.

(...) Jusqu'alors, il s'était perdu une immense quantité de fruits qui pourrissaient sur place, manquant de marchés nationaux et internationaux. Cela arrivait surtout pour les oranges consommées intégralement à l'état naturel et qui, sur le marché anglais, se heurtaient à la concurrence de la Palestine et de l'Afrique du Sud, ce qui obligeait à baisser le prix et à diminuer la production. La fermeture d'une grande partie des marchés d'Europe, celle du marché intérieur occupé ou coupé par les troupes de Franco, et les obstacles opposés à l'œuvre de socialisation par le gouvernement, aggravèrent le problème. Et cela ne fut pas seulement un mal pour les oranges, mais pour les pommes de terre et les tomates. Une fois de plus l'initiative des collectivités apparut nécessaire.

Celles-ci organisèrent des séchoirs pour pommes de terre,

tomates et oranges. On commença ainsi à utiliser ces légumes secs durant toute l'année ; des pommes de terre, on tirait la fécule et la farine. Mais l'innovation valut surtout pour les oranges. On en obtenait : de l'essence extraite des écorces en plus grande quantité qu'avant, du miel d'orange, de la pulpe pour la conservation du sang des abattoirs dans le but d'en faire un aliment nouveau pour les volailles, du vin d'orange dont on extrayait de l'alcool pour les cures médicinales.

Des fabriques de concentrés plus importantes furent organisées à Olive et à Burriana. Les fabriques de conserves de légumes, dont les principaux centres étaient à Murcie, Alfasar, Castellon et Paterna, étaient aussi aux mains de la fédération.

Le siège des fédérations cantonales était le plus souvent choisi près des voies ferrées ou des routes, ce qui facilitait le transport des marchandises. Les collectivités de chaque canton y envoyaient l'excédent de leurs produits. Ceux-ci étaient comptabilisés, classifiés, emmagasinés et les chiffres correspondants envoyés aux différentes sections du comité régional de Valence, de telle façon que la fédération savait toujours exactement de quelle réserve elle pouvait disposer pour les échanges, les exportations et les distributions.

L'esprit créateur se montrait aussi dans l'intensification de l'élevage des animaux de basse-cour. Les poulaillers, les clapiers, les parcs se multipliaient journellement. Des races nouvelles, inconnues du simple paysan, de lapins et de poules, se répandaient de plus en plus et les collectivités qui avaient fait les premiers pas aidaient les autres. Enfin, les efforts d'organisation d'ordre économique n'étaient pas les seuls motifs d'action. Chaque collectivité créa une ou deux écoles. [On put] scolariser tous les enfants. Au lendemain de la Révolution, les collectivités du Levant, comme celles d'Aragon, de Castille, d'Andalousie, d'Estrémadure, avaient donné le coup de grâce à l'analphabétisme. Et n'oublions pas que dans les campagnes espagnoles se trouvaient 70 % des gens incultes.

Pour compléter cet effort et dans un but pratique immédiat, une école de secrétaires et de comptables fut ouverte à laquelle plus de cent élèves furent envoyés par la collectivité. La dernière création fut l'Université de Moncada. Œuvre de la fédération régionale du Levant, celle-ci la mit à la disposition de la fédération nationale des paysans d'Espagne. On y enseigne l'élevage des bestiaux, des animaux de basse-cour, les soins à donner aux animaux, les méthodes de sélection, les caractéristiques des races, l'agriculture, la sylviculture, etc. Il y avait 300 élèves envoyés par les collectivités.

Le décret de collectivisation de l'économie catalane

On trouvera ci-dessous la quasi-totalité du décret de collectivisation des industries en Catalogne qui, comme on le dirait aujourd'hui, institutionnalisait une autogestion mise en place, avant toute loi, par les travailleurs eux-mêmes quand, au lendemain de la Révolution du 19 juillet, ils avaient pris possession des entreprises et élu leurs conseils ouvriers.

Le décret, au moment même où il vit le jour, était déjà considéré par l'un de ses rédacteurs, Terradellas, comme un « texte historique ». On peut le regarder, en effet, comme le prototype des textes législatifs qui, de nos jours, ont codifié, de façon, certes, plus ou moins satisfaisante, l'autogestion en Yougoslavie, puis en Algérie. Il avait, d'un point de vue strictement libertaire, à la fois les qualités et les défauts de ce que seront les textes ultérieurs susnommés. En effet, l'autogestion n'y était pas totale. Elle avait été le produit d'un compromis intervenu entre Terradellas, petit-bourgeois de gauche, représentant la Gauche républicaine de Catalogne, et le représentant de la C.N.T., Joseph Xena. Ce compromis ne fut atteint qu'après une âpre discussion de plusieurs jours entre les deux hommes. C'est un autre anarchiste, Juan P. Fàbregas, conseiller de l'Économie de la Généralité de Catalogne, qui contresigna le document au nom de la C.N.T.

De par ce décret, l'autogestion était encadrée. Elle s'insérait dans le cadre d'un État et le pouvoir à l'usine y était partagé entre le conseil élu des travailleurs, le directeur désigné par ce conseil ouvrier, mais dont la nomination, dans les grosses entreprises, devait être approuvée par le conseil (ministère) de l'Éco-

nomie de la Généralité de Catalogne, enfin un contrôleur de la Généralité nommé par le conseiller de l'Économie.

Le décret, par ailleurs, avait le souci d'associer le conseil ouvrier, d'une part, et l'organisation syndicale, d'autre part, deux instances que certains partisans du « socialisme des conseils », de nos jours, croient devoir opposer l'une à l'autre. En effet, l'article 10 stipulait que, dans le conseil, « seront également représentées, s'il y a lieu, les diverses tendances syndicales auxquelles appartiennent les ouvriers et ce proportionnellement à leur nombre » et l'article 24 que « huit représentants des diverses centrales syndicales, désignés suivant un taux proportionnel, feront partie des conseils généraux de l'industrie ».

La collectivisation ainsi définie n'était pas intégrale, puisqu'elle n'était instituée que pour une catégorie d'entreprises, en espèce les plus importantes, et que, pour les autres, subsistait un secteur privé. En fait, la collectivisation alla sensiblement plus loin que la lettre du décret, puisque nombre d'entreprises endettées, bien que ne présentant pas les critères de collectivisation énoncés à l'article 2, furent néanmoins socialisées.

Les règles énoncées en ce qui concerne le fonctionnement du conseil ouvrier dans le secteur privé l'étaient dans un esprit singulièrement bienveillant à l'égard des petits employeurs, puisque le comité de contrôle ouvrier avait, entre autres, dans ses attributions, à veiller à la stricte discipline dans le travail.

Le décret du 24 octobre 1936, et notamment cette dernière disposition, ont été assez vivement commentés par certains écrivains anarchistes tels que Vernon Richards dans ses Leçons de la Révolution espagnole *(1953)*[9]*. Mais le décret était la conséquence inéluctable du choix fait délibérément par les anarchistes, au lendemain du putsch franquiste, de renoncer, dans un esprit d'unité d'action antifasciste, à instaurer dans l'immédiat le communisme libertaire et à participer aux rouages d'un État républicain petit-bourgeois qui entendait exercer son droit de contrôle en même temps que sauvegarder la petite propriété*

Quant à l'ingérence de l'« État » dans le pouvoir économique des travailleurs, elle était évidente, mais la Confédération Natio-

9. À paraître, en français, aux éditions Bélibaste.

nale du Travail exerçait elle-même une forte influence sur la Généralité de Catalogne, et le décret avait été, en partie, l'œuvre d'anarchistes. Il convient d'ajouter qu'il était animé d'un souci d'intégration économique, et d'un sens remarquable de la planification socialiste. Dans chaque industrie était prévu un conseil d'industrie composé d'ouvriers, de syndicalistes, et de techniciens, avec pour tâche de « déterminer les plans de travail de l'industrie et de régulariser la production de leur branche » (art. 25). *Dans chaque entreprise, la production devait « s'adapter au plan général établi par le conseil de l'industrie »* (art. 12).

Tel qu'il est, en dépit de ses déficiences et de ses limites, le décret du 24 octobre 1936 constitue le premier document législatif, depuis la Révolution russe d'Octobre 1917, qui a tenté de définir, avec le souci d'une planification socialiste, l'exercice démocratique du pouvoir ouvrier dans les grandes entreprises et du contrôle ouvrier dans les petits ateliers ou entreprises artisanales. Ce décret appelle, bien entendu, des critiques, mais il ne mérite peut-être pas toutes les attaques des anarchistes rigoureux et des « conseillistes » (partisans des conseils ouvriers) d'aujourd'hui.

Le décret

Article premier. — D'accord avec les règles établies par le présent décret, les entreprises commerciales et industrielles de Catalogne sont classées en :

a) entreprises collectivisées dans lesquelles la responsabilité de la direction retombe sur les ouvriers composant l'entreprise et représentés par un conseil d'entreprise ;

b) entreprises privées dans lesquelles la direction est à la charge du propriétaire ou gérant, avec la collaboration et le contrôle du comité ouvrier de contrôle.

Entreprises collectivisées

Art. 2. — Seront obligatoirement collectivisées toutes les entreprises industrielles ou commerciales qui, à la date du 30 juin

1936, occupaient plus de cent salariés, ainsi que celles qui occupaient un nombre inférieur d'ouvriers, mais dont les patrons ont été déclarés factieux ou ont abandonné l'exploitation. Exceptionnellement, les entreprises de moins de cent ouvriers pourront être collectivisées après accord intervenu entre la majorité des ouvriers et le ou les propriétaires. Les entreprises de plus de cinquante ouvriers et de moins de cent pourront être collectivisées après accord des trois quarts des ouvriers.

Le Conseil de l'Économie pourra décider aussi la collectivisation des autres industries qui, par leur importance dans l'économie nationale ou pour d'autres raisons, devront être retirées à l'exploitation privée.

Art. 3. — En complément du précédent article, la désignation des employeurs déclarés factieux sera faite uniquement par les soins des tribunaux populaires.

Art. 4. — Sera considéré comme faisant partie des ouvriers, et compris dans le nombre total des travailleurs qui forment l'entreprise, tout individu qui sera porté sur la liste, quelle que soit son opinion, qu'il accomplisse un travail intellectuel ou manuel.

Art. 5. — L'actif et le passif attribués à l'entreprise avant la mise en vigueur du présent décret passeront intégralement à l'entreprise collectivisée.

Art. 6. — Les entreprises constituées par des organismes autonomes de production et de vente et celles qui groupent, sous une même firme, plusieurs magasins ou fabriques, continueront à fonctionner sous la forme d'une même organisation collectivisée. Elles ne pourront se subdiviser qu'avec l'autorisation expresse du Conseiller de l'Économie, après qu'il aura informé le Conseil de l'Économie de Catalogne.

Art. 7. — Dans le cadre de l'entreprise collectivisée, les anciens propriétaires ou gérants seront affectés aux postes où leurs aptitudes de techniciens ou d'administrateurs auront été reconnues indispensables.

Art. 8. — Dans la période transitoire où s'effectue la collectivisation, aucun ouvrier ne pourra être renvoyé de l'entreprise, mais il pourra être déplacé dans la même catégorie, si les circonstances l'exigent.

Art. 9. — Dans tous les cas où des intérêts de ressortissants étrangers sont représentés dans les entreprises, les conseils ou les comités ouvriers de contrôle sont tenus de le communiquer au Conseil de l'Économie. Celui-ci convoquera les membres intéressés ou leurs représentants, en vue de discuter les cas litigieux et d'assurer la sauvegarde des intérêts en question.

Des conseils d'entreprise

Art. 10. — La gestion des entreprises collectivisées sera assurée par un conseil d'entreprise nommé par les travailleurs, choisi dans leur sein en assemblée générale. Cette assemblée déterminera le nombre des membres du conseil d'entreprise, nombre qui ne sera jamais inférieur à cinq, ni supérieur à quinze. Dans sa constitution, seront représentés les divers services : production, administration, services techniques et service commercial. Seront également représentées, s'il y a lieu, les diverses tendances syndicales auxquelles appartiennent les ouvriers et ce proportionnellement à leur nombre.

La durée du mandat est fixée à deux ans, la moitié du conseil étant renouvelable chaque année. Les conseillers d'entreprise seront rééligibles.

Art. 11. — Les conseils d'entreprise auront les mêmes responsabilités que les anciens conseils d'administration dans les sociétés anonymes et les entreprises placées sous le contrôle d'un conseil de gérance.

Ils seront responsables de leur gestion devant les ouvriers de leur propre entreprise et devant le conseil général de l'industrie intéressée.

Art. 12. — Les conseils d'entreprise tiendront compte, dans l'accomplissement de leurs fonctions, du fait que la production doit s'adapter au plan général établi par le conseil général de l'industrie et coordonneront leurs efforts avec les principes définis pour le développement de la branche à laquelle ils appartiennent. Pour l'établissement de la marge des bénéfices, la fixation des conditions générales de vente, l'achat des matières premières, et pour tout ce qui concerne les règles d'amortissement du matériel, la tranche de capital en circulation, les fonds de réserve et la répartition des bénéfices, on se reportera aux dispositions prises par les conseils généraux de l'industrie.

Sur le plan social, les conseils d'entreprise veilleront à l'accomplissement strict des règles établies en cette matière et en suggéreront d'autres qu'ils jugeront convenables. Ils prendront toutes les mesures nécessaires à la sauvegarde de l'hygiène physique et morale des ouvriers ; ils se consacreront à une intense œuvre culturelle et éducative, favoriseront la création de clubs, centres de récréation, de sports, de culture, etc.

Art. 13. — Les conseils d'entreprise des entreprises saisies avant la publication du présent décret et ceux des industries qui auront été collectivisées postérieurement à cette publication enverront, dans un délai de quinze jours, au secrétariat général du Conseil de l'Économie l'acte de leur constitution, selon le modèle qui leur sera remis dans les bureaux correspondants.

Art. 14. — Pour veiller d'une manière permanente à la bonne marche de l'entreprise, le conseil nommera un directeur, auquel il déléguera tout ou partie de ses fonctions.

Dans les entreprises où travaillent plus de cinq cents ouvriers, dans celles où le capital est supérieur à un million de pesetas, dans celles qui fabriquent, transforment ou vendent du matériel intéressant la défense nationale, la nomination du directeur devra être approuvée par le Conseil de l'Économie.

Art. 15. — Dans toutes les entreprises collectivisées, il y aura obligatoirement un contrôleur de la Généralité qui fera partie du conseil d'entreprise et qui sera nommé par le Conseiller de l'Économie d'accord avec les travailleurs.

Art. 16. — La représentation légale de l'entreprise sera faite par le directeur et sa signature sera accompagnée de celle de deux membres du conseil d'entreprise élus par ce conseil. Les nominations du directeur et des deux adjoints seront communiquées au Conseil de l'Économie, lequel les accréditera auprès des banques et des divers organismes officiels.

Art. 17. — Les conseils d'entreprise dresseront procès-verbal de leurs réunions et enverront aux conseils généraux de l'industrie respective une copie certifiée des décisions qu'ils auront adoptées. Lorsque ces décisions l'exigeront, le conseil général de l'industrie interviendra dans la forme qu'il jugera appropriée.

Art. 18. — Les conseils auront l'obligation d'entendre les réclamations ou les propositions formulées par les ouvriers. Ils les enregistreront et les porteront, s'il y a lieu, à la connaissance du conseil général de l'industrie.

Art. 19. — Les conseils d'entreprise devront, à la fin de chaque exercice, rendre compte de leur gestion aux ouvriers réunis en assemblée générale.

De même, ils donneront au conseil général de l'industrie connaissance du bilan et d'un mémoire semestriel ou annuel, qui établira, dans ses détails, la situation de l'affaire et les plans et projets d'avenir.

Art. 20. — Les conseils d'entreprise pourront être révoqués partiellement ou en totalité par les ouvriers réunis en assemblée générale et par le conseil général de l'industrie respective, en cas d'incompétence manifeste ou de résistance aux normes fixées. Lorsque la révocation aura été prononcée par le conseil général de l'industrie, ils pourront, avec l'assentiment des ouvriers de l'entreprise réunis en assemblée générale, en appeler de cette décision auprès du Conseiller de l'Économie, mais la décision de ce dernier, après rapport au Conseil de l'Économie, sera définitive.

Les comités de contrôle dans les entreprises privées

Art. 21. — Dans les industries ou commerces non collectivisés, la création du comité ouvrier de contrôle sera obligatoire et, dans ce comité, seront représentés tous les services, de production, techniques et administratifs qui forment l'entreprise. Le nombre des éléments qui composeront le comité sera laissé au libre choix des ouvriers. La représentation de chaque syndicat sera proportionnelle au nombre respectif de leurs membres dans l'entreprise.

Art. 22. — Les fonctions du comité de contrôle seront :

a) Le contrôle des conditions de travail et l'exécution stricte des mesures en vigueur quant aux salaires, horaires, assurances sociales, hygiène et sécurité, etc. ainsi que l'assurance de la stricte discipline dans le travail. Tous les avertissements et notifications que le gérant croira devoir faire au personnel seront transmis par la voie du comité ;

b) Le contrôle administratif : encaissements et paiements, tant en espèces que par l'intermédiaire des banques et rapport de ces opérations avec l'importance de l'entreprise ; contrôle des autres opérations commerciales ;

c) Le contrôle de la production, en étroite collaboration avec le propriétaire de l'entreprise afin de perfectionner le développement de cette production. Les comités ouvriers de contrôle entretiendront les meilleures relations avec les techniciens dans le but d'assurer la bonne marche du travail.

Art. 23. — Les patrons seront tenus de présenter aux comités ouvriers de contrôle les bilans et mémoires annuels qu'ils enverront au conseil général de l'industrie respective.

Des conseils généraux d'industrie

Art. 24. — Les conseils généraux d'industrie seront constitués par :

quatre représentants du conseil d'entreprise de cette industrie ;

huit représentants des diverses centrales syndicales désignés suivant un taux proportionnel ;

quatre techniciens nommés par le Conseil de l'Économie.

Chacun de ces conseils sera présidé par le représentant de cette branche au Conseil de l'Économie.

Art. 25. — Les conseils généraux d'industrie détermineront les plans de travail de l'industrie, fixeront la production de leur branche et régleront toutes les questions qui la concernent.

Art. 26. — Les décisions adoptées par les conseils généraux de l'industrie seront exécutoires. Aucun conseil d'entreprise ni aucune entreprise privée ne pourra s'opposer à leur exécution. Ils pourront, tout au plus, présenter un recours devant le Conseiller de l'Économie, dont la décision sera sans appel.

Art. 27. — Les conseils généraux d'industrie se tiendront en rapport avec le Conseil de l'Économie de Catalogne et veilleront à suivre de près ses travaux, de manière à être d'accord avec lui chaque fois que se présenteront des affaires nécessitant une action commune.

Art. 28. — Les conseils généraux d'industrie devront remettre au Conseil de l'Économie de Catalogne, dans le délai fixé pour chaque cas, un document circonstancié où sera exposée et analysée la marche générale de l'industrie en question et où de nouveaux plans seront proposés à son attention.

Des groupements d'industrie

Art. 29. — Afin de promouvoir la constitution et l'organisation des conseils généraux d'industrie, le Conseil général de l'Économie proposera, dans un délai de quinze jours après la promulgation du présent décret, une classification et un groupement des différentes industries d'accord avec la spécialité respective et la coordination des sections en lesquelles chacune d'elles se subdivise.

Art. 30. — Il sera tenu compte, dans ledit groupement, des matières premières, des différentes opérations industrielles jusqu'au moment de la mise en vente, de l'unité technique, de la gestion commerciale et, lorsque ce sera possible, on veillera à parvenir à la concentration intégrale.

Art. 31. — En même temps, le Conseil de l'Économie proposera la réglementation qui régira la constitution et le fonctionnement desdites industries (...)

Barcelone, le 24 octobre 1936.

Le premier Conseiller : José Terradellas.
Le Conseiller de l'Économie : Juan P. Fàbregas.

Écrits de D.A. de Santillan

UN SCHÉMA DE PLANIFICATION LIBERTAIRE [10]

Organisation du travail
Du conseil d'usine au Conseil de l'Économie

Les syndicats sont des organisations chargées du fonctionnement de base de l'économie.

Nous pouvons résumer leurs fonctions en dix-huit conseils, à savoir :

Besoins fondamentaux : conseil de l'alimentation, du logement, de l'habillement.

Matières premières : conseils de la production agricole, du bétail, des forêts, des mines et de la pêche.

Conseil de relation : conseil des transports, communications, presse et livres, de crédit et des échanges.

Industrie d'élaboration : conseil des industries métallurgique et chimique, du verre et de la céramique.

Conseil de l'électricité, force motrice et eau.

Conseil de la Santé.

Conseil de la culture.

---

10. Diego Abad de Santillan, qui devait devenir ministre de l'Économie de la Généralité de Catalogne, publia ce schéma avant la Révolution du 19 juillet 1936 (extrait de son livre *El organismo economico de la revolución*, 1936).

Les différents conseils forment chaque conseil local de l'Économie.

Ces mêmes conseils serviront de base à la formation des conseils régionaux et, sur le plan national, à celle du Conseil fédéral de l'économie.

Avec cet organisme économique déjà schématisé dans l'organisation ouvrière existante on arrive au maximum de coordination. Ni le capitalisme, ni l'État dit socialiste ne peuvent atteindre cette uniformité.

Il a de plus l'avantage de ne pas affecter l'autonomie de l'individu dans le groupe, du groupe dans le syndicat et celle du syndicat dans chaque conseil.

C'est un mécanisme fédératif qui peut à l'occasion faire pression sur l'individu selon son développement libertaire mais qui peut également être la garantie de la liberté et favoriser la communication entre individus, ce qui est impossible avec un organisme essentiellement autoritaire.

Conseils régionaux de l'économie

Les conseils locaux de l'Économie dans les villes et les conseils municipaux ou de districts dans la campagne se coalisent pour former des conseils régionaux de l'Économie qui remplissent les mêmes fonctions, quoique plus étendues, que les conseils locaux. Chaque zone aura son autonomie politique. Il n'y a pas de régions indépendantes en Espagne qui puissent se suffire à elles-mêmes bien que l'on trouve des régions plus riches que d'autres.

Le conseil régional de l'Économie établit, à travers son conseil du crédit et de l'échange, la statistique de la production, de la population, de la consommation de sa propre zone, de la main-d'œuvre et des matières premières. Les conseils régionaux de l'Économie tiennent régulièrement leurs congrès au cours desquels ils réélisent leurs membres et tracent leur programme à réaliser. Les délégations des conseils régionaux sont élues soit par l'intermédiaire des Conseils locaux soit à travers les congrès pour former le Conseil fédéral de l'économie, organisme économique le plus important du pays.

Conseil fédéral de l'économie

On arrive finalement au Conseil fédéral de l'économie, le plus grand centre de coordination du pays.

Le conseil fédéral de l'économie, élu de bas en haut par les travailleurs, coordonne toute l'économie du pays en vue du même but : produire plus et mieux distribuer.

À l'aide des statistiques qui lui sont communiquées, le conseil saura à tout moment quelle est la situation économique exacte de tout le pays.

Il connaîtra la région la plus avantagée, celle qui a un excédent, et constatera où il y a déficience de transports et de communications, où seront nécessaires de nouvelles routes, de nouvelles cultures et de nouvelles usines. Les régions dotées de peu de ressources seront aidées par le pays pour que les œuvres d'utilité soient menées à terme.

Deux conceptions du « communisme libertaire » : Utopie ou intégration économique [11]

Buenos Aires, le 10 juillet 1965

[Mon livre] *El organismo economico de la revolución* se rattache à la propagande que j'avais faite dans nos revues et journaux depuis quelques années déjà. Je voulais montrer une voie pratique de réalisation immédiate, et non un utopisme paradisiaque. Le mécanisme des interconnexions syndicales permettait, selon moi, de remplacer avantageusement le propriétaire capitaliste de l'industrie et de la terre, et je voulais contribuer à dépasser l'infantilisme du communisme libertaire basé sur les prétendues communes libres et indépendantes, propagées par Kropotkine et autres et présentées comme étant plus parfaites que les perspectives dérivées du collectivisme de Bakounine ou du mutuellisme de Proudhon : j'estime, en effet, celles-ci plus proches de la vraie nature humaine, car l'homme est généreux, plein d'abnégation, mais il est également égoïste.

11. Lettre inédite de Diego Abad de Santillan.

Je comprends et je défends l'autonomie locale pour la gestion d'une multitude d'affaires particulières, mais une commune est un centre de vie en commun, et le travail est un devoir qui oblige à créer des liens, qu'ils soient ou non des liens d'affinité, sur le plan local, régional, national et international. Dans le travail, par conséquent, et dans l'économie, je ne me soucie pas des affinités familiales ou de la camaraderie intime, mais de l'efficience. Je ne peux prôner l'indépendance, mais bien l'interdépendance, par-dessus toutes les frontières. Les organisations syndicales, les fédérations locales d'industrie et les fédérations nationales avaient, en Espagne, entre leurs mains des possibilités concrètes pour améliorer le système de production et de distribution, mieux que ne pouvaient le faire les entreprises privées, rivales et anachroniques. En 1936, nous pouvions donner une forte impulsion au développement économique de l'Espagne parce que nous ajoutions à l'outillage existant la ferveur de la foi et l'intensification des efforts. Et ce dont il s'agissait, c'était d'élever, dans une première étape, le niveau industriel et agricole du pays ; nous nous sentions capables de donner cette impulsion, mais à travers l'instrument dont nous disposions, l'organisation syndicale, et non à travers les idylliques communes libertaires de nudistes et de pratiquants de l'amour libre [12].

J'étais inquiet, en outre, de la tendance générale à considérer que la propriété des instruments de travail et de la terre revenait aux ouvriers et paysans ; et je lançai des mises en garde contre cette tendance, c'est-à-dire contre la nouvelle classe en perspective, celle des administrateurs et des dirigeants de ces entreprises. La terre, les usines, les moyens de transport appartiennent à la communauté et doivent remplir des fonctions sociales. Si, entre nos mains, ils ne remplissaient pas ce rôle, la nouvelle forme de propriété serait aussi peu acceptable que la précédente. Le slogan : « la terre aux paysans, les usines aux ouvriers » me semblait légitime, à condition qu'il ne conduise pas à la conception d'une nouvelle propriété privée, celle d'un grand nombre au lieu de celle d'une minorité. La société, la communauté, passent au-dessus des intérêts des minorités et des majorités. La propriété de la terre est un bien social, comme doivent l'être les autres instru-

12. Allusions à certains articles utopiques du programme adopté au Congrès jurassien de 1880 (v. p. 345 *sq*).

ments de production. Je ne crois pas qu'il soit nécessaire de passer par une étape de nouveaux propriétaires avant d'arriver à un monde nouveau qui ne soit ni capitaliste ni monopoliste.

Au Congrès de Saragosse, auquel je n'assistai pas personnellement, fut approuvée une ébauche d'organisation future qui correspondait à la conception kropotkinienne. Un projet inspiré des idées de mon livre fut présenté au congrès par la Fédération des Arts Graphiques et du Papier, sur mon initiative. Mais comme nous n'étions pas présents à Saragosse, on adopta celui qu'avait préparé Federica Montseny sur la base d'une brochure d'Isaac Puente que j'avais publiée dans *Tierra y Libertad*. Contre ces vues simplistes, j'avais soutenu alors dans la revue *Tiempos Nuevos* les idées de *El organismo economico*. Et comme il arriva que, peu de temps après, il fallut mettre en pratique nos prévisions et anticipations, on s'y prit en général comme je l'avais prévu, parce que nous avions pour base un instrument d'action et de réalisation, tel que le syndicat, la fédération d'industrie, etc.

Voline (1882-1945)

Vsévolod Mikhaïlovitch Eichenbaum, plus connu sous le pseudonyme de Voline, est né le 11 août 1882 [1]*. Il se fit inscrire à la faculté de Droit de Saint-Pétersbourg qu'il abandonna bientôt, attiré qu'il était déjà par les idées du Parti socialiste-révolutionnaire. Ce qui l'amena à être mêlé activement à la Révolution de 1905. Il participa à la marche des ouvriers sur le Palais d'Hiver conduite par le pope Gapone. Peu après, il contribua à la naissance du premier Soviet de Saint-Pétersbourg. Arrêté par la police tsariste, emprisonné, puis finalement déporté en Sibérie, il réussit, en 1907, à s'évader et à gagner la France.*

C'est à Paris que Voline devint anarchiste. Membre depuis 1913 du Comité d'action internationale contre la guerre, son activité, en 1915, lui valut d'être arrêté. Menacé d'être interné dans un camp de concentration, Voline réussit à s'embarquer comme soutier à bord d'un paquebot qui l'emmena aux États-Unis. Depuis plusieurs mois, déjà, il envoyait en Amérique, à un hebdomadaire anarcho-syndicaliste russe, Golos Truda *(« La Voix du Travail »), une correspondance de Paris. En 1917, la rédaction — et avec elle, Voline — gagna la Russie révolutionnaire, en vue du transfert de cet hebdomadaire à Saint-Pétersbourg.*

À cette époque s'établit entre anarchistes russes restés en Europe (ils étaient sous l'influence des idées de Pierre Kropotkine) et ceux qui avaient séjourné en Amérique un travail d'unifi-

---

1. Cette présentation de Voline s'inspire de la biographie publiée par « Les Amis de Voline » en tête de *La Révolution inconnue*.

cation qui se traduisit par une déclaration, puis par une organisation qui prit alors le nom de : Union de propagande anarcho-syndicaliste de Petrograd et qui décida la publication de Golos Truda, *considéré comme le prolongement de l'édition américaine. Voline fut choisi comme son rédacteur. Après la Révolution d'Octobre,* Golos Truda *devint quotidien et Voline fut assisté d'un comité de rédaction dans lequel figurait, entre autres, Alexandre Schapirno.*

Alors que la Révolution prolétarienne n'était encore âgée que de quelques mois, Voline, dans ce journal, lançait déjà ces avertissements terriblement prophétiques : « Une fois leur pouvoir consolidé et légalisé, les bolcheviks [...] *commenceront à aménager la vie du pays et du peuple avec des moyens gouvernementaux et dictatoriaux* [...]. *Vos Soviets deviendront peu à peu de simples organes exécutifs de la volonté du gouvernement central. On assistera à la mise en place d'un appareil autoritaire politique et étatique, qui agira par en haut et se mettra à écraser tout avec sa poigne de fer (...) Malheur à celui qui ne sera pas d'accord avec le pouvoir central ! »*

Plus tard, ayant quitté ce journal, Voline se rendit à Bobrov, où il travailla à la section du Soviet de la ville. Peu après, il passa au journal Nabat *(« Le Tocsin ») et se joignit aux animateurs d'une conférence anarchiste d'Ukraine tenue à Koursk, le 18 novembre 1918. À cette conférence, il fut chargé de rédiger les résolutions adoptées et d'élaborer une déclaration acceptable par toutes les tendances de l'anarchisme, afin de permettre à tous de travailler dans un cartel unique. Cette rédaction d'un programme amena Voline à formuler l'idée d'une « synthèse anarchiste » qui devait rassembler les trois courants de l'anarchisme : anarcho-syndicalisme, communisme libertaire, individualisme.*

Un second congrès de Nabat *fut tenu en mars-avril 1919. Ses participants se prononcèrent « catégoriquement et définitivement contre toute participation aux Soviets, devenus des organismes purement politiques, organisés sur une base autoritaire, centraliste, étatique ». Cette déclaration fut fort mal accueillie par le pouvoir bolchevique.*

Après le congrès, Voline quitta Moscou et revint travailler au Nabat *de Koursk, à l'organe central (car celui-ci avait aussi des éditions régionales). On était encore dans une période de relative tolérance politique, mais qui ne devait pas durer longtemps. Bientôt le pouvoir bolchevique supprima la presse libre, pourchassa et arrêta les anarchistes. C'est à ce moment, en juillet, que Voline réussit à rejoindre le quartier général du guérillero anarchiste ukrainien Nestor Makhno. L'intellectuel à la plume alerte et le paysan-guerrier relativement fruste, du fait même de leurs profondes dissemblances, se complétèrent l'un l'autre, non sans d'ailleurs se heurter plus d'une fois.*

Comme la makhnovstchina *avait créé une section de culture et d'éducation, Voline, de concert avec un ancien compagnon de captivité de Makhno, Pierre Archinoff, en prit la tête et fut chargé d'organiser les meetings, conférences, entretiens, conseils aux populations, l'édition des tracts, affiches, et toutes autres publications makhnovistes. Il présida un congrès du mouvement insurrectionnel, celui tenu en octobre 1919 à Alexandrovsk. Des* Thèses générales *précisant la doctrine des « Soviets libres » y furent adoptées* [2].

Au sein du conseil militaire, Voline, pendant six mois, se dépensa sans compter. Mais il fut arrêté par la 14ᵉ Armée rouge, emmené à Moscou et remis entre les mains de la police politique (Tchéka). Il ne devait être libéré qu'en octobre 1920, à la faveur d'un accord militaire entre le gouvernement bolchevique et Makhno. Il se rendit alors à Kharkov où, avec la Confédération Nabat, *il préparait un congrès anarchiste pour le 25 décembre. À la veille de ce congrès les bolcheviks firent, encore une fois, arrêter Voline ainsi que les anarchistes ayant milité avec Makhno.*

Les prisonniers de Kharkov furent transférés à Moscou, incarcérés à la prison de Boutirky. Ils y firent une grève de la faim qui cessa à la suite d'une intervention inattendue : des délégués du syndicalisme révolutionnaire européen, venus pour assister au premier congrès de l'Internationale syndicale rouge, obtinrent la libération de dix d'entre eux, dont Voline, sous condition d'un bannissement perpétuel (avec menace d'une condamnation à mort en cas de rupture de l'accord).

---

2. Ce précieux document, qui fut imprimé et que Voline eut l'intention par la suite de traduire en français, n'a jamais pu être retrouvé : on n'en connaît que de brèves citations.

Passé en Allemagne où il fut secouru par l'Union ouvrière libre qui siégeait à Berlin, Voline travailla en faveur de cette Union, publia une brochure accablante : La Persécution contre l'anarchisme en Russie soviétique, *traduisit en français le livre de Pierre Archinoff* : Histoire du Mouvement makhnoviste, *tout en créant et rédigeant l'important hebdomadaire de langue russe*, L'Ouvrier anarchiste, *revue de synthèse anarchiste.*

*Sur la suggestion de Sébastien Faure, qui le pressa de venir en France, Voline collabora à l'*Encyclopédie anarchiste. *Il y écrivit des études souvent reproduites en brochures de propagande ou même dans la presse étrangère, en Espagne notamment. La C.N.T. espagnole lui proposa de rédiger pour elle son journal de langue française :* L'Espagne antifasciste.

En 1938, Voline quitta Paris pour Nîmes où son ami André Prudhommeaux[3]*, qui y dirigeait une imprimerie coopérative, l'avait invité. Il y participa quelque temps à la rédaction de la revue hebdomadaire* Terre libre, *et surtout il put y écrire paisiblement, avec la maturité que conférait le recul des années*, La Révolution inconnue, *le classique libertaire de la Révolution russe et l'un des plus importants écrits de l'anarchisme. À Marseille, ensuite, à partir de 1940, Voline put terminer son livre. Atteint de tuberculose, il succomba, le 18 septembre 1945, à Paris.* La Révolution inconnue *fut publiée, en 1947, par les soins et aux frais des amis de Voline. Elle a été longtemps ignorée ou mise sous le boisseau par les révolutionnaires « autoritaires ». Ce n'est qu'en 1969, à la faveur d'une réédition, qu'elle a pu, enfin, atteindre ce qu'on est convenu d'appeler le grand public.*

---

3. Sur Prudhommeaux, v. plus loin, p. 726.

La Révolution inconnue [4]

VOLINE ET TROTSKY [5]

En avril 1917, je me retrouvai avec Trotsky à New York [6], dans une imprimerie qui travaillait surtout pour les divers organismes russes de gauche. Il était alors à la tête d'un quotidien marxiste de gauche : *Novy Mir*. Quant à moi, la Fédération des unions ouvrières russes me confia la rédaction des derniers numéros, avant le départ pour la Russie, de son hebdomadaire : *Golos Truda,* de tendance anarcho-syndicaliste. Je passais à l'imprimerie une nuit par semaine, la veille de la sortie du journal. C'est ainsi que je rencontrai Trotsky la première nuit de mon service.

Naturellement, nous parlâmes de la Révolution. Tous deux nous nous apprêtions à quitter l'Amérique prochainement pour nous rendre « là-bas ».

Une fois je dis à Trotsky : « Tout pesé, je suis absolument sûr que vous, les marxistes de gauche, finirez par vous emparer du pouvoir en Russie. C'est fatal, car les Soviets, ressuscités, entreront infailliblement en conflit avec le gouvernement bourgeois. Celui-ci n'arrivera pas à les détruire car tous les travailleurs du pays, ouvriers, paysans, etc., et aussi à peu près toute l'armée,

---

4. Extraits de : *La Révolution inconnue, 1917-1921*, 1947, rééd. 1969 chez Pierre Belfond, avec l'autorisation gracieuse de l'éditeur et de la famille de Voline.

5. Témoignage de Voline, extrait des « Conclusions » inédites à *La Révolution inconnue*.

6. « Nous nous étions connus en Russie et, plus tard, en France d'où il fut expulsé, comme moi, en 1916. » (Note de Voline.)

finiront, naturellement, par se mettre du côté des Soviets contre la bourgeoisie et son gouvernement. Or, du moment que le peuple et l'armée soutiendront les Soviets, ceux-ci vaincront dans la lutte engagée. Et du moment qu'ils vaincront, c'est vous, les marxistes de gauche, qui, inévitablement, serez portés au pouvoir. Car les travailleurs poursuivront la révolution, certainement, jusqu'à son expression la plus avancée. Les syndicalistes et les anarchistes étant trop faibles en Russie pour attirer rapidement l'attention des travailleurs sur leurs idées, les masses vous feront confiance et vous deviendrez " les maîtres du pays ". Et alors, gare à nous autres, anarchistes ! Le conflit entre vous et nous est inéluctable. Vous commencerez à nous persécuter dès que votre pouvoir sera consolidé. Et vous finirez par nous fusiller comme des perdrix...

« — Allons, allons, camarade, répliqua Trotsky, vous êtes des fantaisistes têtus et incorrigibles. Voyons, qu'est-ce qui nous sépare actuellement ? Une petite question de méthode, tout à fait secondaire. Comme nous, vous êtes révolutionnaires. Comme vous, nous sommes anarchistes, en fin de compte. Seulement, vous, vous voulez instaurer votre anarchisme tout de suite, sans transition ni préparation. Tandis que nous, les marxistes, nous ne croyons pas possible de " sauter " d'un bond dans le royaume libertaire. Nous prévoyons une époque transitoire au cours de laquelle le terrain pour la société anarchiste sera déblayé et défriché à l'aide d'un pouvoir politique antibourgeois : la dictature du prolétariat exercée par le parti prolétarien au pouvoir. En somme, il ne s'agit que d'une différence " de nuance ", sans plus. Au fond, nous sommes très près les uns des autres. Nous sommes des frères d'armes. Pensez donc : nous aurons un ennemi commun à combattre. Pourrons-nous songer à nous battre entre nous ? Et, d'ailleurs, je ne doute pas que vous serez vite convaincus de la nécessité d'une dictature prolétarienne provisoire socialiste. Je ne vois donc vraiment pas de raison pour une guerre entre vous et nous. Nous marcherons certainement la main dans la main. Et puis, même si nous ne sommes pas d'accord, vous y allez fort en supposant que nous, les socialistes, emploierons la force brutale contre les anarchistes ! La vie elle-même et l'avis des masses suffiront pour résoudre le problème et nous mettre d'accord. Non ! Pouvez-vous vraiment admettre un seul instant une pareille absurdité : les socialistes de gauche au pouvoir fusiller les anarchistes ?

Allons, allons, pour qui nous prenez-vous ? De toute façon, nous sommes des socialistes, camarade Voline ! Nous ne sommes donc pas vos ennemis... »

En décembre 1919, grièvement malade, je fus arrêté par les autorités militaires bolchevistes dans la région makhnoviste. Me considérant comme un militant « de marque », les autorités avisèrent Trotsky de mon arrestation par un télégramme spécial lui demandant ses dispositions à mon égard. La réponse, par télégramme aussi, arriva, rapide, laconique, nette : « *Fusiller immédiatement. — Trotsky.* » Je ne fus pas fusillé, uniquement grâce à un concours de circonstances particulièrement heureuses et tout à fait fortuites.

Procès du bolchevisme [7]

La classe ouvrière dessaisie

[...] La classe ouvrière était faible. Non organisée (dans le vrai sens du terme), inexpérimentée et, au fond, inconsciente de sa véritable tâche, elle ne sut agir aussitôt elle-même, pour son propre compte. Elle s'en remit au parti bolchevique, qui s'empara de l'action.

(...) Au lieu de prêter simplement main-forte aux travailleurs, dans leurs efforts pour achever la Révolution et pour s'émanciper ; au lieu de les aider dans leur lutte, rôle que dans leur pensée les ouvriers lui assignaient, rôle qui, normalement, devrait être celui de tous les idéologues révolutionnaires et qui n'exige nullement la prise ni l'exercice du « pouvoir politique », au lieu de remplir ce rôle, le parti bolchevique, une fois au pouvoir, s'y installa, naturellement, en maître absolu ; il s'y corrompit vite ; il s'organisa en une caste privilégiée et, par la suite, il écrasa et subjugua la classe ouvrière pour l'exploiter, sous des formes nouvelles, dans ses propres intérêts.

De ce fait, toute la Révolution sera faussée, déviée, égarée. Car, lorsque les masses populaires se seront rendu compte de

7. Les titres sont de nous.

l'erreur et du péril, il sera trop tard : après une lutte entre elles et les nouveaux maîtres, solidement organisés et disposant de forces matérielles, administratives, militaires et policières suffisantes — lutte âpre, mais inégale, qui durera quelque trois ans et restera longtemps quasi ignorée hors de Russie —, le peuple succombera. La véritable Révolution émancipatrice sera une fois de plus étouffée, par les « révolutionnaires » eux-mêmes.

(...) À partir d'octobre 1917, la Révolution russe s'engage sur un terrain tout à fait nouveau : celui de la grande Révolution sociale. Elle avance ainsi sur un chemin très particulier, totalement inexploré. Il s'ensuit que la marche ultérieure de la Révolution revêt un caractère également nouveau, original.

[...] Au cours des crises et des faillites qui se succédèrent jusqu'à la Révolution d'octobre 1917, il n'y eut pas que le bolchevisme comme conception de la Révolution sociale à accomplir. Sans parler de la doctrine socialiste-révolutionnaire (de gauche), apparentée au bolchevisme par son caractère politique, autoritaire, étatiste et centraliste, ni de quelques autres petits courants similaires, une seconde idée fondamentale, envisageant également une franche et intégrale Révolution sociale, se précisa et se répandit dans les milieux révolutionnaires et aussi au sein des masses laborieuses : ce fut l'idée anarchiste.

Son influence, très faible au début, augmenta au fur et à mesure que les événements prirent de l'ampleur. Fin 1918, cette influence devint telle que les bolcheviks, qui n'admettaient aucune critique, et encore moins une contradiction ou une opposition, s'inquiétèrent sérieusement. À partir de 1919 et jusqu'à fin 1921 ils durent soutenir une lutte très sévère contre les progrès de cette idée : lutte au moins aussi longue et âpre que le fut celle contre la réaction.

Soulignons, à ce propos, un troisième fait qui n'est pas assez connu : le bolchevisme au pouvoir combattit l'idée et le mouvement anarchistes et anarcho-syndicalistes, non pas sur le terrain des expériences idéologiques ou concrètes, non pas au moyen d'une lutte franche et loyale, mais avec les mêmes méthodes de répression qu'il employa contre la réaction, méthodes de pure violence. Il commença par fermer brutalement les sièges des organisations libertaires, par interdire aux anarchistes toute propagande ou activité. Il condamna les masses à ne pas entendre la voix anarchiste, à la méconnaître. Et puisque, en dépit de cette contrainte, l'idée gagnait du terrain, les bolcheviks passèrent rapidement à des mesures plus violentes : la prison, la mise hors la loi, la mise à mort. Alors, la lutte inégale entre les deux tendances, l'une au pouvoir, l'autre face au pouvoir, s'aggrava, s'amplifia et aboutit, dans certaines régions, à une véritable guerre civile. En Ukraine, notamment, cet état de guerre dura plus de deux ans, obligeant les bolcheviks à mobiliser toutes leurs forces pour étouffer l'idée anarchiste et pour écraser les mouvements populaires inspirée par elle.

Ainsi la lutte entre les deux conceptions de la Révolution sociale et, du même coup, entre le pouvoir bolchevique et certains mouvements des masses laborieuses tint une place très importante dans les événements de la période 1919-1921.

Deux conceptions opposées

(...) L'idée bolchevique était d'édifier, sur les ruines de l'État bourgeois, un nouvel « État ouvrier », de constituer un « gouvernement ouvrier et paysan », d'établir la « dictature du prolétariat ».

L'idée anarchiste était de transformer les bases économiques et sociales de la société sans avoir recours à un État politique, à un gouvernement, à une « dictature », quels qu'ils fussent, c'est-à-dire de réaliser la Révolution et de résoudre ses problèmes, non par le moyen politique et étatique, mais par celui d'une activité naturelle et libre, économique et sociale, des associations de travailleurs eux-mêmes, après avoir renversé le dernier gouvernement capitaliste.

Pour coordonner l'action, la première conception envisageait un pouvoir politique central, organisant la vie de l'État à l'aide du gouvernement et de ses agents, et d'après les directives formelles du « centre ».

L'autre conception supposait : l'abandon définitif de l'organisation politique et étatique ; une entente et une collaboration directes et fédératives des organismes économiques, sociaux, techniques ou autres (syndicats, coopératives, associations diverses, etc.), localement, régionalement, nationalement, internationalement ; donc, une centralisation, non pas politique et étatisante du centre gouvernemental à la périphérie commandée par lui, mais économique et technique, suivant les besoins et les intérêts réels, allant de la périphérie aux centres, établie d'une façon naturelle et logique, selon les nécessités concrètes, sans domination ni commandement.

Il est à noter combien absurde, ou intéressé, est le reproche fait aux anarchistes de ne savoir « que détruire », de n'avoir aucune idée « positive » [...], surtout lorsque ce reproche leur est lancé par les « gauches ». Les discussions entre les partis politiques d'extrême gauche et les anarchistes avaient toujours pour objet la tâche [...] à accomplir après la destruction de l'État bourgeois (au sujet de laquelle tout le monde était d'accord). Quel devait être alors le mode d'édification de la société nouvelle : étatiste, centraliste et politique, ou fédéraliste, apolitique et simplement sociale ? Tel fut toujours le sujet des controverses entre les uns et les autres : preuve irréfutable que la préoccupation essentielle des anarchistes fut toujours, précisément, la construction future.

À la thèse des partis : État « transitoire », politique et centralisé, les anarchistes opposent la leur : passage progressif mais immédiat à la vraie communauté, économique et fédérative. Les partis politiques s'appuient sur la structure sociale léguée par les siècles et les régimes révolus, et ils prétendent que ce modèle comporte des idées constructives. Les anarchistes estiment qu'une construction nouvelle exige, dès le début, des méthodes nouvelles, et ils préconisent ces méthodes. Que leur thèse soit juste ou fausse, elle prouve, de toute façon, qu'ils savent parfaitement ce qu'ils veulent et qu'ils ont des idées constructives nettes.

De façon générale, une interprétation erronée, ou, le plus souvent, sciemment inexacte, prétend que la conception libertaire signifie l'absence de toute organisation. Rien n'est plus faux. Il s'agit, non pas d'« organisation » ou de « non-organisation », mais de deux principes différents d'organisation.

Toute Révolution commence, nécessairement, d'une manière plus ou moins spontanée, donc confuse, chaotique. Il va de soi, et les libertaires le comprennent aussi bien que les autres, que si une Révolution en reste là, à ce stade primitif, elle échoue. Aussitôt après l'élan spontané, le principe d'organisation doit intervenir dans une révolution, comme dans toute autre activité humaine. Et c'est alors que surgit la grave question : quels doivent être le mode et la base de cette organisation ?

Les uns prétendent qu'un groupe dirigeant central, groupe « d'élite », doit se former pour prendre en main l'œuvre entière, la mener d'après sa conception, imposer cette dernière à toute la collectivité, établir un gouvernement et organiser un État, dicter sa volonté à la population, imposer ses « lois » par la force et la violence, combattre, éliminer et même supprimer ceux qui ne sont pas d'accord avec lui.

Les autres estiment qu'une pareille conception est absurde, contraire aux tendances fondamentales de l'évolution humaine et, en fin de compte, plus que stérile : néfaste à l'œuvre entreprise. Naturellement, disent les anarchistes, il faut que la société soit organisée. Mais cette organisation nouvelle, normale et désormais possible, doit se faire librement, socialement et, avant tout, en partant de la base. Le principe d'organisation doit sortir, non d'un centre créé d'avance pour accaparer l'ensemble et s'imposer à lui, mais, ce qui est exactement le contraire, de tous les points, pour aboutir à des nœuds de coordination, centres naturels destinés à desservir tous ces points.

Bien entendu, il faut que l'esprit organisateur, que les hommes capables d'organiser, les « élites », interviennent. Mais, en tout lieu et en toute circonstance, toutes ces valeurs humaines doivent librement participer à l'œuvre commune, en vrais collaborateurs et non en dictateurs. Il faut que, partout, ils donnent l'exemple et s'emploient à grouper, à coordonner, à organiser les bonnes volontés, les initiatives, les connaissances, les capacités et les aptitudes, sans les dominer, les subjuguer ou les opprimer. Pareils hommes seraient de vrais organisateurs et leur œuvre constituerait la véritable organisation, féconde et solide, parce que naturelle, humaine, effectivement progressive. Tandis que l'autre « organisation », calquée sur celle d'une vieille société d'oppression et d'exploitation, donc adaptée à ces deux buts, serait stérile et instable parce que non conforme aux buts nouveaux, donc nullement progressive. En effet, elle ne comporterait aucun élément d'une société nouvelle ; au contraire, elle porterait à leur paroxysme toutes les tares de la vieille société, puisque n'ayant modifié que leur aspect.

Appartenant à une société périmée, dépassée sous tous les rapport donc impossible, en tant qu'institution naturelle, libre et vraiment humaine, elle ne pourrait se maintenir autrement qu'à l'aide d'un nouvel artifice, d'une nouvelle tromperie, d'une nouvelle violence, de nouvelles oppressions et exploitations. Ce qui, fatalement, détournerait, fausserait et mettrait en péril toute la révolution. Il est évident qu'une pareille organisation resterait improductive en tant que moteur de la Révolution sociale. Elle ne pourrait aucunement servir comme « société de transition » (ce que prétendent les « communistes »), car une telle société devrait nécessairement posséder au moins quelques-uns des germes de celle vers laquelle elle évoluerait ; or, toute société autoritaire et étatiste ne posséderait que des résidus de la société déchue.

D'après la thèse libertaire, c'étaient les masses laborieuses elles-mêmes qui, au moyen de leurs divers organismes de classe (comités d'usines, syndicats industriels et agricoles, coopératives, etc.), fédérés et centralisés selon les besoins réels, devaient s'appliquer partout sur place à la solution des problèmes (...) de la Révolution. Par leur action puissante et féconde, parce que libre et consciente, elles devaient coordonner leurs efforts sur toute l'étendue du pays. Et quant aux « élites », leur rôle, tel que le concevaient les libertaires, était d'aider les masses : les éclairer, les instruire, leur donner les conseils nécessaires, les pousser vers telle ou telle initiative, leur montrer l'exemple, les soutenir dans leur action, mais non pas les diriger gouvernementalement.

D'après les libertaires, la solution heureuse des problèmes de la Révolution sociale ne pouvait résulter que de l'œuvre librement et consciemment collective et solidaire de millions d'hommes y apportant et y harmonisant toute la variété de leurs besoins et de leurs intérêts ainsi que celle de leurs idées, de leurs forces et capacités, de leurs dons, aptitudes, dispositions, connaissances professionnelles, savoir-faire, etc. Par le jeu naturel de leurs organismes économiques, techniques et sociaux, avec l'aide des « élites » et, au besoin, sous la protection de leurs forces armées librement organisées, les masses laborieuses devaient, d'après les libertaires, pouvoir effectivement pousser en avant la Révolution sociale et arriver progressivement à la réalisation pratique de toutes ses tâches.

La thèse bolchevique était diamétralement opposée. Selon les bolcheviks, c'était l'élite — leur élite — qui, formant un gouvernement (dit « ouvrier » et exerçant la soi-disant « dictature du prolétariat »), devait poursuivre la transformation sociale et résoudre ses immenses problèmes. Les masses devaient aider cette élite (thèse inverse de celle des libertaires : l'élite devant aider les masses) en exécutant fidèlement, aveuglément, « mécaniquement », ses desseins, ses décisions, ses ordres et ses « lois ». Et la force armée, calquée elle aussi sur celle des pays capitalistes, devait obéir aveuglément à « l'élite ».

Telle fut, et telle est, la différence essentielle entre les deux idées.

Telles furent aussi les deux conceptions opposées de la Révolution sociale au moment du bouleversement russe de 1917.

Les bolcheviks, nous l'avons dit, ne voulurent même pas entendre les anarchistes, encore moins les laisser exposer leur thèse devant les masses. Se croyant en possession d'une vérité absolue, indiscutable, « scientifique », prétendant devoir l'imposer et l'appliquer d'urgence, ils combattirent et éliminèrent le mouvement libertaire par la violence, dès que celui-ci commença à intéresser les masses : procédé habituel de tous les dominateurs, exploiteurs et inquisiteurs.

Qu'est donc cet État ?

(...) L'État bolchevique, monté dans ses grandes lignes en 1918-1921, existe depuis vingt ans.

Cet État, qu'est-il exactement ?

Il s'appelle : Union des Républiques Socialistes Soviétiques (U.R.S.S.). Il prétend être un État « prolétarien » ou encore « ouvrier et paysan ». Il affirme exercer une « dictature du prolétariat ». Il se flatte d'être « la patrie des travailleurs », le rempart de la Révolution et du socialisme.

Qu'y a-t-il de vrai dans tout cela ? Les faits et les actes justifient-ils ces déclarations et ces prétentions ?

(...) Le souci primordial du parti bolchevique au pouvoir était d'étatiser toute l'activité, toute la vie du pays : tout ce qui pouvait en être étatisé. Il s'agissait de créer ce régime que la terminologie moderne qualifie de « totalitaire ».

Une fois en possession d'une force coercitive suffisante, le parti et le gouvernement bolcheviques s'employèrent de leur mieux à cette tâche.

C'est en la réalisant que le pouvoir communiste créa son immense appareil bureaucratique. Il finit par façonner une nombreuse et puissante caste de fonctionnaires « responsables », qui forme aujourd'hui une couche hautement privilégiée de quelque deux millions d'individus. Maîtresse effective du pays, de l'armée et de la police, elle soutient, protège, vénère et flatte Staline : son idole, son « tsar », seul homme jugé capable de maintenir « l'ordre » et de sauvegarder ses privilèges.

Peu à peu, les bolcheviks étatisèrent, monopolisèrent, « totalisèrent » aisément et rapidement : l'administration tout entière, les organisations ouvrières, paysannes et autres ; les finances ; les moyens de transport et de communication ; le sous-sol et la production minière ; le commerce extérieur et le grand commerce intérieur ; la grosse industrie ; le sol et l'agriculture ; la culture, l'enseignement et l'éducation ; la presse et la littérature ; l'art, la science, les sports, les distractions, même la pensée ou, du moins, toutes ses manifestations.

L'étatisation des organismes ouvriers : Soviets, syndicats, comités d'usines, etc., fut la plus facile et la plus rapide. Leur indépendance fut abolie. Ils devinrent simples rouages administratifs et exécutifs du parti et du gouvernement.

La partie fut menée avec habileté. Les ouvriers ne s'aperçurent même pas qu'ils étaient en train d'être ligotés. Puisque l'État et le gouvernement étaient maintenant « les leurs », il leur parut naturel de ne pas s'en détacher. Ils trouvèrent normal que leurs organisations remplissent des fonctions dans l'État « ouvrier » et exécutent les décisions des « camarades commissaires ».

Bientôt, aucun acte autonome, aucun geste libre ne fut plus permis à ces organisations.

Elles finirent par se rendre compte de leur erreur. Mais c'était trop tard. Lorsque certains organismes ouvriers, gênés dans leur action et inquiets, sentant que « quelque chose n'allait pas dans le royaume des Soviets », manifestèrent quelque mécontentement et voulurent reconquérir un peu d'indépendance, le gouvernement s'y opposa avec toute son énergie et toute sa ruse. D'une part, il prit immédiatement des mesures et des sanctions. D'autre part, il chercha à raisonner. « Puisque, disait-il aux ouvriers, de l'air le plus naturel du monde, nous avons maintenant un État ouvrier où les travailleurs exercent leur dictature et où tout leur appartient, cet État et ses organes sont les vôtres. Alors, de quelle " indépendance " peut-il être question ? De telles réclamations sont maintenant un non-sens. Indépendance de quoi ? De qui ? De vous-mêmes ? Puisque l'État, maintenant, c'est vous. Ne pas le comprendre, signifie ne pas comprendre la Révolution accomplie. Se dresser contre cet état de choses signifie se dresser contre la Révolution elle-même. Des idées et des mouvements pareils ne sauraient être tolérés, car ils ne peuvent être inspirés que par les ennemis de la Révolution, de la classe ouvrière, de son État, de sa dictature et du pouvoir ouvrier. Ceux qui parmi vous sont encore assez inconscients pour écouter les chuchotements de ces ennemis et prêter l'oreille à leurs néfastes suggestions parce que tout ne va pas encore à merveille dans votre jeune État, ceux-là commettent un véritable acte contre-révolutionnaire.

Le système bolchevique

(...) Le système bolchevique veut que l'État-patron soit aussi, pour chaque citoyen, le fourrier, le guide moral, le juge, le distributeur de récompenses et de punitions.

L'État fournit à ce citoyen du travail et lui désigne un emploi ; l'État le nourrit et le paie ; l'État le surveille ; l'État l'emploie et le manie à sa guise ; l'État l'éduque et le façonne ; l'État le juge ; l'État le récompense ou le châtie ; employeur, nourrisseur, protecteur, surveillant, éducateur, instructeur, juge, geôlier, bourreau — tout, absolument tout dans la même personne : celle d'un État qui, à l'aide de ses fonctionnaires, veut être omniprésent, omniscient, omnipotent. Malheur à celui qui chercherait à lui échapper !

Soulignons que l'État (le gouvernement) bolchevique s'est emparé non seulement de tous les biens matériels et moraux existants, mais, ce qui est, peut-être, le plus grave, il s'est fait aussi le détenteur perpétuel de toute vérité, dans tous les domaines : vérité historique, économique, politique, sociale, scientifique, philosophique ou autre. Dans tous les domaines le gouvernement bolchevique se considère comme infaillible et appelé à mener l'humanité. Lui seul possède la vérité. Lui seul sait où et comment se diriger. Lui seul est capable de mener à bien la Révolution. Et alors, logiquement, fatalement, il prétend que les 175 millions d'hommes qui peuplent le pays doivent eux aussi le considérer comme seul porteur de la vérité : porteur infaillible, inattaquable, sacré. Et, logiquement, inévitablement, tout homme ou groupement osant, non pas combattre ce gouvernement, mais simplement douter de son infaillibilité, le critiquer, le contredire, le blâmer en quoi que ce soit, est considéré comme son ennemi et partant comme ennemi de la vérité, de la Révolution : le « contre-révolutionnaire » !

Il s'agit là d'un véritable monopole de l'opinion et de la pensée. Toute opinion, toute pensée autre que celle de l'État (ou gouvernement) est considérée comme une hérésie : hérésie dangereuse, inadmissible, criminelle. Et, logiquement, immanquablement, intervient le châtiment des hérétiques : la prison, l'exil, l'exécution.

Les syndicalistes et les anarchistes, farouchement persécutés uniquement parce qu'ils osent avoir une opinion indépendante sur la Révolution, en savent quelque chose.

Comme le lecteur le voit, ce système est bien celui d'un esclavage complet, absolu, du peuple : esclavage physique et moral. Si l'on veut, c'est une nouvelle et terrible Inquisition sur le plan social. Telle est l'œuvre accomplie par le parti bolchevique.

Chercha-t-il ce résultat ? Y alla-t-il sciemment ?

Certainement non. Indubitablement, ses meilleurs représentants aspiraient à un système qui aurait permis la construction du vrai socialisme et aurait ouvert la route au communisme intégral. Ils étaient convaincus que les méthodes préconisées par leurs grands idéologues allaient y mener infailliblement. D'autre part, ils croyaient que tous les moyens étaient bons et justifiés, du moment qu'ils devaient mener au but.

Ils s'étaient trompés, ces sincères. Ils ont fait fausse route.

C'est pour cela que certains d'entre eux, ayant compris l'erreur irréparable et ne voulant pas survivre à leurs espoirs évanouis, se suicidèrent.

Naturellement, les conformistes et les arrivistes s'adaptèrent.

Je tiens à enregistrer ici un aveu qui m'a été fait, il y a quelques années, par un bolchevik éminent et sincère, lors d'une discussion serrée, passionnée : « Certainement, me dit-il, nous

nous sommes égarés et engouffrés là où nous ne voulions ni ne pensions arriver. Mais nous tâcherons de revenir sur nos erreurs, de sortir de l'impasse, de retrouver le bon chemin. Et nous y réussirons. »

On peut être absolument certain, au contraire, qu'ils ne réussiront pas, qu'ils n'en sortiront jamais. Car, la force logique des choses, la psychologie humaine générale, l'enchaînement des faits matériels, la suite déterminée des causes et des effets sont, en fin de compte, plus puissants que la volonté de quelques individus si forts et sincères qu'ils soient.

Ah ! si des millions d'hommes libres s'étaient trompés, s'il s'agissait de puissantes collectivités agissant en toute liberté, en toute franchise et en accord complet, on aurait pu, par un effort commun de volonté, réparer les fautes et redresser la situation. Mais une tâche pareille est impossible pour un groupe d'individualités placées en dehors et au-dessus d'une masse humaine subjuguée et passive, face à des forces gigantesques qui les dominent.

Le parti bolchevique cherche à construire le socialisme au moyen d'un État, d'un gouvernement, d'une action politique, centralisée et autoritaire. Il n'aboutit qu'à un capitalisme d'État monstrueux, meurtrier, basé sur une odieuse exploitation des masses « mécanisées », aveugles, inconscientes.

Plus il sera démontré que les chefs du parti furent sincères, énergiques, capables, et qu'ils étaient suivis par de vastes masses, mieux en ressortira la conclusion historique qui se dégage de leurs œuvres. Cette conclusion, la voici :

Toute tentative d'accomplir la Révolution sociale à l'aide d'un État, d'un gouvernement et d'une action politique, même si cette tentative est très sincère, très énergique, favorisée par les circonstances et épaulée par les masses, aboutira fatalement à un capitalisme d'État, le pire des capitalismes, et qui n'a absolument aucun rapport avec la marche de l'humanité vers la société socialiste.

Telle est la leçon mondiale de la formidable et décisive expérience bolchevique : leçon qui fournit un puissant appui à la thèse libertaire et sera bientôt, à la lumière des événements, comprise par tous ceux qui peinent, souffrent, pensent et luttent.

Les assises du « Nabat »

Voici maintenant trois documents concernant des conférences ou congrès du mouvement anarchiste ukrainien « Nabat », dont Voline fut l'un des inspirateurs. Ces textes sont tirés et traduits de l'important ouvrage de l'historien anarchiste Ugo Fedeli[8] Dalla insurrezione dei contadini in Ucraina alla Rivolta de Cronstadt, *Milan, 1950.*

Première conférence des organisations anarchistes d'Ukraine (Nabat)
18 novembre 1918

La conférence qui se réunit, et qui fut très importante, fixa comme premier devoir « d'organiser toutes les forces vives de l'anarchisme ; d'unir les différents courants anarchistes ; d'unir par un travail commun tous les anarchistes qui veulent prendre sérieusement une part active à la Révolution sociale, définie comme un processus créateur (plus ou moins long) d'une nouvelle forme de vie sociale pour les masses organisées ».

Un autre point, parmi les plus importants à l'ordre du jour de cette réunion, était le troisième point qui avait trait au « mouve-

8. Ugo Fedeli (1898-1964), anarchiste italien qui signa aussi Ugo Treni, disciple de Malatesta, exilé d'Italie jusqu'en 1945, compatriote et collaborateur de Camillo Berneri (v. plus loin, p. 748) ; se mit au service de l'Espagne antifasciste en 1936 et édita avec Berneri le journal *Guerre di classe*. De retour en Italie, publia des ouvrages historiques.

ment insurrectionnel » [makhnoviste]. La décision était claire et nette.

Elle précisait :

a) La nécessité d'activer la lutte contre les forces réactionnaires de chaque espèce, contre tous ceux qui se sont emparés de l'Ukraine et l'utilisent comme un point d'appui ;

b) La nécessité d'introduire l'esprit anarchiste dans cette lutte, renforçant ainsi le pouvoir anarchiste pour une prochaine victoire et pour l'organisation des forces de la Révolution. La conférence reconnaît la nécessité d'une participation large et active des anarchistes au mouvement insurrectionnel de l'Ukraine.

Étant donné l'insuccès et la résultat négatif des formations purement anarchistes, démontré par l'expérience, la conférence constate l'inutilité de celles-ci.

Quant à la participation des anarchistes à toutes espèces de formations insurgées et aux organisations non anarchistes, la conférence précise :

1. La participation des anarchistes aux formations insurgées de toutes espèces et tout particulièrement aux formations des insurgés (ouvriers et paysans) sans parti, organisées par les anarchistes, est indispensable.

2. La participation des anarchistes à chaque espèce d'organisations insurgées (comités révolutionnaires de guerre, états-majors, etc.), est possible dans les conditions suivantes :

a) Les comités révolutionnaires de guerre et organisations similaires doivent être considérés par les anarchistes uniquement comme des organes techniques-exécutifs (qui dirigent une activité opérationnelle purement militaire) mais, sous aucun prétexte, ils ne doivent être considérés comme les organes administratifs ou exécutifs qui posent, sous n'importe quelle forme, le problème de l'autorité ou prennent celle-ci en main.

b) Les anarchistes ne doivent pas participer aux organisations (comités révolutionnaires de guerre, états-majors, etc.) qui ont un caractère d'institutions de partis politiques ou autoritaires. Là où cela se présenterait, les anarchistes doivent faire tout ce qui est en leur pouvoir pour créer des organisations analogues, en dehors des partis.

c) Les anarchistes peuvent collaborer aux organisations qui n'ont pas un caractère politique et de parti, ni un caractère autoritaire. Au cas où les organisations avec lesquelles les anarchistes collaborent se transformeraient en organisations politiques et de parti, les anarchistes doivent les quitter et créer des organisations analogues séparées.

d) Les anarchistes créeront des comités révolutionnaires de guerre, là où il n'en existe pas.

Dans des cas exceptionnels, comme, par exemple, des moments critiques d'une lutte décisive, et lorsque de cela peut dépendre le sauvetage de la Révolution, la participation provisoire des anarchistes aux organisations révolutionnaires militaires est permise, même si celles-ci ont un caractère de partis politiques ; toutefois ceci est permis seulement dans des buts purement informatifs.

La conférence attire l'attention des militants tout particulièrement sur la nécessité inéluctable de :

1. Ne pas se concentrer dans des organisations de formation militaire et ne pas se contenter d'être de simples combattants, mais consacrer tout leur temps disponible à l'activité de propagande, essayant de développer et de fortifier les idées et les habitudes de caractère anarchiste parmi les membres de ces organisations et formations. Il est nécessaire d'éveiller l'esprit d'initiative et une activité propre à eux, inculquer des principes moraux, culturels et les idées fondamentales de l'anarchisme.

2. Ne pas s'enfermer dans le cercle étroit des formations et organisations, mais essayer toujours d'unir la vie et l'activité de ces formations et organisations à la vie de la population, faisant le possible pour cultiver, tant par la parole que par les actes, la sympathie de la population pour les insurgés, développant un travail révolutionnaire, actif et conscient, amenant ainsi la population à appuyer efficacement les insurgés.

TROISIÈME CONGRÈS DES ORGANISATIONS ANARCHISTES D'UKRAINE (NABAT)

3-8 septembre 1920

Le troisième congrès des membres effectifs de la Confédération de Nabat eut lieu dans des circonstances particulièrement difficiles. On aurait dû tenir, après le second congrès de mars-avril [1919], un autre en août de la même année, mais il ne put avoir lieu à cause de la grande offensive déclenchée en juin par le général blanc Denikine [9].

Cette offensive et l'avance des troupes de Denikine, qui s'ensuivait, devaient briser chaque lien possible entre les organisations. Enfin, le secrétariat du Nabat lui-même fut dispersé et ses membres mis en fuite. L'un d'eux fut fait prisonnier par les gardes blancs en automne 1919, deux autres rejoignirent les rangs des *makhnovitsi* et combattirent avec eux contre Denikine, le quatrième [Voline] fut arrêté à Moscou.

Dans de telles conditions le travail devait être repris clandestinement et se heurtait à des difficultés énormes, donnant des résultats très limités.

Le troisième congrès se réunit donc un an et demi plus tard et après que de nombreux événements eurent modifié les situations et les positions antérieures.

À ce congrès, réuni sous le contrôle et en présence de la Tchéka (police bolchevique), on discuta surtout de trois points : 1. principes — 2. organisation — 3. tactique.

Des résolutions importantes et graves furent prises.

En ce qui concerne les principes, un des participants au congrès demanda qu'on donne une réponse précise à cette question : « Les idées fondamentales de l'anarchie ne seraient-elles pas susceptibles d'une certaine révision, à la suite des enseignements de la Révolution ? »

Le seul fait que de telles questions furent posées démontrait qu'il était nécessaire de donner des explications. La préoccupation de certains d'amener l'anarchisme sur une voie plus proche de celles prises par les bolcheviks, et aussi celle d'approfondir et de défendre la Révolution, firent de ce congrès l'un des plus

9. Denikine, v. *supra*, p. 393.

importants jusqu'alors tenu. Parmi les problèmes dont on s'occupa primait celui de la « période transitoire », avec toutes les conséquences qu'elle devait nécessairement comporter, ainsi que celui de la « dictature du travail ». Ces questions amenèrent une discussion si animée et si violente qu'à un moment il sembla que les diverses tendances ne trouveraient jamais un accord et qu'une scission serait inévitable.

Mais la résolution finale, sur laquelle la majorité tomba d'accord, précisa le point de vue anarchiste dans toutes ces multiples questions. Voici le texte dans ses points essentiels :

RÉSOLUTION

adoptée au Congrès de la Fédération Nabat des anarchistes ukrainiens, réunis du 3 au 8 septembre 1920.

Il est à peine besoin de souligner l'importance de la résolution qui suit, où se trouvent très clairement et fermement exposées les graves divergences idéologiques qui séparent les anarchistes russes des bolcheviks. Cette résolution fut adoptée en l'absence de Voline, alors encore en détention à Moscou.

1. Si les déserteurs de l'anarchie affirment que la Révolution a démontré la faiblesse de la théorie anarchiste, c'est sans aucun fondement. Au contraire, les principes fondamentaux de l'enseignement anarchiste restent incroyablement solides et ont été encore confirmés par l'expérience de la Révolution russe.

Ces faits démontrent la nécessité de rester fermes dans la lutte contre toute forme d'autorité.

2. Les anarchistes nient qu'entre les premières journées de la Révolution à tendance libertaire et le but final de l'anarchie : la Commune anarchiste, doive s'intercaler un laps de temps, pendant lequel les restes de l'ancienne servitude se résorberaient et de nouvelles formes de libre association seraient effectivement élaborées. Cette période, pleine d'incertitudes, d'erreurs, mais aussi d'un perfectionnement constant, peut être appelée diversement : « période d'accumulation d'expériences antiautori-

taires », ou « période d'approfondissement de la révolution sociale » ou encore « mise en route de la Commune anarchiste ».

On peut encore, pour définir cette période transitoire de manière conventionnelle, l'appeler « passage à la forme parfaite de la vie sociale ». Mais nous ne recommandons pas l'emploi de cette formule, parce qu'elle tient du mouvement socialiste des derniers cinquante ans un sens précis et tout spécial.

De l'idée de la « période transitoire » naît celle de quelque chose de définitif, de fixe, de rigide.

L'expression « période transitoire » est tellement passée dans le programme de la social-démocratie internationale et tellement imprégnée de l'esprit marxiste historique, qu'elle est devenue inacceptable pour un anarchiste.

3. Nous nous refusons aussi à utiliser l'expression « dictature du travail », malgré les efforts de quelques camarades qui désirent obtenir son adoption. Cette « dictature du travail » n'est autre chose que celle dite « dictature du prolétariat » qui a fait une faillite aussi fracassante et prolongée ; en définitive cela conduit fatalement à la dictature d'une fraction du prolétariat, et tout particulièrement du parti, des fonctionnaires et de quelques *condottieri*, sur la masse des prolétaires.

L'anarchie est inconciliable avec une dictature quelconque, même avec celle des travailleurs possédant une conscience de classe sur d'autres travailleurs et même si elle avait pour but l'intérêt de ces derniers.

(...) Une fois affirmée la conception de la « dictature », on accepterait donc (...) la domination brutale et sans freins de la force de l'État. L'introduction de l'idée de dictature dans le programme anarchiste mènerait à une confusion impardonnable dans les esprits.

4. La Révolution préconisée par l'anarchisme, celle où prédominent le principe du communisme et celui du non-usage de l'autorité, rencontre dans son développement de nombreuses difficultés. Les forces de la résistance active, intéressées à la conservation du régime capitaliste autoritaire, la passivité et

l'ignorance des masses travailleuses peuvent créer des circonstances qui obligeraient la Commune anarchiste, libre et organisée, à s'éloigner de son idéal. Définir concrètement les diverses formes sociales de l'avenir est une chose impossible, par le fait que nous ignorons le contenu qualificatif et quantitatif des diverses forces, de l'addition desquelles sera faite la réalité. Pour cette raison nous estimons inutile d'établir un plan pour un avenir inconnu.

Nous n'élaborons pas un « programme minimum ». Nous agissons directement, dans les événements actuels, avec une foi totale et ouvertement devant les masses travailleuses, pour leur montrer clairement et entièrement l'idéal de l'anarchisme et du communisme.

Après cette première partie, et l'essentiel des résolutions adoptées, on examina encore d'autres points : celui de « la situation en Russie en général et de l'Ukraine en particulier », et enfin, pour terminer, « les relations avec le pouvoir soviétique ».

De ces dernières délibérations il est important de signaler les points suivants :

Dans leur lutte constante contre toute forme d'État, les anarchistes de la Confédération Nabat n'admettent aucun compromis, aucune concession.

Nous nous sommes comportés pendant quelque temps de façon différente avec le « pouvoir soviétique ».

L'élan vigoureux de la Révolution d'Octobre (...), la phraséologie anarchiste des « leaders » bolcheviques et l'urgence de la lutte contre l'impérialisme mondial, enfermant la Révolution, née de la tourmente, dans un cercle de fer, tout cela a freiné notre opposition au pouvoir soviétique.

Nous invitions les masses paysannes et ouvrières à consolider la Révolution, nous donnions nos conseils aux nouveaux dominateurs, leur soumettant les critiques des camarades.

Mais lorsque le pouvoir soviétique, né de la Révolution, devint en trois années une puissante machine de domination, la Révolution fut étranglée.

La « dictature du prolétariat » (sans la bourgeoisie) a substitué à la bourgeoisie la dictature d'un parti et d'une fraction infime du prolétariat sur tout le peuple travailleur. Cette dictature a étouffé la volonté des larges masses des travailleurs. Ainsi s'est dispersée la force créatrice qui, elle seule, aurait pu résoudre les divers problèmes de la Révolution.

Nestor Makhno (1889-1935)

NESTOR MAKHNO, GUÉRILLERO ANARCHISTE

Au lendemain de la Révolution d'Octobre un jeune anarchiste, fils de paysans pauvres, du nom de Nestor Makhno, avait pris l'initiative d'organiser, de façon autonome, à la fois socialement et militairement, les masses paysannes du sud de l'Ukraine. Tout avait commencé avec l'établissement, en Ukraine, d'un régime de droite, imposé par les armées d'occupation allemande et autrichienne et qui s'était empressé de rendre à leurs anciens propriétaires les terres que les paysans révolutionnaires venaient de leur enlever. Les travailleurs du sol défendirent leurs toutes récentes conquêtes les armes à la main. Ils les défendirent aussi bien contre la réaction que contre l'intrusion intempestive, à la campagne, des commissaires bolcheviques, et leurs trop lourdes réquisitions.

Cette gigantesque jacquerie doublée d'une guérilla fut animée par un justicier, une sorte de Robin des Bois anarchiste, surnommé par les paysans : Bakto *(père) Makhno. L'armistice du 11 novembre amena le retrait des forces d'occupation germano-autrichiennes, en même temps qu'il offrit à Makhno une occasion unique de constituer des réserves d'armes et de stocks.*

Les congrès de la makhnovstchina *groupaient à la fois des délégués des paysans et des délégués des guerriers. En effet, l'organisation civile était le prolongement d'une armée insurrectionnelle paysanne, pratiquant la tactique de la guérilla. Elle était remarquablement mobile, capable de parcourir jusqu'à cent kilomètres par jour, non seulement du fait de sa cavalerie, mais grâce aussi à son infanterie qui se déplaçait dans de légères voitures hippomobiles, à ressorts. Cette armée était organisée sur les bases, spécifiquement libertaires, du volontariat, du principe électif, en vigueur pour tous les grades, et de la discipline librement consentie : les règles de cette dernière, élaborées par des commissions de partisans, puis validées par des assemblées générales, étaient rigoureusement observées par tous.*

« L'honneur d'avoir anéanti, en automne de l'année 1919, la contre-Révolution de Denikine revient principalement aux insurgés anarchistes », écrit Pierre Archinoff, le mémorialiste de la makhnovstchina.

Mais Makhno n'accepta pas de placer son armée sous le commandement suprême de Trotsky, chef de l'Armée rouge. Inaugurant une procédure qu'imiteront, dix-huit ans plus tard, les staliniens espagnols contre les brigades anarchistes, les bolcheviks refusèrent des armes aux partisans de Makhno. Ils manquèrent au devoir de leur porter assistance, pour ensuite les accuser de « trahir » et de se laisser battre par les troupes blanches.

Cependant les deux armées se retrouvèrent d'accord, par deux fois, lorsque la gravité du péril interventionniste exigea leur action commune, ce qui se produisit, d'abord, en mars 1919 contre Denikine, puis au cours de l'été et de l'automne 1920, quand menacèrent les forces blanches de Wrangel que, finalement, Makhno mit en déroute. Mais, aussitôt le danger extrême conjuré, l'Armée rouge reprenait les opérations militaires contre les guérilleros de Makhno, qui lui rendaient coup pour coup.

À la fin de novembre 1920, le pouvoir bolchevique n'hésita par à organiser un guet-apens. Les officiers de l'armée makhnoviste de Crimée furent invités à participer à un conseil militaire. Ils y furent aussitôt arrêtés par la police politique, la Tchéka, et fusillés sans autre forme de procès ou désarmés. En même temps une offensive en règle était lancée contre les partisans. La lutte — une lutte de plus en plus inégale — entre libertaires et « autoritaires », entre armée classique et guérilla, dura neuf mois encore. À la fin, mis hors de combat par des forces très supérieures en nombre et mieux équipées, Makhno dut abandonner la partie. Il réussit à se réfugier en Roumanie en août 1921, puis à gagner Paris, où il devait mourir, beaucoup plus tard, en juillet 1935, malade et indigent.

On peut voir, avec Pierre Archinoff, dans la makhnovstchina *le prototype d'un mouvement indépendant des masses paysannes en même temps qu'on peut la regarder comme une anticipation de la guerre révolutionnaire de guérilla, celle du* XX*e siècle, celle des Chinois, des Cubains, des Algériens et de l'héroïque Viêtnam.*

Makhno en visite au Kremlin

En juin 1918, Makhno se rendit à Moscou pour consulter quelques militants anarchistes sur les méthodes et les tendances du travail libertaire révolutionnaire à accomplir parmi les paysans ukrainiens. Il en profita pour se présenter au Kremlin et rencontrer Iacov Mikhaïlovitch Sverdlov, alors secrétaire du Comité central du Parti bolchevik, puis Lénine lui-même. Voici ces deux entretiens racontés par Makhno dans ses Mémoires encore inédits[1].

Ma conversation avec Sverdlov

J'arrivai aux portes du Kremlin avec l'idée bien arrêtée de voir Lénine et, si possible, Sverdlov, et d'avoir un entretien avec eux. Derrière un guichet, un homme de service était assis. Je lui tendis l'attestation qu'on m'avait délivrée au Soviet de Moscou. L'ayant lue attentivement, il m'établit un laissez-passer qu'il fixa lui-même à mon attestation et je franchis le porche donnant accès à l'intérieur du Kremlin. Là, un fusilier letton faisait les cent pas. Je passai à côté de lui et m'engageai dans la cour où je me trouvai nez à nez avec une autre sentinelle à laquelle on pouvait demander de vous indiquer le bâtiment où l'on voulait aller. Au-delà, on était libre de se promener, de regarder les canons et boulets de différents calibres, antérieurs ou postérieurs à Pierre le Grand, de s'arrêter devant le Tsar-Bourdon (une cloche monu-

1. La collection « Changer la vie », éditée chez Pierre Belfond, publie, outre une réimpression du premier volume des Mémoires de Makhno, sous le titre *La Révolution russe en Ukraine*, qui avait paru en français en 1927, une traduction française des volumes II et III, imprimés plus tard en russe mais non traduits. Les extraits que nous donnons sont tirés du volume II, avec l'autorisation gracieuse des Éditions Belfond.

mentale) et autres curiosités bien connues ou de se rendre directement dans un des palais.

Je tournai à gauche et m'engouffrai dans un de ceux-ci (j'ai oublié son nom), je montai un escalier, je crois jusqu'au deuxième étage, j'arpentai sans rencontrer personne un long couloir où, sur les pancartes accrochées aux portes, on lisait : « Comité central du Parti » ou bien « Bibliothèque », mais n'ayant besoin ni de l'un ni de l'autre, je continuai ma route, n'étant d'ailleurs pas sûr qu'il y eût quelqu'un derrière ces portes. Les autres pancartes ne donnant toujours pas de nom, je revins sur mes pas et m'arrêtant devant celle où j'avais lu : « Comité central du Parti », je frappai à la porte. « Entrez », répondit une voix. À l'intérieur du bureau, trois personnes étaient assises. Parmi celles-ci, il me sembla reconnaître Zagorski que j'avais vu deux ou trois jours plus tôt dans un des clubs du parti bolchevik. Je m'adressai à ces personnes qui, dans un silence de mort, étaient occupées à quelque chose, pour qu'elles me disent où se trouvait le bureau du Comité central exécutif.

Un des trois (Boukharine [2] si je ne me trompe) se leva et, prenant sa serviette sous le bras, dit à ses collègues mais assez haut pour que j'entende : « Je vous laisse ; j'indiquerai à ce camarade, me désignant d'un geste du menton, le bureau du C.C.E. » et il se dirigea vers la porte. Je remerciai les personnes présentes et sortis avec celle qui me semblait être Boukharine. Un silence sépulcral continuait à régner dans le couloir.

Mon guide me demanda d'où je venais. « D'Ukraine », répondis-je. Il me posa alors plusieurs questions sur la terreur à laquelle l'Ukraine était en proie et voulut savoir comment j'avais pu gagner Moscou. Arrivés à l'escalier, nous nous arrêtâmes pour continuer la conversation. Finalement, mon guide occasionnel m'indiqua une porte à droite de l'entrée du couloir, où, selon lui, on me donnerait les renseignements dont j'avais besoin. Et après m'avoir serré la main, il redescendit l'escalier et sortit du palais.

J'allai à cette porte, je frappai et j'entrai. Une jeune fille me demanda ce que je voulais.

---

2. Nicolas Boukharine (1888-1938), bolchevik en 1906, membre du Comité central du Parti de 1917 à sa mort, chef de file des « droitiers » à partir de 1928, brillant économiste et théoricien, exécuté sous Staline.

— Je voudrais voir le président du Comité exécutif du Soviet des députés ouvriers, paysans, soldats et cosaques, le camarade Sverdlov, répondis-je.

Sans mot dire, la jeune fille s'assit derrière une table, prit mon attestation et mon laissez-passer, les parcourut, recopia quelques mots et m'établit un autre laissez-passer où était indiqué le numéro du bureau où je devais aller.

Dans le bureau où m'avait envoyé la jeune fille, je trouvai le secrétaire du C.C.E., un homme bien planté, de mise soignée, mais aux traits fatigués. Il me demanda ce que je voulais. Je le lui expliquai. Il me réclama mes papiers. Je les lui remis. Ceux-ci l'intéressèrent. Il me questionna :

— Ainsi, camarade, vous arrivez du Sud de la Russie ?

— Oui, je viens d'Ukraine, répondis-je.

— Vous étiez déjà président du Comité de défense de la Révolution du temps de Kerensky ?

— Oui.

— Vous êtes donc socialiste-révolutionnaire ?

— Non !

— Quels liens avez-vous ou avez-vous eus avec le parti communiste de votre région ?

— Je suis en relations personnelles avec plusieurs militants du parti bolchevik, répondis-je. Et je citai le nom du président du Comité révolutionnaire d'Alexandrovsk, le camarade Mikhaïlevitch, et de quelques autres militants d'Ekaterinoslav.

Le secrétaire se tut un instant, puis m'interrogea sur l'état d'esprit des paysans du « Sud de la Russie », sur leur comportement à l'égard des troupes allemandes et des soldats de la Rada centrale [3], sur leur attitude envers le pouvoir des Soviets, etc.

Je lui donnai quelques brèves réponses qui manifestement le

---

3. La Rada centrale était, depuis novembre 1917, une sorte de parlement de la nouvelle « république démocratique ukrainienne ». Le traité de Brest-Litovsk, conclu par les bolcheviks avec le gouvernement impérial allemand au début de 1918, avait ouvert les portes de l'Ukraine aux Austro-Allemands. Ils y installèrent un gouvernement réactionnaire présidé par l'« hetman » (titre qu'avait porté jadis le chef élu des Cosaques de l'Ukraine) Skoropadsky. Mais la défaite des empires centraux, à la fin de 1918, obligea les troupes allemandes et autrichiennes à évacuer l'Ukraine, tandis que Skoropadsky prenait la fuite. Lui succéda un « directoire », avec à sa tête un ancien membre de la Rada, bourgeois séparatiste, Petlioura.

contentèrent ; personnellement, je regrettai de ne pouvoir m'étendre davantage.

Ensuite, il téléphona je ne sais où et aussitôt m'invita à me rendre dans le cabinet du président du C.C.E., le camarade Sverdlov.

En m'y rendant, je pensais aux fables colportées par les contre-révolutionnaires aussi bien que par des révolutionnaires, voire par mes propres amis, adversaires de la politique de Lénine, Sverdlov et Trotsky, à savoir qu'il était impossible de s'introduire auprès de ces divinités terrestres. Ils étaient, disait-on, entourés de gardes du corps et le chef de ceux-ci ne laissait entrer que les visiteurs dont la tête lui plaisait.

Maintenant, accompagné du seul secrétaire du C.C.E., je me rendais compte de l'absurdité de ces rumeurs. Sverdlov nous ouvrit lui-même la porte avec un bon sourire, empreint, me sembla-t-il, de camaraderie, me tendit la main et me conduisit à un fauteuil. Après quoi, le secrétaire du C.C.E. retourna à son bureau.

Le camarade Sverdlov me parut en bien meilleure forme que son secrétaire. Il me donna aussi l'impression qu'il s'intéressait davantage que lui à ce qui s'était passé en Ukraine ces deux ou trois derniers mois. Il me dit d'emblée :

— Vous arrivez donc, camarade, de notre Sud en pleine tourmente ; quel travail faisiez-vous là-bas ?

— Le même que celui qu'accomplissaient les grandes masses de travailleurs révolutionnaires de la campagne ukrainienne. Ceux-ci, après avoir pris une part active à la Révolution, tentèrent d'obtenir leur émancipation totale. Dans leurs rangs, je fus, peut-on dire, toujours le premier à marcher dans cette voie. Aujourd'hui, par suite du recul du front révolutionnaire ukrainien, j'ai échoué momentanément à Moscou.

— Que dites-vous là, camarade, s'écria le camarade Sverdlov m'interrompant, les paysans dans le Sud sont pour la plupart des koulaks ou des partisans de la Rada centrale.

J'éclatai de rire et sans trop m'étendre, mais en appuyant bien sur l'essentiel, je lui décrivis l'action des paysans organisés par les anarchistes dans la région de Goulaï-Polé contre les troupes d'occupation austro-allemandes et les soldats de la Rada centrale.

Apparemment ébranlé, le camarade Sverdlov ne cessait pourtant de répéter : « Pourquoi donc n'ont-ils pas épaulé nos gardes rouges ? D'après nos renseignements, les paysans du Sud ont subi la contagion du pire chauvinisme ukrainien et, partout, ils ont accueilli les troupes allemandes et les soldats de la Rada avec des transports de joie, en libérateurs. »

Sentant la nervosité me gagner, je me mis avec vigueur à réfuter les informations de Sverdlov sur la campagne ukrainienne. Je lui avouai que j'étais moi-même l'organisateur et le chef de plusieurs bataillons de volontaires paysans qui menaient la lutte révolutionnaire contre les Allemands et la Rada et j'étais sûr que les paysans pourraient recruter dans leur sein une puissante armée pour combattre ceux-ci, mais ils ne voyaient pas nettement le front de guerre de la Révolution. Les unités de gardes rouges qui, de leurs trains blindés, s'étaient battues le long des voies ferrées sans jamais s'en éloigner, reculant au premier échec sans se soucier bien souvent de rembarquer leurs propres combattants et abandonnant à l'ennemi des dizaines de verstes, que celui-ci avançât ou non, ces unités, dis-je, n'inspiraient pas confiance aux paysans qui se rendaient compte qu'isolés dans leurs villages et dépourvus d'armes ils étaient à la merci des bourreaux de la Révolution. En effet, les trains blindés des gardes rouges n'envoyaient jamais de détachements dans les villages situés dans un rayon de dix ou vingt kilomètres non seulement pour leur donner des armes, mais aussi pour stimuler les paysans et les pousser à des coups de main audacieux contre les ennemis de la Révolution en prenant part eux-mêmes à l'action.

Sverdlov m'écoutait attentivement et de temps à autre s'exclamait : « Est-ce possible ? » Je lui citai plusieurs unités de gardes rouges appartenant aux groupes de Bogdanov, Svirski, Sabline et autres ; je lui signalai avec plus de calme que les gardes rouges chargés de défendre les voies ferrées au moyen de trains blindés avec lesquels il leur était possible de prendre rapidement l'offensive, mais aussi de battre le plus souvent en retraite, ne pouvaient inspirer confiance aux masses paysannes. Or, ces masses voyaient dans la Révolution le moyen de se débarrasser de l'oppression non seulement des grands propriétaires et des riches koulaks mais aussi de leurs hommes à gages, de se soustraire au pouvoir politique et administratif du fonctionnaire de l'État et dès lors étaient prêtes à se défendre et à défendre leurs conquêtes contre les exécutions sommaires et les destructions massives tant des Junkers [4] prussiens que des troupes de l'hetman [Skoropadsky].

— Oui, disait Sverdlov, je crois que vous avez raison pour ce qui est des gardes rouges... mais nous les avons maintenant réorganisés dans l'Armée rouge, laquelle est en train de prendre des forces, et si les paysans du Sud sont animés, comme vous me le décrivez, d'un tel élan révolutionnaire, il y a des grandes chances pour que les Allemands soient battus à plate couture et que l'hetman morde la poussière à bref délai ; alors le pouvoir des Soviets triomphera en Ukraine également.

— Cela dépendra de l'action clandestine qui sera menée en Ukraine. J'estime pour ma part que cette action est aujourd'hui plus nécessaire que jamais à condition qu'elle soit organisée, qu'on lui donne une forme combative, ce qui inciterait les masses à s'insurger ouvertement dans les villes et dans les campagnes contre les Allemands et l'hetman. Sans soulèvement d'un caractère essentiellement révolutionnaire à l'intérieur de l'Ukraine, on n'obligera pas les Allemands et les Autrichiens à évacuer ce pays, on ne pourra pas mettre la main sur l'hetman et sur ceux qui le soutiennent ou les forcer à prendre la fuite avec leurs protecteurs. N'oubliez pas qu'en raison du traité de Brest-Litovsk et des facteurs politiques avec lesquels notre Révolution doit compter à l'extérieur, une offensive de l'Armée rouge est inconcevable.

Pendant que je lui tenais ces propos, le camarade Sverdlov prenait des notes.

— En l'occurrence, je partage entièrement votre point de vue, me dit-il. Mais qu'êtes-vous ? communiste ou socialiste révolutionnaire de gauche ? [5] On voit bien, par le langage que vous tenez, que vous êtes Ukrainien, mais auquel des deux partis vous appartenez, on ne le comprend pas.

Cette question, sans me troubler (le secrétaire du C.C.E. me l'avait déjà posée), me mit dans l'embarras. Que faire ? Dire car-

---

4. *Junkers*, mot allemand qui signifie hobereau : le corps des officiers allemands étant de composition aristocratique et recruté dans les familles des grands propriétaires fonciers de l'est de l'Elbe.
5. Seule l'aile gauche du parti socialiste-révolutionnaire collaborait, à l'époque, avec les bolcheviks.

rément à Sverdlov que j'étais anarchiste-communiste, le camarade et l'ami de ceux que son parti et le système étatique créé par ce dernier avaient écrasés deux mois plus tôt à Moscou et dans plusieurs autres villes, ou me cacher sous un autre drapeau ?

J'étais perplexe et Sverdlov s'en aperçut. Révéler au milieu de notre entretien ma conception de la Révolution sociale et mon appartenance politique, je ne le voulais pas. Les dissimuler me répugnait également. C'est pourquoi, après quelques secondes de réflexion, je dis à Sverdlov :

— Pourquoi vous intéressez-vous tellement à mon appartenance politique ? Est-ce que mes papiers, qui vous montrent qui je suis, d'où je viens et le rôle que j'ai joué dans une certaine région pour organiser les travailleurs des villes et des campagnes en même temps que des groupes de partisans et des bataillons de volontaires pour combattre la contre-Révolution qui sévit en Ukraine, ne vous suffisent pas ?

Le camarade Sverdlov s'excusa et me pria de ne pas douter de son honneur révolutionnaire ou de le soupçonner de manquer de confiance en moi. Ses excuses me parurent si sincères que je me sentis mal à l'aise et, sans hésiter davantage, je lui déclarai que j'étais anarchiste-communiste de la tendance Bakounine-Kropotkine.

— Quel anarchiste-communiste êtes-vous, camarade, puisque vous admettez l'organisation des masses laborieuses et la direction de celles-ci dans la lutte contre le pouvoir du capital ? s'écria Sverdlov avec un sourire de camaraderie.

Devant son étonnement, je répondis au président du C.C.E. :

— L'anarchisme est un idéal trop réaliste pour ne pas comprendre le monde moderne et les événements actuels, et la part que ses adeptes prennent d'une manière ou d'une autre à ces événements est visible, et pour ne pas tenir compte de l'orientation qu'il doit donner à son action et des moyens qu'il lui faut employer pour cela...

— Je le veux bien, mais vous ne ressemblez pas du tout à ces anarchistes qui, à Moscou, avaient installé leur siège dans la Malaïa Dmitrovka, me dit Sverdlov, et il voulut ajouter quelque chose à ce sujet, mais je l'interrompis :

— L'écrasement par votre parti des anarchistes de la Malaïa

Dmitrovka [6] doit être considéré comme une chose pénible qu'il faudra éviter à l'avenir dans l'intérêt de la Révolution...

Sverdlov marmonna quelque chose dans sa barbe et, se levant de son fauteuil, s'approcha de moi, posa ses mains sur mes épaules et me dit :

— Je vois que vous êtes très au courant de ce qui s'est passé lors de notre retraite d'Ukraine et, surtout, de l'état d'esprit des paysans. Ilitch, notre camarade Lénine, serait certainement content de vous entendre. Voulez-vous que je lui téléphone ?

Je répondis que je ne pourrais en dire beaucoup plus au camarade Lénine, mais Sverdlov tenait déjà le téléphone et avisait Lénine qu'il avait auprès de lui un camarade porteur de renseignements très importants sur les paysans du Sud de la Russie et sur leurs sentiments à l'égard des troupes d'invasion allemande. Et sur-le-champ, il demanda à Lénine quand il pourrait me recevoir.

Un instant après, Sverdlov posa le téléphone et m'établit de sa main un laissez-passer me permettant de revenir. En me le remettant il me dit :

— Demain, à une heure de l'après-midi, venez directement ici ; nous irons ensemble chez le camarade Lénine... Puis-je compter sur vous ?

— Comptez sur moi, fut ma réponse.

Mon entretien avec Lénine

Le jour suivant, à une heure, j'étais de nouveau au Kremlin où je retrouvai le camarade Sverdlov qui me conduisit aussitôt chez Lénine. Celui-ci m'accueillit fraternellement. Il me prit par le bras et, me tapotant doucement l'épaule de son autre main, il me fit asseoir dans un fauteuil. Après avoir prié Sverdlov de s'installer dans un autre fauteuil, il s'approcha de son secrétaire et lui dit :

— Ayez la bonté de finir ce travail pour deux heures.

---

6. Dans la nuit du 12 avril 1918, sous un prétexte spécieux, le pouvoir bolchevique avait fait attaquer et saccager par ses forces policières et militaires le siège de la fédération des groupes anarchistes de Moscou, un hôtel particulier de la Malaïa Dmitrovka.

Puis il vint s'asseoir en face de moi et se mit à me questionner.

Sa première question fut : « De quelle région êtes-vous ? » Puis : « Comment les paysans de la contrée ont-ils accueilli le mot d'ordre : *Tout le pouvoir aux Soviets dans les villages* et quelle a été la réaction des ennemis de ce mot d'ordre et celle de la Rada centrale en particulier ? » Ensuite : « Les paysans de votre région se sont-ils levés contre les envahisseurs austro-allemands ? Si oui, qu'est-ce qui a manqué pour que les révoltes paysannes se transforment en soulèvement général et s'associent à l'action des unités de gardes rouges qui, avec tant de courage, ont défendu nos conquêtes révolutionnaires ? »

À toutes ces questions, je donnai à Lénine des réponses brèves. Celui-ci, avec le talent qui lui était propre, s'efforçait de poser ses questions de manière que je puisse y répondre point par point. Par exemple, la question : « Comment les paysans de la région ont-ils accueilli le mot d'ordre : *Tout le pouvoir aux Soviets dans les villages ?* », Lénine me la posa à trois reprises ; et il fut étonné que je lui réponde : « Les paysans l'ont accueilli à leur manière, ce qui veut dire que, dans leur entendement, tout le pouvoir doit, dans tous les domaines, s'identifier avec la conscience et la volonté des travailleurs ; que les Soviets de députés ouvriers-paysans de village, de canton et de district ne sont ni plus ni moins que des rouages de l'organisation révolutionnaire et de l'autogestion économique des travailleurs en lutte contre la bourgeoisie et ses laquais : les socialistes de droite et leur gouvernement de coalition.

— Pensez-vous que cette manière de comprendre notre mot d'ordre soit juste ? demanda Lénine.

— Oui, répondis-je.

— Dans ce cas, les paysans de votre région ont subi la contagion de l'anarchisme, me dit-il.

— Est-ce un mal ? demandai-je.

— Ce n'est pas ce que je veux dire. Au contraire, il faudrait s'en réjouir, car cela hâterait la victoire du communisme sur le capitalisme et son pouvoir.

— C'est flatteur pour moi, répondis-je à Lénine en me retenant pour ne pas rire.

— Non, non, je prétends très sérieusement que ce phénomène social dans la vie des masses paysannes hâterait la victoire du communisme sur le capitalisme, répéta Lénine, ajoutant : Mais je pense que ce phénomène n'a pas été spontané ; il est un effet de la propagande anarchiste et ne tardera pas à disparaître. Je suis même porté à croire que cet état d'esprit, battu en brèche par la contre-Révolution triomphante avant d'avoir eu le temps d'engendrer une organisation, a déjà disparu.

Je fis remarquer à Lénine qu'un leader politique ne doit jamais se montrer pessimiste ou sceptique.

— Ainsi, selon vous, dit Sverdlov m'interrompant, il faudrait encourager ces tendances anarchistes dans la vie des masses paysannes ?

— Oh ! votre parti ne les encouragea pas, répondis-je. Lénine saisit la balle au bond :

— Et pourquoi devrait-on les encourager ? Pour diviser les forces révolutionnaires du prolétariat, frayer la voie à la contre-Révolution et en fin de compte monter nous-mêmes avec le prolétariat à l'échafaud ?

Je ne pus me dominer et, avec un accent de nervosité dans la voix, je fis remarquer à Lénine que l'anarchisme et les anarchistes n'aspiraient pas à la contre-Révolution et n'y conduisaient pas le prolétariat.

— Est-ce vraiment ce que j'ai dit ? me demanda Lénine et il ajouta : J'ai voulu dire que les anarchistes, manquant d'organisations de masse, ne sont pas en mesure d'organiser le prolétariat et les paysans pauvres et, par conséquent, de les soulever pour défendre, au sens large du terme, ce qui a été conquis par nous tous et qui nous est cher.

L'entretien porta ensuite sur les autres questions posées par Lénine. À l'une d'elles : « Les unités de gardes rouges et le courage révolutionnaire avec lequel elles défendirent nos conquêtes communes », Lénine m'obligea à répondre aussi complètement que possible. Manifestement la question le tracassait ou bien lui rappelait ce que les formations de gardes rouges avaient récemment accompli en Ukraine, atteignant soi-disant avec succès les objectifs que Lénine et son parti s'étaient fixés et au nom desquels ils les avaient envoyées de Petrograd et autres grandes villes lointaines de Russie. Je me souviens de l'émotion de Lénine, l'émotion qui ne pouvait se manifester que chez un homme qui vivait passionnément la lutte contre l'ordre social qu'il haïssait et voulait vaincre, quand je lui dis :

— Ayant participé au désarmement de dizaines de cosaques retirés du front allemand à la fin de décembre 1917 et au début de 1918, je suis bien renseigné sur la « bravoure révolutionnaire » des unités de l'Armée rouge et en particulier de leurs chefs. Or il me semble, camarade Lénine, que, vous basant sur des renseignements de seconde et même de troisième main, vous l'exagérez.

— Comment ça ? Vous la contestez ? me demanda Lénine.

— Les unités de gardes rouges ont fait preuve d'esprit révolutionnaire et de courage, mais pas autant que vous le décrivez. La lutte des gardes rouges contre les « haïdamaks [7] » de la Rada centrale et, surtout, contre les troupes allemandes a connu des moments où l'esprit révolutionnaire et la bravoure, ainsi que l'action des gardes rouges et de leurs chefs, se sont révélés très faibles. Certes, dans bien des cas, il y a lieu, selon moi, de l'attribuer au fait que les détachements de gardes rouges avaient été formés à la hâte et employaient contre l'ennemi une tactique qui ne ressemblait ni à celle des groupes de partisans ni à celle des unités régulières. Vous devez savoir que les gardes rouges, qu'ils fussent nombreux ou pas, menaient l'attaque contre l'ennemi en se déplaçant sur les voies ferrées. À dix ou quinze verstes d'une ligne de chemin de fer, le terrain était inoccupé ; pouvaient y circuler librement les défenseurs de la Révolution ou de la contre-Révolution. Pour cette raison, les attaques par surprise réussissaient presque à tout coup. Ce n'est qu'aux bords des nœuds ferroviaires, des villes ou des bourgs desservis par le chemin de fer que les formations de gardes rouges organisaient un front et de là se lançaient à l'attaque.

Mais l'arrière et les environs immédiats de la localité menacée par l'ennemi restaient sans défenseurs. L'action offensive de la Révolution en subissait le contre-coup. Les unités de gardes rouges avaient à peine fini de diffuser leurs appels dans une région que les forces contre-révolutionnaires passaient à la contre-offensive et bien souvent obligeaient les gardes rouges à

7. Forces militaires du gouvernement réactionnaire ukrainien, du nom des héros d'un soulèvement populaire ukrainien au XVIIIe siècle contre les troupes du tsar et du roi de Pologne.

battre en retraite, derechef dans leur trains blindés. Si bien que la population des campagnes ne les voyait même pas. Et dès lors ne pouvait les appuyer.

— Que font les propagandistes révolutionnaires dans les campagnes ? Ils n'arrivent donc pas à tenir prêts les prolétaires ruraux pour compléter en troupes fraîches les unités de gardes rouges passant dans leur voisinage, ou pour former de nouveaux corps francs de gardes rouges et occuper des positions aux fins de combattre la contre-révolution ? me demanda Lénine.

— Ne nous emballons pas. Les propagandistes révolutionnaires sont peu nombreux dans les campagnes et ne peuvent faire grand-chose. Or, tous les jours arrivent dans les villages des centaines de propagandistes et d'ennemis secrets de la Révolution. Dans beaucoup de localités, il ne faut pas s'attendre à ce que les propagandistes révolutionnaires fassent surgir de nouvelles forces de la Révolution et les organisent pour les opposer à la contre-Révolution. Notre époque, dis-je à Lénine, réclame des actions décisives de tous les révolutionnaires et ceci dans tous les domaines de la vie et de la lutte des travailleurs. Ne pas en tenir compte, surtout chez nous, en Ukraine, c'est permettre à la contre-Révolution groupée derrière l'hetman de se développer à son gré et d'affermir son pouvoir.

Sverdlov portait ses yeux tantôt sur moi, tantôt sur Lénine et souriait de satisfaction. Quant à Lénine, il tenait ses doigts entrelacés et, inclinant la tête, réfléchissait. Se redressant, il me dit :

— Tout ce que vous venez de me dire est bien regrettable. Et se tournant vers Sverdlov il ajouta : En refondant les unités de gardes rouges dans l'Armée rouge nous sommes dans le bon chemin, celui qui mène à la victoire définitive, du prolétariat sur la bourgeoisie.

— Oui, oui, répondit vivement Sverdlov.

Lénine me dit ensuite :

— Quel travail comptez-vous faire à Moscou ?

Je répondis que je n'étais pas là pour longtemps. Conformément à la décision de la Conférence des groupes de partisans tenue à Taganrog, je devais être de retour en Ukraine dans les premiers jours de juillet.

— Clandestinement ? me demanda Lénine.

— Oui, répondis-je.

S'adressant alors à Sverdlov, Lénine fit cette réflexion :

— Les anarchistes sont toujours pleins d'abnégation, ils sont prêts à tous les sacrifices ; mais fanatiques aveugles, ils ignorent le présent pour ne penser qu'au lointain avenir.

Et en me priant de ne pas prendre cela pour moi, il ajouta :

— Je vous considère, camarade, comme un homme ayant le sens des réalités et des nécessités de notre époque. S'il y avait en Russie ne fût-ce qu'un tiers d'anarchistes tels que vous, nous, communistes, serions prêts à marcher avec eux à certaines conditions et à travailler en commun dans l'intérêt de l'organisation libre des producteurs.

À cet instant, je sentis sourdre en moi un sentiment de profonde estime pour Lénine, alors que récemment encore j'avais la conviction qu'il était responsable de l'anéantissement des organisations anarchistes de Moscou, ce qui avait été le signal de l'écrasement de celles-ci dans beaucoup d'autres villes. Et dans mon for intérieur, j'eus honte de moi-même. Cherchant la réponse que je devais faire à Lénine, je lui dis à brûle-pourpoint :

— La Révolution et ses conquêtes sont chères aux anarchistes-communistes ; et c'est la preuve qu'à ce point de vue-là ils se ressemblent tous.

— Oh, ne venez pas nous dire ça, rétorqua Lénine en riant. Nous connaissons les anarchistes aussi bien que vous. Pour la plupart, ils n'ont aucune notion du présent, ou en tout cas, ils s'en soucient très peu ; or le présent est si grave que n'y pas penser ou ne pas prendre position d'une manière positive vis-à-vis de lui est pour un révolutionnaire plus que honteux. La majeure partie des anarchistes ont leur pensée tournée vers l'avenir et lui consacrent leurs écrits, sans chercher à comprendre le présent : et cela aussi nous sépare d'eux.

Sur ces mots, Lénine se leva de son fauteuil et, marchant de droite à gauche, il ajouta :

— Oui, oui, les anarchistes sont forts par les idées qu'ils se font de l'avenir ; dans le présent, ils n'ont pas les pieds sur terre ; leur attitude est lamentable et cela parce que leur fanatisme dépourvu de contenu fait qu'ils sont sans liens réels avec cet avenir.

Sverdlov eut un sourire malicieux et, se tournant vers moi, il me dit :

— Vous ne pouvez le contester. Les réflexions de Vladimir Ilitch sont justes.

— Les anarchistes ont-ils jamais reconnu leur manque de réalisme dans la vie « présente » ? Ils n'y songent même pas, s'empressa d'ajouter Lénine.

Répondant à cela, je dis à Lénine et Sverdlov que j'étais un paysan à demi illettré et que je ne voulais pas discuter l'opinion pour moi trop savante que Lénine venait d'émettre sur les anarchistes.

— Mais je dois vous dire, camarade Lénine, que votre assertion, à savoir que les anarchistes ne comprennent pas « le présent », qu'ils n'ont pas de liens réels avec lui, etc., est foncièrement erronée. Les anarchistes-communistes d'Ukraine (ou du « Sud de la Russie », puisque vous, communistes-bolcheviks, vous efforcez d'éviter le mot Ukraine), les anarchistes-communistes, dis-je, ont déjà donné un grand nombre de preuves qu'ils sont de plain-pied dans « le présent ». Toute la lutte de la campagne révolutionnaire ukrainienne contre la Rada centrale a été menée sous la direction idéologique des anarchistes-communistes et en partie des S.-R. [8] (qui, à vrai dire, assignaient de tous autres objectifs que les nôtres, anarchistes-communistes, à leur lutte contre la Rada). Vos bolcheviks n'existent pour ainsi dire pas dans nos campagnes ; ou, s'il s'en trouve, leur influence est infime. Presque toutes les communes ou associations paysannes en Ukraine ont été formées à l'instigation des anarchistes-communistes. Et la lutte à main armée de la population laborieuse avec la contre-Révolution en général, et la contre-Révolution incarnée par les armées d'invasion austro-hongroises et allemandes, a été entreprise sous la direction idéologique et organique exclusive des anarchistes-communistes. Certes, il n'est pas dans votre intérêt de parti de mettre tout cela à notre actif, mais ce sont là des faits que vous ne pouvez contester. Vous connaissez parfaitement, je suppose, les effectifs et la capacité combative des corps francs révolutionnaires d'Ukraine. Ce n'est pas sans raison que vous avez évoqué le courage avec lequel ils ont héroïquement défendu nos conquêtes révolutionnaires communes.

---

8. Socialistes-révolutionnaires.

Parmi eux, une bonne moitié a combattu sous le drapeau anarchiste. Mokrooussov, M. Nikiforova, Tchérednniak, Garine, Tcherniak, Lounev et beaucoup d'autres commandants de corps francs qu'il serait trop long d'énumérer sont tous des anarchistes-communistes. Je ne parle pas de moi, du groupe auquel j'appartiens et de tous les autres groupes de partisans et « bataillons de volontaires » pour la défense de la Révolution que nous avons formés et qui n'ont pu être ignorés du commandement des gardes rouges. Tout cela montre avec une force suffisante à quel point, camarade Lénine, est erronée votre allégation, à savoir que nous, anarchistes-communistes, n'avons pas les pieds sur terre, que notre attitude dans « le présent » est lamentable, bien que nous aimions beaucoup penser à « l'avenir ». Ce que je vous ai dit au cours de notre entretien ne peut être mis en doute, car c'est la vérité. L'exposé que je vous ai fait contredit les conclusions que vous émettez sur nous, et tout le monde, vous y compris, peut y voir la preuve que nous sommes de plain-pied dans « le présent », que nous y travaillons en cherchant en lui ce qui nous rapproche de l'avenir, auquel, en effet, nous pensons et très sérieusement.

À ce moment, je regardai Sverdlov. Il devint rouge, mais continua à me sourire. Quant à Lénine, il dit, écartant les bras :

— Il se peut que je me trompe.

— Oui, oui, en l'occurrence, camarade Lénine, vous avez été trop sévère pour nous, anarchistes-communistes, simplement, je crois, parce que vous êtes mal informé de la réalité ukrainienne et du rôle que nous y jouons.

— Peut-être, je ne le conteste pas. Qui d'ailleurs est à l'abri de l'erreur, surtout dans la situation où nous sommes ? répondit Lénine.

Et se rendant compte que j'étais devenu un peu nerveux, il s'efforça paternellement de me tranquilliser en faisant dévier très adroitement l'entretien sur un autre sujet. Mais mon mauvais caractère, si je peux m'exprimer ainsi, ne me permit pas, malgré tout le respect que m'inspira Lénine au cours de notre conversation, de m'y intéresser davantage. Je me sentais offensé. Et malgré le sentiment que j'éprouvais d'avoir en face de moi un homme avec lequel il y aurait bien d'autres sujets à aborder ou duquel il y aurait beaucoup à apprendre, mon état d'esprit s'altéra. Mes réponses n'étaient plus aussi détendues ; quelque chose en moi s'était rompu et un sentiment pénible m'envahissait.

Lénine n'avait pas pu ne pas se rendre compte de ce changement dans mes sentiments. Il s'efforça de le pallier en parlant d'autre chose. Et s'apercevant que je revenais à de meilleures dispositions et que je me laissais gagner par son éloquence, il me demanda soudain :

— Ainsi vous avez l'intention de regagner clandestinement l'Ukraine ?

— Oui, répondis-je.

— Puis-je vous apporter mon concours ?

— Volontiers, dis-je.

S'adressant alors à Sverdlov, Lénine demanda :

— Qui, chez nous, est maintenant à la tête du service chargé de faire passer nos gars dans le Sud ?

— Le camarade Karpenko ou Zatonski, répondit Sverlov. Je vais me renseigner.

Pendant que Sverdlov téléphonait pour savoir qui, de Zatonski ou de Karpenko, était à la tête du service chargé de faire passer les militants en Ukraine pour y travailler clandestinement, Lénine essaya de me persuader que je devais conclure de son attitude à mon égard que la position du parti communiste vis-à-vis des anarchistes n'était pas si hostile que je semblais le croire.

— Si nous avons été obligés, me dit Lénine, de prendre des mesures énergiques pour déloger les anarchistes de l'hôtel particulier qu'ils occupaient dans la Malaïa Dmitrovka et où ils cachaient certains bandits, locaux ou de passage, la responsabilité n'en incombe pas à nous, mais aux anarchistes qui s'étaient installés là. D'ailleurs, nous ne les tracasserons plus. Vous devez savoir qu'ils ont été autorisés à occuper un autre immeuble non loin de la Malaïa Dmitrovka et ils sont libres de travailler comme ils l'entendent.

— Avez-vous des indices, demandai-je au camarade Lénine, établissant que les anarchistes de la Malaïa Dmitrovka auraient donné asile à des bandits ?

— Oui, la Commission extraordinaire [Tchéka] les a recueillis et vérifiés. Sinon, notre parti ne l'aurait pas autorisée à prendre des mesures, répondit Lénine.

Entre-temps Sverdlov était revenu s'asseoir avec nous et il

annonçait que le camarade Karpenko était bien à la tête du service chargé des passages, mais que le camarade Zatonski était lui aussi au courant de tout.

Lénine s'écria aussitôt :

— Voilà, camarade, passez demain, après-demain ou quand vous voudrez chez le camarade Karpenko et demandez-lui tout ce dont vous aurez besoin pour regagner clandestinement l'Ukraine. Il vous donnera un itinéraire sûr pour traverser la frontière.

— Quelle frontière ? demandai-je.

— Vous n'êtes pas au courant ? Une frontière a été établie entre la Russie et l'Ukraine. Ce sont les troupes allemandes qui la gardent, dit Lénine énervé.

— Vous considérez pourtant l'Ukraine comme « le Sud de la Russie » ? répondis-je.

— Considérer est une chose, camarade, et dans la vie avoir les yeux bien ouverts en est une autre, rétorqua Lénine.

Et avant que j'aie eu le temps de riposter, il ajoutait :

— Vous direz au camarade Karpenko que c'est moi qui vous envoie. S'il a des doutes, il n'aura qu'à me téléphoner. Voici l'adresse où vous pourrez le voir.

Debout maintenant tous les trois, nous nous serrâmes la main et après un échange de remerciements, apparemment chaleureux, je sortis du cabinet de Lénine.

Le mouvement makhnoviste

Les textes qui suivent sont tirés du livre de Pierre Archinoff, ami et compagnon d'armes de Makhno, l'Histoire du mouvement makhnoviste, *1928, qui a été réédité à Paris (Ed. Bélibaste) en 1969.*

Les premières « communes libres »

[Dans l'Ukraine du Sud, après l'expulsion des grands propriétaires fonciers], la terre tomba entre les mains des paysans. Ces derniers comprenaient bien que tout n'était pas encore fait, qu'il ne suffisait pas de s'emparer d'un bout de terrain et de s'en contenter. La rude vie leur disait que des ennemis les guettaient de toutes parts et leur enseignait à se tenir unis. Dans plusieurs endroits, des tentatives furent faites pour organiser la vie en commun. Malgré l'hostilité des paysans à l'égard des communes officielles (gouvernementales), en beaucoup d'endroits de la région de Goulaï-Polé, des communes paysannes surgirent, appelées « communes de travail » ou « communes libres ». Ainsi, près du bourg Pokrovskoïé s'organisa la première commune libre du nom de Rosa-Luxemburg. Les membres en étaient tous des indigents. Au début, cette commune ne comprenait que quelques dizaines de membres ; puis, leur nombre augmenta jusqu'à plus de trois cents.

(...) Avec une simplicité et une grandeur d'âme propres au peuple, les paysans avaient honoré la mémoire d'une héroïne de la Révolution, une inconnue pour eux, mais qui avait péri en martyre dans la lutte révolutionnaire. Or, la vie intérieure de la commune n'avait rien de commun avec la doctrine pour laquelle Rosa Luxemburg avait lutté. La commune était basée sur le principe antiautoritaire. En se développant, en grandissant, elle commençait à exercer une grande influence sur les paysans de toute la contrée. Les autorités « communistes » essayèrent de s'ingérer dans la vie intérieure de la commune, mais on ne les y admit pas.

(...) À sept kilomètres de Goulaï-Polé, dans une ancienne propriété, se forma une autre commune qui réunissait des paysans pauvres de Goulaï-Polé. Elle était appelée simplement « commune N° 1 des paysans de Goulaï-Polé ». À une vingtaine de kilomètres d'elle se trouvaient les communes N° 2 et N° 3. Il y en avait aussi en d'autres endroits. Certes, en somme, les communes n'étaient pas nombreuses et n'embrassaient qu'une minorité de la population : ceux surtout qui ne possédaient pas de biens ruraux solidement établis et cultivés. Mais ces communes avaient été formées d'après l'initiative des paysans pauvres eux-mêmes. L'œuvre des makhnovistes ne les influença qu'en tant que ces derniers propageaient dans la région l'idée des communes libres.

Les communes étaient créées, non pas par suite d'une fantaisie quelconque ou d'un exemple, mais exclusivement en conséquence des besoins vitaux des paysans qui ne possédaient rien avant la Révolution et qui, après avoir remporté la victoire, se mirent à organiser leur vie économique sur la base communale. Ce n'étaient point les communes artificielles du parti communiste où sont réunis habituellement des éléments rassemblés au hasard qui ne font que gaspiller les graines et abîmer la terre, qui jouissent de l'appui de l'État, du gouvernement, et par conséquent vivent du travail du peuple auquel ils ont la prétention d'apprendre à travailler.

C'étaient de vraies communes laborieuses de paysans accoutumés dès leur enfance au travail et sachant l'apprécier chez eux-mêmes comme chez les autres. Les paysans y travaillaient d'abord pour s'assurer le pain quotidien. En outre, chacun y trouvait l'appui moral et matériel dont il pouvait avoir besoin. Le principe de fraternité et d'égalité était foncièrement maintenu dans les communes. Tous, hommes, femmes et enfants devaient y travailler dans la mesure de leurs forces. Les fonctions organisatrices étaient confiées à un ou deux des camarades qui, après les avoir accomplies, reprenaient le travail habituel côte à côte avec tous les autres membres de la commune. Il est évident que ces traits sains et sérieux étaient dus à ce que les communes surgirent dans un milieu laborieux et que leur développement suivait la voie naturelle.

Cependant, ces germes du communisme libre étaient loin de représenter toute l'activité créatrice et constructive, économique et sociale des paysans. Au contraire, ces germes ne se faisaient jour que lentement et graduellement, tandis que l'ambiance politique exigeait des paysans des efforts communs immédiats et de grande envergure, une tension et une activité générales. Il était indispensable d'arriver à une organisation unie, non seulement dans les limites de tel ou tel bourg ou village, mais aussi de districts ou même de départements (gouvernements) entiers faisant partie de la région libérée. Il était nécessaire de trouver en commun des solutions à différentes questions concernant la région entière. Il fallait créer les organes correspondants ; les paysans n'y manquèrent pas. Ces organes, c'étaient les congrès régionaux des paysans, ouvriers et partisans. Pendant la période où la région resta libre, il y eut trois de ces congrès. Les paysans y réussirent à se lier étroitement, à s'orienter et à déterminer les tâches économiques et politiques qui se dressaient devant eux.

(...) En ce qui concernait les organes de l'auto-direction sociale, les paysans et les ouvriers étaient partisans de l'idée des Soviets de travail libre. Contrairement aux Soviets politiques des bolcheviks et des autres socialistes, les Soviets libres des paysans et ouvriers devaient être les organes de leur « auto-gouvernement » social et économique. Chaque Soviet n'était que l'exécuteur de la volonté des travailleurs de la localité et de leurs organisations. Les Soviets locaux établissaient entre eux la liaison nécessaire en formant ainsi des organismes plus vastes économiques et territoriaux.

Cependant, l'ambiance guerrière rendait la création et le fonctionnement de ces organes fort difficiles, et c'est pourquoi l'organisation complète n'en a jamais été menée à bonne fin.

L'ARMÉE INSURRECTIONNELLE DE MAKHNO INTÉGRÉE DANS L'ARMÉE ROUGE (DÉBUT 1919).

Au commencement de 1919, les insurgés makhnovistes rejetèrent, après une série de combats, les troupes denikiniennes vers la mer d'Azow et leur prirent environ cent wagons de blé. La première pensée de Makhno et de l'état-major de l'armée insurrectionnelle fut d'envoyer ces trophées en vivres aux ouvriers affamés de Moscou et de Petrograd. Cette idée fut accueillie avec enthousiasme par les vastes masses des insurgés. Les cent wagons de blé furent livrés à Petrograd et à Moscou accompagnés d'une délégation makhnoviste qui fut reçue très chaleureusement par le Soviet de Moscou.

Les bolcheviks vinrent dans la région de la *makhnovstchina* beaucoup plus tard que Denikine. Il y avait déjà trois mois que les insurgés makhnovistes le combattaient ; ils l'avaient déjà chassé de leur région et établissaient leur ligne de défense à l'est de Marioupol, quand la première division bolchevique, avec Dybenko en tête [9], arriva à Sinelnikovo.

Makhno lui-même, ainsi que tout le mouvement insurrectionnel révolutionnaire, étaient encore à ce moment des inconnus pour les bolcheviks [9]. Dans la presse communiste de Moscou et de la province on avait jusqu'alors parlé de Makhno comme d'un insurgé audacieux promettant beaucoup dans l'avenir. Sa lutte contre Skoropadsky, puis contre Petlioura et Denikine lui attira d'avance la bienveillance des chefs bolcheviques. Il leur paraissait hors de doute que les détachements révolutionnaires des makhnovistes, qui avaient combattu tant de contre-révolutions différentes en Ukraine, se fondraient dans l'Armée rouge. Aussi, ils chantaient d'avance les louanges de Makhno, sans avoir fait sa connaissance sur place, et lui consacraient des colonnes entières dans leurs journaux.

La première rencontre des combattants bolcheviques avec Makhno se produisit sous les mêmes auspices de bienveillance et de louanges (au mois de mars 1919). Makhno fut immédiatement invité à se joindre, avec tous ses détachements, à l'Armée rouge,

---

9. Sur Dybenko, voir plus loin, p. 595 ; — Makhno n'était pas tout à fait un inconnu pour les bolcheviks puisque Lénine, on l'a vu, l'avait reçu en juin 1918.

dans le but de vaincre Denikine toutes forces réunies. Les particularités politiques et idéologiques de l'insurrection révolutionnaire étaient considérées comme toutes naturelles et ne pouvant en aucune façon faire obstacle à l'union sur la base d'une cause commune. Ces particularités devaient rester inviolables.

Nous verrons plus tard que les guides de la *makhnovstchina* s'étaient trompés en espérant ne trouver dans les bolcheviks que des adversaires d'idées. Ils n'avaient pas tenu compte de ce qu'ils avaient affaire à des étatistes et adeptes de la violence autoritaire les plus achevés. Les fautes commises, quand elles ne mènent pas au péril, sont utiles. Celles-ci servirent aux makhnovistes de bonne leçon.

L'armée insurrectionnelle devint une partie constituante de l'Armée rouge aux conditions suivantes :

a) l'armée insurrectionnelle garde son ancien ordre intérieur ;

b) elle reçoit des commissaires politiques nommés par l'autorité communiste ;

c) elle n'est subordonnée au commandement rouge supérieur qu'en ce qui concerne les opérations militaires strictement dites ;

d) elle ne peut être renvoyée du front de Denikine ;

e) elle obtient les munitions et l'approvisionnement à l'égal de l'Armée rouge ;

f) elle maintient son nom d'Armée révolutionnaire insurrectionnelle et garde ses drapeaux noirs.

L'armée des insurgés makhnovistes était organisée d'après trois principes fondamentaux : le volontariat, le principe électif et l'autodiscipline.

Le volontariat signifiait que l'armée ne se composait que de combattants révolutionnaires y entrant de bonne volonté.

Le principe électif consistait en ce que les commandants de toutes les parties de l'armée, les membres de l'état-major et du conseil ainsi que toutes les personnes occupant dans l'armée des postes importants en général, devaient être élus ou acceptés par les insurgés des parties respectives ou par l'ensemble de l'armée.

L'autodiscipline signifiait que toutes les règles de la discipline de l'armée étaient élaborées par des commissions des insurgés, puis validées par les réunions générales des parties de l'armée, et étaient rigoureusement observées sous la responsabilité de chaque insurgé et de chaque commandant.

Tous ces principes furent maintenus par l'armée makhnoviste à sa jonction avec l'Armée rouge. Elle reçut, d'abord, le nom de « troisième brigade » qui fut ensuite changé en celui de « Première division révolutionnaire insurrectionnelle ukrainienne ». Plus tard, elle adopta le nom définitif d'« Armée révolutionnaire insurrectionnelle d'Ukraine (makhnoviste) ».

« Contre-révolutionnaire » ?

Réponse à Dybenko (commandant des forces bolcheviques) (avril 1919)

Le « camarade » Dybenko [10] déclara contre-révolutionnaire le congrès convoqué à Goulaï-Polé, le 10 avril 1919, et mit hors la loi ses organisateurs auxquels, d'après lui, les mesures répressives les plus rigoureuses doivent être appliquées. Nous publions ici son télégramme mot à mot :

« De Novo-Alexéievka, N° 283. Le 10, 22 h 45 mn. Faire suivre au camarade Batko Makhno, état-major de la division Alexandrovsk. Copie Volnovakha, Marioupol, faire suivre au camarade Makhno. Copie au Soviet de Goulaï-Polé :

« Tout congrès convoqué au nom de l'état-major révolutionnaire militaire, par mon ordre dissous, est considéré comme manifestement contre-révolutionnaire et les organisateurs en seront soumis aux mesures répressives les plus rigoureuses jusqu'à la proclamation hors la loi. J'ordonne de prendre immédiatement les mesures pour que choses pareilles n'arrivent plus — Commandant de la division Dybenko. »

Avant de déclarer le congrès contre-révolutionnaire, le « camarade » Dybenko ne s'est même pas donné la peine de s'informer en quel nom et dans quel but ce congrès fut convoqué par l'état-major révolutionnaire militaire « dissous » de Goulaï-Polé, tandis qu'en réalité il le fut par le comité exécutif du conseil révolutionnaire militaire. Donc, ce dernier, ayant convoqué le congrès, ne

---

10. Paul Dybenko (1889-1938), fils de paysan, marin, bolchevik en 1906, l'un des orateurs favoris de Cronstadt au moment de la Révolution russe, commanda en Ukraine les premières unités rouges ; probablement exécuté en 1938.

sait pas s'il est, lui, considéré par le « camarade » Dybenko comme étant hors la loi.

S'il en est ainsi, permettez que nous informions Votre Excellence, par qui et dans quel but ce congrès (à votre avis, manifestement contre-révolutionnaire) fut convoqué ; et alors, il ne vous semblera peut-être plus si effrayant que vous vous le représentez.

Le congrès, comme déjà dit, fut convoqué par le comité exécutif du conseil révolutionnaire militaire de la région de Goulaï-Polé, à Goulaï-Polé même (comme bourg situé au centre). Il fut désigné comme 3e congrès régional de Goulaï-Polé. Il fut convoqué dans le but de déterminer la ligne de conduite ultérieure du conseil révolutionnaire militaire. (Vous voyez, « camarade » Dybenko, que trois de ces congrès « contre-révolutionnaires » ont déjà eu lieu.) Mais la question surgit : d'où vient et dans quel but fut créé le conseil révolutionnaire militaire régional lui-même ? Si vous ne le savez pas encore, « camarade » Dybenko, nous allons vous l'apprendre.

Le conseil révolutionnaire militaire régional fut formé, conformément à la résolution du deuxième congrès qui eut lieu à Goulaï-Polé le 12 février de l'année courante. (Vous voyez qu'il y a bien longtemps de cela, vous n'étiez même pas encore là.)

Le conseil fut alors formé pour organiser les combattants et exécuter la mobilisation volontaire, car la région était entourée de Blancs, et les détachements insurrectionnels composés des premiers volontaires ne suffisaient plus pour soutenir un front étendu. Il n'y avait à ce moment pas de troupes soviétiques dans notre région ; et puis, la population n'en attendait pas grande aide, considérant la défense de sa région comme son propre devoir. C'est dans ce but que fut formé le conseil révolutionnaire militaire de la région de Goulaï-Polé, lequel conseil se composait, d'après la résolution du deuxième congrès, d'un délégué de chaque district, en tout 32 membres représentant les districts des gouvernements d'Ekaterinoslav et de la Tauride.

Mais c'est plus bas que nous donnerons des explications sur le conseil révolutionnaire militaire. Ici la question surgit : d'où est venu le deuxième congrès régional ? qui l'avait convoqué ? qui est-ce qui en donna la permission ? celui qui l'avait convoqué est-il mis hors la loi, et sinon, alors pourquoi pas ? Le deuxième congrès régional fut convoqué à Goulaï-Polé par un comité d'initiative composé de cinq personnes élues par le premier congrès. Le deuxième congrès eut lieu le 12 février de l'année courante et, à notre grand étonnement, les personnes qui l'avaient convoqué ne furent pas mises hors la loi, car il n'existait alors pas encore de ces « héros » qui oseraient attenter aux droits du peuple, conquis par son propre sang. Une nouvelle question se pose donc : d'où était venu le premier congrès régional ? qui l'avait convoqué ? celui qui l'avait convoqué n'est-il pas mis hors la loi, et sinon, alors pourquoi ne l'est-il pas ? « Camarade » Dybenko, vous êtes encore, à ce qu'il paraît, bien nouveau dans le mouvement révolutionnaire de l'Ukraine, et il nous faut vous apprendre ses débuts mêmes. C'est ce que nous allons faire ; et vous, après en avoir pris connaissance, vous vous corrigerez peut-être quelque peu.

Le premier congrès régional eut lieu le 23 janvier de l'année courante dans le premier camp insurrectionnel, à la Grande-Mikhailovka. Il était composé de délégués des districts situés près du front. Les troupes soviétiques étaient alors loin, bien loin. La région était séparée du monde entier ; d'un côté, par les denikiniens ; de l'autre, par les petliouriens ; ce n'étaient, alors, que les détachements insurrectionnels, avec Père Makhno et Stchouss en tête, qui portaient coup sur coup aux uns et aux autres. Les organisateurs et les institutions sociales dans les bourgs et villages ne portaient alors pas toujours les mêmes noms. Dans tel bourg, c'était un « Soviet », dans tel autre, une « régence populaire », dans un troisième, un « état-major révolutionnaire militaire », dans un quatrième, une « régence provinciale », etc., mais l'esprit en était partout également révolutionnaire. Pour consolider le front ainsi que pour créer une certaine uniformité d'organisation et d'action dans la région entière eut lieu le premier congrès.

Personne ne l'avait convoqué : il s'était assemblé spontanément, d'après le désir et avec l'approbation de la population. Au congrès, la proposition fut faite d'arracher à l'armée petliourienne nos frères mobilisés par contrainte. Dans ce but, une délégation composée de cinq personnes fut élue qui reçut l'instruction de passer par l'état-major de Père Makhno et par d'autres où il le faudrait, et de pénétrer jusque dans l'armée du directoire ukrainien (du nom de Petlioura) pour annoncer à nos frères mobilisés qu'ils avaient été trompés et qu'il leur fallait quitter cette armée. En outre, la délégation fut chargée de convoquer à son retour un deuxième congrès plus vaste, dans le but d'organiser toute la région délivrée des bandes contre-révolutionnaires et de créer un front de défense plus puissant.

Les délégués convoquèrent donc à leur retour ce deuxième congrès régional, en dehors de tout « parti », de tout « pouvoir », de toute « loi » : car vous, « camarade » Dybenko, et d'autres amateurs et gardiens de la loi de même espèce, vous étiez bien loin ; et puisque les guides héroïques du mouvement insurrectionnel n'aspiraient pas au pouvoir sur le peuple qui venait de rompre de ses propres mains les chaînes de l'esclavage, le congrès n'a pas été proclamé contre-révolutionnaire, et ceux qui l'avaient convoqué n'ont pas été déclarés hors la loi.

Revenons au conseil régional. Au moment même de la création du conseil révolutionnaire militaire de la région de Goulaï-Polé, le pouvoir soviétique apparut dans la région. Conformément à la résolution votée au deuxième congrès, le conseil régional ne laissa pas les affaires en suspens à l'apparition des autorités soviétiques. Il devait exécuter les instructions du congrès sans dévier. Le conseil n'était pas un organe de commandement, mais exécutif. Il continua à œuvrer dans la mesure de ses forces, et il poursuivait son œuvre dans la voie révolutionnaire. Peu à peu, le pouvoir soviétique commença à élever des obstacles à l'activité du conseil ; les commissaires et d'autres hauts fonctionnaires du gouvernement des Soviets se mirent à considérer le conseil comme une organisation contre-révolutionnaire. C'est alors que les membres du conseil décidèrent de convoquer le troisième congrès régional pour le 10 avril à Goulaï-Polé, pour déterminer la ligne de conduite ultérieure du conseil ou bien pour le liquider, si le congrès le jugeait nécessaire. Et voilà, le congrès s'est réuni.

Ce ne furent point des contre-révolutionnaires qui y vinrent, mais ceux qui avaient les premiers élevé en Ukraine l'étendard de l'insurrection, l'étendard de la Révolution sociale. Ils y vinrent pour aider à mettre de la coordination dans la lutte générale contre tous les oppresseurs. Les représentants de 72 cantons de différents districts et gouvernements ainsi que plusieurs unités militaires arrivèrent au congrès, et tous ils trouvèrent que le conseil révolutionnaire militaire de la région de Goulaï-Polé était nécessaire ; ils complétèrent même son comité exécutif et chargèrent ce dernier de réaliser dans la région une mobilisation volontaire et égalitaire. Le congrès fut joliment étonné par le télégramme du « camarade » Dybenko déclarant le congrès « contre-révolutionnaire », alors que cette région avait la première élevé l'étendard de l'insurrection. C'est pourquoi le congrès vota une vive protestation contre ce télégramme.

Tel est le tableau qui devrait vous ouvrir les yeux, « camarade » Dybenko. Ravisez-vous ! Réfléchissez ! Avez-vous le droit, vous tout seul, de déclarer contre-révolutionnaire une population d'un million de travailleurs, ayant elle-même, de ses mains calleuses, jeté bas les chaînes de l'esclavage et construisant maintenant sa vie elle-même et à sa propre guise ?

Non ! Si vous êtes vraiment révolutionnaire, vous devez lui venir en aide dans sa lutte contre les oppresseurs et dans son œuvre de construction d'une nouvelle vie libre.

Peut-il exister des lois faites par quelques personnes s'intitulant révolutionnaires, leur permettant de mettre tout un peuple plus révolutionnaire qu'elles hors la loi ? (Car le comité exécutif du conseil représente toute la masse du peuple.)

Est-il permis, est-il raisonnable de venir établir des lois de violence devant asservir un peuple qui vient de jeter bas tous les légistes et toutes les lois ?

Existe-t-il une loi d'après laquelle un révolutionnaire serait en droit d'appliquer les châtiments les plus rigoureux à la masse révolutionnaire dont il se dit le défenseur, et ce pour le simple fait que la masse en question a pris, sans en attendre la permission, les biens que ce révolutionnaire lui avait promis : liberté et égalité ?

La masse du peuple révolutionnaire peut-elle se taire, lorsque le révolutionnaire lui enlève la liberté qu'elle vient de conquérir ?

Les lois de la Révolution ordonnent-elles de fusiller un délégué parce qu'il croit devoir exercer le mandat à lui conféré par la masse révolutionnaire qui l'a élu ?

Un révolutionnaire, quels intérêts doit-il défendre ? Ceux du parti ou bien ceux du peuple qui, par son sang, met en mouvement la révolution ?

Le conseil révolutionnaire militaire de la région de Goulaï-Polé se tient hors de la dépendance et de l'influence des partis ; il ne reconnaît que le peuple qui l'a élu. Son devoir est d'accomplir ce dont ce peuple l'a chargé, et de ne faire obstacle à aucun parti socialiste de gauche de propager ses idées. Par conséquent, si un jour l'idée bolchevique a du succès parmi les travailleurs, le conseil révolutionnaire militaire, cette organisation manifestement contre-révolutionnaire au point de vue des bolcheviks, sera remplacé par une autre organisation, « plus » révolutionnaire et bolchevique. Mais en attendant, ne nous empêchez pas, ne tentez pas de nous étouffer.

Si vous continuez, vous, « camarade » Dybenko et vos semblables, à mener la même politique qu'auparavant, si vous la croyez bonne et consciencieuse, faites alors vos sales petites affaires jusqu'au bout. Mettez hors la loi tous les initiateurs des congrès régionaux et aussi de ceux qui furent convoqués alors que, vous et votre parti, vous vous teniez à Koursk. Proclamez contre-révolutionnaires tous ceux qui, les premiers, hissèrent l'étendard de l'insurrection, de la Révolution sociale en Ukraine et agirent partout sans attendre votre permission et sans suivre votre programme à la lettre, mais prirent plus à gauche. Mettez aussi hors la loi tous ceux qui envoyèrent leurs délégués aux congrès par vous déclarés contre-révolutionnaires. Proclamez enfin hors la loi tous les combattants disparus qui, sans votre permission, avaient pris part au mouvement insurrectionnel pour la libération de tout le peuple travailleur. Proclamez toujours illégaux et contre-révolutionnaires tous les congrès réunis sans votre permission. Mais sachez bien que la vérité finit par vaincre la force. Le conseil ne se départira pas, malgré toutes vos menaces, des devoirs dont il fut chargé, car il n'en a pas le droit et n'a pas le droit non plus d'usurper les droits du peuple.

Le conseil révolutionnaire militaire de la région de Goulaï-Polé :

(*suivent les signatures.*)

TROTSKY ET LA « MAKHNOVSTCHINA » (31 MAI-4 JUIN 1919)

En dépit de tout le respect que l'on doit à la mémoire du grand révolutionnaire qu'a été Léon Trotsky, le pénible épisode que voici de sa prestigieuse carrière politique et militaire ne saurait être passé sous silence. La vérité seule est révolutionnaire.

La propagande antimakhnoviste des bolcheviks reprit de plus belle.

Ce fut Trotsky, arrivé entre-temps en Ukraine, qui donna le ton de cette campagne : le mouvement insurrectionnel n'était, selon lui, rien autre qu'un mouvement des riches fermiers (« koulaks ») cherchant à établir leur pouvoir dans la contrée. Tous les discours des makhnovistes et des anarchistes sur la commune libertaire des travailleurs n'étaient qu'une ruse de guerre, tandis qu'en réalité les makhnovistes et les anarchistes aspiraient à établir leur propre autorité anarchiste, qui reviendrait, en fin de compte, à celle des riches koulaks. (Le journal *En Chemin*, N° 51, article de Trotsky : « La makhnovstchina »).

Simultanément avec cette campagne d'agitation sciemment mensongère, la surveillance ou pour mieux dire le blocus de la région insurrectionnelle était poussé à l'extrême. Ce n'était qu'au prix des plus grandes difficultés que des ouvriers révolutionnaires attirés par leurs sympathies des lointains parages de Russie, de Moscou, de Petrograd, d'Ivanovo-Voznessensk, de la Volga, de l'Oural et de Sibérie vers la région fière et indépendante, parvenaient à y pénétrer.

Le ravitaillement en munitions, cartouches et autre attirail indispensable, dépensé quotidiennement au front, cessa complètement (...) et la situation devenait catastrophique ; ce, à un moment où les troupes de Denikine recevaient un renfort considérable justement dans le secteur en question par l'arrivée des cosaques du Kouban et des détachements formés au Caucase.

Les bolcheviks se rendaient-ils compte de ce qu'ils faisaient et des suites que leur ligne de conduite aurait pour la situation déjà si compliquée en Ukraine ?

Certes, ils se rendaient parfaitement compte de leurs actes. Ils avaient adopté la tactique du blocus dans le but de détruire, d'annihiler la puissance militaire de la région. Il est naturellement bien plus aisé de lutter contre des adversaires désarmés. Il serait plus facile de subordonner les insurgés manquant de munitions et placés en face du lourd front de Denikine que les mêmes insurgés munis de tout l'approvisionnement nécessaire.

Mais en même temps, les bolcheviks ne se rendaient nullement compte de la situation générale dans toute la région du Donetz. Ils n'avaient aucune notion du front la région du Donetz. Ils n'avaient aucune notion du front et des forces dont disposait Denikine ; ils ignoraient de même ses plans immédiats. Et cependant, des contingents militaires considérables avaient été levés, bien instruits et organisés, au Caucase, dans les régions du Don et du Kouban, en vue d'une campagne générale contre la Révolution.

La résistance opiniâtre assurée auparavant, durant quatre mois, par la région de Goulaï-Polé, avait empêché les troupes de Denikine de développer sérieusement leur offensive vers le Nord, car les insurgés de Goulaï-Polé constituaient un danger permanent pour leur aile gauche.

(...) C'est avec d'autant plus d'énergie que les Blancs préparèrent leur seconde campagne qui commença au mois de mai 1919 avec une énorme ampleur, inattendue même par les makhnovistes. Les bolcheviks ne savaient rien de tout ceci, ou plutôt ils n'en voulaient rien savoir, préoccupés qu'ils étaient de la lutte à soutenir contre la *makhnovstchina*.

De cette façon la région libre, et l'Ukraine entière avec elle, étaient menacées de deux côtés à la fois. C'est alors que le conseil révolutionnaire militaire de Goulaï-Polé, escomptant toute la gravité de la situation, décida de convoquer un congrès extraordinaire des paysans, ouvriers, partisans et soldats rouges de plusieurs régions, notamment des gouvernements d'Ekaterinoslav, de Kharkov, Tauride, Kherson et Donetz. Ce congrès devait se rendre compte de la situation générale, vu le danger mortel représenté par les forces contre-révolutionnaires de Denikine et l'inaptitude des autorités soviétiques à entreprendre quoi que ce fût pour y parer. Le congrès devait déterminer les tâches immédiates et les mesures pratiques à prendre par les travailleurs pour remédier à cet état de choses.

Voici le texte de l'appel adressé à ce sujet par le conseil révolutionnaire militaire aux travailleurs de l'Ukraine :

Convocation du quatrième congrès extraordinaire des délégués des paysans, ouvriers et partisans (Télégramme n° 416)

À tous les comités exécutifs des districts, cantons, communes et villages des gouvernements d'Ekaterinoslav, de Tauride et des régions avoisinantes ; à toutes les unités de la première division insurrectionnelle d'Ukraine, dite du Père Makhno ; à toutes les troupes de l'Armée rouge placées dans les mêmes régions. À tous, tous, tous.

En sa séance du 30 mai, le comité exécutif du conseil révolutionnaire militaire, ayant examiné la situation du front déterminée par l'offensive des bandes de Blancs, et considéré la situation générale politique et économique du pouvoir soviétique, est arrivé à la conclusion que, seules, les masses laborieuses elles-mêmes, et non point des personnes ou des partis, pourront y trouver une issue. C'est pourquoi le comité exécutif du conseil révolutionnaire militaire de la région de Goulaï-Polé a décidé de convoquer un congrès extraordinaire, pour le 15 juin, à Goulaï-Polé.

Mode d'élection : 1. Les paysans et les ouvriers choisiront un délégué pour trois mille têtes de population. — 2. Les insurgés et les soldats rouges délégueront un représentant par unité de troupes (régiment, division, etc.) — 3. Les états-majors : celui de la division du Père Makhno : deux délégués ; ceux des brigades : un délégué par brigade. — 4. Les comités exécutifs des districts enverront un délégué par fraction (représentation de parti). — 5. Les organisations de partis dans les districts, — celles admettant les fondements du régime « soviétique » — enverront un délégué par organisation.

Remarques : a) Les élections des délégués des ouvriers et paysans travailleurs auront lieu aux assemblées générales de village, de canton, de fabrique ou d'usine ; b) Les assemblées séparées de membres des Soviets ou des comités de ces unités ne pourront pas procéder à ces élections : c) Attendu que le conseil révolutionnaire militaire ne dispose pas du numéraire nécessaire, les délégués devront être munis de vivres et d'argent sur place.

Ordre du jour : a) Compte rendu du comité exécutif du conseil révolutionnaire militaire et comptes rendus des délégués ;

b) L'actualité ; c) Le but, le rôle et les tâches du Soviet des délégués des paysans, ouvriers, partisans et soldats rouges de la région de Goulaï-Polé ; d) Réorganisation du conseil révolutionnaire militaire de la région ; e) Agencement militaire de la région ; f) Questions de ravitaillement ; g) Question agraire ; h) Questions financières ; i) Des unions de paysans laborieux et d'ouvriers ; j) Questions de sûreté publique ; k) Question de l'exercice de la justice dans la région ; l) Affaires en cours.

Signé : Le comité exécutif du conseil révolutionnaire militaire.

Fait à Goulaï-Polé, le 31 mai 1919.

Aussitôt que cet appel eut été lancé, les bolcheviks commencèrent une campagne militaire en règle (...) Tandis que les troupes des insurgés marchaient à la mort, résistant à l'assaut furieux des cosaques de Denikine, les bolcheviks, en tête de plusieurs régiments, firent irruption dans les villages de la région insurgée du côté nord, c'est-à-dire par le dos. Là, ils s'emparaient des militants, les exécutaient sur place, détruisaient les communes établies dans la région, ou les organisations analogues. Il est hors de doute que la note décisive de cette invasion avait été donnée par Trotsky venu entre-temps en Ukraine.

Avec une désinvolture sans bornes, Trotsky se mit à « liquider » le mouvement makhnoviste.

Tout d'abord, il publia l'ordre suivant, en réponse à l'appel du conseil révolutionnaire militaire de Goulaï-Polé :

Ordre n° 1824 du conseil révolutionnaire militaire de la République, 4 juin 1919, Kharkov.

À tous les commissaires militaires et à tous les comités exécutifs des districts d'Alexandrovsk, de Marioupol, Berdiansk, Bakhmout, Pavlograd et Kherson.

Le comité exécutif de Goulaï-Polé, de concert avec l'état-major de la brigade de Makhno, essaie de convoquer pour le quinze du mois courant un congrès des Soviets et des insurgés des districts d'Alexandrovsk, de Marioupol, Berdiansk, Melitopol, Bakhmout et Pavlograd. Ledit congrès se dresse entièrement contre le pouvoir des Soviets en Ukraine et contre l'organisation du front sud auquel appartient la brigade de Makhno. Ce congrès ne saurait avoir aucun autre résultat que de (...) livrer le front aux Blancs, devant lesquels la brigade de Makhno ne fait que reculer sans cesse, grâce à l'incapacité, aux tendances criminelles et à la traîtrise de ses chefs.

1. Défense est faite de constituer ledit congrès qui n'aura lieu en aucun cas.

2. Toute la population paysanne et ouvrière devra être prévenue oralement et par écrit que la participation audit congrès sera considérée comme un acte de haute trahison à l'égard de la République des Soviets et du front.

3. Tous les délégués audit congrès devront être mis incontinent en état d'arrestation et traduits devant le tribunal militaire révolutionnaire de la 14e (anciennement 2e) armée d'Ukraine.

4. Les personnes qui répandent les appels de Makhno et du comité exécutif de Goulaï-Polé devront être arrêtées.

5. Le présent ordre acquiert force de loi par la voie télégraphique et doit être largement proclamé partout, affiché dans tous les endroits publics et remis aux représentants des comités exécutifs des cantons et des villages ainsi qu'à tous les représentants des autorités soviétiques, aux commandants et commissaires des unités de troupes.

Le président du conseil révolutionnaire militaire de la République : Trotsky.

(Suivent d'autres signatures.)

Sans s'arrêter à étudier la question avec quelque attention, et reprenant la version habituelle, Trotsky considéra Makhno comme l'auteur responsable de tout ce qui se passait à Goulaï-Polé, de toutes les dispositions révolutionnaires de la région. Il avait même négligé d'observer que le congrès était convoqué non pas par l'état-major de la brigade de Makhno, ni davantage par le comité exécutif de Goulaï-Polé, mais par un organe parfaitement indépendant des deux : par le conseil révolutionnaire militaire de la région.

Fait significatif : dans son ordre n° 1824, Trotsky insinue déjà la traîtrise des chefs makhnovistes qui, dit-il, « reculent sans cesse devant les Blancs ». À quelques jours de là, lui et toute la presse communiste renchériront sur la prétendue ouverture du front aux troupes de Denikine.

(...) Ce front avait été formé exclusivement grâce aux efforts et aux sacrifices des paysans insurgés eux-mêmes. Il avait pris naissance à un moment particulièrement héroïque de leur épopée, à l'instant où la contrée était libérée de toute espèce d'autorités. Il fut installé au sud-est en sentinelle vaillante, défenseur de la liberté conquise. Durant plus de six mois, les insurgés révolutionnaires avaient opposé de ce côté un barrage à l'un des courants les plus vigoureux de la contre-Révolution monarchiste ; ils avaient sacrifié plusieurs milliers des meilleurs d'entre eux, mis en branle toutes les ressources de la région et se préparaient à défendre à outrance leur liberté, en résistant à la contre-Révolution qui entamait une offensive générale.

L'ordre de Trotsky que nous venons de citer ne fut pas communiqué par les autorités soviétiques à l'état-major des makhnovistes qui n'en eut connaissance, et ce fortuitement, que deux ou trois jours plus tard. Makhno y répondit sur-le-champ par voie télégraphique, déclarant vouloir quitter son poste de commandement vu la situation créée, inepte et impossible. Nous regrettons de ne pas disposer du texte de ce télégramme.

Ainsi qu'il a été dit plus haut, l'ordre de Trotsky acquérait force de loi par voie télégraphique. Les bolcheviks se mirent à en exécuter *manu militari* tous les points. Les assemblées d'ouvriers des usines d'Alexandrovsk où l'on conférait sur l'appel lancé par le conseil révolutionnaire militaire de la région de Goulaï-Polé furent dispersées par la force et interdites sous peine de mort. Quant aux paysans, on les menaçait tout simplement de passage par les armes et de pendaison. En différents endroits de la contrée plusieurs personnes, Kostine, Polounine, Dobroluboff, etc., furent saisies, inculpées d'avoir répandu l'appel du conseil et exécutées sans façon.

Outre l'ordre n° 1824, Trotsky publia nombre d'autres ordres adressés aux unités de l'Armée rouge, engageant cette dernière à détruire la *makhnovstchina* dans ses sources mêmes. En outre, il donna des ordres secrets enjoignant de s'emparer à tout prix de Makhno, des membres de l'état-major ainsi que des paisibles militants qui s'occupaient du côté culturel du mouvement, et de les traduire tous en conseil de guerre, c'est-à-dire de les exécuter.

Makhno offre de s'effacer (6-9 juin 1919)

Makhno fit savoir à l'état-major et au conseil que les bolcheviks avaient dégarni le front dans la section de Grichino et qu'ils offraient ainsi aux troupes de Denikine l'accès libre de la région de Goulaï-Polé par le flanc du côté nord-est. Et en effet, les hordes de cosaques firent irruption dans la région, non pas du côté du front insurrectionnel, mais de la gauche où étaient disposées les forces de l'Armée rouge. En conséquence, l'armée makhnoviste qui tenait le front Marioupol-Koutéïnikovo-Taganrog se trouva contournée par les troupes de Denikine. Ces dernières envahirent en forces énormes le cœur même de la région.

(...) Les paysans de toute la contrée s'attendaient si bien à une attaque générale de Denikine qu'ils s'y préparaient et qu'ils avaient résolu d'y parer par une levée de troupes volontaires. Dès le mois d'avril, les paysans de maints villages avaient dirigé sur Goulaï-Polé nombre de combattants frais. Mais on manquait d'armes et de munitions. Même les anciennes unités se trouvant au front n'avaient plus de munitions et entreprenaient souvent des attaques contre les Blancs dans le but unique de s'en procurer. Les bolcheviks, qui s'étaient engagés en vertu de l'accord conclu à fournir aux insurgés le ravitaillement militaire, avaient commencé, dès le mois d'avril, leur œuvre de sabotage et de blocus. C'est pourquoi il fut impossible de former à temps de nouvelles troupes malgré l'arrivée des recrues volontaires, et les résultats se faisaient à présent sentir.

En une seule journée les paysans de Goulaï-Polé formèrent un régiment pour tâcher de sauver leur village. Ils durent s'armer à cet effet d'ustensiles primitifs : de haches, de piques, de vieilles carabines, de fusils de chasse, etc. Ils se mirent en marche à la rencontre des cosaques, cherchant à arrêter leur élan. À 15 kilomètres environ de Goulaï-Polé, à proximité du village de Sviatodoukhovka, ils se heurtèrent à d'importantes forces de cosaques du Don et du Kouban. Ils engagèrent avec eux une lutte acharnée, héroïque et meurtrière, au cours de laquelle ils succombèrent presque tous, avec leur commandant B. Veretelnikoff, ouvrier des usines Poutiloff [11] à

11. Les plus grosses usines métallurgiques à Petrograd (aujourd'hui Leningrad) à cette époque.

Petrograd, originaire de Goulaï-Polé. Alors une véritable avalanche de cosaques déferla sur Goulaï-Polé et l'occupa le 6 juin 1919. Makhno, avec l'état-major de l'armée et un détachement n'ayant qu'une seule batterie, recula jusqu'à la gare de Goulaï-Polé située à environ sept kilomètres du village ; mais, vers le soir, il se vit contraint d'abandonner la gare également. Ayant organisé toutes les forces dont il pouvait encore disposer, Makhno réussit le lendemain à entreprendre une offensive sur Goulaï-Polé et parvint à en déloger l'ennemi. Mais il ne resta maître du village que fort peu de temps : un nouveau flot de cosaques l'obligea à l'abandonner de nouveau.

Il est à remarquer que les bolcheviks, bien qu'ayant déjà donné plusieurs ordres dirigés contre les makhnovistes, continuaient, les premiers jours, à leur faire bonne mine comme si de rien n'était. C'était une manœuvre ayant pour but de s'emparer sûrement des guides du mouvement. Le 7 juin, ils envoyèrent à Makhno un train blindé, lui recommandant de résister jusqu'à la dernière extrémité et promettant de faire venir d'autres renforts. En effet, quelques détachements de l'Armée rouge vinrent deux jours après du côté de Tchaplino à la station de Gaïtchour, distant d'une vingtaine de kilomètres de Goulaï-Polé ; avec eux arrivèrent : le commissaire aux armées Mejlaouk, Vorochiloff, et d'autres.

Un contact entre les commandements de l'Armée rouge et des insurgés s'établit ; une sorte d'état-major commun aux deux camps fut créé. Mejlaouk et Vorochiloff se trouvaient avec Makhno dans le même train blindé, et ils dirigeaient de concert les opérations militaires.

Mais, en même temps, Vorochiloff avait en main un ordre signé de Trotsky, lui prescrivant de s'emparer de Makhno et de tous les autres chefs responsables de la *makhnovtschina,* de désarmer les troupes des insurgés et de fusiller sans merci ceux qui tenteraient quelque résistance. Vorochiloff n'attendait que le moment propice pour exécuter sa mission. Makhno fut averti à temps et comprit ce qui lui restait à faire. Il tint compte de la situation telle qu'elle se dessinait, il vit que de sanglants événements pouvaient se dérouler d'un jour à l'autre, et il chercha une issue satisfaisante. Il crut que la meilleure serait qu'il abandonnât le poste de commandant du front insurrectionnel. Il en fit la déclaration à l'état-major de l'armée des insurgés, en ajoutant que son travail dans les rangs en qualité de simple engagé serait plus utile au moment donné. C'est ce qu'il fit. Il soumit au commandement supérieur soviétique une déclaration motivée écrite. La voici :

État-major de la quatorzième armée, Vorochiloff. — Kharkov, président du conseil révolutionnaire militaire, Trotsky. — Moscou, Lénine, Kameneff.

Par suite de l'ordre n° 1284 du conseil révolutionnaire militaire de la République, j'avais expédié à l'état-major de la 2e armée et à Trotsky une dépêche avec la prière de m'exempter du poste que j'occupe actuellement. À présent je réitère ma déclaration et voici les raisons dont je crois devoir l'appuyer. Malgré que j'aie fait la guerre, avec les insurgés, seulement contre les bandes blanches de Denikine, ne prêchant au peuple que l'amour de la liberté et de l'auto-action, toute la presse soviétique officielle ainsi que celle du parti des communistes-bolcheviks répand sur mon compte des bruits indignes d'un révolutionnaire. (...) Dans un article intitulé « La makhnovstchina » (journal *En Chemin*, n° 51) Trotsky pose la question : « Contre qui les insurgés makhnovistes se soulèvent-ils ? » Et il s'occupe tout le long de son article de démontrer comme quoi la *makhnovstchina* ne serait de fait rien d'autre qu'un front de bataille contre le pouvoir des Soviets. Il ne dit mot du front effectif contre les Blancs, d'une étendue de plus de cent verstes (un peu plus de cent kilomètres) où les insurgés ont subi depuis six mois, et subissent encore des pertes innombrables. L'ordre n° 1824 me déclare être un conspirateur contre la République des Soviets (...).

Je considère comme un droit inviolable des ouvriers et des paysans, droit conquis par la Révolution, de convoquer eux-mêmes des congrès pour débattre et décider leurs affaires privées ou générales. C'est pourquoi la défense faite par l'autorité centrale de convoquer de tels congrès, la déclaration qui les proclame illicites (ordre n° 1824) sont une violation directe, insolente des droits des masses laborieuses.

Je me rends parfaitement compte de l'attitude des autorités centrales à mon égard. Je suis absolument convaincu que ces autorités considèrent le mouvement insurrectionnel en son entier comme incompatible avec leur activité étatiste. En même temps, les autorités centrales croient que ce mouvement est étroitement relié avec ma personne, et elles m'honorent de tout leur ressentiment et de toute leur haine envers le mouvement insurrectionnel. Rien ne saurait mieux le démontrer que l'article mentionné de Trotsky où, tout en avançant à bon escient des calomnies et des mensonges, il fait montre d'une animosité dirigée contre moi personnellement.

Cette attitude hostile, et qui devient actuellement agressive, des autorités centrales contre le mouvement insurrectionnel mène inéluctablement à la création d'un front intérieur particulier, des deux côtés duquel se trouveront les masses laborieuses qui ont foi en la Révolution. Je considère cette éventualité comme un crime immense, impardonnable envers le peuple travailleur, et je crois de mon devoir de faire tout ce que je peux pour le contrecarrer. Le moyen le plus sûr pour éviter que les autorités ne commettent ce crime consiste, à mon avis, en ce que je quitte le poste que j'occupe.

Je suppose que, ceci fait, les autorités centrales cesseront de me soupçonner, ainsi que les insurgés révolutionnaires, de tremper dans des conspirations antisoviétiques, et qu'elles finiront par considérer l'insurrection d'Ukraine d'un point de vue révolutionnaire sérieux, comme une manifestation vivante et active de la Révolution sociale des masses, et non comme un clan hostile avec lequel on a eu jusqu'à présent des rapports louches et pleins de méfiance, en lui marchandant chaque objet de munition et parfois même en sabotant tout simplement le ravitaillement ; grâce à quoi les insurgés eurent souvent à subir des pertes innombrables en hommes et en territoire gagné à la Révolution, ce qui aurait pu être évité facilement, si les autorités centrales avaient adopté une autre tactique. Je demande qu'on vienne prendre livraison de mes comptes rendus et de mes affaires.

Station de Gaïtchour, 9 juin 1919. — Signé : Père Makhno.

Congrès régional des paysans et ouvriers (20 octobre 1919)

Un congrès régional des paysans et des ouvriers eut lieu à Alexandrovsk, le 20 octobre 1919. Plus de deux cents délégués y prirent part, dont 180 paysans, et deux à trois douzaines d'ouvriers. Le congrès délibéra tant sur des questions d'ordre militaire (lutte contre Denikine, augmentation de l'armée insurrectionnelle et de son ravitaillement) que sur d'autres touchant la constitution de la vie civile.

Les travaux du congrès durèrent près d'une semaine et furent marqués par un élan peu ordinaire de la part de ceux qui y prirent part. L'ambiance même du congrès y contribua fortement. Premièrement, le retour de l'armée makhnoviste victorieuse dans sa région natale représentait un événement de la plus haute importance pour la population paysanne dont presque chaque famille comptait un ou deux de ses membres au nombre des insurgés.

Mais ce qui était encore bien plus significatif, c'est que le congrès s'était assemblé sous les auspices d'une liberté véritable et absolue ; aucune influence venant de haut lieu ne s'y faisait sentir. Et, pour parfaire le tout, le congrès avait un collaborateur et rapporteur excellent en la personne de l'anarchiste Voline, traduisant, au grand étonnement des paysans, le fond même de leurs pensées et de leurs vœux. L'idée des Soviets libres, travaillant de concert avec les désirs de la population laborieuse sur place ; les relations entre les paysans et les ouvriers des villes, basées sur l'échange mutuel des produits de leur travail ; l'idée d'une organisation égalitaire et libertaire de la vie, toutes ces thèses, que Voline développait dans ses rapports, représentaient les idées mêmes de la population paysanne, qui ne concevait la Révolution et le travail créatif révolutionnaire autrement que dans ce sens et sous cette forme.

Les représentants des partis politiques essayèrent bien, au cours de la première journée des débats, d'apporter un esprit de discorde, mais ils furent aussitôt désapprouvés par l'ensemble du congrès et les travaux de l'assemblée se déroulèrent par la suite avec une unanimité parfaite.

(...) L'esprit de liberté véritable, tel qu'il est rarement donné de le sentir, était présent dans la salle. Chacun voyait devant soi, chacun concevait une œuvre grande en vérité, valant la peine qu'on lui consacrât toutes ses forces, et même qu'on mourût pour elle. Les paysans, parmi lesquels se trouvaient beaucoup de gens âgés et même de vieillards, disaient que c'était le premier congrès où ils se sentaient, non seulement parfaitement libres, mais aussi frères, qu'ils ne l'oublieraient jamais. Et en effet, il est peu probable que quiconque a pris part à ce congrès puisse jamais l'oublier.

Manifeste de l'armée insurgée d'Ukraine (1er janvier 1920)

À tous les paysans et ouvriers de l'Ukraine ! À transmettre par télégraphe, par téléphone, ou par la poste ambulante, à tous les villages de l'Ukraine ! Lire dans les réunions des paysans, dans les usines et dans les entreprises !

Frères travailleurs !

L'armée insurrectionnelle de l'Ukraine a été créée pour s'élever contre l'oppression des ouvriers et paysans par la bourgeoisie et par la dictature bolchevique-communiste. Elle s'est donné pour but la lutte pour la libération totale des travailleurs ukrainiens du joug de telle ou telle autre tyrannie et pour la création d'une véritable constitution socialiste à nous. L'armée insurrectionnelle des partisans *makhnovitsi* a combattu avec ferveur sur de nombreux fronts pour atteindre ce but. Elle termine actuellement victorieusement la lutte contre l'armée de Denikine, libérant une région après l'autre, partout là où existaient la tyrannie et l'oppression.

Beaucoup de travailleurs paysans se sont posé la question : comment faire ? Qu'est-ce qu'on peut et qu'est-ce qu'on doit faire ? Comment se comporter en face des lois du pouvoir et de ses organisations, etc. ?

À ces questions, l'Union ukrainienne des travailleurs et paysans répondra plus tard. Elle doit, en effet, se réunir très prochainement et convoquer tous les paysans et ouvriers. Tenant compte du fait qu'on ne connaît pas la date précise de cette assemblée que réaliseront les paysans et ouvriers et où ils auront la possibilité de se réunir pour discuter et résoudre les problèmes les plus importants de nos paysans et ouvriers, l'armée des *makhnovitsi* considère utile de publier le manifeste suivant :

1. Sont annulées toutes les dispositions du gouvernement Denikine (...). Sont annulées aussi les dispositions du gouvernement communiste qui vont à l'encontre des intérêts paysans et ouvriers. Les travailleurs devront résoudre eux-mêmes la question : quelles sont les dispositions du gouvernement communiste qui sont néfastes aux intérêts des travailleurs ?

2. Toutes les terres appartenant aux monastères, aux grands propriétaires et autres ennemis, passent aux mains des paysans qui vivent seulement du travail de leurs bras. Ce transfert doit être défini dans des réunions et par des discussions du paysannat. Les paysans devront se rappeler et tenir compte non seulement de leurs intérêts personnels, mais aussi des intérêts communs du peuple travailleur, opprimé sous le joug des exploiteurs.

3. Les usines, les entreprises, les mines de charbon et autres moyens de production deviennent propriété de la classe ouvrière entière, qui en assume la responsabilité de direction et d'administration, en incite et développe avec son expérience le développement et cherche à réunir toute la production du pays en une seule organisation.

4. Tous les paysans et tous les ouvriers sont invités à constituer des conseils libres de paysans et ouvriers. Seront élus dans ces conseils seulement les ouvriers et paysans qui prennent une part active à une branche utile de l'économie populaire. Les représentants des organisations politiques ne pourront point participer aux conseils ouvriers et paysans, parce que cela pourrait nuire aux intérêts des travailleurs eux-mêmes.

5. On n'admet pas l'existence d'organisations tyranniques, militarisées, qui vont à l'encontre de l'esprit des travailleurs libres.

6. La liberté de parole, de presse et de réunion est le droit de chaque travailleur et n'importe quelle manifestation contraire à cette liberté représente un acte contre-révolutionnaire.

7. Sont annulées les organisations de la police ; à leur place on organisera des formations d'autodéfense, qui peuvent être créées par les ouvriers et paysans.

8. Les conseils ouvriers et paysans représentent l'autodéfense des travailleurs ; chacun d'eux doit donc lutter contre n'importe

quelle manifestation de la bourgeoisie et des militaires. Il est nécessaire de combattre les actes de banditisme, de fusiller sur place les bandits et les contre-révolutionnaires.

9. Chacune des deux monnaies soviétique et ukrainienne doit être acceptée à l'égal de l'autre : on punira tous les contrevenants à cette disposition.

10. Reste libre l'échange des produits du travail ou du commerce de luxe, toujours quand il n'est pas administré par des organisations paysannes et ouvrières. On propose qu'un tel échange se fasse entre tous les travailleurs.

11. Toutes les personnes qui s'opposeront à la diffusion de ce manifeste seront considérées comme contre-révolutionnaires.

Les conseils révolutionnaires de l'armée ukrainienne
(*makhnovitsi*), 1er janvier 1920.

Programme-manifeste (avril 1920)[12]

1. Qui sont les « makhnovitsi » et quelle est la cause pour laquelle ils luttent ?

Les *makhnovitsi* sont des paysans et des ouvriers insurgés, depuis 1918 déjà, contre la brutalité du pouvoir bourgeois, allemand, hongrois, autrichien et contre celui de l'hetman d'Ukraine.

Les *makhnovitsi* sont des travailleurs qui ont brandi le drapeau de la lutte contre Denikine et contre chaque forme d'oppression, de violence et de mensonge, de quelle part qu'elle vienne.

Les *makhnovitsi* sont ces mêmes travailleurs, qui avec le labeur de toute leur vie ont enrichi et engraissé la bourgeoisie en général et aujourd'hui les Soviets en particulier.

2. Pourquoi les appelle-t-on « makhnovitsi » ?

Parce que, pendant les journées les plus pénibles et les plus graves de la réaction en Ukraine, nous avons eu dans nos rangs l'infatigable ami et *condottiere*[13] Makhno, dont la voix se fit entendre à travers toute l'Ukraine, protestant contre toute violence exercée contre les travailleurs, appelant tous à la lutte contre les oppresseurs, les voleurs, les usurpateurs et les charla-

12. Rédigé par la section culturelle et éducative de l'armée insurrectionnelle makhnoviste.
13. Se disait, en Italie, d'un chef de partisans.

tans politiciens, qui trompent les travailleurs. Cette voix résonne encore aujourd'hui parmi nous, dans nos rangs, elle est immuable pour appeler à la lutte pour le but final : la libération et l'émancipation des travailleurs de n'importe quelle oppression.

3. Comment pensez-vous obtenir cette libération ?

En renversant le gouvernement de coalition monarchique, républicain et social-démocrate, communiste et bolchevique. À sa place doivent être élus, dans des élections libres, des conseils de travailleurs, qui ne seront pas un gouvernement, avec des lois écrites et arbitraires ; car le système soviétique n'est pas autoritaire (à l'opposé des sociaux-démocrates et communistes bolcheviques qui se définissent aujourd'hui comme autorités soviétiques). Il est la plus pure forme du socialisme antiautoritaire et antiétatique qui s'exprime par une libre organisation de la vie sociale des travailleurs, indépendante des autorités ; une vie où chaque travailleur, isolé ou associé, pourra en toute indépendance construire son propre bonheur et son propre bien-être intégral, selon les principes de la solidarité, de l'amitié et de l'égalité.

4. Comment les « makhnovitsi » interprètent le régime soviétique ?

Les travailleurs eux-mêmes doivent choisir leurs propres conseils (Soviets) qui exécuteront les volontés et les ordres de ces mêmes travailleurs ; ce seront donc des conseils exécutifs et non d'autorité. La terre, les usines, les entreprises, les mines, les transports, etc., les richesses du peuple doivent appartenir aux travailleurs qui travaillent, ils doivent donc être socialisés.

5. Quels sont les chemins qui mènent au but final des « makhnovitsi » ?

Une lutte révolutionnaire conséquente et implacable contre tous les mensonges, contre l'arbitraire et la violence, d'où qu'ils parviennent, une lutte à mort ; la libre parole, des actions justes, une lutte les armes à la main.

Seulement en supprimant chaque gouvernant, chaque représentant de l'autorité, en détruisant à la base chaque mensonge politique, économique et étatique, en détruisant l'État par une Révolution sociale, on pourra réaliser un véritable système de Soviets des ouvriers et paysans et avancer vers le socialisme.

Anarchisme et « makhnovistchina » [14]

L'armée makhnoviste n'est pas une armée anarchiste, elle n'est pas formée par des anarchistes. L'idéal anarchiste de bonheur et d'égalité générale ne peut être atteint à travers l'effort d'une armée, quelle qu'elle soit, même si elle était formée exclusivement par des anarchistes. L'armée révolutionnaire, dans les meilleurs des cas, pourrait servir à la destruction du vieux régime abhorré ; pour le travail constructif, l'édification et la création, n'importe quelle armée, qui logiquement ne peut s'appuyer sur la force et le commandement, serait complètement impuissante et même néfaste. Pour que la société anarchiste devienne possible, il est nécessaire que les ouvriers eux-mêmes dans les usines et les entreprises, les paysans eux-mêmes, dans leur pays et leurs villages, se mettent à la construction de la société antiautoritaire, n'attendant de nulle part des décrets-lois.

Ni les armées anarchistes, ni les héros isolés, ni les groupes, ni la Confédération anarchiste, ne créeront une vie libre pour les ouvriers et les paysans. Seuls, les travailleurs eux-mêmes, par des efforts conscients, pourront construire leur bien-être, sans État ni seigneurs.

---

14. Extrait de *La Voie vers la liberté* (organe makhnoviste).

Appel des « makhnovitsi » à leurs frères de l'Armée rouge

Arrête-toi ! Lis ! Médite !

Camarade de l'Armée rouge !

Tu as été envoyé par tes commissaires-commandants pour combattre les insurgés et révolutionnaires *makhnovitsi*.

Sur ordre de ton commandement tu porteras la ruine dans les pays pacifiques, tu perquisitionneras, arrêteras, assassineras des gens qui te sont inconnus personnellement, mais qu'on t'aura indiqués comme étant des ennemis du peuple. On te dira que les *makhnovitsi* sont des bandits ou des contre-révolutionnaires. On te commandera, on ne te le demandera pas, on te fera marcher comme un humble esclave de ton commandant. Tu arrêteras et tu tueras ! Qui ? Pourquoi ? Pour quelle cause ?

Réfléchis, camarade de l'Armée rouge ! Réfléchissez, travailleurs, paysans et ouvriers soumis de force aux nouveaux seigneurs, qui portent le nom sonore de « pouvoir paysan-ouvrier » !

Nous sommes les insurgés révolutionnaires *makhnovitsi*, les mêmes paysans et ouvriers que vous, nos frères de l'Armée rouge !

Nous nous sommes insurgés contre l'oppression et l'avilissement ; nous luttons pour une vie meilleure et plus lumineuse. Notre idéal est d'atteindre à une communauté de travailleurs, sans autorité, sans parasites et sans commissaires.

Notre but immédiat est d'établir un régime libre soviétique, sans l'autorité des bolcheviks, sans la pression d'un quelconque parti.

Le gouvernement des bolcheviks-communistes vous envoie

pour faire des expéditions punitives. Il se dépêche de faire la paix avec Denikine et avec les riches Polonais et autres canailles de l'armée blanche, pour pouvoir ainsi pourchasser plus facilement le mouvement populaire des insurgés révolutionnaires, des opprimés, rebellés contre le joug d'un pouvoir, quel qu'il soit.

Mais les menaces du commandement blanc et rouge ne nous font pas peur ! À la violence nous répondrons par la violence !

S'il sera nécessaire, nous, une petite poignée d'hommes, nous mettrons en fuite les divisions de l'Armée rouge gouvernementale. Parce que nous sommes libres et amants de la liberté ! Nous sommes des révolutionnaires insurgés, et la cause que nous défendons est une cause juste.

Camarade ! Réfléchis avec qui tu es et contre qui tu combats.

Ne sois pas esclave. Sois un homme !

Les insurgés révolutionnaires *makhnovitsi*.

Cronstadt (1921)

La révolte de Cronstadt mérite sa place — une large place — dans une anthologie de l'anarchisme. Bien que spontanée, elle n'a pas été spécifiquement libertaire et les anarchistes n'y ont pas joué, à vrai dire, un rôle majeur. Ida Mett, qui a écrit un livre sur la Révolte de Cronstadt *(1938, nouv. éd. 1948), reconnaît que l'influence anarchiste ne s'y exerça « que dans la mesure où l'anarchisme propageait lui aussi l'idée de la démocratie ouvrière ». Cependant le comité révolutionnaire de Cronstadt avait invité deux anarchistes à prendre place dans son sein : E. Yartchouk, qui a écrit, depuis, un* Cronstadt, *et Voline, qui a consacré, dans* La Révolution inconnue, *de longues pages à Cronstadt, « première tentative populaire entièrement indépendante* [de] *Révolution sociale (...) faite directement par les classes laborieuses elles-mêmes ». Mais ni Yartchouk, ni Voline ne purent répondre à l'invitation du comité révolutionnaire de Cronstadt, pour la raison qu'ils étaient, à ce moment, dans les prisons bolcheviques.*

On va donner telles quelles, dans leur nudité brutale, les imprécations des insurgés, marins et ouvriers. Notre objet, assurément, ne sera pas de nous gausser, avec eux, de Lénine et de Trotsky, ni de reprendre à notre compte, contre ces derniers, les injures et les sarcasmes. Il n'est que trop évident que la colère rendait l'insurrection excessive dans son langage et, en partie, injuste. Les fautes accumulées par le pouvoir bolchevique entre 1918 et 1921, dont l'aboutissement devait être Cronstadt, n'enlèvent rien à la conviction ni au génie révolutionnaires des auteurs de la Révolution d'Octobre. Mais comment ces matelots et ces travailleurs qui allaient mourir sous les balles des élèves-officiers rouges et des soldats mongols, après avoir été, à la base, les artisans du soulèvement des masses de 1917, auraient-ils pu posséder l'objectivité de l'historien et chanter le los de leurs bourreaux ?

La répression de la révolte de Cronstadt n'a pas été, contrairement à l'impression que pourrait suggérer la lecture des Izvestia *quotidiennes de l'insurrection, le fruit d'une perversité ni d'une intention maléfique de Lénine et de Trotsky, mais le résultat d'un engrenage fatal où s'alliaient d'implacables contingences objectives : guerre civile, désorganisation de l'économie, famine, et de criantes erreurs subjectives : dureté d'un régime autocratique, s'isolant de plus en plus des forces populaires qui l'avaient porté au pouvoir.*

Ainsi comprise, la leçon de Cronstadt apparaît comme un rappel à l'ordre et une prémonition à l'adresse de tous les révolutionnaires par en haut qui seraient enclins à ne pas l'entendre, et qui, au nom du prolétariat, finiraient, tragique paradoxe, par tourner leurs armes contre le prolétariat.

RENCONTRE AVEC TROTSKY (mars 1917) par Emma Goldman [1]

(...) Depuis quelque temps je savais que [...] Léon Trotsky se trouvait à New York [...]. Je n'avais jamais rencontré encore Trotsky, mais il se trouva que j'étais en ville quand on annonça un meeting d'adieu où il devait parler avant de partir pour la Russie [2]. J'assistai au meeting. Après quelques orateurs plutôt ennuyeux, l'on présenta Trotsky. De stature moyenne, les joues creuses, les cheveux roux et la barbe rare, il s'avança avec vivacité. Son discours, prononcé d'abord en russe, puis en allemand, était puissant, électrisant. Je n'étais pas d'accord avec sa position politique, il était menchevik (social-démocrate) et comme tel très loin de nous. Mais brillante était son analyse des causes de la guerre, écrasante sa dénonciation de l'inefficacité du gouverne-

---

1. Extraits de Emma GOLDMAN, *Living my Life*, 1934.
2. Trotsky, avec sa famille, s'embarque à New York pour la Russie le 27 mars 1917.

ment provisoire en Russie et lumineuse sa présentation des conditions dans lesquelles se déroulait la Révolution. Il termina son discours de deux heures en rendant un éloquent hommage aux masses laborieuses de son pays. L'enthousiasme du public était à son comble et Sacha [Alexandre Berkman] et moi nous nous joignîmes avec joie à l'ovation qui salua l'orateur. Nous participâmes de tout notre cœur à sa foi profonde en l'avenir de la Russie.

Après le meeting, nous rencontrâmes Trotsky pour lui dire adieu. Il avait entendu parler de nous et il nous demanda quand nous pensions venir en Russie pour aider à la reconstruction. « Nous allons certainement nous rencontrer là-bas », dit-il.

Je discutai avec Sacha de ce tournant inattendu des événements qui faisait que nous nous sentions plus près de Trotsky, le menchevik, que de Pierre Kropotkine, notre camarade, notre maître et notre ami. La guerre créait d'étranges compagnonnages, et nous nous demandions si nous nous sentirions toujours aussi près de Trotsky lorsque nous serions en Russie (...).

SOUVENIRS SUR CRONSTADT par Emma Goldmann [3]

On a vu qui était Emma Goldman, la grande anarchiste américaine d'origine russe. Extradée des États-Unis en Russie en 1919, elle se trouvait à Petrograd au moment même où les bolcheviks décidèrent de réprimer le soulèvement de Cronstadt. C'est cet épisode tragique qu'elle a relaté dans Living my Life, *ses Mémoires, encore inédits en français.*

(...) Dans ma période antérieure en Russie la question des grèves m'avait souvent intriguée. Les gens m'avaient raconté que la moindre tentative de cette sorte était écrasée et les participants emprisonnés. Je ne l'avais pas cru et comme toujours dans des cas pareils, je m'étais adressée à Zorine [4] pour obtenir une infor-

---

3. Extraits de Emma GOLDMAN, *op. cit.*

4. Ce Zorine, d'origine ouvrière et à l'époque secrétaire du Comité de Petrograd du Parti bolchevique, n'a aucun rapport avec l'actuel Valerian Zorine, ambassadeur de l'U.R.S.S. en France ; il a fini dans les fours crématoires de la Tchéka.

mation. Il s'exclama : « Des grèves sous la dictature du prolétariat ! De telles choses n'existent pas. » Il m'avait même reproché de donner crédit à de pareilles histoires insensées et impossibles. Contre qui, au fait, les ouvriers en Russie soviétique devaient-ils se mettre en grève ? Contre eux-mêmes ? Ils étaient les maîtres du pays, politiquement de même qu'industriellement. Pour sûr parmi les ouvriers se trouvaient encore quelques-uns qui n'avaient pas une pleine conscience de classe et qui ne connaissaient pas leurs vrais intérêts. Ceux-là grognaient bien de temps en temps, mais c'étaient des éléments incités (...) par des égoïstes et ennemis de la Révolution. Des pelés, des parasites, qui très à propos induisaient en erreur les gens ignorants (...) Évidemment les autorités soviétiques devaient protéger le pays contre cette espèce de saboteurs. La plupart d'entre eux étaient d'ailleurs en prison.

Depuis, j'avais appris par des observations personnelles et par l'expérience que les vrais « saboteurs » contre-révolutionnaires et bandits dans les prisons de la Russie soviétique n'étaient qu'une minorité négligeable. La grande masse de la population pénitentiaire se composait d'hérétiques sociaux qui étaient coupables du péché fondamental contre l'église communiste. Car aucune offense n'était considérée avec plus de haine que celle d'avoir des vues politiques différentes de celles du parti, et de protester contre les méchancetés et crimes du bolchevisme. Je m'aperçus que la majorité était des prisonniers politiques paysans aussi bien qu'ouvriers, coupables d'avoir demandé un traitement et des conditions de vie meilleurs. Ces faits, rigoureusement cachés au public, étaient pourtant connus de tout le monde, comme d'ailleurs presque toutes les choses qui se passaient en secret sous la surface soviétique. Ces informations interdites, comment filtraient-elles malgré tout ? C'était un mystère pour moi, mais en fait, elles filtraient et se répandaient avec la rapidité et l'intensité d'un incendie de forêt.

Moins de vingt-quatre heures après notre retour à Petrograd, nous apprenions que la ville bouillait de mécontentement et de rumeurs de grève. La cause en était les souffrances accrues, dues à un hiver extraordinairement rigoureux, de même qu'à l'habituelle myopie des Soviets. Des tempêtes de neige terribles avaient mis en retard l'envoi des maigres provisions de nourriture et de combustibles pour la ville. En plus, le Petro-Soviet avait commis l'erreur stupide de fermer plusieurs usines et de diminuer de moitié la ration de leurs employés. En même temps, on avait su que dans les magasins on avait distribué aux membres du parti une nouvelle provision de souliers et de vêtements, tandis que le restant des ouvriers étaient misérablement habillés et chaussés. Et, pour comble d'erreurs, les autorités avaient interdit le meeting convoqué par les ouvriers pour discuter des moyens d'amélioration de cette situation.

Parmi les éléments non communistes de Petrograd on pensait généralement que la situation était très grave. L'atmosphère était tendue, prête à exploser. Nous décidâmes naturellement de rester en ville. Pas dans l'espoir de pouvoir éviter les troubles menaçants, mais nous voulions être sur les lieux, pour pouvoir être utiles aux gens.

La tempête se déclencha même plus tôt qu'on ne l'attendait. Elle commença avec la grève des ouvriers des moulins de Troubetskoy. Leurs revendications étaient bien modestes : une augmentation des rations alimentaires, comme on la leur avait promise il y avait longtemps, et la distribution des chaussures disponibles. Le Petro-Soviet refusa de discuter avec les grévistes, tant qu'ils ne retourneraient pas à leur travail.

Des compagnies de « kursanty » [5] armés, composées de jeunes communistes en service militaire, étaient envoyées pour disperser les ouvriers rassemblés autour des moulins. Les cadets essayaient de provoquer la masse en tirant en l'air, mais heureusement les ouvriers étaient venus désarmés, et il n'y eut pas de sang versé. Les grévistes eurent recours à une arme beaucoup plus puissante : la solidarité de leurs camarades ouvriers. Le résultat fut que cinq usines déposèrent les outils et se joignirent au mouvement de grève. Ils arrivaient, comme un seul homme, des docks de Galernaya, des magasins de l'Amirauté, des moulins de Patronny, des usines de Baltysky et de Laferm. Leur manifestation de rue fut tout de suite brisée par les soldats. De toutes les informations reçues, je concluais que le traitement réservé aux grévistes n'était nullement fraternel.

---

5. Élèves officiers sélectionnés qui, avec les Mongols, furent utilisés pour réprimer l'insurrection de Cronstadt.

Une communiste aussi ardente que Lisa Zorine elle-même en était alarmée et protestait contre les méthodes employées. Lisa et moi nous nous étions éloignées l'une de l'autre depuis longtemps, et j'étais donc surprise qu'elle ressentît le besoin de décharger son cœur auprès de moi. Elle n'aurait jamais cru que les hommes de l'Armée rouge allaient rudoyer les ouvriers de telle façon. Elle protestait. Plusieurs femmes s'étaient évanouies, d'autres avaient eu des crises d'hystérie en voyant ce spectacle. Une femme qui se trouvait à côté de Lisa l'avait reconnue comme un membre actif du parti et pensait qu'elle était responsable de cette scène brutale. Elle se retourna vers elle comme une furie et la frappa en plein visage, la faisant saigner abondamment.

Chère vieille Lisa ! elle qui m'avait toujours taquinée à cause de ma sentimentalité ! Chancelante sous le coup, elle déclara à son agresseur que « cela n'avait aucune importance ». « Pour rassurer la femme désolée, je la priai de me laisser l'accompagner à sa maison », me racontait Lisa. « Sa maison ? c'était un trou infect, tel que je n'imaginais pas qu'il puisse en exister encore dans notre pays. Une pièce sombre, froide et nue, occupée par la femme, son mari et leurs six enfants. Et penser que je vivais pendant tout ce temps à l'hôtel Astoria ! », soupirait-elle. Elle poursuivit en me disant qu'elle se rendait très bien compte que ce n'était pas la faute de son parti si de telles conditions épouvantables prédominaient encore en Russie soviétique. Ce n'était pas non plus l'obstination des communistes qui était à l'origine de la grève. Le blocus et la conspiration du monde impérialiste contre la république des ouvriers devaient être tenus responsables de la pauvreté et des souffrances de son pays. Mais malgré tout, elle ne pourrait plus rester dans son appartement confortable. La chambre de la femme désespérée et l'image de ses enfants paralysés de froid allaient hanter ses nuits. Pauvre Lisa ! Elle était loyale, dévouée et d'un caractère entier. Mais tellement aveugle politiquement !

La demande des ouvriers pour plus de pain et de combustible se transformait bientôt en revendications politiques précises, grâce à l'attitude arbitraire et impitoyable des autorités. Un manifeste affiché aux murs, on ne sut jamais par qui, appelait à « un changement total de la politique du gouvernement ». Il disait : « Les ouvriers et les paysans ont d'abord besoin de liberté ! Ils ne veulent pas vivre par décrets des bolcheviks, ils veulent contrôler leur propre sort. » Chaque jour la situation devenait plus tendue et de nouvelles revendications circulaient et étaient affichées sur les murs et dans les bâtiments. Enfin parut un appel en faveur de l'assemblée constituante, tellement détestée et dénoncée par le parti au pouvoir.

La loi martiale fut déclarée et l'on donna l'ordre aux ouvriers de retourner dans leurs usines, faute de quoi ils seraient privés de leurs rations. Cela resta cependant sans effet : mais là-dessus un certain nombre de syndicats furent liquidés, leurs dirigeants et les grévistes les plus récalcitrants jetés en prison.

Impuissants, nous regardions des groupes d'hommes, encadrés de soldats et de tchékistes armés, passer sous nos fenêtres. Dans l'espoir de convaincre les dirigeants soviétiques de la folie et du danger de leur tactique, Sacha [6] essayait de rencontrer Zinoviev, tandis que moi je cherchais MM. Ravich, Zorine et Zipperovitch, chef du Soviet des syndicats de Pétrograd. Mais tous refusèrent de nous recevoir, sous le prétexte qu'ils étaient trop occupés à défendre la ville contre les complots contre-révolutionnaires, tramés par des *mencheviks* et des socialistes-révolutionnaires. Cette formule était déjà usée à force d'être répétée pendant trois années, mais toujours encore bonne pour jeter de la poudre aux yeux des militants communistes.

La grève s'étendait, malgré toutes les mesures extrêmes. Les arrestations se suivaient, mais la stupidité même avec laquelle les autorités réagissaient encouragea des éléments ignorants. Des proclamations contre-révolutionnaires et antisémites commencèrent à apparaître, des rumeurs folles de répression militaire et de brutalités de la Tchéka contre les grévistes couraient dans la ville.

Les ouvriers étaient décidés, mais bientôt il devint clair qu'on les aurait par la faim ; il n'y avait pas de moyens d'aider les grévistes, même si l'on avait eu quelque chose à leur donner. Toutes les avenues par lesquelles on pouvait approcher des districts industriels étaient coupées par les troupes. En outre, la population elle-même était dans une situation épouvantable. Le peu que nous pouvions ramasser en nourriture et vêtements était une goutte

6. Sur Alexandre Berkman, v. *supra*, p. 402.

d'eau dans l'océan. Nous nous rendions tous compte de l'inégalité des moyens respectifs de la dictature et des travailleurs. Elle était trop grande pour permettre aux grévistes de tenir le coup beaucoup plus longtemps.

Dans cette situation tendue et désespérée apparut soudain un nouveau facteur qui donnait quelque espoir pour un arrangement. C'étaient les marins de Cronstadt. Fidèles à leurs traditions révolutionnaires et à la solidarité des travailleurs, démontrées si loyalement pendant la Révolution de 1905 et plus tard dans les soulèvement de mars et octobre 1917, ils prenaient à nouveau fait et cause pour les prolétaires harassés de Petrograd. Non pas aveuglément. Tranquillement et sans que personne en sût quelque chose, ils avaient envoyé une commission pour s'informer des revendications des grévistes. Le rapport de cette commission entraîna les marins des bateaux de guerre *Petropavlovsk* et *Sebastopol* à adopter une résolution en faveur de leurs frères ouvriers en grève. Ils se déclaraient dévoués à la Révolution et aux Soviets ainsi que loyaux envers le parti communiste. Ils n'en protestaient pas moins contre l'attitude arbitraire de certains commissaires et insistaient fortement sur la nécessité d'une plus grande autodétermination pour les groupements organisés des ouvriers. Ils réclamaient en outre la liberté de réunion pour les syndicats et les organisations de paysans, ainsi que la mise en liberté de tous les détenus politiques et syndicaux des prisons soviétiques et des camps de concentration.

L'exemple de ces brigades était repris par la première et la seconde escadre de la flotte baltique, stationnées à Cronstadt. Lors d'un meeting de rue, le 1er mars, auquel assistaient 16 000 marins, des soldats de l'Armée rouge et des ouvriers de Cronstadt, des résolutions similaires furent adoptées unanimement, à l'exception de trois voix. Les trois opposants étaient Vassiliev, président du Soviet de Cronstadt, qui présidait le meeting, Kuzmin, commissaire de la flotte baltique, et Kalinine, président de la République socialiste soviétique fédérée.

Deux anarchistes avaient assisté au meeting et revenaient nous raconter l'ordre, l'enthousiasme et le bon esprit qui y avaient régné. Depuis les premières journées d'Octobre ils n'avaient vu démonstration aussi spontanée de solidarité et de camaraderie fervente. Ils déploraient seulement que nous n'ayons pas assisté à cette manifestation. La présence de Sacha, que les marins de Cronstadt avaient défendu si vaillamment quand il se trouvait en danger d'extradition vers la Californie en 1917, et de moi-même, que les marins connaissaient de réputation, aurait ajouté du poids à la résolution, disaient-ils. Nous étions d'accord avec eux que cela eût été une expérience merveilleuse de participer sur le territoire soviétique au premier grand meeting de masse, qui n'était pas organisé sur commande. Gorki m'avait assuré, il y a longtemps, que les hommes de la flotte baltique étaient tous des anarchistes nés et que ma place était parmi eux. J'avais souvent désiré aller à Cronstadt pour rencontrer les équipages et pour leur parler, mais j'avais la conviction que dans mon état d'esprit confus et ébranlé d'alors je ne pourrais rien leur offrir de constructif. Maintenant j'irais prendre ma place parmi eux, tout en sachant que les bolcheviks feraient courir le bruit que j'excitais les marins contre le régime. Sacha disait que peu lui importait ce que diraient les communistes. Il se joindrait aux marins dans leur protestation au sujet des ouvriers grévistes de Petrograd.

Nos camarades insistèrent sur le fait que les expressions de sympathie de la part de Cronstadt avec les grévistes ne pourraient aucunement être considérées comme une action antisoviétique. En fait, l'esprit des marins et les résolutions adoptées à leur meeting de masse étaient nettement prosoviétiques. Ils protestaient énergiquement contre l'attitude autocratique vis-à-vis des grévistes affamés, mais le meeting n'avait à aucun moment laissé voir la moindre opposition aux communistes. En fait, ce grand meeting avait été tenu, au contraire, sous les auspices du Soviet de Cronstadt. Pour démontrer leur loyauté, les marins étaient allés chercher Kalinine avec des chants et de la musique lors de son arrivée en ville et son discours avait été écouté avec attention et le plus grand respect. Même après que lui et ses camarades eurent blâmé les marins et condamné leur motion, ceux-ci avaient escorté Kalinine à la gare avec la plus grande amitié, comme nos informateurs avaient pu le constater.

Nous avions entendu des rumeurs, selon lesquelles Kouzmine et Vassiliev auraient été arrêtés par les marins, lors d'un meeting de trois cents délégués de la flotte, de la garnison et du Soviet des syndicats. Nous demandâmes à nos deux camarades ce qu'ils en savaient. Ils confirmèrent que ces deux hommes avaient été en effet arrêtés. La raison en était que Kuzmine avait dénoncé au meeting les marins et les grévistes de Petrograd comme des traîtres, en (...) déclarant que dorénavant le parti communiste allait les combattre jusqu'au bout comme contre-révolutionnaires. Les délégués avaient appris également que Kuzmine avait donné l'ordre d'évacuer tout le ravitaillement et les munitions de Cronstadt, livrant ainsi la ville à l'inanition. Pour cette raison les marins et la garnison de Cronstadt avaient décidé d'arrêter les deux hommes et de prendre des précautions pour que les provisions ne soient pas enlevées de la ville. Mais cela n'était nullement le signe d'une quelconque intention de rébellion ni que les hommes de Cronstadt avaient cessé de croire à l'intégrité révolutionnaire des communistes. Au contraire, on permit aux délégués communistes de parler autant qu'aux autres. Une autre preuve de confiance dans le régime était apportée par l'envoi d'un comité de trente hommes pour conférer avec le Petro-Soviet en vue d'un règlement à l'amiable de la grève.

Nous nous sentions orgueilleux de cette solidarité magnifique des marins et soldats de Cronstadt avec leurs frères en grève à Petrograd et nous espérions qu'une fin des troubles en résulterait rapidement, grâce à la médiation des marins.

Hélas ! nos espoirs étaient déjà déçus une heure après avoir reçu les nouvelles des événements de Cronstadt. Un ordre signé Lénine et Trotsky frappait de stupeur Petrograd. L'ordre disait que Cronstadt s'était mutiné contre le gouvernement soviétique et dénonçait les marins comme « les instruments d'anciens généraux tsaristes, qui, en accord avec des traîtres socialistes-révolutionnaires, avaient monté une conspiration contre-révolutionnaire contre la République prolétarienne ».

« Absurde ! mais c'est de la folie pure ! » s'écria Sacha lorsqu'il eut lu une copie de cet ordre. « Lénine et Trotsky doivent avoir été mal informés par quelqu'un. Ils ne peuvent quand même pas croire que les marins sont coupables d'une contre-révolution ! Comment ? les équipages du *Petropavlovsk* et du *Sebastopol* qui avaient été les plus solides soutiens des bolcheviks en Octobre et toujours depuis ! Est-ce que Trotsky lui-même ne les avait pas salués comme " l'orgueil et la fleur de la révolution " ? »

« Nous devons tout de suite aller à Moscou », disait Sacha. Il était absolument nécessaire de voir Lénine et Trotsky et de leur expliquer que tout cela était un horrible malentendu, une erreur qui pourrait être fatale à la Révolution elle-même. C'était très dur pour Sacha de renoncer à sa foi dans l'intégrité révolutionnaire d'hommes qui étaient pour des millions de gens à travers le monde des apôtres du prolétariat. J'étais d'accord avec lui pour penser que Lénine et Trotsky avaient peut-être été induits en erreur par Zinoviev qui téléphonait toutes les nuits des rapports détaillés sur Cronstadt. Zinoviev n'avait jamais eu la réputation, même parmi ses camarades, d'avoir du courage personnel. Il avait été pris de panique dès les premiers symptômes de mécontentement montrés par les ouvriers de Petrograd. Quand il apprit que la garnison locale avait exprimé sa sympathie avec les grévistes, il perdit complètement la tête et ordonna d'installer une mitrailleuse à l'hôtel Astoria pour sa protection personnelle. L'affaire de Cronstadt avait rempli son cœur de terreur et le poussait à répandre à Moscou des histoires à dormir debout. Sacha et moi, nous savions tout cela, mais je ne pouvais pas croire que Lénine et Trotsky pensaient vraiment que les hommes de Cronstadt étaient coupables d'une contre-Révolution, ou capables de coopérer avec des généraux Blancs, comme les en accusait l'ordre de Lénine.

Une loi martiale extraordinaire fut décrétée dans toute la province de Petrograd, et personne d'autre que des officiels avec des autorisations spéciales ne pouvait plus quitter la ville. La presse bolchevique lançait une campagne de calomnies et de vitupérations contre Cronstadt, proclamant que les marins et soldats avaient fait cause commune avec le « général tsariste Kozlovsky » ; ils déclaraient donc les gens de Cronstadt hors la loi. Sacha commençait à se rendre compte que la situation avait une origine beaucoup plus profonde et autre qu'une simple mauvaise information de Lénine et de Trotsky. Ce dernier devait assister à la session spéciale du Petro-Soviet où devait se décider le destin de Cronstadt. Nous décidâmes d'y assister.

C'était ma première occasion en Russie d'entendre Trotsky. Je pensais que je pourrais lui rappeler ses mots d'adieu à New York [7]: l'espoir exprimé par lui de nous voir bientôt en Russie

7. V. *supra*, p. 623-624.

pour aider aux grands travaux rendus possibles par le renversement du tsarisme. Nous allions le prier de nous laisser aider à résoudre les problèmes de Cronstadt dans un esprit fraternel, de disposer de notre temps et de notre énergie, et même de nos vies, dans ce test suprême que la Révolution posait au parti communiste.

Malheureusement le train de Trotsky arriva en retard et il n'apparut pas à la session. Les hommes qui parlèrent à cette assemblée étaient inaccessibles à la raison ou à un appel. Un fanatisme fou animait leurs paroles et une peur aveugle dominait leurs cœurs.

L'estrade était sévèrement gardée par des « kursanty » ; des soldats de la Tchéka, baïonnette au canon, étaient entre elle et l'auditoire. Zinoviev, qui présidait, semblait être à la limite d'une crise de nerfs. Il se leva plusieurs fois pour parler et puis se rassit aussitôt. Quand finalement il commença à parler, il tourna la tête à droite et à gauche, comme s'il craignait une attaque soudaine. Sa voix, toujours aussi infantilement faible, montait à un ton aigu, extrêmement désagréable et nullement convaincant.

Il dénonçait le « général Kozlovsky » comme le mauvais génie des hommes de Cronstadt, bien que la plupart des assistants sussent que cet officier avait été placé à Cronstadt, comme spécialiste de l'artillerie, par Trotsky lui-même. Kozlovsky était vieux et décrépit, il n'avait aucune influence sur les marins ou sur la garnison. Cela n'empêcha pas Zinoviev, président du comité de défense, créé spécialement à cette occasion, de proclamer que Cronstadt s'était levé contre la Révolution et essayait de réaliser les plans de Kozlovsky et de ses aides tsaristes.

Kalinine se départit de son habituelle attitude paternelle et attaqua les marins dans des termes violents, oubliant les hommages reçus à Cronstadt il y avait quelques jours seulement. « Aucune mesure ne peut être trop sévère pour les contre-révolutionnaires qui osent lever la main contre notre glorieuse Révolution », déclara-t-il. Les orateurs de second ordre continuaient sur le même ton, réveillant leur fanatisme communiste, ignorant les faits réels, et appelant à une frénésie vengeresse contres les hommes qu'on avait acclamés la veille encore comme des héros et des frères.

Au-dessus du vacarme de la populace hurlante et qui tapait des pieds, une seule voix essayait de se faire entendre : la voix tendue et grave d'un homme dans les premiers rangs. C'était le délégué des employés grévistes de l'Arsenal. Il se voyait forcé de protester, disait-il, contre les accusations fausses lancées de l'estrade contre les hommes de Cronstadt, si courageux et loyaux. Regardant Zinoviev et le montrant du doigt, l'homme tonnait : « C'est votre cruelle indifférence et celle de votre parti qui nous a poussés à la grève et qui a éveillé la sympathie de nos frères marins, qui ont lutté côte à côte avec nous dans la Révolution. Ils ne sont coupables d'aucun autre crime et vous le savez ! Vous les calomniez volontairement et appelez à leur extermination. » Des cris « Contre-révolutionnaire, traître ! Menchevik ! Bandit ! » firent de la réunion une véritable maison de fous.

Le vieil ouvrier resta debout, sa voix s'élevait au-dessus du tumulte : « Il y a à peine trois ans que Lénine, Trotsky, Zinoviev et vous tous avez été dénoncés comme traîtres et espions allemands », criait-il. « Nous, les travailleurs et les marins, sommes venus à votre aide et vous avons sauvés du gouvernement Kerensky. C'est nous qui vous avons portés au pouvoir ! Avez-vous oublié cela ? Maintenant vous nous menacez de l'épée. Rappelez-vous que vous jouez avec le feu ! Vous répétez les erreurs et les crimes du gouvernement de Kerensky. Faites attention qu'un semblable destin ne vous soit réservé ! »

Zinoviev tressaillit sous ce défi. Sur l'estrade, les autres, très embarrassés, s'agitaient dans leurs fauteuils. L'assistance communiste semblait pour le moment terrifiée par cette mise en garde sinistre.

À ce moment une autre voix s'éleva. Un grand gaillard en uniforme de marin se dressa dans le fond de la salle. Rien n'avait changé l'esprit révolutionnaire de ses frères de la mer, déclara-t-il. Ils étaient prêts, jusqu'au dernier homme, à défendre la Révolution avec chaque goutte de leur sang. Et il se mit à lire la résolution de Cronstadt, adoptée au meeting de masse du 1er mars [8]. Le tumulte qui s'éleva face à cette audace empêcha de l'entendre, sauf ceux qui étaient tout près de lui. Mais il tint bon et continua à lire jusqu'à la fin.

---

8. V. plus loin, p. 644.

L'unique réponse que reçurent ces deux hardis fils de la Révolution fut la résolution de Zinoviev, exigeant la totale et immédiate reddition de Cronstadt, sous peine d'extermination. Elle fut votée en hâte, dans un pandémonium de confusion et les voix de l'opposition furent étouffées.

Mais le silence face au massacre menaçant était intolérable. Je devais me faire entendre. Pas de ces obsédés, qui étouffaient ma voix, comme ils l'avaient fait pour les autres. Je ferais connaître ma position cette nuit même par un rapport adressé au pouvoir suprême de la Défense soviétique.

Lorsque nous étions seuls je parlais à Sacha à ce sujet et j'étais contente d'apprendre que mon vieil ami avait eu la même idée. Il suggérait que notre lettre devait être une protestation commune et avoir trait uniquement à la résolution meurtrière adoptée par le Petro-Soviet. Deux camarades qui se trouvaient avec nous à cette réunion partageaient notre point de vue et offraient de signer avec nous l'appel commun aux autorités. Je n'avais aucun espoir que notre message exerçât quelque influence modératrice ou quelque frein que ce fût sur les mesures décrétées contre les marins. Mais j'étais décidée à faire enregistrer mon attitude de façon à avoir un témoignage pour l'avenir qui prouverait que je n'étais pas restée muette vis-à-vis de la trahison la plus noire de la Révolution par le parti communiste.

À deux heures du matin Sacha téléphonait à Zinoviev pour lui dire qu'il avait quelque chose d'important à lui communiquer au sujet de Cronstadt. Peut-être Zinoviev croyait-il que ce serait quelque chose qui pourrait aider la conspiration contre Cronstadt, autrement il ne se serait pas dérangé pour nous dépêcher Mme Ravich à cette heure de la nuit, dix minutes après que Sacha lui eut téléphoné. Elle était absolument sûre, disait la note de Zinoviev, il fallait lui confier le message. Nous lui donnâmes le communiqué qui suit :

« Au Soviet des syndicats et de la défense de Petrograd.

« Président Zinoviev.

« Garder le silence est devenu impossible : ce serait même criminel ! Les événements récents nous poussent, nous les anarchistes, à parler et à définir notre position devant la situation actuelle.

« L'esprit de ferment et de mécontentement qui se manifeste parmi les travailleurs et les marins est le résultat de causes qui exigent notre attention sérieuse. Le froid et la faim ont produit du mécontentement et l'absence de possibilités de discussion et de critique forcent les ouvriers et les marins à exposer publiquement leurs griefs.

« Des bandes de gardes blancs souhaitent, et peuvent essayer, d'exploiter ce mécontentement dans l'intérêt de leur propre classe. Camouflés derrière les travailleurs et marins, ils lancent des slogans, réclamant l'assemblée constituante, le commerce libre, et posent des revendications similaires.

« Nous, les anarchistes, avons depuis longtemps déjà dénoncé l'erreur de ces slogans et nous déclarons devant le monde entier que nous allons combattre, les armes à la main, contre toute tentative contre-révolutionnaire, en coopération avec tous les amis de la résolution socialiste et la main dans la main avec les bolcheviks.

« En ce qui concerne le conflit entre le gouvernement soviétique et les travailleurs et marins, nous pensons qu'il doit être réglé, non par la force des armes, mais par des moyens de camaraderie, par un accord révolutionnaire et fraternel.

« La décision de verser le sang, prise par le gouvernement soviétique, ne tranquillisera pas les travailleurs, dans la situation actuelle. Au contraire, elle servira seulement à aggraver les choses et renforcera le jeu de l'Entente et de la contre-Révolution à l'intérieur.

« Plus grave encore, l'usage de la force par le gouvernement des travailleurs et paysans contre les ouvriers et marins aura un effet réactionnaire sur le mouvement révolutionnaire international et fera le plus grand tort à la Révolution socialiste.

« Camarades bolcheviks, réfléchissez avant qu'il soit trop tard ! Ne jouez pas avec le feu : vous êtes en train de faire un pas décisif et très grave.

« Nous vous soumettons donc la proposition suivante : permettez l'élection d'une commission, composée de 5 personnes, comprenant deux anarchistes. Cette commission se rendra à Cronstadt pour régler le conflit par des moyens pacifiques. Dans la présente situation, c'est la méthode la plus radicale. Elle sera d'une importance révolutionnaire internationale.

« Petrograd, 5 mars 1921.

« Alexandre Berkman, Emma Goldman, (*et deux autres signatures*). »

La preuve que notre appel ne rencontrait que des oreilles sourdes nous fut donnée le même jour, à l'arrivée de Trotsky, par son ultimatum à Cronstadt. Par ordre du gouvernement des ouvriers et paysans, il déclara aux marins et aux soldats de Cronstadt qu'il allait « tirer comme des faisans » tous ceux qui avaient osé « lever la main contre la patrie socialiste ». On commandait aux navires et aux équipages en rébellion de se rendre immédiatement aux ordres du gouvernement soviétique, sous peine d'être réduits par les armes. Seuls ceux qui se rendraient sans conditions pourraient compter sur la miséricorde de la république soviétique.

Cette dernière mise en garde était signée par Trotsky, comme président du Soviet militaire révolutionnaire, et par Kamenev, commandant en chef de l'Armée rouge. Oser douter du droit divin des gouvernants était à nouveau puni de mort.

Trotsky tenait sa parole. Ayant pris le pouvoir grâce aux hommes de Cronstadt, il était maintenant en position de payer sa dette pleinement à « l'orgueil et la gloire de la Révolution russe ». Les meilleurs experts militaires et stratèges du régime tsariste étaient à présent à son service ; parmi eux le fameux Toukhatchevsky [9] que Trotsky nomma commandant général pour l'attaque contre Cronstadt. En outre, il y avait là des hordes de tchékistes, entraînes depuis trois années dans l'art de tuer, des « kursanty » et des communistes, choisis spécialement pour leur obéissance aveugle aux ordres donnés, ainsi que les troupes les plus sûres des divers fronts. Avec une telle force massée face à la ville condamnée, on s'attendait à dompter facilement la « mutinerie ». Surtout depuis que les marins et soldats de la garnison de Petrograd avaient été désarmés et qu'on avait évacué de la zone dangereuse tous ceux qui avaient exprimé leur solidarité avec leurs camarades assiégés. De ma fenêtre de l'hôtel International, je les voyais amenés par petits groupes, encadrés de puissants détachements de troupes tchékistes. Leur pas avait perdu tout ressort, leurs bras pendaient le long du corps, les têtes étaient inclinées tristement.

---

9. Mikhail Toukhatchevsky (1893-1937), ancien officier tsariste, futur maréchal soviétique, exécuté finalement par ordre de Staline, sur des pièces à conviction fabriquées par Hitler.

Les autorités ne craignaient plus les grévistes de Petrograd. Ils étaient affaiblis et réduits par la faim, leur énergie était sapée. Ils étaient démoralisés par les mensonges qu'on faisait courir sur eux et leurs frères de Cronstadt, leur esprit brisé par le poison du doute qui s'infiltrait grâce à la propagande bolchevique. Ils n'avaient plus d'esprit de lutte, ni aucun espoir de pouvoir venir en aide à leurs camarades de Cronstadt qui avaient, sans penser à eux-mêmes, pris fait et cause pour eux, et qui maintenant allaient payer de leur vie.

Cronstadt était abandonné par Petrograd et coupé du reste de la Russie. Il était seul et ne pouvait presque pas offrir de résistance. « Il s'écroulera au premier coup de fusil », proclamait la presse soviétique.

Elle se trompait. Cronstadt n'avait nullement pensé à une « mutinerie » ni à la résistance au gouvernement soviétique. Jusqu'au dernier moment il était décidé à ne pas verser de sang. Il faisait appel tout le temps à un règlement compréhensif et amical. Mais, forcé de se défendre contre la provocation militaire, il se battit comme un lion. Pendant dix jours et dix nuits harassantes, les marins et les soldats de la ville assiégée tinrent bon contre un feu d'artillerie continu, venant de trois côtés, et contre les bombes, lancées par l'aviation sur une population non combattante. Ils repoussèrent héroïquement les tentatives répétées des bolcheviks de prendre d'assaut les forteresses avec les troupes spécialisées venues de Moscou. Trotsky et Toukhatchevsky avaient tous les avantages sur les hommes de Cronstadt. Toute la machinerie de l'État communiste les soutenait et la presse centralisée continuait à répandre du poison contre les prétendus « mutins et contre-révolutionnaires ». Ils avaient des renforts illimités et des hommes, masqués de draps blancs pour se confondre avec la neige du golfe gelé de Finlande, camouflant ainsi l'attaque de nuit contre les hommes de Cronstadt qui ne s'y attendaient pas. Ces derniers n'avaient rien que leur courage indomptable et leur foi immuable dans la justice de leur cause et dans des Soviets libres qu'ils préconisaient comme seuls capables de sauver la Russie de la dictature. Il leur manquait même un brise-glace pour arrêter l'assaut de l'ennemi communiste. Ils étaient exténués par la faim, le froid, les nuits de veille sans sommeil. Pourtant ils tenaient bon, luttant désespérément dans un rapport de forces écrasant.

Pas une voix amicale ne se fit entendre pendant cet effroyable suspense. Pendant les jours et les nuits remplis du tonnerre de l'artillerie lourde, du grondement des canons, il n'y avait personne pour protester ou pour appeler à l'arrêt de ce terrible bain de sang. Gorki... Maxime Gorki... où était-il ? On écouterait sa voix.

« Allons le voir ! » J'intervins auprès de quelques membres de l'« intelligentsia ». Gorki, me disaient-ils, n'avait jamais protesté, même dans des cas graves, individuels, ni dans ceux concernant des membres de sa propre profession, ni même lorsqu'il connaissait l'innocence des hommes condamnés. Il ne protestait pas maintenant. C'était sans espoir.

L'« intelligentsia », les hommes et les femmes qui avaient été une fois les porte-parole révolutionnaires, les maîtres de la pensée, écrivains et poètes, étaient aussi impuissants que nous-mêmes et paralysés par la futilité de chaque effort individuel. La plupart de leurs camarades et amis étaient déjà en prison ou en exil, quelques-uns avaient été exécutés. Ils se sentaient brisés par l'anéantissement de toutes les valeurs humaines.

Je m'adressai aux communistes que nous connaissions. Je les suppliai de faire quelque chose. Quelques-uns se rendaient compte du crime monstrueux que leur parti était en train de commettre contre Cronstadt. Ils admettaient que l'accusation de contre-Révolution était fabriquée de toutes pièces. Le prétendu dirigeant Kozlovsky était une nullité, trop préoccupé de son propre sort pour avoir quoi que ce soit à faire avec une quelconque protestation des marins. Ces derniers étaient de haute qualité, leur seul souci était le bien-être de la Russie. Loin de faire cause commune avec les généraux tsaristes, ils avaient même refusé l'aide que leur offrait Tchernov, le dirigeant des socialistes-révolutionnaires. Ils ne voulaient pas de l'aide de l'extérieur. Ils demandaient le droit pour eux de choisir leurs propres députés dans les prochaines élections pour le Soviet de Cronstadt et justice pour les grévistes de Petrograd.

Les amis communistes passaient des nuits entières avec nous... parlant... parlant... mais aucun d'eux n'osait élever sa voix pour une protestation ouverte. Nous ne nous rendions pas compte des conséquences que cela aurait pour eux, disaient-ils. Ils seraient exclus du parti, on les priverait, eux et leur familles, de travail et de rations, et ils seraient littéralement condamnés à mourir de faim. Ou ils disparaîtraient purement et simplement et personne ne saurait jamais ce qu'ils étaient devenus. Et pourtant, ils nous assuraient que ce n'était pas la peur qui paralysait leur volonté. C'était l'inutilité complète d'une protestation ou d'un appel. Rien, absolument rien, ne pouvait arrêter les rouages de l'État communiste. Ils avaient été écrasés par eux ; ils n'avaient même plus la force de protester.

J'étais obsédée par la terrible appréhension que nous, Sacha et moi, pourrions arriver aussi à cet état, perdant tout ressort et résignés comme eux. Tout était préférable à cela. La prison, l'exil, même la mort ! Ou la fuite ! Fuir cet horrible imposture, ce faux-semblant de Révolution.

L'idée de vouloir quitter la Russie ne m'avait jamais effleurée. J'étais troublée et choquée par cette seule pensée. Abandonner la Russie à son calvaire ! Mais je sentais que je ferais même ce pas, plutôt que de participer à l'engrenage de cette machinerie, que de devenir une chose inanimée qu'on manipule à volonté.

La canonnade de Cronstadt continua sans arrêt durant dix jours et dix nuits, et s'arrêta soudain le matin du 17 mars. Le silence qui couvrait Petrograd était plus redoutable que les tirs incessants de la nuit antérieure. L'agonie de l'attente s'empara de nous tous. Il était impossible de savoir ce qui s'était passé et pourquoi le bombardement avait cessé brusquement. Tard dans l'après-midi la tension cédait la placer à une horreur muette. Cronstadt avait été subjugué. Des dizaines de milliers d'hommes assassinés, la ville noyée dans le sang. La Néva, dont l'artillerie lourde avait brisé la glace, devint la tombe d'une multitude d'hommes : kursanty et jeunes communistes. Les héroïques marins et soldats avaient défendu leurs positions jusqu'au dernier souffle. Ceux qui n'avaient pas eu la chance de mourir en combattant tombaient entre les mains de l'ennemi pour être exécutés ou envoyés à la lente torture des régions glacées du Nord de la Russie.

Nous étions foudroyés. Sacha, ayant perdu le dernier fil de sa foi en les bolcheviks, errait avec désespoir dans les rues. J'avais du plomb dans les membres, une fatigue immense dans chaque nerf. Assis, inerte, je regardais la nuit (...)

Le lendemain, 18 mars, encore à moitié endormie, après le manque de sommeil pendant dix-sept journées d'angoisse, j'étais réveillée par le bruit de nombreux pas. Les communistes passaient en marchant au pas, des musiques jouaient des marches militaires et on chantait l'*Internationale*. Ces accents, jadis si jubilants à mon oreille, sonnèrent maintenant comme un chant funèbre pour l'espérance ardente de l'humanité.

Dix-huit mars : anniversaire de la Commune de Paris de 1871, écrasée deux mois plus tard par Thiers et Gallifet, les bouchers de trente mille communards ! Imités à Cronstadt, le 18 mars 1921.

La véritable signification de cette « liquidation » de Cronstadt fut révélée par Lénine, lui-même, trois jours après l'épouvante. Au dixième congrès du parti communiste, qui se tenait à Moscou, pendant le siège de Cronstadt, Lénine changea inopinément son cantique communiste inspiré, contre un psaume, tout autant inspiré, sur la Nouvelle Politique Économique. Commerce libre, concessions aux capitalistes, embauche libre pour le travail à la campagne et dans les usines, toutes choses condamnées pendant plus de trois ans comme significatives de la contre-Révolution, et punies par la prison ou même par la mort, étaient maintenant inscrites par Lénine au glorieux drapeau de la dictature.

Effrontément, comme toujours, il admit ce que des gens sincères et réfléchis, dans le parti et à l'extérieur de celui-ci, avaient su pendant dix-sept jours, à savoir que « les hommes de Cronstadt ne voulaient pas des contre-révolutionnaires. Mais ils ne voulaient pas non plus de nous ! » Les marins naïfs avaient pris au sérieux la devise de la Révolution : « Tout le pouvoir aux Soviets ! », à laquelle Lénine et son parti avaient promis solennellement de rester fidèles. Telle avait été la faute impardonnable des hommes de Cronstadt ! Pour cela il fallait qu'ils meurent. Ils devaient devenir des martyrs pour féconder la terre pour la nouvelle récolte de slogans de Lénine, qui annulait complètement les anciens. Le chef-d'œuvre était la Nouvelle Politique Économique : la N. E. P. [10].

La confession publique de Lénine au sujet de Cronstadt n'arrêta pas pour autant la chasse aux marins, soldats et ouvriers de la cité vaincue. Ils furent arrêtés par centaines et la Tchéka s'occupait au « tir à la cible ».

---

10. N. E. P., Nouvelle Politique Économique décidée par Lénine après l'échec du « communisme de guerre » et qui visait à rétablir, dans une certaine mesure, l'initiative privée.

Il était curieux de constater que les anarchistes ne furent pas mentionnés à l'occasion de la « mutinerie » de Cronstadt. Mais au dixième congrès Lénine avait déclaré qu'une guerre sans merci devait être déclenchée contre la « petite bourgeoisie », y compris les éléments anarchistes. La tendance anarcho-syndicaliste de l'opposition ouvrière [11] démontrait que cette tendance s'était développée dans le parti communiste lui-même, avait-il précisé. L'appel aux armes contre les anarchistes, lancé par Lénine, trouva un écho immédiat. Les groupes de Petrograd furent razziés et un grand nombre de leurs membres arrêtés. En outre, la Tchéka fermait l'imprimerie et les bureaux où se publiait le *Golos Truda*, qui appartenaient à la branche anarcho-syndicaliste de nos rangs.

Nous avions acheté nos billets pour nous rendre à Moscou, avant que cela se passe. Quand nous apprîmes les arrestations en masse, nous décidâmes de rester encore un peu plus longtemps, pour le cas où nous serions recherchés. On ne se dérangeait pourtant pas ; peut-être parce qu'il était nécessaire d'avoir quelques célébrités anarchistes en liberté, pour démontrer au monde que seulement les « bandits » se trouvaient dans les prisons soviétiques.

À Moscou nous trouvâmes tous les anarchistes, sauf une demi-douzaine, arrêtés. Aucune accusation n'avait pourtant été formulée contre nos camarades ; ils n'avaient pas été entendus, ni jugés. Malgré cela un certain nombre d'entre eux avaient été déjà envoyés au pénitencier de Samara. Ceux qui se trouvaient encore dans les prisons de Boutirky ou Taganka étaient soumis à la pire persécution et même à la violence. Ainsi, un de nos garçons, le jeune Kashirine, avait été battu par un tchékiste, en présence des gardiens de la prison. Maximoff [12] et d'autres anarchistes qui avaient combattu sur les fronts révolutionnaires, et qui étaient

11. Tendance du Parti bolchevik dirigée par Chliapnikoff et Alexandra Kollontaï, condamnée au Xe congrès du Parti.

12. Gregori Petrovich Maximoff (1893-1950), devenu anarchiste, en Russie, à la lecture de Kropotkine ; collabora au journal *Golos Truda ;* porte-parole de la tendance anarcho-syndicaliste pendant la Révolution russe, il dut quitter son pays natal en 1922 pour Berlin, où il milita dans l'Association internationale des travailleurs, puis Paris ; émigra ensuite aux États-Unis, en 1925, où il édita des journaux anarchistes en russe et publia en anglais un des meilleurs livres sur la Révolution russe du point de vue anarchiste : *Twenty Years of Terror in Russia*, 1940 ; — *Le Mythe bolchevique (1920-1921)* (voir page suivante) sera le titre d'une brochure publiée par Berkman en anglais en 1922.

connus et estimés par de nombreux communistes, avaient été obligés de déclencher une grève de la faim pour protester contre les horribles conditions de détention.

La première chose qu'on nous demanda de faire, lors de notre retour à Moscou, fut de signer un manifeste adressé aux autorités soviétiques, dénonçant les tactiques concertées pour exterminer nos camarades.

Nous le fîmes bien sûr. Sacha était maintenant aussi convaincu que moi que des protestations de la part d'une poignée de politiques, encore en liberté à l'intérieur de la Russie, étaient complètement vaines et inutiles. D'autre part, aucune action efficace ne pouvait être attendue des masses russes, même s'il nous avait été possible d'entrer en contact avec elles. Des années de guerre, de luttes civiles, de souffrances avaient sapé leur vitalité, et la terreur les avait rendues muettes et soumises.

Notre espoir était l'Europe et les États-Unis, disait Sacha. Le temps était venu de faire connaître aux travailleurs à l'étranger la trahison honteuse d'Octobre. La conscience éveillée du prolétariat et des autres éléments libéraux et radicaux dans chaque pays devait former une puissante protestation contre cette impitoyable persécution. Cela seul pourrait arrêter la main de la dictature. Rien d'autre.

Le martyre de Cronstadt avait déjà eu cet effet sur mon ami : il avait détruit les derniers vestiges du *mythe bolchevique*. Non seulement Sacha, mais aussi les autres camarades qui avaient antérieurement défendu les méthodes communistes comme inévitables dans une période révolutionnaire, avaient été forcés de découvrir l'abîme entre Octobre et la dictature.

Résolution de la réunion générale de la 1re et de la 2e escadre de la flotte de la Baltique, tenue à Cronstadt

1er mars 1921

Après avoir entendu les rapports des représentants envoyés à Petrograd par la réunion générale des équipages pour y examiner la situation.

L'assemblée décide qu'il faut :

Étant donné que les Soviets actuels n'expriment pas la volonté des ouvriers et des paysans,

1. Procéder immédiatement à la réélection des Soviets au moyen du vote secret. La campagne électorale parmi les ouvriers et les paysans devra se dérouler en pleine liberté de parole et d'action ;

2. Établir la liberté de parole et de presse pour tous les ouvriers et paysans, pour les anarchistes et pour les partis socialistes de gauche [13] ;

---

13. Il faut avoir connu Cronstadt pour comprendre le vrai sens de cette clause. En effet, elle a l'air de vouloir limiter la liberté de parole et de presse car elle ne l'exige que pour les courants d'extrême gauche. La résolution le fait uniquement pour enlever d'avance toute possibilité de se méprendre sur le vrai caractère du mouvement.

Dès le début de la Révolution, aussitôt après les tout premiers jours où avait coulé le sang des officiers trop zélés, Cronstadt réalisa les libertés les plus larges. Les citoyens n'étaient gênés en rien, quelles que fussent leurs convictions. Seuls quelques tsaristes invétérés restèrent en prison. Mais dès que l'accès de colère spontanée fut passé, dès que la raison commença à l'emporter sur l'instinct de conservation, on souleva dans les réunions la question de l'élargissement de tous les emprisonnés, tant le peuple de Cronstadt haïssait les prisons. On envisagea de donner la liberté à tous les emprisonnés, mais dans l'enceinte de la ville seulement : à Cronstadt les menées réactionnaires ne pouvaient avoir aucun

3. Accorder la liberté de réunion aux syndicats et aux organisations paysannes ;

4. Convoquer en dehors des partis politiques une conférence des ouvriers, soldats rouges et marins de Petrograd, de Cronstadt et de la province de Petrograd pour le 10 mars 1921 au plus tard ;

5. Elargir tous les prisonniers politiques socialistes et aussi tous les ouvriers, paysans, soldats rouges et marins, emprisonnés à la suite des mouvements ouvriers et paysans ;

6. Elire une commission aux fins d'examiner les cas de ceux qui se trouvent dans les prisons et les camps de concentration ;

7. Abolir les « offices politiques », car aucun parti politique ne doit avoir des privilèges pour la propagande de ses idées, ni recevoir de l'État des moyens pécuniaires dans ce but. Il faut instituer à leur place des commissions d'éducation et de culture, élues dans chaque localité et financées par le gouvernement ;

8. Abolir immédiatement tous les barrages [14] ;

9. Uniformiser les rations pour tous les travailleurs, excepté pour ceux qui exercent des professions dangereuses pour la santé ;

10. Abolir les détachements communistes de choc dans toutes les unités de l'armée ; de même pour la garde communiste dans les fabriques et usines. En cas de besoin les corps de garde pourront être désignés dans l'armée par les compagnies et dans les usines et fabriques par les ouvriers eux-mêmes ;

11. Donner aux paysans la pleine liberté d'action en ce qui concerne leurs terres et aussi le droit de posséder du bétail, à condition qu'ils s'acquittent de leur tâche eux-mêmes, c'est-à-dire sans avoir recours au travail salarié ;

---

succès, mais les marins ne se considéraient pas en droit de fournir des contre-révolutionnaires à d'autres localités. Les agissements de Kerensky provoquèrent une nouvelle vague de colère et le projet fut abandonné. Mais ce sursaut de mauvaise humeur fut le dernier. À partir de ce moment, Cronstadt ne connut pas un seul cas de persécution pour des idées. Toutes les thèses pouvaient y circuler librement. La tribune de la place de l'Ancre était ouverte à tout le monde. (Note de Voline.)

14. Il s'agit des détachements armés autour des villes. Leur but officiel était de supprimer le commerce illicite et de confisquer les vivres et autres produits. L'irresponsabilité et l'arbitraire de ces « barrages » étaient devenus proverbiaux dans le pays. Fait piquant : le gouvernement supprima ces détachements la veille de son attaque contre Cronstadt. On cherchait ainsi à tromper et à endormir le prolétariat de Petrograd. (Note de Voline.)

12. Désigner une commission ambulante de contrôle ;

13. Autoriser le libre exercice de l'artisanat, sans emploi d'un travail salarié ;

14. Nous demandons à toutes les unités de l'armée et aussi aux camarades « kursanty » militaires de se joindre à notre résolution ;

La résolution est adoptée à l'unanimité par la réunion des équipages de l'escadre. Deux personnes se sont abstenues.

Signé : *Petritchenko*, président de la réunion ; *Perepelkine*, secrétaire.

Le journal officiel de l'insurrection

(extraits des *Izvestia* de Cronstadt [15])

Et tout d'abord, voici quelques manchettes :

Tout le pouvoir aux Soviets et non aux partis !

Le pouvoir des Soviets libérera les travailleurs des champs du joug des communistes.

Lénine dit : « Le communisme, c'est le pouvoir des Soviets plus l'électrification », mais le peuple a constaté que le communisme bolchevique c'était l'absolutisme des commissaires plus les fusillades.

Les Soviets, et non pas la Constituante, sont le rempart des travailleurs.

Vive Cronstadt rouge avec le pouvoir des Soviets libres !

Le premier coup de feu de Trotsky est le signal de détresse des communistes.

[N° 1, 3, MARS 1921]

À LA POPULATION DE LA FORTERESSE ET DE LA VILLE DE CRONSTADT

Camarades et citoyens, notre pays traverse une période difficile. Voici déjà trois ans que la famine, le froid et le chaos écono-

---

15. Ce journal avait existé bien antérieurement à l'insurrection de mars 1921. La traduction complète des numéros du journal parus pendant l'insurrection a été publiée par les Éditions Bélibaste (*La Commune de Cronstadt*, 1969).

mique nous enserrent dans un étau terrible. Le parti communiste, qui gouverne le pays, s'est détaché des masses et s'est révélé impuissant à les sortir d'un état de débâcle générale. Le parti n'a tenu aucun compte des troubles qui ont eu lieu, ces temps derniers, à Petrograd et à Moscou, et qui ont démontré clairement qu'il a perdu la confiance des masses ouvrières. Il n'a tenu, non plus, aucun compte des revendications formulées par les ouvriers. Il considère tout cela comme des menées de la contre-Révolution. Il se trompe profondément.

Ces troubles, ces revendications, c'est la voix du peuple entier, de tous ceux qui travaillent. Tous les ouvriers, marins et soldats rouges voient nettement aujourd'hui que seuls les efforts communs, seule la volonté commune des travailleurs, pourront donner au pays du pain, du bois et du charbon, pourront vêtir et chausser le peuple, pourront sortir la République de l'impasse où elle se trouve.

Cette volonté de tous les travailleurs, soldats rouges et marins s'est manifestée nettement au grand meeting de notre ville, le mardi 1er mars. Le meeting vota à l'unanimité une résolution des équipages des 1re et 2e escadres.

L'une des décisions adoptées fut celle de procéder immédiatement aux réélections du Soviet.

Afin d'établir pour ces réélections des bases plus justes, de sorte que la représentation des travailleurs au Soviet soit effective et que le Soviet soit un organe actif et énergique, des délégués de toutes les organisations de la marine, de la garnison et des ouvriers se réunirent le 2 mars à la Maison d'éducation. Cette réunion devait élaborer les bases des nouvelles élections et commencer ensuite un travail positif et pacifique, travail de réorganisation du système soviétique.

Or, puisqu'on avait des raisons de craindre une répression, et aussi à la suite des discours menaçants des représentants du pouvoir, la réunion décida de créer un Comité révolutionnaire provisoire et de lui donner pleins pouvoirs quant à l'administration de la ville et de la forteresse.

Le Comité provisoire a son siège sur le navire de ligne *Petropavlovsk*.

Camarades et citoyens ! Le Comité provisoire se préoccupe surtout de ce qu'il n'y ait pas d'effusion de sang. Il a employé tous les efforts pour maintenir l'ordre révolutionnaire dans la ville, dans la forteresse et dans les forts.

Camarades et citoyens ! N'arrêtez pas votre travail. Ouvriers, restez à vos machines. Marins et soldats, n'abandonnez pas vos postes. Tous les employés, toutes les institutions doivent continuer le travail.

Le Comité révolutionnaire provisoire exhorte toutes les organisations ouvrières, tous les syndicats maritimes et autres, toutes les unités de mer et de terre, ainsi que tous les citoyens individuellement à lui prêter leur aide.

Sa mission est d'assurer, en coopération fraternelle avec nous, les conditions nécessaires pour les élections justes et honnêtes du nouveau Soviet.

Donc, camarades, de l'ordre, du calme, du sang-froid ! Tous au travail socialiste honnête, pour le bien de tous les travailleurs !

Cronstadt, le 2 mars 1921.

Signé : *Petritchenko*, président du Comité révolutionnaire provisoire ; *Toukine*, secrétaire.

La radio de Moscou

Nous publions le radiogramme suivant, lancé par l'agence « Rosta » de Moscou et intercepté par la station de T.S.F. du *Petropavlovsk :*

À la lutte contre la conspiration blanc-gardiste !

La mutinerie de l'ex-général Kozlovsky et du navire *Petropavlovsk* a été organisée par les espions de l'Entente, comme cela s'est produit pour de nombreux autres complots antérieurs. Cela se voit à la lecture du journal bourgeois français *Le Matin* qui, deux semaines avant la révolte de Kozlovsky, publia le télégramme suivant d'Helsingfors : « On mande de Petrograd qu'à la suite de la rébellion de Cronstadt, les autorités militaires bolcheviques ont pris des mesures afin d'isoler Cronstadt et d'empêcher que les soldats et marins de Cronstadt s'approchent de Petrograd. Le ravitaillement de Cronstadt est interdit jusqu'à nouvel ordre. »

Il est clair que la sédition de Cronstadt a été dirigée par Paris, que le contre-espionnage français y est mêlé. Toujours la même histoire. Les socialistes-révolutionnaires, dirigés de Paris, tramèrent la rébellion contre le gouvernement soviétique, et à peine leurs préparatifs terminés, le véritable maître, un général tsariste, fit son apparition. L'histoire de Koltchak, qui tenta de rétablir le pouvoir avec l'aide des socialistes-révolutionnaires, se répète une fois de plus. Tous les ennemis des travailleurs, des généraux tsaristes aux socialistes-révolutionnaires inclus, essaient de spéculer sur la faim et sur le froid. Naturellement, cette rébellion des généraux et des socialistes-révolutionnaires sera vite réprimée, et le général Kozlovsky et ses acolytes subiront le sort de Koltchak.

Mais il est hors de doute que le filet d'espionnage de l'Entente n'est pas jeté seulement sur Cronstadt. Ouvriers et soldats rouges, déchirez ce filet ! Démasquez les insinuateurs et les provocateurs ! Il vous faut du sang-froid, la maîtrise de vous-même, de la vigilance. N'oubliez pas que le vrai moyen de sortir des difficultés alimentaires et autres, momentanées mais certes pénibles, est un travail intense en bonne entente et non pas des excès insensés qui ne peuvent qu'augmenter la misère pour la plus grande joie des ennemis maudits des travailleurs.

Nous portons à la connaissance de tous le texte d'une proclamation, lancée sur Cronstadt du haut d'un avion communiste. Les citoyens n'éprouveront que du mépris pour cette calomnie provocatrice.

« À ceux de Cronstadt, trompés :

« Voyez-vous maintenant où les vauriens vous ont menés ? Voilà où vous en êtes ! Les crocs gourmands des anciens généraux tsaristes apparaissent déjà derrière le dos des socialistes-révolutionnaires et des mencheviks. Tous ces Petritchenko et autres Toukine sont maniés comme des pantins par le général tsariste Kozlovsky, les capitaines Borkser, Kostromitinoff, Chirmanovsky et autres blancs-gardistes avérés. On vous trompe ! On vous disait que vous luttiez pour la démocratie. Deux jours à peine sont écoulés, et vous voyez qu'en réalité vous luttez non pas pour la démocratie, mais pour des généraux tsaristes. »

[N° 2, 4 MARS 1921]
À LA POPULATION DE LA VILLE DE CRONSTADT

Citoyens ! Cronstadt commence une âpre lutte pour la liberté. À tout instant, on peut s'attendre à une offensive des communistes dans le but de s'emparer de Cronstadt et de nous imposer à nouveau leur pouvoir qui nous a conduits à la famine, au froid et à la débâcle économique.

Tous, jusqu'au dernier, nous défendrons avec force et fermeté la liberté conquise. Nous nous opposerons au dessein de s'emparer de Cronstadt. Et si les communistes tentent de le faire par la force des armes, nous riposterons par une digne résistance.

Le Comité révolutionnaire provisoire exhorte la population à ne pas s'émouvoir au cas où elle entendrait une fusillade.

Le calme et le sang-froid nous apporteront la victoire.

Le Comité révolutionnaire provisoire.

NOTE

Le Comité révolutionnaire provisoire tient à démentir les bruits suivant lesquels les communistes arrêtés subiraient des violences. Les communistes arrêtés sont en complète sécurité.

Sur plusieurs communistes arrêtés, une partie a été, d'ailleurs, remise en liberté. Un représentant du parti communiste fera partie de la commission chargée d'enquêter sur les motifs d'arrestations. Les camarades communistes : Iliine, Kabanoff et Pervouchine se sont adressés au Comité révolutionnaire et ont été autorisés à rendre visite aux détenus sur le navire *Petropavlovsk*. Ce que ces camarades confirment en apposant ici leurs signatures.

Signé : Iliine, Kabanoff, Pervouchine. — Pour copie conforme, signé : N. Arhipoff, membre du Comité révolutionnaire. — Pour le secrétaire, signé : P. Bogdanoff.

[N° 3, 5 MARS 1921]
VAINCRE OU MOURIR

Une réunion des délégués. — Hier, 4 mars, à 6 heures du soir, a eu lieu, au Club de la garnison, une réunion des délégués des unités militaires et des syndicats, convoqués pour compléter le Comité révolutionnaire provisoire par l'élection d'autres membres, et pour entendre des rapports sur les événements en cours.

220 délégués, venus pour la plupart directement du lieu de leur travail, assistèrent à la réunion.

Le marin Petritchenko, président, déclara que le Comité révolutionnaire provisoire, surchargé de travail, devait être complété au moins par dix nouveaux membres.

Sur vingt candidats proposés, la réunion élut à une majorité écrasante de voix les camarades : Verchinine, Perepelkine, Koupoloff, Ossossoff, Valk, Romanenko, Pavloff, Baïkoff, Patroucheff et Kilgast.

Les nouveaux membres prirent place au bureau.

Ensuite Petritchenko, président du Comité révolutionnaire provisoire, présenta un rapport détaillé sur l'activité du Comité depuis son élection à ce jour.

Le camarade Petritchenko souligna que la garnison entière de la forteresse et des navires était prête au combat, le cas échéant. Il constata le grand enthousiasme qui animait toute la population laborieuse de la ville : ouvriers, marins et soldats rouges.

Des applaudissements frénétiques accueillirent les nouveaux élus et le rapport du président.

La réunion passa ensuite aux affaires courantes.

Il s'est révélé que la ville et la garnison sont suffisamment pourvues de vivres et en combustibles.

On examina la question de l'armement des ouvriers.

Il a été décidé que tous les ouvriers sans exception seront armés et chargés de la garde à l'intérieur de la ville, car tous les marins et soldats désiraient prendre leur place dans les détachements de combat. Cette décision souleva une approbation enthousiaste aux cris de : « La victoire ou la mort ! »

On décida ensuite de réélire, dans un délais de trois jours, les commissions administratives de tous les syndicats et aussi le conseil des syndicats. Ce dernier devra être l'organe ouvrier dirigeant et se trouver en contact permanent avec le Comité révolutionnaire provisoire.

Ensuite, des camarades marins qui avaient pu s'échapper, avec beaucoup de risques, de Petrograd, de Strelna, de Peterhof et d'Oranienbaum, firent des rapports d'information.

Ils constatèrent que la population et les ouvriers de toutes ces localités étaient maintenus par les communistes dans une ignorance totale de ce qui se passait à Cronstadt. Partout, des bruits étaient répandus qui disaient que des gardes blancs et des généraux opéraient à Cronstadt.

Cette communication souleva une hilarité générale.

Ce qui égaya encore plus la réunion, fut la lecture d'une sorte de « Manifeste » diffusé à Cronstadt par un avion communiste.

« Eh oui ! cria-t-on. Nous avons ici un seul général : le commissaire de la flotte baltique, Kouzmine ! Et même, celui-ci est arrêté ! »

La réunion se termina par des vœux et des manifestations d'enthousiasme, démontrant la décision unanime et ferme de vaincre ou de mourir.

[N° 4, 6 MARS 1921]
ÉDITORIAL

Les mains calleuses des marins et des ouvriers de Cronstadt ont arraché le gouvernail des mains des communistes et se sont emparées de la barre.

Le navire du pouvoir soviétique sera conduit d'une manière alerte et sûre vers Petrograd d'où ce pouvoir des mains calleuses devra s'étendre sur la Russie malheureuse.

Mais, camarades, prenez garde !

Décuplez votre vigilance, car la route est semée d'écueils. Un coup de barre imprudent, et votre navire, avec sa charge si précieuse pour vous, celle de la construction sociale, peut s'échouer sur un rocher.

Camarades, surveillez de près les abords du gouvernail : les ennemis cherchent déjà à l'approcher. Une seule faute, et ils vous arracheront le gouvernail, et le navire soviétique pourra couler sous le rire triomphal des laquais tsaristes et des valets de la bourgeoisie.

Camarades, en ce moment vous vous réjouissez de la grande et pacifique victoire sur la dictature des communistes. Or, vos ennemis s'en réjouissent aussi.

Les raisons de cette joie, chez vous et chez eux, sont opposées.

Vous êtes animés d'un désir ardent de rétablir le véritable pouvoir des Soviets, d'un noble espoir de voir l'ouvrier exercer un travail libre et le paysan jouir du droit de disposer, sur sa terre, des produits de son travail. Eux, ils rêvent de rétablir le knout du tsarisme et les privilèges des généraux.

Vos intérêts sont différents. Ils ne sont pas vos compagnons de route.

Vous aviez besoin de vous débarrasser du pouvoir des communistes pour vous mettre au travail créateur et à la construction pacifique. Eux, ils veulent renverser ce pouvoir pour que les ouvriers et les paysans redeviennent leurs esclaves.

Vous recherchez la liberté. Eux, ils veulent vous enchaîner à leur manière.

Soyez vigilants ! Ne laissez pas les loups sous une peau d'agneau s'approcher du gouvernail.

Appel radiodiffusé

À tous... à tous... à tous...

Camarades ouvriers, soldats rouges et marins !

Ici, à Cronstadt, nous savons combien vous souffrez, vous-mêmes, vos femmes et vos enfants affamés, sous le joug de la dictature des communistes.

Nous avons jeté bas le Soviet communiste. Dans quelques jours, notre Comité révolutionnaire provisoire procédera aux élections du nouveau Soviet, lequel, élu librement, reflétera bien la volonté de toute la population laborieuse et de la garnison, et non celle d'une poignée de fous « communistes ».

Notre cause est juste. Nous sommes pour le pouvoir des Soviets et non des partis. Nous sommes pour l'élection libre des représentants des masses laborieuses. Les Soviets falsifiés, accaparés et manipulés par le parti communiste, ont toujours été sourds à nos besoins et à nos demandes ; la seule réponse que nous avons reçue fut la balle assassine.

Actuellement, la patience des travailleurs étant à bout, on veut vous fermer la bouche à l'aide d'aumônes ; par ordre de Zinoviev, les barrages sont supprimés dans la province de Petrograd et Moscou assigne dix millions de roubles-or pour l'achat à l'étranger des vivres et des objets de première nécessité. Mais nous savons que le prolétariat de Petrograd ne se laissera pas acheter avec ces aumônes. Par-dessus les têtes des communistes, Cronstadt révolutionnaire vous tend la main et vous offre son aide fraternelle.

Camarades ! Non seulement on vous trompe, mais on dénature imprudemment la vérité, on s'abaisse jusqu'à la dissimulation la plus vile. Camarades, ne vous laissez pas faire !

À Cronstadt le pouvoir est exclusivement entre les mains des marins, des soldats et des ouvriers révolutionnaires, et non entre celles de « contre-révolutionnaires dirigés par un Kozlovsky », comme essaie de vous le faire croire la radio mensongère de Moscou.

Ne tardez pas, camarades ! Unissez-vous à nous ! Entrez en contact avec nous ! Exigez que vos délégués sans parti soient autorisés à venir à Cronstadt. Eux seuls pourront vous dire la vérité et démasquer l'abjecte calomnie sur « le pain finlandais » et les menées de l'Entente.

Vive le prolétariat révolutionnaire des villes et des champs !

Vive le pouvoir des Soviets librement élus !

Une lettre

Camarades communistes de la base ! Regardez autour de vous et vous verrez que nous sommes embourbés dans un terrible marécage. Nous y avons été conduits par une poignée de « communistes » bureaucrates qui, sous le masque de communistes, se sont arrangés des nids bien chauds dans notre République.

Comme communiste, je vous en supplie : débarrassez-vous de ces faux « communistes » qui vous poussent vers le fratricide. C'est grâce à eux que nous autres, communistes de la base, qui ne sommes responsables de rien, nous subissons les reproches de nos camarades ouvriers et paysans sans parti.

Je suis effrayé de la situation actuelle.

Est-il possible que le sang de nos frères coule pour les intérêts de ces « communistes bureaucrates ? »

Camarades, revenez au bon sens ! Ne vous laissez pas faire par ces « communistes » bureaucrates qui vous provoquent et vous poussent à la boucherie. Mettez-les à la porte ! Un vrai communiste ne doit pas imposer son idée, mais marcher avec toute la masse laborieuse, dans ses rangs mêmes.

Rojkali, membre du parti communiste russe (bolch.).

[N° 5, 7 MARS 1921]
ÉDITORIAL

Le « feld-maréchal » Trotsky menace Cronstadt tout entier, libre et révolutionnaire, révolté contre l'absolutisme des commissaires communistes.

Les travailleurs, qui ont jeté bas le joug honteux de la dictature du parti communiste, sont menacés par ce nouveau genre de Trepoff [16] d'une débâcle militaire. Il promet de bombarder la population pacifique de Cronstadt. Il répète l'ordre de l'autre : « Pas d'économie de balles ! » Il doit en avoir en quantité pour les marins, les ouvriers et les soldats rouges révolutionnaires.

LES POURPARLERS AU SUJET D'UNE DÉLÉGATION

Le Comité révolutionnaire provisoire a reçu de Petrograd le radiotélégramme suivant :

« Faites savoir par radio à Petrograd si l'on peut envoyer de Petrograd à Cronstadt quelques délégués du Soviet pris parmi les sans-parti et des membres du parti, pour savoir de quoi il s'agit. »

---

16. F. Trepoff, l'un des plus féroces généraux du tsar Nicolas II, célèbre par son ordre aux troupes lors des troubles de 1905 : « Pas d'économie de balles ! » (Note de Voline.)

Le Comité révolutionnaire provisoire répondit immédiatement par radio :

Radiotélégramme au Soviet de Petrograd. — Ayant reçu la radio du Soviet de Petrograd demandant « si l'on peut envoyer de Petrograd à Cronstadt quelques délégués du Soviet pris parmi les sans-parti et des membres du parti, pour savoir de quoi il s'agit », nous vous informons que :

Nous n'avons pas confiance dans l'indépendance de vos sans-parti.

Nous proposons d'élire, en présence d'une délégation des nôtres, des délégués sans parti des usines, des unités rouges et des marins. Vous pouvez y ajouter quinze pour cent de communistes. Il est désirable d'avoir la réponse indiquant la date d'envoi des représentants de Cronstadt à Petrograd et des délégués de Petrograd à Cronstadt le 6 mars, à 18 heures. En cas d'impossibilité de répondre dans ce délai, nous demandons d'indiquer votre date et les motifs du retard.

Les moyens de déplacement devront être assurés à la délégation de Cronstadt.

Le Comité révolutionnaire provisoire.

Nous n'exerçons pas la vengeance

L'oppression des masses laborieuses par la dictature communiste a produit une indignation et un ressentiment parfaitement naturels parmi la population. Comme conséquence de cet état de choses, quelques personnes apparentées aux communistes furent boycottées ou congédiées. Ceci ne doit plus se produire. Nous ne cherchons pas la vengeance : nous défendons nos intérêts ouvriers. Il faut agir avec sang-froid et éliminer uniquement ceux qui, par le sabotage ou par une campagne calomniatrice, empêchent la restauration du pouvoir et des droits des travailleurs.

Un fort est solidaire

Nous, soldats de l'Armée rouge du fort de « Krasnoarmeietz », sommes corps et âme avec le Comité révolutionnaire. Nous défendrons jusqu'au dernier moment le Comité, les ouvriers et les paysans.

Que personne ne croie aux mensonges des proclamations communistes lancées par les avions. Nous n'avons ici ni généraux ni seigneurs. Cronstadt a toujours été la ville des ouvriers et des paysans, et elle continuera de l'être.

Les communistes disent que nous sommes menés par des espions. C'est un mensonge effronté. Nous avons toujours défendu les libertés conquises par la Révolution, et nous les défendrons toujours. Si l'on veut s'en persuader, qu'on nous envoie une délégation. Et quant aux généraux, ils sont au service des communistes. Au moment actuel, quand le sort du pays est en jeu, nous qui avons pris le pouvoir en main et avons remis le commandement suprême au Comité révolutionnaire, déclarons à la garnison entière et à tous les travailleurs que nous sommes prêts à mourir pour la liberté du peuple laborieux. Libérés du joug communiste et de la terreur de ces trois années, nous préférons mourir plutôt que de reculer d'un seul pas.

Le détachement du fort de Krasnoarmeietz.

[N° 6, 8 MARS 1921]
PREMIER « COMMUNIQUÉ »

À 6 h 45 du soir, les batteries des communistes à Sestroretsk et à Lissy Noss ont, les premières, ouvert le feu contre les forts de Cronstadt.

Les forts relevèrent le défi et, rapidement, réduisirent les batteries au silence.

Ce fut ensuite la Krasnaïa Gorka qui ouvrit le feu. Elle reçut une digne réponse du navire de ligne *Sebastopol*.

Une canonnade espacée continue.

De notre côté, deux soldats rouges ont été blessés et admis à l'hôpital.

Aucun dégât matériel.

Cronstadt, le 7 mars 1921.

Le premier coup de feu

Ils ont commencé à bombarder Cronstadt. Eh bien ! nous sommes prêts ! Mesurons nos forces !

Ils ont hâte d'agir. On le comprend ; malgré tous les mensonges des communistes, les travailleurs russes commencent à comprendre la grandeur de l'œuvre de libération, entamée par Cronstadt révolutionnaire après trois ans d'esclavage.

Les bourreaux sont inquiets. La Russie soviétique, victime de leur terrible aberration, s'échappe de leur prison. Et, du même coup, ils sont obligés de renoncer à leur domination sur le peuple travailleur. Le gouvernement des communistes lance le signal de détresse. Les huit jours d'existence de Cronstadt libre prouvent leur impuissance.

Encore un peu, et une digne réponse de nos glorieux navires et nos forts révolutionnaires fera couler le bateau des pirates soviétiques, forcés d'accepter le combat avec Cronstadt révolutionnaire battant le pavillon : « Le pouvoir aux Soviets et non aux partis. »

Que le monde sache !

À tous... À tous... À tous...

Le premier coup de canon vient d'être tiré. Le « feld-maréchal » Trotsky, taché de sang des ouvriers, fut le premier à tirer sur Cronstadt révolutionnaire qui se leva contre l'autocratie des communistes afin de rétablir le véritable pouvoir des Soviets.

Sans avoir répandu une seule goutte de sang, nous nous sommes libérés, nous soldats rouges, marins et ouvriers de Cronstadt, du joug des communistes. Nous avons laissé la vie à ceux des leurs qui étaient parmi nous. Ils veulent maintenant nous imposer à nouveau leur pouvoir, par la menace des canons.

Ne voulant aucune effusion de sang, nous avons demandé que fussent envoyés ici des délégués sans parti du prolétariat de Petrograd pour qu'ils puissent se rendre compte que Cronstadt combat pour le pouvoir des Soviets. Mais les communistes cachèrent notre demande aux ouvriers de Petrograd et ouvrirent le feu : réponse habituelle du prétendu gouvernement ouvrier et paysan aux demandes des masses laborieuses.

Que les ouvriers du monde entier sachent que nous, défenseurs du pouvoir des Soviets, veillerons aux conquêtes de la Révolution sociale.

Nous vaincrons ou nous périrons sous les ruines de Cronstadt, en luttant pour la juste cause des masses ouvrières.

Les travailleurs du monde entier seront nos juges. Le sang des innocents retombera sur la tête des communistes, fous furieux enivrés par le pouvoir.

Vive le pouvoir des Soviets !

Le Comité révolutionnaire provisoire.

Cronstadt libéré aux ouvrières du monde

Ce jour est un jour de fête universelle : le jour de l'ouvrière. Nous, ceux de Cronstadt, envoyons, au milieu du fracas des canons et des explosions des obus tirés par les communistes ennemis du peuple laborieux, nos fraternels saluts aux ouvrières du monde : saluts de Cronstadt Rouge révolutionnaire et libre.

Nous désirons que vous réalisiez bientôt votre émancipation libre de toute forme de violence et d'oppression.

Vivent les libres ouvrières révolutionnaires !

Vive la Révolution sociale mondiale !

Le Comité révolutionnaire provisoire.

Cronstadt est calme

Hier, le 7 mars, les ennemis des travailleurs, les communistes, ont ouvert le feu contre Cronstadt.

La population accueillit le bombardement vaillamment. Les ouvriers coururent aux armes avec un bel élan ! On voyait bien que la population laborieuse de la ville vivait en parfait accord avec son Comité révolutionnaire provisoire.

Malgré l'ouverture des hostilités, le Comité jugea inutile de proclamer l'état de siège. En effet, qui aurait-il à craindre ? Certes, pas ses propres soldats rouges, ni ses marins, ni ses ouvriers ou intellectuels ! Par contre, à Petrograd, en raison de l'état de siège proclamé, on n'est autorisé à sortir seulement que jusqu'à 7 heures. Cela se comprend : les imposteurs ont à craindre leur propre population laborieuse.

Les buts pour lesquels nous combattons

En faisant la Révolution d'Octobre, la classe ouvrière avait espéré obtenir son émancipation. Mais il en résulta un esclavage encore plus grand de l'individualité humaine.

Le pouvoir de la monarchie policière passa aux mains des usurpateurs, les communistes, qui, au lieu de laisser la liberté au peuple, lui réservèrent la peur des geôles de la Tchéka, dont les horreurs dépassent de beaucoup les méthodes de la gendarmerie tsariste.

Au bout de longues années de luttes et de souffrances, le travailleur de la Russie soviétique n'a obtenu que des ordres impertinents, des coups de baïonnettes et le sifflement des balles des « cosaques » de la Tchéka. De fait, le pouvoir communiste a substitué, à l'emblème glorieux des travailleurs, la faucille et le marteau, cet autre symbole : la baïonnette et les barreaux, ce qui a permis à la nouvelle bureaucratie, aux commissaires et aux fonctionnaires communistes de s'assurer une vie tranquille et sans soucis.

Mais ce qui est le plus abject et le plus criminel, c'est l'esclavage spirituel instauré par les communistes : ils mirent la main aussi sur la pensée, sur la vie morale des travailleurs, obligeant chacun à penser uniquement suivant leur formule.

À l'aide des syndicats étatisés, ils attachèrent l'ouvrier à la machine et transformèrent le travail en un nouvel esclavage, au lieu de le rendre plaisant

Aux protestations des paysans, allant jusqu'à des révoltes spontanées ; aux réclamations des ouvriers, obligés par les conditions mêmes leur vie de recourir à des grèves, ils répondent par des fusillades en masse et par une férocité qu'auraient enviée les généraux tsaristes.

La Russie des travailleurs, la première qui leva le drapeau rouge de l'émancipation du travail, est reniée dans le sang des martyrs pour la plus grande gloire de la domination communiste. Les communistes noient dans cette mer de sang toutes les grandes et belles promesses et possibilités de la Révolution prolétarienne.

Il devenait de plus en plus clair, et il devient maintenant évident que le parti communiste n'est pas, comme il feignait de l'être, le défenseur des travailleurs. Les intérêts de la classe ouvrière lui sont étrangers. Après avoir obtenu le pouvoir, il n'a qu'un seul souci : de ne pas le perdre. Ainsi considère-t-il que tous les moyens lui sont bons : diffamation, tromperie, violence, assassinat, vengeance sur les familles des rebelles.

Mais la patience des travailleurs martyrs est à bout.

Le pays s'illumine çà et là par l'incendie des rébellions dans la lutte contre l'oppression et la violence. Les grèves ouvrières se multiplient.

Les limiers bolchevistes veillent. On prend toutes les mesures pour empêcher et étouffer l'inévitable troisième Révolution.

Malgré tout, elle est venue. Elle est réalisée par les masses laborieuses elles-mêmes. Les généraux du communisme voient bien que c'est le peuple qui s'est soulevé, convaincu qu'il est de leur trahison des idées de la Révolution. Craignant pour leur peau et sachant qu'ils ne pourront se cacher nulle part pour échapper à la colère des travailleurs, les communistes cherchent à terroriser les rebelles, avec l'aide de leurs « cosaques », par la prison, l'exécution et autres atrocités. Sous le joug de la dictature communiste, la vie même est devenue pire que la mort.

Le peuple laborieux en révolte a compris que dans la lutte contre les communistes et contre le régime de servage rétabli, on ne peut s'arrêter à mi-chemin. Il faut aller jusqu'au bout. Les communistes feignent d'accorder des concessions ; ils enlèvent les barrages dans la province de Petrograd ; ils assignent dix millions de roubles-or pour l'achat de produits à l'étranger. Mais qu'on ne s'y trompe pas : c'est la poigne de fer du maître, du dictateur, qui se cache derrière cet appât ; du maître qui, le calme revenu, fera payer cher ses concessions.

Non, pas d'arrêt à mi-chemin ! Il faut vaincre ou mourir !

Cronstadt la Rouge, terreur de la contre-Révolution de gauche comme de droite, en donne exemple.

C'est ici que la grande poussée nouvelle de la Révolution fut réalisée. Ici fut hissé le drapeau de la révolte contre la tyrannie des trois dernières années, contre l'oppression de l'autocratie communiste qui fit pâlir les trois siècles du joug monarchiste.

C'est ici, à Cronstadt, que fut scellée la pierre fondamentale de la troisième Révolution qui brisera les dernières chaînes du travailleur et lui ouvrira la nouvelle et large route de l'édification socialiste.

Cette nouvelle Révolution secouera les masses laborieuses de l'Orient et de l'Occident. Car elle montrera l'exemple d'une nouvelle construction socialiste en opposition à la « construction » communiste, mécanique et gouvernementale. Les masses laborieuses de l'autre côté de nos frontières seront alors convaincues par les faits que tout ce qui a été fabriqué chez nous jusqu'à présent, au nom des ouvriers et paysans, n'était pas le socialisme.

Le premier pas dans ce sens est fait sans un seul coup de fusil, sans répandre une seule goutte de sang. Les travailleurs n'ont pas besoin de sang. Ils n'en feront couler qu'en cas de légitime défense. Malgré tous les actes révoltants des communistes, nous auront assez de maîtrise de nous-mêmes pour nous borner à les isoler de la vie sociale afin de les empêcher de nuire au travail révolutionnaire par leur fausse et malveillante agitation.

Les ouvriers et les paysans vont de l'avant, irrésistiblement. Ils laissent derrière eux la Constituante avec son régime bourgeois, et la dictature du parti communiste avec sa Tchéka et son capitalisme d'État qui resserre le nœud autour du cou des travailleurs et menace de les étrangler. Le changement qui vient de se produire offre enfin aux masses laborieuses la possibilité de s'assurer des Soviets librement élus et qui fonctionneront sans aucune pression violente d'un parti. Ce changement leur permettra aussi de réorganiser les syndicats étatisés en associations libres d'ouvriers, de paysans et de travailleurs intellectuels.

La machine policière de l'autocratie communiste est enfin brisée.

[N° 7, 9 MARS 1921]
ÉCOUTE, TROTSKY !

Dans leurs radios, les communistes ont déversé des tombereaux d'ordures sur les animateurs de la troisième Révolution, qui défendent le véritable pouvoir des Soviets contre l'usurpation et l'arbitraire des commissaires.

Nous ne l'avons jamais caché à la population de Cronstadt. Toujours, dans nos *Izvestia*, nous avons rendu publiques ces attaques calomnieuses.

Nous n'avions rien à craindre. Les citoyens savaient comment la révolte s'était produite et par qui elle avait été faite.

Les ouvriers et les soldats rouges savent qu'il n'existe, dans la garnison, ni généraux ni gardes blancs.

De son côté, le Comité révolutionnaire provisoire a envoyé à Petrograd une radio exigeant l'élargissement des otages détenus par les communistes dans des prisons surpeuplées : ouvriers, marins et leurs familles, et aussi la mise en liberté des détenus politiques.

Notre seconde radio proposait de faire venir à Cronstadt des délégués sans parti qui, ayant vu sur place ce qui se passait chez nous, pourraient dire la vérité aux masses laborieuses de Petrograd.

Eh bien ! les communistes, qu'ont-ils fait ? Ils ont caché cette radio aux ouvriers et aux soldats rouges.

Quelques unités des troupes du « feld-maréchal » Trotsky, passées de notre côté, nous ont remis des journaux de Petrograd. Dans ces journaux, pas un seul mot de nos radios !

Et pourtant, il n'y a pas bien longtemps, ces tricheurs, habitués à jouer avec des cartes biseautées, criaient qu'il ne fallait pas avoir de secrets pour le peuple, même pas de secrets diplomatiques !

Ecoute, Trotsky ! tant que tu réussiras à échapper au jugement du peuple, tu pourras fusiller des innocents par paquets. Mais il est impossible de fusiller la vérité. Elle finira par se frayer un chemin. Toi et tes « cosaques » vous serez obligés alors de rendre des comptes.

La réorganisation des syndicats

Sous la dictature des communistes, les tâches des syndicats et de leurs commissions administratives sont réduites au minimum.

Pendant les quatre années du mouvement syndical révolutionnaire en Russie « socialiste », nos syndicats n'avaient aucune possibilité d'être des organismes de classe.

Ce ne fut nullement de leur faute. Telle fut, en effet, la conséquence de la politique du parti dirigeant, cherchant à éduquer les masses par la méthode centraliste, « communiste ».

En fin de compte, le travail des syndicats se réduisit à des écritures et des correspondances absolument inutiles dont le but était d'établir le nombre des membres de tel ou tel syndicat et de fixer, ensuite, la spécialité de chaque adhérent, sa situation par rapport au parti, etc.

Et quant à l'activité économique d'un genre coopérateur, aussi quant à l'éducation culturelle des ouvriers membres des syndicats, rien n'a été entrepris dans ce sens. C'est tout à fait naturel. Car, si l'on avait donné aux syndicats le droit à une vaste activité indépendante, tout le système centraliste de la construction entreprise par les communistes eût dû fatalement s'écrouler, ce qui eût abouti à la démonstration de l'inutilité des commissaires et des « sections politiques ».

Ce furent ces défauts qui détachèrent les masses des syndicats, ceux-ci s'étant finalement transformés en noyaux de gendarmerie qui entravaient toute activité vraiment syndicale des classes laborieuses. Une fois la dictature du parti communiste renversée, le rôle des syndicats devra changer radicalement. Les syndicats et leurs commissions administratives une fois réélues devront remplir une grande et urgente tâche d'éducation des masses, en vue d'une rénovation économique et culturelle du pays. Ils devront animer leur activité d'un souffle nouveau, purifiant. Ils auront à devenir de véritables émanations des intérêts du peuple.

La République soviétique ne pourra être forte que lorsque son administration sera exercée par les classes laborieuses, à l'aide des syndicats rénovés.

À l'œuvre donc, camarades ouvriers ! Bâtissons les nouveaux syndicats, libres de toute emprise : là est notre force.

[N° 9, 11 MARS 1921]

AUX CAMARADES OUVRIERS ET PAYSANS

Cronstadt a commencé une lutte héroïque contre le pouvoir odieux des communistes, pour l'émancipation des ouvriers et des paysans.

Tout ce qui se passe actuellement fut préparé par des communistes eux-mêmes : par leur œuvre de sang et de ruine, qui dure depuis trois ans. Les lettres qui nous parviennent de la campagne sont remplies de plaintes et de malédictions à l'égard des communistes. Nos camarades rentrés de permission, soulevés de colère et d'indignation, nous ont raconté les horreurs perpétrées par les bolcheviks sur toute l'étendue du pays. D'ailleurs, nous-mêmes nous avons vu, entendu et senti tout ce qui se passait autour de nous. Une immense, une déchirante clameur de détresse nous parvenait des champs et des villes de l'énorme Russie. Elle alluma dans nos cœurs l'indignation et arma nos bras.

Nous ne voulons pas le retour au passé. Nous ne sommes ni valets de la bourgeoisie, ni mercenaires de l'Entente. Nous sommes pour le pouvoir de tous les travailleurs, mais non pour l'autorité déchaînée et tyrannique d'un seul parti quelconque.

Ce ne sont ni Koltchak, ni Denikine, ni Youdenitch [17] qui opèrent à Cronstadt : Cronstadt est entre les mains des travailleurs. Le bon sens et la conscience des simples marins, soldats et ouvriers de Cronstadt ont enfin trouvé les paroles et le chemin qui nous permettront de sortir de l'impasse.

Au début, nous voulions tout arranger par la voie pacifique. Mais les communistes n'ont pas voulu céder. Plus que Nicolas II, ils s'accrochent au pouvoir, prêts à noyer le pays entier dans le sang, pourvu qu'ils règnent en autocrates.

Et voici que, maintenant, Trotsky, ce mauvais génie de la Russie, lance sur nous nos frères. Des centaines de leurs cadavres couvrent déjà la glace autour de la forteresse. Depuis quatre jours on s'acharne dans la lutte, le canon tonne, le sang fraternel coule. Depuis quatre jours, les héros de Cronstadt repoussent victorieusement toutes les attaques des ennemis. Tel un épervier, Trotsky plane sur notre héroïque ville. Mais Cronstadt tient toujours. Tous, nous sommes prêts à mourir plutôt que de capituler.

Nos ennemis opèrent avec des « kursanty », des gardes com-

17. L'amiral Alexis Koltchak (1874-1920) fit la guerre à la Russie révolutionnaire en Sibérie (1918-1919) et fut fusillé en 1920 ; — Le général Nicolas Youdenitch (1862-1933) dirigea également une armée Blanche en 1918-1919, en l'espèce un corps de cosaques, pour tomber finalement dans un combat contre les bolcheviks ; sur Denikine, v. *supra*, p. 393.

munistes spéciaux et des troupes amenées de loin, trompées et menacées de mitrailleuses par-derrière. Camarades ouvriers ! Cronstadt lutte pour vous, pour les affamés, pour ceux qui sont en loques et sans abri.

Tant que les bolcheviks resteront au pouvoir, on ne verra pas une vie meilleure.

Vous supportez tout cela.

Au nom de quoi ? Uniquement pour que les communistes vivent dans la jouissance et pour que les commissaires s'engraissent ? Leur accordez-vous encore confiance ?

En informant le Soviet de Petrograd que le gouvernement avait assigné des millions de roubles-or pour l'achat de divers produits, Zinoviev calcula que chaque ouvrier en aurait pour 50 roubles. Voilà, camarades ouvriers, le prix par tête pour lequel la clique bolchevique espère vous acheter.

Camarades paysans ! C'est vous que le pouvoir bolchevique a trompés et dépouillés le plus. Où est la terre que vous aviez reprise aux propriétaires, après y avoir rêvé depuis des siècles ? Elle est entre les mains des communistes, ou exploitée par les sovkhozes. Et quant à vous, il vous reste à la regarder et à vous en lécher les lèvres.

On vous a pris tout ce qu'on a pu vous enlever. Vous êtes voués au pillage, à la ruine complète. Vous êtes épuisés par le servage bolchevique. On vous a obligés à faire docilement la volonté de vos nouveaux maîtres en vous affamant, en vous plombant la bouche, en vous laissant dans la plus crasseuse misère.

Camarades ! Ceux de Cronstadt ont levé le drapeau de la révolte dans l'espoir que des dizaines de millions d'ouvriers et de paysans répondraient à leur appel.

Il faut que l'aube qui vient de poindre à Cronstadt se convertisse en soleil brillant sur toute la Russie.

Il faut que l'explosion de Cronstadt ranime la Russie entière et en premier lieu Petrograd.

Nos ennemis ont rempli les prisons d'ouvriers. Mais de nombreux sincères et audacieux sont encore en liberté.

Camarades, levez-vous pour la lutte contre l'absolutisme des communistes !

[N° 10, 12 MARS 1921]
NOS GÉNÉRAUX

Les communistes insinuent que des généraux, des officiers blancs-gardistes et un curé se trouvent parmi les membres du Comité révolutionnaire provisoire.

Afin d'en finir une fois pour toutes avec ces mensonges, nous portons à leur connaissance que le Comité est composé de quinze membres suivants :

1. *Petritchenko*, premier écrivain à bord du *Petropavlosk ;*
2. *Yakovenko*, téléphoniste du district de Cronstadt ;
3. *Ossossoff*, mécanicien du *Sebastopol ;*
4. *Arhipoff*, quartier-maître mécanicien ;
5. *Perepelkine*, mécanicien du *Sebastopol ;*
6. *Patrouchev*, quartier-maître mécanicien du *Petropavlovsk ;*
7. *Koupoloff*, premier aide-médecin ;
8. *Verchinine*, matelot du *Sebastopol ;*
9. *Toukine*, ouvrier électricien ;
10. *Romanenko*, garde des chantiers de réparation des navires ;
11. *Orechine*, employé à la 3e Ecole technique ;
12. *Valk*, ouvrier charpentier ;
13. *Pavloff*, ouvrier aux ateliers des mines marines ;
14. *Baïkoff*, charretier ;
15. *Kilgast*, timonier.

[N° 12, 14 MARS 1921]
IL FAUT HURLER AVEC LES LOUPS

On pouvait s'attendre à ce que Lénine, au moment de la lutte des travailleurs pour leurs droits foulés aux pieds, ne fût pas hypocrite et sût dire la vérité.

C'est que, dans leur idée, les ouvriers et paysans séparaient Lénine, d'un côté, de Trotsky et Zinoviev, de l'autre.

On ne croyait pas un mot de Zinoviev ou de Trotsky ; mais quant à Lénine, la confiance en lui n'était pas encore perdue.

Mais...

Le 8 mars, commença le Xe Congrès du Parti Communiste russe. Lénine y répéta tous les mensonges sur Cronstadt en révolte. Il déclara que le mot d'ordre du mouvement était « la liberté du commerce ». Il ajouta, certes, que « le mouvement était pour les Soviets, mais contre la dictature des bolcheviks » ; mais il n'omit pas d'y mêler « les généraux blancs et les éléments anarchistes petits-bourgeois ».

Ainsi, en disant des vilenies, Lénine s'embrouilla lui-même. Il laissa échapper l'aveu que la base du mouvement était la lutte pour le pouvoir des Soviets, contre la dictature du parti. Mais, troublé, il ajouta :

« C'est une contre-Révolution d'un autre genre. Elle est extrêmement dangereuse quelque insignifiantes que puissent paraître, à première vue, les corrections qu'on pense apporter à notre politique. »

Il y a de quoi se troubler. Le coup porté par Cronstadt révolutionnaire est dur. Les meneurs du parti sentent que la fin de leur autocratie est proche.

Le grand trouble de Lénine perce à travers tout son discours sur Cronstadt. Le mot « danger » y revient à tout instant.

Il dit, par exemple, textuellement ceci :

« Il faut en finir avec ce danger petit-bourgeois, très dangereux pour nous car, au lieu d'unir le prolétariat, il le désunit ; il nous faut le maximum d'unité. »

Oui, le chef des communistes est obligé de trembler et de faire appel au « maximum d'unité ». Car la dictature des communistes et le parti lui-même accusent une grave fissure.

De façon générale, était-il possible à Lénine de dire la vérité ?

Récemment, dans une réunion communiste contradictoire sur les syndicats, il dit :

« Tout cela m'ennuie à la mort. J'en ai par-dessus la tête. Indépendamment de ma maladie, je serais heureux de lâcher tout et de fuir n'importe où ! »

Mais ses partenaires ne le laisseront pas fuir. Il est leur prisonnier. Il doit calomnier comme eux. Et, d'autre part, toute la politique du parti est gênée par l'action de Cronstadt. Car Cronstadt exige, non pas la « liberté de commerce », mais le vrai pouvoir des Soviets.

[N° 13, 15 MARS 1921]
MAISON DE COMMERCE LÉNINE, TROTSKY ET CIE

Elle a bien travaillé, la maison de commerce Lénine, Trotsky et Cie.

La criminelle politique absolutiste du parti communiste au pouvoir a conduit la Russie à l'abîme de la misère et de la ruine. Après cela, il serait temps de prendre sa retraite. Hélas ! les larmes et le sang versés par les travailleurs paraissent encore insuffisants.

Au moment même de la lutte historique, audacieusement entamée par Cronstadt révolutionnaire pour les droits du peuple travailleur, bafoués et piétinés par les communistes, une volée de corbeaux s'est décidée à tenir son « Xe Congrès du parti ». Elle y trame les moyens de continuer, avec encore plus de malice et de succès, son œuvre fratricide.

Leur effronterie atteint la perfection. D'une façon tranquille, ils parlent de « concessions commerciales ».

Lénine déclare très simplement ceci :

« Nous commençons à réaliser le principe des concessions. Le succès de cette entreprise ne dépend pas de nous. Mais nous devons faire notre possible. » Et, par la suite, il avoue que les bolcheviks ont mis la Russie soviétique dans un joli pétrin : « Car, dit-il, nous ne pourrons pas reconstruire le pays sans recourir à la technique étrangère si nous voulons rattraper économiquement, dans une certaine mesure, les autres pays. Les circonstances nous ont obligés à acheter à l'étranger, non seulement des machines, mais aussi du charbon qui, pourtant, abonde chez nous. Nous aurons encore à l'avenir, poursuit-il, à faire de nouveaux sacrifices pour avoir des objets de consommation courante et aussi le nécessaire pour l'économie agraire. »

Où sont donc les fameuses réalisations économiques au nom desquelles on transforma l'ouvrier en esclave de l'usine d'État et le paysan laboureur en serf des sovkhozes ?

Ce n'est pas tout. En parlant de l'agriculture, Lénine promet encore plus de « bien-être » si les communistes continuent leur « fonctionnarisme économique » (ce fut son expression).

« Et si nous réussissons un jour à reconstituer çà et là les grandes économies rurales et la grande industrie, continue-t-il, ce ne sera qu'en imposant de nouveaux sacrifices à tout producteur, sans rien lui donner en échange. »

Tel est le « bien-être » que fait espérer le chef des bolcheviks à tous ceux qui voudront porter docilement le joug de l'absolutisme des commissaires.

Il avait rudement raison, ce paysan qui déclara au VIIIe Congrès des Soviets :

« Tout va très bien. Seulement, si la terre est à nous, le pain est à vous ; l'eau est à nous, mais le poisson est à vous ; les forêts sont à nous, mais le bois est à vous. »

À part ça, le travailleur ne doit pas s'en faire.

Lénine promet bien « d'accorder quelques faveurs aux petits patrons, d'élargir quelque peu les cadres de l'économie libre ». Comme le « bon vieux seigneur », il prépare « quelques faveurs » afin de serrer le cou des travailleurs davantage, plus tard, dans l'étau de la dictature du parti. On le voit bien par cet aveu : « Certes, on ne pourra pas se passer de la contrainte, car le pays est fatigué et dans une misère terrible. »

C'est net : on pourra bien enlever sa dernière chemise à un miséreux.

C'est ainsi que Lénine conçoit la tâche de la construction : concessions commerciales en haut, impôts en bas.

Les bienfaits de la « Commune »

« Camarades ! Nous allons construire une vie nouvelle et belle. » Ainsi parlaient, ainsi écrivaient les communistes.

« Nous allons détruire le monde de la violence et nous construirons un monde nouveau, socialiste, de toute beauté. » Ainsi chantaient-ils au peuple.

Voyons quelle est la réalité.

Toutes les meilleures maisons, tous les meilleurs appartements sont réquisitionnés pour des bureaux et des sous-bureaux des institutions communistes. Ainsi seuls les bureaucrates se voient installés d'une façon agréable, confortable, spacieuse. Le nombre des logements habitables a diminué. Les ouvriers sont restés là où ils étaient. Ils y vivent maintenant serrés à l'extrême, dans une condition pire qu'auparavant.

Les maisons, n'étant pas entretenues, se délabrent. Le chauffage se détraque. Les vitres brisées ne sont pas remplacées. Les toitures se disjoignent et l'eau commence à couler à travers. Les clôtures s'effondrent. Les tuyaux sont à moitié crevés. Les cabinets ne fonctionnent pas et leur contenu envahit les appartements, ce qui oblige les citoyens à aller satisfaire leurs besoins dans la cour ou chez les voisins. Les escaliers restent sans éclairage ; ils sont pleins de crasse. Les cours sont remplies d'ordures, du fait que les fosses d'aisance, les poubelles, les vidanges et les égouts ne sont ni réparés ni vidés. Les rues sont sales. Les trottoirs, jamais réparés, sont malpropres et glissants. Il y a danger à marcher dans les rues.

Pour obtenir un logement, il faut avoir un bon « tuyau » au bureau des logements, sans quoi il ne faut pas y songer. Seuls les favorisés possèdent des appartements convenables.

Pour les vivres, c'est encore pire. Des fonctionnaires irresponsables et ignorants ont laissé se perdre des milliers de tonnes de produits. Les pommes de terre distribuées sont toujours gelées ; la viande, au printemps et en été, toujours avariée. Jadis, on se gardait de donner aux cochons ce qu'aujourd'hui les citoyens obtiennent des « constructeurs de la belle vie nouvelle ».

Ce fut « l'honnête poisson soviétique », le hareng, qui sauva la situation pendant assez longtemps. Mais voici que lui-même commence à faire défaut.

Les boutiques soviétiques sont au-dessous de celles des usines, de triste mémoire, où les industriels patrons faisaient écouler toute sorte de camelote, et où les ouvriers esclaves ne pouvaient rien dire.

Pour détruire la vie de famille, nos gouvernants ont inventé des restaurants collectifs.

Quel est le résultat ?

La nourriture y est encore moins potable. Les produits sont volés de toute manière avant d'arriver aux citoyens qui ne reçoivent que les restes. La nutrition des enfants est un peu meilleure, mais encore très insuffisante. Le lait, surtout, manque. Pour leurs propres sovkhozes, les communistes ont réquisitionné à la population paysanne toutes les vaches laitières. Du reste, la moitié des bêtes périssent avant d'arriver au lieu de destination. Le lait des vaches qui survécurent va d'abord aux gouvernants, ensuite aux fonctionnaires. Les restes seuls parviennent aux enfants.

Mais le plus dur est de se vêtir et de se chausser. On porte ou on échange les habits portés autrefois. Presque rien n'est distribué. (Par exemple, un des syndicats distribue actuellement des boutons : un bouton et demi par tête. N'est-ce pas se moquer du monde ?) Quant aux chaussures, elles sont introuvables.

La route du paradis communiste est belle. Mais peut-on la parcourir sans semelles ? Cependant, il existe bien des fissures où s'échappe tout le nécessaire. Les gens de l'entourage des soi-disant « coopératives » et les gouvernants possèdent tout. Ils ont leurs propres restaurants et des rations spéciales. Ils ont aussi à leur disposition les « bureaux de bons » qui distribuent des biens selon les bonnes grâces des commissaires.

On a fini par comprendre que cette « commune » a sapé et complètement désorganisé le travail producteur. Alors, tout désir de travailler, tout intérêt au travail ont disparu. Cordonniers, tailleurs, plombiers, etc., ont tout abandonné et se sont dispersés. Ils servent comme gardes, courriers, etc.

Tel est le paradis que les bolcheviks ont entrepris de construire.

À la place de l'ancien, s'établit un nouveau régime d'arbitraire, d'insolence, d'« amitiés », de favoritisme, de vol et de spéculation, régime terrible où l'on est obligé de tendre la main vers l'autorité pour chaque morceau de pain, pour chaque bouton ; régime où l'on n'appartient pas à soi-même, où l'on ne peut disposer de soi-même ; régime d'esclavage et d'avilissement.

[N° 14, 16 MARS 1921]
LE SOI-DISANT « SOCIALISME »

En faisant la Révolution d'Octobre, les marins, les soldats rouges, les ouvriers et les paysans versaient leur sang pour le pouvoir des Soviets, pour l'édification d'une République des travailleurs.

Le Parti Communiste a pris bonne note des aspirations des masses. Ayant inscrit sur sa bannière des slogans alléchants qui enthousiasmaient les travailleurs, il les a entraînés dans la lutte et leur a promis de les conduire dans le beau royaume du socialisme que seuls les bolcheviks sauraient édifier.

Naturellement, une joie infinie s'empara des ouvriers et des paysans. « Enfin, l'esclavage sous le joug des agrariens et des capitalistes va entrer dans le domaine des légendes », pensaient-ils. Il semblait que le temps était venu d'un libre travail dans les campagnes, dans les usines et les fabriques. Il semblait que le pouvoir allait passer aux mains des travailleurs.

Par une propagande adroite, des enfants du peuple laborieux étaient attirés dans les rangs du parti où on les soumettait à une discipline rigoureuse.

Par la suite, se sentant bien en forces, les communistes, progressivement, éliminèrent du pouvoir d'abord les socialistes d'autres tendances ; après quoi, ils repoussèrent de nombreux postes de l'État les ouvriers et les paysans eux-mêmes tout en continuant à gouverner en leur nom.

Les communistes substituèrent ainsi au pouvoir qu'ils avaient usurpé la tutelle des commissaires avec tout l'arbitraire du pouvoir personnel. Contre toute raison, et contrairement à la volonté des travailleurs, ils commencèrent alors à construire obstinément un socialisme étatique, avec des esclaves, au lieu de bâtir une société basée sur le travail libre.

L'industrie étant totalement désorganisée, malgré le « contrôle ouvrier », les bolcheviks réalisèrent la « nationalisation des usines et des fabriques ». D'esclave du capitaliste, l'ouvrier fut transformé en esclave des entreprises d'État. Bientôt, cela ne suffit plus. On projeta l'application du système Taylor [18].

Toute la masse des laboureurs fut déclarée ennemie du peuple et assimilée aux « koulaks ». Très entreprenants, les communistes se mirent alors à ruiner les paysans et à instaurer des exploitations soviétiques, c'est-à-dire des propriétés du nouveau profiteur agrarien : l'État. C'est tout ce que les paysans obtinrent du socialisme bolchevique, au lieu du travail libre sur la terre libérée qu'ils avaient espéré.

---

18. Du nom de l'Américain Frederic Winslow Taylor (1856-1915), système de surexploitation de l'ouvrier qui prétend instaurer une organisation « plus rationnelle » du travail en chronométrant le labeur afin d'éviter le « gaspillage de temps ».

En échange du pain et du bétail, presque entièrement réquisitionnés, on obtint les razzias des tchékistes et les fusillades en masse. Beau système d'échange pour un État des travailleurs : du plomb et la baïonnette en place du pain !

La vie du citoyen devint monotone et banale à la mort, réglée d'après les prescriptions des autorités. Au lieu d'une vie animée par le travail libre et par la libre évolution des individus, naquit un esclavage inouï, incroyable. Toute pensée indépendante, toute critique juste des actes des gouvernants criminels devinrent des crimes, châtiés de la prison et souvent de la mort.

La peine de mort, cette honte de l'humanité, s'épanouit dans « la patrie socialiste ».

Tel est le beau royaume du socialisme où la dictature du Parti Communiste nous a conduits.

Nous avons obtenu le socialisme d'État, avec des Soviets de fonctionnaires qui votent docilement ce que l'autorité et ses commissaires infaillibles leur dictent.

Le mot d'ordre : « Celui qui ne travaille pas ne mange pas », a été modifié sous ce beau régime « des Soviets » : « Tout pour les commissaires ! » Et quant aux ouvriers, paysans et travailleurs intellectuels, eh bien ! ils n'ont qu'à accomplir leur travail dans l'ambiance d'une prison.

Cela devint insupportable. Cronstadt révolutionnaire a brisé, la première, les chaînes et enfoncé les grilles de la prison. Elle lutte pour la véritable République soviétique des travailleurs où le producteur lui-même deviendra le maître des produits de son labeur et en disposera comme il voudra.

Le Témoignage de Petritchenko [19]

J'ai lu la correspondance échangée entre l'organisation des socialistes-révolutionnaires de gauche d'une part et les communistes anglais de l'autre. Dans cette correspondance il est aussi question de l'insurrection de Cronstadt de 1921.

En tant que président de la révolte de Cronstadt j'estime de

19. Paru dans *Znamia Borby*, janvier 1926, tiré de Ida Mett, *La Commune de Cronstadt*, éd. Spartacus, 1938 ; nouv. éd., 1948.

mon devoir moral d'éclaircir cet événement devant le bureau politique du Parti communiste anglais. Je sais que vous êtes informés par Moscou, et je sais aussi que ces informations sont unilatérales et de parti pris. Il ne serait pas mauvais que vous entendiez également l'autre son de cloche.

Vous avez reconnu vous-mêmes que l'insurrection cronstadienne de 1921 n'a pas été inspirée du dehors ; autrement dit cela signifie que la patience des masses laborieuses, marins, soldats rouges, ouvriers et paysans, était arrivée à sa dernière limite.

La colère populaire contre la dictature du Parti Communiste, ou plutôt contre sa bureaucratie, a pris la forme d'une insurrection ; c'est de cette façon que commença l'effusion d'un sang précieux ; il n'était pas question de différence de classe ou de caste ; des deux côtés de la barricade se dressaient des travailleurs. La différence consistait seulement en ce que les cronstadiens marchaient consciemment et sans contrainte tandis que les assaillants étaient trompés par les dirigeants du Parti Communiste et menés par la force. Je suis prêt à vous dire plus : les cronstadiens n'avaient aucun goût à prendre les armes et à verser le sang !

Eh bien ! que se passa-t-il donc pour que les cronstadiens aient été forcés de parler la langue des canons avec les dictateurs du Parti Communiste, qui se nomme « gouvernement ouvrier et paysan » ?

Les marins de Cronstadt ont pris une part active à la création de ce gouvernement : ils l'ont protégé contre les attaques de la contre-Révolution : ils gardaient non seulement les portes de Petrograd, le cœur de la Révolution mondiale, mais ils ont encore formé des détachements militaires pour les innombrables fronts contre les gardes blancs, en commençant par Kornilov, et en finissant par les généraux Youdenitch et Neklioudov. Ainsi, ces mêmes cronstadiens seraient tout d'un coup devenus des ennemis de la révolution ; le gouvernement « ouvrier et paysan » les a présentés comme des agents de l'Entente, espions français, soutiens de la bourgeoisie, socialistes-révolutionnaires, mencheviks, etc.

Il est étonnant que les cronstadiens soient brusquement devenus des ennemis dangereux précisément au moment où tout danger du côté des généraux de la contre-Révolution armée avait disparu ; justement quand il fallait commencer la reconstruction du pays, cueillir les fruits des conquêtes d'Octobre, quand il fallait montrer la marchandise sous son véritable aspect, étaler son bagage politique (car il ne suffisait plus de promettre, il fallait encore tenir ses promesses), quand il fallait établir le bilan des conquêtes révolutionnaires, auxquelles personne n'osait même rêver durant la période de la guerre civile. C'est juste à ce moment que les cronstadiens seraient apparus comme des ennemis ? Quel crime Cronstadt a-t-il donc commis contre la révolution ?

Après la liquidation des fronts de la guerre civile, les ouvriers de Petrograd ont cru pouvoir rappeler au Soviet de cette ville que le temps était venu de penser à leur situation économique et de passe du régime de guerre au régime de paix.

Le Soviet de Petrograd estima que cette revendication à la fois inoffensive et indispensable des ouvriers était contre-révolutionnaire. Il est resté sourd et muet en présence de ces revendications, il a commencé des perquisitions et des arrestations parmi les ouvriers, en les déclarant espions et agents de l'Entente. Ces bureaucrates se sont corrompus pendant la guerre civile lorsque personne n'osait résister. Mais ils n'ont pas vu que la situation avait changé. La réponse des ouvriers fut la grève. La fureur du Soviet de Petrograd fut alors celle d'un animal féroce. Aidé de ses *opritchniks* [20], il tenait les ouvriers affamés et épuisés dans un cercle de fer et les contraignait par tous les moyens à travailler. Les formations militaires (soldats rouges et marins) malgré leur sympathie envers les ouvriers n'osaient se dresser pour leur défense, car les gouvernants les avertissaient que Cronstadt s'attaquerait à tous ceux qui oseraient s'opposer au gouvernement des Soviets. Mais cette fois-ci le gouvernement « ouvrier et paysan » n'a pas réussi à spéculer sur Cronstadt. Grâce à sa disposition géographique, à la proximité de Petrograd, Cronstadt avait tout de même appris, quoique avec un certain retard, le véritable état des choses dans cette ville.

Ainsi, camarades anglais, vous avez raison quand vous dites que la révolte de Cronstadt n'a été inspirée par personne.

---

20. *Opritchniks*, garde personnelle du tsar Ivan le Terrible, qui fut en même temps la police supérieure politique. Durant les sept années de son existence (1565-1572) ses membres se distinguèrent par une activité féroce. (Note d'Ida Mett.)

Et je voudrais encore savoir en quoi s'exprimait le soutien des organisations contre-révolutionnaires russes et étrangères aux cronstadiens ? Je répète encore une fois que la révolte ne s'est pas déclenchée de par la volonté d'une organisation politique quelconque ; et je pense qu'elle n'existait d'ailleurs même pas à Cronstadt. La révolte éclata spontanément de par la volonté des masses elles-mêmes, tant de la popoulation civile que de la garnison. Nous le voyons dans la résolution adoptée et d'après la composition du Comité révolutionnaire provisoire. On ne peut y remarquer l'expression prépondérante de la volonté d'un parti politique antisoviétique quelconque.

De l'avis des cronstadiens, tout ce qui se passait et se faisait était dicté par les circonstances du moment. Les insurgés ne mettaient leurs espoirs en personne. Ni au Comité révolutionnaire provisoire, ni aux assemblées des délégués, ni aux meetings, ni ailleurs il n'en fut jamais question. Le Comité révolutionnaire provisoire n'entreprit jamais rien dans cette direction, bien qu'une pareille possibilité existât. *Le Comité tentait d'accomplir strictement la volonté du peuple*. Était-ce un bien ou un mal ? Je ne peux le juger, mais la réalité est que la masse dirigeait le Comité et non pas ce dernier la masse.

Il n'y avait pas parmi nous de militants politiques renommés qui voient tout à trois archines [21] sous terre, et qui savent tout ce qu'il faut entreprendre pour en extraire tout ce qui est utile. Les cronstadiens ont agi sans plan ni programme, uniquement en tâtonnant dans les limites des résolutions et selon les circonstances. Coupés du monde entier, nous ignorions ce qui se passait en dehors de Cronstadt, aussi bien en Russie soviétique qu'à l'étranger. Il est possible que certains aient pu établir des perspectives pour notre insurrection, comme cela se passe d'habitude, mais dans notre cas, c'était peine perdue. Nous ne pouvions pas faire d'hypothèses à propos de ce qui se serait produit au cas où les événements auraient pris une autre tournure, car l'événement aurait pu être tout autre que celui auquel nous pensions. *Mais les cronstadiens n'avaient pas l'intention de laisser échapper l'initiative d'entre leurs mains*.

---

21. Archine : mesure de longueur russe (note d'Ida Mett).

Les communistes nous ont accusés dans leur presse d'avoir accepté l'offre de vivres et de médicaments de la part de la Croix-Rouge russe résidant en Finlande. Nous devons dire que nous n'avions vu rien de mal dans pareille offre. Nous avons eu en cela l'accord non seulement de tout le Comité révolutionnaire provisoire, mais aussi de l'assemblée des délégués. Nous avons considéré cette organisation comme purement philanthropique, nous proposant une aide inoffensive et sans arrière-pensée. Quand nous avons décidé de laisser entrer à Cronstadt la délégation (de la Croix-Rouge) nous l'avons conduite à l'état-major les yeux bandés.

À la première séance, nous leur avons déclaré que nous acceptions avec reconnaissance leur aide, comme provenant d'une organisation philanthropique, mais que nous nous considérons libres de tout engagement envers eux. Nous avons satisfait à leur demande de laisser un représentant permanent à Cronstadt pour veiller à la distribution régulière des vivres que leur organisation se proposait de nous envoyer et qui auraient été destinés surtout aux femmes et aux enfants. C'est le capitaine Vilken [22] qui resta à Cronstadt ; il fut logé dans un appartement gardé en permanence pour qu'il ne puisse pas faire le moindre pas sans autorisation. Quel danger ce Vilken présentait-il ? Il pouvait voir uniquement l'état d'esprit de la garnison et de la population civile de Cronstadt.

Est-ce en cela que consistait l'aide de la bourgeoisie internationale ? Ou dans le fait que Victor Tchernov [23] avait envoyé son salut à Cronstadt insurgé ? Était-ce là le soutien de la contre-Révolution russe et internationale ? Peut-on croire vraiment que les cronstadiens se jetaient dans les bras de tout parti politique antisoviétique ? En effet, quand les insurgés apprirent que la droite dressait des plans concernant leur insurrection, ils n'hésitèrent pas à en prévenir leurs camarades, comme en témoigne l'éditorial du 6 mars des *Izvestia* de Cronstadt.

22. Vilken serait un ancien officier de la marine russe (note d'Ida Mett).

23. Victor Tchernov (1876-1952), un des leaders du Parti socialiste-révolutionnaire, ministre après la Révolution de février 1917, dut émigrer de Russie en 1920.

Les anarchistes en prison (été 1921)

par Gaston Leval

Gaston Leval, né en 1895, fils d'un communard, militant anarcho-syndicaliste français, participa au congrès constitutif de l'Internationale syndicale rouge, qui suivit le 3e congrès de l'Internationale communiste, de juin à août 1921, en tant que délégué de la C.N.T. espagnole. Au cours de son séjour à Moscou, son attention fut attirée sur le sort des anarchistes russes emprisonnés.

Dès que je sus que tant de nos camarades se trouvaient en prison, je me concertai avec les délégués syndicalistes français pour faire une démarche auprès de Dzerjinsky, commissaire du peuple à l'Intérieur, et instrument aveugle de Lénine. Se méfiant de moi, mes codélégués nommèrent Joaquin Maurin [24] pour représenter la délégation de la C.N.T. Maurin fit le compte rendu de la première entrevue. Après avoir lu la liste des prisonniers dont on demandait la mise en liberté, Dzerjinsky [25] pâlit, puis se fâcha tout rouge en affirmant que ces hommes étaient des contre-révolutionnaires

24. Joaquin Maurin (né en 1897), fondateur successivement de la fédération communiste de Catalogne puis, après sa rupture avec Moscou, du Bloc ouvrier et paysan (1931), puis du Parti ouvrier d'unification marxiste (P.O.U.M.) en 1935 ; en même temps instituteur et militant syndicaliste dans la C.N.T. : a passé quinze ans en prison sous la dictature de Primo de Rivera puis sous Franco ; vit aux États-Unis.

25. Félix Dzerjinsky (1877-1926), d'origine aristocratique, social-démocrate lituanien depuis 1895 ; plusieurs fois arrêté et condamné, libéré du bagne par la Révolution de 1917 ; fondateur de la police politique : Tchéka puis Guépéou ; mort d'une crise cardiaque.

alliés aux généraux blancs ; il les accusait aussi d'avoir fait dérailler des trains chargés de troupes de l'Armée rouge et d'être responsables de la mort de milliers de soldats, particulièrement en Ukraine.

Nous ne pouvions pas aller voir si loin ce qui s'y était passé, et au sein de notre délégation, Maurin et ses amis triomphèrent. Mais je ne cédai pas, non plus, du reste, qu'un certain nombre de délégués d'autres nationalités, et nous continuâmes nos démarches. Les affirmations de Dzerjinsky n'étaient étayées sur aucun élément de preuve, pas même sur une accusation légale. Pas d'instruction, pas de procès, pas de juges ; ne parlons pas d'avocats : cela n'existait pas. Quoi que pût dire le « commissaire du peuple » chargé de la défense du régime, il s'agissait d'un emprisonnement arbitraire.

Nous insistâmes. Mes codélégués considérant qu'aucun succès n'était possible, et se désintéressant de l'affaire, me laissèrent enfin m'en occuper officiellement. Le commissaire du peuple à l'Instruction publique, Lounatcharsky [26], visiblement gêné par le rôle qu'il était obligé de jouer au nom de la discipline du parti, nous fut envoyé deux fois, mais ne pouvant prendre de décisions, il se limitait à servir d'intermédiaire, recevant et transmettant demandes et réponses. Après lui, on nous dépêcha Ulrich [27], personnage important et mystérieux de l'instruction policière. Même perte de temps, et les semaines passaient. On voulait certainement nous lasser.

J'allais souvent voir Emma Goldman et Alexandre Berkman. Dans leurs deux chambres défilaient des camarades femmes dont les compagnons étaient emprisonnés. Inquiètes, angoissées, elles pleuraient parfois. Et l'on me racontait l'odyssée, la vie de ces hommes victimes de l'État soi-disant socialiste. Victor-Serge lui-même, qui par moments jouait sincèrement le double jeu, et qui continuait d'écrire ses articles en faveur du régime dans la presse occidentale, me renseignait à leur sujet. Maximoff était un théoricien anarcho-syndicaliste sérieux, incapable d'un acte de sabotage

26. Anatole Lounatcharsky (1873-1933), écrivain et critique littéraire, social-démocrate depuis 1898, bolchevik en 1903, commissaire à l'Éducation de 1917 à 1929.

27. Ulrich aurait été fusillé pendant les purges staliniennes.

antisoviétique. Yartchouk était l'ancien secrétaire du Soviet de Cronstadt où Zinoviev s'était réfugié lorsque Kerensky avait ordonné son arrestation. Voline, la bête noire du monde officiel, théoricien anarcho-syndicaliste, conférencier, écrivain de talent, vivait en exil au moment de la Révolution contre le tsarisme. Tel se trouvait alors en prison, tel autre déporté en Sibérie. Et tous ces authentiques révolutionnaires croupissaient maintenant dans les geôles qu'une partie d'entre eux avaient, comme Maria Spiridonova [28], peuplées quelques années avant.

Nous demandâmes la permission de leur rendre visite et, bien que délégués d'organisations syndicales qu'on voulait attirer, cela nous fut refusé. Je me rappelais que dans l'Espagne d'Alphonse XIII d'où je venais, et pendant une des répressions les plus épouvantables qu'à part la période franquiste le pays ait connues, on pouvait toujours visiter les prisonniers, à moins qu'ils ne fussent au secret. À la prison Modelo de Valence et à celle de Barcelone, mes amis venaient me voir sans difficultés. Il leur suffisait de me demander aux heures de visite, et les gardiens me faisaient descendre au parloir. Dans les villages d'Espagne où je suis passé par la suite, j'ai toujours pu rendre visite à mes camarades incarcérés. Dans la Russie de Lénine et de Trotsky, impossible. La plupart des délégués n'insistèrent pas. Ils ne savaient du reste que faire. Mais je n'abandonnai pas la partie. Il ne suffisait pas d'accuser. On ne nous donnait pas de preuves, et trop de démentis valables contredisaient les affirmations des autorités. J'allais en avoir des preuves.

Parmi les camarades femmes que je rencontrais chez Emma Goldman figurait Olga Maximoff [29], trente ans, petite, menue, le teint foncé, épuisée par les épreuves. Elle avait connu son compagnon quand elle était déportée comme lui en Sibérie, sous le tsarisme. Elle me proposa d'entrer à la prison de Boutirky, le lendemain, pour parler avec nos camarades. Je passerais avec elle et d'autres femmes d'emprisonnés, on me prêterait des papiers russes pour tromper le corps de garde. Je pouvais échouer, mais

---

28. Maria Spiridonova (née en 1889), militante terroriste, condamnée à mort pour avoir exécuté un gouverneur de province, peine commuée en bagne à perpétuité ; violée et torturée pendant son transfert en Sibérie ; après février 1917, leader des socialistes-révolutionnaires de gauche ; participe à leur rébellion en juillet 1918 ; emprisonnée en 1919 ou 1920 ; jamais libérée depuis.
29. Olga Maximoff, campagne de G.P. Maximoff (v. *supra*, p. 642).

j'acceptai de courir ce risque. Le jour suivant je pars avec quatre compagnes qui font ensemble le chemin. Leurs pieds nus se tordent sur les vieux petits pavés arrondis et les galets des rues de la ville. Deux d'entre elles portent, pendant à leur épaule, un grand sac en toile où se trouvent quelques vivres difficilement obtenus. La plus jeune, la compagne de Yartchouk, s'et battue sur les barricades de Petrograd et de Moscou, pour renverser d'abord le tsarisme, ensuite le gouvernement de Kerensky.

À l'entrée de la prison, une sentinelle est de service. Elle connaît mes amies et regarde à peine leur autorisation de visite. Je lui présente mon papier sans mot dire, et elle me le rend en me disant un *da* auquel je réponds par un sourire. Deux des femmes lui parlent de je ne sais quoi pendant que je m'éloigne avec les autres.

Nous traversons une cour, pénétrons dans le parloir. Les camarades donnent le nom des prisonniers qu'ils veulent voir, dont Voline. La séparation entre les visiteurs et les détenus n'empêche pas un contact presque direct, et aucun employé, ou policier, n'écoute la conversation, ce qui me confirme qu'il s'agit bien d'un emprisonnement administratif, sans enquête ni cause judiciaire.

Les prisonniers arrivent. « C'est Gaston Leval », dit une des femmes à Voline, un homme d'environ quarante-cinq ans, de taille moyenne, qui porte une barbe noire et a une belle tête d'intellectuel juif.

Il sait mon nom, car on lui a déjà parlé de moi. Il me serre la main avec effusion, me parle un français très pur. Puis, au risque de le surprendre et de paraître un peu ridicule, mais parce que je veux faire une enquête absolument impartiale, je lui demande de m'informer très exactement sur son activité depuis son retour en Russie.

Pendant une heure ou une heure et demie, avec une précision minutieuse, et pendant que je prends des notes, Voline m'explique son œuvre de propagandiste et de combattant. De prison en prison, Voline finit par arriver à Boutirky. Il me racontait cette odyssée d'une façon très précise, énumérait des faits, des dates, des noms, des villes, des villages. Et, avec les autres emprisonnés, demandait à être jugé publiquement.

(...) Je revins à l'hôtel Lux, décidé à continuer la lutte pour la libération de mes camarades. Mais le Congrès de l'Internationale syndicale rouge commença, et nous n'avions pas avancé d'une concession, d'une promesse ou d'un espoir. Nous nous étions déjà rencontrés cinq ou six fois avec des délégués du pouvoir soviétique, et à chaque fois les relations s'étaient rompues, ou interrompues, sans résultats. On continuait la tactique de la lassitude.

Alors les camarades emprisonnés à Boutirky commencèrent la grève de la faim. Ils firent passer un manifeste rédigé en français, dans lequel ils demandaient aux délégués syndicalistes d'intervenir auprès des autorités russes pour exiger la libération et la liberté d'expression de pensée pour tous les révolutionnaires. Mais, découragés, les délégués auxquels ils s'adressaient ne firent que regretter cette grève qui les gênait moralement. Trois, quatre, cinq jours passèrent. Au congrès, je ne pouvais rien faire. Mis en minorité par mes codélégués, n'ayant pas, par l'action clandestine à laquelle j'avais été jusqu'alors condamné, l'habitude des manœuvres et des contre-manœuvres, des commissions et des coulisses, je me trouvais réduit à l'inaction et à l'impuissance. Bien que plus cohérente et en sa majorité oppositionnelle, la délégation française ne pouvait pas faire beaucoup plus. Nos camarades continuaient la grève de la faim. On nous dit qu'à Orel, et dans d'autres villes dont j'ai oublié le nom, des grèves similaires avaient lieu, et que deux ou trois grévistes étaient morts.

Ce n'était pas impossible, car toutes les geôles de Russie regorgeaient de prisonniers que les congrès internationaux devaient inciter à protester dans l'espoir que leur voix parviendrait hors des frontières de la Russie bolchevique. Que pouvaient-ils faire d'autre ?

Cinq jours, six jours, sept jours. Un ou deux délégués risquèrent des démarches isolées, mais infructueuses. Chez Emma Goldman et Alexandra Berkman, je continuais à voir les femmes de nos camarades, crispées, torturées, pleurant parfois, car on pouvait, du jour au lendemain, apprendre leur exécution. Olga Maximoff venait me relancer au congrès et, ne sachant pas le français, tirait sur mon veston en me disant d'un ton et avec un regard suppliants que j'entends et vois toujours : « Camarade Leval, camarade Leval ! »

Sept jours, huit jours, neuf jours, dix jours ! Nous étions angoissés, ne savions plus où nous adresser. Et je me heurtais à l'impuissance et au découragement des délégués de l'opposition. D'autres, ne pouvant rien faire, allaient presque jusqu'à reprocher à nos camarades d'avoir profité de leur présence et de les mettre dans une situation difficile.

Enfin, le onzième jour, sur une dernière supplique muette de la bonne et chère Olga Maximoff, je parvins à décider, en plein congrès, deux ou trois délégations à faire une démarche suprême. D'autres suivirent. Peu après, nous partions, une quinzaine d'hommes, pour le Kremlin. Nous allions parler avec le maître de la Russie, Lénine.

Arrivés devant une des portes qui permettaient de franchir l'enceinte du Kremlin, nous nous heurtons au corps de garde. L'un d'entre nous, Michel Kneller [30], qui parle le russe, expose notre désir de voir le « tovaritch » Lénine. On prend note de nos noms, des délégations étrangères représentées. Coups de téléphone, attente. Au bout d'un quart d'heure, réponse favorable. Deux soldats, sans doute des tchékistes, nous accompagnent dans le dédale des rues. Nous passons devant des palaces, des demeures somptueuses, des chapelles de l'ancienne demeure des Ruriks [31]. Devant l'édifice où se trouve Lénine, nous nous heurtons à un autre corps de garde qui refuse de nous laisser passer. Nous nous expliquons. Il n'a pas reçu d'ordre. Il faut écrire un autre billet demandant à nouveau une entrevue au camarade Lénine qui nous répond par un autre billet, écrit en français assez défectueux, dans lequel il nous demande de spécifier le but de notre visite et s'excuse de ne pas pouvoir nous recevoir, car il est débordé de travail. Nous rédigeons un nouveau billet, qui à son tour est signé par tous. Nous représentons une dizaine d'organisations syndicales étrangères, cela doit peser dans l'esprit du tacticien qui compte ses atouts. Et le soldat tchékiste revient, apportant enfin un dernier billet de Lénine, qui accepte de nous voir.

---

30. Michel Kneller, activiste français qui avait tiré, vers 1919, des coups de revolver sur le palais de l'Elysée pour protester contre le blocus de la Russie soviétique ; délégué de la C.G.T. française au congrès constitutif de l'Internationale syndicale rouge. Sympathisant communiste avec des velléités syndicalistes ; depuis « abondanciste » de gauche.

31. Rurik, fondateur de l'Empire russe, mort en 879.

On nous fait monter au premier étage, dans une salle où nous attendons, debout, assez longtemps, curieux et tendus. Puis, une porte s'ouvre derrière nous, et Lénine apparaît, plutôt petit, le visage mongoloïde, des yeux qui se plissent en souriant avec une froide ironie.

L'un après l'autre il nous serre la main, nous demande notre nom, à quelle délégation nous appartenons. Et pendant qu'il interroge, et pendant qu'on lui répond, il fixe sur nous un regard amusé et scrutateur, nous dévisage avec un sans-gêne déconcertant.

Puis, il nous invite à passer dans une salle voisine, à prendre place autour d'une grande table rectangulaire. Il s'assied lui-même. Tom Mann [32], délégué syndicaliste anglais et la personnalité la plus marquante d'entre nous, s'assied près de lui, et expose, dans sa langue, le but de notre visite. Nous avons décidé de ne pas demander seulement la liberté de nos camarades enfermés à Boutirky, mais celle de tous les révolutionnaires de gauche. Lénine répond en anglais à notre porte-parole qui l'écoute avec attention, de toute sa bonne face intelligente, souriante et rougeaude, et qui, à la fin, semble convaincu, fait de la tête des signes d'assentiment. Puis, le maître du Kremlin traduit sa réponse, en français.

Il renouvelle les accusations de Dzerjinsky, nous déclare que notre démarche ne se justifie pas. Ceux qui sont emprisonnés ne sont ni des anarchistes véritables, ni des idéalistes, mais des bandits qui abusent de notre bonne foi. La preuve, c'est qu'il y a des anarchistes, des vrais, qui collaborent avec les bolcheviks, et qui occupent des postes officiels. Et il en vient à Voline, « qui avec Makhno a fait dérailler des trains en Ukraine et massacré des milliers de soldats de l'Armée rouge, qui s'est allié avec le général blanc Denikine contre les bolcheviks ».

Je possède à ce sujet assez d'informations précises. Entre autres, le témoignage d'un général de l'Armée rouge qui se trouvait en Ukraine au moment où les faits se sont produits et qui a eu, avec notre délégation, une longue entrevue dans une des

32. Tom Mann (1856-1941), ouvrier mécanicien anglais, secrétaire de l'Independent Labour Party en 1894 ; se rallie aux *Industrial Workers of the World* (syndicalistes révolutionnaires américains) ; participe à la fondation du parti communiste anglais en 1921.

chambres de l'hôtel Lux. Il a été formel : « Jamais Makhno ne s'est allié avec les Blancs contre nous. À certains moments, il a lutté à la fois contre les Blancs et contre nous, mais on ne peut pas dire qu'il a fait le jeu des Blancs. » Je me rappelle d'autre part que Voline était chargé, dans les secteurs reconquis sur les armées austro-hongroises et les généraux contre-révolutionnaires, de la propagande et de l'organisation culturelle, pas de la direction des opérations militaires. Et si Makhno a lutté contre l'Armée rouge, c'est que Trotsky a attaqué les forces révolutionnaires ukrainiennes qui ne voulaient pas se soumettre au despotisme bolchevique. Car en fin de compte, le Parti communiste était un des partis révolutionnaires, et les autres avaient le droit de se défendre contre sa volonté de s'imposer à tous.

J'interromps donc Lénine, sans brusquerie, mais avec clarté et fermeté. J'ai, lui dis-je, parlé avec Voline dans la prison de Boutirky, « où j'ai pénétré avec des moyens parfaitement légaux, du reste » (Lénine fait un geste qui signifie « très bien, je n'en doute pas »). Et je répète, point par point, tout ce que je sais sur l'activité de mon camarade emprisonné. Je parle pendant un quart d'heure, donne des dates, cite des faits, des noms. Lénine m'écoute avec attention, en bridant ses petits yeux et en allongeant son visage, ce qui lui donne un peu l'air d'un rat, et en me fixant curieusement. Quand j'ai fini, il est visiblement désarçonné. Mais trop retors pour montrer qu'il est battu, il accumule des mots, construit des phrases et des périphrases afin d'avoir le temps de se reprendre :

— ... Oui, évidemment... si les choses sont comme vous dites, la question se pose différemment... Il faudra que je demande un supplément d'information sur Voline... J'ignorais ces détails qui sont très importants...

Il continue à piétiner, car le problème est, pour lui, de ne pas céder le terrain. Je le vois venir, le bonhomme ! Enfin, il improvise :

— Vous comprenez, aujourd'hui nous nous trouvons dans une situation très spéciale. Des gens hier révolutionnaires sont devenus contre-révolutionnaires, et nous sommes obligés de les combattre. Voyez Plechanoff [33], le fondateur du socialisme en Russie. Il disait à l'un de nos camarades qui partait de Suisse,

33. Plechanoff, v. note *supra*, p. 463.

pour la Russie : « Il faut écraser cette vermine ! » L'État bolchevique doit lutter contre ces nouveaux ennemis. L'État est une machine dont nous avons la responsabilité, et nous ne pouvons pas permettre qu'on l'empêche de fonctionner. Voline est très intelligent, c'est pourquoi il est plus dangereux et nous devons prendre des mesures plus énergiques contre lui. Car, n'est-ce pas, avec Makhno il a fait dérailler les trains chargés de soldats de l'Armée rouge, il a fait le jeu des généraux blancs, de Denikine et de Koltchak. »

Les autres délégués en savent moins que moi, et ne discutent pas. Car ils sont au courant de certains faits, et ont appris qu'on ne peut pas élever la voix sans danger d'être assassiné par les « gardes blancs » à la frontière. Ils interviennent tout de même pour discuter du problème de la liberté d'expression pour toutes les tendances révolutionnaires et de la libération des prisonniers politiques en général. Pendant qu'ils parlent, Lénine, comme il a fait pour Tom Mann, comme il a fait tandis que je parlais, les dévisage, toujours ironique, comme amusé, remuant sa tête chauve et sa petite barbe, de bas en haut et de haut en bas. Ou bien, la joue droite appuyée sur la main, il paraît absorbé dans la contemplation du plafond. Si bien que, déconcerté et comprenant l'inutilité de son insistance, le défenseur de la liberté et de l'humanité finit par s'interrompre, ou abrège.

L'entrevue a duré près de trois heures au bout desquelles Lénine déclare qu'il ne peut être question des droits de l'opposition révolutionnaire. Cela serait certainement refusé par ses camarades du Politburo. On ne peut qu'examiner le cas des grévistes de la faim, mais lui ne peut rien décider. Il faut s'adresser au Politburo auquel il ne peut, du reste, imposer sa manière de voir, car c'est la majorité qui décide démocratiquement.

Lénine ment, et nous feignons de croire ses mensonges pour ne pas rompre brutalement. Des deux côtés, nous jouons la comédie. Et, sur sa requête, je rédige un billet par lequel nous chargeons « le camarade Lénine » de présenter au Politburo notre demande de libération de ceux qui, à la prison de Boutirky, poursuivent la grève de la faim. Pas des autres. Lénine nous promet de nous faire parvenir la réponse le lendemain, à dix heures, dans la chambre du délégué français Sirolle [34]. Et nous nous séparons après une dernière poignée de main, accompagnée du dernier regard scrutateur et ironique.

Le lendemain, la réponse n'arriva qu'à midi, ce qui ne présageait rien de bon. Signée non par Lénine, mais par Trotsky, assez franc pour prendre ses responsabilités. Refus catégorique de remettre en liberté les grévistes de la faim. Seule proposition ferme : leur expulsion de Russie. Suivait une leçon sur la nécessité d'apprendre à tenir compte des responsabilités révolutionnaires, et à ne pas céder aux sentiments superficiels quand l'intérêt supérieur de la Révolution est en jeu.

Que faire d'autre qu'accepter ? Nous ne pouvions pas recommencer nos démarches auprès des hauts personnages déjà vus et qui sans aucun doute ne nous auraient pas même reçus. Et cela pouvait se retourner contre nos camarades, auxquels nous fîmes communiquer la solution proposée. Ils sortiraient de prison : résultat positif. Ils seraient expulsés de leur propre pays : tout un symbole.

Pour les autres emprisonnés, les autres partis, nous ne pouvions plus rien.

Le congrès se termina quelques jours plus tard. Les délégués allaient, venaient, dans les rues de Moscou. Nous étions invités à des représentations théâtrales. Chaliapine chanta pour nous à l'opéra, on nous donna des spectacles de ballets, des fêtes gymniques magnifiques sur le bord de la Moskova. Peu de délégués prenaient des notes. Mais deux semaines s'étaient écoulées, et nos camarades se trouvaient toujours en prison, malgré l'accord signé entre les délégations et Lounatcharsky, spécifiant qu'ils seraient mis en liberté, et expulsés de Russie. De cette Russie d'où certains avaient dû fuir à l'époque tsariste, et où ils étaient rentrés si pleins d'espoir quand avait éclaté la Révolution. Nous n'avions pas confiance en la parole des chefs bolcheviques dont nous connaissions la malhonnêteté, et nous nous demandions si

34. Henri Sirolle (né en 1886), co-secrétaire de la fédération des Cheminots en 1920 ; anarcho-syndicaliste versatile ; au premier congrès de la C.G.T.U. à Saint-Etienne, en juillet 1922, rendant compte de sa délégation à Moscou de 1921, raconta que, reçu par Lénine, ce dernier lui avait montré quelques dossiers d'anarchistes et que lui, Sirolle, en avait conclu... qu'ils méritaient la mort ! Finit à la tête du Secours national du maréchal Pétain.

l'on n'attendait pas notre départ pour maintenir en prison nos camarades, qui s'impatientaient aussi.

Mais Trotsky fit annoncer à la délégation française qu'il lui rendrait, un soir, dans la chambre de Sirolle, une visite amicale. Les syndicalistes italiens et espagnols furent prévenus, et nous décidâmes de profiter de l'occasion pour demander des précisions sur l'application de l'accord signé.

Fort bel homme, intelligent, énergique et hautain, Trotsky arriva, s'assit au milieu de nous, parla en français des différents aspects de la lutte menée contre les généraux Blancs, des difficultés économiques que traversait la Russie nouvelle. De la bureaucratie, qui nous semblait un danger terrible, il dit que, s'il le pouvait, il chargerait des bateaux entiers de bureaucrates et les ferait couler en mer sans hésiter. Mais le problème n'était pas si facile. Il regrettait et ne pouvait empêcher.

D'autres questions furent abordées, dont le mouvement révolutionnaire en France, l'orientation de la C.G.T., la trahison des chefs syndicalistes d'Occident. L'accord était presque complet, car Trotsky savait charmer par son argumentation convaincante et le tour donné à ses explications. Mais, au fond, tous nous attendions le moment d'aborder ce qui nous tenait le plus à cœur, et il semblait qu'il le devinait, car il parlait sans arrêt des questions les plus diverses. Comme il allait se retirer, nous abordâmes ce qu'il voulait certainement éviter.

Alors, il fronça les sourcils, et mi-souriant, mi-coléreux, commença par répondre que mieux valait ne pas gâter cette entrevue en traitant de notre intervention en faveur des anarchistes russes emprisonnés, ce qui n'était pas la meilleure chose que nous avions faite en Russie, que nous n'aurions pas à nous en vanter à notre retour auprès des ouvriers de notre pays, que nous avions été trompés et que notre premier devoir aurait dû consister à faire confiance au gouvernement soviétique. Puis, changeant de ton et contenant sa colère devant les délégués qui souriaient d'un air visiblement forcé, il assura que sa promesse serait tenue.

Cela semblait trop vague. Et, appuyé par Arlandis [35], je deman-

35. L'un des délégués syndicalistes espagnols accompagnant Gaston Leval.

dai quand elle le serait, quand nos camarades sortiraient de prison.

Alors je vis Trotsky se redresser de toute sa haute taille, de toute la largeur de sa poitrine, lever les bras en fermant les poings, et, dans une explosion de fureur, me demander presque en hurlant :

— Qui êtes-vous pour me demander, à moi qui ne vous connais pas, quand je mettrai en application les décisions que j'ai prises ?

Puis, me prenant par le revers de mon veston, il ajouta, toujours sur le même ton :

— Nous avons fait la Révolution, nous autres, les bolcheviks, et vous qu'avez-vous fait ? Ce n'est pas à vous de nous donner des ordres, nous n'avons pas à en recevoir de vous !

Je ne sais plus quelles autres phrases il proféra. Je fus tellement pris de court, surpris, abasourdi par cette éruption que sur le moment je ne sus que répondre. J'avoue même m'être senti pâlir. Puis, calmement :

— Vous n'avez pas à répondre sur ce ton, camarade Trotsky, nous avons bien le droit de vous poser une question !

Les autres délégués intervinrent, s'efforçant de le calmer. Trotsky répéta qu'il tiendrait sa parole.

Avant mon départ, je dis au revoir à de nombreux camarades encore en liberté, qui devaient tous mourir dans les geôles ou les isolateurs, préludes aux camps de concentration. Je serrai la main à Voline et ses amis, enfin sortis de la prison de Boutirky, et je partis, via Riga, pour Berlin.

Cette Révolution qui, après la tuerie mondiale, nous était apparue comme l'aurore de la libération du prolétariat international et de l'humanité, nous apparaissait maintenant comme un des plus grands dangers pour l'avenir des peuples. La terreur policière systématisée, la mainmise croissante du parti sur toute la vie sociale, l'anéantissement méthodique de toutes les tendances, de tous les partis, moins méthodique de tous les révolutionnaires qui avaient une pensée différente de celle des nouveaux maîtres, et même la suppression de toute velléité de non-conformisme au sein du parti, tout prouvait que nous allions vers un nouveau despotisme non seulement politique, mais intellectuel, mental, moral, qui faisait évoquer les pires périodes du Moyen Âge.

L'anarchisme dans la guerre d'Espagne

Le lecteur a déjà fait connaissance avec la Révolution espagnole de 1936 sous l'angle de ses expériences de construction sociale, ce que l'on appelait alors les collectivités (collectividades), *ce que nous nommons de nos jours :* l'autogestion.

Il reste à produire un certain nombre de textes concernant la participation politique et militaire des anarchistes espagnols à la guerre civile. Quelques-uns de ces documents concernent la période qui va de 1919 à la victoire révolutionnaire du 19 juillet 1936. Déjà y apparaît le conflit entre l'anarcho-syndicalisme espagnol et le bolchevisme.

Ensuite sera présenté le grand guérillero Buenaventura Durruti, qui, selon sa propre expression, « faisait la Révolution et la guerre tout en même temps ». Le lecteur pourra ainsi s'initier à la conception, trop peu connue, de l'autodiscipline et de la guerre révolutionnaire des libertaires espagnols. Durruti était un autre Makhno. Il avait, d'ailleurs, connu le guérillero russe en exil à Paris et pu recueillir de vive voix ses enseignements.

Enfin sera évoquée la participation des anarchistes au gouvernement, en fait, à deux gouvernements, celui (autonome) de la Généralité de Catalogne et celui (gouvernement central) installé d'abord à Madrid, puis à Valence. Cette participation, cela va sans dire, contredisait les principes fondamentaux de l'anarchisme « apolitique » et elle a fait l'objet, au sein même des milieux libertaires, de vives discussions, qui, aujourd'hui, ne sont pas entièrement apaisées.

L'anarchisme en Espagne de 1919 à 1936

La C.N.T. et la Troisième Internationale

Les textes qui suivent nous apprennent qu'il n'y eut pas toujours entre la conception bolchevique et la conception anarcho-syndicaliste de la Révolution sociale un fossé infranchissable. Au moment où le prestige de la jeune Révolution d'Octobre, victorieuse mais assaillie de toutes parts par la Réaction mondiale, était à son apogée, la Confédération Nationale du Travail (C.N.T.) d'Espagne, attirée comme un papillon par la lumière, décida, au moins à titre provisoire, de participer, à Moscou, aux travaux de l'Internationale communiste. Mais, assez rapidement, des divergences fondamentales de vues se firent jour, le bolchevisme russe laissant apparaître de plus en plus un visage sectaire et dominateur, et la cassure ne tarda pas à se produire.

Il est à noter que cette évolution a été parallèle de celle d'un certain nombre de syndicalistes révolutionnaires français, du type de Pierre Monatte, qui, après avoir fait serment d'allégeance à Moscou, estimèrent, assez vite, qu'ils avaient fait erreur et prirent, sans retour, leurs distances à l'égard aussi bien du Kremlin que du Parti communiste français [1].

1. Cf. *Syndicalisme révolutionnaire et communisme, Les archives de Pierre Monatte*, 1969.

LE CONGRÈS DE LA C.N.T. DE DÉCEMBRE 1919 [2]

Le congrès national de la C.N.T. eut lieu à Madrid du 10 au 18 décembre 1919. Trois problèmes capitaux y furent traités : une fusion des centrales syndicales du prolétariat espagnol (refusée par 325 955 voix contre 169 125 et 10 192 abstentions), une nouvelle structure organique sur la base de fédérations nationales d'industrie (repoussée par 651 472 contre 14 008), une déclaration de principes communistes libertaires (adoptée unanimement par acclamation).

Mais le débat le plus important fut celui au sujet de l'attitude à prendre envers la Révolution russe. Plusieurs idées avaient été suggérées :

« Quel moyen pourrons-nous mettre en pratique pour prêter appui à la Révolution russe et éviter le blocus (...) de la part des États capitalistes ?

« Était-il nécessaire d'adhérer à la Troisième Internationale syndicale ?

« La confédération devait-elle immédiatement adhérer à l'Internationale, et à laquelle ?

« Sera-t-il utile de tenir un congrès de l'Internationale en Espagne ?

Plusieurs rapports furent approuvés, parmi lesquels le suivant :

« La Confédération Nationale du Travail se déclare ferme défenseur des principes soutenus par Bakounine dans la Première Internationale. Elle déclare d'autre part adhérer provisoirement à la Troisième Internationale pour son caractère révolutionnaire dominant et en attendant qu'ait lieu le Congrès International en Espagne, qui doit établir les bases qui doivent régir la vraie Internationale des travailleurs. »

(...) Angel Pestaña [3] fut chargé de se rendre en Russie pour assister au IIe Congrès de la Troisième Internationale et y faire part des décisions adoptées par le congrès confédéral.

---

2. Extraits de José PEIRATS, *La C.N.T. en la revolución española*, 2 vol., 1958.

3. Angel Pestaña (1886-1937), ouvrier horloger, passe du secrétariat du syndicat des Métallurgistes au secrétariat national de la C.N.T. en 1914 ; avec Salvador Segui il a été à la base de la remontée de l'anarcho-syndicalisme espagnol entre 1916 et 1923 ; après 1931, animateur dans la C.N.T. du courant réformiste dit des « Trente » et exclu. Il fonda en 1934 un Parti syndicaliste dont il fut le député en 1936 ; mort de maladie.

LE 2e CONGRÈS DE L'INTERNATIONALE COMMUNISTE (JUIN 1920) [4]

Le deuxième Congrès de la Troisième Internationale débuta le 28 juin 1920 en son siège social à Moscou. Tout d'abord Zinoviev proposa que la Confédération espagnole soit admise comme membre du Comité exécutif de la Troisième Internationale, ce qui lui fut accordé.

Le camarade Lozovsky [5] proposa à son tour d'organiser une Internationale syndicale révolutionnaire. À cet effet, il lut un document qui déclarait : « Dans la majorité des pays belligérants, la plupart des syndicats avaient été, lors des douloureuses années de guerre, partisans du neutralisme (apolitisme) ; ils avaient été les serfs du capitalisme impérialiste et avaient joué un rôle néfaste en retardant l'émancipation des travailleurs (...) ; à la dictature de la bourgeoisie il fallait opposer, comme seul moyen décisif et transitoire, la dictature du prolétariat, seule capable d'ébranler la résistance des exploiteurs et d'assurer ainsi que de consolider la conquête du pouvoir par le prolétariat. »

Le congrès décida en conséquence de :

« Condamner toute tactique destinée à faire sortir les éléments d'avant-garde des organisations syndicales existantes et éliminer, au contraire, d'une façon radicale, de la direction du mouvement syndical les opportunistes qui avaient collaboré avec la bourgeoisie en acceptant la guerre ;

« (...) Soutenir au sein des organisations syndicales du monde entier une propagande méthodique en créant dans chacune d'elles un noyau communiste qui finirait par imposer son point de vue ;

« (...) Créer un comité d'action et de lutte internationale pour la transformation du mouvement syndical. Ce comité fonctionnera en tant que conseil international des syndicats ouvriers en accord avec le comité exécutif de la Troisième Internationale dans les conditions qui seront établies par le congrès. Ce conseil

4. Récit de Angel Pestaña.
5. Salomon Lozovsky (1878-1952), ouvrier, bolchevik en 1903 ; émigra en 1909 et milita dans le mouvement ouvrier français jusqu'en 1917. Dirigeant du syndicat des ouvriers du Textile où il mena une action syndicale d'opposition. À partir de 1919 sera d'un conformisme servile. Président de l'Internationale syndicale rouge de 1921 à 1937.

sera composé de représentants de toutes les organisations nationales ouvrières adhérentes. »

(...) Lorsque je pris la parole, je déclarai : « Trois points du document vont faire l'objet d'un examen rapide et concret, car les organisations que je représente ont pris une position qui les sépare tout à fait de ce document, ces trois points sont :

« L'apolitisme, la conquête du pouvoir et la dictature du prolétariat.

« (...) En effet, l'apolitisme est, dans ce document, condamné par quelques organisations syndicales, alors que presque toutes les organisations syndicales qui sont intervenues dans la guerre impérialiste étaient politisées, ce qui est contraire à ce qu'affirme ce document (...) Où donc se trouve la logique de ce document ? Les deux points qui restent concernant la conquête du pouvoir et la dictature du prolétariat (...) Peu de mots suffiraient pour exposer ce que pense la Confédération que je représente ici sur ces deux questions. Je vous rappellerai à ce sujet qu'au cours du premier congrès de la Confédération qui avait eu lieu à Madrid au cours de la deuxième quinzaine du mois de décembre de l'année dernière, il a été décidé à l'unanimité des cinq cents délégués présents que le but final c'était l'implantation du communisme libertaire.

« (...) J'ajouterai encore deux mots au sujet de l'article qui préconise la collaboration étroite avec le prolétariat communiste politisé.

« La Confédération accepte de coopérer avec toutes les organisations révolutionnaires qui lutteraient contre le régime capitaliste en se réservant toutefois de le faire quand bon lui semblerait. Je ne pense pas en effet que la Confédération accepterait d'agir dès que sa liberté d'action serait mise en jeu (...) »

Le premier et le deuxième paragraphes ne firent l'objet d'aucune discussion. Au cours de la discussion sur le troisième, je réaffirmai que nous étions apolitiques et que nous avions à combattre la guerre par tous les moyens et qu'il était paradoxal de signer un document qui condamnait notre action et nos principes. La modification de la rédaction de ce paragraphe fut finalement accordée.

Le quatrième paragraphe fut à l'origine d'une longue discussion car nous étions plusieurs à soutenir le principe d'une complète autonomie syndicale. Enfin, après d'interminables discussions [le document fut signé par cinq des sept délégués présents].

Ma position était très délicate étant donné que la Confédération avait adhéré à la Troisième Internationale. Je ne pouvais pas repousser un document accepté par elle. Je devais donc suivre la majorité.

(...) J'ai toutefois, lors de la signature de ce document, écrit : « de la » Confédération Nationale du Travail, Angel Pestaña, au lieu d'indiquer comme il aurait été de règle « pour la » Confédération Nationale du Travail, Angel Pestaña ». Je dégageais ainsi ma responsabilité. Lorsqu'on me donna la parole, je rappelai que les délégués connaissaient déjà mes idées contraires en ce qui concernait la conquête du pouvoir et la dictature du prolétariat, et que ces prises de position n'exprimaient pas mon point de vue personnel mais celui de la Confédération.

Je déclarai en conséquence que, si la majorité m'obligeait à accepter le document tel qu'il était, je le signerais mais donnerais au préalable l'avertissement suivant :

« Tout ce qui se réfère à la conquête du pouvoir politique, à la dictature du prolétariat et à la coopération avec le prolétariat politique communiste reste subordonné aux décisions ultérieures que prendra la Confédération une fois que je serai retourné en Espagne, et le Comité confédéral aura connaissance de tout ce qui a été décidé lors de cette réunion. »

Il en fut de même pour la convocation qui devait être adressée aux organisations syndicales du monde entier. Sur cette convocation il était indiqué que les organisations syndicales, nationales et internationales de métiers, les unions locales et régionales qui acceptaient la lutte des classes révolutionnaire étaient invitées à assister à la conférence.

Je n'étais pas non plus d'accord avec (...) cette convocation qui (...) barrait la route à beaucoup d'organisations qui auraient désiré assister à la conférence mais qui n'étaient pas d'accord avec la dictature et avec la conquête du pouvoir. C'était là à mon avis une erreur (...)

Un congrès « pantomime »[6]

Pestaña affirme que les communistes étaient d'accord pour améliorer la rédaction du document en ce qui concerne la dictature du prolétariat mais, en l'absence momentanée du délégué espagnol, le document fut publié dans son texte original avec la signature de Pestaña. Sur le développement du congrès même, Pestaña dit que la lutte qui se produisit pour la nomination au poste de président retint toute son attention. Mais il se rendit compte bientôt que le congrès lui-même était une pantomime. La présidence faisait le règlement, modifiait à son aise les propositions, bouleversait l'ordre du jour et présentait des propositions de sa propre initiative. Sa façon de manipuler le congrès était parfaitement abusive, par exemple : Zinoviev prononça un discours d'une heure et demie malgré que chaque intervention ne devait pas dépasser les dix minutes.

Pestaña voulut répliquer à ce discours mais la parole lui fut coupée au bout de dix minutes, montre en main, par la présidence. Le même Pestaña fut critiqué par Trotsky dans un autre discours de plus de trois quarts d'heure et, lorsque Pestaña se proposa de répondre aux attaques que Trotsky lui avait adressées, la présidence déclara clos le débat. Il dut aussi protester contre la façon de nommer les rapporteurs. Théoriquement, chaque délégué pouvait faire une proposition, mais la présidence choisissait elle-même les « intéressantes ». Les votes proportion nels [par délégation ou délégué] étaient prévus mais non appliqués. Le Parti communiste russe s'assurait pour lui une majorité confortable.

Le comble était que quelques décisions importantes ne se prenaient même pas dans la salle du congrès, mais dans les coulisses. De cette façon, le texte suivant fut adopté : « Dans les prochains congrès mondiaux de la Troisième Internationale, les organisations syndicales nationales qui en sont les adhérents seront représentées par les délégués du Parti communiste de chaque pays. »

La protestation contre cette décision fut simplement ignorée

6. Extrait de José Peirats, *op. cit*

Pestaña quitta la Russie le 6 septembre 1920, après avoir eu un bref échange d'impressions avec Armando Borghi [7] (...), délégué de l'Union syndicale italienne, qui retourna en Italie déçu par cette malheureuse expérience. Mais avant de quitter Moscou, tous les deux auraient eu connaissance de la circulaire pour l'organisation de l'Internationale syndicale rouge. Si dans le futur congrès de la Troisième Internationale on voulut assurer la prédominance des partis communistes sur les organisations syndicales, on aurait pu supposer que, dans une Internationale syndicale, le feu vert serait ouvert pour les centrales ouvrières affiliées. Mais ce malheureux projet de l'Internationale syndicale rouge démontrait tout le contraire. Ce projet comprenait ·

« 1. Un comité spécial devra être organisé dans chaque pays par le Parti communiste.

« 2. Ce comité se chargera de recevoir et distribuer à toutes les organisations syndicales les circulaires et les publications de l'organisation internationale rouge.

« 3. Le comité nommera les rédacteurs des journaux professionnels et révolutionnaires en leur inculquant le point de vue de l'Internationale contre l'Internationale adverse.

« 4. Le Comité interviendra avec ses propres moyens d'intervention et de polémique.

« 5. Le Comité travaillera en étroites relations avec le Parti communiste tout en étant un organe différent.

« 6. Le Comité contribuera à convoquer des conférences dans lesquelles seront discutées des questions d'organisation internationale et choisira les orateurs aptes à la propagande.

« 7. Le Comité sera composé de camarades de préférence communistes. Les élections seront supervisées par le Parti communiste.

« 8. Dans le pays où cette méthode ne pourra être adoptée des émissaires du Parti communiste seront envoyés afin de créer une organisation semblable. »

---

7. Armando Borghi (1882-1968), secrétaire général de l'Union syndicale italienne, centrale anarcho-syndicaliste, s'était rendu en Russie soviétique en 1920 et y avait rencontré Lénine ; son livre le plus important : *Mezzo secolo di Anarchia (1898-1945)*.

La Révolution espagnole (1936)

DEVANT LE FASCISME, GRÈVE GÉNÉRALE !
(19 juillet 1936)

Peuple de Catalogne ! Alerte ! Sois sur le pied de guerre ! Le moment d'agir est venu. Nous avons passé des mois et des mois à critiquer le fascisme, à dénoncer ses tares, à lancer des mots d'ordre afin que le peuple se soulève au moment venu contre la réaction néfaste d'Espagne qui essaiera d'imposer sa repoussante dictature. Peuple de Catalogne, ce moment est arrivé, la réaction (militaires, civils, curés et grandes banques), tous la main dans la main, a pour but l'implantation du fascisme en Espagne à l'aide d'une dictature militaire. Nous, véritables représentants de la C.N.T. en Catalogne, conséquents avec notre ligne de conduite révolutionnaire et antifasciste, ne pouvons pas hésiter dans ces moments graves, et ordonnons à tous d'une façon formelle de suivre le mot d'ordre de grève générale dès l'instant où quelqu'un se soulèvera, et ceci dans n'importe quelle région de l'Espagne, en s'en tenant toutefois aux consignes du Comité national. Notre position reste bien établie et nous vous prévenons que notre mot d'ordre sera donné très rapidement. Nous rappelons que personne ne doit suivre un mot d'ordre ne venant pas du Comité, seule manière d'éviter l'irréparable. Nous traversons des moments pleins de gravité. Nous devons agir avec énergie, fermeté et tous ensemble. Que personne ne s'isole ! Que tous gardent le contact entre eux !

C'est l'heure de rester en état d'alerte et d'être prêts à agir. Le fascisme s'est rendu maître de la ville de Séville. Un soulèvement s'est déclaré à Cordoue. Le Nord de l'Afrique est dominé par le fascisme. Nous, peuple de Catalogne, soyons sur le pied de guerre, prêts à agir ; que chacun occupe son poste de combat maintenant que nous sommes face à l'ennemi.

Qu'il n'y ait pas de dépenses inutiles d'énergie ni de luttes fratricides ! Luttons de tout notre cœur et gardons l'arme sous le bras, prêts pour le combat ! Celui qui s'abstient trahit la cause libératrice du peuple. Vive la C.N.T. ! Vive le communisme libertaire ! Devant le fascisme, grève générale des révolutionnaires !

Le Comité régional de la C.N.T.

L'Antifascisme au pouvoir (juillet 1936) [8]

La rébellion militaire du 19 juillet 1936 a eu des conséquences profondes pour la vie économique de l'Espagne. La lutte contre le clan clérico-militariste n'a été possible qu'avec l'aide de la classe ouvrière. Livrée à ses seules forces, la bourgeoisie républicaine aurait été écrasée.

Cette alliance ne pouvait se limiter au terrain politique. Les syndicalistes et les anarchistes avaient fait de mauvaises expériences avec la République bourgeoise. Il ne fallait donc pas songer à ce qu'ils se contentent de mater la rébellion clérico-militariste. Il fallait s'attendre à la mise sur pied d'un changement du système économique. Ils ne pouvaient, en effet, continuer à tolérer l'exploitation économique, base, à leurs yeux, de l'oppression politique.

Ces faits étaient connus du clergé, de la camarilla militaire et des grands capitalistes qui étaient liés aux deux premiers clans. Ils connaissaient bien l'enjeu de la partie et ses conséquences.

(...) Pour ce motif, la classe privilégiée se plaça aux côtés des chefs militaires rebelles.

Alors que les généraux étaient les acteurs, les grands capitalistes furent les tireurs de ficelles. Ils restèrent à l'arrière-plan. Une partie d'entre eux ne se trouvait même pas sur le théâtre des

---

8. Extraits de A. Souchy, *Collectivisations, l'œuvre constructive de la Révolution espagnole*, avril 1937, réédition, 1963. Sur Souchy, v. *supra*, p. 507.

opérations. Juan March, François Cambo et d'autres de leurs semblables ne se trouvaient pas en Espagne au moment où la rébellion éclata. Ils attendaient le déroulement des événements à l'étranger. Si les chefs rebelles avaient remporté la victoire, leurs commanditaires seraient tout de suite revenus. Mais, en Catalogne, comme dans la plus grande partie de l'Espagne, la rébellion militaire fut brisée. Et les tireurs de ficelles restèrent à l'étranger.

(...) Le choix était maintenant, ou bien de se réfugier derrière la faction militaire, cléricale et fasciste qui saurait défendre les vieux privilèges par la terreur, ou bien de s'en remettre à la protection des travailleurs armés, en les laissant organiser et administrer eux-mêmes les secteurs immobilisés de l'économie et des services publics. Il va sans dire que le trouble était grand dans le secteur libéral et socialiste, porté au pouvoir à nouveau par les élections de février 1936 après une période biennale de noire réaction ; mais la conduite hésitante des bourgeois républicains, plus ou moins avides de réformes, fut en dernier ressort tranchée par l'audace des éléments extrêmes.

C'était quelque chose d'entièrement nouveau en Espagne et dans le monde et qui ouvrait une ère nouvelle dans l'histoire. Pour la première fois, un peuple entier s'était dressé contre le fascisme. En Allemagne et dans d'autres pays, l'embourbement parlementaire et la fossilisation bureaucratique du mouvement ouvrier avaient favorisé la montée de la dictature ; en Espagne, la rupture de l'ensemble des travailleurs d'avec les méthodes parlementaires et la politique bourgeoise permit au peuple tout entier d'opposer une résistance aux généraux. Seconde constatation importante : le développement en Espagne portait comme caractère spécifique l'entrée du pays dans une période de bouleversements sociaux sans que ces innovations profondes se fissent sous le signe de la dictature d'un parti. La transformation débuta, au contraire, par la participation directe des larges masses au processus économique, et la charge des expropriations nécessaires fut endossée par les syndicats ouvriers qui déterminaient d'une façon décisive la construction socialiste. Au point de vue politique, le nouvel ordre, élaboré en première ligne dans le cadre des possibilités et des nécessités de la guerre, ne reposait pas non plus sur la monopolisation du pouvoir par un État. Il était basé sur la collaboration démocratique de groupements antifascistes très différents, souvent diamétralement opposés jadis.

Manifeste de la F.A.I.

Le 26 juillet 1936 le Comité péninsulaire de la F.A.I. publia par radio ce manifeste :

Peuple de Barcelone ! Travailleurs de toutes les organisations ouvrières, de tous les partis de gauche unis dans la lutte contre le fascisme ! Dans ces moments décisifs, dans ces heures historiques que vivent Barcelone et l'Espagne tout entière, la Fédération Anarchiste Ibérique, qui a généreusement versé son sang et qui a été la force motrice de l'héroïsme surhumain qui décida la victoire grâce aux sacrifices de beaucoup de vies, a besoin également de faire entendre sa voix aux foules qui l'écoutent à la Radio.

Camarades ! Encore un effort et la victoire sera à nous. Nous devons maintenir cette tension historique dans laquelle nous vivons depuis sept jours. Rendus plus forts par la fureur et l'enthousiasme, nous sommes invincibles. La première colonne antifasciste marche victorieusement sur Saragosse. Des cris délirants d'enthousiasme l'accueillent. Les hommes des villes libérées se joignent aux braves de Barcelone qui vont prendre Saragosse. Le fascisme battu à Saragosse recevra un coup mortel !

La volonté souveraine des masses qui peuvent tout lorsque, désireuses de triompher, elles marchent ensemble, doit être aux yeux du monde un grand exemple. Elle doit montrer ce que nous pouvons faire, ce que nous voulons et faire connaître notre résolution et notre résistance. Elle aura ainsi une influence dans les destinées du monde. Nous comprenons l'instant décisif que nous vivons et c'est avec sérénité et loyauté que nous combattons à côté de nos alliés dont nous exigeons la même loyauté, le même sens des responsabilités et la même volonté héroïque de triomphe. Volonté qui nous a soutenus lors de ces grandes et inoubliables journées de Barcelone.

Vous qui avez pris les armes, hommes et femmes, vous milices populaires animées du plus fervent enthousiasme et vous héros obscurs qui travaillez dans l'ombre pour assurer le pain et le matériel de guerre aux combattants, vous ne devez pas oublier que, comme l'a dit Napoléon, devant les Pyramides, dans sa phase célèbre, « vingt siècles nous contemplent ». Le monde entier surveille nos actes. Sachons être tous une force coordonnée, invincible. Soyons à la fois exemple de bravoure sans égal et d'honnêteté sur tous les plans. Compagnons, à la lutte ! Ecrasons complètement l'hydre fasciste ! Le 19 juillet marque le début d'une ère nouvelle ; la paix du passé n'existe plus. Nous construirons dans des mares de sang une Espagne nouvelle. Vive la F.A.I., symbole de la Révolution et emblème du désir violent de liberté ! Vive le front de lutte antifasciste ! »

Le Comité péninsulaire de la F.A.I.

Durruti (1896-1936) et la guerre libertaire

Buenaventura Durruti [1]

Buenaventura Durruti y Domingo, fils de Santiago, un cheminot, et d'Anastasia, naquit le 14 juillet 1896 à Leon.

À l'âge de cinq ans, il fréquenta l'école primaire, et à neuf ans le lycée de la rue Misericordia que dirigeait le professeur Ricardo Fanjul. L'appréciation que le professeur donna de Durruti, à la fin de ses études, fut : « Elève doué pour les lettres, dissipé, mais aux sentiments nobles. »

À quatorze ans, il entra comme apprenti dans un atelier de mécanique qu'il quitta à dix-huit ans, après avoir reçu une bonne formation qu'il prouva lors de son premier travail à Matallana de Torio, en montant des lavoirs pour la mine. Il rentra ensuite à la compagnie des chemins de fer du Nord, comme mécanicien-monteur. Ceci se passait en 1914, lors du déclenchement de la Première Guerre mondiale.

Bien que Leon fût un centre de domination cléricale et aristocratique, il y existait déjà un noyau ouvrier du Parti socialiste espagnol et de l'Union générale des travailleurs. Durruti appartint à cette dernière union à compter du jour où il devint salarié. Sa nature révoltée qui le rendait toujours prêt à affronter l'injustice lui valut d'être toujours apprécié de ses compagnons de travail et le rendit populaire dans les centres miniers. Il participait aux

1. Extrait d'une biographie inédite de Durruti par Abel Paz, avec l'autorisation bienveillante de l'auteur.

réunions syndicales, parlait sur les lieux de travail, où se forma sa mentalité militante et combative. C'est à ce moment que se produisit la grève révolutionnaire du mois d'août 1917 qui se termina à Leon par le licenciement des ouvriers et la répression des dirigeants. La section de Leon, de la Confédération Nationale du Travail, se manifesta également dans cette grève. Durruti fut attiré par la combativité de ces hommes et entra dans cette centrale syndicale à laquelle il devait appartenir désormais toute sa vie. Renvoyé des ateliers des chemins de fer, boycotté par le patronat de Leon, il dut s'exiler pour se fixer à Gijon, centre d'attraction révolutionnaire du Nord de l'Espagne et noyau d'influence anarcho-syndicaliste de la région des Asturies. Là, il se lia d'amitié avec Manuel Buenacasa [2], qui lui fit connaître les théories anarchistes. Après deux mois de séjour à Gijon, il dut s'exiler en France car il lui était, d'une part, impossible de trouver du travail et, d'autre part, il ne s'était pas présenté pour faire son service militaire, bien qu'il fût déjà âgé de vingt et un ans.

À Paris, trois hommes l'ont influencé : Sébastien Faure, Louis Lecoin et Émile Cottin [3]. Ces hommes resteront pour toujours liés à sa vie.

Des amis restés en Espagne lui envoyaient des nouvelles. Le souffle révolutionnaire, qui parcourait l'Europe, l'incita à retourner en Espagne au début de 1920. À Saint-Sébastien, il retrouva Manuel Buenacasa qui était secrétaire général du syndicat du bâtiment de la C.N.T. de cette ville. Quelques jours après son arrivée, il commença à travailler comme mécanicien, ce qui lui

---

2. Manuel Buenacasa (1886-1964), ancien séminariste puis ouvrier, le premier secrétaire général de la C.N.T., directeur du journal *Solidaridad Obrera* ; en 1936 directeur de l'école de militants de la C.N.T. à Barcelone ; auteur d'une *Histoire du mouvement ouvrier espagnol, 1886-1926*.

3. Louis Lecoin (né en 1888), anarchiste pacifiste et anarcho-syndicaliste français ; secrétaire de la Fédération anarchiste française en 1912 ; joua un rôle dans la scission syndicale de 1921, rejoignit, puis quitta la C.G.T.U. ; organisa la campagne pour tenter de sauver les anarchistes italiens Sacco et Vanzetti, condamnés à mort et finalement électrocutés ; prit la défense des activistes espagnols Durutti et Ascaso ; purgea plus de douze ans de prison pour insoumission et propagande antimilitariste ; en 1939 rédigea le manifeste « Paix immédiate » ; au soir de sa vie, lutta pour les droits des objecteurs de conscience ; éditeur du mensuel *Liberté* ; — Louis-Émile Cottin (1896-1936), anarchiste ; tout jeune il tente d'assassiner le président du Conseil Georges Clemenceau en 1919. Condamné à mort, sa peine fut commuée en 10 ans de réclusion. Tomba pendant la Révolution espagnole dans les rangs des milices libertaires.

permit de se lier d'amitié avec d'autres militants ouvriers venant de Barcelone, Madrid et Saragosse. Les bases d'un groupe anarchiste s'étaient établies à Saint-Sébastien et c'est au groupe intitulé *Los Justicieros* (les Justiciers) que Durruti adhéra en premier. Mais la population de Saint-Sébastien était une population à laquelle « il n'arrivait jamais rien » et Durruti décida de changer de résidence. Buenacasa lui donna une lettre de recommandation pour Angel Pestaña, alors secrétaire général du Comité national de la C.N.T. qui était à Barcelone.

Il s'arrêta à Saragosse où une atmosphère lourde de luttes ouvrières régnait. Le cardinal Soldevila avait, avec le gouverneur de Saragosse, fait venir de Barcelone un groupe de tueurs professionnels (les *pistoleros*) pour faire assassiner les militants confédéraux et en finir avec la C.N.T. de Saragosse. La réaction fut violente, et un groupe de militants de la C.N.T. parmi lesquels se trouvait Francisco Ascaso [4] furent incarcérés à la prison des Predicadores en attendant leur condamnation à de lourdes peines. Les ouvriers de Saragosse se mirent en grève générale pour demander la mise en liberté des prisonniers. Cet événement coïncidait avec l'arrivée à Saragosse de Durruti et de ses amis. Les prisonniers furent relâchés, tandis que la lutte prenait de nouvelles proportions. Dans ce climat, Durruti, ami intime d'Ascaso et de Torres Escartin [5], décida, au cours du mois de janvier 1922, d'aller vivre à Barcelone.

Barcelone se situait, comme Saragosse à ce moment-là, à la pointe extrême du combat. Le « pistolerisme » visait les dirigeants ouvriers, et tuait ces derniers dans les rues. Face à cette attaque appuyée par les patrons et la police, les syndicalistes ne pouvaient pas répondre autrement que par les mêmes méthodes.

La lutte sélectionna les meilleurs, et c'est ainsi que se créa le nouveau groupe de Durruti qui fut appelé cette fois-ci : *Los Solidarios* (Les Solidaires). Des hommes comme Garcia Oliver,

4. Francisco Ascaso Abadia (1900-1936), activiste libertaire, ami et compagnon inséparable de Durruti, tué dans l'assaut de la forteresse d'Atarazanas, le 20 juillet 1936.

5. José Torres Escartin (1900-1939), activiste libertaire auquel on attribua l'assassinat de l'archevêque Carlos Soldevila, à Saragosse, en représailles de l'assassinat du grand leader libertaire Salvador Segui par les tueurs du gouverneur Martinez Anido. Devenu fou à la suite des tortures policières ; libéré par la Révolution de 1931 ; fusillé malgré son état mental par les franquistes.

Gregorio Sobreviela [6], etc., adhèrent à ce groupe qui devint bientôt l'axe de la lutte contre le gangstérisme et les patrons, cela, grâce à la témérité de ses membres. Le 10 mars 1923, Salvador Segui [7], militant très connu, grand orateur et excellent organisateur, fut assassiné. Dans ce temps, l'anarchisme militant voulait se donner une organisation plus homogène, et le groupe anarchiste *Libre Acuerdo* (Libre Accord) de Saragosse convoqua une conférence anarchiste pour le mois d'avril à Madrid.

Durruti se rendit à Madrid avec la double mission d'assister à la conférence et d'avoir une entrevue avec les emprisonnés à la suite de l'attentat contre Éduardo Dato (1921) [8]. Sa tête étant mise à prix, il rendit visite sous un faux nom au journaliste Mauro Bajatierra qui était prisonnier parce que inculpté dans l'affaire Dato. Il assista à la conférence et fut arrêté à l'issue de celle-ci, parce que soupçonné d'activité illégale, mais relâché quelques jours plus tard. Le commissaire qui procéda à son arrestation (sans savoir son vrai nom) reçut un blâme du ministère de l'Intérieur. À la suite de cet acte, le chef de la police de Barcelone fit observer que « l'inexpérience du commissaire madrilène avait permis au terrible individu Durruti de tromper la justice ».

Un Comité national révolutionnaire ayant pour but l'action insurrectionnelle se constitua à Barcelone. Sobreviela fut l'un des membres de ce comité. C'était l'époque où la C. N. T. dut faire face à d'innombrables problèmes : elle n'avait pas d'argent, ses meilleurs militants étaient en prison ou bien recherchés. Le gangstérisme fit rage après la mort de Segui, aussi bien dans la capitale catalane que dans les autres villes. C'est à ce moment-là que

---

6. Juan Garcia Oliver (né en 1897), l'un des leaders activistes de la Fédération anarchiste ibérique ; purgeait depuis 1923 une peine de prison lorsqu'il fut libéré par la Révolution de 1931 et l'amnistie ; se battit sur les barricades du 19 juillet 1936 ; organisa en Catalogne les premières colonnes de miliciens et les industries de guerre ; fut ministre de la Justice dans le gouvernement de Largo Caballero jusqu'en mai 1937. — Gregorio Sobreviela, ouvrier métallurgiste, syndicaliste anarchiste, recherché par la police à la suite de plusieurs coups de main et attentats, assassiné en février 1924.

7. Salvador Segui (1890-1923), Catalan, brillant orateur, organisateur syndicaliste et animateur culturel : protagoniste du « syndicat unique » au lieu du syndicat de métier. Assassiné par les tueurs du gouverneur de Catalogne Martinez Anido le 10 mars 1923.

8. Éduardo Dato, président ultra-réactionnaire du gouvernement espagnol, assassiné par des métallurgistes de la C. N. T. le 8 mars 1921, à Madrid, en représailles de la terreur blanche que faisait régner, à Barcelone, avec son assentiment, le gouverneur Martinez Anido.

le groupe *Los Solidarios* envoya des émissaires dans plusieurs points de la péninsule : Saragosse, Bilbao, Séville, Madrid. Entre les mois de mai et juin 1923, il y eut une grande agitation nationale. Le cardinal Soldevila fut exécuté à Saragosse. À la suite de cette exécution un procès fut fait à Francisco Ascaso et Torres Escartin. Le premier seul put s'enfuir.

Fernando Gonzalez Reguerel, ex-gouverneur de Bilbao, l'homme fort du gangstérisme patronal, fut exécuté à Leon une nuit de fête.

L'insurrection se préparait, les hommes étaient prêts, mais les armes manquaient. Le Comité national révolutionnaire en avait acheté quelques-unes à Bruxelles et les avait embarquées à Marseille, mais elles s'avéraient insuffisantes et c'est pourquoi, en juin 1923, Durruti et Ascaso partirent à destination de Bilbao pour en acheter une bonne quantité. Ils s'en procurèrent à une usine d'Eibar par l'intermédiaire d'un ingénieur. La cargaison était destinée au Mexique mais, une fois en haute mer, le capitaine du bateau devait recevoir l'ordre de les dérouter vers le détroit de Gibraltar et de débarquer les armes à Barcelone sans toutefois accoster. Le temps passait très vite. L'usine tardait à livrer la commande, et malheureusement les armes n'arrivèrent à Barcelone qu'une fois le coup d'État du général Primo de Rivera (septembre 1923) déjà accompli. Devant l'impossibilité de débarquer sa cargaison, le bateau dut retourner à Bilbao afin de rendre les armes à l'usine.

Gregorio Sobreviela avait été assassiné (...) Ricardo Sanz [9] se trouvait au bagne avec Garcia Oliver. Le groupe était démantelé. Gregorio Jover [10], Segundo, Garcia, Durruti et Ascaso étaient en liberté, mais il était très dangereux pour eux de rester en Espagne, et c'est pourquoi ils prirent la décision de s'exiler.

---

9. Ricardo Sanz (né en 1900), ouvrier du bâtiment, organisa en 1922 le groupe activiste anarchiste « Los Solidarios » ; réfugié en France, rentra en Espagne en 1926 et conspira contre la dictature du général Primo de Rivera ; emprisonné maintes fois entre 1931 et 1936 ; en juillet 1936 fit partie du Comité de guerre au Comité central des Milices ; après la mort de Durruti le remplace à la tête de sa colonne ; auteur de divers livres.

10. Gregorio Jover (né en 1892), organisateur syndicaliste et activiste libertaire qui prit part avec Durruti et Ascaso à la tentative d'attentat contre le roi Alphonse XIII en France le 14 juillet 1926 ; pendant la guerre civile il dirigea une colonne libertaire sur le front d'Aragon.

Leur séjour en France ne fut pas très long, juste le temps de mettre au point un plan de propagande avec les militants italiens, français et exilés russes, qui aboutit à la création de la Librairie internationale, dont la tâche principale était de divulguer des œuvres idéologiques et de combat ainsi qu'une revue en trois langues (italien, français et espagnol). Vers la fin de l'année 1924, Durruti et Ascaso partirent pour Cuba. (...) Ils y commencèrent une campagne d'agitation en faveur du mouvement révolutionnaire espagnol. C'était la première fois que Durruti et Ascaso prenaient la parole en public. Durruti apparut comme étant un tribun populaire. Ils durent bientôt quitter le pays, poursuivis par la police comme de dangereux agitateurs et commencèrent à mener une vie agitée. Ils voyagèrent sans arrêt, séjournèrent plus ou moins brièvement au Mexique, au Pérou, à Santiago de Chili, avant de s'arrêter un peu plus longtemps à Buenos Aires où, malgré tout, ils se trouvaient en danger. Ils partirent pour Montevideo (Uruguay) d'où ils purent s'embarquer à destination de Cherbourg. Mais, une fois en haute mer, le bateau fut contraint de changer de route à plusieurs reprises. On le nomma plus tard « le bateau fantôme ». En définitive, ils atteignirent les îles Canaries où ils débarquèrent pour emprunter un autre navire qui devait les emmener en Angleterre. Ils arrivèrent clandestinement à Cherbourg, au mois d'avril 1926. De là, ils se rendirent à Paris où ils logèrent dans un hôtel de la rue Legendre. C'est en sortant de cet hôtel qu'ils furent, un matin, arrêtés par la police française. La raison officielle de cette arrestation : « avoir monté un complot contre le roi d'Espagne Alphonse XIII, qui devait visiter la capitale française le 14 juillet ».

En octobre de la même année, ils comparurent devant la Chambre correctionnelle pour port d'arme illégal, rébellion et infraction à la loi sur les étrangers. Au cours de leur procès, ils déclarèrent qu'ils s'octroyaient « le droit de travailler de toutes leurs forces pour combattre le régime dictatorial qui régnait en Espagne et que, pour cela, ils se proposaient de s'emparer du roi Alphonse XIII, afin de provoquer la chute de la monarchie dans leur pays ».

L'Argentine demanda l'extradition de Durruti, Ascaso et Gregorio Jover. De son côté, l'Espagne fit de même car elle les accusait d'être les assassins du cardinal Soldevila. Le gouvernement français était prêt à satisfaire l'Argentine et l'Espagne. L'Union anarchiste française menait alors une campagne pour la libération de Sacco et Vanzetti qui risquaient la chaise électrique aux États-Unis. Une autre campagne dont les animateurs étaient Louis Lecoin, Ferandel [11] et Sébastien Faure se déclencha en vue de faire libérer les trois anarchistes espagnols, qui furent durant leur procès défendus avec ardeur par Louis Lecoin. Ce dernier, en effet, mobilisa le monde politique et intellectuel français ainsi que la classe ouvrière. L'agitation à Paris était grande. Plusieurs journaux soutinrent la campagne et au mois de juillet 1927 les trois anarchistes espagnols furent libérés.

Expulsés de France, interdits de séjour en Belgique, au Luxembourg, en Suisse et en Allemagne, les frontières d'Italie et d'Espagne leur restaient ouvertes, ce qui représentait pour eux une mort certaine. L'U. R. S. S. leur offrait asile mais, à de telles conditions, qu'il était impossible pour un anarchiste de les accepter. Il ne leur restait qu'une solution : tromper la police et demeurer en France. Ils revinrent donc clandestinement aux alentours de Paris. Dans la clandestinité, Durruti lia amitié avec le révolutionnaire russe Nestor Makhno. Ils menaient une vie impossible et essayèrent en vain de passer en Allemagne ; ils durent rester en France, plus exactement à Lyon, où ils travaillèrent sous un faux nom. Découverts par la police, ils furent emprisonnés à nouveau pendant six mois. À un journaliste qui leur demanda le jour de leur libération ce qu'ils allaient faire, Durruti répondit non sans humour : « Nous recommencerons ! »

En automne 1928, ils réussirent enfin à passer clandestinement en Allemagne où ils prirent contact avec Rudolf Rocker et Erich Mühsam [12] qui essayèrent de légaliser leur situation en tant que réfugiés politiques. Bien qu'ayant eu recours à des personnes très

---

11. Ferandel, ami de Lecoin, était le trésorier des deux comités qui menaient les campagnes d'opinion mentionnées.

12. Sur Rocker, voir *supra*, p. 457 — Erich Mühsam (1878-1934), poète révolutionnaire et anarchiste allemand, auteur d'une « Marseillaise des conseils ouvriers » ; participa au gouvernement de la République bavaroise des Conseils qui ne dura que six jours à Munich (7-13 avril 1919) avec Gustave Landauer (1870-1919), écrivain anarchiste sauvagement assassiné ; fut condamné par une cour martiale à 15 ans de détention, puis amnistié à la fin de 1924. Arrêté par les nazis le 28 février 1933 et assassiné par les S.S. dans un camp de concentration, dans la nuit du 9 au 10 juillet 1934 (cf. Roland Lewin, *Erich Mühsam*, supplément au *Monde libertaire*, juin 1968).

influentes dans le milieu politique, ils échouèrent. Il était clair que si Durruti, Ascaso et Jover tombaient entre les mains de la police, ils seraient aussitôt renvoyé en Espagne. En conséquence, les deux premiers décidèrent d'aller en Belgique où ils pensaient pouvoir obtenir un faux passeport et embarquer pour le Mexique. Mais ils avaient des difficultés économiques qu'ils avouèrent au célèbre acteur allemand Alexander Granach, grand ami du poète Mühsam. Il mit à leur disposition tout l'argent qu'il avait à l'époque. Grâce à cette aide, ils passèrent la frontière mais n'embarquèrent pas pour le Mexique car un émissaire du Comité national de la C. N. T. venant d'Espagne les informa de la chute du régime.

Les deux amis prirent alors la décision de demeurer en Belgique après s'être procuré des faux papiers. Ils restèrent à Bruxelles jusqu'au 13 avril 1931. Ce fut l'époque de leur vie de militants où ils connurent une relative tranquillité. Ils en profitèrent pour améliorer leur formation intellectuelle et révolutionnaire et pour collaborer avec le Comité Pro-Liberté, dans lequel se trouvaient des militants internationaux tels que Ugo Treni, Camillo Berneri et Hem Day [13]. À l'avènement de la République, Durruti retourna en Espagne. Cette République déçut rapidement les espoirs. Un meeting d'affirmation révolutionnaire eut lieu le 1re mai 1931, dans les salons des Beaux-Arts de Barcelone. Une manifestation de cent mille personnes s'ensuivit et les manifestants défilèrent dans les rues de Barcelone jusqu'au Palais de la Généralité, auquel ils voulaient faire part de leurs revendications : « Liberté pour les prisonniers et réformes sociales urgentes. » L'armée et la garde civile brisèrent cette manifestation. Il y eut des morts et des blessés, mais Durruti décida les soldats à retourner leurs armes contre la garde civile.

La popularité de Durruti était très grande dans la péninsule et son seul nom assurait le succès d'un meeting de la C. N. T. Ce n'était pas, à proprement parler, un bon orateur, mais il savait

---

13. Ugo Treni, pseudonyme de Ugo Fedeli, v. *supra*, p. 563 ; — Sur Camillo Berneri, v. plus loin p. 748 ; — Hem Day, pseudonyme de Marcel Dieu (1902-1969), journaliste anarchiste et antifascite belge, fondateur des Cahiers *Pensée et Action*.

subjuguer les masses et leur dévoiler, à l'aide d'exemples, l'injustice sociale.

D'avril 1931 jusqu'au 19 juillet 1936, il prit part à tous les grands conflits sociaux qui eurent lieu en Espagne. Il se fit remarquer lors des événements de Figols et fut déporté aux îles Canaries, à Puerto Cabra dans l'île de Fuerteventura, où il dut rester de février à septembre 1932. Il prit également une part active dans les mouvements révolutionnaires de janvier 1933 et fut à nouveau emprisonné de janvier à août de cette même année. Au mois de décembre 1933, Durruti fit partie du Comité national révolutionnaire mais, de décembre 1933 à juillet 1934, il fut condamné à nouveau à la prison, à Burgos et à Saragosse, pour être envoyé au bagne du 5 octobre 1934 jusqu'au milieu de l'année 1935. Il fut ensuite incarcéré à nouveau au mois de septembre de cette même année pour être libéré quelques jours seulement avant les élections de février 1936.

Les travaux du troisième congrès à Saragosse de la C. N. T., congrès auquel assistèrent sept cents délégués environ, commencèrent le 1re mai 1936. Durruti ainsi que Garcia Oliver et Francisco Ascaso appartenaient à la délégation du syndicat du Textile. Ce dernier congrès fut constructif : la Révolution approchait. Le Comité national de la C. N. T. dénonça la conspiration fasciste, mais le gouvernement élu par le Front populaire ne sut pas mettre fin au complot des militaires.

Durruti provoqua une gigantesque agitation parmi les militants révolutionnaires et la classe ouvrière, de telle sorte que le président de la Généralité, Companys [14], sollicita une entrevue avec la C. N. T., entrevue au cours de laquelle il fut décidé d'établir une commission de liaison entre la C. N. T. et le gouvernement de la Généralité. Durruti et Ascaso firent partie de cette commission qui insista pour armer le peuple, mais qui n'obtint du gouvernement que de bonnes paroles. Devant l'attitude des dirigeants la prise d'assaut des bateaux de marchan-

---

14. Luis Companys, avocat et animateur d'un parti petit-bourgeois catalan, *L'Esquerre Republicane* ; fut l'avocat de la C. N. T. en même temps qu'il s'appuyait sur les petits propriétaires agricoles et les métayers ; devint président de la Généralité de Catalogne en 1936 ; réfugié en France en 1939 ; fut livré à Franco par le gouvernement de Vichy et fusillé à Barcelone par les franquistes.

dises ancrés dans le port de Barcelone fut décidée, dans le but de s'emparer de quelques douzaines de fusils qui s'ajoutèrent aux quelques armes que la C. N. T. avait déjà, ainsi qu'à celles qui furent récupérées chez les armuriers. C'était la seule façon d'affronter la garnison de Barcelone qui était formée de 35 000 soldats.

Les forces factieuses sortirent dans les rues le 19 juillet, à 5 heures du matin et le lundi après-midi, à 17 heures. Garcia Oliver annonça à Radio-Barcelone que le peuple avait vaincu le fascisme au cours d'une lutte inégale. On n'avait jamais vu disparaître le pouvoir de l'État avec autant de rapidité. En moins de 72 heures l'État n'existait plus que de nom. Le peu de forces représentatives qui lui restaient s'étaient vite fondues dans le peuple. La C. N. T. et la F. A. I. étaient maîtres absolus de la situation, autant à Barcelone que dans la province.

Companys, président d'une Généralité inexistante, dut reconnaître le fait et sollicita une entrevue avec la C. N. T. et la F. A. I. pour la transmission des pouvoirs (c'est bien le mot transmission qui doit être employé). De cette entrevue historique, il est resté un écrit de Garcia Oliver qui explique la situation exacte et montre comment est né le nouvel organe du pouvoir appelé Comité central des Milices.

Une des premières mesures que ce Comité prit fut d'organiser une colonne qui devait immédiatement aller dans la région de l'Aragon. Cette colonne fut appelée Durruti-Farras, car le commandant Perez-Farras était le délégué militaire et Durruti le délégué politique. Le 23 juillet la colonne partait pour Lerida avec moins d'hommes qu'elle ne l'avait espéré, car elle comptait en principe sur 10 000 hommes. Le pouvoir révolutionnaire de Lerida une fois établi, la colonne se dirigea vers Caspe avant de se rendre à Bujalaroz, lieu stratégique distant d'à peu près 30 km de Saragosse, où elle s'installa. Elle prit plusieurs villages et fit reculer l'ennemi.

La « cahute » de Bujalaroz où Durruti installa son quartier général devint un foyer d'attraction pour les journalistes et les personnalités ; des journalistes, des militants ouvriers, des intellectuels et hommes politiques tels que Sébastien Faure, Emma Goldman y vinrent en visite.

Le groupe international, que la colonne avait appelé

« Sébastien Faure », comptait dans ses rangs des personnalités telles que : Émile Cottin, mort au combat, Simone Weil [15].

Au fur et à mesure que la guerre se déroulait, le front d'Aragon fut, du fait de son esprit libertaire, boycotté toujours davantage par le gouvernement central. Durruti s'entretint avec le Comité central des Milices qui, après avoir été mis au courant de la situation dans laquelle il se trouvait, lui conseilla d'aller à Madrid solliciter des armes ou des devises. Vers la mi-septembre, Durruti se rendit à Madrid pour avoir une entrevue avec le socialiste Largo Caballero [16] qui était à la fois président du Conseil des ministres et ministre de la Guerre, et qui lui assura un crédit de 1 800 millions de pesetas pour acheter des armes et mettre en marche l'industrie de guerre catalane. Mais le gouvernement central ne tint pas parole et le front d'Aragon dut lutter contre l'ennemi avec des moyens de fortune, sans pouvoir prendre Saragosse, conquête qui eût été fort importante.

Lors de l'offensive franquiste sur Madrid, octobre-novembre 1936, la peur s'empara des hautes sphères gouvernementales et du haut commandement ; on croyait à la chute de la capitale. Le gouvernement appela Durruti en pensant que son prestige remonterait le moral de combattants. Sa colonne fut donc appelée pour défendre Madrid. C'est ainsi qu'à la joie des habitants de la capitale Durruti arriva le 12 novembre à la tête de ses hommes et, sans même lui laisser le temps de se reposer, on lui assigna le secteur le plus dangereux. Du 12 novembre jusqu'au jour de sa mort, il n'eut pas un moment de répit.

Vers 2 heures de l'après-midi, le 19 novembre, Durruti reçut en plein poumon une « balle perdue », alors qu'il se trouvait en face de l'hôpital Clinico, bastion qui dominait la cité universitaire et où les fascistes s'étaient retranchés. On le transporta d'urgence à l'hôpital des Milices catalanes installé à l'hôtel Ritz. Il y subit

---

15. Simone Weil (1909-1943), militante et philosophe française, travailla en usine chez Renault ; combattit en Espagne pendant la guerre civile ; finit chrétienne et mystique, décédée prématurément.

16. Francisco Largo Caballero (1869-1946), d'origine ouvrière, socialiste réformiste, secrétaire de l'Union générale des travailleurs ; se radicalise au cours de la grève des Asturies en 1934 ; président du Conseil et ministre de la Guerre du 5 septembre 1936 au 15 mai 1937 ; a été surnommé, avec exagération, le « Lénine espagnol ».

plusieurs interventions chirurgicales, avant de mourir le lendemain 20 novembre, à 6 heures du matin.

Pour ne pas porter atteinte au moral des combattants républicains devant Madrid, engagés dans une lutte acharnée et aux prises avec les blindés de l'adversaire, la mort de celui qui était devenu le symbole de la résistance au fascisme fut d'abord tenue secrète, son corps transporté clandestinement à Barcelone. À ses funérailles qui eurent lieu le 23 novembre dans la capitale catalane assistèrent plus d'un demi-million de personnes.

Ce fut également dans le souci de pas ébranler le moral des antifranquistes que le gouvernement républicain et la C. N. T. se crurent obligés tous deux de démentir catégoriquement les rumeurs qui commençaient à courir sur les circonstances troubles de la disparition de Durruti et d'affirmer qu'il était bien tombé face à l'ennemi.

Avec le recul des années, il est difficile de s'en tenir à la version officielle et l'énigme concernant cette mort demeure entière. Trois autres versions sont avancées :

1) Durruti aurait été tué par des militants anarchistes parce que obligé de combattre à Madrid aux côtés des communistes il aurait eu tendance à se rapprocher d'eux. C'est l'hypothèse la moins vraisemblable.

2) Durruti aurait été supprimé par des membres de l'aile droitière et réformiste de la C. N. T. qui auraient voulu accentuer le compromis politique avec les autres forces républicaines pour enlever à la lutte tout caractère révolutionnaire, ceci contre la volonté de Durruti, partisan, lui, de la lutte révolutionnaire à outrance.

3) Enfin Durruti aurait été exécuté par la Guépéou sur l'ordre de Staline, car son immense popularité était un obstacle aux sinistres machinations du parti communiste espagnol.

Il est impossible aujourd'hui d'opter objectivement en faveur de telle ou telle de ces versions. Cependant, comme dans toute énigme policière, l'on est en droit de rechercher la vérité à partir de la question : à qui pouvait profiter la mort de Durruti ?

L'ESPRIT DE DURRUTI [17]

La colonne Durruti apprit la mort de Durruti pendant la nuit, sans beaucoup de paroles. Sacrifier leur vie est chose courante parmi les camarades de Durruti. Une phrase murmurée : « Il fut le meilleur parmi nous », un cri simultanément lancé dans la nuit : « Nous le vengerons », voilà ce que les compagnons exprimèrent. Le mot d'ordre du jour fut « Vengeance ».

Durruti avait profondément compris la force du travail anonyme. Anonymat et communisme ne font qu'un. Le camarade Durruti agissait en marge de toute la vanité des vedettes de gauche. Il vivait avec les camarades, luttait comme compagnon à leur côté. Exemple lumineux, il nous remplissait d'enthousiasme. Nous n'avions pas de général, mais la passion du lutteur, la modestie profonde, l'effacement entier devant la grande cause de la Révolution qui brillaient dans ses bons yeux, inondaient nos cœurs et les faisaient battre à l'unisson avec le sien, qui continue à vivre pour nous dans la montagne. Toujours nous entendrons sa voix : *« Adelante, adelante ! »* [18]. Durruti n'était pas un général, il était notre camarade. Cela manque de décorum ; mais dans notre colonne prolétarienne on n'exploite pas la Révolution, on ne fait pas de publicité. On ne songe qu'à une chose : la victoire et la Révolution.

Les camarades se réunissaient dans sa tente. Il leur expliquait la signification de ses mesures et discutait avec eux. Durruti ne commandait pas, il convainquait. Seule la conviction du bien-fondé d'une mesure garantit une action claire et décidée. Chez nous, chacun connaît les raisons de son action et s'identifie avec elle. Et, à cause de cela, chacun amènera à tout prix le succès de cette action. Le camarade Durruti nous en a donné l'exemple.

Le soldat obéit par un sentiment de peur et d'infériorité sociale, il lutte par manque de conscience. C'est ainsi que les soldats luttèrent toujours pour les intérêts de leurs adversaires sociaux, les capitalistes. Les pauvres diables luttant aux côtés des fascistes en sont un exemple pitoyable. Le milicien lutte avant

17. Par Karl Einstein, de la colonne Durruti.
18. En français : « En avant ! »

tout pour le prolétariat, il veut réaliser la victoire des classes laborieuses. Les soldats fascistes combattent, en faveur d'une minorité décadente, leurs ennemis ; le milicien, pour l'avenir de sa propre classe. Ce dernier semble donc être plus intelligent que le soldat. La colonne Durruti est disciplinée par son idéal et non par la marche au pas de l'oie.

Partout où la colonne pénètre, la collectivisation se fait. La terre est donnée à la collectivité. De serfs des caciques qu'ils étaient, les prolétaires agricoles deviennent des hommes libres. On passe du féodalisme de la campagne au communisme libertaire. La population est ravitaillée par la colonne en nourriture et en vêtements. Celle-ci s'incorpore à la communauté villageoise pendant son séjour dans une localité.

La Révolution impose à la colonne une discipline plus sévère que ne pourrait le faire la militarisation. Chacun se sent responsable de la réussite de la Révolution sociale, qui est au centre de notre lutte, et qui la déterminera à l'avenir comme dans le passé. Je ne crois pas que les généraux ou le salut militaire nous inculqueraient une attitude plus conforme aux nécessités actuelles. En disant cela, je suis convaincu d'interpréter la pensée de Durruti et des camarades.

Nous ne renions pas notre vieil antimilitarisme, notre saine méfiance contre le militarisme schématique qui n'a toujours apporté des avantages qu'aux capitalistes. C'est précisément à la faveur de ce schématisme militariste qu'on a empêché les prolétaires de s'éduquer, qu'on les a maintenus dans une infériorité sociale ; le schématisme militaire devait briser la volonté et l'intelligence des prolétaires. En fin de compte, nous luttons contre des généraux rebelles. Cela démontre par soi-même la valeur douteuse de la discipline militaire.

Nous n'obéissons à aucun général, nous poursuivons la réalisation d'un idéal social qui permettra, à côté de beaucoup d'autres innovations, précisément cette éducation maximale de la personnalité prolétarienne. La militarisation, par contre, fut et reste un moyen favori d'amoindrissement de cette personnalité. On saisit l'esprit de la colonne Durruti quand on comprend qu'elle restera toujours la fille et le défenseur de la Révolution prolétarienne. La colonne incarne l'esprit de Durruti et de la C. N. T. Durruti continue à vivre par elle ; sa colonne conservera fidèlement son héritage. Elle combat en commun avec tous les prolétaires pour la victoire de la Révolution. C'est ainsi que nous honorons la mémoire de notre camarade mort, Durruti.

LA DÉFENSE DE MADRID (novembre-décembre 1936) [19]

Le départ du gouvernement pour Valence fut une cure de vérité à l'usage des inquiets et des insouciants ; il remplaça la phrase sur l'unité et la discipline par un élan réel de responsabilité et d'initiative répondant à l'appel du Comité de défense de Madrid. Chacun comprit qu'il avait quelque chose à faire, pour laquelle on comptait sur lui. Chacun comprit qu'il pouvait compter sur autrui pour une résistance sincère, et au lieu de quelques assauts d'héroïsme oratoire, terminés par des hommages de confiance au gouvernement, on eut le travail effectif, la contagion de l'exemple, l'entrée en jeu des larges masses. Le départ des ministres fut un assainissement.

L'arrivée de Durruti avec cinq mille combattants catalans ; la proclamation rude et virile qu'il lança par la radio, rabrouant vertement les oisifs, les cabotins et les faux révolutionnaires ; l'offre qu'il fit à chaque Madrilène d'un fusil ou d'une pioche et l'invitation à tous de creuser des tranchées et d'élever des barricades, tout cela contribua à créer une espèce d'euphorie ardente et joyeuse que les communiqués et les discours menteurs du gouvernement auraient été bien incapables de susciter. Jusque-là, on n'avait organisé ni la défense ni l'évacuation des bouches inutiles de peur d'ébranler le moral. Durruti et le Comité de défense traitèrent les Madrilènes en hommes et ceux-ci se conduisirent en hommes. La C. N. T., qui comprenait à Madrid l'élément extrémiste de la classe ouvrière, donna l'exemple en mobilisant tous ses membres pour créer une brigade des fortifications et d'autres formations analogues.

La proclamation suivante fut publiée par le quotidien madrilène C. N. T. :

---

19. Extrait de A. PRUDHOMMEAUX, *Catalogne 36-37* ; sur Prudhommeaux, v. plus loin p. 726.

« La Fédération locale des syndicats uniques de Madrid, dont la responsabilité est liée au sort de la cause antifascite, a mobilisé hier, lundi, tous les travailleurs contrôlés par elle afin de contribuer, d'une façon décisive, à la lutte contre les rebelles aux alentours de la capitale de la République. Tous les travaux ne se rapportant pas directement à la guerre ont été déclarés suspendus, et c'est quarante mille travailleurs confédérés qui, aujourd'hui, sont en armes à Madrid pour prêter main-forte au gouvernement.

« La tentative fasciste se brisera contre un rempart de chair prolétarienne, si elle n'est défaite avant par nos armes, chaque jour de plus en plus puissantes et efficaces. Nos rangs sont maintenant débarrassés de tous les traîtres. C'est le peuple qui, dans les journées de juillet, emporta d'assaut les repaires fascistes par sa spontanéité combative et son ardeur révolutionnaire. Ce doit être encore lui, aguerri cette fois par trois mois de lutte, qui anéantira définitivement les traîtres. De l'énergie, camarades, et nous vaincrons ! »

La défense de Madrid amena une confrontation des méthodes de lutte fédéralistes et libertaires et des méthodes gouvernementales et stalinistes. Par l'expérience, il fut démontré que le régime humain pratiqué dans les rangs anarchistes ne nuisait en rien à la valeur combative et à la bonne organisation des services. Cela amena un assez grand nombre de prolétaires internationaux militarisés sous la férule russe à quitter leurs formations pour monter en ligne avec Durruti. Le désir d'être traité en citoyen conscient et non pas comme de la « viande à brûler » fit des milices C.N.T.-F.A.I. un pôle d'attraction pour toutes les tendances. Conscients de leur rôle d'éducateurs et se sentant les dépositaires de l'âme et de l'honneur révolutionnaires, les organisateurs C.N.Tistes reprirent une bonne partie de leurs positions de principe en ce qui concerne l'antimilitarisme et l'autodiscipline. Leur propagande, inspirée par le souci de consolider les conquêtes miliciennes dans le cadre de l'armée populaire, prit une tournure plus libre et plus révolutionnaire. Ainsi une proclamation datée du mois de novembre :

« Connaissant la psychologie de notre peuple nous savons que le soldat de la Révolution ne luttera pas d'une manière efficace, si on le convertit en une mécanique sans âme sous la rigide discipline d'un code qui ne parle point de droit ni de devoir, mais d'obéissance et de châtiment. Les vieilles formules sont ici inacceptables, parce qu'elles ne furent pas dictées par un peuple qui se défend. Elles étaient destinées à l'asservissement du peuple, à la défense des classes exploiteuses qui utilisent la force armée pour la protection de leurs intérêts et de leurs privilèges.

« L'armée espagnole disparue le 19 juillet, quelle qu'ait été la rigidité de son code militaire, ne brillait aucunement par sa discipline, ni par son courage, ni par son organisation. La république bourgeoise ne doit plus retrouver ses gouvernants ni reconstruire une nouvelle armée, mais il faut rompre avec les vieilles idées et les formules dépassées. La Révolution prolétarienne que nous sommes en train de construire n'a que faire d'aller puiser des matériaux dans les survivances nationales, politiques, militaires ou sociales qui s'opposent à son développement.

« La discipline révolutionnaire est née sur la base du devoir conscient et non de la contrainte. Le plus sévère châtiment que peut mériter un camarade qui refuse d'accomplir sa tâche dans la société révolutionnaire prolétarienne, sur le terrain militaire ou économique, c'est subir le mépris, l'isolement, et finalement son élimination d'une société où les parasites n'ont point de place. »

Pour terminer, nous croyons devoir mettre sous les yeux du lecteur un document qui résume assez bien les conclusions pratiques qu'on est en droit d'attendre, après la discussion dont nous nous sommes fait l'écho. Il émane des combattants allemands ralliés autour du drapeau rouge et noir de la colonne Durruti et représente un programme de revendication minimum pour tout révolutionnaire, dans le cadre d'une organisation militaire qui est appelée à être contrôlée par ses membres dans l'intérêt du peuple :

« L'armée populaire et les conseils de soldats.

« Les camarades allemands du groupe international de la colonne Durruti ont pris position sur la question de la militarisation en général, et particulièrement dans le sein de la colonne. Les camarades reprochent aux réalisations actuelles des principes de militarisation d'avoir été élaborés en l'absence de tout contact étroit avec les éléments du front. Ils considèrent les mesures prises jusqu'à présent comme provisoires et les acceptent à ce titre jusqu'à la création d'un nouveau " code militaire " dont ils réclament l'établissement aussi rapide que possible pour mettre fin à l'état actuel de confusion permanente. Les camarades allemands proposent la prise en considération des revendications suivantes dans la rédaction de ce nouveau code :

» 1. Suppression du salut.

» 2. Solde égale pour tous.

» 3. Liberté de presse (journaux du front).

» 4. Liberté de discussion.

» 5. Conseil de bataillon (trois délégués élus par compagnie).

» 6. Aucun délégué n'exercera des fonctions de commandement.

» 7. Le Conseil de bataillon convoquera une réunion générale des soldats, si les deux tiers des délégués de compagnie sont de cet avis.

» 8. Les soldats de chaque unité (régiment) éliront une délégation de trois hommes de confiance de l'unité. Ces hommes de confiance pourront convoquer à tout moment une assemblée générale.

» 9. L'un d'eux sera détaché à l'état-major (de la brigade) à titre d'observateur.

» 10. Cette structure doit se prolonger jusqu'à la représentation générale des conseils de soldats pour l'ensemble de l'armée.

» 11. L'état-major général doit s'adjoindre également un représentant du conseil général des soldats.

» 12. Conseils de guerre de campagne composés exclusivement de soldats. En cas d'accusation contre des gradés, un officier sera adjoint au Conseil de guerre. »

Non, Durruti n'est pas mort
par Emma Goldman

Durruti, que je vis il y a un mois pour la dernière fois, est mort en luttant dans les rues de Madrid.

Je connus ce grand combattant du mouvement anarchiste et révolutionnaire en Espagne par ce que j'avais lu de lui.

Lorsque j'arrivai à Barcelone, j'entendis beaucoup d'anecdotes au sujet de Durruti et de sa colonne. Ce qui fit que j'eus le grand désir d'aller au front d'Aragon, front où était l'esprit dirigeant des vaillantes milices qui luttaient contre le fascisme.

À la tombée de la nuit, j'arrivai à l'état-major de Durruti, complètement épuisée par le long voyage effectué en voiture par un chemin accidenté. Quelques minutes avec Durruti me servirent de grand réconfort, de rafraîchissement et d'encouragement. Homme musclé, comme ciselé dans la pierre à coups de marteau, Durruti représentait nettement la figure la plus dominante parmi les anarchistes que j'avais rencontrés depuis mon arrivée en Espagne. Son énorme énergie m'impressionna, comme cela paraissait produire le même effet sur chacun de ceux qui l'approchaient.

Je trouvai Durruti dans une véritable activité de ruche. Des hommes allaient et venaient, le téléphone appelait constamment Durruti et, en même temps, ne s'interrompait pas un formidable brouhaha que produisaient les ouvriers occupés à construire une charpente en bois pour son état-major.

À travers cette activité bruyante et continue, Durruti restait serein et patient. Il me reçut comme si toute sa vie il m'avait connue. L'entrevue cordiale et chaleureuse de cet homme résolu à une lutte à vie ou à mort contre le fascisme était pour moi quelque chose d'inespéré.

J'avais beaucoup entendu parler de la forte personnalité et du prestige de Durruti dans la colonne qui portait son nom. J'eus la curiosité de savoir par quels moyens, d'autant plus que ce n'était pas grâce aux militaires, il était arrivé à concentrer dix mille volontaires sans aucune expérience ni aucun entraînement. Durruti parut surpris de ce que moi, vieille militante anarchiste, je lui fisse une telle demande :

« J'ai été anarchiste toute ma vie, me répondit-il, et j'espère continuer de l'être. C'est pourquoi je considérais qu'il me serait très désagréable de me convertir en général et de commander mes hommes avec la discipline stupide à esprit militaire. Ils sont venus à moi par leur propre volonté, disposés à donner leur vie pour notre lutte antifasciste. Je crois, comme je l'ai toujours cru, en la liberté. La liberté comprise dans le sens de la responsabilité.

Je considère la discipline indispensable, mais celle-ci doit être une autodiscipline mue par un idéal commun et un fort sentiment de camaraderie. »

Il avait capté la confiance et le sentiment de ses hommes, parce qu'il ne s'était jamais considéré supérieur à eux. Il était l'un d'entre eux. Il mangeait, dormait comme eux. Souvent il renonçait à sa part, au bénéfice d'un malade ou d'un faible plus nécessiteux que lui. Il partageait le danger avec eux dans toutes les batailles. Ceci n'était que l'un des secrets du succès de Durruti avec sa colonne. Ses hommes l'adoraient. Non seulement ils obéissaient à tous ses ordres, mais ils étaient toujours disposés à le suivre dans les actions les plus dangereuses pour s'emparer des positions fascistes.

J'arrivai la veille d'une attaque que Durruti avait préparée pour le jour suivant. À l'heure indiquée, Durruti, comme le reste de ses miliciens, avec le Mauser pendu à l'épaule, ouvrait la marche. Ensemble il fit rebrousser quatre kilomètres de chemin à l'ennemi. Il réussit aussi à prendre un nombre considérable d'armements que l'ennemi abandonna dans sa fuite. L'exemple de la simple égalité morale n'était sans doute pas l'unique explication de l'influence de Durruti. Il y en avait une autre : sa grande capacité pour faire entendre aux miliciens la profonde signification de la guerre antifasciste : la signification qui avait dominé son existence et qu'il avait enseignée au plus pauvre et au plus incapable.

Durruti me parla des difficiles problèmes que lui posaient ses hommes quand ils lui demandaient une permission au moment où ils étaient le plus nécessaires au front. Il est évident qu'ils connaissaient leur dirigeant ; qu'ils connaissaient ses décisions, sa volonté de fer. Mais aussi, ils connaissaient la sympathie et la gentillesse cachées au fond de lui. Comment résister quand les hommes lui parlaient de maladies et de souffrances dans leur foyer, de leur père, de leur épouse, de leurs enfants ?

(...) Jamais il ne sut rester indifférent aux besoins de ses compagnons. Maintenant, il était entré dans une lutte désespérée contre le fascisme pour la défense de la Révolution. Il était nécessaire que chacun occupe son poste. Il avait vraiment une tâche difficile. Il écoutait patiemment les souffrances, cherchait leurs causes, et proposait les remèdes dans tous les cas où un mal moral ou physique s'emparait d'un malheureux. Excès de travail, nourriture insuffisante, manque d'air pur, et défaut de la joie de vivre.

— Tu ne vois pas, camarade, que la guerre que toi, moi, et nous autres nous soutenons tous, c'est pour sauver la Révolution, et que la Révolution se fait pour mettre fin aux misères et aux souffrances des hommes ? Nous devons battre notre ennemi fasciste. Nous devons gagner la guerre. Tu es une part essentielle de celle-ci. Tu ne le vois pas, camarade ?

Quelquefois, un camarade se refusait à entendre ces raisons. Il insistait pour abandonner le front.

— Très bien, lui disait Durruti, mais tu t'en iras à pied, et quand tu arriveras à ton village tout le monde saura que tu as manqué de courage, que tu as déserté devant l'accomplissement du devoir que toi-même tu t'étais imposé.

Ces paroles produisaient de magnifiques résultats. L'homme demandait à rester. Aucune sévérité militaire, aucune contrainte, aucun châtiment disciplinaire pour soutenir la colonne de Durruti au front. Il n'y avait que la grande énergie de l'homme qui les poussait et les faisait sentir à l'unisson avec lui.

Un grand homme, l'anarchiste Durruti. Un prédestiné pour diriger, pour enseigner. Un affable et cordial camarade. Tout en un. Et maintenant Durruti est mort. Son cœur ne bat plus. Son corps imposant s'est abattu comme un arbre géant. Pourtant, Durruti n'est pas mort. Les centaines de milliers qui, le dimanche 22 novembre 1936, rendirent leur dernier hommage à Durruti en témoignent.

Non. Durruti n'est pas mort. Le feu de son esprit ardent illumina tous ceux qui le connurent et l'aimèrent. Jamais il ne s'éteindra. Déjà les masses ont relevé la torche qui tomba des mains de Durruti. Triomphalement elles sont en train de la porter sur le sentier que Durruti illumina pour de nombreuses années. Le sentier qui conduit au sommet de l'idéal de Durruti. Cet idéal, c'est l'anarchisme, la grande passion de la vie de Durruti, auquel il se consacra tout entier. Il fut fidèle jusqu'à son dernier soupir ! Non, Durruti n'est pas mort '

Durruti parle [20]

Je suis satisfait de ma colonne. Mes camarades sont bien équipés et, quand l'heure vient, tout fonctionne comme une bonne machine. Je ne veux pas dire par là qu'ils cessent d'être des hommes. Non, nos camarades sur le front savent pour qui et pour quoi ils luttent. Ils se sentent révolutionnaires, ils ne luttent pas pour la défense de nouvelles lois plus ou moins promises, mais pour la conquête du monde, des usines, des ateliers, des moyens de transport, de leur pain, de la culture nouvelle. Ils savent que leur vie dépend du triomphe.

Nous faisons, et ceci est mon opinion, parce que les circonstances l'exigent ainsi, la Révolution et la guerre tout en même temps. Les mesures révolutionnaires ne se prennent pas uniquement à Barcelone, mais aussi depuis les lignes de feu. Dans tous les villages dont nous nous emparons, nous commençons à développer la Révolution. C'est le meilleur de notre guerre et quand je pense à elle, je me rends compte davantage de ma responsabilité. Depuis les premières lignes jusqu'à Barcelone, il n'y a que des combattants pour notre cause. Tous travaillent pour la guerre et la Révolution.

---

20. Texte extrait des *Cahiers de Terre libre* d'André Prudhommeaux et de *Catalogne 36-37* du même, 1937 ; — André Prudhommeaux (1902-1968), écrivain et journaliste libertaire, animateur d'une librairie ouvrière à Paris, puis d'une imprimerie coopérative à Nîmes, lié au mouvement du communisme des conseils allemand aussi bien qu'à l'anarcho-syndicalisme espagnol ; a publié le journal *Terre libre*, une collection de brochures sous le titre « Cahiers de Terre libre », les premiers numéros de *L'Espagne antifasciste* (1936), puis *L'Espagne nouvelle* (1937).

Un des mots d'ordre les plus importants réclamés par l'actualité : discipline. On en parle beaucoup, mais peu travaillent dans ce but. Pour moi, la discipline n'a d'autre signification que le concept que l'on a de la responsabilité. Je suis ennemi de la discipline de caserne, celle qui conduit à la brutalité, à l'horreur et à l'action mécanique. Je ne reconnais pas, non plus, ce mot d'ordre erroné : liberté, qui ne convient pas dans les moments actuels de la guerre et qui est le recours des lâches. Dans notre organisation, la C.N.T. impose la meilleure des disciplines. Les confédérés admettent et accomplissent les décisions prises par les comités qui sont proposées par les camarades élus pour accepter ces charges de responsabilité. Durant la guerre, on doit se soumettre aux délégués qui ont été élus. Aucune opération ne peut être faite d'une autre manière. Si nous savons que nous nous affrontons avec des hésitants, alors parlons à leur conscience et à leur amour-propre. De cette manière, nous saurons faire d'eux de bons camarades.

Je suis satisfait des camarades qui me suivent. J'espère que, eux aussi, sont contents de moi. Ils ne manquent de rien. Ils ont à manger, de quoi lire, ils ont des discussions révolutionnaires. La fainéantise est absente de nos colonnes. On construit continuellement des tranchées.

Nous gagnerons la guerre, camarades !

Aux ouvriers russes [21]

De nombreux révolutionnaires internationaux, qui nous sont proches par le cœur et la pensée, vivent en Russie, non pas en liberté, mais dans les isolateurs politiques et les bagnes. Plusieurs d'entre eux ont demandé à venir combattre l'ennemi commun en Espagne, au premier rang de la ligne de feu. Le prolétariat international ne comprendrait pas qu'ils ne soient pas remis en liberté ; et il ne comprendrait pas non plus que les renforts en armes ou en hommes que la Russie se dispose, paraît-il, à envoyer en Espagne soient l'objet d'un marchandage comportant

21. Extrait de A. Prudhommeaux, *op. cit.*

une abdication quelconque de la liberté d'action des révolutionnaires espagnols.

La Révolution espagnole doit suivre un autre cours que la Révolution russe. Elle ne doit pas se développer selon la formule : « Un parti au pouvoir, les autres en prison. » Mais elle doit faire triompher la seule formule qui permette à l'unité du front de n'être pas une duperie : « Toutes les tendances au travail, toutes les tendances au combat contre l'ennemi commun. Et le peuple choisira le régime qui lui conviendra le mieux. »

Dernière allocution [22]

Si la militarisation par la Généralité est faite pour nous intimider et nous imposer une discipline de fer, on se trompe, et nous invitons les auteurs du décret à monter au front pour se rendre compte de notre moral et de notre cohésion ; ensuite, nous viendrons les comparer avec le moral et la discipline de l'arrière.

---

22. Extrait de A. Prudhommeaux, *op. cit.*

Miliciens, oui ! soldats, jamais ! [23]

Les milices ouvrières ont joué un rôle déterminant en ce qui concerne l'action guerrière antifasciste. Elles ont porté tout le poids des opérations. Elles auraient pu imposer leur caractère propre à la nature même des opérations. La logique exigeait que les corps militaires loyaux soient fondus dans la milice, et non pas la milice intégrée dans l'armée. C'est pourtant ce qu'ont méconnu les « autorités » madrilènes et barcelonaises, en procédant à des tentatives de mobilisation, qui devaient faire pencher la balance dans le sens de l'indifférence politique et entraîner la militarisation des milices. En Catalogne cette tentative de mobilisation échoua.

(...) Les rues de Barcelone ont été envahies par les recrues des classes 33-34-35 qui, n'ayant aucune confiance dans les officiers et s'estimant libérées de la vieille conception militaire de l'encasernement, refusaient de se rendre à leur corps. Nombre de ces jeunes gens s'inscrivaient aux milices, d'aucuns voulaient même partir tout de suite pour Saragosse. Pour exposer leur point de vue, ils organisèrent une vaste assemblée réunissant 10 000 d'entre eux, au cours de laquelle ils votèrent l'ordre du jour suivant :

« Nous ne refusons pas de remplir notre devoir civique et révolutionnaire. Nous voulons aller libérer nos frères de Saragosse. Nous voulons être des miliciens de la liberté, mais non des soldats sous l'uniforme. L'armée s'est avérée un danger pour le

23. Extrait de Prudhommeaux, *op. cit.*

peuple ; seules les milices populaires protègent les libertés publiques : Miliciens, oui ! Mais soldats, jamais ! »

La C.N.T. a pris leur cause en main auprès de Madrid et de la Généralité catalane. Les déclarations des nouvelles recrues se traduisirent d'ailleurs aussitôt en actes : des milliers vinrent spontanément se faire inscrire aux milices. Et la mobilisation sans distinction de classe ou de volonté révolutionnaire fut abandonnée en ce qui concerne la lutte « contre les factieux ».

D'ailleurs, que Madrid et Barcelone se détrompent : il ne s'agit pas de la simple répression d'un mouvement « factieux ». Nous sommes en face d'un phénomène social dont la tentative fasciste n'a fait que précipiter l'apparition. Tous ceux qui voudront s'opposer à lui seront balayés. Au contraire, si les sphères dirigeantes en comprennent la puissance et lui laissent le champ libre, ils éviteront des maux irréparables.

La C.N.T. a dit à ces jeunes recrues : « Puisqu'il ne s'agit pas de vous dérober à l'accomplissement d'un devoir, nous soutiendrons votre droit : vous combattrez comme miliciens, non comme soldats. » Solution à laquelle les soldats applaudirent.

Nous voulons penser que les gouvernements espagnols ne leur refuseront pas ce droit, il le faut. Ils doivent savoir qu'une armée qui combat sous la contrainte aboutit finalement à la déroute, témoin les armées de Napoléon, qui n'évitèrent ni Waterloo, ni la chute de l'Empire. Les armées de volontaires ont derrière elles toute une épopée, telle celle des combattants de la Révolution française.

La C.N.T. sait qu'en appelant les miliciens aux armes, aucun ne se dérobera, car la désertion dans la lutte serait trahison.

Armée régulière ou milices libertaires ?

Les rues étaient pleines d'affiches, de banderoles et d'insignes, vers la fin du mois d'août, et les bureaux d'enrôlement improvisés fonctionnaient à plein rendement. Qu'allait-on faire de ces masses de recrues fraîches, au moment où le fascisme et l'antifascisme formaient des îlots, des zones neutres, des entrelacements inextricables de forces, sans aucun front constitué ? Des masses compactes pour les opposer aux Maures et aux

Requetés [24] rassemblés en toute hâte par Franco ? Ou bien des combattants à la manière révolutionnaire, des propagandistes du fait insurrectionnel, des guérilleros, des francs-tireurs ?

Les experts militaires étaient partagés. Mais, chose étrange, les politiciens civils penchaient tous pour l'armée de masse, craignant probablement de paraître insuffisamment imbus de l'esprit guerrier et trop peu conscients des « nécessités de l'heure » !

(...) Il apparaît [25] de plus en plus nécessaire de se demander si le militarisme des généraux factieux parviendra à imposer ses propres formes de lutte aux révolutionnaires espagnols, ou si, inversement, nos camarades parviendront à désagréger le militarisme en lui opposant des méthodes d'action aboutissant à la liquidation du front militaire et à l'extension à toute l'Espagne de la Révolution sociale.

Les éléments de succès dont disposent les fascistes sont les suivants : abondance du matériel, rigidité draconienne de la discipline, organisation militaire complète, et terreur exercée sur la population avec l'aide des formations policières du fascisme. Ces éléments de succès se trouvent valorisés par la tactique de la guerre de position, de front continu, avec transport de forces massives vers les points où l'on veut obtenir la décision. Du côté populaire, les éléments de succès sont d'ordre absolument contraire : abondance d'hommes, initiative et agressivité passionnée des individus et des groupes, sympathie active de l'ensemble des masses travailleuses de tout le pays, arme économique de la grève et du sabotage dans les régions occupées par les fascistes. La pleine utilisation de ces forces morales et physiques, en elles-mêmes bien supérieures à celles dont dispose l'adversaire, ne peut se réaliser que par une lutte généralisée de coups de main, d'embuscades et de guérillas s'étendant à l'ensemble du pays.

La volonté bien arrêtée de certains éléments politiques de Front Populaire espagnol est de combattre le militarisme en lui opposant une technique militaire de même ordre, en lui faisant une guerre « en règle » à grands coups de corps d'armée et de

24. *Requetés*, groupes armés de traditionalistes navarrais, organisés et entraînés pour la guerre civile au nom de « Dieu, la patrie et le roi ».

25. Extrait de l'*Espagne antifasciste*, n° 4, reproduit dans les *Cahiers de Terre libre*, 1937.

concentration de matériel, en décrétant la mobilisation obligatoire, en appliquant un plan stratégique sous un commandement unique, bref, en copiant plus ou moins parfaitement le fascisme. Ici même, nous avons publié l'opinion de camarades qui se sont laissé influencer par le bolchevisme au point de revendiquer la création d'une « Armée rouge ».

Cette attitude nous paraît dangereuse à plus d'un point de vue. Il ne faut pas oublier que l'Armée rouge des bolcheviks est une création du temps de paix, la victoire sur la réaction ayant été avant tout l'œuvre des groupes de « partisans », avec des méthodes de lutte analogues à celles de la guérilla espagnole.

À l'heure actuelle, le problème essentiel n'est pas de transformer la milice, ensemble de partisans aptes à la guérilla, en une armée régulière présentant les caractéristiques d'une armée de métier. Le problème est bien plutôt d'élever la technicité propre des formations miliciennes en s'inspirant des conceptions tactiques du groupe de combat et de l'école de section, en vigueur dans les principales armées européennes, et en dotant les groupes de combat du matériel approprié (arme automatique, grenade à main et à fusil, etc.). Agir autrement, ce serait attendre la décision d'une bataille napoléonienne, dont tous les instruments sont encore à créer, en ce qui concerne le camp antifasciste espagnol. Ce serait remettre cette décision aux calendes grecques, éterniser la position actuelle, et dans ce cas remettre au hasard une victoire qui d'avance serait nôtre, si nous savions utiliser pleinement nos armes propres.

Tout porte à croire que la décision dans la lutte qui se poursuit aux quatre coins de l'Espagne sera d'ordre moral et non pas d'ordre stratégique.

Prenons garde aux manœuvres intéressées des temporisateurs et des faiseurs de compromis, qui guettent le moment de trahir le peuple en se réconciliant avec la section fasciste de la bourgeoisie, dans le seul but d'anéantir et d'étouffer à jamais l'élan révolutionnaire du prolétariat.

(...) Journellement, de nouvelles levées populaires se produisent à Barcelone. Les contingents, après quelques jours de sommaire préparation, reçoivent leur équipement et font leurs adieux à la capitale par un défilé dans la rue. Au cours de cette marche des volontaires, les honneurs sont rendus au siège de toutes les organisations adhérentes au Comité des milices antifascistes, et des clameurs s'échangent entre les camarades qui vont partir et ceux massés aux fenêtres et aux balcons.

Chaque colonne a sa physionomie particulière, plus distincte encore que les emblèmes qu'elle porte. Les détachements communistes et socialistes se distinguent par une certaine raideur militaire, la présence de pelotons de cavalerie et d'armes spéciales, une formation plus massive, le pas cadencé, les poings levés. Les forces du P.O.U.M., celles de la police et des catalanistes [26] sont remarquées pour la beauté et la richesse des équipements. Les camarades de la F.A.I. et de la C.N.T., eux, défilent sans chœurs parlés et sans orchestre.

Les voici, en trois files écartées, clairsemées, irrégulières, agitées, homme par homme, entrecoupées de brusques remous, d'une longueur interminable. En tête, sur une seule ligne, l'état-major en cotte bleue d'ouvriers. Il se compose de militants syndicalistes connus : à la C.N.T. chaque organisateur ou propagandiste se double d'un guérillero, d'un homme d'action et d'un combattant. À Barcelone même, les hommes qui le jour contrôlent l'économie du pays et s'asseyent dans les fauteuils désertés par les banquiers, prennent le soir le pistolet ou le fusil de milicien pour procéder de leurs propres mains à la liquidation des éléments fascistes, dont les repaires sont encore nombreux en territoire catalan. Aucune barrière ne sépare donc, dans les rangs anarchistes, les manieurs de mitrailleuses et de machines à écrire, ceux de l'arrière et ceux du front. Pas de « chefs » professionnels, mais des entraîneurs d'hommes ayant payé et payant chaque jour de leur personne. Pas de spécialisation bureaucratique, mais des militants complets, révolutionnaires de la tête aux pieds.

À travers les larges avenues, les trois minces torrents humains charrient avec eux toute une foule. Auprès du milicien en calot noir et rouge, l'arme à la bretelle, marche un ami, un enfant, une mère, une compagne, une sœur, parfois toute une famille de parents, et d'amis. Des saluts s'échangent, des noms jaillissent, des mains se serrent, des copains d'atelier échangent une embras-

26. P.O.U.M. : Parti ouvrier d'unification marxiste, de tendance marxiste antistalinienne ; — Catalanistes : membres d'un Parti autonomiste catalan ; — P.S.U.C. : Parti socialiste unifié de Catalogne (stalinien).

sade fraternelle, et c'est tout un peuple qui envahit la colonne, en comble les intervalles, et l'emporte dans la chaleur de son cœur ardent.

Sur le chemin de la file du milieu, une vieille aux cheveux gris s'est postée ; et chaque homme qui passe, chacun sans distinction, recevra en passant l'adieu maternel de cette femme. Des centaines et des centaines d'hommes emportent ainsi l'étreinte énergique et brève, l'étreinte maladroite et passionnée, l'étreinte suprême d'une maman inconnue, qui reconnaît tous les gars de la F.A.I. pour ses enfants, s'accroche un instant à leurs bras, répétant un millier de fois la déchirante seconde du départ. Alors un cri s'envole de cette foule, claquant au vent comme des ailes de mouettes : « Viva la F.A.I. ! Viva la Anarquia ! »

Et celui qui entend ce cri comprend alors que l'U.G.T., la C.N.T., le P.S.U.C., tous les noms de partis et de groupes, ne sont que des choses, des mots d'ordre, des initiales, mais que la F.A.I. (« La Faille » comme on prononce ici) est une femme : fiancée, compagne, sœur, fille et mère idéale de tous ceux dont le cœur bat d'amour pour la liberté.

(...) Logique des sentiments ! dira-t-on. Mais cette logique n'est-elle pas celle des révolutions ?

La section italienne de la Colonne Ascaso contre la mobilisation (Monte Pelato, le 30 octobre 1936)

Les membres de la « section italienne » de la Colonne Ascaso sont des volontaires accourus de diverses nations pour apporter leur contribution à la cause de la liberté espagnole et à celle de la liberté universelle. Ayant pris connaissance du décret promulgué par le Conseil de la Généralité relatif à la transformation de la constitution des milices, ils réaffirment leur dévouement à la cause qui les amène sur le front de combat antifasciste et tiennent à déclarer ce qui suit :

1. Le décret en question ne peut se référer qu'à ceux qui sont soumis aux obligations d'une mobilisation émanant des autorités qui l'ont promulguée — mesure sur l'opportunité de laquelle nous nous abstenons de toute appréciation de principe.

2. Ceci nous confirme dans la conviction que le décret en question ne saurait s'appliquer à nous. Toutefois, nous tenons à affirmer avec l'absolue clarté nécessaire que, dans le cas où les autorités nous considéreraient comme susceptibles d'en subir l'application, nous ne pourrions que nous considérer déliés de toute obligation morale et revendiquer notre pleine liberté d'action — le pacte constitutif de la Section elle-même se trouvant dissous de plein droit.

INTERVENTION D'UN DÉLÉGUÉ DE LA COLONNE DE FER AU PLÉNUM RÉGIONAL DE VALENCE
(approuvée par la Colonne et reproduite par son organe *Linea de Fuego*, le 17 novembre 1936, front de Teruel) :

La Colonne de Fer demande que la commission des rapporteurs ne s'occupe pas de la structure des milices de la C.N.T.

La Colonne de Fer doit exposer sa structure, son organisation interne. À ce sujet, la discussion doit porter sur divers points. D'abord sur celui de la militarisation, car il y a un décret du gouvernement qui prévoit la militarisation de toutes les colonnes, et il y a des camarades qui croient que la militarisation arrange tout.

Nous, nous disons qu'elle n'arrangera rien.

Face aux caporaux, sergents et officiers sortis des académies, totalement ignorants, parfois, des problèmes de la guerre, nous présentons notre organisation, nous n'acceptons pas la structure militaire. La Colonne de Fer et toutes les colonnes de la C.N.T. et de la F.A.I., et même d'autres qui ne sont pas confédérales, n'ont pas accepté la discipline militaire.

Commandement unique ou coordination ?

Dans une motion présentée et approuvée dans une réunion à Valence par la C.N.T., la F.A.I., la Colonne de Fer, etc., et dans laquelle est considérée nécessaire la création d'un organisme qui serve de liaison entre les forces qui luttent à Teruel et sur divers fronts, on demande la constitution de comités de guerre et de comités de colonne, en vue de former par voie de délégation le comité d'opérations, composé de deux délégués civils et d'un technicien général militaire comme assesseur, pour chaque colonne, et du délégué de guerre du comité exécutif populaire, qui doit servir de liaison entre les colonnes de Teruel et celles des autres fronts.

C'est-à-dire que nous, qui sommes contre ce qu'on appelle le commandement unique, nous propageons par l'exemple et la pratique la coordination de toutes les forces qui luttent. Nous ne pouvons accepter qu'un état-major, qu'un ministre, qui ne connaissent pas pratiquement la situation du terrain, qui ne sont jamais allés sur le champ de bataille, qui ignorent tout de la mentalité des hommes qu'ils commandent (quand cette ignorance ne s'étend pas, au surplus, à la technique militaire), nous dirigent d'un bureau et nous donnent des ordres, la plupart du temps insensés. Et comme nous avons dû presque toujours nous soumettre aux ordres du commandement militaire, des délégations de guerre et de l'état-major, nous devons protester et demander la destitution dudit état-major de Valence. Aussi longtemps que nous lui avons obéi, la désorientation était si grande que nous ne savions rien de la situation des autres fronts, ni de l'activité des autres colonnes : nous subissions des bombardements sans pouvoir savoir d'où ils venaient. C'est pourquoi nous proposons la création d'un comité d'opérations, composé de représentants directs des colonnes et non, comme le veulent les marxistes, de représentants de chaque centrale d'organisation ; nous voulons, nous, des représentants qui connaissent bien le terrain et savent où aller.

La constitution de comités de guerre est acceptée par toutes les milices confédérales. Nous partons de l'individu et formons des groupes de dix, qui s'arrangent entre eux pour les petites opérations. La réunion de dix groupes forme une centurie, qui nomme un délégué pour la représenter. Trente centuries forment une colonne, qui est dirigée par le comité de guerre, dans lequel les délégués de centuries ont voix au chapitre.

Un autre point, c'est celui de la coordination de tous les fronts. Celle-ci sera réalisée par les comités constitués par deux délégués civils, un délégué militaire comme assesseur, outre la délégation du comité exécutif populaire. Ainsi, bien que chaque colonne conserve sa liberté d'action, nous arrivons à la coordination des forces, qui n'est pas la même chose que l'unité de commandement.

Les marxistes et les républicains ne voulaient pas de cela, parce qu'ils disaient que les colonnes n'ont pas à discuter et que tous doivent respecter ce qu'ordonne l'état-major. Ainsi, mieux valait un échec avec l'état-major que cinquante victoires avec cinquante comités.

Hiérarchie militaire ou fédéralisme ?

Quant à la militarisation, nous voulons bien admettre que les militaires, qui se sont adonnés toute leur vie à l'étude des tactiques guerrières, sont plus avertis que nous, et que leurs conseils valent souvent mieux que les nôtres. Par conséquent, nous acceptons leurs conseils, leur collaboration. Dans notre colonne, par exemple, l'élément militaire, dans lequel nous avons confiance, travaille de concert avec nous et, ensemble, nous coordonnons nos efforts · mais si l'on nous militarise, la seule chose qui arrivera, ce sera [de passer] d'une structure fédéraliste à une discipline de caserne, ce que précisément nous ne voulons pas.

On parle également de milices amalgamées. Nous pensons que le groupement par affinités devra prévaloir demain comme aujourd'hui. Que les individus se groupent suivant leurs idées et leur tempérament. Que ceux qui pensent de telle ou telle façon unissent leurs efforts pour réaliser leurs buts communs. Si l'on forme les colonnes d'une manière hétérogène, on n'arrivera à aucun résultat pratique.

C'est-à-dire que nous ne renonçons nullement à l'indépendance des colonnes et ne voulons nous assujettir à aucun commandement gouvernemental. Nous luttons pour abattre d'abord le fascisme, ensuite pour notre idéal, qui est l'anarchie. Notre action ne doit pas tendre à renforcer l'État, mais à le détruire progressivement, à rendre inutile le gouvernement.

Nous n'acceptons rien qui aille contre nos idées anarchistes, qui sont une réalité, étant donné qu'on ne peut agir différemment de ce que l'on pense.

Nous proposons donc que l'on accepte notre organisation de groupes, centuries ou comités de colonne et comités de guerre, formés d'éléments militaires et civils, pour établir la coordination de toutes les milices qui luttent sur les divers fronts avec l'état-major central.

Le manque de matériel

Dernier point de la discussion : c'est le manque de matériel de guerre. Jusqu'à maintenant, nos colonnes ont été ravitaillées en faible partie par l'État. Par exemple, dans la colonne que je représente, sur les trois mille hommes qui la composent, nous pouvons dire que seulement environ mille fusils ont été donnés par l'État, et tous les autres, nous avons dû nous les procurer par nous-mêmes, dont quatre-vingts pour cent ont été pris à l'ennemi. C'est-à-dire que l'État, le gouvernement, les organismes officiels, se sont désintéressés de la question d'armer et de doter ces colonnes du matériel nécessaire. C'est un problème qu'a dû résoudre l'organisation et à Valence [27] on s'en est très peu préoccupé. L'organisation doit veiller à ce qu'il ne manque de rien.

On a dit aussi que la discipline évite la démoralisation, la désertion. Ce n'est pas certain. Le courage et la peur dépendent de nombreuses circonstances, car le même individu peut avoir peur dans un engagement et se comporter comme un véritable héros dans un autre. Discipline ou non, c'est la même chose, puisqu'il est avéré que ceux qui sont militarisés sont les premiers à fuir ; et quand se présente le danger, l'individu, qu'il soit anarchiste, marxiste ou républicain, est sous l'emprise du même instinct de conservation et fuit ou avance.

Le problème de la solde

Voici maintenant un autre problème, dont la solution, croyons-nous, incombe à l'organisation. La commission des rapporteurs dit que les miliciens doivent dépendre économiquement de l'État. À cela, nous devons répondre qu'au début les colonnes de la

27. Valence, alors siège du gouvernement central républicain, qui avait dû abandonner Madrid.

Confédération se formèrent d'une manière spontanée et partirent pour le front. Personne ne se préoccupa de la solde, parce que les villages où résidaient ces combattants assistaient les familles, qui avaient ainsi leur existence assurée ; mais un moment arriva où les villages cessèrent de ravitailler les familles et les réclamations commencèrent. Nous avons toujours été hostiles à cette solde de dix pesetas, parce que l'individu s'habituait à vivre des armes et à en faire une profession. Cette crainte était justifiée, car nombre de nos camarades ont été, pourrait-on dire, corrompus. Nous disons que si les syndicats peuvent subvenir aux besoins des familles, nous renonçons aux dix pesetas et nous ne voulons rien toucher ; sinon, nous continuerons à les percevoir comme jusqu'à maintenant.

Le syndicat unique de Segorbe doit vous dire que, comme nous nous rangeons aux conclusions adoptées par lui, il est complètement d'accord avec la structure des Colonnes de Fer, Torres-Benedito et Número 23. Segorbe, qui est la zone de concentration et de mobilisation, reconnaît que cette structure des milices est nécessaire, car il peut en juger mieux que la majorité des délégations qui assistent au plénum, parce que, en outre, il a comme délégué dans notre plénum une camarade qui passé plus d'un mois dans la Colonne de Fer, en collaborant à l'organisation des avant-postes.

Et, en ce sens, nous rions de cette unité de commandement, de cette militarisation qu'on prétend réaliser dans nos colonnes confédérales, et nous en rions parce que, comme un camarade de la Colonne de Fer le disait très bien, nous avons déjà notre structure et notre unité de commandement sans recourir à la militarisation. Et nous l'avons parce que nous sommes les premiers et les meilleurs de la région du Levant qui nous sommes dressés contre le fascisme et qui avons su empêcher que le fascisme s'empare (d'abord à Segorbe, puis à Valence) de cette région ; et comme nous sommes les premiers, nous avons le droit de parler et d'informer le plénum comment fonctionne la Colonne de Fer.

Le milicien, individu conscient

Mon prédécesseur à cette tribune a parlé de la structure. Je veux développer davantage la question. Une unité de commandement absolu qui décide de la fonction que l'individu doit tenir dans la guerre sera-t-elle plus efficace dans l'action que les convictions de cet individu ?

Parce que je vous le dis : ceux qui s'insurgent contre la Colonne de Fer, parce qu'elle descend à l'arrière faire la Révolution que vous ne savez pas faire, ceux-là, je vous le déclare, ne savent pas ce qu'ils disent.

Le simple milicien vient à la Colonne parce qu'il sait trouver en elle une unité morale, révolutionnaire et intellectuelle. C'est pourquoi nous, qui sommes allés les premiers au champ de bataille, nous ne pouvons permettre que maintenant le marxisme et la démocratie bourgeoise, comme hier la réaction, tentent d'anéantir le meilleur du champ révolutionnaire levantais, c'est-à-dire la moisson anarchiste et révolutionnaire.

C'est encore pourquoi nous ne pouvons accepter le commandement unique, parce que les militaires n'ont su que rester à l'arrière-garde. Et nous, qui avons admiré le moral de nos frères confédérés, qui savons qu'il y a parmi eux des éléments qui valent cent fois plus que des militarisés, nous ne voulons pas d'entraves, nous ne voulons pas qu'on invoque ce mensonge que sans unité de commandement on ne peut gagner la guerre.

Les pratiques des partis politiques de l'ancien régime qui veulent créer l'unité de commandement pour le donner à leurs Armées rouges, pour créer une dictature aussi fatale peut-être que la précédente, mettent la Révolution en péril. À cela, nous ne pouvons consentir, et je dois dire, à ce sujet, que tout ce plénum, malheureusement mal orienté par le comité régional, est en train de se dérouler dans une ambiance nettement réformiste et politique, et c'est pourquoi on doit écouter notre faible voix, parce que plus tard, tous nous payerons les conséquences de notre malentendu.

L'anarcho-syndicalisme au gouvernement

On aborde, pour terminer, un problème épineux et brûlant, qui a fait couler, à l'époque où il s'est posé, des flots de paroles et d'encre et qui, aujourd'hui encore, suscite d'âpres discussions.

La participation des anarchistes aux deux gouvernements républicains espagnols, le gouvernement central républicain et le gouvernement régional autonome de Catalogne, dans le cadre du « front unique antifasciste », est, en effet, un des talons d'Achille de l'anarchisme ibérique.

Tout à la fois les anarchistes « purs » et les marxistes non staliniens firent, et font toujours rétrospectivement, de sévères griefs aux anarcho-syndicalistes pour avoir jeté par-dessus bord leurs principes. Mais cette critique ne se place-t-elle un peu trop dans l'absolu ? Ne fait-elle pas trop aisément abstraction du contexte de la guerre civile que devait gagner, coûte que coûte, la Révolution espagnole si elle voulait survivre ?

— Pardon ! c'était précisément, rétorquent les intransigeants, l'intégration dans les rouages gouvernementaux républicains, de plus en plus noyautés par les staliniens, qui a compromis la survie de la Révolution espagnole.

On produit ici un dossier assez complet du débat :

d'abord la position de principe rigoureuse énoncée par les libertaires espagnols au seuil de la Révolution, et qui part d'une implacable mise en accusation des gouvernements « antifascistes » de coalition ;

puis la laborieuse tentative de justifier un brusque et surprenant retournement ;

ensuite la violente diatribe de Camillo Berneri, l'anarchiste italien venu rejoindre les rangs de la Révolution espagnole, peu avant d'être assassiné, adressée à Federica Montseny, alors ministre du gouvernement central ;

enfin, pour conclure, l'autocritique rédigée plus de trente ans après l'événement, spécialement pour la présente anthologie, par Federica Montseny.

L'INUTILITÉ DU GOUVERNEMENT [1]
(Manifeste adopté par la C.N.T.)

« Les pays riches sont ceux où l'on est ordinairement pauvre. » Cette phrase d'un économiste bourgeois exprime bien les contrastes de notre société, dans laquelle la force des nations est faite de la débilité et de la misère du plus grand nombre. De la même façon on pourrait dire : ce sont les peuples faibles qui font les gouvernements forts.

L'existence d'un gouvernement de Front Populaire, bien loin d'être un élément indispensable dans la lutte antifasciste, correspond en réalité à une limitation volontaire de cette même lutte. Il est inutile de rappeler que, en face des préparatifs du putsch fasciste, les gouvernements de la Généralité et de Madrid n'ont absolument rien fait, toute leur autorité étant utilisée à couvrir les menées dont ils étaient voués à devenir tôt ou tard l'instrument, inconscient ou non.

La guerre qui se poursuit en Espagne est une guerre sociale. Le rôle d'un État modérateur, basé sur l'équilibre et la conservation des classes, ne saurait être un rôle actif dans cette lutte où les fondements mêmes de l'État se trouvent sapés chaque jour. Il est donc exact de dire que l'existence du gouvernement du Front Populaire en Espagne n'est pas autre chose que le reflet d'un compromis entre les masses populaires et le capitalisme international.

Par la force même des choses, ce compromis, qui n'a qu'une valeur transitoire, aura à faire place aux revendications et au pro-

1. *Solidaridad Obrera*, été 1936

gramme complet de la Révolution sociale. Alors disparaîtra le rôle de négociateurs et de conservateurs qui est dévolu actuellement aux républicains et libéraux de Barcelone, de Valence et de Madrid

L'idée de remplacer ces gouvernements faibles, gardiens du cours des changes et des propriétés de la finance étrangère en Espagne, par un gouvernement fort basé sur une idéologie et une organisation politique « révolutionnaire » n'aboutirait en fait qu'à suspendre et à liquider l'activité autonome des masses travailleuses en armes, qu'à suspendre et liquider la Révolution.

Il s'agirait, si le marxisme prenait le pouvoir, plus que d'une autolimitation de l'action populaire par sagesse opportuniste. L'État « ouvrier », créé pour durer, se donne comme tâche immédiate de canaliser et d'absorber la totalité des forces qui se trouvent aujourd'hui en liberté dans le camp du prolétariat et de la paysannerie. L'État « ouvrier » est le point final à tout progrès révolutionnaire, le commencement d'un nouvel esclavage politique.

Coordonner les forces du front antifasciste, organiser l'approvisionnement en munitions et en vivres sur une vaste échelle, collectiviser à cette fin toutes les entreprises d'un intérêt vital pour le peuple, telles sont évidemment les tâches de l'heure. Elles ont été réalisées jusqu'ici par une voie non gouvernementale, non centraliste, non militariste. Il ne faut que continuer. Il y a de grands perfectionnements à apporter dans cette voie. Les syndicats de la C.N.T. et de l'U.G.T. trouvent là l'emploi de leurs forces, la meilleure utilisation de leurs compétences. Par contre, l'installation d'un gouvernement de coalition, avec ses luttes sournoises de majorité et minorité, sa bureaucratisation des élites, la guerre fratricide qu'il entraîne entre les tendances rivales, tout cela est plus qu'inutile à l'aboutissement de notre tâche libératrice en Espagne. Ce serait l'effondrement rapide de notre capacité d'action, de notre volonté d'union, le commencement d'une débâcle fatale en face de l'ennemi omniprésent.

Nous espérons que les travailleurs espagnols et étrangers comprendront la justesse des décisions prises en ce sens par la Confédération Nationale du Travail (C.N.T.) et par la Fédération Anarchiste Ibérique (F.A.I.). Le dépérissement de l'État est le but final du socialisme. Les faits ont démontré qu'il s'accomplit pratiquement par la liquidation de l'État bourgeois, réduit à l'asphyxie grâce à l'expropriation économique et non pas par le dépérissement spontané d'une bureaucratie « socialiste ».

L'exemple espagnol et l'exemple russe en sont témoins.

Une tentative de justification

Cependant, quelques semaines plus tard, à la mi-septembre, la C.N.T. renversait sa position. Au nom de « l'unité antifasciste », elle croyait devoir réclamer du président du conseil du gouvernement central espagnol, Largo Caballero, la constitution d'un « conseil national de défense » de quinze membres, où elle allait obtenir cinq sièges. De là à la participation ministérielle, il n'y avait plus qu'un pas : les anarcho-syndicalistes le franchirent. Ils acceptèrent en fin de compte des portefeuilles dans les deux gouvernements : celui de la Généralité de Catalogne d'abord, ensuite le pouvoir central. On va voir comment la C.N.T. tenta de justifier ce reniement.

Depuis que la C.N.T. a revendiqué sa participation à la direction des affaires d'Espagne, deux mois ont passé. Nous considérons qu'il fallait créer un nouvel organisme, et c'est en vue de cela que nous avons suggéré la formule d'un conseil national de défense. Nous avons renoncé à notre idée, avec le sincère désir de déblayer la route des obstacles qui motivaient notre opposition. Une fois de plus, nous transigions, non par calcul politique, mais pour réaliser l'unité nécessaire pour vaincre.

L'heure n'est point de se livrer à des spéculations, ni de s'arrêter à des vétilles. Il faut surtout remarquer que les tâches du nouveau gouvernement ne sont point les mêmes que celles de celui d'hier ; et, bien que les portefeuilles détenus par la C.N.T. soient sans importance, sa seule présence dans le ministère doit en modifier l'allure et l'action. L'attention doit se porter sur les deux grands problèmes actuels : vaincre dans la guerre et consolider la reconstruction économique, de telle sorte que l'Espagne nouvelle soit pourvue de tout le nécessaire pour vivre. Aucun gouvernement n'est viable qui n'a pas le souci d'atteindre ces deux objectifs.

On parla du précédent gouvernement comme du gouvernement de la victoire. La réalité démontra qu'il n'en fut rien. Au contraire : les choses allèrent de mal en pis. Aujourd'hui, l'expérience ne doit pas se répéter. Là où les ministères qui, depuis le 19 juillet, assumèrent la direction échouèrent, celui d'aujourd'hui doit réussir. Et pour cela, il faut que tous ceux qui figurent dans le nouveau gouvernement se débarrassent de leurs préférences ou visées partisanes pour n'agir que mus par une seule pensée : vaincre. Si cette collaboration franche et désintéressée se réalise, si seules les nécessités de la guerre et la satisfaction des besoins de la population civile dictent toute l'action de chacun, alors, bientôt, la victoire nous sourira.

Deux problèmes se posent : vaincre le fascisme et épargner des privations à l'Espagne révolutionnaire. Voilà les objectifs, et pour les atteindre, que tous œuvrent dans une collaboration loyale et désintéressée

La C.N.T., le gouvernement et l'État

L'entrée de la C.N.T. dans le gouvernement central est un des faits les plus transcendants qu'enregistre l'histoire politique de notre pays. Depuis toujours, par principe et conviction, la C.N.T. a été antiétatique et ennemie de toute forme de gouvernement. Mais les circonstances, presque toujours plus fortes que la volonté humaine, que celle-ci détermine pourtant, ont défiguré la nature du gouvernement et de l'État espagnols.

À l'heure actuelle, le gouvernement, comme instrument régulateur des organes de l'État, a cessé d'être une force d'oppression contre la classe ouvrière, de même que l'État, qui ne représente déjà plus l'organisme séparant la société en classes. Et, avec l'intervention dans ceux-ci d'éléments de la C.N.T., l'État et le gouvernement cesseront d'autant plus d'opprimer le peuple.

Les fonctions de l'État seront réduites, d'accord avec les organisations ouvrières, à celle de régulariser la marche de la vie économique et sociale du pays. Et le gouvernement n'aura d'autre préoccupation que celle de bien conduire la guerre et de coordonner l'œuvre révolutionnaire suivant un plan d'ensemble

Nos camarades porteront au gouvernement la volonté collective ou majoritaire des masses ouvrières, réunies au préalable en grandes assemblées générales. Ils ne se feront pas les avocats de critériums personnels, mais seulement ceux de décisions prises librement par des centaines de milliers d'ouvriers organisés dans la C.N.T. Une fatalité historique pèse sur toutes les choses, et cette fatalité, la C.N.T. l'accepter pour servir le pays, en gagnant rapidement la guerre et en empêchant toute déviation de la Révolution populaire.

Nous avons la certitude absolue de ce que nos camarades, choisis pour représenter la C.N.T. dans le gouvernement, sauront remplir leur devoir et la mission dont ils seront chargés. En eux, on ne doit pas voir des individus, mais l'organisation qu'ils représentent. Ce ne sont ni des gouvernants, ni des étatistes, mais des combattants et des révolutionnaires au service du triomphe antifasciste. Et ce triomphe sera d'autant plus prompt et complet que plus grand sera l'appui que nous leur prêterons.

L'entrée de la C.N.T. dans le gouvernement

Les syndicalistes espagnols sont appelés à prendre part à la direction du pays. Cette nouvelle phase de la lutte contre le fascisme, et dans le développement du mouvement syndicaliste et anarchiste espagnol, ne doit pas être considérée du seul point de vue doctrinal. Ce sont les anarchistes et les syndicalistes qui, le 19 juillet, à la tête du mouvement révolutionnaire, marchèrent à la rencontre des généraux fascistes. La création des milices antifascistes et la collectivisation de l'industrie en Catalogne [2] sont principalement l'œuvre de la C.N.T.-F.A.I.

Durant quelque temps, il y eut deux sortes de gouvernements : d'un côté, la Généralité , de l'autre, le Comité des milices antifascistes et le Conseil économique. On se rendit vite compte que cette dualité ne pouvait subsister. Alors surgit le Conseil général de la Généralité, composé de toutes les organisations antifascistes. En Catalogne, dans le Levant et en Aragon, où les syndicalistes et les anarchistes représentent plus de la moitié des

2. V. *supra*, p. 700

forces antifascistes, le fascisme fut complètement anéanti, tandis que dans les districts où prédominaient les socialistes-démocrates et autres partis, la lutte ne fut pas aussi heureuse.

À Madrid, les syndicalistes sont la minorité. Pourtant, leur influence a grandi durant ces derniers temps. Depuis plus de deux mois, la C.N.T. a exigé la dissolution du gouvernement et la création d'un conseil national de défense, avec une participation égale de la C.N.T. et de l'U.G.T. Largo Caballero ne voulait pas se laisser enlever le levier du pouvoir ; il voulait être le Lénine de l'Espagne. Sa politique tendait à l'affaiblissement du front de lutte antifasciste. La répartition d'armes aux différents partis et organisations s'effectuait avec partialité, et la nécessité d'unité dans la conduite de la guerre se faisait sentir toujours plus pressante.

N'être que des soldats de la Révolution, laisser agir comme généraux les communistes et socialistes, une telle procédure ne pouvait satisfaire les syndicalistes et les anarchistes. Eux aussi avaient le droit de se faire entendre dans les délibérations nationales sur la poursuite de la guerre. C'est ce que signifiait la requête de la C.N.T. au sujet de la création d'un conseil national de défense. Caballero ne voulait rien abdiquer de son pouvoir. Cependant, la situation militaire à Madrid devenait chaque jour plus critique. L'unité dans la direction de la lutte n'est possible que si la C.N.T. est appelée à partager cette direction.

Sur des panneaux affichés par la C.N.T. dans toute l'Espagne, on pouvait lire : « Deux millions d'associés ; 50 000 soldats au front ; plus de 2 000 organisations locales ; la Catalogne, le Levant et l'Aragon aux mains de la C.N.T. » Cette puissante organisation demandait à participer à la direction de la lutte antifasciste. Un conseil régional de défense, composé en grande partie de partisans de la C.N.T., fut formé en Aragon. C'est alors que le gouvernement de Madrid se vit obligé de faire droit à la demande de la C.N.T. : quatre syndicalistes entraient dans le conseil des ministres. C'est un commencement. La C.N.T. a droit à un plus grand nombre, mais l'heure n'est pas aux luttes de partis.

L'OPINION CONTRAIRE
Lettre ouverte à Federica Montseny par Camillo Berneri [3] (avril 1937)

Chère camarade,

J'avais l'intention de m'adresser à vous tous, camarades ministres, mais une fois la plume en main, je me suis adressé spontanément à toi seule et je n'ai pas voulu contrarier cette impulsion instinctive.

Que je ne sois pas toujours d'accord avec toi, cela ne t'étonne, ni ne t'irrite, et tu t'es montrée cordialement oublieuse des critiques qu'il aurait été presque toujours équitable, parce que humain, de considérer comme injustes et excessives. Cela n'est pas une petite qualité à mes yeux, et elle témoigne de la nature anarchiste de ton esprit. C'est une certitude qui compense efficacement, pour mon amitié bien entendu, les particularités idéologiques que tu as manifestées souvent dans tes articles au style très personnel et dans tes discours d'une éloquence admirable.

Je n'ai pu accepter calmement l'identité affirmée par toi entre l'anarchisme bakouniniste et le républicanisme fédéraliste de Pi y Margall [4]. Je ne te pardonne pas d'avoir écrit qu'« en Russie, ce ne fut pas Lénine le vrai constructeur de la Russie, mais bien Staline, esprit réalisateur, etc. ». Et j'ai applaudi à la réponse de Voline, dans *Terre libre*, à tes affirmations complètement inexactes sur le mouvement anarchiste russe.

Mais ce n'est pas de cela que je veux t'entretenir. De ces

---

3. Camillo Berneri (1897-1937), natif de Lodi en Italie, débuta dans les Jeunesses socialistes qu'il quitta publiquement vers 1915 pour adhérer au mouvement anarchiste. Exilé sous le régime mussolinien, fut expulsé de nombreux pays et connut les prisons de la moitié de l'Europe. En Allemagne, prit contact avec les anarcho-syndicalistes. À la nouvelle de la Révolution espagnole partit immédiatement et participa à des combats. Fonda, à Barcelone, le journal *Guerra di Classe* dont quelques-uns des articles ont été recueillis, sous le titre de « Guerre de classes en Espagne » dans les *Cahiers de Terre libre* d'avril-mai 1938. N'y ménagea pas ses critiques contre la participation gouvernementale des anarchistes. Arrêté par la police aux ordres des staliniens, le 5 mai 1937, au cours des journées sanglantes de Barcelone. Fut enlevé de prison et abattu à coups de revolver.

4. En janvier 1937, dans une conférence publique à Barcelone, Federica Montseny avait fait l'éloge du régionalisme de Francisco Pi y Margall (1821-1901), disciple de Proudhon, ce qui lui avait valu les reproches de Gaston Leval, analogues à ceux de Camillo Berneri.

choses-là et de bien d'autres choses j'espère un jour ou l'autre te parler directement. Si je m'adresse à toi, publiquement, c'est à propos de sujets infiniment plus graves, pour te rappeler des responsabilités énormes, dont tu ne te rends peut-être pas compte à cause de ta modestie.

Dans ton discours du 3 janvier [1937], tu disais : « Les anarchistes sont entrés au gouvernement pour empêcher que la Révolution déviât et pour la poursuivre au-delà de la guerre, et encore pour s'opposer à toute éventualité de tentative dictatoriale, d'où qu'elle vienne. »

Eh bien ! camarade, en avril, après trois mois d'expérience collaborationniste, nous nous trouvons en présence d'une situation au cours de laquelle se produisent des faits graves, tandis que d'autres pires encore se dessinent déjà.

Là où, comme au Pays basque, dans le Levant et en Castille, notre mouvement n'est pas imposé par des forces de base, autrement dit par de larges cadres syndicaux et par l'adhésion prépondérante des masses, la contre-Révolution opprime et menace de tout écraser. Le gouvernement est à Valence et c'est de là que partent les gardes d'assaut destinés à désarmer les noyaux révolutionnaires formés pour la défense. On évoque Casas Viejas [5] en songeant à Vilanesa [6]. Ce sont les gardes civils et les gardes d'assaut qui conservent les armes ; ce sont encore eux qui à l'arrière doivent contrôler les « incontrôlables », autrement dit désarmer les noyaux révolutionnaires pourvus de quelques fusils et de quelques revolvers. Cela se passe tandis que le front intérieur n'est pas liquidé. Cela se produit au cours d'une guerre civile dans laquelle toutes les surprises sont possibles et dans des régions où le front bien proche, extrêmement découpé, n'est pas mathématiquement certain. Cela, tandis qu'apparaît avec évidence une distribution politique des armes tendant à n'armer que du strict nécessaire (« strict nécessaire » qui, souhaitons-le, apparaîtra suffisant) le front d'Aragon, escorte armée de la collectivisation agraire en Aragon et contrefort de la Catalogne, cette

5. En 1933, les ouvriers de Casas Viejas s'étaient rendus maîtres de ce village et y avaient proclamé le communisme libertaire. Les gardes civils avaient sauvagement réprimé cette insurrection.
6. Vilanesa, petit village espagnol où plusieurs militants de la C.N.T. furent massacrés après que leur local syndical eut été saccagé.

Ukraine ibérique. Tu es dans un gouvernement qui a offert à la France et à l'Angleterre des avantages au Maroc, tandis que, dès juillet 1936, il aurait été nécessaire de proclamer officiellement l'autonomie politique marocaine [7]. Je m'imagine ce que toi, anarchiste, tu dois penser de cette affaire aussi ignoble que stupide ; mais je crois que l'heure est venue de faire savoir que toi et les autres anarchistes ministres n'êtes pas d'accord quant à la nature et à la teneur de pareilles propositions.

Le 24 octobre 1936, j'écrivais dans *Guerra di Classe* : « La base d'opération de l'armée fasciste est le Maroc. Il faut intensifier la propagande en faveur de l'autonomie marocaine sur tout le secteur de l'influence panislamique. Il faut imposer à Madrid des déclarations sans équivoque annonçant l'abandon du Maroc et la protection de l'autonomie marocaine. La France envisage avec préoccupation la possibilité de répercussions insurrectionnelles dans l'Afrique du Nord et en Syrie ; l'Angleterre voit se renforcer les agitations autonomistes égyptiennes et celles des Arabes de Palestine. Il faut exploiter pareils soucis à travers une politique qui menace de déchaîner la révolte dans le monde islamique. Pour une pareille politique, il faut de l'argent et il faut d'urgence envoyer des émissaires agitateurs et organisateurs dans tous les centres de l'émigration arabe, dans toutes les zones frontières du Maroc français. Sur les fronts d'Aragon, du Centre, des Asturies et d'Andalousie, quelques Marocains suffisent pour faire fonction de propagandistes (par radio, tracts, etc.). »

Il va de soi qu'on ne peut simultanément garantir les intérêts anglais et français au Maroc et faire œuvre d'insurrection. Valence continue la politique de Madrid. Il faut que celle-ci change. Et, pour la changer, il faut dire clairement et fortement toute sa pensée propre, parce qu'à Valence des influences agissent tendant à pactiser avec Franco.

Jean Zyromski [8] écrivait dans *Le Populaire* du 3 mars : « Les manœuvres sont visibles et elles visent à la conclusion d'une paix, qui, en réalité, signifierait non seulement l'arrêt de la

---

7. Le gouvernement républicain avait pris une position impérialiste en se refusant à décoloniser le Maroc espagnol, ce qui permit à Franco d'utiliser les soldats marocains contre la république espagnole.

8. Jean Zyromski (né en 1890), leader de la gauche du parti socialiste S.F.I.O., aujourd'hui membre du P.C.F.

Révolution espagnole, mais encore l'annulation des conquêtes sociales réalisées. Ni Caballero ni Franco, telle serait la formule qui exprimerait sommairement une conception qui existe, et je ne suis pas sûr qu'elle n'ait pas la faveur de certains milieux politiques, diplomatiques et même gouvernementaux en Angleterre et aussi en France. »

Ces influences, ces manœuvres expliquent différents points obscurs : par exemple l'inactivité de la flotte de guerre loyaliste. La concentration des forces provenant du Maroc, la piraterie du *Canarias* et du *Baleares* [9], la prise de Malaga sont les conséquences de cette inactivité. Et la guerre n'est pas finie ! Si Prieto [10] est incapable et indolent, pourquoi le tolérer ? Si Prieto est lié par une politique qui lui fait paralyser la flotte, pourquoi ne pas dénoncer cette politique ?

Vous, anarchistes ministres, vous tenez des discours éloquents et vous écrivez des articles brillants, mais ce n'est pas avec des discours et des articles que l'on gagne la guerre et que l'on défend la Révolution. Celle-là se gagne et celle-ci se défend en permettant de passer de la défensive à l'offensive. La stratégie de position ne peut s'éterniser. Le problème ne peut se résoudre en lançant des mots d'ordre : mobilisation générale, des armes au front, commandement unique, armée populaire, etc., etc. Le problème se résout en réalisant immédiatement ce qui peut être réalisé.

La *Dépêche de Toulouse* du 17 janvier [1937] écrivait : « La grande préoccupation du ministère de l'Intérieur est de rétablir l'autorité de l'État sur celle des groupes et sur celle des incontrôlables de toute provenance. »

Il va de soi que, lorsque pendant des mois on cherche à annihiler les « incontrôlables », on ne peut résoudre le problème de la liquidation de la « cinquième colonne ». La suppression du front intérieur a pour condition première une activité d'investigation et

---

9. Il s'agit de deux croiseurs franquistes qui bombardèrent Malaga au début de février 1937. Le *Baleares* fut coulé par la flotte républicaine le 6 mars. Le *Canarias*, qui avait déjà bombardé Gérone et Tarragone, fit de nombreuses victime après la chute de Malaga, faisant feu sur la route côtière par laquelle les fugitifs s'efforçaient de gagner l'Espagne républicaine.

10. Indalecio Prieto (1883-1962), ministre socialiste de la République espagnole, mort au Mexique.

de répression qui ne peut être accomplie que par des révolutionnaires éprouvés. Une politique intérieure de collaboration entre les classes et de flatterie envers les classes moyennes conduit inévitablement à la tolérance envers les éléments politiquement équivoques. La « cinquième colonne » [11] est constituée non seulement par les éléments appartenant à des formations fascistes, mais aussi par tous les mécontents qui souhaitent une république modérée. Or, ce sont ces derniers éléments qui profitent de la tolérance des chasseurs d'« incontrôlables ».

La liquidation du front intérieur était conditionnée par une activité ample et radicale des comités de défense constitués par la C.N.T. et l'U.G.T.

Nous assistons à la pénétration dans les cadres dirigeants de l'armée populaire d'éléments équivoques n'offrant pas les garanties d'une organisation politique et syndicale. Les comités et les délégués politiques des milices exerçaient un contrôle salutaire qui, aujourd'hui, est affaibli par la prédominance de systèmes d'avancement et de promotion strictement militaires. Il faut renforcer l'autorité de ces comités et de ces délégués.

Nous assistons au fait nouveau, et pouvant entraîner des conséquences désastreuses, à savoir que des bataillons entiers sont commandés par des officiers qui ne jouissent pas de l'estime et de l'affection des miliciens. Ce fait est grave parce que la valeur de la majorité des miliciens espagnols est directement proportionnelle à la confiance dont jouit leur propre commandement. Il est donc nécessaire de rétablir l'éligibilité directe et le droit de destitution par ceux d'en bas.

Une grave erreur a été commise en acceptant les formules autoritaires, non pas parce que celles-ci étaient telles au point de vue forme, mais parce qu'elles renfermaient d'énormes erreurs et des buts politiques qui n'avaient rien à voir avec les nécessités de la guerre.

J'ai eu l'occasion de parler à des officiers supérieurs italiens, français et belges et j'ai constaté que ceux-ci démontrent avoir des nécessités réelles et de la discipline une conception beaucoup

11. Cinquième colonne : nom donné dans la presse espagnole à l'ensemble des organisations fascistes existant à l'arrière du front républicain.

plus moderne et rationnelle que certains néo-généraux qui prétendent être des réalistes.

Je crois que l'heure est venue de constituer l'armée confédérale, comme le parti socialiste a constitué sa propre troupe : le 5e régiment des milices populaires. Je crois que l'heure est venue de résoudre le problème du commandement en réalisant effectivement l'unité du commandement qui permette de passer à l'offensive sur le front d'Aragon. Je crois que l'heure est venue d'en finir avec les milliers de gardes civils et de gardes d'assaut qui ne vont pas au front parce qu'ils servent à contrôler les « incontrôlables ». Je crois que l'heure est venue de créer une sérieuse industrie de guerre. Et je crois que l'heure est venue d'en finir avec certaines bizarreries flagrantes : comme celles du respect du repos dominical et de certains « droits aux ouvriers » sabotant la défense de la Révolution.

Il faut, avant tout, maintenir élevé l'esprit des combattants. Luigi Bertoni [12], interprétant les sentiments exprimés par différents camarades italiens combattant sur le front de Huesca, écrivait il n'y a pas longtemps : « La guerre d'Espagne, dépouillée ainsi de toute foi nouvelle, de toute idée de transformation sociale, de toute grandeur révolutionnaire, de tout sens universel, n'est plus qu'une vulgaire guerre d'indépendance nationale, qu'il faut mener pour éviter l'extermination que se propose la ploutocratie mondiale. Elle reste une terrible question de vie ou de mort, mais ce n'est plus une guerre d'affirmation d'un nouveau régime et d'une nouvelle humanité. On dira que tout n'est pas encore perdu ; mais, en réalité, tout est menacé et investi ; les nôtres tiennent un langage de renonciateurs, le même que tenait le socialisme italien lors de l'avance du fascisme : " Gare aux provocations ! Calme et sérénité ! Ordre et discipline ! " Toutes choses qui pratiquement se réduisent au laissez-faire. Et comme en Italie le fascisme finit par triompher, en Espagne, l'antisocialisme en habit républicain ne pourra que vaincre, à moins qu'il ne se produise des événements qui échappent à nos prévisions. Il est inutile d'ajouter que nous constatons simplement, sans condamner les nôtres ; nous ne pourrions dire comment la conduite de

12. Luigi Bertoni (1872-1947), anarchiste italien qui s'était mis au service de la Révolution espagnole.

ceux-ci pourrait être différente et efficace aussi longtemps que la pression italo-allemande grandit sur le front et celle des bolcheviko-bourgeois croît à l'arrière-garde. »

Je n'ai pas la modestie de Louis Bertoni. J'ai la prétention d'affirmer que les anarchistes espagnols pourraient avoir une ligne politique différente de celle qui prévaut ; je prétends pouvoir, en capitalisant ce que je sais des expériences des diverses grandes révolutions récentes et ce que je lis dans la presse libertaire espagnole elle-même, conseiller quelques lignes de conduite.

Je crois que tu dois te poser le problème de savoir si tu défends mieux la Révolution, si tu apportes une plus grande contribution à la lutte contre le fascisme en participant au gouvernement, ou si tu ne serais pas infiniment plus utile en portant la flamme de ta parole magnifique parmi les combattants et à l'arrière.

L'heure est venue aussi de clarifier la signification unitaire que peut avoir notre participation au gouvernement. Il faut parler aux masses, les appeler à juger si Marcel Cachin [13] a raison quand il déclare dans *L'Humanité* du 23 mars : « Les responsables anarchistes multiplient leurs efforts unitaires et leurs appels sont de plus en plus entendus. »

Ou bien si ce sont la *Pravda* et les *Izvestia* qui ont raison quand ils calomnient les anarchistes espagnols en les traitant de saboteurs de l'unité.

Il faut appeler la masse à juger la complicité morale et politique du silence de la presse anarchiste espagnole quant aux délis dictatoriaux de Staline, aux persécutions contre les anarchistes russes, aux monstrueux procès contre l'opposition léniniste et trotskyste, silence compensé avec mérite par les diffamations des *Izvestia* contre *Solidaridad Obrera*.

Il faut appeler les masses à juger si certaines manœuvres de sabotage du ravitaillement ne rentrent pas dans le plan annoncé le 17 décembre 1936 par la *Pravda* : « Quant à la Catalogne, l'épuration des éléments trotskystes et anarchistes syndicalistes est commencée ; cette œuvre sera conduite avec la même énergie que celle avec laquelle elle a été conduite en U.R.S.S. »

---

13. Marcel Cachin (1869-1958), ex-social démocrate, un des fondateurs du P.C. français, stalinien jusqu'à la fin de sa vie.

L'heure est venue de se rendre compte si les anarchistes sont au gouvernement pour être les vestales d'un feu sur le point de s'éteindre, ou bien s'ils y sont désormais seulement pour servir de bonnet phrygien à des politiciens flirtant avec l'ennemi ou avec les forces de restauration de la « république de toutes les classes ». Le problème est posé par l'évidence d'une crise dépassant les hommes qui en sont les personnages représentatifs.

Le dilemme : guerre ou Révolution n'a plus de sens. Le seul dilemme est celui-ci : ou la victoire sur Franco grâce à la guerre révolutionnaire ou la défaite.

Le problème pour toi et pour les autres camarades est de choisir entre le Versailles de Thiers et le Paris de la Commune, avant que Thiers et Birsmarck ne fassent l'union sacrée. À toi de répondre car tu es « la lumière sous le boisseau ».

Camillo Berneri.

La C.N.T. blâmée sur le plan international [14]
(Paris, 11-13 juin 1937)

Après avoir entendu les comptes rendus de l'A.I.T. [15], de la délégation de la C.N.T. et les explications et avis des délégués des centrales sur les derniers événements d'Espagne, et sur leurs conséquences, le plénum extraordinaire de l'A.I.T. réuni à Paris, les 11, 12 et 13 juin 1937 constate :

1. que les événements qui se sont récemment déroulés à Barcelone avaient pour but essentiel d'enlever à la C.N.T. le contrôle des entreprises et des frontières, et de la chasser de ses locaux et des postes importants qu'elle occupe, d'exterminer ses militants et d'empêcher la Révolution sociale de prendre tout son essor et de l'étrangler ;

2. que cette action concertée depuis de longs mois entre certains membres des gouvernements de Valence et de Barcelone, auxquels la C.N.T. participait par le canal de ses représentants et à leur insu, fait partie d'un plan conçu par les partis politiques

14. Rédigé par Pierre Besnard, secrétaire de l'A.I.T.
15. *L'Association internationale des travailleurs*, internationale anarcho-syndicaliste, toujours existante.

inspirés par le Parti communiste espagnol exécutant les ordres du gouvernement soviétique ;

3. que ce plan porte un caractère international et sert les intérêts capitalistes anglo-américains, dont la diplomatie franco-anglo-russe s'est faite le champion depuis le début de la Révolution, et successivement, par la non-intervention, le blocus, le contrôle terrestre et naval et la médiation ;

4. que la médiation, aujourd'hui repoussée par le gouvernement de Valence pour des raisons d'opportunité, tend à une paix blanche, à une entente des forces politiques adverses sous l'égide de la France et de l'Angleterre, pour la restauration, officiellement acceptée par ce même gouvernement de Valence, d'une république « démocratique et parlementaire » que tous s'accordent à considérer comme largement dépassée par les faits.

Le plénum déclare en conséquence :

a) que la guerre, déclenchée par une contre-Révolution militaire et fasciste, doit avoir de plus en plus le caractère d'une entreprise de libération totale du prolétariat espagnol, et, par là même, ne peut être que révolutionnaire ;

b) que le salut de la Révolution sociale doit être plus que jamais la préoccupation dominante et essentielle de la C.N.T ;

c) que l'admiration pour le courage invincible des masses ouvrières et paysannes de l'Espagne et tout particulièrement des masses organisées sous le drapeau de la C.N.T. reste intacte, malgré toutes les vicissitudes d'une lutte inégale ;

d) que la solidarité du prolétariat révolutionnaire de tous les pays, unie au sein de l'A.I.T., hostile au marxisme sous toutes ses formes, reste inébranlablement la même que dans le passé, étant donné que la social-démocratie réformiste, ainsi que le bolchevisme dictatorial de l'école stalinienne ou de l'école trotskyste avec toutes leurs ramifications ou subdivisions, telles que le P.S.U.C. ou P.O.U.M. [16], sont également néfastes et dangereuses pour la réalisation de la Révolution ;

f) que la conduite de la guerre révolutionnaire, simultanément avec la transformation sociale, devrait exclure, de la part de la C.N.T., toute participation directe ou toute entente indirecte avec

16. P.S.U.C. et P.O.U.M., v. *supra*, p. 733.

le gouvernement de Valence et de Barcelone, nécessiterait l'abandon par la C.N.T. de toutes les concessions politiques, économiques et doctrinales faites à ces gouvernements dans le but de maintenir intact un soi-disant front antifasciste composé de secteurs qui négocient avec l'ennemi de classe afin de liquider la guerre et étrangler la révolution ; considère que le retrait officiel de la C.N.T. du front antifasciste s'impose de plus en plus, lui laissant néanmoins le droit d'accepter ou proposer des accords circonstanciels avec les éléments sincèrement antifascistes de ce front, désireux de voir la guerre finir par une Révolution émancipatrice du prolétariat espagnol dirigée contre le fascisme aussi bien que contre la soi-disant démocratie républicaine.

Sans vouloir imposer à la C.N.T. une ligne de conduite qui pourrait lui être momentanément inacceptable, le plénum extraordinaire reste convaincu que la C.N.T. restera fidèle aux principes et à la doctrine énoncés par l'A.I.T. et effectuera, aussitôt que l'ambiance le permettra, le redressement qu'imposent les événements, ce redressement étant étroitement lié à l'existence même de la C.N.T. et au salut de la Révolution sociale en Espagne, et dans les autres pays.

L'A.I.T. prend, de son côté, l'engagement de continuer à appuyer avec plus de force et avec plus de cohésion que jamais, matériellement et par l'action, la Révolution espagnole. Le plénum donne en conséquence mandat au secrétariat de l'A.I.T. d'étudier, de toute urgence et d'un commun accord avec les centrales affiliées et sympathisantes, les moyens d'intensifier la propagande de la Révolution espagnole, d'augmenter et d'accroître l'aide à nos camarades de la C.N.T. et de préparer l'éventualité, dans tous les pays, de grèves générales de solidarité avec le prolétariat espagnol en Révolution. Les devoirs les plus immédiats de l'A.I.T. sont :

1. l'organisation d'une campagne systématique contre les États fascistes aussi bien que démocratiques qui interviennent directement ou indirectement dans la lutte en Espagne, avec le but avoué d'étrangler la Révolution prolétarienne ;

2. la mise en pratique des décisions antérieures des Congrès de l'A.I.T. afin d'élaborer, dans le plus bref délai, un plan international de reconstruction économique dont l'expérience espagnole donnerait des indications très précieuses.

Le plénum demande en même temps au secrétariat de l'A.I.T. de communiquer à la C.N.T., à chaque occasion propice, le sentiment de l'A.I.T. sur tout événement important qui pourrait se développer en Espagne.

UNE MISE AU POINT DE FEDERICA MONTSENY

Nous ne donnons certes pas la parole à Federica Montseny pour tenter de justifier ses positions passées, mais par scrupule démocratique et parce que le droit de réponse lui est dû.

C'est un sujet brûlant que celui de la participation de la C.N.T. au gouvernement pendant la guerre et la Révolution en Espagne. Lorsqu'on en reparle, après plus de trente ans, c'est toujours pour porter les jugements les plus impitoyables, sans chercher le moins du monde à s'informer, à comprendre, à expliquer. On brandit la critique et on lapide les hommes, et surtout la femme, qui furent amenés, par la force des choses, à occuper des postes gouvernementaux.

En 1937, Camillo Berneri, Emma Goldman, Sébastien Faure posèrent déjà le problème. D'autres, comme Rudolf Rocker et Max Nettlau, s'abstinrent de juger, nous faisant confiance. Peut-être faut-il éclaircir certains points pour que chacun comprenne et juge ensuite.

Surtout, il faut se placer dans le contexte de l'époque, voir les choses, non pas du bout d'une lorgnette longue de trente ans, mais en pensant à la situation qui était devenue celle de la C.N.T. et du mouvement libertaire en 1936.

Tout commence le jour où l'on doit transformer le Comité des milices antifascistes de Barcelone, premier organisme de la Révolution, dans lequel se trouvent réunies toutes les forces, politiques et syndicales, en Conseil de la Généralité [de Catalogne]. Était-ce réellement nécessaire ? Le problème en tout cas est posé au sein même du Comité. On en discute pendant des nuits entières, dans des réunions et des plénums. Tous les hommes les plus en vue des syndicats et des groupes anarchistes sont présents. Décider de continuer tout seuls le Comité des milices, c'est choisir de rompre le front antifasciste et de faire face seuls à la situation.

Était-ce ainsi qu'il fallait agir ? Peut-être. À ce moment-là, cependant, la majorité, consciente de ce que cet isolement et cette espèce de coup d'État impliqueraient comme conséquences face à l'avenir, décide le contraire. La participation dans les organismes qui vont reconstituer l'État commence à partir de ce moment-là.

Pour comprendre encore, il faudrait rappeler l'abandon dans lequel nous laissaient les organisations du monde entier, les manœuvres des autres forces politiques, le chantage qu'exerçait déjà le Parti communiste, fort de l'aide russe, la seule, avec celle du Mexique, qui parvint à une Espagne désarmée devant une junte de Burgos qui recevait des armes, des hommes et de l'argent de l'Italie et de l'Allemagne.

On camoufla cette première participation gouvernementale, en transformant le gouvernement catalan en un « Conseil de la Généralité », et en appelant conseillers ceux qui, en vérité, étaient des ministres. On chercha des excuses, en y déléguant, comme représentants de la C.N.T., des hommes peu en vue, membres de fraîche date de la Confédération, comme Fàbregas. Mais le premier pas était déjà fait.

Ensuite, quand Largo Caballero constitua son premier gouvernement « de guerre », faisant entrer deux communistes et invitant la C.N.T. à les rejoindre, ce fut le drame et la panique. L'ombre de Cronstadt, de l'Ukraine libertaire écrasée, se profilait. On tergiversa, en inventant un « Conseil national de défense ». Largo Caballero ne voulut rien entendre. Il fallait, selon lui, face à la junte de Burgos, ne pas perdre l'atout que représentait internationalement l'existence d'un gouvernement légal d'une République que le peuple espagnol s'était donnée démocratiquement.

Un nouveau plénum fut convoqué. Malgré la position, favorable à l'entrée dans le gouvernement Caballero, de celui qui était à l'époque secrétaire général de la C.N.T., Hóracio Martinez Prieto, rien ne fut fait sans réunir à nouveau l'organisation dans un plénum de branches régionales. On décida d'insister pour se contenter de participer au Conseil national de défense. Mais Largo Caballero s'obstina.

Si la C.N.T. et la F.A.I. étaient majoritaires en Catalogne, à Valence, en Andalousie, les forces, par contre, étaient assez partagées dans le Centre, dans les Asturies, au Pays basque. Les socialistes disposaient de solides organisations et les communistes, grâce toujours à l'aide russe et à l'ouverture vers les forces de droite, montaient en flèche.

Fort du vote de confiance que le plénum lui avait accordé et convaincu qu'il n'y avait pas d'autre solution, Hóracio Martinez Prieto entama donc des pourparlers avec Caballero pour l'entrée de la C.N.T. dans un gouvernement qui était déjà constitué.

On chercha des hommes qui représentaient les deux tendances de la C.N.T. : Lopez et Peiro pour les modérés ; Garcia Oliver et moi-même, pour les extrémistes. Nous discutâmes ferme. Nous avons fini par accepter. Au point où nous en étions, tout scrupule semblait une « dérobade », était traité de « désertion » : nous avons cru qu'il ne fallait pas faire endosser aux seuls autres des responsabilités qui devaient être partagées par tous.

On connaît la suite. Nous avons dû accepter des postes de chefs de corps d'armée, de chefs de la police, de directeurs de prison, de commissaires politiques, etc. Etions-nous portés par l'ambition, par la soif de pouvoir ? Non. Personne, à ce moment-là, ne se soucia de son avenir personnel. Mais on se chercha des semblants de justification. On ne peut feuilleter aujourd'hui sans malaise ni ébahissement les collections de *Solidaridad Obrera* et de *C.N.T.* en faveur de la militarisation.

Malgré tout ce que les hommes de la C.N.T.-F.A.I. firent, en se multipliant, en étant présents partout, chaque jour les choses se gâtaient. J'ai dit alors : « On ne peut pas être à la fois dans la rue et dans le gouvernement. » Nous étions dans le gouvernement, mais la rue nous échappait. Nous avions perdu la confiance des travailleurs et l'unité du mouvement s'était effritée. Le jour où, après les événements de mai 1937 à Barcelone, coup monté de toutes pièces par les agents russes cherchant un prétexte pour exterminer le mouvement anarchiste en Espagne, comme il l'avait été en Russie, nous quittâmes le gouvernement Caballero, mon soulagement personnel, et, je suppose, celui des autres, fut immense.

La guerre cependant était virtuellement perdue ; la Révolution aussi. Au sujet de la ligne à suivre au cours des derniers mois, les discussions nous divisaient. Il y avait des camarades qui étaient du même avis que les républicains et qui croyaient qu'il fallait trouver une issue avant la débâcle finale. D'autres, par contre, demandaient à combattre jusqu'au bout, même sans espoir. Juan Negrin [17] animait ce jusqu'au-boutisme en affirmant qu'une guerre mondiale éclaterait avant la fin de l'année. Était-il sincère ? En tout cas, Mariano R. Vàsquez, alors secrétaire général de la C.N.T., tenait les mêmes propos. Et, avec lui, la majorité des camarades. Eussions-nous tenu jusqu'au mois de septembre 1939, la guerre de toute façon était là. Les choses auraient-elles changé pour nous ? À voir la façon dont Hitler mena les premiers combats, en considérant la foudroyante invasion de la France qui arriva jusqu'aux Pyrénées en quelques jours, l'on peut en douter.

À partir du moment où la guerre fut perdue et la plus grande partie des militants exilés, le redressement moral de la C.N.T. commença. Un grand nombre de camarades, dans la France occupée et quelques mois plus tard dans l'Afrique du Nord libérée, dénoncèrent avec force le déviationnisme politique : ceux qui pensaient qu'il fallait continuer la collaboration avec toutes les forces antifascistes, même dans les gouvernements qui pouvaient se créer dans l'exil, étaient nombreux ; au plénum de Muret, en 1944, une motion fut encore adoptée dans ce sens.

Cependant, la Libération permettant les discussions libres, ainsi que l'organisation de groupes de la C.N.T. dans toute la France, bientôt ceux qui voulaient clore une période jugée malheureuse, au cours de laquelle les principes et les tactiques qui avaient inspiré la C.N.T. depuis sa création avaient été sérieusement malmenés, se faisaient chaque jour plus nombreux.

Au Congrès des fédérations locales de Paris, le 1er mai 1945, après huit jours de débats passionnés, une première manche fut gagnée par les adversaires de la participation politique. Nous avons fait notre autocritique. Moi-même, déléguée par la fédération locale de Bessières, je parlai longuement de ce qu'avait été mon expérience personnelle, de l'inutilité de notre participation gouvernementale, déclarant que de cette épreuve mes convictions sortaient raffermies. Le fait d'avoir été ministre et de prendre nettement une position « antiréformiste », selon l'expression de

17. Juan Negrin (1889-1956), professeur de médecine, socialiste de droite, compagnon de route des staliniens, d'abord ministre des Finances, succéda à Largo Caballero, le 17 mai 1937, à la tête du gouvernement de la République ; ministre de la Guerre après avril 1938 ; mort en exil à Londres.

l'époque, me transforma en un des porte-drapeaux de ce que les « réformistes » appelaient « les classiques ».

De longues luttes et de nombreuses péripéties devaient remplir les années d'exil. Lorsque le comité national de la C.N.T. d'Espagne (clandestin) décida, fin 1945, contre l'opinion majoritaire de l'exil, d'envoyer deux ministres au gouvernement Giral : Leiva, venant d'Espagne, et Hóracio Martinez Prieto, résidant à Orléans, l'aide réformiste se sépara du mouvement libertaire-C.N.T. en exil. Les partisans de la collaboration, minoritaires en France, étaient peut-être alors encore majoritaires à l'intérieur de notre pays.

Mais le temps aidant et les désillusions ouvrant les yeux de ceux qui croyaient encore à la possibilité d'agir dans le cadre d'un gouvernement en exil, notre cause chaque jour gagna des adeptes. Notre mouvement définit avec clarté sa pensée. Au Congrès de Toulouse de 1947 une motion fut adoptée à l'unanimité, puisque les « réformistes » oppositionnels avaient déjà fait scission. Elle fermait définitivement la porte à la participation politique dans n'importe quel gouvernement.

En voici quelques extraits :

DÉCLARATION DE PRINCIPES

Le Congrès (...) réuni à Toulouse le 20 octobre 1947 et jours suivants ;

considère que toutes les expériences vécues et tous les événements qui se sont produits dans le monde au cours des dernières années ne font que confirmer la voie suivie depuis 1870 par le prolétariat organisé sous les mots d'ordre de la Première Internationale ;

considère que toutes les concessions faites à l'État n'ont entraîné qu'une consolidation de celui-ci et que toute acceptation, même provisoire, du principe d'autorité, représente une perte effective de positions et implique le renoncement à des buts finaux intégralement libérateurs ;

(...) considère que les expériences de la guerre et de la Révolution en Espagne ont confirmé la valeur permanente des efforts entrepris sous l'impulsion populaire et la revalorisation, par la force des choses, des tactiques d'action directe, antiétatique et révolutionnaire.

(...) En raison de tout ce qui précède, le Congrès déclare : qu'il ratifie les principes et tactiques d'action directe antiétatique et révolutionnaire, consubstantiels à l'anarchisme et à l'anarcho-syndicalisme ;

(...) que tout pouvoir constitué sur le principe de l'État politique et économique, quel que soit son nom et quels que soient les partis et organisations qui l'appuient, n'est qu'un des multiples visages de l'autorité ;

(...) que notre mouvement a pour but final l'implantation du communisme libertaire, sans aucune étape de transition, et avec des tactiques conformes à nos principes (...).

Je crois sincèrement que le cas de la C.N.T. espagnole est un cas unique dans l'histoire de tous les mouvements ouvriers et politiques mondiaux. Après un glissement vers la politique, après une expérience gouvernementale, dans laquelle certains s'égarèrent, et se perdirent même pour toujours, une écrasante majorité est revenue aux sources, à jamais guérie de toute velléité politique, convaincue que seule l'action directe des travailleurs peut amener la transformation sociale qui libère l'homme et supprime la société de classes. Honnêtement, sincèrement, tous ceux qui passèrent par des postes de direction militaire, administrative, politique, en sortirent écœurés et plus opposés que jamais à l'État.

Quelqu'un se demandera peut-être :

— En aurait-il été de même si nous avions gagné la guerre ? Si la République avait triomphé du franquisme, quelle aurait été la suite de notre participation au gouvernement ?

— Si nous avions gagné la guerre, la Révolution aurait suivi son cours. Rien ni personne n'aurait empêché que ce qui avait été commencé, le 19 juillet, par la majorité du peuple, se développe et s'accomplisse. Probablement c'est précisément la raison pour laquelle la guerre devait être perdue et la Révolution assassinée.

Table

Dans la même collection

Essais

Mumia Abu-Jamal, *Condamné au silence.*
— *En direct du couloir de la mort.*

Lounis Aggoun et Jean-Baptiste Rivoire, *Françalgérie, crimes et mensonges d'États.*

Hocine Aït-Ahmed, *L'affaire Mécili.*

Fadela Amara, *Ni putes ni soumises.*

Patrick Artus et Marie-Paule Virard, *Comment nous avons ruiné nos enfants.*
— *Le capitalisme est en train de s'autodétruire.*

Serge Audier, *La pensée anti-68.*

Michel Authier et Pierre Lévy, *Les arbres de connaissances.*

Morjane Baba, *Guérilla Kit.*

Étienne Balibar, *L'Europe, l'Amérique, la guerre.*

Nicolas Bancel, Pascal Blanchard et Sandrine Lemaire (dir.), *La fracture coloniale.*

Louis Barthas, *Les carnets de guerre de Louis Barthas, tonnelier, 1914-1918.*

Nicolas Beau et Catherine Graciet, *Quand le Maroc sera islamiste.*

Nicolas Beau et Jean-Pierre Tuquoi, *Notre ami Ben Ali.*

Michel Beaud, *Le basculement du monde.*

Stéphane Beaud et Younès Amrani, *« Pays de malheur ! ».*

Stéphane Beaud, Joseph Confavreux et Jade Lindgaard, *La France invisible.*

Miguel Benasayag et Diego Sztulwark, *Du contre-pouvoir.*

Sophie Bessis, *L'Occident et les autres.*

Mongo Beti, *La France contre l'Afrique.*
— *Main basse sur le Cameroun.*

Pascal Blanchard et Isabelle Veyrat-Masson (dir.), Les guerres de mémoires.

Paul Blanquart, *Une histoire de la ville.*

Augusto Boal, *Jeux pour acteurs et non-acteurs.*
— *Théâtre de l'opprimé.*

Lucian Boia, *La fin du monde.*

Philippe Breton, *Éloge de la parole.*
— *L'utopie de la communication.*
— *La parole manipulée.*

Valérie Brunel, *Les managers de l'âme.*

François Burgat, *L'islamisme en face.*

François Chobeaux, *Les nomades du vide.*

Daniel Cohn-Bendit, *Une envie de politique.*

Benoît Collombat et David Servenay (dir.), *Histoire secrète du patronat de 1945 à nos jours.*

Sonia Combe, *Archives interdites.*

Georges Corm, *La question religieuse au* XXIe *siècle.*
— *Le Liban contemporain.*
— *Orient-Occident, La fracture imaginaire.*

CriM, A. Pezet et S. Sponem (dir.), *Petit bréviaire des idées reçues en management.*

Julia Csergo et Roger-Henri Guerrand, *Le confident des dames.*

François Cusset, *La décennie.*

Sylvain Cypel, *Les emmurés.*

Adam Czerniaków, *Carnets du ghetto de Varsovie.*

Cécile Delannoy, *Au risque de l'adoption.*

La Découverte/Poche

Thomas Deltombe, *L'islam imaginaire.*

John Dinges, *Les années Condor.*

Alfred Dreyfus, *Cinq années de ma vie.*

Michel Dreyfus, L'antisémitisme à gauche.

Denis Duclos, *Le complexe du loup-garou.*

Shirin Ebadi, *Iranienne et libre.*

Les Éconoclastes, *Petit bréviaire des idées reçues en économie.*

Guillaume Erner, *Victimes de la mode ?*

Roger Faligot, *La rose et l'edelweiss. Ces ados qui combattaient le nazisme, 1933-1945.*

Roger Faligot et Jean Guisnel (dir.), *Histoire secrète de la Ve République.*

Frantz Fanon, *Les damnés de la terre.*
— *Pour la révolution africaine.*

Robert Fisk, *La grande guerre pour la civilisation.*

Gustave Folcher, *Les carnets de guerre de Gustave Folcher, paysan languedocien, 1939-1945.*

Luc Folliet, *Nauru, l'île dévastée.*

Groupe Marcuse, *De la misère humaine en milieu publicitaire.*

Daniel Guérin, *Ni Dieu ni Maître.*

Roger-Henri Guerrand, *L'aventure du métropolitain.*
— *Les lieux.*

Jean Guisnel, *Guerres dans le cyberespace.*
— Libération, *la biographie.*

Theodor Herzl, *L'État des Juifs.*

Rudolf Hoess, *Le commandant d'Auschwitz parle.*

Alain Joxe, *L'empire du chaos.*

Yazid Kherfi et Véronique Le Goaziou, *Repris de justesse.*

Joseph Klatzmann, *Attention statistiques !*

Adame Ba Konaré, *Petit précis de remise à niveau sur l'histoire africaine.*

Paul R. Krugman, *La mondialisation n'est pas coupable.*

Paul Lafargue, *Le droit à la paresse.*

Pierre Larrouturou, *Pour la semaine de quatre jours.*

Serge Latouche, *L'occidentalisation du monde.*

Florent Latrive, *Du bon usage de la piraterie.*

Christian Laval, *L'école n'est pas une entreprise.*

Jean-Pierre Le Goff, *La démocratie post-totalitaire.*
— *Les illusions du management.*
— *Mai 68, l'héritage impossible.*

Pierre Lévy, *L'intelligence collective.*
— *Qu'est-ce que le virtuel ?*

Paul Lidsky, *Les écrivains contre la Commune.*

André L'Hénoret, *Le clou qui dépasse.*

Alain Lipietz, *La société en sablier.*

Gilles Manceron, *Marianne et les colonies.*

Ernest Mandel, *La pensée politique de Léon Trotsky.*

Bénédicte Manier, *Quand les femmes auront disparu.*

Armand Mattelart, *La globalisation de la surveillance.*

John Mearsheimer et Stephen M. Walt, *Le lobby pro-israélien et la politique étrangère américaine.*

Gérard Mendel, *Une histoire de l'autorité.*

Charles-Albert Michalet, *Qu'est-ce que la mondialisation ?*

Alexander S. Neill, *Libres enfants de Summerhill.*

Sven Ortoli et Jean-Pierre Pharabod, *Le cantique des quantiques.*

Bruno Parmentier, *Nourrir l'humanité.*

François Partant, *La ligne d'horizon.*

Daya Pawar, *Ma vie d'intouchable.*

Paulette Péju, *Ratonnades à Paris.*

Michel Peraldi et Michel Samson, *Gouverner Marseille.*

Philippe Pignarre, *Le grand secret de l'industrie pharmaceutique.*

Philippe Pignarre et Isabelle Stengers, *La sorcellerie capitaliste.*

Michel Pinçon et Monique Pinçon-Charlot, *Le président des riches.*

André Pochon, *Les sillons de la colère.*

Bernard Poulet, *Le pouvoir du Monde.*

Marcel Reggui, *Les massacres de Guelma.*

Jeremy Rifkin, *L'âge de l'accès.*

— *La fin du travail.*

Mathieu Rigouste, *L'ennemi intérieur.*

Marie-Monique Robin, *Escadrons de la mort, l'école française.*
— *Le monde selon Monsanto.*

Charles Rojzman, *Savoir vivre ensemble.*

Sylvain Rossignol, *Notre usine est un roman.*

Marc Saint-Upéry, *Le rêve de Bolivar.*

Christian Salmon, *Storytelling.*

Bertrand Schwartz, *Moderniser sans exclure.*

Amartya Sen, *L'économie est une science morale.*

Victor Serge, *L'an I de la révolution russe.*

— *Vie et mort de Léon Trotsky.*

Catherine Simon, *Algérie, les années pieds-rouges.*

Yves Sintomer, *Petite histoire de l'expérimentation démocratique.*

Habib Souaida, *La Sale guerre.*

Maryse Souchard, Stéphane Wahnich, Isabelle Cuminal, Virginie Wathier, *Le Pen, les mots.*

Isabelle Stengers, *Sciences et pouvoirs.*

Benjamin Stora, *Imaginaires de guerre.*
— *La gangrène et l'oubli.*

Charles Szlakmann, *Le judaïsme pour débutants* (2 tomes).

Annie Thébaud-Mony, *Travailler peut nuire gravement à votre santé.*

Laurence Théry, *Le travail intenable.*

Pierre Vermeren, *Le Maroc en transition.*
— *Le Maroc de Mohammed VI*

Pierre Vidal-Naquet, *Les crimes de l'armée française.*
— *Les assassins de la mémoire.*

Michel Villette et Catherine Vuillermot, *Portrait de l'homme d'affaires en prédateur.*

Michel Wieviorka, *Le racisme, une introduction.*
— *Une société fragmentée ?*

Malcolm X, *Le pouvoir noir.*

Idith Zertal, *La nation et la mort.*

CPI
BUSSIÈRE

Composition Graphic Hainaut,
Condé-sur-l'Escaut.
Impression réalisée par CPI Bussière
à Saint-Amand-Montrond (Cher)
en décembre 2011.
Dépôt légal : janvier 2012.
N° d'impression : 113828/4.
Imprimé en France